陕西省经济高质量发展软科学研究基地系列性成果
教育部哲学社会科学研究重大课题攻关项目（20JZD012）
国家社科基金青年项目（23CTJ008）
全国统计科学研究项目（2023LY029）
西安交通大学人文社会科学学术著作出版基金

U0499795

面向中国式现代化的城市高质量发展综合评价报告

袁晓玲　芮国强　李朝鹏　黄涛　等著

中国财经出版传媒集团
经济科学出版社
Economic Science Press
·北 京·

图书在版编目（CIP）数据

面向中国式现代化的城市高质量发展综合评价报告/
袁晓玲等著．--北京：经济科学出版社，2024.1
ISBN 978 - 7 - 5218 - 5638 - 5

Ⅰ.①面… Ⅱ.①袁… Ⅲ.①城市经济 - 经济发展 -
研究报告 - 中国 Ⅳ.①F299.21

中国国家版本馆 CIP 数据核字（2024）第 027497 号

责任编辑：孙丽丽 撤晓宇
责任校对：隗立娜 齐 杰
责任印制：范 艳

面向中国式现代化的城市高质量发展综合评价报告

袁晓玲 芮国强 李朝鹏 黄 涛 等著
经济科学出版社出版、发行 新华书店经销
社址：北京市海淀区阜成路甲 28 号 邮编：100142
总编部电话：010 - 88191217 发行部电话：010 - 88191522
网址：www. esp. com. cn
电子邮箱：esp@ esp. com. cn
天猫网店：经济科学出版社旗舰店
网址：http：//jjkxcbs. tmall. com
北京季蜂印刷有限公司印装
787×1092 16 开 44.75 印张 790000 字
2024 年 1 月第 1 版 2024 年 1 月第 1 次印刷
ISBN 978 - 7 - 5218 - 5638 - 5 定价：168.00 元
（图书出现印装问题，本社负责调换。电话：010 - 88191545）
（版权所有 侵权必究 打击盗版 举报热线：010 - 88191661
QQ：2242791300 营销中心电话：010 - 88191537
电子邮箱：dbts@ esp. com. cn）

编委会（专家委员会）

特 别 鸣 谢

本报告作为 2020 年教育部哲学社会科学研究重大课题攻关项目"促进城市高质量建设发展的长效机制研究"的标志性成果，旨在剖析面向中国式现代化城市高质量发展的科学内涵、诊断当前我国城市高质量发展的现状与主要问题、提出促进我国城市长效高质量发展的战略导向。经过研究团队长达 3 年的不懈努力，面向中国式现代化的城市高质量发展指数暨西交大城市发展指数成功问世。在此，我们诚挚感谢教育部社科司、全国哲社办、国家统计局的支持和编委会各位专家学者的宝贵建议，西安交通大学、新疆大学、天津城建大学、新乡学院和苏州城市学院等单位所提供的学术资源，以及天津市、西安市、苏州市等政府部门与调研企业的大力配合。长期以来，研究团队依托陕西省经济高质量发展软科学研究基地（CTTI 检索），不仅致力于中国式城市现代化、中国式生态现代化等国家重大战略问题的研究，还创建了以"经济高质量发展大讲堂""经济高质量发展论坛"为代表的学术交流平台。在今后的研究工作中，研究团队仍将持续聚焦这一领域，不断深化研究内容，力争推出更多具有学术、知识和创造性价值的作品。

课题组成员简介

首席专家

袁晓玲　西安交通大学经济与金融学院教授、陕西省经济高质量发展软科学研究基地主任

城市高质量发展指数负责人

李朝鹏　西安交通大学马克思主义学院助理教授、陕西省经济高质量发展软科学研究基地研究员

子指数板块负责人

韧性城市指数：张跃胜　天津城建大学经济与管理学院教授

宜居城市指数：杨万平　西安交通大学经济与金融学院教授

智慧城市指数：赵　锴　西安交通大学经济与金融学院副教授

城市板块合作负责人

马　伟　新疆大学经济与管理学院党委书记

王振坡　天津城建大学经济与管理学院院长

丁彩霞　苏州城市学院城市管理专业负责人

韩　楠　新乡学院经济学院院长

课题组核心成员

杨　洋　新加坡国立大学亚洲研究院研究员

杨　历　新疆大学经济与管理学院副教授

邱　勍　西安交通大学"一带一路"自贸区研究院助理教授

郭文钰　西安交通大学经济与金融学院助理教授

李彩娟　西安交通大学经济与金融学院博士研究生

李思蕊　西安交通大学马克思主义学院博士研究生

刘小溪　西安交通大学经济与金融学院博士研究生

金中国　西安交通大学经济与金融学院博士研究生

耿晗钰　西安交通大学经济与金融学院博士研究生

杨新标　西安交通大学马克思主义学院博士研究生

王恒旭　西安交通大学经济与金融学院博士研究生

樊炳楠　西安交通大学马克思主义学院博士研究生

黄　涛　西安交通大学经济与金融学院博士研究生

高中一　陕西省经济高质量发展软科学研究基地助理研究员

朱晓珂　陕西省经济高质量发展软科学研究基地助理研究员

韩　旭　西安交通大学经济与金融学院硕士研究生

李波根　西安交通大学经济与金融学院硕士研究生

刘睿华　西安交通大学经济与金融学院硕士研究生

杨宏钰　西安交通大学经济与金融学院硕士研究生

姚智昕　西安交通大学经济与金融学院硕士研究生

刘　壤　西安交通大学经济与金融学院硕士研究生

潘泰霖　西安交通大学经济与金融学院硕士研究生

于　熙　西安交通大学经济与金融学院硕士研究生

令狐荣鑫　西安交通大学经济与金融学院硕士研究生

前　言

　　党的二十大报告指出："从现在起，中国共产党的中心任务就是团结带领全国各族人民全面建成社会主义现代化强国、实现第二个百年奋斗目标，以中国式现代化全面推进中华民族伟大复兴。"新发展阶段下，面向新征程，我国发展的主题是实现高质量发展，发展中的矛盾和问题集中体现在发展质量上，高质量发展成为全面建设社会主义现代化国家的首要任务。这要求我们必须要把高质量发展摆在更加突出的位置，以高质量发展继续推进和拓展中国式现代化。作为现代化建设的主战场和重要引擎，城市高质量发展为中国式现代化奠定更坚实的物质基础，是破解中国式现代化新征程中社会主要矛盾的重要抓手，是维护中国式现代化新征程中国家安全与社会稳定的重要保障。因此，推进城市高质量发展既是中国式现代化的重要内容，又是推进中国式现代化的必然选择。全面建设社会主义现代化国家，以中国式现代化全面推进中华民族伟大复兴，必须要走出一条中国式现代化城市高质量发展之路，从而深化和拓展中国式现代化理论与实践。

　　然而，当前我国城市化发展取得了举世瞩目的伟大成就，但城市发展"不平衡、不充分"等现象仍然存在，工业化快速发展和城市化引起的人口大量集聚使得交通拥堵，"十面霾伏"和垃圾围城等一系列问题正在严重破坏"人民日益增长的美好生活需要"和"美丽中国"建设，而上述"城市病"出现的重要原因就在于缺乏"城市高质量发展标准"的引导。质量衡量的重要前提在于"定标"，高质量的标准才能引领高质量的发展，只有通过城市高质量发展标准的制定才能更好地引领和促进城市高质量建设发展，这里的"城市高质量发展标准"就是"城市高质量发展评价指标体系"。只有通过构建科学、客观和可行的城市高质量发展评价指标体系，才能实现引导和促进城市长效高质量建设发展的目的。

基于以上背景，本书面向中国式现代化，以习近平"人民城市"理念和城市建设与发展领域重要论述为指导，"以标准建设助推质量发展"思路来构建面向中国式现代化的城市高质量发展评价体系，进而对中国城市高质量发展水平进行综合评价并给出相关政策建议。具体地，本书以城市高质量发展的"三个统一"科学内涵为基础，围绕"条件、过程与结果"相统一原则，在习近平城市发展重要论述、城市发展客观规律与国内外相关研究的基础上，根据我国城市自身发展特色，通过广泛讨论、专家咨询、政府座谈等方式构建了"条件—效率—结果"为框架的城市高质量发展客观评价体系，并通过城市先天禀赋、城市后天努力（营商环境、政府治理能力和人居环境）、城市人口、经济、空间、社会和协同发展及其效率等 12 个维度近 190 项指标来全方位、立体化测度我国城市高质量发展的客观水平，为更具针对性地推动我国城市高质量发展提供了科学依据；同时，基于"城市客观发展与居民主观感受"相统一原则，遵循"人民城市人民建、人民城市为人民"理念，课题组针对我国近 200 多座城市开展了"居民对城市高质量发展主观感受"问卷调研，为衡量居民对城市高质量发展的主观感受提供了现实依据，清晰展现了"人民城市"视域下我国城市高质量发展的成效与不足，为城市客观发展能够更好地服务于人民"美好生活"需要提供了路径指引；此外，围绕"长期性与动态性"相统一原则，本报告根据城市发展核心特征将城市发展划分为起步、增长、成熟、转型和衰落 5 个阶段，并区分了不同阶段的主要任务，提出城市高质量发展在把握全局工作一般性原则下紧扣城市发展阶段的特殊性需求来开展工作，从而做到"具体问题具体分析"而不是"一刀切"式的"大跃进"或踌躇不前，这为解决城市发展不平衡、不充分问题提供了新的解题思路。

　　研究结果显示，在考虑城市发展阶段性基础上，我国城市高质量发展水平取得长足进步，但城市发展质量仍存在显著区域差异，部分城市发展质量还有较大提升空间与潜力。其中，处于起步期的城市多集中在东北和西部地区。2020年，处于起步期的城市共有 48 座，其中城市发展质量指数排名前 10 的城市分别为牡丹江、梅州、齐齐哈尔、松原、辽阳、庆阳、中卫、吴忠、绥化和商洛，除梅州外，其他均为东北和西部地区城市。东北和西部地区城市高质量发展水平有待加强且极具增长潜力；处于增长期的城市整体呈现"东高西低"和局部

"极化分布"特征。2020 年，排在前 10 位的城市依次为重庆、成都、东莞、天津、杭州、武汉、南京、青岛、佛山和无锡，有 7 座城市位于东部、3 座位于中西部。此外，前 10 位城市中有 6 座城市为直辖市或省会城市，具有显著的区域中心特征，而后 10 位城市中有 8 座城市则均处于所在省域的边缘地带，形成"极化分布"的空间格局；处于成熟期的城市数量还相对较少，但城市高质量发展水平最高。2020 年，我国处于成熟阶段的城市有 5 座，依次为北京、上海、深圳、苏州和广州。5 座城市在步入成熟阶段后其发展质量始终保持快速、稳定的增长趋势；处于转型与衰落期的城市则基本集中在东北地区。以 2020 年为例，我国处于转型阶段的城市共有 8 个，依次为吉林、铜陵、本溪、抚顺、通化、丹东、白山和锦州，除铜陵外其余 7 个城市均位于东北。处于衰落期的城市共有 7 个，依次为四平、铁岭、朝阳、佳木斯、双鸭山、鹤岗和鸡西，也都位于东北地区。东北作为我国老牌重工业基地，由于资源枯竭、人口流失和转型升级久久未能成功等原因，部分城市已严重落后时代发展步伐，从而产生了较多的转型和衰落期城市。

面向全面建成社会主义现代化强国与第二个百年奋斗目标，首先，要坚持党对城市工作的全局系统性谋划，全国同下一盘棋，引领各地区城市发展的战略方向。其次，要坚持"以人民为中心"的价值遵循，一方面加强城市客观发展，推动城市经济实现质的提升与量的增长；另一方面就是要满足人民主观精神感受，增强人民群众的"获得感、幸福感、安全感"。再次，坚持"抓主要矛盾和抓矛盾主要方面"的逻辑意蕴，处于不同发展阶段的城市在强化自身优势的同时要找准标杆来"补短板强弱势"，从而加快城市发展质量的提升。最后，要坚持"全周期管理"的实践取向，避免城市规划管理的各部门相互割裂、各自为政，统筹协调城市发展的"前端基础条件""中端发展过程""后端发展结果"，保证城市发展思路的连贯性与一致性，并为城市未来的有机成长留足空间。

袁晓玲　岗国强　李朝鹏　黄　涛
2023 年 7 月 1 日

目 录

第三篇　主观评价篇

第一篇
总　论

第一章　绪　　论

中国共产党自成立之日起就团结带领各族人民艰苦奋斗，不断解放和发展生产力，走出了中国式现代化的新道路，这是党和人民百年奋斗所取得的根本性成就，是引领中华民族伟大复兴的康庄大道。党的十八大以来，中国特色社会主义进入新时代，以习近平同志为核心的党中央立足时代发展大势，作出了"我国经济已由高速增长阶段转向高质量发展阶段"的重大论断[①]，提出"准确把握新发展阶段，深入贯彻新发展理念，加快构建新发展格局"的新要求[②]。党的二十大报告进一步指出："从现在起，中国共产党的中心任务就是团结带领全国各族人民全面建成社会主义现代化强国、实现第二个百年奋斗目标，以中国式现代化全面推进中华民族伟大复兴。"新发展阶段下，面向新征程，我国发展的主题是实现高质量发展，发展中的矛盾和问题集中体现在发展质量上，高质量发展成为全面建设社会主义现代化国家的首要任务。这要求我们必须要把高质量发展摆在更加突出的位置，以高质量发展继续推进和拓展中国式现代化。

当今世界，中华大地正在上演着人类历史上最大规模的现代化进程。城市作为各类要素资源的集中地、创新活动的主要策源地和经济社会发展的火车头，是现代化发展的重要标志并持续塑造现代文明新形态。新时代十年以来，我国经济社会发展取得了一系列伟大成就，其重要表现就在于城市高质量发展——城市发展格局逐步优化、经济实力显著增强、人民生活水平不断提升。据国家统计局统计，截至 2021 年末，全国城市数量达 691 个，比 2012 年末增加 34 个。

[①]　人民日报社经济社会部. 深入学习贯彻中央经济工作会议精神［M］. 北京：人民出版社，2017：3.
[②]　习近平. 把握新发展阶段，贯彻新发展理念，构建新发展格局［R］. 在省部级主要领导干部学习贯彻党的十九届五中全会精神专题研讨班上的讲话，2021 – 01 – 11.

地级以上城市 297 个，比 2012 年末增加 8 个，100 万~200 万、200 万~400 万、400 万以上人口的地级以上城市分别有 96 个、46 个和 22 个，相较于 2012 年末分别增加 14 个、15 个和 8 个；同时，国内生产总值（GDP）"万亿俱乐部"不断扩容，2012 年我国万亿 GDP 城市仅有 7 个，2 万亿 GDP 城市仅有上海一座，而至 2022 年，我国万亿 GDP 城市数量增至 24 个，GDP 突破 2 万亿元的城市有 7 个；此外，城市社会保障能力明显增强，公共服务持续完善。2020 年，社会保障和就业支出 36 602.62 亿元、教育支出 39 454.93 亿元、医疗卫生支出 22 541.67 亿元，相较于 2012 年分别增长 213.5%、85.7% 和 211.12%。[①] 作为现代化建设的主战场和重要引擎，我国城市高质量发展关系到 9 亿多人民的"美好生活"，自然成为高质量发展工作的客观要求与重中之重，以及全面建设社会主义现代化国家的关键，在中国式现代化进程中将发挥举足轻重的作用。

城市高质量发展为中国式现代化奠定更坚实的物质基础。物质财富是建设现代化国家的重要基础和前提，城市是物质文明建设的主要阵地，城市高质量发展则为现代化建设奠定坚实的物质基础。第三次中央城市工作会议以来，我国将经济发展的重心转移到城市，并强调了城市在国民经济社会发展中的重要地位和作用，这促使我国社会生产力水平显著提升并积累了大量物质财富，全面建成了小康社会，历史性地解决了绝对贫困与区域性、整体性贫困问题，实现了第一个百年奋斗目标，并迈上了向第二个百年奋斗目标进军的新征程。然而，我们仍需要清醒认识到，尽管中国特色社会主义已进入新时代，我国社会生产力水平显著提升，但处于社会主义初级阶段且未来还将长期处于社会主义初级阶段的客观实际仍未改变。我国绝大部分城市仍处于工业化与城市化的关键阶段。因此，只有坚定不移推动城市高质量发展，从而促进城市经济实现质的稳步提升和量的合理增长，才能为中国式现代化建设奠定更坚实的物质基础。

城市高质量发展是破解中国式现代化新征程中社会主要矛盾的重要抓手。党的十九大报告指出，"中国特色社会主义进入新时代，我国社会主要矛盾已经转化为人民日益增长的美好生活需要和不平衡不充分的发展之间的矛盾"。我国城市高质量发展中的不平衡、不充分问题集中体现在结构层面，如生产要素集

[①] 新型城镇化建设扎实推进 城市发展质量稳步提升——党的十八大以来经济社会发展成就系列报告之十二 [EB/OL]. (2022 - 09 - 29). 国家统计局，https：//www.stats.gov.cn/zt_18555/zthd/lhfw/2023/fjxsd/202302/t20230227_1918911.html.

聚与创新驱动发展不足的矛盾、空间布局与高品质生活的矛盾、政府宏观调控与市场资源配置边界不清的矛盾等。这导致尽管社会生产力发展在一定程度上已经满足了人民群众的物质文化生活需要，但更高层次的物质文化生活需要和民主、法治、公平、正义、安全、环境等方面日益增长的需求却没有得到很好的满足，而破解这些不平衡、不充分发展问题和满足人民日益增长的美好生活需要的关键，就在于城市高质量发展。这就要求我们一方面要通过提高城市规划、建设、治理水平，加快转变城市发展方式，提高全要素生产率，不断塑造城市发展新动能、新优势，实施城市更新行动，加强基础设施特别是数字、智慧等新基础设施建设，从而提高城市建设与发展的现代化水平；另一方面要采取更多惠民生、暖民心的措施，倡导共建、共享、共治的城市发展原则，充分发挥人民在城市中的主体地位和作用，提高城市治理现代化水平，特别是解决好就业、分配、教育、医疗、住房、养老、托幼等人民急难愁盼的重要问题，增强人民群众的获得感、幸福感、安全感，从而以城市高质量发展破解中国式现代化新征程中的社会主要矛盾。

城市高质量发展是维护中国式现代化新征程中国家安全与社会稳定的重要保障。当今国际社会，逆全球化思潮抬头，局部冲突和动荡频发，波谲云诡的国际社会为全球发展带来各种不确定性，不稳定、不确定、难预料将成为未来全球发展的常态。作为全球最大的发展中国家之一，我国发展正面临新机遇、新任务、新阶段、新要求、新环境和新挑战，国家安全是民族复兴的根基，社会稳定是国家强盛的前提，未雨绸缪地防范各种"黑天鹅""灰犀牛"事件是中国式现代化的内在要求。城市既是中国式现代化建设的火车头，同时又是惊涛骇浪中稳定我国经济社会平稳运行的压舱石。因此，只有通过推动城市高质量发展，提高地方政府治理体系与治理能力现代化水平，建设现代化城市经济体系，将经济高质量发展的着力点放在实体经济上，坚定不移筑牢实体经济根基，提高城市产业链、供应链与社会治理的韧性和安全水平，确保城市经济发展、基础设施建设和重大科技攻关等关键领域的安全和风险可控，才能为中国式现代化建设的行稳致远保驾护航。因此，推进城市高质量发展既是中国式现代化的重要内容，又是推进中国式现代化的必然选择。全面建设社会主义现代化国家，以中国式现代化全面推进中华民族伟大复兴，必须要走出一条中国式现代化城市高质量发展之路，从而深化和拓展中国式现代化理论与实践。

　　虽然我国城市发展取得了伟大成就，但我国仍处于并将长期处于社会主义初级阶段的现状并未发生改变，城市发展"不平衡、不充分"现象仍然大量存在，工业化的快速发展以及城市化引起的城市人口大量集聚导致交通拥堵、"十面霾伏"和垃圾围城等一系列问题正在严重破坏"人民日益增长的美好生活需要"和"美丽中国"建设，而上述"城市病"出现的重要原因就在于缺乏城市高质量发展标准的引领。质量发展的重要前提在于"定标"，高质量的标准才能引领高质量的发展，只有通过城市高质量发展标准的制定才能引领和促进城市的高质量建设发展，而这里的"城市高质量发展标准"就是"城市高质量发展评价指标体系"。只有通过构建科学、客观和可行的城市高质量发展评价指标体系，才能实现引导和促进城市长效高质量建设发展的目的。因此，本报告面向中国式现代化，以习近平"人民城市"理念和城市建设与发展领域重要论述为指导，以"标准建设助推质量发展"思路来构建中国式现代化城市高质量发展评价体系，进而对中国城市高质量发展进行综合评价并给出相关政策建议。这一问题的研究既是对习近平新时代中国特色社会主义思想的实践应用，又有利于用习近平新时代中国特色社会主义思想来讲好中国式现代化的城市故事，从而既能深化和拓展中国式现代化的城市发展理论，又为中国特色城市高质量发展实践提供了理论指引。

第二章　城市高质量发展评价的
研究现状

随着 20 世纪城市主义兴起，城市发展理论得到了快速发展，二战后以"和平与发展"为主题的时代主义为城市发展理论实践提供了广阔的生长土壤，诸如地租地价理论、区位理论、圈层结构理论、核心边缘理论和中心地理论等一大批城市发展理论均在实践中得到了发展，并从不同角度阐述了城市发展的作用机理与最优路径。我国作为全球最大的发展中国家，成立 70 多年来特别是改革开放 40 多年以来，城市社会经济得到了迅速发展，一个经济体量如此之大、发展速度如此之快而内部发展又极不均衡的国家，如何促进城市高质量建设发展也就成为学者们极感兴趣的世纪难题。

第一节　高质量发展与经济高质量发展的内涵阐释

什么是高质量发展，习近平总书记在十九届五中全会当中曾作出重要论断，"高质量发展，就是能够很好满足人民日益增长的美好生活需要的发展，是体现新发展理念的发展，是创新成为第一动力、协调成为内生特点、绿色成为普遍形态、开放成为必由之路、共享成为根本目的的发展"①，"更明确地说，高质量发展，就是从'有没有'转向'好不好'"②。因此，高质量发展自诞生之日起，就是一个极具中国特色社会主义的概念，虽不具有严格意义上的学术理论支撑，但却是国家领导人对经济社会发展综合判断下的审慎思考，因而这也就成为学者们对高质量发展解读的重要基础。

由于在高质量发展概念提出之际，其主要是用来表明我国经济发展转型的客观性和必要性，学术界最初也主要是将其应用在了经济领域的研究，但在此之前已有大量学者剖析了经济发展质量的内涵。如钞小静和任保平（2008）最初认为，广义层面的经济增长质量内涵十分丰富但定义模糊，经济增长质量研究的困难在于其内容极难定义，狭义层面的经济增长效率虽不能反映经济增长质量的全部但却是其最重要的核心特征，因为主张利用增长效率来反映增长质量。但随着研究深入，他们又认为经济增长质量的核心主要包括了经济增长的结构、稳定性、福利变化与成果分配、资源利用和生态环境代价（钞小静和任保平，2011）。之后，任保平（2012）在专门针对经济增长质量理论内涵解读时又指出，经济增长质量是经济数量增长到一定阶段背景下，经济增长效率提高、结构优化、稳定性提高、福利分配改善和创新能力提高的结果，主要特征包括提高经济增长过程中投入与产出的质量、合理利用资源和保护环境、提高人民生活水平和公平利用资源。任保平团队有关经济增长质量内涵的一系列研究为经济高质量发展内涵界定奠定了重要基础。随着高质量发展概念正式提出，越来越多的学者针对经济高质量发展进行了定义。如魏敏和李书昊（2018）结合经济发展存在的问题和中央指导思想，认为经济结构优化、创新驱动发展、资源配置高效、市场机制完善、经济增长稳定、区域协调共享、产品服务优质、基础设施完善、生态文明建设和经济成果惠民 10 个方面是经济高质量发展的逻辑主线；袁晓玲等（2019）认为经济高质量发展既是数量扩张也是质量提升，是数量与质量的高度统一，我国应在"大质量观"基础上来从宏观经济、中观产业和微观企业层面促进经济高质量发展。2015 年 10 月，习近平总书记在党的十八届五中全会提出"创新、协调、绿色、开放、共享"的新发展理念，新发

---

① 人民日报社经济社会部．深入学习贯彻中央经济工作会议精神［M］．北京：人民出版社，2017：12.
② 习近平．论把握新发展阶段、贯彻新发展理念、构建新发展格局［M］．北京：中央文献出版社，2021：216.

展理念成为"十三五"乃至更长一段时期我国社会经济发展各项事业的重要思路、方向和着力点。因此，大量学者从新发展理念角度对经济高质量发展内涵进行了剖析（陈景华等，2020）。此外，还有部分学者从诸如释放结构红利（孙学涛和张广胜，2020）、使用价值（任保显，2020）、绿色增长（卞元超，2019）和创新驱动（孙亚南等，2019）等视角对经济高质量发展内涵进行了分析。然而，无论学者们基于何种视角来对经济高质量发展内涵展开分析，其定义内涵都强调了从"量"向"质"的转变。

随着高质量发展成为时代主题与经济高质量发展研究增多，学界已不局限于只对经济高质量发展内涵进行剖析，而是站在一个更为宏观的视角来对"高质量发展"本身内涵剖析。目前，学术界针对高质量发展内涵分析主要有两个思路：第一类以新发展理念和社会主要矛盾为视角，以体现新发展理念的发展，通过识别经济社会发展中突出的不平衡、不充分问题，从多个角度来剖析高质量发展的综合性；第二类是以是否有利于解决新时代社会主要矛盾、是否有利于解决发展不平衡不充分问题和是否有利于满足人民日益增长的美好生活需要为根本标准，基于经济社会发展在某一个或几个特定视角下的公认缺陷来剖析，通过"查漏补缺"来定义高质量发展（李金昌等，2019）。然而，经济高质量发展视角仍是学者们对高质量概念定义的核心维度。如金碚（2018）认为发展质量高低是以经济发展能否满足人民日益增长的美好生活需要为判断准则，而美好生活需要不仅是单纯的物质性要求，还更多地表现为人的全面发展；高培勇等（2019；2020）认为高质量发展背景下的现代化经济体系建设就是实现从高速增长向高质量发展的重要转变，经济高质量是社会高质量和治理高质量的输出，但需要社会高质量和制度高质量作为前提，高质量经济社会需要高质量治理结构支撑；任保平和文丰安（2018）认为经济发展质量的高水平状态就是高质量发展的核心，因而衡量高质量发展就需要从衡量经济发展的有效性、协调性、创新性、持续性、分享性入手。当然，也有许多学者强调了多个维度高质量发展的重要性。如赵剑波等（2019）认为高质量发展是发展观念的转变、增长模式的转型和民生水平的关注，其以要素质量、创新动力、质量技术为基础条件，目标是满足人民日益增长的美好生活需要；张军扩等（2019）认为高质量发展就是以满足人民日益增长的美好生活需要为目标的高效率、公平和绿色可持续的发展，我国转向高质量发展的关键是加快形成与之相适应的体制机制；

汤铎铎等（2020）认为后疫情时期我国高质量发展，在政策导向上应积极推进创新驱动高质量工业化战略，区域优势互补协调发展的新型城市战略，以畅通国内大循环为主体、国内国际双循环相互促进的新发展战略，以及以"稳增长"与"防风险"的平衡为主线的宏观调控战略。

　　总体来看，无论是经济高质量发展还是高质量发展内涵，学术界主要是从社会矛盾变化和新发展理念、宏中微观、供求和投入产出等角度进行了界定，关注到了当前社会经济发展所存在的生态环境问题突出、科技创新能力不足和城乡建设质量亟须提升等问题，这为城市高质量发展内涵界定奠定了重要基础。

第二节　城市高质量发展内涵阐释

　　国际上有关城市发展质量内涵的解读，可以追溯到 1992 年联合国环境与发展会议通过的《21 世纪议程》中的可持续发展理念。此后，各界又从不同角度提出了一系列有关城市发展质量具有影响力的界定，这包括联合国开发计划署的人类发展理念、经济学人智库的亚洲绿色城市发展理念和中国社科院城市与竞争力研究中心的城市竞争力理念等。上述无论是国外还是国内的理念，都是基于城市发展预期与实际情况的定义，但视角相对较为单一。2011 年，联合国人居组织发布的《伊斯坦布尔宣言》指出，城市应该是能够让人类过上有尊严、健康、安全、幸福和充满希望的地方。这是与城市高质量发展需求相对最为接近的定义。2014 年，国际标准化组织发布了第一套城市评价的国际标准 ISO 37120，通过政府服务和居民生活品质来对城市的可持续发展进行了定义（彭建虹等，2019）。由于城市发展是一个包含了人口、经济、土地和社会发展等多个子系统的复合性问题，各构成要素存在不同的演变规律且相互耦合，致使城市发展问题也变得愈加复杂，仅从经济、人口或环境等单一学科角度来对城市发展进行研究已变得不切实际。近年来，随着交叉学科研究兴起，针对城市发展的研究也呈现出了交叉融合趋势，学者们已不局限于从某一个或几个学科角度来剖析城市发展质量，而是将经济学、地理学、人口学和社会学等相关学科理论相互融合，以更加系统的视角来看待和定义城市发展。因此，2018 年国际标准化组织针对 ISO 37120 标准进行了修订，更加强调了城市发展的综合性。

国内有关城市高质量发展的定义则更多是从城市化质量和新型城市化的角度进行。如国务院发展研究中心和世界银行联合课题组（2014）认为新型城市化应从土地管理制度、户籍制度、城市融资、资方财政、城市规划与设计和政府治理能力等方面来看待；熊湘辉和徐璋勇（2018）认为新型城市化包括了人口生活方式和思想观念的转化、经济发展方式的转型、产业升级和结构的优化、基础设施均等化、公共服务均等化和人民生活水平的提高；方创琳（2019）认为新型城市化是高质量的城市建设、基础设施、公共服务、人居环境、城市管理和市民化的有机统一。由于质量是一个动态包容性概念，随着社会经济发展侧重点以及政府和居民对城市发展、城市化认知的演变，学术界针对城市发展的认知也会随之发生演变，城市高质量发展内涵就有了鲜明的时代发展特征。但总体来看，无论是国内还是国外研究，无论是针对城市化还是城市质量概念的剖析，其内涵随着社会经济发展的演变，经历了从注重"物质经济"到"以人为本"的转变，城市发展的终极目标成为"人与城之间的和谐共生"。

直到最近，越来越多的学者才开始针对城市高质量发展内涵进行定义和剖析，但仍未跳脱出以往城市发展质量、城市化质量和城市经济质量的概念范畴，甚至部分学者只是对相关概念进行了替换。如随着黄河流域高质量发展上升为国家战略（刘传明等，2020）；张国兴和苏钊贤（2020）根据高质量的核心内涵和中心城市特点，认为黄河流域城市高质量发展的关键是经济结构优化、创新驱动发展、生态适度宜居、资源配置有效和公共服务共享；师博（2020）认为黄河流域城市高质量发展的核心是城市经济的高质量发展；徐辉等（2020）认为黄河流域城市高质量发展的核心在于经济社会发展和生态安全；马海涛和徐楦钫（2020）则从新发展理念角度对黄河流域城市群高质量发展进行了剖析。当然，也有学者基于城市发展特征，从更加多元的角度来对城市高质量发展内涵进行了深挖。其中，《城市规划学刊》编辑部召开了城市高质量发展学术笔谈会议对其内涵进行研讨，并认为城市高质量发展不仅需要空间与设施等"硬件"的支撑，更需要城市治理体系等"软件"的高效运行（《城市规划学刊》编辑部，2020）。会议中，东南大学段进院士认为，城市高质量发展是要"更好提供精准化、精细化服务"，把为人民服务放在首位，塑造美好的生活家园，进而解决生产和生活等各方面问题；同济大学童明教授认为，城市以及其中的社会生活始终处在不断变化中，城市高质量发展的定义也会随之不断调整，但无论城市发展如何变化，其高质量发展的本质在于其各类系统、组织和关系间达成一种臻于完善的融合；东南大学阳建强教授认为，城市发展在达到一定阶段时，将会不再盲目追求经济和物质增长，而是追求生活品质和环境质量的提升。因此，城市高质量发展就是要更加强调以人为本、群众福祉提高、历史文化传承、生态环境改善、人居环境改善和城市活力提升。还有学者从城市规划的角度进行了定义，如王丽艳等（2020）认为顺应国际创新活动集聚中心城区的新趋势、推进城市更新与创新街区建设内在协同，是新时代城市高质量发展的核心。廖海军等（2020）提出全面提升城市形象、生态保护、交通组织、服务功能、治理体系和文化传承六大举措来系统推进城市高质量发展。

总体来看，无论是城市发展质量、城市化质量还是新型城市化，学术界对其内涵的原始解读与剖析都不够，相关研究多从新发展理念、社会主义现阶段矛盾和城市构成要素等角度来进行剖析，其优势在于贴合了时代发展和宏观政策走向，能够发现城市发展中的问题并加以引导，但缺陷在于决策咨询功能强而理论性不足，很难具有持续引领作用。针对城市高质量发展，虽然大多数学者只关注到了其静态层面的内涵，但已有少数学者关注到了其长期动态性。理论上，城市高质量发展是一个系统，其提升是一个漫长艰巨的过程，要充分考虑其发展所处于的阶段性（胡兆量，2013）。在城市发展的不同阶段，城市高质量发展的侧重点应具有差异。如在增长阶段，城市高质量发展的焦点应集中在城市经济、基础设施和人口集聚；但在社会经济发展达到一定水平，生活宜居性、智能化和环境质量就应成为城市高质量发展的重心。因此，考虑到城市高质量发展的动态性和长期性，这对于我国这样一个幅员辽阔、拥有处于各个发展阶段城市的国家尤为重要。

第三节　城市高质量发展水平评价

城市高质量发展评价体系构建有两种思路，第一种是将城市发展的过程效率等同于城市发展质量，通过构建"投入产出"型的效率评价体系来衡量城市高质量发展（祁毓等，2020；杨万平等，2020）。如袁晓玲等（2020）认为城市是一个复杂的巨型系统，将城市看作一个将输入转化输出的生产函数，生产函数的产出效率就是城市高质量发展的程度；张江洋等（2020）通过重构城市投入产出指标体系反映了城市发展特色和高质量发展要求。但赵涛等（2020）却认为虽然全要素生产率等效率指标在一定程度上能够反映质量，但受限于测算波动性、维度单一性和对城市发展成果的忽略，将其作为高质量发展的唯一依据显然已不能满足现实需要。因此，大多数学者更倾向于构建多层级评价体系，而多层级体系构建方法又可分为两类。第一类是"自上而下"，即严格遵循城市高质量发展内涵来构建评价体系，优点在于理论性强，但常常囿于底层指标数据难以获得而需要删减评价体系；第二类是"自下而上"，即对以往指标体系进行归纳、总结，筛选高频使用指标并结合数据可获得性来构建评价体系，优点在于保证了指标数据可获得性，缺陷在于评价体系的科学内涵常受到怀疑。为了保证综合评价能顺利进行，实际过程中，学者们常常"自下而上"地构建评价体系，用"自上而下"来描述构建过程，这就导致部分研究"应用意味有余而理论性不足"，只能达到评价应用的目的而无法起到定标引领作用，这也是城市高质量发展评价体系构建的主要困境之一。

一、评价维度选取

目前，城市高质量发展评价体系构建相关研究主要集中在城市化质量和城市发展质量两个方面。城市发展质量与城市化质量或新型城市化评价最大的区别在于，城市化评价大多重视"农村变为城市"的全方位过程，特别是城乡发展的协调性，而城市发展质量评价则更多关注城市发展本身。因此，大多数学者都认为城市发展质量评价是城市化质量评价的子集。在评价维度选取方面，当前学术界主要有三种思路：第一种是从城市发展的核心载体角度出发，侧重于城市发展空间载体的发展评价（叶裕民，2001；袁晓玲等，2019）；第二种则是强调城市发展的构成要素及其协调性，注重从人口、产业、空间和社会等城市发展构成要素层面评价（袁晓玲，2013）；第三种则是强调城市发展的理念，注重从创新、绿色、协调、开放和共享等新理念角度来评价（马海涛等，2020），这也是目前学术界应用最多的一种评价思路。表 2 - 1 为当前学术界有关城市高质量发展评价所选取的主要维度和底层子指标。

表 2 - 1　　　　　　　　　城市高质量发展评价指标选取

评价对象	评价维度	选取指标
城市发展质量	经济（产出效率、财政充裕、产业结构、科技创新、对外开放）	人均 GDP，人均地方财政收入，二产占比，三产占比，每万人发明专利申请量，进出口总额占 GDP 比重，人均实际利用外资金额，万元 GDP 水耗，外贸依存度，综合负债率指数等
	社会（医疗服务、教育服务、社会保障、人民生活、人口质量）	每万人拥有卫生机构床位数、医生数，百名学生专任教师数，百人拥有图书馆藏书量，人均社会保障与就业支出，人均可支配收入，人口密度，三产就业人员占比，城市失业率，恩格尔系数，人均住宅面积，人均预期寿命，互联网用户数，社会治安满意度，人均道路面积，人均邮电业务量，人均用电量，人均生活用水普及率，城市化率等
	生态（绿化、空气质量、治理水平）	建成区绿化覆盖率，空气质量优良率，污水处理率，生活垃圾处理率，SO_2、粉尘、NO_x 排放量，噪声达标率，环境保护投资指数
	城市建设（空间）	人均城市维护建设资金支出，建成区面积比重，人均道路面积，排水管道长度
	创新效率	高技术产业增加值占比，全要素生产率，单位面积 GDP 产出，GDP 能耗
	社会和谐	基尼系数，城乡居民可支配收入比，区域人均可支配收入极值比，社会满意度指数等
城镇化、城市化质量、新型城市化	经济发展（实力、结构、产业城市化、增长方式）	人均 GDP，GDP 增速，人均地方预算财政收入，第三产业产值占比，科技进步对 GDP 增长的贡献，非农产业占比，人均工业总产值等
	公共服务（医疗卫生、精神文化、社会保障、生活质量、生活方式城镇化）	每百万人拥有医院数量，公共图书馆藏书册数，万人拥有医院数、医生数、在校大学生数、互联网用户数，养老保险覆盖率，医疗保险覆盖率，失业保险率，人均住房面积，人口密度，人均储蓄额，人均社会消费品零售额，每万人拥有公共汽车数量，户均成套住宅数，餐饮企业门店数，星级酒店数，景区数，文化机构数等

评价对象	评价维度	选取指标
城镇化、城市化质量、新型城市化	空间建设（建设质量、建设设施、空间城市化）	人均城市道路面积，建成区面积占比，人均社会固定资产投资，固定资产投资占比，城镇建成区占比等
	城乡统筹（城乡差异）	城乡可支配收入比，城乡居民消费比，城乡恩格尔系数差异等
	生态环境（环境质量、环境保护、空气质量、生活污染、固废）	绿化覆盖率，人均绿化面积，工业氧化硫排放量，工业粉尘排放量，固定综合利用率，污水集中处理率，垃圾无害处理率，PM_{10}、$PM_{2.5}$、NO_2、CO 浓度，固废产生量等
	城市开放度	进出口总额占 GDP 比重等
	人口（人口城市化、现代化）	城市人口占比、常住人口城市化率，就业状况、基本生活与消费、休闲与文化观念，城市人口规模，人口素质，人口就业等
	城市发展质量（经济、社会、空间、人口、生态环境协调）	生产水平，产业结构，城乡居民收入，财政收入，科教文化事业发展，城镇基础设施建设，空间适宜度，空间集约度，空间环保度等
	城市化效率（劳动、土地、资金、水、环境、能源利用率）	二三产业产值与从业人员，建成区比例，GDP 能耗，水耗，污染物排放量，工业资金贷款利率等
	可持续发展效率（社会经济效率、生态环境效率、创新程度）	单位固定资产投资实现 GDP，R&D 人口占比，用水普及率，燃气普及率等
	城乡一体化（经济、社会一体化、城乡协调度）	第一产业 GDP 占比，非农人口占比，农村受教育程度，农村道路网密度，农村拥有医生，教师、图书和图书馆藏书数量，恩格尔系数差值，劳动生产率产值等
	耦合协调度	不同维度的耦合协调情况等

　　政府部门构建的评价体系大多基于国家政策方针和社会经济发展需要，体系构建突出了为公共政策制定的决策咨询功能，具有可对比、可操作和可调控的特征。通过对表 2-1 的评价维度和指标分析发现，学术界所构建的评价体系相较于政府部门而言，理论性更强，但评价体系常常存在通用性低、可比性差等问题。部分学者构建的评价体系可能仅适用于某一个或几个城市而不适用于

其他城市（陈明等，2013）。同时，这些评价体系也很少突出了"城市"尺度的特色，即应用于区域、省际和国别层面也具有较高适用性（成金华等，2017）。此外，相较于城市发展质量，关注城市化质量的研究相对更多。然而，无论是城市发展抑或是城市化质量的评价维度选取，经济发展都是其中的核心指标，相较关注经济增长速度和规模外，经济增长结构和效率更受关注。同时，几乎所有学者都已关注到了生态环境质量、居民生活宜居性和公共服务等城市发展其他维度的重要性，甚至由此派生出了许多有关城市发展某一维度发展质量的评价。如在城市化质量方面，有学者专门针对诸如人口（戴为民等，2020）和土地（王富喜，2020）城市化质量进行了评价；在城市发展质量方面，学者们针对道路（姜栋等，2020）、医疗服务（刘超等，2020）、移动图书馆（储昭辉等，2020）等城市基础设施质量、城市科技创新能力（李斌等，2020）、城市生态环境质量和生态宜居性（王振坡等，2019）进行了评价。随着新冠疫情席卷全球，健康城市发展理念也得到了学术界重视，因而也有学者对健康城市进行了评价（武占云等，2020）。总体来看，学术界在评价体系构建呈现了以下特征：在目标设置上从注重城市发展的结果向注重城市发展的过程与能力转变，在评价维度上从注重城市本身的建设与发展向注重居民在城市中的生活与环境转变，在指标选取上从注重定量指标向注重定性与定量指标相结合转变。

综合来看，有关城市或城市化发展质量评价维度的选取大多强调了城市发展的成果，部分学者虽然在评价体系中强调了城市发展的基础条件，但指标体系构建中却存在将投入、产出和功能等不在同一维度指标放在一起进行杂糅评价的问题，未能考虑不同维度指标之间的关系。此外，城市发展结果是城市发展质量的主要成果体现，而城市发展效率则是高质量的重要前提，城市发展质量是过程与结果的统一，但当前大多数评价对城市发展效率都有所忽略，根本原因可能在于该指标数据需要进行复杂的计算才能获得。

二、评价指标选取

在进行最终的综合评价之前，由于同一维度的多个子指标间可能存在多重共线性，因而还需要进一步对底层子指标进行筛选。通常需要采用专家法来对初步构建的评价体系进行优化，将专家们认为不重要或关联性较大的指标剔除。如范柏乃等（2022）初步预选了 92 个指标组成了第一轮技术创新能力评价体系，通过专家多轮打分筛选出了最为合理的指标。然而，这一过程虽能保证指标选取的科学性，但专家主观判断却极易导致某一维度指标过多或过少，从而影响评价体系的平衡性。

此外，由于城市层级官方统计资料较为欠缺，底层指标选取会频繁出现过程指标与结果指标相混、同类指标重复和指标测度困难等问题。因此，在底层指标选取过程中，学者们已不再满足对官方统计数据的直接使用，一方面开始通过复杂计算来构造内涵更为丰富的底层指标，如产业集中度、开放度和耦合度等；另一方面，也开始注重微观数据调查和大数据资源（王丽艳等，2019）。如"PSPL 调研法"是扬·盖尔基于理性认知、感性体验和经验分析相结合的方法，适用于对街道、广场等各类城市公共空间物质环境品质分析，以及对在这些空间环境中的各类公众活动评价，应用调研法来对城市发展进行评价的研究已越来越多。如张连城等（2013）构建了城市生活质量主观满意度评价体系，通过电话调查方式对城市住房价格预期、食品安全进行了调查；陈振明等（2011）通过对公众访谈以了解公众的公共服务需求，并基于这些关注事项概括、提炼出了评价指标；高顺成（2016）借助实地调研了解了民众对城市化健康发展质量的主观评价和感性认识，以弥补定量指标的不足。此外，还有部分学者通过问卷调研方式来对部分定性指标进行定量衡量。如叶继红（2019）设计了由 18 项指标组成的主观生活质量评价体系，其中单维生活满意度测量采用了单项问卷形式；张文忠等（2019）利用课题组多年积累的城市高质量发展的庞大问卷调研数据，指出了城市高质量发展中居民们所重点关注的指标；邓剑伟等（2018）通过问卷和访谈方式来直接获取公众满意度。同时，还有学者通过大数据方式和监测数据来获得各类指标（钱浩祺，2020）。如李双金等（2018）使用遵义 2016 年地图兴趣点数据、位置微博数据、大众点评网数据和腾讯宜出行数据评估了城市绿地活力；隋玉正等（2013）基于上海城市气象站点数据、卫星遥感反演的土地利用数据、气象灾情记录数据和植被叶面积指数数据，建立了上海城市人居生态质量评价体系。然而，上述指标的应用和获取也存在一定缺陷，如实际中现场勘查容易仅停留在对城市发展现状的一般了解，缺少细节方面的深入调查，更缺少对市民公共生活现状与需求的深入调查（赵春丽等，2012）；在问卷和访谈调研过程中，调研对象也不易准确选取且所获数据结构和真实性常受到质疑。因此，如何科学选取更加多元化的表征指标和利用好大数据资源将是城市高质量发展评价所面对的重要问题之一。

总体来看，当前学术界均认为，我国城市发展正在经历从"量"向"质"的转变，因而需要从更加多元化的角度来进行评价。无论是城市化质量抑或是城市发展质量，其都是一个包容性概念，学术界综合了经济发展、社会进步、人民生活、公共基础设施、生态资源环境、公共安全服务，空间集约、人口就业、城乡统筹一体和社会和谐等多个视角来进行评价。然而，由于学者们的研究侧重点与视角差异，至今学界对城市发展质量评价维度的选取仍莫衷一是，重要原因就在于不同时代发展需求下对城市发展功能需求的不同。如城市发展初期往往以经济建设为核心，而在经济建设达到一定阶段时则往往开始重视生活质量，只有当城市发展不再能满足人的需求时可持续发展理念才会深入人心（陈强等，2014）。因此，从功能需求角度来评价城市发展质量更多适用于城市发展成熟阶段，但对起步和增长阶段的城市而言则更多只是目标层面的导向作用。目前，已有少数学者意识到了这一问题，并已开始注重城市发展评价的阶段性和持续性，但都只是停留在城市发展的某一个方面，如科技创新（何山等，2013；杜娟和霍佳震，2014）等，尚未发现有学者能对城市高质量发展的阶段性进行清晰界定。

三、评价流程和方法

城市高质量发展评价体系构建完成后，评价工作的核心就在于指标赋权。当然，"投入产出式"的效率评价和指数公式都无须进行赋权，但这两类方式在城市高质量发展评价研究领域中的受认可程度并不高，大部分学者还是更倾向于构建多层级评价体系。城市高质量发展评价中的权重设置，先后经历了从主观赋权向客观赋权再向主客观赋权相结合的转变。随着研究不断深入，学术界越发注重主观评价的重要作用，这在一定程度上也体现出了城市高质量发展评价越来越"以人为本"。

城市高质量发展评价常用的指标赋权方法有三种，分别是主观赋权法、客观赋权法和主客观相结合的组合赋权法。其中，主观赋权法包括德尔菲法（专家打分法）、层次分析法和直接赋权法等，其赋权原理在于根据专家知识储备与经验来对指标权重进行主观判断。在主观赋权法中，还有部分学者认为每个指标的重要程度很难完全科学排序，每个指标权重应是一致的，因而应进行等权赋值。但随着我国城市发展的不平衡与不充分越发凸显，大部分学者还是认为应该给予不同指标以不同权重以体现其引领性；客观赋权法包括熵值法、因子分析法和主成分分析法等，其赋权的核心在于指标本身信息量和样本差异的驱动。同时，随着人工智能技术的发展，也有部分学者在方法创新理念引领下，使用如神经网络等智能技术来对城市高质量发展进行评价，但其方法适用性由于样本量过小等原因而受到了诸多质疑；组合赋权法则是在指标体系不同层级分别使用主观或客观赋权法，或对比主观与客观赋权法的赋权值差异后进行权重调整。表2-2为当前城市高质量发展评价中常用到的评价方法。

表2-2　　　　　　　　城市高质量发展评价常用方法

分类	名称	介绍	优点	缺点	适用范围
主观	层次分析法（AHP）	根据专家专业知识和经验，对复杂系统同一维度指标重要性两两对比排序，并按照规定标度值来构建判断矩阵。每一层指标重要性对比排序都将影响排序结果	将复杂的多目标系统简化为同层级指标对比，过程清晰、明确；计算简便，所需数据信息较少。定性与定量相结合，将定性问题定量化	不同专家针对不同维度指标重要性的排序可能会存在不一致；同一纬度评价指标数量一般不能超过9个；权重设置仍然具有一定的主观色彩	适用于定量信息数据少，指标重要程度易判断的方案评价
	德尔菲法/专家打分法	通过若干专家专业知识和经验来对指标进行多轮打分，直至所有专家意见一致，进而得到指标权重向量	计算简单；能够充分考虑现实需要	主观性极强；专家数量越多，易导致赋权结果难以收敛；通常很难找到很多专家打分	各类需要着重考虑现实需要的评价问题

续表

分类	名称	介绍	优点	缺点	适用范围
主观	模糊评价法（FCE）	根据模糊数学隶属度理论，将受到多种因素影响的事物作出一个总体性评价，较好地解决了"好""坏"等模糊、难以彻底量化的问题	将不完全、不确定信息转化为易于理解的定量信息；克服了传统定量评价结果的"唯一性"；评判结果易于理解	难以解决指标信息重复问题；隶属度函数、模糊相关矩阵确定方法常受到诟病；指标权重向量确定仍具有较大主观性	适用于各类边界描述不清晰的非确定性问题
客观	熵值法	动力系统中，热能的无序度会由低状态向高状态自发进。在综合评价中，物理中的熵值函数对于信息系统是一致的，离散程度越大，该指标对综合评价的影响越大	能够有效排除主观因素干扰，完全根据数据特征进行赋权；对于数据本身无过多特殊要求；评价值能够反映评价对象本身的发展水平	忽略了指标本身的重要程度，有时确定的指标权数会与预期的结果相去甚远；无法起到降维的作用	适用于样本特征明显的评价问题
	主成分分析法	通过对原始样本相关矩阵内部结构的研究，找出多个不相关的综合指标来表征原有指标	消除了评价指标之间的相互影响；减少了评价维度的数量	函数意义不明确；提取出的主成分内涵不明显；只是评价对象的排序而非客观水平	适用于评价维度众多的问题
	因子分析法	构建多个权重向量大的公共因子来对变量的区别与联系多元统计	降低了评价维度数量；根据方差贡献率大小确定指标权重	对样本数据要求高，需要进行公共因子有效性检验	适用于评价维度众多问题
	TOPSIS法	根据优先评价对象与理想化目标接近程度排序，是进行相对优劣评价以逼近于理想解的排序法	可对评价对象的优劣排序；充分利用了样本信息；能够较好地评价多指标、多维度的对象	只能对评价对象优劣进行排序，无法评级；无法涉及有模糊因素的评价对象	适用于多个方案之间的对比

续表

分类	名称	介绍	优点	缺点	适用范围
效率	数据包络分析（DEA）	针对多指标投入和多指标产出复杂系统的相对运行效率进行有效性评价	对样本数据形式无明确要求，数据利用率高；对于投入和产出指标的数量没有严格限制	只表明相对运行效率，效率值并不代表实际运行情况；评价过程极易受到极值影响	适用于多投入多产出的大系统
智能技术	神经网络模型	通过智能算法，学习、获取知识并储存在神经元中，对样本数据多次反复学习和训练挖掘出评价对象本身客观规律，进而作出评价	自适应能力和可容错性强，能够较好地处理任意非线性映射关系	样本需求量极大；模型极易出现过度训练；评价结果会随初始权重设置发生较大变化	处理大数据复杂系统的评价

表 2－2 中的评价方法都有着其各自的适用性。如主观赋权法能充分反映人的需要但易存在主观随意性，客观赋权法虽避免了主观随意性但却无法反映实际需求，而将主观与客观法相结合则能同时兼得两种方法的优势，因而越来越多的学者开始更倾向于使用组合赋权法。如储昭辉等（2020）将层次分析法与人工神经网络模型相结合以进行权重赋值。当然，除了将主观赋权和客观赋权方法相结合外，还有部分学者将两种或以上的客观赋权法相结合以优化模型。如任保显（2020）将熵值法和 TOPSIS 法相结合来对经济质量进行量化排序。其中，熵权法赋予各测度指标权重，TOPSIS 法比较各测度对象与最优、最劣方案相对距离来进行量化排序。

从各评价方法的结果来看，部分评价方法的结果没有绝对意义，只能对参评对象进行相对意义排名，如 TOPSIS 法；第二类方法则主要计算了最终的指数值，并在指数值基础上来对城市发展质量进行分析，如因子分析法；第三类方法则是对评价对象进行等级判定，利用"好""较好"或"很好"等模糊概念来反映城市高质量发展状况，如模糊综合评判法。在对城市高质量发展进行模糊综合评判时，通常还需要对相关子指标选取合适参考值。通常正向指标选取正向区间作为目标参考值，逆向指标选取样本负向区间作为参考值，适度性指标选取样本中位区间作为参考值。然而，参考值区间的选取有着较大主观性且将直接影响最终评价等级，因而备受学术界争议。目前，学术界针对城市高质量发展评价中的指标参考值选取分别采用国际或国内相关研究报告的规定标准值、国际或国内高质量发展城市现状值、依据现有计算结果量化确定的标准值和参考现有权威资料确定四种途径（朱洪祥等，2011）。

以往研究中，主观赋权法中的德尔菲法和层次分析法使用频率最高，客观赋权法中的熵值法和因子分析法应用最多。当然，在实际评价过程中，学者们通常还会尝试多种方法来进行评价，这一方面是为了选取最为合适的评价方法，另一方面也是对评价结果稳健性的评估。同时，还有学者们针对城市高质量发展评价的过程和方法进行了创新。如李欣等（2020）将主观评价方法和眼动追踪技术的客观数据相结合，通过运用眼动追踪技术对不同类型场景进行对比，检验主观评价和客观的眼动指标的差异，进而对城市空间视觉质量进行精确且科学的评价。未来如何更科学地使用各种最新方法也是城市高质量发展评价的重点和疑难问题之一。

此外，无论进行客观还是主观赋权，城市高质量发展评价都存在指标量级不统一的问题。所以，对指标数据进行标准化处理也是重要步骤之一。标准化处理的方法包括线性和非线性两种，其中非线性标准化方法由于临界点确定困难且常有争议，因而应用并不广泛。线性标准化方法又分为了 Z-score 方法、极差化法、极大化法、极小化法、均值化法和比重法等多种，不同处理方法有着不同特征和适用条件。如 Z-score 方法不适用于样本量较少情况，极差化法不适用于指标值恒定情况，极大与极小化法，前者无固定最大值，后者无固定最小值（张立军和袁能文，2010）。然而，城市高质量发展评价指标量级标准化过程中，很少有学者比较不同标准化方法的适用性来选取最合适的方法。大部分学者都选择了极差化法，从而确保标准化值全都位于 0～1，而这是否适用于所有底层子指标数据仍有待进一步商榷。出现这一问题的根本原因在于，部分学者针对标准化过程的科学含义尚未完全理解。

第四节　研 究 评 述

　　通过对我国城市高质量发展评价的现有内涵以及指标体系构建进行回顾和分析，本报告发现：（1）在内涵剖析方面，城市高质量发展是一个高度宏观、包容的综合概念，随着社会经济与时代理念的发展其内容不断发生变化，这就导致城市高质量发展内涵仍众说纷纭。（2）在评价维度方面，大多数学者都是在城市化、城市发展和城市经济质量等相关概念基础上，从经济、环境、社会、城市建设和效率等多个维度评价。评价维度多基于宏观整体视角，缺乏中观和微观层面的评价。评价过程中还存在将不在同一层级、维度指标进行杂糅评价的问题。（3）在评价思想方面，城市高质量发展的评价大多从静态层面进行而忽略了其长期性和阶段性，这是导致评价结果应用性不强的重要原因。（4）在指标数据方面，大多数学者都使用了官方宏观统计数据，但却不易反映城市发展的细节问题。随着进入人工智能和大数据时代，以往只能单纯依靠传统官方统计数据而囿于数据匮乏的现象有所缓解，Python 等数据抓取技术和各类监测数据促使指标数据质量得到提升。

　　综上所述，学界针对城市高质量发展评价已做了大量研究，这对促进城市高质量建设发展具有极为重要的启示和借鉴意义。未来在深化城市高质量发展评价体系构建研究中，本报告认为应从以下方面进行拓展：（1）基于城市发展阶段性来构建评价体系。我国幅员辽阔，各地城市发展情况千差万别，需要根据其发展阶段来提出相应的高质量发展要求。因而对城市高质量发展的评价也应从阶段性入手，针对不同发展阶段设置不同的核心、辅助指标及其阈值标准和范围，从而促使不同发展阶段的城市和同一发展阶段城市具有可比性，进而实现促进城市长效高质量建设发展的重要目标。（2）重视城市群、都市圈高质量发展评价。城市群、都市圈发展是城市发展在达到一定阶段后的重要形态，中心城市驱动下的城市群、都市圈发展已成为我国城市发展的重点方向。虽然已有部分学者针对城市群发展质量进行了评价，但却仍应用了传统评价单体城市的方法来评价城市群，只有极少数学者意识到了城市群高质量评价的核心在于其协同性的发育。因此，未来在对城市高质量发展评价时，需要将城市群发展作为城市发展的一种特殊形式来进行评价，在保留城市高质量发展评价核心指标的同时重点突出城市群内各城市之间的协同性。（3）指标来源多元化，重视主观评价。未来相当长一段时间内，城市高质量发展评价指标数据匮乏的问题都将难以得到完全解决。因此，未来政府部门在完善城市层级数据统计的同时，还应进一步利用各类大数据技术来开发多元化指标，并重视实地调研、访谈和问卷等主观数据，通过将主客观数据相结合来促进城市高质量发展的科学评价。为达到上述目的，需要经济学、管理学、地理学、公共管理学与城市规划学等领域研究者通力合作，真正实现跨学科交叉研究与深度融合，从而实现对城市高质量发展进行综合评价的目的。

第三章　面向中国式现代化的城市高质量发展的理论内涵

　　城市高质量发展内涵剖析是构建评价体系的理论基础，通过内涵剖析可以获得城市高质量发展评价的维度，然后在评价维度基础上来选取合适的表征指标与赋权方法，这就基本完成了城市高质量发展评价体系的构建。城市是人类生产和生活的主要阵地，城市发展牵扯到社会经济的方方面面，属于一个跨学科交叉前沿热点问题，天生具有多重学科属性，涉及经济学、人口学、社会学、地理学、管理学和城市规划学等多个学科，而高质量发展又内涵复杂、抽象且难以把握，因此将高质量与城市发展组合起来就会导致城市高质量发展的内涵极其丰富但定义却十分模糊，从而难以轻易把握其根本特征。目前，学术界针对城市高质量发展的内涵剖析仍众说纷纭。其中，一部分学者简单地将城市高质量发展视为城市经济的高质量发展，另一部分学者只是将"创新、协调、绿色、开放、共享"等高质量发展的核心特征直接套用在了城市高质量发展而忽略了城市发展本身特色，还有部分学者将城市化质量、城市发展质量、新型城市化和城市高质量发展内涵相互混淆，只是在时代发展理念、国家宏观政策走向和城市发展所存在问题基础上来对城市高质量发展内涵进行了解读。

　　这些概念定义虽具有一定科学性，但一方面存在"将城市高质量发展内涵作为'大箩筐'，任何具有正向、积极意义的概念都往里面放"的问题，导致城市高质量发展内涵成为没有边界的集合；另一方面，城市高质量发展内涵大多从静态层面定义，但随着时代发展观、国家宏观政策走向和城市发展问题的演变，城市高质量发展内涵定义也就处于持续变化状态，这就导致其动态性和长期性的特征都未得以充分体现。因此，如何科学界定城市高质量发展内涵边界、充分体现其动态性和长期性，就成为当前亟需解决的两大问题。本报告在广泛阅读相关文献的基础上，结合中国式现代化提出的目标与我国城市发展的现实状况，对城市高质量发展的内涵进行全面剖析。

第一节　城市高质量发展的价值遵循

"人民城市"理念是对面向中国式现代化的城市高质量发展的科学诠释。城，所以盛民也；民，乃城之本也。自成立之日起，中国共产党就将"人民"放在了最核心的位置。中国式现代化是中国共产党领导的社会主义现代化，既有各国现代化的共同特征，更有基于自己国情的中国特色。这就决定了中国式现代化城市高质量发展必然要坚持以人民为中心的价值遵循，以满足人民美好生活需要为出发点和归宿。"民之所愿，城之所向""民之所望，城之所往"，城市高质量发展要更能体现出"人民性"，这是中国式现代化的本质要求。

一、践行"人民城市"理念

党的二十大报告提出，"坚持人民城市人民建、人民城市为人民，提高城市规划、建设、治理水平，加快转变超大特大城市发展方式，实施城市更新行动，加强城市基础设施建设，打造宜居、韧性、智慧城市。"这为中国式现代化城市高质量发展指明了方向。"人民城市人民建、人民城市为人民"的重要理念进一步强化了党性和人民性的高度统一，回答了"城市建设发展依靠谁、为了谁"的根本问题，以及"建设什么样的城市、怎样建设城市"的重大命题，阐明了中国式现代化城市工作的发展定位、价值诉求和目标导向，为推动中国式现代化城市高质量发展提供了根本遵循和实践方向。因此，"人民城市"理念就是对中国式现代化城市高质量发展模式的完美诠释，只有坚持"人民城市人民建、人民城市为人民"，以民之所需建人民之城，不断满足人民日益增长的美好生活需要，才能真正实现中国式现代化城市高质量发展。

面向中国式现代化的城市高质量发展就是需要遵循"人民城市人民建、人民城市为人民"的理念，而在新时代社会主要矛盾下，践行"人民城市"理念的真实写照就是要以满足人民美好生活需要为一切工作的出发点和落脚点，不断增强人民群众的获得感、幸福感、安全感。党的十九大报告指出，"人民美好生活需要日益广泛，不仅对物质文化生活提出了更高要求，而且在民主、法治、公平、正义、安全、环境等方面的要求日益增长"。这一科学论断深刻揭示了中国式现代化城市高质量发展满足人民美好生活需要的基本内涵，即物质文化生活硬需求和"民主、法治、公平、正义、安全、环境"等精神文明软需求。

中国式现代化是物质文明和精神文明相协调的现代化，物质充裕与精神富有是社会主义现代化的根本要求。这要求面向中国式现代化的城市高质量发展必须处理好物质文明与精神文明之间的关系。一方面，物质文化生活需要从来都是人民的第一层次需要，没有高水平的生产力和社会财富大量积累，就难以满足人民更高层次的物质文化生活需要。尽管中国特色社会主义进入新时代，却依然并未超越社会主义初级阶段。人民美好生活需要并非不再强调原有的物质文化生活，而是更加强调高质量的物质文化生活供给，是在满足"有没有"需要的基础上，向"好不好"需要的升级，如更宜居的"三生"环境、更有获得感的收入水平，以及更智慧、韧性的基础设施建设等。因此，中国式现代化城市高质量发展的重要内容之一，就在于继续解放和发展生产力，促进城市物质文化生活供给水平不断提升，从而为满足人民美好生活需要奠定充裕的物质条件和雄厚的经济基础。另一方面，中国式现代化城市高质量发展并非不讲物质文化生活需要，也并非只讲物质文化生活需要。没有物质文化生活需要为基础的美好生活只是"镜中花、水中月"，而没有美好生活作为目的的物质文化生活建设也失去了高质量发展的本真目的，能让人民群众有获得感、幸福感、安全感的生活才是真正的美好生活。获得感、幸福感、安全感就是中国式现代化新征程中人民美好生活需要在精神富有层面更具体、生动的表达。这是建立在人民物质文化生活需要得到满足的基础上对人民美好生活需要的真切回应，是满足人民美好生活需要目标的进一步升华。

因此，面向中国式现代化的城市高质量发展不但要在物质文化生活建设方面让城市发展更加现代化，还需要更注重人民群众的精神文化生活需要，不断提高人民群众的获得感、幸福感、安全感，让物质文明与精神文明相协调，真正满足人民美好生活需要，践行"人民城市"理念。

二、实现城市发展"客观发展与主观感受"相统一

习近平总书记曾多次强调"城市是人民的城市，城市建设和发展要坚持以人民为中心的发展理念""金杯银杯不如百姓口碑，老百姓说好才是真的好"。①因此，城市是人民的，城市的核心是人，城市高质量发展也一定是人民说了算。城市高质量发展的表现一定不仅是冰冷的统计数字，还包括了一张张鲜活、生动的笑脸，能够让人民群众真切感受到、享受到的发展，才是真正的高质量发展。因此，人民美好生活需要应该既是城市高质量发展的出发点也是落脚点，能让人民群众享受到幸福美好生活的城市发展，是践行"人民城市"理念的最终目的，也是城市高质量发展的核心内涵。

第二节　城市高质量发展的路径选择

"区域协调发展"是面向中国式现代化城市高质量发展的路径选择。中国式现代化是全体人民共同富裕的现代化，面向中国式现代化城市高质量发展必然要把"共同富裕"这一中国特色社会主义的本质要求作为奋斗目标。改革开放以来，我国社会经济发展整体水平有了巨大提升，但与欧美等发达国家却还存在一定差距，东中西部区域间社会经济发展水平也极不均衡。其中，东部地区城市发展水平已接近发达国家城市，而中西部地区大部分城市却还正处于工业

---

① 习近平. 城市是人民的［EB/OL］.（2019-08-25）. 中共甘肃省委党校，https：//www.gsdx.gov.cn/info/1140/11356.htm.

化与城市化快速提升阶段。因此，要在面向中国式现代化城市高质量发展进程中更好实现全体人民共同富裕，让发展成果更多、更公平地惠及全体人民，就必须坚定不移走区域协调发展之路，"十个指头弹钢琴"，促进不同区域、不同发展阶段的城市形成协同发展、协调发展和共同发展的新局面。

一、践行"区域协调发展"意识

我国幅员辽阔，区域间经济社会发展不平衡且自然资源禀赋存在较大差异，即便是同一区域、同一省份的不同城市之间也存在较大发展差距，因而在"不平衡、不充分发展"的客观现实下，不同区域的城市就会处于不同发展阶段。根据彼得·霍尔（P. Hall）的四阶段模型、美国地理学家诺瑟姆（RAY. M. Northam）提出的城市化过程曲线以及诺顿（R. D. Norton）的产业生命周期论等现有理论，将城市生命周期划分为起步期、增长期、成熟期、转型期和衰落期五个阶段。随着城市社会经济发展的不断演进，其不同阶段的核心特征与主要任务都存在差别，因而高质量发展的侧重点与内涵也就存在差异。

城市发展起步阶段，其核心特征就在于人口向城市集聚、经济增长加快等，主要任务则在于各类生产要素的集聚和工业体系建设等，因而这一阶段城市高质量发展的内涵就在于各类生产要素集聚和经济规模扩张；进入增长阶段后，城市人口流动性大幅增强、现代化工业体系基本建立，这一阶段城市发展的主要任务就在于完善工业化进程和基础设施建设等，因而高质量发展的内涵就在于工业化、城市发展效率和经济综合实力提升；成熟期阶段的城市，其城市化率都已较高，主要任务在于提升人民生活幸福感等，高质量发展的内涵就在于强化城市建设同时着重提升居民生产生活幸福感。随着城市发展进入转型期，城市发展的核心特征在于经济活力有所下降，主要任务就在于城市更新等；如果城市发展不能成功转型再次进入增长期或成熟期，那么其将进入衰落期，这一阶段城市发展的核心特征在于产业老化、经济规模下滑，主要任务就在于增强经济活力等。城市发展各阶段的核心特征和主要任务具体见图 3 – 1。

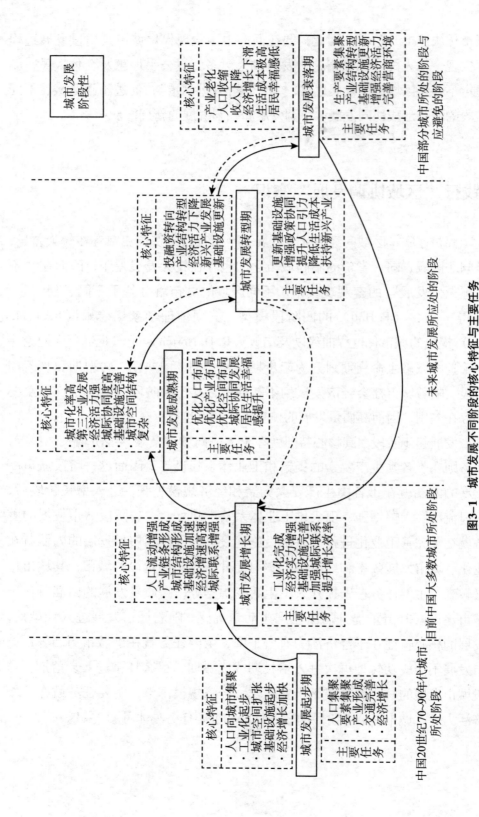

城市发展阶段性

核心特征
- 产业老化
- 人口收缩
- 收入下降
- 经济增长下滑
- 生活成本较高
- 居民幸福率感降低

城市发展衰落期

主要任务
- 生产要素集聚
- 产业结构转型
- 基础设施更新
- 增强经济活力
- 完善营商环境

中国部分城市所处的阶段与应避免的阶段

核心特征
- 投融资转向
- 产业结构转型
- 经济活力下降
- 新兴产业发展
- 基础设施更新

城市发展转型期

主要任务
- 更新基础设施
- 增强政策协同
- 提升人口引力
- 降低生活成本
- 扶持新兴产业

未来城市发展所应处的阶段

核心特征
- 城市化率高
- 第三产业发展
- 经济活力强
- 城际协同度高
- 基础设施完善
- 城市空间结构复杂

城市发展成熟期

主要任务
- 优化人口布局
- 优化产业布局
- 优化城市空间布局
- 城市协调发展
- 居民生活幸福感提升

核心特征
- 人口流动增强
- 产业链条形成
- 城市结构加速
- 基础设施高速
- 经济增速高增强
- 城际联系增强

城市发展增长期

主要任务
- 工业化完成
- 经济实力增强
- 基础设施完善
- 加强城际联系
- 提升增长效率

目前中国大多数城市所处阶段

核心特征
- 人口向城市集聚
- 工业化起步
- 城市空间扩张
- 基础设施起步
- 经济增长加快

城市发展起步期

主要任务
- 人口集聚
- 要素集聚
- 产业形成
- 交通完善
- 经济增长

中国20世纪70～90年代城市所处阶段

图3-1 城市发展不同阶段的核心特征与主要任务

注：实线代表正常周期，虚线代表逆向周期。

　　根据城市发展所处阶段，促进城市高质量发展既是解决发展不平衡、不充分问题的内在要求，也是构建新发展格局的重要途径。这就要求中国式现代化城市高质量发展要坚持因城而异，处于不同发展阶段的城市要立足新发展阶段，完整、准确、全面地贯彻新发展理念，在客观认识发展条件、分工定位和差距基础上把握自身发展阶段，明确自身所处发展阶段的中心任务和重点领域，既不能盲目冒进，又不能踌躇不前，要有目的、有方向地稳扎稳打，推进城市高质量发展。同时，处于不同发展阶段的城市还应坚持全国一盘棋思维，在遵循国家发展整体性要求和总体战略布局基础上，根据自身所处发展阶段发挥资源禀赋和比较优势发展特色优势产业，按照重点开发地区、生态脆弱地区、能源资源地区等主体功能定位精准施策，在增强自身发展动力的基础上缩小发展差距，打造既具有中国特色，又不失自身优势的城市高质量发展模式。此外，不同发展阶段城市还应精准识别和不断强化自身比较优势，找准发展的独特领域和赛道，在城市群、都市圈协同发展中，充分发挥自身比较优势，避免单兵作战，在协同发展中分工协作、优势互补，从而形成中国式现代化城市高质量发展的整体性优势。

　　城市发展是一个自然历史的过程，有其固有的客观规律。中国式现代化城市高质量发展要认识、尊重、顺应城市发展的客观规律就要坚持绝对与相对的统一（张军扩等，2019）。一方面，无论城市发展处在哪个阶段，经济增长和人民美好生活都应是高质量发展的需要，没有经济增长的美好生活需要将是无根之萍，而没有美好生活需要的经济增长也就失去了其发展的目的，因而经济增长和人民美好生活需要都是城市高质量发展的绝对需要；另一方面，量变积累才能导致质变，没有量的积累也就没有质的突破。城市高质量发展的标准也是相对的，一定是建立在相应基础上来谈相应的高质量发展目标，超越其相应发展阶段所提出来的发展目标只会带来各种扭曲，难以起到引领作用。如经济增长提速阶段过分强调居民福利提升会影响经济增长的驱动力，而在经济发展水平达到一定阶段后仍强调经济增速而非人民福利提升，即使能够实现某些局部目标也将会因为违背城市发展规律而为全局高质量发展带来毁灭性影响。因此，一定阶段的城市生产力需要匹配相适应的生产关系，生产力和生产关系间的匹配会随社会经济发展的演进而不断变化，经济增长和人民美好生活需要虽然十分重要，但在不同发展阶段其在城市发展过程中的相对重要程度也会有所不同。

梳理城市发展质量、城市化质量相关理论与文献可以发现，城市发展在初期阶段主要追求经济和物质增长，之后将强调生活品质和环境质量提升，在达到成熟阶段后会进一步强调人民福祉、历史文化传承和城市活力提升。随着社会经济发展，城市高质量发展的目标经历了从注重"物质经济"到"以人为本"再到"人城之间和谐发展"的转变。因此，研究城市高质量发展问题时一定要树立"具体问题具体分析"理念，根据城市发展阶段性来看待城市高质量发展，这对中国这样一个幅员辽阔、内部发展又极不均衡的国家尤为重要。

二、实现城市发展的"长期性与动态性"相统一

社会主义初级阶段的基本国情和区域社会经济发展的不协调背景下，中国式现代化城市高质量发展既需要重点关注人民"美好生活"需要的长期性，又需要兼顾不平衡不充分发展下"美好生活"需要的动态性变化。本质上，人民"美好生活"需要的长期性与动态性并不矛盾，而是城市高质量发展工作的一体两面，长期性强调了未来相当长一段时间内城市高质量发展需要重点围绕"促进城市客观发展与满足人民主观感受"的一般性要求，而动态性则是强调了要在把握全局一般性原则要求下紧扣城市发展阶段的特殊性来开展工作，从而做到"具体问题具体分析"而绝不"一刀切"式地"大跃进"或踌躇不前。当然，"促进城市客观发展与满足人民主观感受"的长期性一般要求也并非一成不变，而是会随着中国特色社会主义发展而动态变化并在未来呈现出更加丰富的内涵。因此，中国式现代化城市高质量发展要实现区域协调发展就是要促进城市发展的"长期性与动态性"相统一，这对我国这样一个整体高速发展而区域内部发展又极不平衡的国家尤为重要。

第三节　城市高质量发展的实践取向

"全周期管理"意识是面向中国式现代化城市高质量发展最基本的实践取

向。城市不是钢筋混凝土的简单堆砌，更不是社会资源的机械组合，而是一个集经济、社会和生态系统为一体的有机、复杂、开放的"生命巨型系统"。城市高质量发展工作千头万绪，涉及经济发展、民生福祉和生态保护等方方面面且往往牵一发而动全身。这要求将"全周期管理"意识贯穿到城市规划、建设、管理的全过程与各环节，努力探索中国式现代化城市高质量发展的新道路。

一、践行"全周期管理"意识

"全周期管理"意识是面向中国式现代化城市高质量发展在实践取向层面具体推进的方法论。其本质内涵是"以人民为中心"，将城市发展视为一项系统性工程，尊重城市发展的客观规律，将全局性、系统性思维作为把握城市发展全过程和各环节的底层思维，强调"全面""系统""协调"，不能有短板，不能以某方面的停滞甚至倒退为代价，换取其他方面的发展，否则只会"按下葫芦浮起瓢"。比如，忽视城市空间优化而追求经济增长，导致城市病出现；一味追求经济增速而忽视社会建设，导致城市居民收入差距拉大；一味强调缩小收入差距，搞平均主义，导致共同贫穷而非共同富裕等。

作为有机生命体，城市的复杂巨型系统属性决定了其发展的全过程，各环节和各要素间均存在复杂的交互耦合影响机理，某一过程、环节和要素的变化往往会导致整个系统发生变化，而全过程、各环节和各要素间的有机组合则往往能起到"1+1>2"的效果。所谓"有机组合"，指的是整个城市发展处于一种"帕累托最优"状态，即城市发展系统中任何过程、环节和要素的优化都将不存在更多的帕累托改进余地。此时，城市处于高质量发展状态。这就要求将"全周期管理"意识贯穿到中国式现代化城市高质量发展的全过程和各环节，未雨绸缪、科学规划，采取与全局一致，但在各部分、各阶段又具针对性的发展措施，从而真正做到"城市管理应该像绣花一样精细"。

从面向中国式现代化城市高质量发展特征的角度看，城市"全周期管理"需要重点关注三个问题。首先，中国式现代化是人口规模巨大的现代化。我国超14亿人口中有9亿多人居住在城市，且在未来还将继续增加，城市规模不断扩大，城市结构不断复杂、多元，城市高质量建设、发展与治理难度也必将呈几何级数增长。如何在持续的城市化进程中践行好"以人民为中心"的发展理念，处理好9亿多城市人口"衣食住行、生老病死、安居乐业"等重要问题，成为了中国式现代化城市高质量发展需要解决的首要问题。其次，中国式现代化是人与自然和谐共生的现代化。超大规模人口进入城市进行现代化的生产、生活，必将对整个自然生态系统形成巨大冲击，处理好"人民与城市""城市与自然生态"和"自然生态与人民"这三对重要关系，促进城市"生产、生态、生活"空间的有机融合，就成为实现"人民、城市与自然"三者和谐共生所必然要面临的重大问题。最后，中国式现代化是走和平发展道路的现代化。区别于西方国家依靠战争、殖民以及剥削、压榨实现城市发展的原始资本积累，我国城市发展的诸多成就是依靠人民群众辛勤的劳动智慧创造的，且未来必将继续坚定不移走"和平、发展、合作与共赢"的道路。面对越发复杂、不确定的国际社会，如何在深化开放、合作、共赢的道路上处理好"竞争与合作""开放与安全""交流与稳定"的关系，利用好国际和国内两个市场、两种资源、两类规则，就成为在中国式现代化安全、韧性与稳定环境需求下，提升我国城市发展的国际影响力和竞争力需要高度关注的问题。

上述问题表明了面向中国式现代化城市高质量发展的复杂性与艰巨性，因而在"全周期管理"中需要稳妥处理好城市发展中全过程、各环节与各要素间的复杂关系，以人民群众的智慧创造破解城市高质量发展中的复杂性难题。这要求在中国式现代化城市高质量发展中，要激发人民群众的积极性、主动性与创造性，让人民群众在城市规划、建设与治理的全过程与各环节"唱主角"，鼓励和支持城市中"政府、社会和人民"等多方主体集思广益、建言献策、同向发力，集纳各种创新做法进行精准施策，并以人民群众的获得感、幸福感、安全感作为城市"全周期管理"效果的衡量标准，从而真正解决面向中国式现代化城市高质量发展实践中的痛点、难点和堵点问题。

二、促进城市发展的"条件、过程与结果"相统一

"全周期管理"的实践取向下，城市高质量发展是一个全局、系统的有机整体。如果将城市发展结果视为城市高质量发展的核心体现，那么城市发展过程

效率就是发展结果的决定要素，而城市基础条件就是发展结果的重要基础与发展过程的核心动力。其中，城市发展结果决定了高质量发展的基本水平。城市发展从最初的农村人口向城市集聚，再到社会经济活动不断增强、空间持续扩张和基础设施不断完善，是一个涉及多方面内容的社会经济演化系统（袁晓玲等，2019），包含人口、经济、空间和社会发展等多个要素，过程和子系统在多个时间尺度上的相互作用和演化，各构成要素存在不同演化规律且相互耦合（马廷，2019）。因而城市高质量发展定义虽会因为社会经济发展变化而不断变化，但其高质量发展的本质在于各类系统、组织和关系间达成一种臻于至善的融合（《城市规划学刊》编辑部，2020）。这里的融合，除人口、空间、经济和社会发展的融合外，还包括城市发展达到一定阶段后，城际协同发展对高质量发展的重要驱动。因此，城市高质量发展的成果不外乎就包括了人口集聚、经济增长、空间扩张、社会现代化和城际协同发展五个方面。

然而，发展成果只是城市高质量建设发展的重要体现之一，作为一个系统的动态过程，城市发展过程效率会通过新发展理念来对最终结果的"质量"起到"乘数效应"。城市是一个复杂的巨型系统，如果将城市看作一个"投入产出"型生产函数，生产函数的产出效率也是城市发展质量的体现（袁晓玲等，2020），城市高质量发展的过程就强调了城市发展应是一个"低投入—高产出"而非"高投入—高产出"的系统，更不是一个"高投入—低产出"的系统。因此，效率的高低虽不能反映质量的全部，但却也是其最重要的核心特征之一（张江洋等，2020；卞元超等，2019）。

此外，城市发展的初始条件是高质量发展的重要基础与核心动力，初始条件的高低虽不能决定质量发展结果的高低，但却也会影响高质量发展的起点、效率和最终结果。因此，如果说发展结果是城市高质量发展的核心体现，发展效率是其决定要素，那么初始条件就是其重要基础，结果决定质量的基本大小，效率会对最终结果起到"乘数效应"，而初始条件则会通过"加减运算"来导致高质量发展水平上下波动，波动幅度取决于初始条件的正负大小。因此，面向中国式现代化城市高质量发展坚持"全周期管理"的实践取向，就是要促进城市发展的"条件、过程与结果"相统一，从而将城市高质量发展各个关键环节的工作有机联系，系统推进城市的高质量建设发展。

第四节　面向中国式现代化的城市高质量发展的三个相统一

通过对城市高质量发展内涵的梳理可以发现，城市高质量发展的科学内涵天然包括了三个统一，既是"条件、过程与结果"的相统一，也是"动态性和长期性"的相统一，还是"客观发展与主观感受"的相统一，"三个统一"构成了城市高质量发展的核心内涵。其中，"条件、过程与结果"相统一是城市高质量发展的核心驱动力，贯穿于城市高质量发展"动态性与长期性"的整个生命周期。"客观发展"是"条件、过程与结果"相统一的直接表现，而"主观感受"是"条件、过程与结果"相统一的根本目的。"客观发展与主观感受"相统一是"条件、过程与结果"相统一贯穿于"动态性与长期性"相统一下的"一体两面"。因此，构建城市高质量发展综合评价体系也就一定需要围绕城市高质量发展的"三个统一"进行。图3-2为城市高质量发展"三个统一"的内在逻辑。

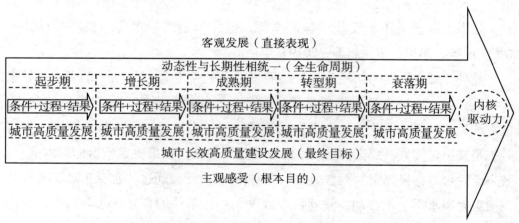

图3-2　城市高质量发展"三个统一"的内在逻辑

第四章 城市高质量发展综合评价体系构建

第一节 综合评价体系的构建

一、客观评价体系的构建

（一）指标体系的基本内涵

基于面向中国式现代化的城市高质量发展内涵，考虑到城市的动态发展过程，本报告所构建的城市高质量发展客观评价体系从城市发展的条件—效率—成果角度出发，认为城市发展条件是人口、经济、空间、社会和协同五个方面的结果。本研究所构建的指标体系的基本内涵如下。

1. 城市发展条件

在城市发展的过程中有着一系列的主客观条件可视为城市发展的投入要素，如果以较低的投入实现了较高的产出则说明城市利用有限的资源争取到了最好的城市发展结果，如果以较高的投入却实现了较低的产出则说明城市发展的低效和亟须转型。

城市发展的基本条件可从城市发展的先天禀赋和后天努力两个角度理解。其中，先天条件包括历史文化底蕴、自然资源禀赋和自然地理条件。历史文化底蕴为城市提供了先天的旅游资源，提升了城市的文化品位和文化吸引力、城市居民对公共文化生活的满意度和城市在文化上的吸引力和感召力；自然资源禀赋则提升了城市的生态自净能力、城市对污染的承载度和居民的生活品质和幸福感；自然地理条件则在客观上规定了最大的人口承载力。城市发展的后天努力衡量了城市后天努力建设的结果，包括营商环境、政府治理能力和人居环境。先天条件在城市发展过程中固然是重要的，但城市管理者在尊重客观条件的情况下改造城市发展的基本环境，弥补城市先天条件的不足将对城市发展有着不可忽视的积极作用。营商环境的好坏将影响一个地区对新兴产业的吸引力和当地的市场活跃度，直接作用于城市发展水平。高效的政府治理将为城市发展打破很多行政掣肘，进一步释放城市发展潜能。人居环境的好坏则直接影响居民的幸福度和满意度，进而影响城市对人才的吸引力。

2. 城市发展效率

城市发展从条件到结果的过程就是城市发展效率的基本体现。如果将城市看作一个生产函数，这一过程中以较低的投入获得了较高的产出就说明城市发展的效率较高。然而，城市发展往往离不开人口、经济、空间、社会、协同五大方面，因此城市发展效率也可以从上述五个角度加以理解。

人口效率。党的二十大特别提出"中国式现代化是人口规模巨大的现代化"，凸显了人口要素在中国经济社会活动中的重要价值。现实生活中，居民会流向经济实力更强、更有发展机会、社会基本公共服务更好、自然环境更优的地区。因此，人口发展效率的概念一方面应包括地区的人口发展水平（如人口结构、人口素质等），还应该能衡量该地区自然环境、经济水平、教育水平、公共服务等经济社会基本条件对人的"引力"作用。

经济效率。城市各个行业、各种产业的发展水平是城市经济核心竞争力之一，而一个城市的经济结构和经济竞争力也是衡量城市发展水平的重要因素。经济规模、经济结构和经济效率是城市经济的核心要素，是城市在一个区域内或全国范围内承担何种职能的重要标志。

空间效率。城市作为一个复杂的系统，其城市空间的协调性和有效性以及内部要素与资源流动效率也应成为城市高质量发展的一个重要的衡量因素。城市空间效率主要衡量各类要素在空间范围内的流动是否畅通以及空间扩张是否有效服务于城市的经济发展。

社会效率。从社会角度看，城市的发展必须惠及社会的方方面面，社会的创新水平、开放程度、生态文明、区域协调、共享发展程度都是城市社会发展水平的重要方面。此外，社会公共服务包括教育、医疗、社保等多个方面，也影响着人民群众的幸福感和获得感。上述社会公共资源的提供是否充分、分配是否存在不均也是从社会维度衡量城市发展效率的重要衡量因素。

协同效率。城市协同主要包括城市内部协同，如企业集聚产生的协同效应，和城际协同，如各城市之间路网的建设人口、资本要素向中心城市集聚和城市之间的产业互补等。在新时代背景下，深化城市群内各城市的协同发展与合作有利于构建分工合理的区域格局，对于提高城市群整体竞争力以及推动经济高质量发展具有重要的意义。因此城市的协同水平也应纳入指标体系的构建当中。

3. 城市发展结果

城市发展过程中主要包括人口、经济、空间、社会、协同五大要素，因此从城市发展的结果视角看，城市发展结果就可总结为人口集聚、经济发展、空间扩展、社会进步和协同发展几大方面。在城市发展的起步阶段，人口往往向中心城市集聚，经济规模不断攀升，空间在以城市面积扩张和城市建筑平均高度增加为特征的横向和纵向大规模扩展，社会文化生活不断丰富，城市对周边地区各要素的吸引力不断增长。但随着城市发展进入成熟期，城市逐渐面临着人口拥挤、空间紧张、公共服务设施建设不足、城市环境恶化、区域差异扩大等情况；而一旦城市衰落，甚至会出现人口流出、经济萎缩、中心城区迅速老化等"逆城市化"现象。面对上述情况，城市的高质量发展就要求城市应当优化资源分配，对城市空间进行合理规划而不是盲目扩张，城市产业发展不应"瘸腿"，教育、医疗等公共服务设施必须合理配套，对周边城市应当发挥中心城市的带动作用而不是单方面的"吸血"等，因而这也是面向中国式现代化城市高质量发展的应有之义。

（二）指标体系的构建

基于以上理论基础和城市高质量发展评价体系基本内涵，本报告在借鉴国内外相关研究的基础上，根据我国城市自身发展特色，通过广泛讨论、专家咨询、政府座谈等方式确定了城市高质量发展客观评价体系，具体如表4－1所示。

表4－1　　　　　城市高质量发展客观评价体系（三级指标）*

	一级指标	二级指标	三级指标
	城市先天禀赋	历史文化底蕴	历史文化底蕴
		自然资源禀赋	资源禀赋
			自然风景禀赋
		自然地理条件	气候条件
			地形条件
			自然灾害
城市发展条件	城市后天努力	营商环境	市场环境
			市场潜力
			成本环境
			融资环境
		政府治理能力	法治与安全环境
			生态环境
			创新环境
			城际交通环境
			市内交通环境
			市政建设
			市政维护
		人居环境	民生环境
			文化环境
			教育资源
			医疗卫生资源
			生活服务
城市发展效率		人口发展效率	
		经济发展效率	
		空间发展效率	
		社会发展效率	
		协同发展效率	

续表

	一级指标	二级指标	三级指标
城市发展结果	人口发展	人口素质	身体素质
			文化素质
		人口规模	存量规模
			流量规模
		人口结构	城乡结构
			年龄结构
			性别结构
			就业结构
	经济发展	经济实力	经济数量
			经济质量
		经济结构	产业结构
			产业集聚
		经济活力	企业活力
			消费活力
			市场活力
	空间发展	空间规模	总量规模
			增长规模
		空间形态	空间边界
			空间结构
			空间类型
		空间活力	产出活力
			人口活力
			商业活力
	社会发展	创新发展	创新产出
			创新转化
		共享发展	财富共享
			服务共享
		绿色发展	水污染
			固废污染
			大气污染
			资源消耗

续表

	一级指标	二级指标	三级指标
城市发展结果	社会发展	开放发展	对外开放
			对外合作
		协调发展	城乡协调
			城际协调
	协同发展	人口协同	人口素质协同
			人口规模协同
			人口结构协同
		经济协同	质量协同
			产业协同
			市场协同
		空间协同	交通协同
			区位协同
			制度协同
			文化协同
		社会协同	生态协同
			创新协同
			共享协同
			开放协同
			协调协同

注：＊完整版城市高质量发展评价指标体系见附录1。

二、主观调查问卷的设计

按照"条件、过程与结果"相统一、"客观发展与主观感受"相统一、"动态性和长期性"相统一的原则，本报告将客观评价与主观评价相结合，以客观评价结果评价城市高质量发展的条件、过程、结果、客观发展以及动态性和长期性。以主观评价结果反映城市高质量发展的结果与居民的主观感受。

主观评价以问卷的形式展开。依托 2020 年教育部重大课题攻关项目（20JZD012）、陕西省经济高质量发展软科学研究基地，本报告开展了"居民对城市高质量发展主观感受"问卷调研，从而评判人民心中的"城市高质量发展"。问卷在设计过程中首先对国内外学者的相关文献进行梳理总结，参考了前人设计的成熟问卷和相关研究成果；其次根据本报告客观评价指标设计问卷题目，以期可以通过主客观指标相统一的方式更具体地评价居民对城市高质量发展的主观感受，评价城市高质量发展的成果。问卷采用李斯特五级量表，将居民对某指标的满意度设定为"非常满意""满意""一般""不满意""非常不满意"5个级别，从"城市基因""营商环境""政府治理能力""人居环境""人口发展""经济发展""空间发展""社会发展""协同发展"9个维度综合评判了居民对城市高质量发展的主观感受。问卷详细内容见附录2。

第二节　综合评价方法与步骤

一、城市发展阶段性划分步骤

（一）发展阶段性预判

根据城市高质量发展动态性与长期性相统一的原则，城市发展阶段性的判断和城市发展评价标准之间并不是割裂的，而是相辅相成的关系。城市高质量发展阶段性判断的依据主要在于城市发展核心特征，而城市发展核心特征既是上个阶段城市发展的主要任务，也是当下阶段评价的核心指标。城市发展进入下个阶段的必要条件在于一定数量核心特征指标满足相应的阈值条件。

（二）建立层次结构

本报告将划分城市发展阶段的指标从系统论的角度划分为目标层、准则层和指标层三个层次。目标层即为城市发展阶段或城市生命周期综合评判。本文将准则层分解为营商环境、人口、经济、空间、社会、协同、政府治理能力和人居环境 8 个方面，每个方面构成城市发展阶段这一目标系统的子系统，这 8 个综合指标即为指标体系的一级指标。通过对一级指标的进一步细分，可以得到城市发展阶段评判指标体系的 21 个二级指标（见表 4−2）。

表 4−2 城市发展阶段评判指标体系

目标层	准则层	指标层	指标类型
城市发展阶段	营商环境	社会消费品零售总额	正向型
		金融从业人员占比	正向型
	政府治理能力	公路客运量	正向型
	人居环境	星级饭店数量	正向型
	人口维度	科研人员占比	正向型
		年末人口数	正向型
		城市化率	正向型
		就业人口占比	正向型
		人口密度	正向型
		人口增长率	正向型
	经济维度	GDP	正向型
		人均 GDP	正向型
		GDP 增长率	正向型
		规模以上工业企业数量	正向型
		产业结构	—
		人均消费支出	正向型
	空间维度	建成区面积占比	正向型
	社会维度	每万人口专利授权数	正向型
		实际利用外资	正向型
		互联网普及率	正向型
	协同维度	质量协同	负向型

（三）模糊综合评判法

1965 年，美国著名计算机与控制学家查德教授提出了模糊的概念，并在国际期刊 *Information and Control* 发表了第一篇用数学方法研究模糊现象的论文 "Fuzzy Sets"，开创了模糊数学的新领域。模糊综合评判法依据模糊数学原理，模拟人脑评判事物的思维过程，将人的主观判断用数量形式加以表达和处理，能够较好地克服评判城市发展阶段指标属性的模糊性。

（1）建立因素集。城市发展阶段评判因素即城市发展阶段评判指标，一级评判因素集为一级指标中的 8 个综合指标，记为 $U = \{U_1, U_2, U_3, U_4, U_5, U_6, U_7, U_8\}$。二级评判因素集为二级指标的 21 个指标，记为 $U_i = \{U_{i1}, \cdots, U_{ik}\}$。

（2）确定评语集 $V = \{V_1, V_2, \cdots, V_n\}$。评语集即评判者对评判对象可能出现的评判结果的集合。本报告将初步划分的评判结果分为 3 个等级 $V = \{V_1, V_2, V_3\} = \{低，中，高\}$，二次划分的评判结果分为两个等级 $V = \{V_1, V_2\} = \{低，高\}$。

（3）建立权重集。本报告权重采用等权法。一级指标因素权重集为 $W = \{W_1, W_2, W_3, W_4, W_5, W_6, W_7, W_8\}$，二级指标因素权重集为 $w_i = \{w_{i1}, w_{i2}, \cdots, w_{ik}\}$。

（4）构建隶属函数，得到模糊评判矩阵 R。

（5）合成模糊综合评价结果向量。选取合适的算子（加权平均算子可以兼顾每个因素对综合评价的影响，保留原始数据的全部信息）将城市发展阶段评判指标的权重向量 $w_i = \{w_{i1}, w_{i2}, \cdots, w_{ik}\}$ 与模糊矩阵 R 进行合成，得到城市发展阶段最终的综合评价结果向量 B。

（四）确定指标阈值

（1）初步划分——基于总量指标。综合国内外研究现状及城市发展阶段特征，结合中国城市演进的实际情况，对城市发展阶段每个二级指标赋予三档的阈值区间，基于总量指标对城市发展阶段进行初步划分，将城市发展水平划分为低、中、高三种水平（见表 4-3）。

表 4-3　　　　　　　　城市发展阶段评判总量指标阈值

目标层	准则层	指标层	低	中	高
城市发展阶段	营商环境	社会消费品零售总额（亿元）	<316.92	316.92~4 500	>4 500
		金融从业人员占比（%）	<0.31	0.31~1.5	>1.5
	人口维度	科研人员占比（%）	<0.14	0.14~2.1	>2.1

续表

目标层	准则层	指标层	低	中	高
城市发展阶段	人口维度	年末人口数（万人）	<456.26	456.26~1 071	>1 071
		城市化率（%）	<30	30~70	>70
		就业人口占比（%）	<17.13	17.13~76	>76
		人口密度（人/平方公里）	<461.29	461.29~1 400	>1 400
	经济维度	GDP（亿元）	<1 000	1 000~16 000	>16 000
		人均GDP（元/人）	<26 926.63	26 926.63~103 532	>103 532
		规模以上工业企业数量（个）	<901.85	901.85~6 781	>6 781
		产业结构（%）	第一产业占GDP比重>20%	第一产业占GDP比重<20%，第二产业占GDP比重>第三产业占GDP比重	第一产业占GDP比重<20%，第二产业占GDP比重<第三产业占GDP比重
		人均消费支出（元）	<11 616.27	11 616.27~25 222	>25 222
	空间维度	建成区面积占比（%）	<1.06	1.06~13.9	>13.9
	社会维度	每万人口专利授权数（个）	<715.22	715.22~25 413	>25 413
		实际利用外资（万美元）	<26 630.86	26 630.86~594 321	>594 321
		互联网普及率（%）	<9.46	9.46~41.62	>41.62
	协同维度	质量协同	>0.83	0.28~0.83	<0.28
	政府治理能力	公路客运量（万人）	<7 533.72	7 533.72~42 530	>42 530
	人居环境	星级饭店数量（个）	<33.83	33.83~264	>264

（2）二次划分——基于增量指标。通过 GDP 增长率和人口增长率两个增量指标对低水平和中等水平城市进行进一步细分，通过增量指标的高低进一步筛选出转型期和衰落期城市（见表4-4）。

表4-4　　　　　　　　　城市发展阶段评判增量指标阈值　　　　　　单位：%

增量指标	低	高
GDP 增长率	≤5	>5
人口增长率	≤0.1	>0.1

二、客观指标评价方法与步骤

城市高质量发展评价体系构建完成后，评价工作的核心就在于指标赋权。目前，指标赋权方法主要分为主观赋权法、客观赋权法和主客观相结合赋权法，虽然还有部分学者主张对所有指标赋予相同权重，但由于城市发展指标间天然存在不一样重要性，因而并未得到学术界广泛认可。为了确保评价过程的科学性与客观性，大多数学者更倾向于使用因子分析法、熵值法和其他人工智能模型来对指标赋权，缺陷在于指标赋权完全根据数据特征，并未完全体现指标间的重要性差异。主观赋权法由于赋权过程中的主观人为色彩而备受诟病，但却能保证所有指标重要性差异得到充分体现。主客观赋权法则是将客观和主观赋权方法相结合，在不同维度采用不同赋权方法，得到了越来越多学者的认可。因此，本报告在该指标体系基础上，采用主客观相结合赋权方法来对城市高质量发展进行评价。其中，四级指标采用熵值法赋权，三级及以上指标则采用德尔菲法赋权，通过多名专家多轮背对背打分法来对指标赋权，从而最大限度展示不同指标权重差异。

针对不同阶段核心和辅助指标的赋权，主要是通过先判定核心或辅助指标，然后根据发展阶段来进行专家打分的方法赋权。其中，核心、辅助指标的判断是通过专家多轮研讨、邮件打分来判断其重要性，通过将这一过程反复多次，从而得到让所有专家均认可的核心与辅助指标判定；在得到核心和辅助指标判定后，再对每个阶段核心和辅助指标进行专家打分，打分主要针对四级以上指标，每个阶段指标权重都不相同。即使在某几个阶段其都是核心或辅助指标，权重也可能存在差异。然而，无论如何，核心指标权重都远高于辅助指标。核心指标的阈值区间确定主要参考了三种方法：首先，对全球各著名城市和新中国成立70多年来的城市发展历程进行梳理，从而初步判定各类核心指标在各城市发展阶段的阈值范围；其次，通过文献梳理方法来确定以往研究中对城市发展阶段核心特征指标的阈值范围；最后，通过专家访谈和问卷方法来最终确定每个核心指标的阈值范围。根据城市所处的不同发展阶段，对客观三级指标的赋权情况见附录3。本报告客观指标的评价方法与步骤如下。

（一） 评价方法

本报告首先采取熵权法对四级指标进行赋权（四级指标见附录1），再根据逐级等权法对指标进行计算的方法得出相应的指标值。城市发展是一个客观过程，而熵权法作为一种客观赋权法，常常用于对客观指标进行赋权，其计算结果具有较高的可信度，具有客观性、适用性和可操作性，因此本报告选择熵权法对城市高质量发展指标体系的客观指标即四级指标进行赋权并求出三级指标的最终得分。逐级等权法是指数编制研究中一种较为常见的指数编制方法，主要针对无客观权重综合类指数的编制。而熵权法处理后形成的三级指标为指数形式，因此也较适用于逐级等权法。

（二） 样本选取与数据处理

本报告以中国285个地级市为研究样本，样本区间确定为2000～2020年。本报告指标数据的主要来源为《中国统计年鉴》、《中国城市统计年鉴》、《中国城市建设统计年鉴》、《中国人口和就业统计年鉴》、《中国区域经济年鉴》、各省年鉴和其他公开数据（如政府官网、统计局官网等）。针对个别指标数据缺失问题，本报告按地区生产总值占比进行折算，再通过插值法和移动平均法补齐剩余的极个别缺失数据。

（三） 指标计算的基本过程

1. 指标计算基本思路

（1）计算三级指标。本报告构建的城市高质量发展指标体系分为四级。四级底层指标通过统计年鉴收集，部分未收集到的采用插值法、移动平均法处理，之后对每个三级指标下的四级指标单独采用熵权法计算权重后，加权平均得到三级指标的最终得分。

（2）计算二级指标。在所有三级指标都计算完成后，本报告使用逐级等权法计算投入指标和产出指标，具体方法参考王阳等（2019）提出的收入分配评价指标体系的计算过程。

2. 指标计算的基本步骤

（1）指标标准化。指标数据特征不同可能会影响到结果的准确度和可信度，因此在正式计算前需对数据进行标准化处理。正向指标和负向指标不统一有可能造成错误的赋权结果，因此对于正向指标和负向指标需要采取不同的方法进行处理使其标准化。对正向指标作如式（4.1）处理：

$$x'_{ij} = \left[\frac{x_{ij} - \min(x_{1j}, \ x_{2j}, \ \cdots, \ x_{nj})}{\max(x_{1j}, \ x_{2j}, \ \cdots, \ x_{nj}) - \min(x_{1j}, \ x_{2j}, \ \cdots, \ x_{nj})} \right] \times 100 \qquad (4.1)$$

对负向指标作如式（4.2）处理：

$$x'_{ij} = \left[\frac{\max(x_{1j}, \ x_{2j}, \ \cdots, \ x_{nj}) - x_{ij}}{\max(x_{1j}, \ x_{2j}, \ \cdots, \ x_{nj}) - \min(x_{1j}, \ x_{2j}, \ \cdots, \ x_{nj})} \right] \times 100 \qquad (4.2)$$

其中，x'_{ij} 为第 i 个地区的第 j 个指标的数值。$i = 1, 2\cdots, n$；$j = 1, 2, \cdots, m$。x'_{ij} 为第 i 个地区的第 j 个指标标准化后的值，记 $x'_{ij} = X_{ij}$。

（2）计算第 j 项指标下第 i 个项目占该指标的比重为式（4.3）：

$$p_{ij} = \frac{X_{ij}}{\sum_{i=1}^{n} X_{ij}} \qquad (4.3)$$

其中，p_{ij} 第 j 项指标下第 i 个项目占比。

（3）计算指标熵权如式（4.4）所示：

$$e_j = -k \sum_{i=1}^{n} p_{ij} \ln(p_{ij}) \ , \ 式中 \ e_j \geqslant 0, \ k > 0, \ k = 1/\ln(n) \qquad (4.4)$$

其中，e_j 为第 j 个指标的熵权。若 p_{ij} 为 0，则设定 p_{ij} 值为 0.0001。

（4）计算冗余度如式（4.5）所示：

$$g_j = \frac{1 - e_j}{m - E_e} \ , \ 式中 \ E_e = \sum_{j=1}^{m} e_j \ , \ 0 \leqslant g_i \leqslant 1, \ \sum_{j=1}^{m} g_j = 1 \qquad (4.5)$$

其中，g_j 为冗余度。

（5）进行赋权如式（4.6）所示：

$$w_j = \frac{g_j}{\sum_{j=1}^{m} g_j} \ , \ 1 \leqslant j \leqslant m \qquad (4.6)$$

其中，w_j 为权重。

（6）计算综合得分如式（4.7）所示：

$$s_i = \sum_{j=1}^{m} w_j \cdot p_{ij} \qquad (4.7)$$

其中，s_i 为综合得分，即三级指标值。

（7）计算投入产出指标。运用逐级等权法对三级指标值进行赋权后得出最终的投入和产出指标值。计算过程如式（4.8）所示：

$$V_i = \frac{\sum\limits_{i=1}^{k} S_i}{k} \qquad (4.8)$$

其中，k 为二级指标下三级指标的数量，V_i 为投入指标和产出指标。对一级指标的计算同理。

三、主观指标评价方法与步骤

针对通过问卷获得的主观感受类指标，采用李斯特五级量表：将居民满意度分为"非常不同意""不同意""一般""同意""非常同意"，对于正向问题，依次赋值 1~5 分，对于负向问题则依次赋值 5~1 分，按照等权法对各指标进行赋权计算得出各城市主观得分总指数。

综上所述，通过本报告构建的指标体系对中国城市高质量建设发展综合评价，一方面能够准确判断中国东中西部不同地区城市发展所处阶段性，从而明确城市发展的核心任务和目标，避免城市发展好高骛远或追大求全；另一方面，根据城市发展所处阶段性来对其高质量发展水平进行评价，能够实现同一发展阶段城市的横向对比，并通过高质量发展评分来明确自身高质量发展方向，从而真正实现对城市高质量发展成果的评价目的。

第五章　城市高质量发展综合评价结果

第一节　城市发展阶段性评价

我国幅员辽阔，城市间资源禀赋条件和经济社会基础存在较大差异，各城市处于不同的发展阶段。通过划定同一标准的目标与责任对我国所有城市进行约束，难度极大，也缺乏科学合理性。而且，不同发展阶段的城市按照同一标准路径进行发展，也可能因为忽视客观基础而付出超越相应发展阶段的成本与代价。因此，需要根据城市发展的阶段性来看待城市高质量发展问题。根据前文城市发展阶段性划分方法，本部分首先对城市发展阶段性进行总体描述。

一、总体呈现"起步期—增长期—成熟期"渐进演进路径

近 20 年中国大多数城市的发展在时序上呈现"起步期—增长期—成熟期"渐进演进路径，中西部地区城市的发展存在一定的滞后性，呈现显著的"东快西慢"的演进格局。如表 5 – 1 所示，2000 年，我国社会主义市场经济体制尚不完善，城镇化水平低，国民经济水平整体不高，大多数城市尚处于起步阶段，处于增长期的城市只有 32 个，并且分布较为分散，主要分布于京津冀、哈长、

东部沿海及成渝等区域，也是在这一年，中国国内生产总值首次突破 1 万亿美元大关，超过意大利，排名世界第 6，为中国 21 世纪向更高阶段迈进奠定了坚实的物质基础[①]；"十五"规划期间，在科学发展观思想的指引和实践下，中国坚持求发展，工业化、城镇化、市场化、国际化步伐进一步加快，经济活力、对外开放水平及社会各个领域都取得了长足的进步，2005 年增长期城市的数量较 2000 年增加了 24 个，增幅为 75%，新增增长期城市主要分布于华北地区、西南地区、长江中下游地区及东部沿海地区；2010 年，在经济全球化的背景下，随着产业结构的调整及城镇化进程的加快，中国城市整体向更高水平跃迁，北京市率先迈入成熟发展阶段，增长期城市出现"以点带面，全面开花"的分布格局，西部大开发、中部崛起战略的成效开始逐渐显现；"十二五"规划期间，面对波诡云谲的国际形势，我国坚持攻坚克难，开拓创新，国民经济和综合国力显著增强，人民福祉大幅增进，城市发展水平迈上了新台阶，增长期城市进一步向中西部扩张，已覆盖中国中部、东部绝大部分区域，成熟期城市增至 4 个，包括北京市、上海市、广州市和深圳市。与此同时，粗放式发展所带来的"痼疾"也开始逐渐在东北地区显现，成为该区域发展的桎梏，转型期和衰落期城市主要分布于东北地区；随着人口、土地红利的逐渐消减，以要素驱动为支撑的传统增长动力逐渐下降，中国经济进入换挡期，增长期城市数量的增长减缓，成熟期城市增至 5 个，苏州市成为我国第五个迈入成熟期的城市，但东北地区的发展依然难止颓态，伴随着自然资源的枯竭、产业优势的丧失及人口、资本等可流动要素的外流，东北地区发展形势日趋严峻，不容乐观。

表 5 - 1   城市发展阶段分布数量

年份	起步期	增长期	成熟期	转型期	衰落期
2000	253	32	0	0	0
2005	229	56	0	0	0
2010	171	113	1	0	0
2015	69	202	4	5	5
2020	44	222	5	8	6

资料来源：此处数量根据第四章第二节的"城市发展阶段性划分步骤"计算得出。

---

① 中国国内生产总值首次突破一万亿美元 [EB/OL]. (2000 - 12 - 31). 中国新闻网，https：//www. chinanews. com. cn/2000 - 12 - 31/26/63939. html.

二、空间上呈现集聚性及异质性特征

中国城市演进在空间上呈现集聚性及异质性特征。中国城市发展具有一定的空间集聚特征，北京、上海、广州和深圳在城市发展进程中扮演了"排头兵"和"领头雁"的角色，具有显著的聚集辐射带动作用。2010 年后，围绕这 4 个成熟期城市逐渐形成了"中心—外围"空间分布格局。从 4 大板块来看，由于不同地区之间经济发展基础和区位条件的差异，中国城市发展也呈现出了显著的非均衡的空间结构，城市发展水平具有"东高西低"的区域异质性，东部城市的发展水平及进程明显高于中部、西部地区，2015 年后，东北地区发展活力不足甚至衰退的现象开始显现。首先，中国幅员辽阔，东部、中部和西部存在明显的自然和区位条件差异，进而影响到区域人口分布、产业结构及城市化的发展。东部地区凭借得天独厚的沿海优势和一定的工业发展基础发展外向型经济，承接海外产业的转移，城市化进程较快；其次，在西部大开发、中部崛起等战略的支持下，东部沿海地区的产业加快向中西部转移，补足地方产业欠缺，带动中西部工业化水平、城市化水平的提升。此外，工业化发展的不平衡也是城市发展分化的原因之一。改革开放以来，中国用几十年时间就走完发达国家几百年走过的工业化历程。受自然资源禀赋、梯度发展战略等因素影响，东部、中部和西部地区工业化水平呈现逐步降低的梯度差距，中西部欠发达地区在一定程度上普遍存在产业基础设施薄弱、承接效率低下等问题。上海、北京、天津等城市已步入后工业化阶段，其他大部分东部省份处于工业化后期，而大部分中西部省份基本尚处于工业化中期，工业化中期、工业化后期和后工业化阶段特征在我国复杂交织。近年来我国坚持"全国一盘棋"思想，稳步实施西部大开发、中部崛起、振兴东北老工业基地等区域协调发展战略，欠发达地区的内生动力得到了明显的提升，但是工业基础能力薄弱、区域工业化发展不均衡等问题依然较为显著。

三、阶段性视角下城市发展的"领跑者"和"追随者"

美国"现代营销学之父"菲利普·科特勒等提出了竞争者定位理论，即将企业在目标市场扮演的角色划分为市场领先者、市场挑战者、市场跟随者和市场利基者四种类型。将该理论延伸至城市发展层面，历经 20 年间的栉风沐雨，中国城市涌现了 5 个当之无愧的"领跑者"和"标杆城市"，它们分别为北京市、上海市、广州市、深圳市和苏州市。从城市生命周期评判结果来看，北京、上海、深圳、广州、苏州依次于 2009 年、2011 年、2012 年、2014 年、2016 年迈入成熟发展阶段，除"政治中心"北京外都地处东南沿海地区。这 5 个城市于 21 世纪之初大多数中国城市尚处于起步阶段的时候就已经有了较为深厚的经济基础和产业积淀，均处于快速增长阶段。它们的虹吸效应和总部经济也非常的突出和显著，人才、高新产业、教育和基础设施等优质资源高度集聚，马太效应进一步强化其资源和要素优势。2020 年，5 个成熟期城市的城市发展质量总指数排名为北京市、上海市、深圳市、苏州市和广州市，其中苏州能从一众潜力型城市中突出重围，位列成熟期城市第 4 名，离不开苏州领先的产业集群优势及良好的营商环境软实力。在长三角一体化等国家战略的叠加下，近年来苏州市以企业获得感为牵引，聚焦助企政策落实，全市一盘棋深入推进市场化、法治化、国际化营商环境建设，以体制机制创新为主线，推出 100 项改革举措、169 项具体事项，通过"苏商通""信易贷"等综合服务平台的建立为企业纾困解难，培育市场主体茁壮成长的"土壤"，呵护企业全生命周期，实现"有效市场"和"有为政府"双向奔赴。在 2021 年全国工商联发布的"万家民营企业评营商环境"中，苏州营商环境连续两年在全国排名第 3，其中政务环境、市场环境全国排名第 1，创新环境在全国排第 2，获评"营商环境最佳口碑城市"。另一方面，苏州是"全球工业大市"，外向型经济特征显著，2022 年规模以上工业总产值达 43 642.7 亿元，稳居全国前列。[①] 在数字经济与实体经济深度融合发展时代，苏州市把产业创新集群作为提领高质量发展的第一牵引，围绕电子信息、

---

① 2022 年苏州市国民经济和社会发展统计公报［EB/OL］.（2023 - 03 - 10）. 苏州市人民政府，https：//www. suzhou. gov. cn/szsrmzf/ndgmjjhshfztjsjfb/202303/cb4c9f0a234e453f8a2fc19a5049475c. shtml.

装备制造、生物医药、先进材料四大产业集群及 25 个重点细分领域，推进创新链、产业链、资金链、人才链深度融合，成为我国"灯塔工厂"数量最多的城市，交出了一份亮眼的产业创新"成绩单"。实现从增长到成熟的跃迁需要实现由"单打冠军"向经济、政治、文化、社会、生态文明均衡发展的综合型城市转变，为了深入贯彻新发展理念，北上广深苏应继续加快补齐环境等突出短板，发挥城市高质量发展的示范和"头雁效应"。

与此同时，也存在一批具有举足轻重进步意义的"追随者"，它们或是发展基础薄弱，或是囿于较为弱势的区位、资源条件，但是它们不被短板所束缚，实现了 20 年间经济和社会发展的跃迁，具有巨大的发展潜力和发展前景。贵阳市不沿海、不沿边、不沿江，深居中国西南地区，但其发展速度却能连续多年领跑中国省会城市，是中国极具发展冲劲的城市之一，生产总值从 2000 年的 264.81 亿元①增长至 2020 年的 4 311.7 亿元②，20 年间增长了近 16 倍，年复合增长率达 14.83%。从城市生命周期评判结果来看，2000 ～ 2004 年贵阳市处于起步阶段，2005 ～ 2020 年处于快速增长阶段。丰富的水电资源和适宜的气候地质条件使其具备发展大数据产业的先天优势，乘借数字经济的东风，工业化时代"经济洼地"贵阳的"后发优势"开始逐渐凸显。贵阳的大数据产业发轫于 2013 年。2015 年，经工信部批准，贵阳、贵安新区共同创建国家级大数据产业发展集聚区，"中国数谷"成为贵阳一张响亮的经济名片。此后，大数据产业在贵阳落地生根，三大运营商、苹果、华为、阿里巴巴和腾讯等知名企业相继落户贵阳，2020 年，贵阳市数字经济增加值达 1 649 亿元，同比增长 10.8%，占 GDP 比重达 38.2%，③数字经济俨然成为推动当地经济增长的主要引擎，贵阳市成功走出一条创新驱动发展、数据驱动创新的高质量发展新路。合肥市地处中国华东地区，是我国"一带一路"和长江经济带战略双节点城市，从城市生命周期评判结果来看，2000 ～ 2004 年处于起步期，2005 ～ 2020 年处于增长阶段。合肥同样也是中国进步最大的城市之一，GDP 总量从 2000 年的 487.51 亿元增长

①　2000 年贵阳市国民经济和社会发展统计公报［EB/OL］.（2005 – 11 – 26）. 贵阳市人民政府，http：// tjj. guiyang. gov. cn/2020_zwgk/2020_zdlygk/2020_sjfb/tjgb/202103/t20210304_67055975. html.
②　贵阳 2020 年全年 GDP 增长情况［EB/OL］.（2021 – 01 – 22）. 贵阳市人民政府，http：//tjj. guiyang. gov. cn/2020_zwgk/2020_zdlygk/2020_sjfb/tjxxyfx/202103/t20210304_67056943. html.
③　2020 年贵阳数字经济增加值达 1 649 亿元［EB/OL］.（2021 – 08 – 31）. 贵阳市人民政府，https：// dsjj. guiyang. gov. cn/newsite/xwdt/gzdt/202108/t20210831_69820409. html.

至 2020 年成功迈入万亿俱乐部，年复合增长率达 18.70%。[①] 合肥发展的出圈得益于交通枢纽优势、高新制造产业的集聚和"政府投行"模式。2004 年，温家宝总理提出了中部崛起战略，合肥市紧抓承接沿海发达地区产业转移的机遇，深入实施创新驱动发展战略，着力发展"芯屏汽合""集终生智"等优势主导产业、战略性新兴产业，推动创新链、产业链、人才链、政策链、资金链深度融合，已吸引蔚来、京东方和长鑫半导体等一系列优质企业的聚集，成功通过创新实现了向"科创名城"的蝶变。近年来，合肥政府通过前瞻性的"以投代引"，依托合肥产投、合肥兴泰、合肥建投三大国资投资平台，通过直接投资或组建投资基金，以国有资本的投入撬动社会资本，成功打通政府投行模式，引入并培育了半导体、新能源汽车等新兴产业集群，被誉为"最大黑马城市"和"风投之城"。

作为经济发展的最重要的空间载体，2000～2020 年的 20 多年间，我国城市格局发生深刻变迁，在大多数城市稳步发展的情况下，也有少数城市发展过程中一度陷入"瓶颈"，通过科学把握科技革命、产业变革的战略机遇，开辟了城市转型升级的新路径。2020 年，我国 8 个转型期城市的发展质量总指数排名为：吉林市、铜陵市、本溪市、抚顺市、通化市、丹东市、白山市和锦州市。其中只有铜陵市地处我国华东地区，其余 7 个转型期城市均处于东北地区。铜陵市因铜得名、以铜而兴，采冶铜的历史绵延 3 500 余年，早年铜陵市产业结构较为单一，对铜矿资源的依赖程度较高，资源在多年的开采过程中近乎枯竭，2009 年被列入资源枯竭型城市。近年来铜陵市深入贯彻新发展理念，一方面秉承"抓住铜、延伸铜"的理念，继续延伸传统铜产业链，推动涉铜产业转型升级，形成铜箔、铜板带、铜杆线缆等 7 条重点产业链；另一方面"不唯铜、超越铜"，深入践行创新驱动发展战略，积极培育和发展新能源汽车、半导体、精细化工等新兴产业集群，塑造发展新动能新优势，摆脱原有的单一资源依赖；此外，铜陵市深入践行"两山"理念，积极推进矿山修复治理，有效解决矿区开采遗留的地灾隐患，生态环境有了显著的改善。铜陵市 6 次获国家资源枯竭城市转型绩效评价优秀，它的成功"蝶变"为资源枯竭型城市开辟了突围之路。

[①] 2020 年合肥实现生产总值 10 045.72 亿元，同比增长 4.3 [EB/OL]. (2021 - 01 - 27). 合肥市人民政府，https：//www. hefei. gov. cn/public/1741/106145767. html.

第二节　城市高质量发展客观评价

在划分城市发展阶段性基础上，相应地，需要确定城市在不同发展阶段中的各类事权或指标的相对重要性，以科学合理地衡量处于不同发展阶段的城市的发展质量，从而更好引领城市高质量发展。基于此，本章通过区分不同发展阶段下各类指标的权重，分类测算了我国 285 个城市在 2000～2020 年的城市高质量发展指数，从而为处于不同发展阶段的城市高质量发展提供理论基础与经验证据。

一、总体评价

总体来看，在考虑阶段差异性的基础上，我国城市高质量发展取得了长足的进步。城市高质量发展指数的均值由 2000 年的 30.09 上升到 2020 年的 32.00，年均增长 0.29%，呈现出明显的上升的趋势。具体到各个城市来看，如附录所示，各城市高质量发展指数大体上也呈现上升趋势。同时，结合城市发展阶段来看，处于起步阶段的城市数量由 2000 年的 253 个降低到 2020 年的 48 个，而处于成熟阶段城市数量在 2009 年实现零的突破后到 2020 年已有 5 个，表明在城市高质量发展指数取得稳步提升的基础上，许多城市还实现了跨越性发展。此外，根据大多数城市所处的起步阶段和增长阶段来看，处于增长阶段的城市高质量发展指数整体高于同期处于起步阶段的城市高质量发展指数，一定程度上能够表明我国城市的发展基本符合客观规律和自身实际情况。

在城市高质量发展指数整体呈现上升趋势的表象之下，仍然需要关注到城市间的不平衡问题。特别是处于相同发展阶段的城市，在经济基础和发展环境较为接近的情况下，城市间发展质量是否还会存在较大的差异？遗憾的是，根据结果来看，即使处于同一发展阶段，我国城市间高质量发展指数仍然具有显著的空间差异特征，表现为全国范围内的"东高西低"和局部的区域中心城市高于外围城市。这说明我国城市的高质量发展，特别是位于中西部地区和区域外围的城市发展，还具有较大的提升空间与潜力。

可以发现，随着城市的不断发展，样本期内起步阶段城市的数量明显减少，侧面印证了我国城市发展质量取得的长足进步。2000～2010 年，处于起步阶段城市的高质量发展指数呈现显著的"东高西低"空间分布特征。以 2000 年为例，位于起步阶段的城市中排名前 10 的依次为长春、盐城、烟台、泰州、南昌、太原、潍坊、临沂、南通和扬州，除了长春、南昌和太原 3 个省会城市外，其余 7 个城市均位于东部地区；而排名后 10 位的依次为百色、来宾、三亚、阳泉、丽江、六盘水、贺州、赤峰、白山和河池，除三亚外，其余 9 个城市均位于中西部或东北地区。还值得关注的是，2000 年排名后 10 位的城市中除三亚和来宾外，其余 8 个城市均为所在省份的边缘城市。自 2015 年后，处于起步期的城市多集中在东北和西部地区，且城市高质量发展指数较低的城市仍然具有明显的边缘城市特征。以 2020 年为例，排名后 10 位的城市依次为巴中、来宾、河池、葫芦岛、保山、贺州、阜新、伊春、固原和随州，除来宾外，其余 9 个城市均位于所在省份的边缘地带。

与起步阶段城市数量相对应，2000～2010 年，处于增长阶段的城市数量还较少，且大多位于东部地区。而自 2015 年之后，处于增长阶段的城市数量显著增加，且呈现出整体的"东高西低"和局部的"极化分布"等特征。以 2020 年为例，排名后 10 位的城市依次为百色、金昌、阳泉、七台河、贵港、安康、六盘水、铜仁、郴州和嘉峪关，其中有 7 个城市位于西部地区、3 个城市位于中部或东北地区；而排名前 10 位的城市依次为重庆、成都、东莞、天津、杭州、武汉、南京、青岛、佛山和无锡，其中有 7 个城市位于东部地区、3 个位于中西部地区，整体呈现出较为明显的"东高西低"空间分布格局。此外，前 10 位城市中有 6 个城市为直辖市或省会城市，均具有区域中心特征，而后 10 位城市中有 8 个城市处于所在省份的边缘地带，在局部上形成了"极化分布"的空间格局。

根据前文的阶段性划分方法，自 2009 年我国出现第 1 个成熟阶段的城市（北京）开始，到 2020 年，我国处于成熟阶段的城市有 5 个，根据 2020 年高质量发展指数的大小依次为北京、上海、深圳、苏州和广州。如图 5 - 1 所示，5

个城市在步入成熟阶段后其高质量发展指数始终保持着快速稳定的增长，年均增速分别达到 2.69%、2.00%、2.33%、2.64% 以及 2.08%。同时也能明显看到，较早步入成熟阶段的城市，其整体的发展质量会更好，具有一定的"先发优势"。此外，已经步入成熟阶段的 5 个城市在 2000 年均处于增长阶段并且高质量发展指数相对较高，具有较为良好的发展基础与条件。

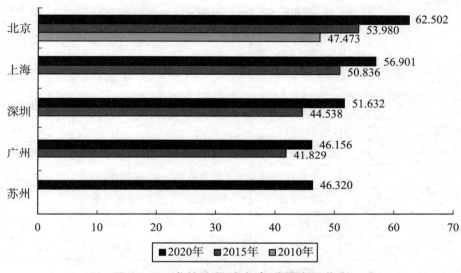

图 5 - 1　成熟阶段城市高质量发展指数

如表 5 - 2 所示，我国处于转型期与衰落期的城市集中在东北地区。以 2020 年为例，我国处于转型阶段的城市共有 8 个，按照城市高质量发展指数的大小依次为吉林、铜陵、本溪、抚顺、通化、丹东、白山和锦州，除铜陵外，其余 7 个城市均位于东北地区；处于衰落阶段的城市共有 7 个，依次为四平、铁岭、朝阳、佳木斯、双鸭山、鹤岗以及鸡西，均位于东北地区。在现阶段我国经济发展动能转换、经济结构转型升级的时代背景下，东北地区作为我国老牌重工业基地，由于资源枯竭、人口流失等原因，部分城市已难以跟上发展的步伐，因此集中产生了较多的转型城市和衰落城市。未来，需要在总结转型阶段城市发展经验的基础上，不断探索促进衰落城市长效发展的路径与机制，推进城市的可持续发展。

表 5 - 2　　　　　　　　转型阶段及衰落阶段城市高质量发展指数

发展阶段	排序	2015 年		2020 年	
转型期城市	1	大庆市	34.505	吉林市	34.867
	2	本溪市	33.874	铜陵市	34.434
	3	抚顺市	33.577	本溪市	32.771
	4	丹东市	26.935	抚顺市	32.268
	5	锦州市	26.682	通化市	26.185
	6			丹东市	24.664
	7			白山市	24.421
	8			锦州市	24.330
衰落期城市	1	铁岭市	33.962	四平市	33.739
	2	朝阳市	26.797	铁岭市	33.043
	3	阜新市	26.095	朝阳市	25.699
	4	七台河市	25.946	佳木斯市	25.280
	5	伊春市	25.564	双鸭山市	24.500
	6	双鸭山市	25.431	鹤岗市	24.328
	7	鸡西市	25.384	鸡西市	24.082
	8	鹤岗市	24.985		

二、城市发展条件

　　发展条件是城市发展的基础，没有良好的发展条件就很难拥有较高的发展质量和亮眼的发展成果。城市发展既依托于自然地理环境等先天资源，又依托于城市在历史的发展过程中不断积累的基础设施、政治惯性、文化习惯等组成的发展环境。据此，可将城市发展条件分为城市先天禀赋和城市后天努力两部分，其中，城市先天禀赋包含历史文化底蕴、自然资源禀赋和自然地理条件三个方面；城市后天努力包括城市营商环境、政府治理能力和城市人居环境三个方面。本部分将从时序演变和空间分布两个方面来探索 2000 ～ 2020 年我国城市发展条件的变化。

（一）城市发展条件的时序演变

城市发展条件持续改善。如图 5 - 2 所示，无论是东部、中部、西部、东北，还是全国总体的城市发展质量指数都呈明显且稳定的上升趋势，这说明我国城市发展条件持续改善。这与我国近些年对城市发展条件建设的高度关注密不可分。近 10 年间，我国将可持续发展战略作为最重要的发展目标之一，而建立资源节约型和环境友好型社会是推进可持续发展的重要着力点，经过 10 多年的不懈努力，我国生态环境质量明显改善。2020 年，住房和城乡建设部要求在城市更新改造中切实加强历史文化保护，在城市风貌方面保留其文化底蕴。2020 年，《国务院办公厅关于进一步优化营商环境 更好服务市场主体的实施意见》发布，为持续深化"放管服"改革，优化营商环境，更大激发市场活力提供了有利条件。总之，在政策鼓励和推动下，我国城市发展条件持续改善，为城市发展质量的提高提供了越来越好的基础。

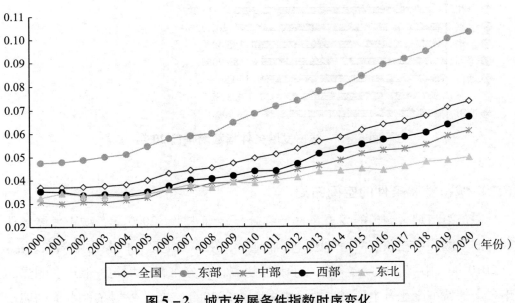

图 5 - 2　城市发展条件指数时序变化

南方和沿海城市发展条件提升明显。我国城市发展条件指数增幅如图 5 - 3 所示，江西上饶以 359% 的增幅稳居榜首，湖南邵阳和江西鹰潭分别位列第 2、第 3。在发展条件指数前 20 名的城市中，南方城市占比高达 90%，且排位比较靠前，北方城市只有山东烟台和日照上榜，位列第18、第19；沿海城市占比50%，东部和南部沿海城市均有上榜，分布较为均衡。从结果来看，我国南方和沿海城市比中西部城市在改善发展条件方面具有更大的优势，这种差异来源于南方和沿海地区更加舒适的气候、更加便利的贸易区位等。

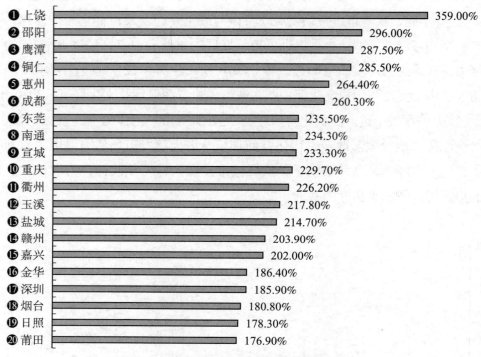

图 5-3　城市发展条件指数增幅前 20 名

（二）城市发展条件的空间布局

东部沿海地区城市的发展条件始终处于较高水平。2000 年，城市发展条件较好的地区集中在东部沿海地区、成渝地区、京津冀地区、内蒙古中部和北部。至 2010 年，中部城市发展条件有了明显提高，且分布较为均匀，但进步明显的南方中部城市比北方中部城市数量更多。至 2020 年，东北发展条件占优的城市数量和程度较 2000 年明显减少，发展条件领先的城市有明显的南移趋势。2010 年之后，东北城市发展条件的提升速度逐渐落后于中部地区，全国、中部和西部城市发展条件的提升速度基本一致，东部城市发展条件提升速度更快；在绝对水平上，东部城市远高于全国、中部和西部。

　　直辖市和省会城市发展条件领先。如图 5 - 4 所示，2020 年我国城市发展条件指数前 20 名中，直辖市和省会城市占比 80%，其中包括北京、上海、天津、重庆 4 个直辖市；广州、南京、武汉、杭州、西安、郑州、昆明、哈尔滨、沈阳、长沙、合肥 11 个省会城市。其余城市为深圳、东莞、苏州和青岛，均为区域经济发展强市。整体来看，直辖市和省会城市发展条件较好。

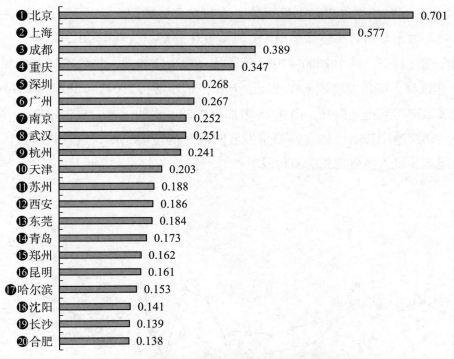

图 5 - 4　2020 年城市发展条件指数前 20 名

　　呈现"一超多强"的发展格局。如图 5 - 4 所示，2020 年北京、上海分别以 0.701 和 0.577 的发展条件指数高居前 2 名，排名第 3 的成都发展条件指数仅有北京市的 50% 左右，而排名第 20 的合肥的发展条件指数仅不到北京市的 20%，因此，尽管上榜城市在全国所有城市中具有领先的发展条件，但远不及北京的超级地位，城市发展条件呈现"一超多强"的发展格局。

三、城市发展过程

（一）城市发展过程的时序演变

"十三五"规划以来城市发展效率不断提升。如图 5 – 5 所示，2000～2020 年，我国城市发展效率整体呈现"U"型变化趋势，大致以 2013 年为分界线呈两阶段变化特征。其中 2000～2013 年整体呈现下降趋势，年均下降 1.01%；自 2013 年以后，城市发展效率在波动中上升，年均增长 2.04%。2013～2014 年城市发展效率得到迅猛提升，由 0.25 增加到 0.28。党的十九大报告作出了"我国经济已由高速增长阶段转向高质量发展阶段"的重要论断，这意味着我国经济开始逐渐步入质量优先的新阶段。

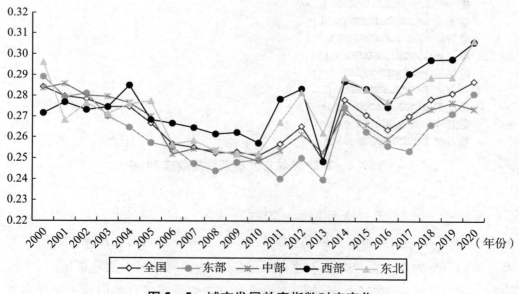

图 5 – 5　城市发展效率指数时序变化

中西部城市发展效率亮眼。图 5 – 6 显示了我国城市发展效率指数的时序变化，北京以 166.49% 的增幅位居榜首，武汉和武威的涨幅依次为 105.10% 和 100.36%，分别占据第 2、第 3 名，前 3 名之中，北京断层第 1，说明全国所有城市中北京不仅发展基础好，更有充足的发展动力和极高的发展效率。张掖以92.55%的增幅占据全国第 4 名，除此之外，甘肃还有庆阳和酒泉分别以68.95%和 59.67%的增幅上榜前 20 名。云南丽江、昆明和临沧分别位列城市发展效率增幅的第 6、第 7、第 14 名。在城市发展效率评价中，中西部城市表现亮眼，而北上广也未曾掉队。

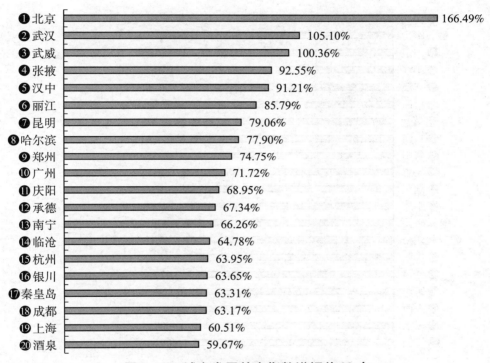

图 5 - 6　城市发展效率指数增幅前 20 名

（二）城市发展过程的空间布局

我国城市发展效率区域均衡度逐步提高。在 2000 年、2005 年、2010 年、2015 年与 2020 年 5 个时间截面上，城市发展效率位于 0.15 ~ 0.45 区间的城市数量分别为 262、277、263、279 和 277 个，占城市总数的比例分别为 91.93%、93.68%、92.28%、97.89% 和 97.19%，城市发展效率指数的分布逐渐趋于均衡，表明城市发展效率的区域差异逐渐缩小，区域均衡度逐步提升。

图 5－7 所示的 2020 年我国城市发展效率排名显示，深圳以 0.672 的城市发展效率指数位列榜首。广东和甘肃各有 4 个城市上榜，宁夏有 3 个城市上榜，吉林、辽宁、河南、内蒙古、新疆、四川和河北等省份也均有城市上榜，由此可见，相较于东部沿海城市，我国中西部地区城市的发展效率表现也可圈可点。

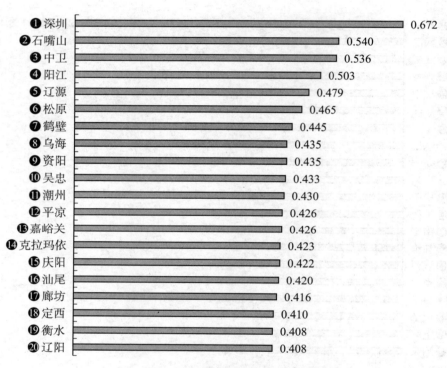

图 5－7 2020 年城市发展效率指数前 20 名

四、城市发展结果

（一）城市发展结果的时序演变

城市发展结果水平持续提高。图 5－8 所示的 2000～2020 年城市发展结果的时序变化显示，我国城市发展结果水平在 20 多年间持续提高，尤其是在 2007 年之后，发展结果提升速度攀升。2012 年之前，中部、西部和东北地区平均城市发展结果相差无几，提升速度并驾齐驱。2012 年之后，中部和西部城市仍以相同的节奏稳步发展，但东北的发展速度逐渐放缓，发展结果水平低于中西部城市平均水平。东部地区城市的发展结果始终高于全国平均水平，高于中西部和东北城市。2007 年之后，东部城市发展结果提升速度不断加快，发展结果水平与中西部和东北地区城市逐渐拉大，区域差异更加明显。

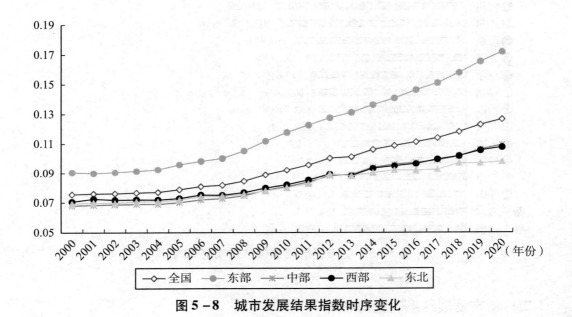

图 5－8　城市发展结果指数时序变化

南方城市发展结果提升速度表现出压倒性优势。2000～2020 年我国城市发展结果指数增幅变化排行如图 5－9 所示，北京市以 402.39% 的增幅高居榜首，比第 2 名的深圳多 161 个百分点，北京作为我国的首都，承担着全国政治、文化、国际交往和科技创新中心的角色，拥有绝对的特殊资源优势，使得其具有一骑绝尘的发展速度和发展结果。排名前 8 的城市的发展结果指数增幅都超过了 200%，前 20 名的城市都超过了 130%，说明我国城市发展成效显著。在上榜前 20 名的城市中，除了第 1 名的北京、第 12 名的郑州和第 20 名的哈尔滨是北方城市外，其余全部为南方城市，南方城市占比 85%，我国南方城市发展速度总体上明显快于北方城市，南北城市差距明显。

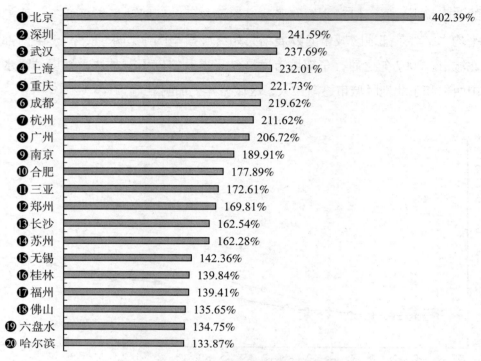

图 5 - 9　城市发展结果指数增幅前 20 名

（二）城市发展结果的空间布局

　　我国城市发展结果区域均衡度逐步提升。2000 年我国城市发展结果较好的区域主要分布在东北、京津冀、山东半岛、长江三角洲、珠江三角洲和成渝地区，至 2020 年，这一分布格局基本不变，但发展结果区域差距的绝对值减小，区域分布更加均衡。但是，东北城市的发展结果优势减弱，西安、郑州、成都、重庆、武汉、合肥、南京、苏州、广州、深圳等重点城市在相近区域内的优势更加明显。

　　直辖市和省会城市发展结果领先。如图 5 - 10 所示，在 2020 年城市发展结果指数排名前 20 的城市中，直辖市和省会城市占比 65%，其余城市如深圳、苏州、东莞、青岛、佛山、无锡、宁波，也均为区域经济发展中心城市，整体来看，直辖市和省会城市的发展结果更好。

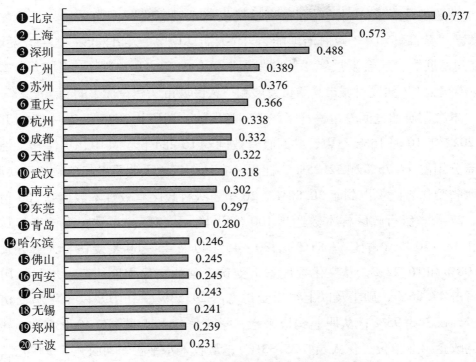

❶北京	0.737
❷上海	0.573
❸深圳	0.488
❹广州	0.389
❺苏州	0.376
❻重庆	0.366
❼杭州	0.338
❽成都	0.332
❾天津	0.322
❿武汉	0.318
⓫南京	0.302
⓬东莞	0.297
⓭青岛	0.280
⓮哈尔滨	0.246
⓯佛山	0.245
⓰西安	0.245
⓱合肥	0.243
⓲无锡	0.241
⓳郑州	0.239
⓴宁波	0.231

图 5－10　2020 年城市发展结果指数前 20 名

呈现"一超多强"的发展格局。如图 5－10 所示，北上广深依旧占据城市发展结果的前 4 名，尽管它们之间都有明显差距。其中，北京、上海和深圳城市发展结果优势突出，北京具有"一超"的绝对优势地位。排名第 2 的上海的城市发展结果指数是北京的 77%，而排名第 4 的广州仅为北京的 52%，前 4 名之后，各城市发展结果指数差异大幅减小，排名第 5 的苏州有迎头赶上广州的趋势，这些城市都处于明显的"多强"地位。

第三节　城市高质量发展主观评价

为科学全面评判人民城市理念下我国城市高质量发展情况，依托 2020 年教育部重大课题攻关项目（20JZD012）、陕西省经济高质量发展软科学研究基地，课题组开展了"居民对城市高质量发展主观感受"问卷调研，从"先天禀赋""营商环境""政府治理能力""人居环境""人口发展""经济发展""空间发展""社会发展""协同发展"9个维度综合评判了全国31个省份（除港澳台）[①]居民对城市高质量发展和"人民城市"建设成果的满意度。

　　本次调研通过问卷星进行了线上问卷发放，调研从2022年7月15日开始至2022年10月15日结束，共回收有效问卷16 284份。其中，男性和女性受访者分别占47.75%和52.25%，比例分布均衡；由于调研发起单位位于陕西，陕西省受访者比例占到了30.88%，20个省级行政区有效样本数达到200份以上，27个省级行政区样本数达到100份以上；从年龄分布看，受访者年龄大多在18～30岁（占比57.81%），30～45岁以及45～60岁受访者人数分别占21.08%和16.22%；从文化程度看，受访者整体文化程度较高，本科学历受访者占47.86%，硕士及以上学历受访者占29.53%，初中及以下学历受访者最少，仅占3.95%；从职业构成来看，学生群体占比最高（40.03%），其次是党政企事业单位工作人员（25.33%）；从收入水平看，月收入5 000元以下受访者最多，占55.54%，其次为0.5～1万元收入群体（26.81%），月收入3万元以上受访者占比仅为3.71%；从居住时长来看，49.45%受访者的城市居住时长在10年以上，因而受访者对城市发展主观感受的反馈信息具有极高可信度；此外，有45.91%受访者在其他城市有过半年以上居留史，这可以使受访者更加客观地对城市高质量发展进行横向对比。问卷题目度量采用李斯特五级量表：将居民满意度分为"非常不同意""不同意""一般""同意""非常同意"，对于正向问题，依次赋值1～5分，对于负向问题则依次赋值5～1分。

一、总体评价

　　总体得分是居民对城市高质量发展9个维度满意度的总体反映。如图5-11

---

① 若无特殊说明，本书"我国各省份""各省""我国31个省份"均指除港澳台外的省份。

所示，居民普遍对城市先天禀赋满意度较高（3.97分），对政府治理能力的满意度次之（3.93分），对人口发展的满意度则最低（2.54分），对空间发展的满意度也欠佳（3.00分）。

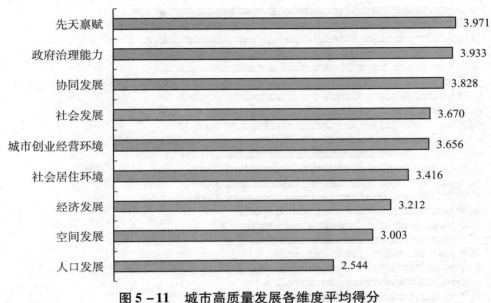

图5-11　城市高质量发展各维度平均得分

如图5-12所示，在问卷回收量达到100份及以上的城市中，苏州市总体得分最高（3.74分），其次是成都市（3.71分）和杭州市（3.67分）。排名最低的分别是兰州市（3.26分）和银川市（3.29分）。

二、城市发展条件

（一）城市先天禀赋

先天禀赋是城市发展的基础，是居民最直观感受到城市是否宜居的维度之一。本调研用城市历史文化底蕴、城市自然资源禀赋及城市气候禀赋反映城市

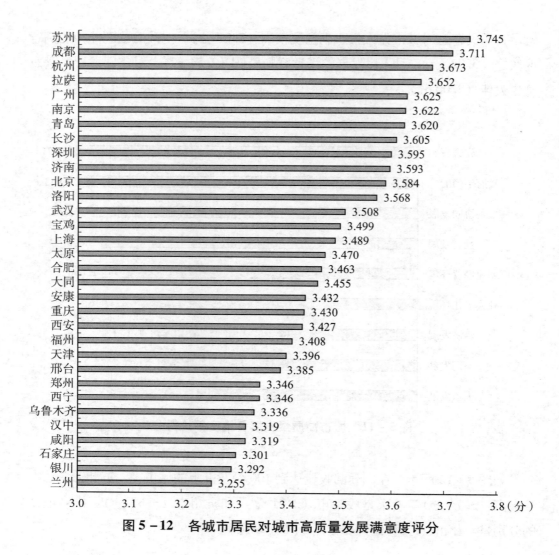

图 5－12　各城市居民对城市高质量发展满意度评分

先天禀赋。如图 5－13 所示，居民对城市先天禀赋满意度普遍较高，其中满意度最高的省份是西藏自治区（4.37 分），其次为云南省（4.32 分），满意度最低的两个的省份分别是广东省（3.54 分）和上海市（3.68 分）。省会城市中对城市先天禀赋感到最满意的 3 个城市分别为拉萨市（4.38 分）、成都市（4.36 分）和南京市（4.28 分），最不满意先天禀赋的 3 个省会城市分别为石家庄市（3.50 分）、海口市（3.63 分）和上海市（3.68 分）。

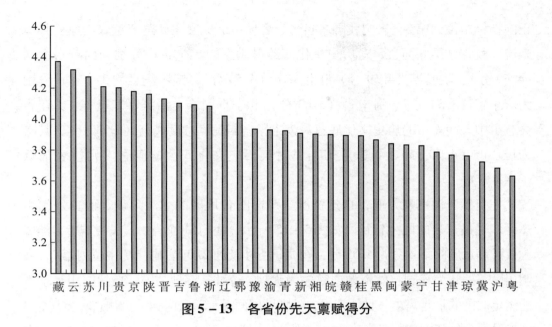

图 5 – 13　各省份先天禀赋得分

在历史文化底蕴方面，历史文化底蕴是满足居民精神文明需求、塑造城市形象的有力支撑，也是居民"乡愁"的无形载体。如图 5 – 14 所示，我国 31 个省份居民对城市历史文化底蕴满意度的平均分为 4.04 分，在调研所涉及的 27 项

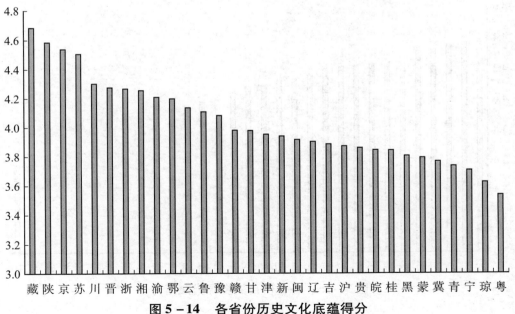

图 5 – 14　各省份历史文化底蕴得分

正向指标中位列第 3，表明我国各省份、各城市历史文化底蕴普遍较丰厚。具体来说，就省域层面而言，对历史文化底蕴最满意的 3 个省份分别为西藏自治区（4.69 分）、陕西省（4.59 分）和北京市（4.54 分），最不满意的 3 个省份分别为广东省（3.54 分）、海南省（3.63 分）和宁夏回族自治区（3.71 分）。在省会城市中，西安市的历史文化底蕴最为丰厚，居民满意度最高（4.71 分），其次为拉萨市（4.70 分），石家庄市居民对其历史文化底蕴的满意度则排名最低（3.43 分）。

在自然资源禀赋方面，自然资源禀赋影响着地区的生态环境，而良好的生态环境是最普惠的民生福祉。如图 5 – 15 所示，我国 31 个省份居民对城市自然资源禀赋满意度的平均分为 4.05 分，在调研所涉及的 27 项正向指标中位列第 2，表明居民普遍认为我国自然资源禀赋较为优越，森林、湿地公园、自然山川等基本能满足居民的日常需求。具体来看，就省域层面而言，云南省、贵州省和浙江省 3 省居民对自然资源禀赋满意度最高，评分分别为 4.39 分、4.37 分和 4.36 分，甘肃省和天津市则分别以 3.57 分和 3.60 分位居榜末。在省会城市中，杭州市、成都市和贵阳市居民对自然资源禀赋满意度最高，评分分别为 4.50 分、4.48 分和 4.43 分，石家庄市居民则较不满意其自然资源，以 3.47 分的评分居榜尾。

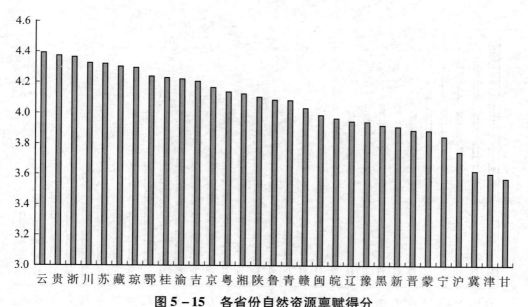

图 5 – 15　各省份自然资源禀赋得分

在气候禀赋方面，我国 31 个省份居民对城市气候禀赋满意度的平均分为 3.82 分，在调研所涉及的 27 项正向指标中位列第 15，居民对气候禀赋满意度一般。从省域层面来说，云南省、贵州省和山西省的气候禀赋评分最高，分别为 4.42 分、4.37 分和 4.22 分，出乎意料的是，广东省居民对其气候禀赋满意度最低（3.21 分），其次为湖南省（3.33 分）。如图 5－16 所示，在省会城市中，贵阳市、昆明市和太原市居民对其气候禀赋最为满意，分别给出了 4.46 分、4.39 分和 4.20 分的高分。有趣的是海口市、广州市居民对其气候最不满意，评分分别为 3.04 分和 3.18 分。

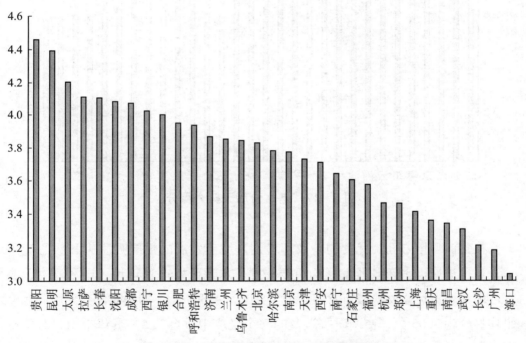

图 5－16　直辖市及省会城市气候禀赋得分

（二）城市后天努力

后天努力是城市高质量发展的根本动力，直接决定了居民是否认为城市宜业宜居宜游宜学。本报告使用营商环境、政府治理能力和人居环境来反映城市后天努力情况。如图 5－17 所示，居民对城市后天努力满意度普遍较高，其中满意度相对最高的是西藏、江苏、浙江和北京，均为 4.00 分；满意度相对最低的是甘肃，满意度得分为 3.53 分。具体到城市层面，居民对城市后天努力满意度最高的城市是苏州（4.01 分），成都（3.99）和杭州（3.96）则紧随其后，居民对于城市后天努力的满意度与城市经济发展和建设紧密相关。

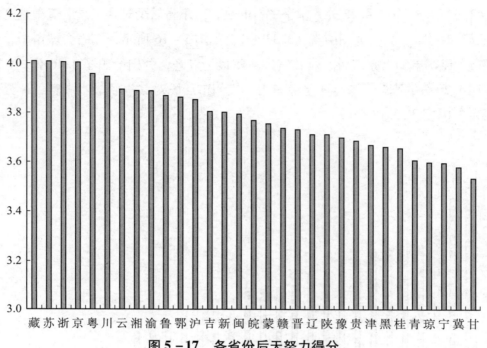

图 5-17 各省份后天努力得分

在营商环境方面，优良的营商环境则是城市发展的重要吸引力和核心竞争力，是促进城市创新创业发展的重要支撑。本调研以市场环境、市场潜力、成本环境和融资环境反映城市营商环境。如图 5-18 所示，居民对营商环境满意度平均打分为 3.66 分，在调研所涉及的 9 个维度中排名第 5。具体来说，对城市营商环境最满意的 3 个省份分别是西藏自治区（3.92 分）、四川省（3.89 分）和浙江省（3.86 分），最不满意的 2 个省份则是海南省（3.32 分）和宁夏回族自治区（3.41 分）。在省会城市中，成都市、广州市和杭州市的居民对其营商环境最为满意，评分分别为 4.06 分、3.97 分和 3.96 分，海口市（3.24 分）和哈尔滨市（3.36 分）居民对其营商环境满意度则欠佳。

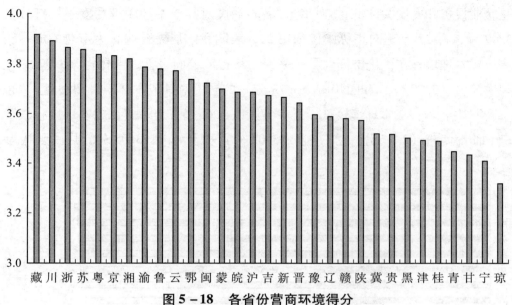

图 5 – 18 各省份营商环境得分

市场作为一只"看不见的手",是配置资源的重要手段。开放健全的市场环境为企业发展提供了良好的融资、创新、竞争、资源和服务支持。市场环境是营商环境的重要组成部分。各省份居民对市场环境满意度的平均分为 3.85 分,在 27 项正向指标中排名第 7。如图 5 – 19 所示,就省域层面而言,浙江省(4.25 分)、广东省(4.24 分)和江苏省(4.17 分)居民对市场环境满意度最高,海南省(3.54 分)和广西壮族自治区(3.59 分)居民则对此满意度最低。在省会城市中,杭州市、广州市、成都市居民最满意其营商环境,海口市和哈尔滨市居民则最不满意。

市场潜力不但可以从侧面反映居民收入水平和消费能力,也是城市未来经济发展趋势的风向标。各省居民对市场潜力满意度的平均打分为 3.74 分,在 27 项正向指标中位列 16。从省域层面来看,广东省(4.32 分)、北京市(4.29 分)和浙江省(4.14 分)的市场潜力打分位列前 3,黑龙江省(3.28 分)和宁夏回族自治区(3.32 分)则处于末位。如图 5 – 20 所示,在省会城市中,依然是杭州市(4.45 分)、广州市(4.39 分)和成都市(4.37 分)居民对其市场潜力满意度最高,哈尔滨市以 3.11 分的得分居于榜尾,紧跟其后的是银川市(3.28 分)。

优化营商环境重在降成本,控制成本是衡量地区营商环境的重要指标,亦是企业投资和发展关注的重点问题。各省居民对其成本环境满意度平均打分为3.47分，在27个正向指标中位列第25，表明我国居民普遍认为市场的成本较高，成本环境存在优化空间。具体来说，从省域层面来看，吉林省（3.90分）、黑龙江省（3.79分）和四川省（3.73分）的居民对其成本环境最为满意，"东三省"中有两省成本环境较低，辽宁省则以3.66分位居第7，成本环境也较优良。而海南省（2.77分）、广东省（3.02分）和上海市（3.05分）居民则认为

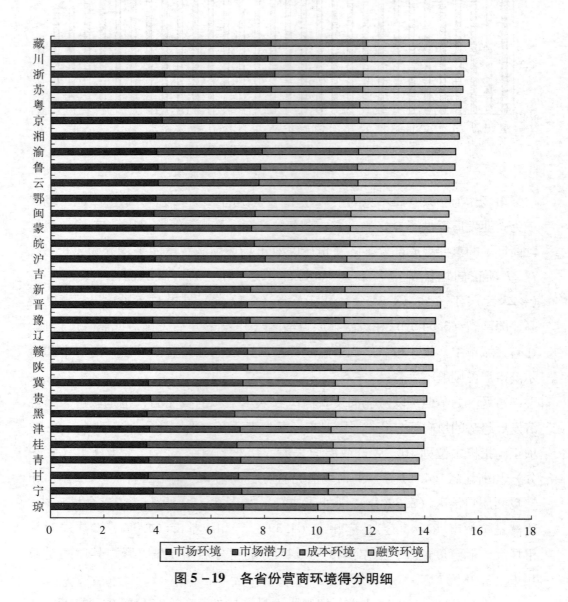

图 5-19　各省份营商环境得分明细

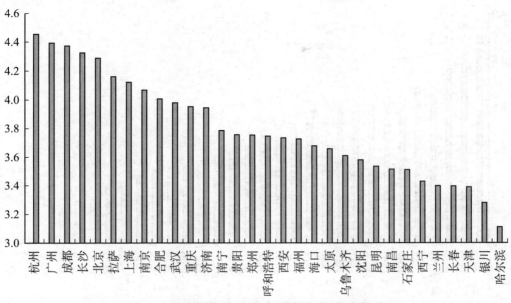

图 5 – 20 直辖市及省会城市市场潜力得分

其城市的市场成本较高，这 3 个省份中，除海南省以外，其他两省都是我国经济最发达的地区之一，成本环境高昂在意料之中。如图 5 – 21 所示，省会城市中，沈阳市、济南市和成都市分别以 3.90 分、3.84 分和 3.76 分的评分位居前 3，表明这 3 个城市市场成本环境优越。海口市（2.68 分）则居于末位，海口市还需在优化政府职能、降低制度性成本方面下功夫。

宽松的融资环境可以激发创业活力、吸引外来投资。各省居民对融资环境满意度平均打分为 3.55 分，在 27 项正向指标中排名第 23，表明我国居民普遍对融资环境较不满意，健全宏观经济治理体系、改善融资环境仍是优化营商环境的重要内容。具体来看，就省域层面而言，出人意料的是，西藏自治区以 3.85 分的满意度位居第 1，表明西藏居民对其融资环境持乐观态度，紧随其后的是北京市（3.80）和广东省（3.79）。如图 5 – 22 所示，作为我国金融业最发达的地区，上海市以 3.69 分的得分仅居第 9 位，上海市在优化融资环境，发挥好金融"领头羊"作用的路上任重道远。在省会城市中，广州市、拉萨市和成都市位列前 3，海口市、兰州市和银川市则居末位。

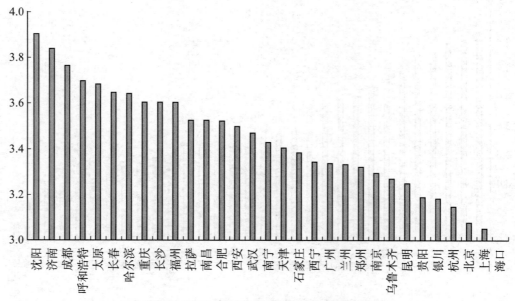

图5－21　直辖市及省会城市成本环境得分

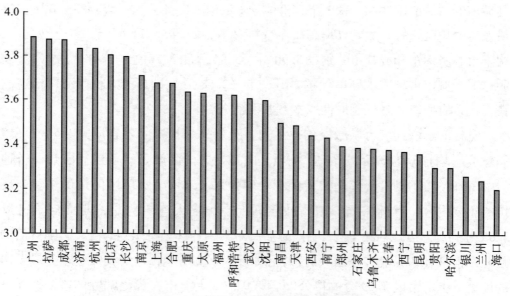

图5－22　直辖市及省会城市融资环境得分

在政府治理能力方面，实现高效能治理是发挥和彰显我国社会主义制度优势的重要体现，是超大城市抵御风险挑战、永葆生机活力、始终安定有序的根本支撑。本调研以治安环境、生态环境、创新创业氛围、交通基础设施建设和市政建设与维护反映政府治理能力。如图 5–23 所示，我国各省居民对政府治理能力满意度较高，平均打分 3.93 分，仅次于对先天禀赋的满意度，其中对治安环境的满意度最高。具体来说，在各省份中，浙江省（4.23 分）、江苏省（4.22分）和广东省（4.21 分）以优异的成绩位列前 3，甘肃省（3.61 分）和河北省（3.66 分）则处末位。在省会城市中，相应的，杭州市以 4.34 的高分位列榜首，紧随其后的是成都市（4.29 分）和广州市（4.22 分）。

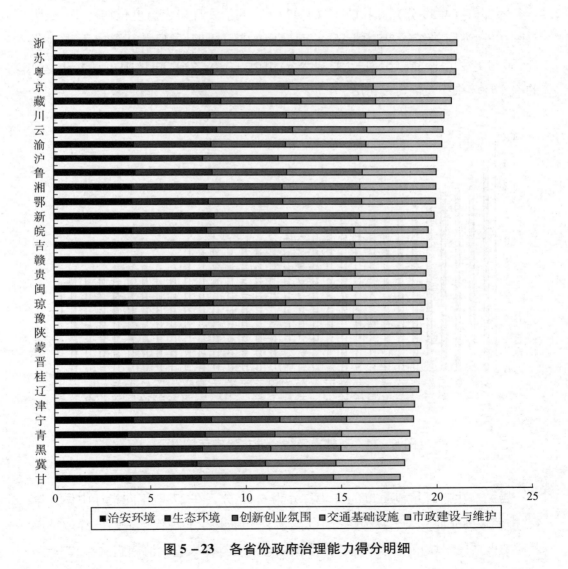

图 5–23 各省份政府治理能力得分明细

近年来，全国公安机关深入推进平安中国建设，在不断加强社会治安整体防控、推进扫黑除恶常态化、依法严惩群众反映强烈的各类违法犯罪活动等方面取得了长足进展，国际社会普遍认为中国是世界上最安全的国家之一。本调研的问卷结果也证实了这一点。各省居民对治安环境满意度以4.08的分值高居各指标榜首，表明人民群众对我国治安环境治理成效充分认可。一个有意思的发现是，从省域层面看，新疆维吾尔自治区（4.49分）、浙江省（4.40分）和西藏自治区（4.39分）的治安环境满意度位居三甲，相应的，如图5-24所示，乌鲁木齐市（4.58分）和拉萨市（4.42分）的治安环境满意度位居前2，表明我国在维护边疆稳定、民族团结方面做出的努力取得了显著成绩。而青海省（3.80分）和海南省（3.81分）以及福州市（3.69分）和贵阳市（3.76分）的治安环境维护还需再接再厉。

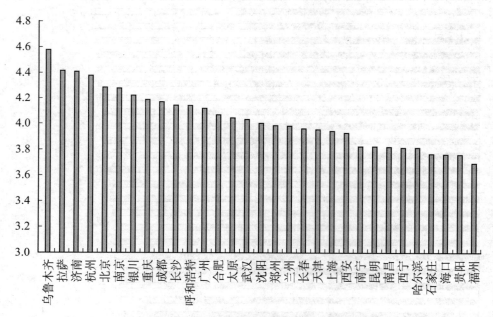

图5-24　直辖市及省会城市治安环境得分

居民对生态环境满意度的平均打分为4.03分，在27项正向指标中位列第4，排名较为靠前，表明我国坚持走人与自然和谐共生的现代化道路已经取得卓著成效，居民对城市生态环境变化持积极态度。具体来看，海南省（4.52分）、西藏自治区（4.37分）和浙江省（4.34分）居民最满意其生态环境，这3个省份都拥有卓越的自然环境条件，但建设成让人民满意的宜居生态环境也离不开政府的努力。如图 5 - 25 所示，在省会城市中，海口市（4.60 分）、杭州市（4.40 分）和拉萨市（4.38 分）生态环境满意度位列前 3。石家庄市（3.43 分）和兰州市（3.57 分）的城市生态环境建设则还需努力。

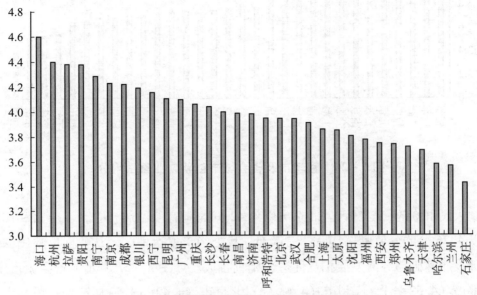

图 5 - 25　直辖市及省会城市生态环境得分

城市的创新创业氛围是考察政府决策水平效能与治理效能的试金石。对创新创业氛围的总体满意度为 3.83 分，在 27 项正向指标中排名第 13，在政府治理能力的 5 个指标中排名第 5，说明加快营造良好创新创业氛围、筑成双创"金丝巢"，引来投资创业"金凤凰"是当前政府治理能力短板。具体来看，广东省和浙江省以 4.25 分的分值并列第 1，西藏自治区的"双创"氛围满意度则以4.20 分位居第 2，这是一个令人惊讶的发现，西藏跻身"双创"大省，背后离不开政府的有力推动，从侧面说明了大力发展旅游业或可带动当地创新创业氛围。如图 5 - 26 所示，在省会城市中，杭州市（4.42 分）、成都市（4.23 分）和广州市（4.21 分）表现突出。

交通基础设施建设成果是评判有为政府是否积极发挥其政府职能的重要依据。各省居民对交通基础设施建设满意度打分为 3.89 分，在 27 项正向指标中排第 6，中国被称为"基建狂魔"，本调研结果进一步印证了近年来的基础设施建设

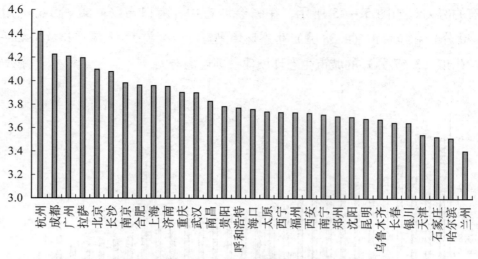

图 5 - 26　直辖市及省会城市创新创业氛围得分

得到人民群众的广泛好评。北京市以 4.42 分的满意度位居榜首，江苏省和广东省以 4.26 分的分值紧随其后，三者都是我国经济发达地区，从侧面反映出交通基础设施基础与经济发展相互促进、相辅相成。如图 5 - 27 所示，省会城市中，成都市（4.52 分）、广州市（4.43 分）北京市（4.42 分）高居三甲，成都市在政府治理能力各项指标中表现都较为突出。

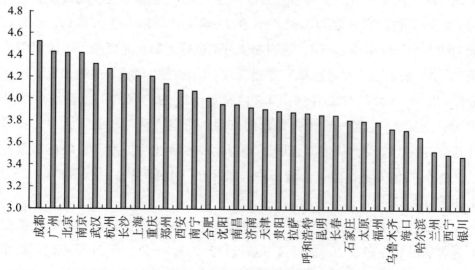

图 5 - 27　直辖市及省会城市交通基础设施建设得分

市政建设与维护同居民生活息息相关，是城市宜居性的重要内容，也是政府积极作为的重要方向。各省居民对市政建设与维护满意度的平均打分为3.84分，在27项正向指标中居第14位。从省域层面看，广东省和北京市以4.20分的分值并列第1，江苏省则以4.19分的分值位列其后，甘肃省（3.49分）和宁夏回族自治区（3.50分）的居民对其市政建设与维护成果满意度不高，可能是当地经济发展水平不足以支撑对市政建设与维护的大量投入。如图5－28所示，省会城市中，依然是成都市（4.32分）、广州市（4.26分）和杭州市（4.26分）位居前3，兰州市（3.30分）和银川市（3.45分）则居末位。

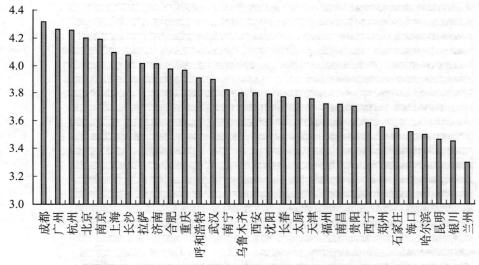

图5－28　直辖市及省会城市政建设与维护得分

在人居环境方面，构建美好人居环境是推动城市品质提升、为人民群众创造高品质生活的重要内容，本调研以民生环境、文化环境、教育环境、医疗环境和生活服务反映人居环境建设成果。居民对人居环境建设满意程度居9个维度第6位（3.42分）。如图5－29所示，分省份来说，湖南省、西藏自治区和江苏省的人居环境满意度评分位列前3，分别为3.58分、3.56分和3.55分，西藏自治区又一次表现突出。而海南省（3.22分）和甘肃省（3.23分）对其人居环境满意度则较低，海南省在多项指标中排名皆不靠前，一方面是自身确实存在进步空间，另一方面也可能是其居民对城市高质量发展成果要求过严所致。在省会城市中，长沙市（3.66分）和成都市（3.63分）居前2位，呼和浩特市以

3.61 分的分值榜上有名，位列第 3。反观昆明市（3.21 分）和兰州市（3.24 分），人居环境优化建设还有很大的提升空间。

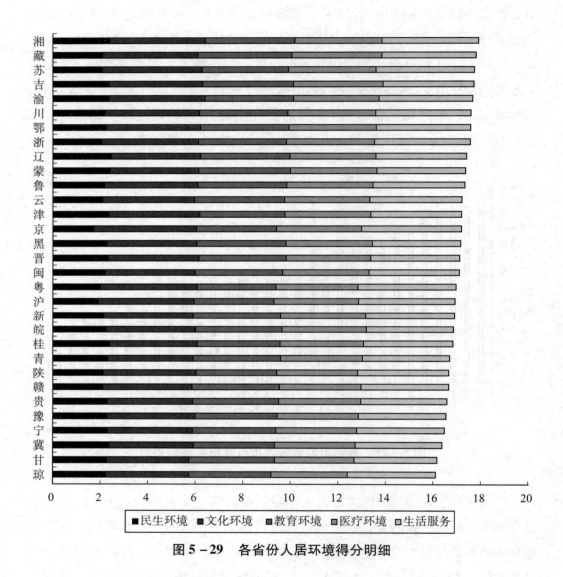

图 5－29　各省份人居环境得分明细

"民生无小事，枝叶总关情"。民生问题是人民群众最关心、最直接、最现实的利益问题，是检验"人民城市"建设成果的重要标准。本调研报告以房贷、物价、养老给居民带来的压力大小衡量居民对城市民生环境满意度，因此是一个负向指标。各省居民对民生环境满意度的平均打分为 2.21 分，在 7 项负向指标中位列第 5，房贷、物价、养老给大多数居民带来了较大压力。具体来看，辽宁省（2.45分）、内蒙古自治区（2.41分）和湖南省（2.40分）的居民民生压力较小，对民生环境满意度最高，北京市（1.72分）、上海市（1.90分）和广东省（2.00分）居民民生压力最大，符合大众普遍认知。如图5－30所示，在省会城市中，长春市（2.48分）和沈阳市（2.40分）居民民生压力最小，哈尔滨市也以2.28分的分值排名第10，东北地区民生环境建设表现突出。

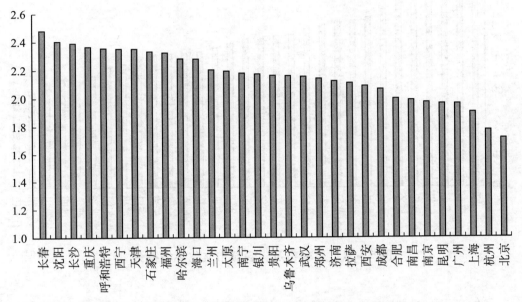

图5－30　直辖市及省会城市民生环境得分

中国式现代化是物质文明与精神文明相协调的现代化，构建人民满意的高质量发展城市也不能忽略居民的精神文明需求。各省份居民对其文化环境满意度的平均打分为3.84分，在27项正向指标中居第9位，居民普遍对文化环境较满意。北京市（4.32分）、江苏省（4.19分）和浙江省（4.08分）是文化环境前3名，北京是我国政治文化中心，文化环境建设成效突出毋庸置疑，江苏和浙江是自古以来的江南富庶之地，才子文人辈出，拥有优越的历史文化背景，居民对其文化环境较为满意也在情理之中。相反，甘肃省（3.47分）和海南省（3.50分）居末位，海南开发时间较晚，长期处于古代政治文化边缘地带，历史文化底蕴积淀较少，但可以开发其独特的热带文化和少数民族文化。甘肃应用好"一带一路"优势，发展其"丝绸之路"文化和敦煌文化。如图5－31所示，在各个城市中，依然是北京市高居榜首，南京市（4.30 分）和成都市（4.27 分）紧随其后。历史文化名城西安市在文化环境建设方面则略显不足，以 4.02 分排名第 11。

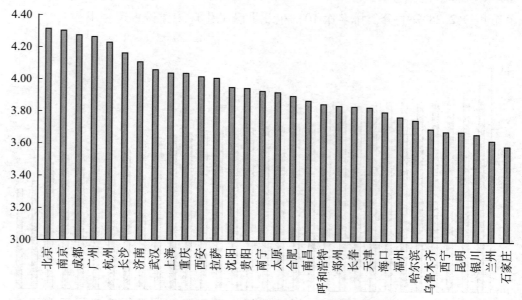

图 5 –31　直辖市及省会城市文化环境得分

教育问题是城市有子女家庭关心的重要问题，教育环境的优劣与城市宜居性息息相关，好的教育环境甚至会为城市带来人口集聚。各省居民对教育环境打分为 3.63 分，在 27 项正向指标中排名第 19，居民普遍认为我国在解决上学难、上学贵、上学不方便问题方面还有较大进步空间。具体来说，西藏自治区（3.94 分）、内蒙古自治区（3.85 分）和吉林省（3.81 分）居民对教育环境满意度最高，可能是这些地区生活节奏较慢，生存压力较小所致，且这些省份人口流出较多，教育资源不过度拥挤。诚如人们普遍的认知，广东省（3.31）、上海市（3.36 分）和北京市（3.38 分）居民对教育环境满意度居末位。如图 5 – 32 所示，在省会城市中，呼和浩特市和拉萨市以 3.96 分并列第 1，石家庄市（3.26 分）和郑州市（3.27 分）则居末位，郑州市居民认为上学难的原因可能是郑州高校较少，仅有郑州大学 1 所"211"工程学校，学生高考难度较大。

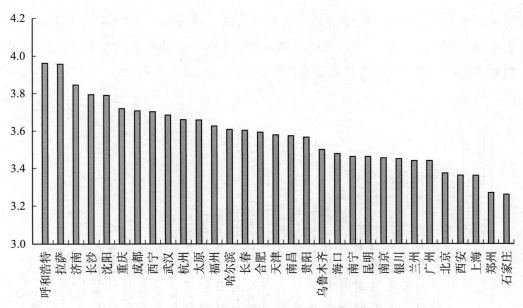

图 5 - 32　直辖市及省会城市教育环境得分

医疗卫生事业关系到人民群众的身体健康和生老病死，与人民群众切身利益密切相关，是人民城市建设的重要内容。居民对医疗环境满意度的平均打分为 3.56 分，在 27 项正向指标中位列第 21，排名较靠后。西藏自治区、吉林省和浙江省居民对医疗环境的满意度分别以 3.79 分、3.77 分和 3.71 分的分值位列前 3，西藏又一次表现突出，这得益于相关各方的共同努力，几十年沧桑巨变，不断健全现代医疗体系使西藏居民感受到医疗卫生条件的巨大改变，为其带来了巨大的幸福感和获得感。如图 5 - 33 所示，在省会城市中，呼和浩特市（3.94 分）、杭州市（3.91 分）和成都市（3.82 分）医疗环境满意度最高，海口市和昆明市则最低。

生活服务场所，如体育馆、星级饭店、高档娱乐场所等是满足居民高品质生活的必要支撑。居民对生活服务满意度普遍较高，给出了 3.84 的分值，在 27 项正向指标中排名第 10。北京市（4.21 分）、江苏省（4.15 分）和广东省（4.12 分）居民对生活服务满意度最高，这 3 个地区均为经济较发达地区，居民在满足了物质需求之后对精神需求有较高追求，以需求带动供给侧的增长，因此生活服务场所建设也较完善。而甘肃省（3.49 分）和贵州省（3.63 分）则排在末位，进一步证明了生活服务设施的完善和经济发展水平正相关。如图 5 - 34

所示，在省会城市中，成都市又一次名列前茅，居民对其生活服务满意度打出了 4.26 分的高分，作为中西部地区著名的旅游城市，成都人的慢节奏生活方式和对生活品质的追求成为其吸引游客和定居者最响亮的名片。

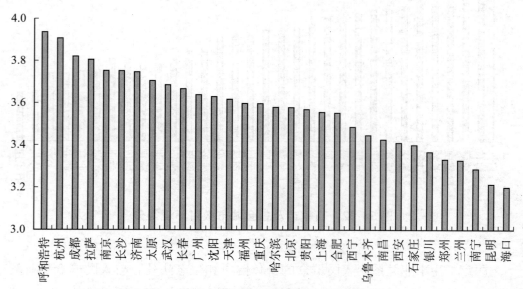

图 5 - 33　直辖市及省会城市医疗环境得分

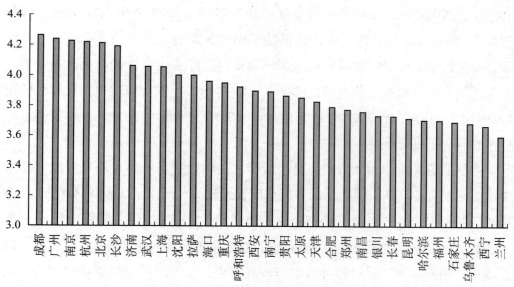

图 5 - 34　直辖市及省会城市生活服务得分

三、城市发展结果

（一）人口发展

人口发展是关系中华民族发展的大事，不断提高城市人口素质是推动城市高质量发展，全面建设现代化中国的题中之义。本调研以居民运动时长、阅读时长、人口集聚和人口老龄化程度反映人口高质量发展成果。居民对我国人口发展成果满意度打分为2.54分，在调研考察的9个维度中居末位，我国人口发展质量还需提升。具体来看，如图5-35所示，吉林省（2.66分）、上海市（2.64分）

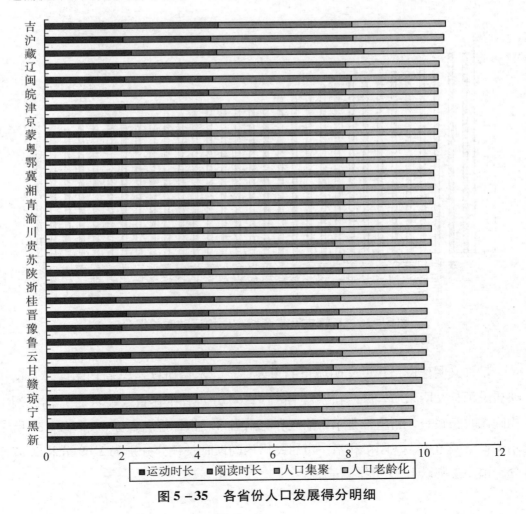

图 5-35　各省份人口发展得分明细

和西藏自治区（2.64分）居民对人口发展满意度位居前列，新疆维吾尔自治区（2.33分）和黑龙江省（2.42分）则居末位，但各省之间的分值差异较小，说明我国居民对人口发展满意度较均衡。省会城市中，沈阳市和福州市以2.65分居并列第1，银川市（2.35分）和哈尔滨市（2.41分）居民对人口发展成果较不满意。

身体素质是居民美好生活的保障，本调研以运动时长反映居民健康状况。西藏自治区（2.29分）、内蒙古自治区（2.27分）和云南省（2.23分）居民周均运动时长最长，可能是由于西藏和内蒙古地域辽阔，每周必要步行时间较长所致。如图5-36所示，省会城市中，拉萨市和福州市以2.26分居并列第1，哈尔滨市（1.72分）和海口市（1.76分）则排名末位。

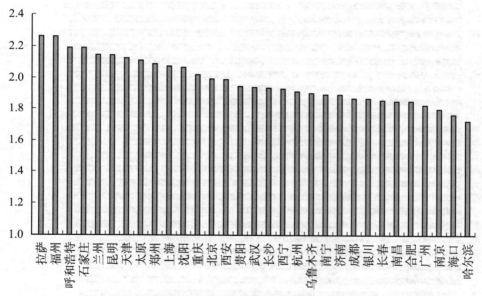

图5-36 直辖市及省会城市周均运动时长得分

精神文明建设是建设文明城市的重要途径，本调研以居民周均阅读时长反映居民精神文明素质。广西壮族自治区（2.60分）和吉林省（2.54分）居民周均阅读时长较长，新疆维吾尔自治区和海南省该项指标排名末位。如图5-37所示，省会城市中，沈阳市和南宁市居民周均阅读时长评分分别为2.69分和2.57分，银川市则以1.99分排名最后。

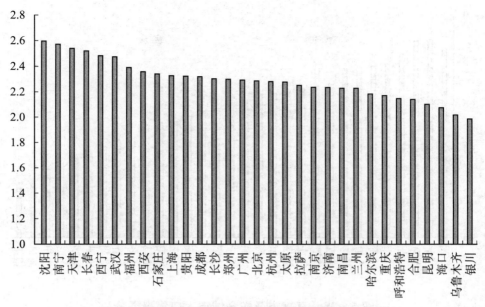

图 5-37　直辖市及省会城市周均阅读时长得分

城市人口集聚能力一方面是城市魅力和实力的体现，另一方面可以为城市居民创造更多就业选择。居民对我国城市人口集聚效应满意度平均打分为 3.55 分，排名第 22，大多数城市人口集聚能力还有进步空间。具体来说，西藏自治区（3.91 分）、北京市（3.88 分）和广东省（3.88 分）居民认为其人口集聚效应最好。北京市和广东省经济发达，能够对全国各省人口产生虹吸效应，西藏居第 1 实属意外，但本调研主要评判居民对某指标的主观感受，西藏地处我国边疆地区，气候条件和地理条件宜居性较弱，历来与其他地区接触较少，新中国成立后，我国大力发展西藏交通基础设施，川藏铁路、川藏公路等一系列交通路线的开通使得"天堑变通途"，提高了全国人民入藏的可行性和便捷性，使西藏与其他地区联系日益密切，因此西藏居民认为其人口集聚能力越来越好也在情理之中。作为我国西北部省份，地处内陆，甘肃省（3.22 分）和宁夏回族自治区（3.26 分）居民对其人口集聚能力满意度最低。如图 5-38 所示，在省会城市中，广州市、拉萨市排名靠前。银川市和海口市则排在最后。

当前，人口老龄化问题已成为时代命题，评判人口老龄化为居民带来的压力可以为解决人口老龄化问题提供理论依据。贵州省（2.55 分）、吉林省（2.48 分）和辽宁省（2.48 分）居民认为人口老龄化给其带来的压力较不明显，可能是这些地区生活节奏较慢所致，作为"东三省"的吉林和辽宁居民在

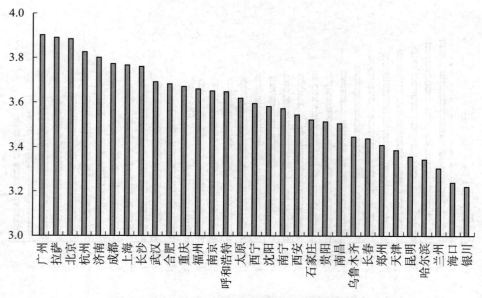

图 5－38　直辖市及省会城市人口集聚得分

经历"东北塌陷"后可能对生活有着更乐观的态度，因此对养老压力持乐观态度。如图 5－39 所示，在省会城市中，海口市（2. 60 分）和贵阳市（2. 59 分）居民对人口老龄化问题较为乐观。

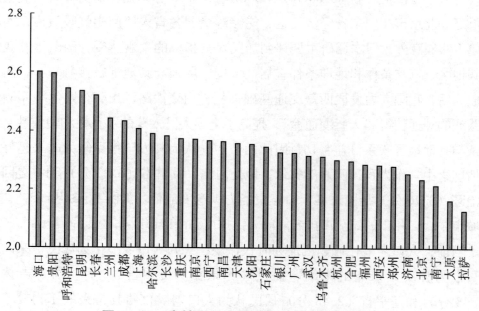

图 5－39　直辖市及省会城市人口老龄化得分

（二）经济发展

物质利益诉求是人们在日常生活中最基本的诉求，城市经济发展水平是满足居民物质利益诉求的基本保障。本调研以居民收入物价比、产业集聚影响、居民消费频率和城市消费活力反映城市经济高质量发展成果。结果显示，我国居民对城市经济发展总体满意度评分为3.21分，排名第7。如图5-40所示，西藏自治区（3.26分）、北京市（3.46分）、广东省（3.41分）和上海市（3.40分）居民对其经济发展状况最满意，甘肃省（2.95分）和宁夏回族自治区（2.98分）居

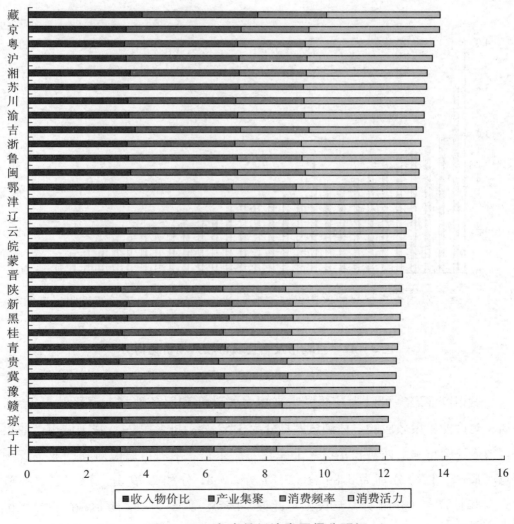

图 5-40　各省份经济发展得分明细

民则对此最不满意。在省会城市中，成都市和长沙市居民对其经济发展成果满意度最高，银川市和南昌市居民则最低。

收入能否满足居民日常生活需求是判断居民生活水平最基本的标准。西藏自治区（3.83 分）、吉林省（3.59 分）和福建省（3.45 分）居民普遍认为收入能满足其购房、教育、医疗、出行、日常生活等需求。贵州省（3.05 分）和甘肃省（3.09 分）居民则对收入物价比满意度最低。如图 5－41 所示，省会城市中，拉萨市（3.81 分）、呼和浩特市（3.58 分）和长沙市（3.55 分）居民对收入物价比满意度最高。长沙市一直以来在控房价方面表现突出，房贷支出的减少使居民可支配收入得到增加，增大了其收入物价比。

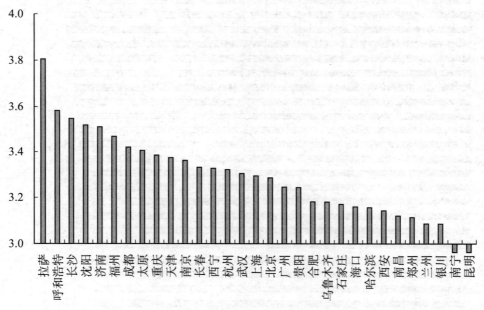

图 5－41　直辖市及省会城市收入物价比得分

城市产业聚集可以为其居民带来更多的就业和服务选择。调研结果显示，居民对产业集聚效应的总体满意度打分为 3.52 分，排名第 24，我国城市产业集聚效应还需增强。西藏自治区、北京市、广东省、上海市居民对其产业集聚满意度最高，评分分别为 3.89 分、3.87 分、3.81 分和 3.79 分。海南省（3.31分）和甘肃省（3.14 分）居民则对此最不满意。如图 5－42 所示，在省会城市中，拉萨市（3.92 分）和北京市（3.87 分）居民对产业集聚效应最满意，最不满意的是海口市（3.08 分）和兰州市（3.20 分）居民。

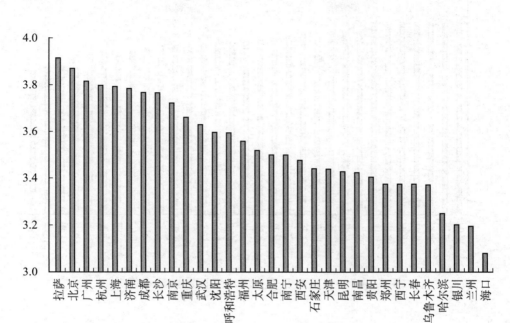

图 5 -42 直辖市及省会城市产业集聚得分

居民消费频率是居民收入的体现，是居民生活水平的重要评判依据，较高的消费频率同时也会促进城市经济的发展，反过来又会促进居民收入的增长。天津市居民每周外出消费频率最高，得分为 2.33 分，江西省居民该频率则最低（1.96 分），各省居民消费频率评分相差较小。如图 5 -43 所示，在省会城市中，贵阳市（2.41 分）和福州市（2.40 分）居民每周消费频率最高，南昌市（2.01 分）和长春市（2.06 分）则居榜末。

本调研以城市消费品牌的种类和数量反映城市消费活力。城市拥有种类多样、数量丰富的消费品牌在一定程度上可以提高居民的生活品质，也映射出城市的经济发展水平。居民对城市消费活力的总体满意度为 3.82，排名第 14，大多数城市消费活力得到了居民的认可。具体来说，北京市、广东省和上海市三地的消费活力最高，居民对其满意度打分分别为 4.39 分、4.33 分和 4.21 分。宁夏回族自治区和甘肃省居民对其消费活力满意度最低。如图 5 -44 所示，在省会城市中，银川市和西宁市居民对其城市消费活力最不满意。

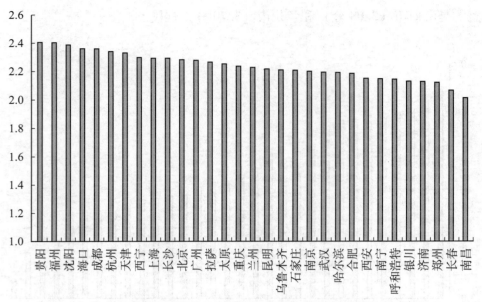

图 5 – 43　直辖市及省会城市居民消费频率得分

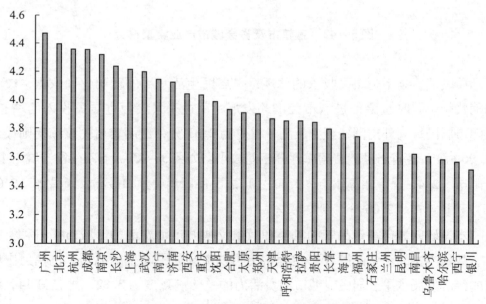

图 5 – 44　直辖市及省会城市消费活力得分

（三）空间发展

　　城市空间的创造、更新、组配、规划等实践活动，广泛而深入地影响着城市中的经济、政治、文化、生态等方方面面的发展。本调研以城市空间规模、空间布局和15分钟生活圈建设成效反映城市空间发展成果。居民对我国城市空间发展满意度评分为3.00分，在9个维度中排名第8。具体来说，如图5－45所示，江苏省居民对其空间发展成果最满意，给出了3.17分，北京市居民则对此最不满意。在省会城市中，银川市（3.12分）居民最满意其城市空间发展成果。

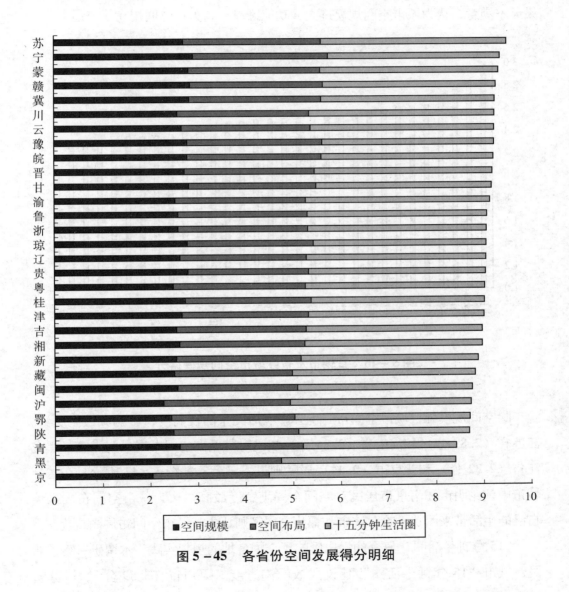

图5－45 各省份空间发展得分明细

城市发展的过程同时也是城市空间扩展、变化的过程，但城市规模的过快增长也会给城市带来"城市病"。居民对空间规模的总体满意度评分为2.63分，在7个负向指标中居第2位，大多数城市居民对其空间规模较为满意。从省域视角看，宁夏回族自治区（2.92 分）和江西省（2.85 分）居民对空间规模最满意。银川市（2.89 分）和石家庄市（2.85 分）居民对其城市空间规模最为满意，认为并未因城市规模过大而将大量时间耗费在道路交通上。如图 5－46 所示，北京市（2.04 分）和上海市（2.28 分）则相反，其居民对空间规模发展结果最不满意，认为城市空间规模过大，功能区单一，大量时间用在了交通上。

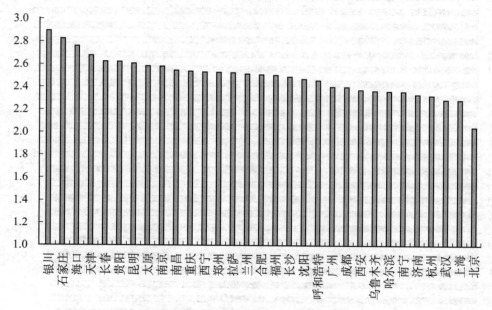

图 5－46　直辖市及省会城市空间规模得分

　　除空间规模外，城市空间布局也会影响居民生活便利度，影响城镇化质量。江苏省（2.89 分）和河南省（2.84 分）居民对其城市空间布局最为满意，黑龙江省（2.32 分）和北京市（2.44）居民则最不满意。如图 5－47 所示，在省会城市中，昆明市和南京市居民对空间布局满意度最高，认为城市空间布局未给自己的生活带来困扰，哈尔滨市和福州市居民则认为其城市空间布局尚待优化。

　　"15 分钟生活圈"概念的提出影响了全国各地的规划实践，本调研考察了居民对城市"15 分钟生活圈"建设成效的满意度。四川省（3.89 分）、江苏省（3.89 分）和重庆市（3.87 分）居民对"15 分钟生活圈"建设成效最满意，青海省（3.22 分）和陕西省（3.59 分）居民满意度居末位，当地政府应该重视"15 分钟生活圈"建设，学习先进省市建设经验，以"15 分钟生活圈"建设诠释城市治理的温度、人间烟火的气度、美好生活的刻度。如图5－48所示，在省会城市中，成都市和济南市表现良好，西宁市和南昌市则还需努力。

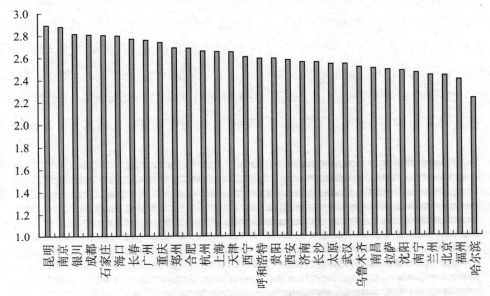

图5－47　直辖市及省会城市空间布局得分

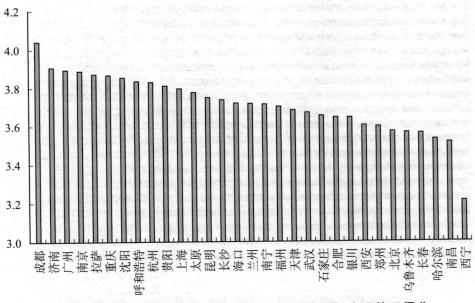

图5－48　直辖市及省会城市"15分钟生活圈"建设状况得分

（四）社会发展

贯彻新发展理念是新时代我国发展壮大的必由之路。本调研以新发展理念（创新、协调、绿色、开放、共享）的贯彻成果反映城市社会发展成果。居民对社会发展成果满意度为 3.67 分，在 9 个维度中排名第 4，我国新发展理念的贯彻落实成果得到了大多数群众的肯定。具体看，如图 5 – 49 所示，西藏自治区以 3.90 分位列第 1、浙江省和北京市以 3.89 分居并列第 2，西藏又一次表现突出。甘肃省（3.43 分）和宁夏回族自治区（3.46 分）则居末位。总体来看，东部地区

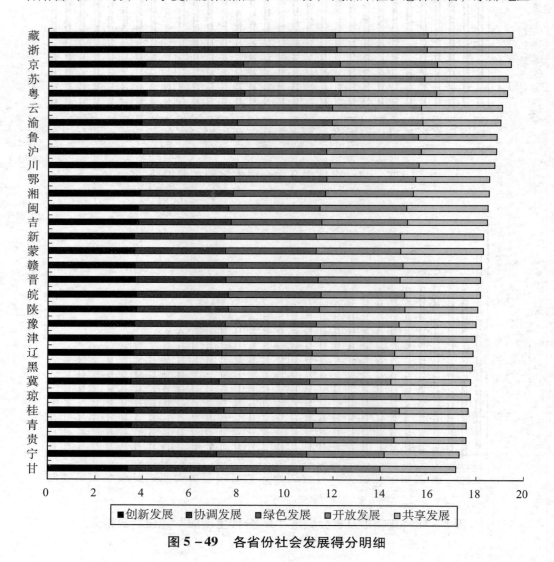

图 5 – 49　各省份社会发展得分明细

居民对社会发展满意度较高，西北、西南地区在落实新发展理念方面还需扎实推进。省会城市中，杭州市和成都市位列榜首，银川市和兰州市则居榜末。

创新发展理念位居新发展理念之首，创新是民族进步的不竭动力，必然也是城市发展不可缺少的重要推动力。对创新发展的总体满意度为 3.74 分，在 27 项正向指标中排第 17 位。广东省（4.13 分）、北京市（4.10 分）和浙江省（4.02 分）创新发展水平居前 3 名。广东省深圳市拥有大批高新技术产业园，科创发展指数居全国前列，为广东省的创新发展加分不少。甘肃省（3.36 分）和宁夏回族自治区（3.48 分）居民对其创新发展水平最不满意。如图 5 – 50 所示，在省会城市中，杭州市、广州市和成都市居民最满意其创新水平，哈尔滨市和银川市居民则最不满意。

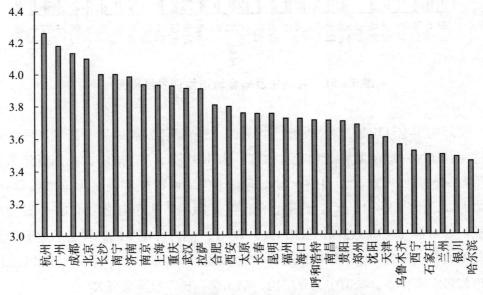

图 5 – 50　直辖市及省会城市创新发展得分

城市的高质量发展最终是为了人民美好生活，让城市发展的成果惠及每位居民。居民对城市协调发展满意度总体打分为 3.85 分，排在第 8 位，我国城市协调发展成果得到了居民的认可。广东省（4.10 分）、北京市（4.08 分）和西藏自治区（4.08 分）居民对其协调发展成果最满意，这些地区发展经验值得其他地区借鉴，尤其是宁夏回族自治区（3.62 分）、甘肃省（3.65 分）等协调成果后进地区，更应学习先进地区成功经验。如图 5 – 51 所示，广州市、成都市和杭州市在省会城市中表现最佳，福州市、石家庄市等则还需努力。

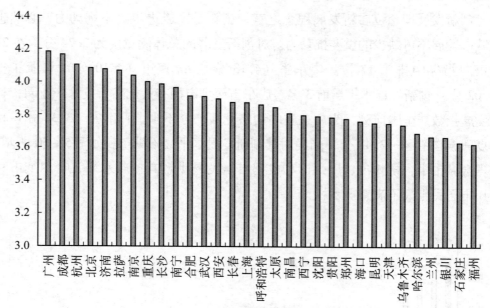

图 5-51　直辖市及省会城市协调发展得分

　　良好的生态环境是最普惠的民生福祉，城市绿色发展成果会影响居民居住舒适度。居民对绿色发展满意度总体打分为 3.91 分，排名第 5，我国近年来着力贯彻绿色发展理念，大力整治城市雾霾天气、城市废水废气污染成效卓著。其中尤以云南省（4.15 分）、西藏自治区（4.10 分）和浙江省（4.10 分）表现最佳，甘肃省（3.73 分）和天津市（3.77 分）尚有优化空间，但各省之间评分相差不大，表明我国城市绿色发展程度均衡提升。如图 5-52 所示，杭州市、济南市和贵阳市在省会城市中表现突出，福州市、长春市等表现欠佳。

　　居民对开放发展满意度总体打分为 3.61 分，排名第 20，在新发展理念中排名第 4，说明我国大多数城市还需抓住政策机遇，结合自身优势，以开放纾发展之困。如图 5-53 所示，广东省、北京市和四川省位居三甲，与日常认知相符。贵州省（及贵阳市）、甘肃省（及兰州市）和宁夏回族自治区（及银川市）则居榜末，这些地区要么深居内陆，要么地势复杂制约发展，但仍应发掘自身特长，善用自身优势，善抓政策优势，以开放发展破经济发展之局。

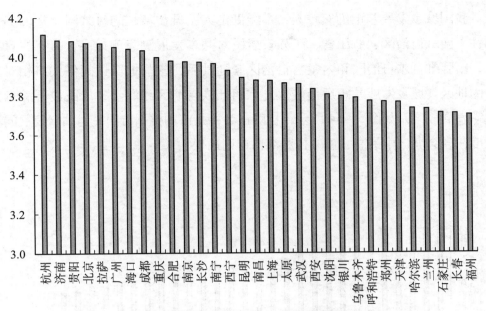

图 5-52 直辖市及省会城市绿色发展得分

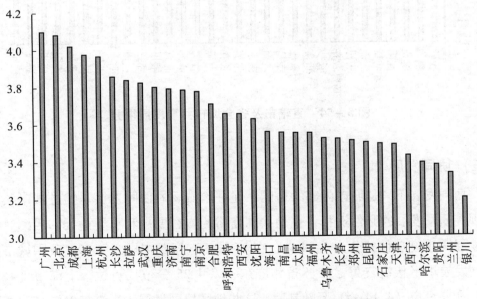

图 5-53 直辖市及省会城市开放发展得分

城市高质量发展成果不仅应普惠城市居民，也应该带动乡村发展，以发展缩小城乡差距，以发展成果促进城乡融合。居民对共享发展满意度总体打分为3.25分，排名第27，在新发展理念中排名最低，也在27项正向指标中排名最低。我国城乡发展差距仍然较大，不能满足人民日益增长的对共同富裕的美好向往。西藏自治区、浙江省、江苏省居民对共享发展满意度最高，值得注意的是，新疆维吾尔自治区和内蒙古自治区紧随其后，这些地域辽阔但人口相对较少的地区其城乡发展差距反而较小。广西壮族自治区和海南省居民最不满意其共享发展成果。如图5-54所示，拉萨市、福州市和杭州市居民对共享发展的满意度在省会城市中最高，南宁市和海口市则最低。

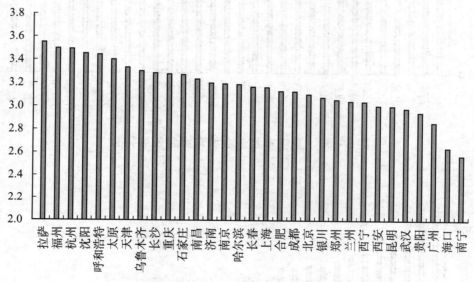

图5-54　直辖市及省会城市共享发展得分

（五）协同发展

协同发展不只是城市内部的协同，促进区域间的协同发展是推进城市共同实现高质量发展的必然选择，也是共同富裕的内在要求和重要途径。居民对协同发展满意度总体打分为3.84分，在27项正向指标中排名第12，我国城市间协同发展水平状况良好。江苏省和广东省以4.25分位居首位，上海市（4.15分）和北京市（4.14分）紧随其后。这些地区协同发展水平满意度较高的重要原因之一是其拥有便捷的城际交通，使得经济交往与人口流动更为便捷。宁夏回族自治区（3.42分）和青海省（3.46分）以及甘肃省（3.59分）深居内陆，经济欠发达，交通路网建设较稀疏，城市间协同效果较差。如图5-55所示，省会城市中，广州市、南京市和杭州市居民对协同发展满意度最高，银川市和西宁市最低，进一步印证了交通基础设施建设对城市间协同发展的重要影响。

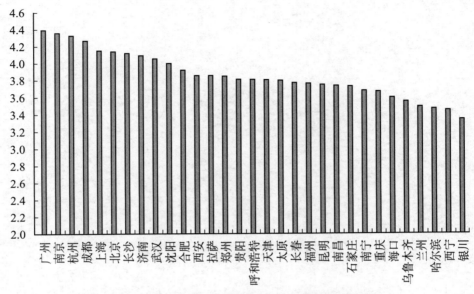

图 5 - 55　直辖市及省会城市协同发展得分

第二篇
客观评价篇

第六章　城市先天禀赋客观评价

习近平总书记在上海考察期间指出,"城市是人民的城市,人民城市为人民""努力创造宜业、宜居、宜乐、宜游的良好环境,让人民有更多获得感,为人民创造更加幸福的美好生活"。[①] 城市已经成为越来越多人休戚与共的存在。城市先天禀赋的构成要素,如自然山水、地形起伏、气候等,在不同地域文化区有不同的结构、肌理、序列特点。这些特征性的空间组合模式,一方面是历史选择的结果,体现与当地自然环境和睦相处的关系,适应当地人文活动的特点;另一方面,对于继续维护与保持这些关系和特点起着基础性作用。将这些独特的、相对稳定的空间组合模式,可称为城市的发展基因,这也是本报告所界定的城市先天禀赋。一座城市的形象离不开它的先天条件,也离不开后天的设计和规划。每个城市、每个片区的城市基因都不是完全相同的,对特色基因的挖掘和呈现,将有助于促成区域特色的表达;而城市基因所携带的重要城市信息,又使其成为延续城市物质和文化稳定性的重要载体。在城市特色被日益重视、城市发展从增量开发转向存量开发的大背景下,如何激活那些伴随场所衰败而逐渐被遗忘的"城市基因",使之更好地发挥服务当代生活、延续历史文脉的作用,进而实现城市活力的稳定延续,则是本报告着重需要解决的问题。基于城市先天禀赋的定义,在选取自然要素指标的基础上,结合人文要素指标,构建城市先天禀赋综合指数。综上所述,本报告不仅丰富了人居环境理论内涵,而且具有极大的实践应用价值,可为区域和城市高质量发展提供有

---

① 以人民为中心推动城市发展(专题深思)[EB/OL]. (2023 – 12 – 12)[2024 – 03 – 06]. 人民网, opinion. people. com. cn/n1/2023/1212/c1003 – 40136567. html.

力佐证。

2020 年城市先天禀赋指数前 20 名城市排名如图 6-1 所示，不同区域的中心城市均有较好表现，例如京津冀城市群的北京、成渝城市群的重庆和成都、长三角城市群的苏杭两市、中原城市群的郑州、关中城市群的西安。其中，兼具"山水相依、刚柔并济"自然文化资源和深厚历史文化底蕴的北京当之无愧位列第 1，地处钟灵毓秀巴蜀之地的重庆、成都分列第 2、第 3 名，紧随其后的是有着优越区位条件和湖光潋滟自然风光的苏杭。同时，先天禀赋也会造就很多城市群之外的明星小城，例如丽江、济宁、洛阳、黄山及遵义等。

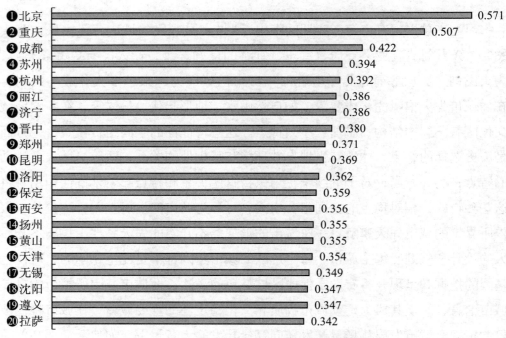

图 6-1　2020 年城市先天禀赋指数前 20 名

第一节　城市历史文化底蕴的空间分布

习近平总书记强调："一个城市的历史遗迹、文化古迹、人文底蕴，是城市生命的一部分。"① 历史文化以各种方式保留在城市肌体里，沉淀为独特的记忆和标识，例如北京的胡同、上海的石库门、福建福州的骑楼……以真实的历史文化遗产为载体，城市的文脉才能得到有效传承。城市文明是一个城市的本土文化现象，丰厚的文化内涵是文明城市的一个显著特征，城市文明建设在很多方面来源于历史文化的延续。任何城市现代的社会文明，都积淀着历代人们的文化创造和成果，即历史文化底蕴。文化积淀时间越久，底蕴也就越深厚。没有历史文化的积淀，城市文明也就成了无源之水，无本之木。

一、历史文化名城

根据对北京、上海、广州、沈阳、西安、武汉、成都等全国 285 个城市采用熵值法进行测算，得到的结果如图 6－2 所示：在最具文化底蕴城市排行榜中，北京凭借其悠久的古都文化及红色文化拔得头筹，苏杭两市作为"姑苏文化"

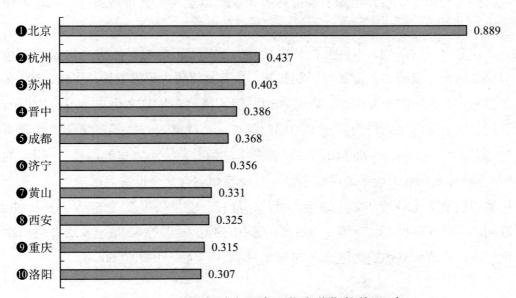

❶北京　0.889
❷杭州　0.437
❸苏州　0.403
❹晋中　0.386
❺成都　0.368
❻济宁　0.356
❼黄山　0.331
❽西安　0.325
❾重庆　0.315
❿洛阳　0.307

图 6－2　2020 年城市历史文化底蕴指数前 10 名

---

① 镜观·领航｜古城老巷中 习近平这样谈文脉保护与传承［EB/OL］.（2022－01－28）［2024－03－06］. 新华网，http：//www. news. cn/politics/leaders/2022－01/28/c_1128308340. htm.

发祥地位于前 3，晋中是民族融合的重要地区，凭借晋文化位列第四，成都则以独有的天府文化与丰富的历史沉淀排名第五，而西安作为十三朝古都位列第八，洛阳作为九朝古都排在第 10。

北京作为我国首都，历史悠久，文化灿烂，是首批国家历史文化名城，中国四大古都之一和世界上拥有世界文化遗产数最多的城市。北京有着 3 000 余年的建城史和 850 余年的建都史，荟萃和积淀了自元、明、清以来的中华文化。作为我国目前的文化中心，北京拥有京剧、相声等 50 项国家级非物质文化遗产，212 项省市级非物质文化遗产，326 项国家级文物保护单位。北京成为新中国的首都后，国家坚持把北京文化保护和发展工作作为重中之重，这使得北京成为中华文化一颗璀璨的明珠。

排名第二的杭州，自秦朝设县制以来已有 2 200 多年的历史，曾是吴越国和南宋的都城，是中国八大古都之一。杭州得益于京杭运河和通商口岸的便利，以及自身发达的丝绸和粮食产业，历史上曾是重要的商业集散中心。历经良渚文化、吴越文化、南宋文化和明清文化后，杭州已形成了完整的文化系列。因此杭州人文古迹众多，西湖及其周边有大量的自然及人文景观遗迹，具代表性的有西湖文化、良渚文化、丝绸文化、茶文化等。

排名第三的苏州，古称吴，又称姑苏、平江等，是国家历史文化名城和风景旅游城市，有着"人间天堂"的美誉。姑苏文化历史源远流长，建城 2 500 多年以来，文化积淀十分深厚，以其独树一帜的风格在华夏文化史上占有重要的一席之地。姑苏始终作为苏州的别称而存在，历代文人对此颇具情怀，频频将"姑苏"写入诗词中，如李白的"姑苏台上乌栖时，吴王宫里醉西施"、张继的"姑苏城外寒山寺，夜半钟声到客船"……苏州拥有 9 个世遗名录的园林、4 个运河古道及 7 个点段，如山塘街、盘门、虎丘、宝带桥等 20 处遗产点；昆曲、苏州端午等 6 项世界非物质文化遗产；苏州评弹、吴歌等 32 项国家级非物质文化遗产；省市级非物质文化遗产 283 项，国家级文物保护单位 60 项。

二、历史文化底蕴

由附录得出中国城市历史文化环境空间上呈现出明显的空间分异特点，各等级城市空间分布较为零散，在中国中部地区，处于山东省、河南省、陕西省的城市其历史文化底蕴较为深厚，而处于东北地区的黑龙江省与南方地区的广西壮族自治区，其历史文化底蕴水平显得较为薄弱。具体表现在历史文化底蕴丰厚的城市数量较少，空间上历史文化底蕴丰厚的城市在江苏省分布较多，具体表现为江苏省苏州市、无锡市、南京市，在四川省成都市、山东省济宁市、河南省洛阳市、陕西省西安市、山西省晋中市和甘肃省酒泉市有零星分布。这些城市产业发展较为成熟，充分展现了历史文化底蕴对城市经济发展的促进作用；历史文化底蕴较为丰厚的城市空间分布较为零散，并未表现出聚集性特点，每个城市群几乎都有历史文化底蕴深厚的核心城市。

第二节 城市自然资源的空间分布

自然资源作为人类社会的物质基础，其在城市经济发展差异的塑造中产生了重要的作用。我国幅员辽阔、人口众多，各地区自然资源禀赋差别之大在世界上是少有的，统筹区域发展从来都是一个重大问题。城市是解决可持续发展挑战的关键场域，全球可持续发展目标的实现关键在城市，城市的建设离不开国土空间的科学规划和自然资源的合理配置。因此，本报告立足于中国城市的发展现状，在新型城镇化战略、城乡融合、城市绿色低碳转型的背景下，以"高质量"与"可持续"为导向，构建出可比较的城市自然资源禀赋评价指标具有积极的实践意义。

由图6-3可以看出，中国城市自然资源禀赋前三十名中川渝地区、云贵地区、西藏以及甘肃等西北地区的城市占比较高，其中云贵川地区的自然风景禀赋尤为丰富，而拉萨、呼伦贝尔以及酒泉等城市的资源禀赋则更为突出。云贵川作为西南边境地区地形地貌多以山地、盆地为主，旅游资源格外丰富。四川作为第三阶梯过渡带，川藏环线起点，境内具有雪山、草甸、藏族文化等多元素资源，九寨沟、峨眉山、都江堰等旅游资源也颇为丰富。云南作为边境省份，境内少数民族众多，民族风情浓厚，且气候宜人，大理洱海、西双版纳、玉龙

雪山都是很有代表性的旅游景点。拉萨的资源禀赋之高与其丰富的水土资源不
无关系，地下水丰厚，念青唐古拉山主峰及附近578平方千米的冰川和永久积雪
带储藏着大量固体水，人均水量和每亩地占水量均高于全国水平。呼伦贝尔作
为边疆城市有着"水乡"之称，被誉为是世界上最好的草原，与俄罗斯接壤，
地理纬度并不低，但仍然孕育出茂密的植物，其中最重要的因素便是呼伦贝尔
丰富的水资源。酒泉虽为西北地区边疆城市，但其水土资源丰饶富庶，有黑河、
疏勒河、哈尔腾河3大水系，素有"戈壁绿洲"之称。

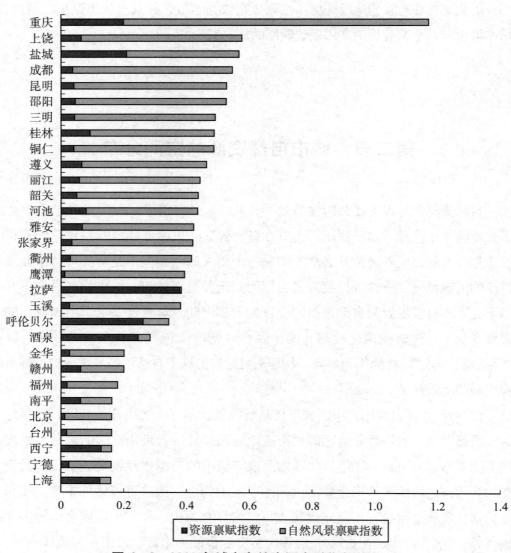

图 6-3　2020 年城市自然资源禀赋指数前 30 名

由附录进一步分析中国城市自然资源禀赋指数的分布格局，可以看出边疆地区相较于内地自然资源禀赋质量更高，尤其是西南地区城市以及内蒙古的呼伦贝尔显得尤为突出。我国城市自然资源禀赋指数在 2000～2020 年整体变化幅度不大，但西北地区的酒泉市从 2000 年的 0.227 降低至 2020 年的 0.142，整体降幅较为明显，而东南沿海地区城市的自然资源禀赋则在 20 年间逐渐丰富起来。导致这一结果的主要原因是以酒泉市为代表的西北地区城市"水效率"仍有待提高，水资源虽然丰富，但其配置需要更优的制度与其适配。西南地区城市的自然资源禀赋质量则越来越高，这与当地大力开发旅游资源以及对自然资源的保护措施不无关系。

一、资源禀赋

资源禀赋是决定城市发展走向的力量，本报告所定义的资源禀赋主要指城市所拥有的水资源、土地资源、森林与湿地资源等。我国土地资源有四个基本特点：绝对数量大，人均占有量少；类型复杂多样，耕地比重小；利用情况复杂，生产力地区差异明显；地区分布不均，保护和开发问题突出。中国水资源的分布情况是南多北少，而耕地的分布却是南少北多。如中国小麦、棉花的集中产区——华北平原，耕地面积约占全国的 40%，而水资源只占全国的 6% 左右。[①] 水、土资源配合欠佳的状况，进一步加剧了中国北方地区缺水的程度。中国东部地区、西部荒漠地区生态重要性较低，西部高原及未开发地带、东北地区森林资源丰富，生态重要性较高。中国生态环境的基本状况是：总体在恶化，局部在改善，治理能力远远赶不上破坏速度，生态赤字逐渐扩大。我国生态类型多样，森林、湿地、草原、荒漠、海洋等生态系统均有分布。中度以上生态脆弱区域占全国陆地国土空间的 55%，其中极度脆弱区域占 9.7%，重度脆弱区域占 19.8%，中度脆弱区域占 25.5%。[②]

中国城市的资源禀赋质量呈现出"中部低、南北高"的分布格局。其中，

---

① 自然资源［EB/OL］.（2005－09－13）［2024－03－06］. https：//www. gov. cn/guoqing/2005－09/13/content_2582636. htm.

② 截至 2015 年底全国森林面积达 2.08 亿公顷［EB/OL］.（2016－12－01）［2024－03－06］. 中国政府网，www. gov. cn/xinwen/2016－12/01/content_5141330. htm.

内蒙古的呼伦贝尔以及甘肃的酒泉尤为突出，这是因为呼伦贝尔作为草原，有着极高的湿地资源以及水资源，其与"戈壁绿洲"酒泉的共同点为虽地属北方，却有着极丰富的水资源。而中部地区比如河南、河北、山东等地则由于干旱且为平原地带导致水资源、湿地资源和森林资源较为匮乏，所以中部城市的资源禀赋相对边疆城市较低。

二、自然风景禀赋

风景名胜区是指具有观赏、文化或者科学价值，自然景观、人文景观比较集中，环境优美，可供人们游览或者进行科学、文化活动的区域。一个城市的自然景观和人文景观能够反映重要自然变化过程和重大历史文化发展过程。随着风景资源不断被开发利用、国家风景名胜区不断扩大与建设，旅游成为丰富人民精神文化生活的一个重要组成部分。本报告所定义的自然风景禀赋主要指城市所拥有的世界自然遗产数、国家级风景名胜区数量、风景名胜区点位数等。

中国国家级风景名胜区总体呈凝聚型分布。风景名胜区的自然景观分为天景、水景、地景和生景四类，分属于自然地理中大气圈、水圈、岩石圈和生物圈四个圈层中的气候条件、水域资源、地质地貌和生物资源四种自然要素。其中，气候条件主要包括光照、降水等，与风景名胜区分布关系并不密切。以降水为例，自然风景禀赋值较高的城市绝大部分分布于降水大于 500 毫米的区域内，这与中国国家级风景名胜区南多北少、东多西少的分布一致。此外，自然风景禀赋值较高的城市大多为历史文化底蕴深厚的城市。这是由于中国风景名胜区伴随科学、文化、艺术水平的提高和宗教的广泛传播以及各种游览、考察活动的蓬勃兴起等得到开发建设，由祭祀封禅之地过渡到观景游览之处。无论是自然崇拜、祭祀封禅还是观景游览，都是人们与风景名胜区之间的互动，因此在古代交通水平较低的情况下，风景名胜区多建立在古代大城市附近，便于祭祀和游赏。

第三节 城市自然地理条件的空间分布

城市的分布规律受到多种自然及人为因素的影响，如城市所在地区的经纬度、气候条件、地形地貌条件、大气状况、土壤、植被、自然资源以及水文条件等。地形差异是各种景观结构和空间格局分异的重要影响因子。在人类活动占主导地位的城市景观中，地形起伏特征通常是大尺度人为干扰活动地域分布格局的基本骨架。根据中国城市自然地理条件指数，可以看出随着时间的推移，城市的重心呈现出了逐步向低地形空间转移的特征，与此同时在城市化进程中，起伏度低的地区减少的过程十分迅速，而起伏度高的地区减少得则相对缓慢，市区内起伏度较高地区如低山、丘陵则往往被开发为公共绿地或公园。从上述结论可以看出，城市发展过程中，中、低地形比高海拔地形，尤其是高海拔起伏地形更有吸引力。

与此同时，地形因素也对污染物的扩散及分布产生重要影响，山地、丘陵地形对气流起到阻挡的作用而产生辐合，容易使污染物滞留在原地，对风速削弱作用不利于污染物的输送，由此造成山区的局地污染。山地地形的存在形成山谷风，这种局地环流使得污染物往返积累，达到较高的浓度，同样会造成当地的严重污染，相比之下平原城市的污染物扩散过程受地形影响较小。综上所述，地形因素对城市规划的方方面面都产生着较为深远的影响，总体看来低地形城市比高地形城市的优势要明显得多。

图6-4详细展示了2020年中国城市自然地理条件前30名结果。从图6-4中可见，河南、河北以及山东地区的城市相对而言更加具备自然地理条件优势，这三个地区的城市正是低地形城市。河南洛阳作为十三朝古都，与其优越的地理条件不无关系。河南省位于黄河中下游，承东启西、通南达北，交通便利。省内北、西、南三面千里太行山脉、伏牛山脉、桐柏山脉、大别山脉沿省界呈半环形分布；中、东部为黄淮海平原；西南部为南阳盆地，既有山脉作为屏障，又有适合农耕种植的平原和盆地。同时因为临近黄河，水源条件丰沛，因为上

古时期河南地区气候温暖，这里非常适合发展农耕，成了炎黄部落选择的居住地。山东地理形态优越，大部分伸入海中，全年气温冬暖夏凉，较同纬度地区温度更为适宜。山东省整体地势平坦，平原面积较大，发展农业的条件得天独厚，所以也是我国的农业第一大省。河北省同样地理位置优越，位于华北平原的中心，地形以平原为主。

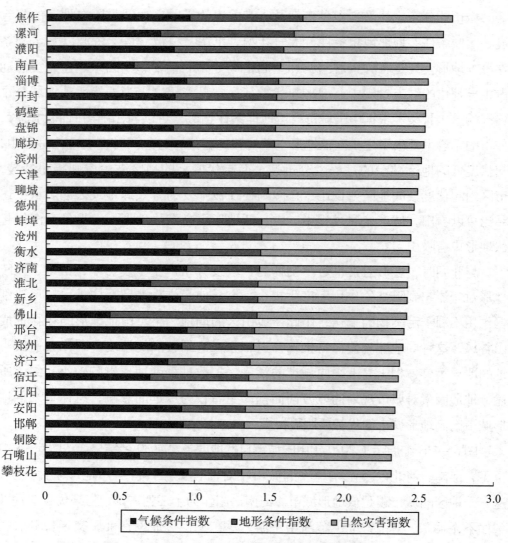

图 6-4　2020 年城市自然地理条件指数前 30 名

一、气候条件

气候是自然环境中的主要因素，它对城市文化的许多方面都产生着影响。由于人类出于本能不断地向气候适合居住的地带迁移集居，这些地带人口密度升高，因而气候条件优越的地区城市数目也相对较多，规模也就越大；而气候条件恶劣的地区，一般很少能形成城市。中国的气候大部分是温带季风气候，随着纬度的不同，气温和降水都会变化。年降水量总体上说，北方少，南方多，东部多于西部。中国降水最多的地区多集中在东南部，特别是台湾岛的火烧辽，平均年降水量达 6 000 毫米；而我国西北的大沙漠降水十分稀少，有些地区平均年降水量只有不到 10 毫米。中国南方地区水系发达，降水丰富，水资源利用率较低；北方地区降水量较小，人口稠密，水资源利用率较高。

由附录可见，我国自然气候指数呈现"中间高、南北低"的分布格局。中原地区包括河北、河南以及山东等地气候条件相对较优，而东北地区以及南方地区气候条件则相对较差。这主要是因为我国降水量呈现"东高西低、南高北低"的分布格局，而我国的气温同样呈现"南高北低"的分布格局。气温与湿度均为适度性指标，我国大部分城市处于北温带，因此我国中部地区城市的温湿度相对于两端地区城市更为宜人宜居。三亚为我国自然气候条件指数最低的城市，属热带海洋季风气候，其 25.55℃的极高年均温和 1 573.05 毫米的极高降水量导致三亚潮湿闷热。而河北省是我国自然气候条件指数较优的地区，与其地理位置不无关系，其地处中国东部沿海，四季分明、气候温暖，光照充足、雨热同步，多数地区属半湿润气候类型区，全年平均气温介于 −0.5℃ ~14.2℃之间，年极端最高气温多出现在六、七月份。河北省年均降水量 300 ~800 毫米，主要集中在七、八月份，降水量虽然偏少，但其邻海，因而该地区的湿度较为宜人。

二、地形条件

我国地形类型复杂多样，以山地、高原地形为主，山区（丘陵、山地以及崎岖的高原）面积广大。我国地势西高东低，呈三级阶梯状分布，西部高山广布,以山地、高原和盆地为主;东部平坦低缓,以丘陵和平原为主。从地形单元来看,我国主要的高原地形区包括青藏高原、黄土高原、内蒙古高原和云贵高原,主要的盆地地形区包括塔里木盆地、准噶尔盆地、柴达木盆地和四川盆地,主要的平原地形区包括东北平原、华北平原和长江中下游平原,主要的丘陵地形区包括山东丘陵、辽东丘陵和东南丘陵(包括江南丘陵、两广丘陵和浙闽丘陵)。由图6-5可知,我国地形条件最优越的城市为广东佛山,其次是江西南昌,河南漯河排名第三。安徽蚌埠紧随其后,而河南的焦作、濮阳分别位列第五、第六。安徽的铜陵和淮北位于第七、第八。第九名是宁夏回族自治区的石嘴山,第十名是内蒙古自治区的乌海。从这些排名可以看出河南及安徽的城市地形条件更为优越,这两个省份地区地势较为平坦,绝大部分地区都是平原,仅有少量山地。

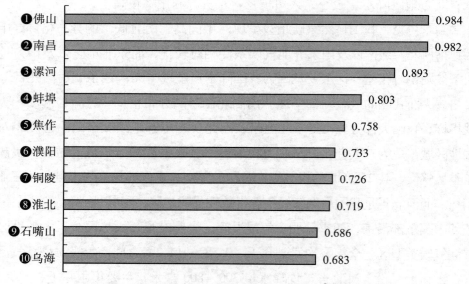

图6-5 2020年城市地形条件指数前10名

我国地形的特点为"西高东低,北高南低",河南属于我国中部,北部为太行山余脉,西部为秦岭余脉,南部为大别山,中南部自西北向东南横亘800里的伏牛山,东部为广阔的黄淮海平原。安徽省地势西南高、东北低,长江、淮河横贯省境,将全省划分为淮北平原、江淮丘陵和皖南山区三大自然区域。省内淮河以北,地势坦荡辽阔长江两岸地势低平,属于长江中下游平原。而排在榜首的佛山市地形以三角洲平原为主，地处珠江三角洲腹地，珠江水系中的西江、北江及其支流贯穿全境，属典型的三角洲河网地区。紧随其次的南昌全境山、丘、岗、平原相间，其中岗地低丘占 34.4%，水域面积达 2 204.37 平方千米，占 29.78%，在全国省会以上城市中排在前三位。全境以平原为主，占 35.8%，东南相对平坦，西北丘陵起伏，水网密布，湖泊众多。

三、自然灾害

从图 6-6 可知，我国自然灾害频发城市主要集中于东南沿海地区，另外还有西南地区的四川省部分城市。沿海地区处于我国陆海交接地带和西北太平洋地震带，是受海洋风暴潮、台风、地震等影响显著的地区，又是夏季风首当其冲的位置，由于夏季风的不稳定性，我国沿海地区的旱涝灾害频繁。同时沿海地区大多为我国经济发达地区，人为活动的影响也不可忽视，比如人为破坏森林、河道变道、地力工程等活动都会影响水的流动，加速洪涝的形成。四川城市的自然灾害主要是地震，从图 6-6 中也可看出四川宜宾的自然灾害指数为 0.968，

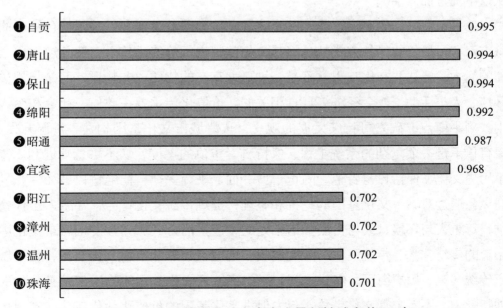

图 6-6　中国城市自然灾害发生最频繁城市前 10 名

明显较东南沿海地区的温州（0.702）上升一个阶度。四川地质灾害频发，主要系地质原因造成，四川属盆地，靠近青藏高原，处在"地中海和喜马拉雅山地震带"上，位于印度洋板块和亚欧板块之间。印度洋板块向亚欧板块俯冲，地壳活动频繁，因此多发地震使地表、山体土质变得疏松，一旦碰上强降水，则会引发大规模的洪涝灾害。

第四节　政　策　启　示

2015 年 12 月召开的中央城市工作会议指出要加强规划和管控，留住城市特有的地域环境、文化特色、建筑风格等"基因"。随着我国经济的快速发展，国内城市正在迎接文化的复兴与更新，只有在建设中明确突出自身的地位，深入发掘文化底蕴与城市基因，才能把握城市文化的共性与特色城市的个性，将文明的碎片、文化衰落转化为文化复兴、文明创造。因此，激活城市基因，可以从以下几方面入手。

第一，保护好历史的遗迹，充分发掘文化基因。对于文化基因特色鲜明的城市而言，最好的保护方式就是将其文化基因进行价值化传承，使其焕发出全新的活力。要认清文化基因并不是一种孤立存在的物质或非物质，而是与周边环境、人类活动、社会经济等息息相关的。价值化传承要在政府、社会和个人中找到平衡点，确立可持续发展的观念，认清城市文化基因构建、资源开发、保育传承是一项复杂的系统工程，保持科学审慎的态度，切不可急功近利。传承历史文化、保持自身特色，防止千城一面、千篇一律，杜绝盲目破坏性开发建设。通过对城市文化基因的挖掘和整理，提炼传统文化符号，并融入当代精神，尊重人与环境、人与自然和谐相处的生产生活方式。充分发掘城市文化中孕育的传统艺术、传统民俗、人文典故、地域风情等非物质文化资源，彰显城市传统建筑、历史街区、农耕水利、生态环境等文化基因的物质与精神载体的独特魅力，不断丰富文化供给，着力促进文化基因的价值化活化转化，实现优秀城市文化永续传承、焕发新生，将具有文化灵魂的城市留给未来。孵化城市特色文化 IP，积极发挥名片效应，通过文化 IP 的商业化运营、产业化融合实现价值变现，将文化 IP 沉淀为城市品牌资产，提升城市文化生命力，促进文化基因赓续绵延。

第二，突出"高质量利用"引领，打造高品质国土空间和新的经济增长极。自然资源是生态空间、生态产品的来源，也是经济社会发展的物质基础，在人民城市建设中具有独特的作用价值。自然资源保护利用的整体谋划和顶层设计将对城市经济社会发展、城市空间治理、生产方式和生活方式等方面产生深刻的影响。以土地资源高质量利用整体提升城市综合承载能力、经济密度和空间品质，以资源环境承力科学确定城市发展空间底线。结合国土空间开发和自然资源利用的问题和风险，通过资源环境承载能力的评价与监测预警，合理确定城市发展的用地总量、人口规模、开发强度，优化国土空间开发格局，划定城市开发建设的空间底线，促进人、地、环境相互协调。

第三，顺应自身地理条件，协调城市发展规划。古人讲究因地制宜，但随着现代社会发展之快，已经违反了自然规律，破坏了自然格局。这里提出城市格局开放化、城市空间生态化、城市发展节能化以及城市中心集约化等措施以促进城市更好利用自身地理条件激发城市活力。城市格局开放化强调从城市空间布局的角度出发，反对过分集中的、高密度的城市空间建设，采取分散与适度集中相结合的原则，改善当前城市与自然之间割裂、分离的状态，将城市空间融入自然山水格局之中；城市空间生态化的重点是在城市建设中尽可能引入生态要素，如建设楔形绿地开敞空间、人工水系与自然水系相联系、新区建设中保留原有自然斑块、廊道等；城市发展节能化主要强调了在城市发展过程中，应当多向自然学习，提倡采用节能、环保的发展、生活方式，大力推进现代化农业发展和高耗能高污染工业转型；城市中心集约化的核心在于改变城市盲目扩张、侵吞自然用地、破坏自然格局的粗放式的发展模式，提高城市已开发土地的利用效率，控制城市规模，节约城市的运行成本。

第七章 城市后天努力·营商环境客观评价

城市先天禀赋是城市发展的"基因"，会对城市高质量发展产生重要影响。然而，先天禀赋的不足却可以通过后天努力来弥补，从而实现城市高质量发展的"追赶超越"。高质量发展的城市往往不一定是先天禀赋最好的城市，却在很大程度上是后天发展最为努力的城市，而若城市发展的先天禀赋与后天努力均名列前茅，则意味着城市高质量发展已经具备了最佳发展条件。基于这一思想，本报告设置了城市后天努力指标，将其与先天禀赋结合在一起来共同反映城市发展条件。基于党的二十大精神，城市后天努力由营商环境、政府治理能力和人居环境3个指标所组成，分别反映了有效市场、有为政府和有序社会，并期望通过有效市场、有为政府和有序社会间的有机组合来共同促进城市高质量发展。

由附录分析城市后天努力指数分布情况。全国范围内的城市后天努力建设均有了稳步提升，但是区域间发展差异相对较大，城市后天努力建设较好的城市主要集中在东部沿海地区与强省会城市，特别是江浙沪地区，这与我国城市经济发展分布基本一致。东北、西南和西北地区城市的后天努力建设水平相对较低，中部地区城市的后天努力建设水平则加快上升，与东部地区城市的后天努力水平差距在不断缩小。

2020 年城市后天努力指数排名前 20 的城市如图 7-1 所示。其中，北京和上海两个城市的后天努力指数较为接近，一骑绝尘，排名分别为第1、第2，远超其他城市，深圳排名则紧随其后。广州、重庆、成都和东莞4座城市的后天努力指数排名得分也较为接近，均在 0.3 以上，分列第 4～7 位，杭州、苏州和佛山则紧随其后。通过分析城市后天努力指数排名前 20 的城市不难发现，这些城市几乎都是我国东部沿海城市和各省会城市。很难判断是城市经济发展水平和区域行政级别高促进了城市后天努力建设水平，还是城市后天努力建设水平促进了城市高质量发展，但毋庸置疑的则是两者之间具有极强的相关性。面向中国式现代化建设，若要促进城市高质量发展，有效市场、有为政府和有序社会建设是我国所有城市的必经之路。后面将具体从营商环境、政府治理能力和人居环境 3 个方面来具体分析我国城市后天努力的情况。

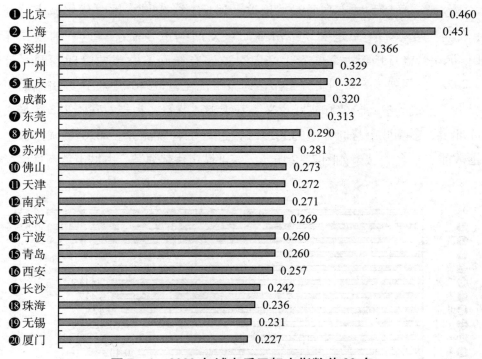

图 7 - 1　2020 年城市后天努力指数前 20 名

　　党的二十大报告指出，要"营造市场化、法治化、国际化一流营商环境"。习近平总书记强调，营商环境和城市高质量发展是现代化建设中的重要方面①。城市高质量发展需要营商环境的支撑，优化营商环境将促进城市高质量发展。

———————————

① 人民日报人民时评：优化营商环境助力高质量发展［EB/OL］.（2020 - 12 - 14）［2024 - 03 - 06］. 人民网，opinion. people. cn/n1/2020/1214/c1003 - 31964770. html.

为此，习近平总书记就优化营商环境作出了一系列重要讲话和指示要求，各级政府在市场化、法治化、国际化、便利化等方面出台了一系列优化营商环境的政策措施，持续深化"放管服"改革，加快构建与国际通行规则相衔接的营商环境制度体系，完善地方营商环境评价机制，以评促优、以评促改，更大程度激发市场活力，增强发展内生动力（李志军等，2023）。与此同时，优化营商环境将极大促进城市高质量发展，具体来讲，优化营商环境将提高区域经济综合竞争力和城镇化质量、推动城市群和城乡融合区域协同发展等。营商环境的优化需要充分发挥市场在资源配置中的决定性作用，推动创新驱动发展，引导企业不断精耕细作、勇于担当，推动城市高质量发展。

围绕营商环境和城市高质量发展这一目标，学术界立足"优化城市营商环境，促进全要素生产率是实现经济高质量发展的重要抓手"这一前提，探讨"如何优化营商环境促进全要素生产率"这一有待回答的重要管理问题（杜运周，2022），开展了一系列研究工作，为城市优化营商环境、促进经济高质量发展提供了宝贵的参考价值和实践意义。基于上述背景，报告对我国285个城市的营商环境、影响城市营商环境的关键因素进行了客观测算。2020年城市营商环境指数前二十名的城市如图7-2所示，东部城市优势显著，占城市营商环境指数

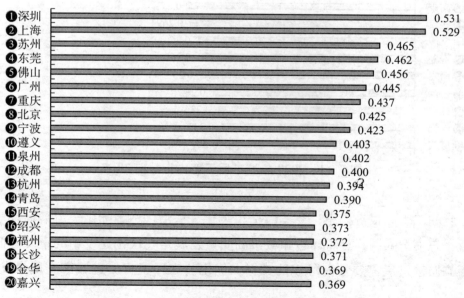

图7-2　2020年城市营商环境指数前20名

前二十名的 2/3，远超中西部城市数量，在前十名中东部城市入围 8 席，分别是深圳、上海、苏州、东莞、佛山、广州、北京和宁波。陕西省的城市中，只有西安上榜，排在第十五位。

总之，营商环境的优劣代表着一个城市市场发展的健全程度和商品交易的活跃表现。在城市高质量发展的过程中，营商环境的建设是其不可或缺的重要一环，也是人民幸福指数的重要体现，更是迈向中国式现代道路的重要桥梁。明晰我国城市营商环境的建设情况，洞悉其背后的原因，是持续优化城市营商环境、实现城市高质量发展、迈向中国式现代化道路的重要基础。

第一节　城市营商环境的时序演变

城市的营商环境是指对企业开展生产、经营、投资等活动的政策、法规、市场环境、融资环境等多维因素所形成的总体环境。市场环境、市场潜力、成本环境和融资环境是决定城市营商环境质量及其对企业影响的重要因素。

如图 7-3 所示，市场环境指数由 2000 年的 0.02 上升至 2020 年的 0.07；市场潜力指数则由 2000 年的 0.06 上升至 2020 年的 0.16；成本环境指数从 2000 年的 0.95 下降至 2020 年的 0.57；融资环境指数则从 2000 年的 0.29 上升至 2020 年的 0.32；2020 年的市场环境指数、市场潜力指数和融资环境指数分别是 2000 年的 3.5 倍、2.7 倍和 1.1 倍，成本环境指数则占起初的 3/5。

由此可见，历年来城市市场环境稳中向好、逐年上升，市场潜力得到了充分发掘，取得了显著的效果，成本环境通过动态优化，不断下降，为企业、城市高质量发展提供了良好的成本沃土，融资环境则循序渐进、平稳发展，促进了企业、城市的高质量发展。追根溯源，市场环境、市场潜力、成本环境和融资环境良好的发展态势是国家政策颁布实施和企业依规贯彻落实的具体体现，比如：在市场环境方面，政府推出了一系列市场化改革措施，包括促进市场竞争、扩大外资准入、加强知识产权保护等，进一步增强市场的效率和公平性。此外，政府加大了基础设施建设投入，提高了区域对外开放程度，吸引了大量优质资源

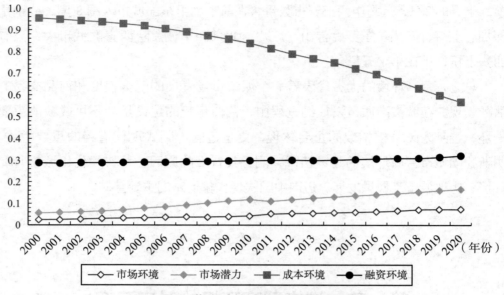

图 7 - 3 营商环境分指标指数时序变化

进入城市，为市场规模和市场开放程度提供了有力支持。在市场潜力方面，政府加大了对创新和科技的投资，并出台了多项产业政策，包括鼓励发展新能源、新材料、高端装备制造等战略性新兴产业，支持制造业转型升级，强化人才引进政策等，提高了市场潜力和发展前景，为企业持续发展提供了有力支撑。在成本环境方面，政府紧紧围绕降低企业成本和增强实体经济发展力度，出台了一系列减税降费政策，扩大了生产要素市场的开放程度，降低了企业用地、能源、物流等成本，提升了企业竞争力。在融资环境方面，政府倡导金融供给侧结构性改革，推动股权融资、债权融资、私募股权等多元化融资渠道发展，提高了融资渠道的多样性和可持续性，为企业提供了更加优质的融资环境。总之，政府不断加强对城市营商环境的优化改善，积极推进市场化改革和创新发展，不断提升城市的市场环境、市场潜力、成本环境和融资环境，为企业的健康发展和城市的高质量发展提供了有力的支持和保障。同时，企业也积极依据政策规定进行贯彻落实，促进了政策的落地实施，使市场环境、市场潜力、成本环境和融资环境的优化效果更加显著。

一、市场环境

　　我国市场环境显著提高。市场环境不仅是评价一个城市营商环境的重要维度，还是一个城市经营管理的基础，其好坏直接关系到城市经济发展的质量和效率。市场环境的多样化是市场发展的必然趋势，而市场多样化的提升能够进一步促进商业信用环境的提升，激发市场活力和创新能力，推动消费需求的增长。如图 7-4 所示，2000~2020 年，我国市场环境平均指数显著提升，自 2001 年我国加入世贸组织以来，市场环境得到了进一步的优化，此后，我国市场环境平均指数持续提升。2020 年，全国市场环境平均指数为 0.073，相较于 2000 年的 0.025，增幅为 192%；区域层面上，东部地区市场环境指数涨幅最大，显著高于全国平均水平，中西部和东北地区的指数增幅差异并不大，指数相差不超过 0.01。可见，21 世纪以来，全国市场环境指数均显著提高，针对优化市场环境开展的一系列工作取得了优异的成绩。

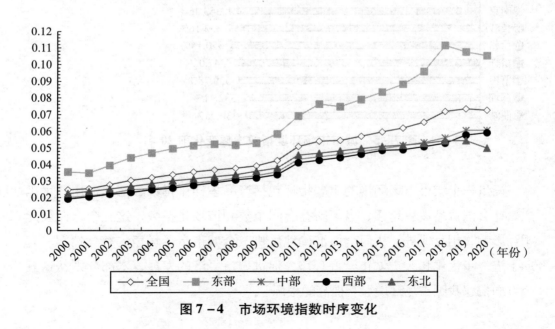

图 7-4　市场环境指数时序变化

　　从城市市场环境的时序变化来看，如图 7-5 所示，2000~2020 年城市市场环境指数增幅①最快的是重庆市，增幅达到 559.00%，稳居榜首。分区域看，在前二十名排位中，东部和西部城市分别上榜 7 座，中部城市则上榜 6 座，东北城市无一上榜，由此，中西部城市市场环境得到了显著的提高，其中，西部城市市场环境指数表现优异，在前十名排位中占据了前六席，分别是重庆、毕节、成都、昆明、拉萨和宝鸡。

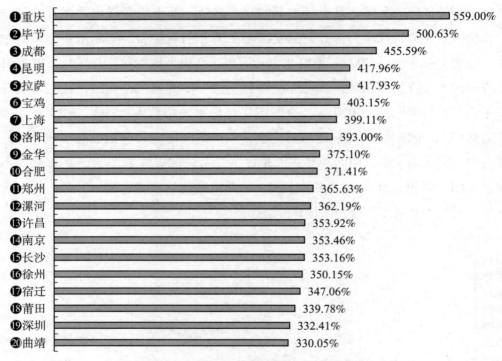

图 7 – 5　城市市场环境指数增幅变化前 20 名

衡量一个城市市场环境的重要指标包括产品多样化指数、商业信用环境指数、社会消费品零售总额、当年新签合同个数和市场化指数，这五个方面彼此相互影响、相互促进，从而全面准确地反映一个城市市场环境的整体情况，有助于进一步优化和改进城市营商环境，促进城市经济的发展，本部分则从这五个方面揭秘我国市场环境显著提高的根源。

---

① 市场环境指数增幅 = (2020 年城市市场环境指数 – 2000 年市场营商环境指数)/2000 年城市市场环境指数。后文增幅计算方法相同。

（一）市场环境活力和规模呈上升趋势

我国城市市场环境活力和规模呈上升趋势。社会消费品零售总额是衡量城市市场活力和市场规模的重要指标，如图 7-6 所示，2000～2020 年，我国城市社会消费品零售总额呈现上升趋势，2000 年我国城市社会消费品零售总额为 3.42 万亿元，2010 年上升至 15.07 万亿元，2020 年进一步上升至 37.67 万亿元，约为 2000 年的 11 倍，即我国城市市场环境活力和规模呈上升趋势。

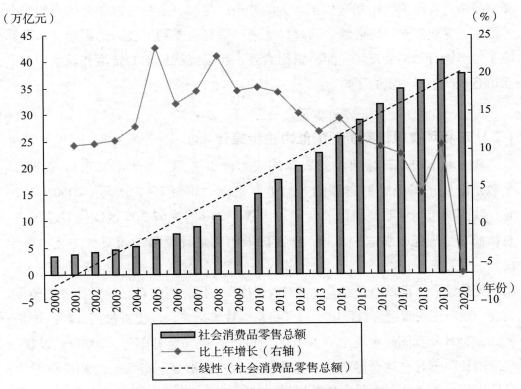

图 7-6　城市社会消费品零售总额时序变化

究其原因，这主要得益于我国经济的快速发展和政府实施的相关政策。在 2000 年以前，我国贫困率较高，市场需求不够，随着国家改革开放政策的不断推进，我国城市经济快速增长，人口城镇化率和居民收入不断提高，消费需求持续增长，这些因素共同推动了社会消费品零售总额的上升。具体来讲，首先，政府采取了一系列促进消费的政策。2008 年以来，政府先后颁布了一系列支持消费增长的政策，例如实施"家电下乡""以旧换新""加大经济刺激措施"等，直接或间接推动了社会消费品零售总额的快速增长。其次，我国经济发展的产业结构逐步优化。我国经济由以制造业为主的经济向服务业、高科技产业转型，消费市场也逐渐扩大，从而增加了社会消费品零售总额的规模。最后，居民收入和生活水平的不断提高，促进了消费需求的增长。我国城镇化率不断提高，农民进城就业成为城市居民，居民收入和生活水平的不断提高，刺激了居民消费需求的增长，推动了社会消费品零售总额的增长。然而，2019～2020年社会消费品零售总额出现了下降的趋势，主要原因是受到新冠疫情的冲击。新冠疫情对我国消费市场造成了较大的冲击，封城、限制出行和劳动力的减少等因素，导致消费市场疲软。同时，进出口贸易也受到了较大的影响，从而影响了经济运行和消费市场。除疫情因素外，我国经济结构的转型和调整，对消费市场也产生了一定的影响。

（二）市场环境吸纳新资源的能力稳步提升

我国城市市场环境吸纳新资源的能力稳步提升。当年新签项目（合同）个数是衡量市场吸纳新资源能力的重要指标，如图 7-7 所示，2000～2020年，我国城市当年新签项目（合同）个数在 24 891～62 202 区间内波动前进，总体而言呈现稳中求进的趋势，即我国城市市场环境吸纳新资源的能力稳步提升。

究其原因，是因为受到了政府宏观调控和市场力量综合影响所导致的结果。首先，政府在宏观经济管理中实施了一系列政策措施，以促进投资和经济增长。例如，2008 年我国政府推出"四万亿"投资计划（金春雨等，2020），以刺激经济增长和应对全球金融危机。这些政策的实施提高了市场信心和投资意愿，导致当年新签项目（合同）数量增加。其次，技术进步、市场竞争和自由化等市场力量的作用也在新签项目（合同）的稳步增长中发挥了重要作用。随着我国市场化改革的推进和经济转型的加速，市场竞争更加激烈，企业之间通过新签项目实现竞争优势和增长优势。同时，技术的进步不断带动市场需求的变化，促进了新签项目的产生和发展。2018 年，当年新签项目（合同）个数最高，主要原因是政府实施了一系列促进经济增长和减税降费的政策，例如"稳投资""三去一降一补""减税降费"等政策（汪红驹，2019）这些政策提高了市场信心，

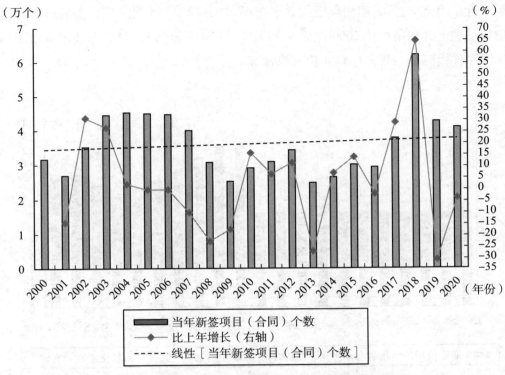

图 7 – 7 城市当年新签项目（合同）个数时序变化

释放了企业投资的活力，带动了新签项目的增长。而 2009 年和 2013 年，当年新签项目（合同）个数最低的原因与国内外经济环境和政策有关。2009 年受到全球金融危机、欧债危机等外部因素的影响，我国经济增速放缓，市场投资寒意浓厚，导致新签项目的数量减少。而 2013 年我国经济转型升级和结构调整导致投资和发展进入瓶颈期，有些行业增速逐渐放缓，新签项目的数量也在相应减少。

（三）市场环境多样性降低规范性自由化程度提高

我国城市市场环境多样性降低、规范性自由化程度提高。产品多样化指数、商业信用环境指数和市场化指数分别反映市场环境的多样性、规范性以及自由化开放程度。如图 7 – 8 所示，2000～2020 年，我国城市经济发展经历了一系列政策调整和结构变化，对城市产品多样化指数、商业信用环境指数和市场化水平产生了显著影响。产品多样化指数呈现下降的趋势，由 2000 年的 0.77 下降至

2020 年的 0.63；商业信用环境指数则在 67.19～72.35 区间内波动发展；市场化指数呈现上升趋势，由 2000 年的 4.19 上升至 2020 年的 14.11，即我国城市市场环境多样性降低、规范性自由化程度提高。

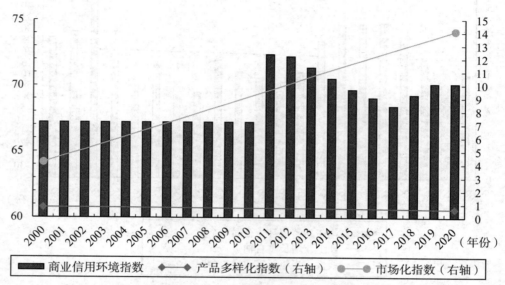

图 7-8　城市产品多样化、商业信用环境和市场化指数时序变化

追根溯源，城市产品多样化指数作为衡量城市经济多样化发展水平的重要指标。在改革开放初期，我国城市经济以传统产业为主，城市产品多样化指数处于较低水平。2000 年后，我国政府开始实施技术创新和产业升级战略，大力推动高新技术产业发展，进一步促进了城市经济结构的转型升级。然而，在城市经济发展过程中，国内消费市场较为单一、资源配置不均等问题仍然存在，限制了城市产品多样化水平的提升。商业信用环境指数则反映了城市市场环境的规范程度和信用水平。政府政策的出台和市场竞争的加剧推动了商业信用体系的不断完善。然而，当前商业环境仍然面临乱收费、价格不透明等问题，仍有待进一步完善。市场化水平的提高是我国政府长期推动经济转型升级的重要目标之一。我国政府通过改革开放、市场化改革、产业政策等手段大力推进市场化改革，加快国有企业改革和民营企业发展，缩小了政府和市场在资源配置中的比重。随着市场化程度不断提高，价格机制、信用体系、信息公开度等方面也得到了进一步改善。

二、市场潜力

我国市场潜力持续提升。市场潜力是城市营商环境的另一重要组成部分，它的高低直接影响着企业的市场需求以及市场前景，同时也影响着企业的融资能力、盈利水平等因素。一般来说，市场潜力较高的城市具有丰富的人力资本、行业发展前景较好等特点。如图7-9所示，2000~2020年，我国市场潜力平均指数持续提升。21世纪以来，随着市场政策的陆续颁布与践行，我国市场环境得到了充分的激发，此后我国市场潜力平均指数持续提升。2020年，全国市场潜力平均指数为0.164，相较于2000年的0.056，增幅为193%；区域层面上，东部地区市场潜力指数格外突出，显著高于全国平均水平，中西部和东北地区的指数增幅差异并不大，指数相差不超过0.02。由此可见，我国针对市场的改革取得了一系列成就。

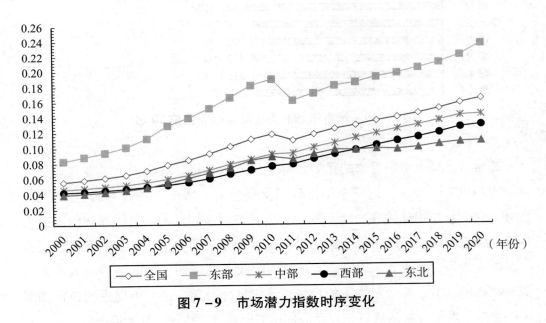

图7-9 市场潜力指数时序变化

从城市市场潜力的时序变化来看，如图7-10所示，2000~2020年城市市场环境指数增幅最快的是内蒙古自治区乌海市，达到812.61%，高居榜首。分区域看，在前二十名排位中，中西部城市市场潜力表现优异，中部城市上榜9

座，西部城市则上榜7座，东部城市仅上榜4座，东北城市仍无一座城市上榜。其中，前十名的排位中，东中西部均有城市上榜，且前三都各占一席，分别是中部城市乌海、东部城市三亚和西部城市丽江。

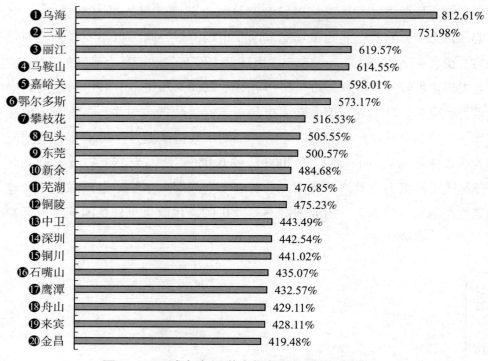

❶乌海 812.61%
❷三亚 751.98%
❸丽江 619.57%
❹马鞍山 614.55%
❺嘉峪关 598.01%
❻鄂尔多斯 573.17%
❼攀枝花 516.53%
❽包头 505.55%
❾东莞 500.57%
❿新余 484.68%
⓫芜湖 476.85%
⓬铜陵 475.23%
⓭中卫 443.49%
⓮深圳 442.54%
⓯铜川 441.02%
⓰石嘴山 435.07%
⓱鹰潭 432.57%
⓲舟山 429.11%
⓳来宾 428.11%
⓴金昌 419.48%

图 7-10　城市市场潜力指数增幅变化前 20 名

衡量一个城市市场潜力的重要指标包括人口总量、规模以上工业企业数和城镇人均可支配收入，这三个指标分别反映着一个城市市场潜力的不同方面，此外，它们也是相互关联的，不能孤立地看待。例如，人口总量和规模以上工业企业数量的增长可以带动城市的经济发展和市场潜力的扩大，从而提高城市居民的人均可支配收入。同时，人均可支配收入的增加也可能会带动城市人口总量和规模以上工业企业数量的增长，形成良性循环，进一步促进城市市场潜力的提升。本部分则从这三个方面揭秘我国市场潜力持续上升的根源。

（一）市场潜力规模逐年递增

我国城市市场潜力规模逐年递增。人口总量是城市市场潜力的重要衡量指标之一。人口规模越大，市场规模也就越大。大量的人口代表着更多的潜在消费者，对城市商品和服务的需求也随之增长。如图 7 - 11 所示，自 2000 年以来，我国城市人口总量不断增加，2000 年，我国城市平均常住人口数量为 401 万人，2020 年，平均常住人口数量上升到 461 万人，约为 2000 年的 1.15 倍，此外，每年平均常住人口数量呈现上升的趋势，即我国城市市场潜力规模逐年递增。

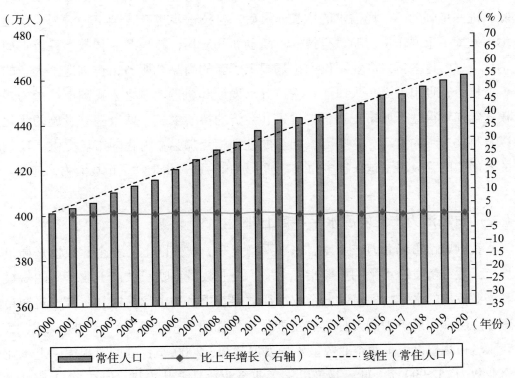

图 7 - 11　城市平均常住人口数量时序变化

资料来源：国家统计局 . 中国城市统计年鉴［M］. 北京：中国统计出版社，2020.

　　市场潜力规模的逐年递增在我国发展背景下具有多重原因。首先，我国近年来实施了一系列促进经济增长和城市化的政策措施。这些政策包括城市化进程的推进、农村劳动力向城市转移的鼓励以及经济发展中心向中西部地区转移的引导。例如：政府逐渐取消了户籍制度限制，使得城市已有户籍的居民和来自农村地区的人们可以更自由地在城市中生活和工作；上海和深圳等地通过海外人才入籍、实施优惠政策等方式，吸引了大量高素质人才。这些措施共同促进了城市化进程的快速推进，吸引了大量人口涌入城市。其次，我国经济的持续增长为增加市场潜力提供了有力支撑。经济的不断发展带动了消费能力的提升，使更多人能够承担起购买商品和享受服务的费用。随着人们收入水平的提高，他们对于品质和多样性的需求也越来越高，从而进一步刺激了市场的需求和规模。此外，我国优化的城市基础设施建设也为市场潜力的增加提供了支持。城市越来越完善的交通、通信和物流网络，使得商品和服务的流通更加便捷高效。这为商家提供了更广阔和便利的销售渠道，同时也提高了消费者的消费体验，进一步刺激了市场需求的增长。最后，科技进步也在我国市场潜力逐年递增中发挥了重要作用。随着科技的不断创新和应用，新兴产业和数字经济得到迅猛发展。这些新兴产业不仅为市场提供了新的商品和服务，也创造了大量的就业机会，吸引了更多人口前往城市寻求发展和机遇。总之，我国市场潜力规模逐年递增得益于城市化进程的推进、经济的持续增长、城市基础设施的优化以及科技进步的推动。这些因素相互促进和相互加强，为我国市场提供了广阔的发展空间，吸引了越来越多的人口涌入城市，进一步推动了市场潜力的递增。

（二）市场潜力产业发展水平平稳上升

我国城市市场潜力产业发展水平平稳上升。规模以上工业企业数量是衡量城市工业经济发展水平的重要指标之一。企业数量反映了城市工业基础的规模和产业发展的水平。规模以上企业往往掌握着更多的市场份额和资源，对城市整体经济和市场潜力的发挥具有重要作用。如图 7 - 12 所示，自 2000 年以来，我国城市规模以上工业企业数呈平稳发展趋势，2000 年我国城市规模以上工业企业数为 152 990 个，此后规模以上工业企业数呈上升趋势，但在 2011 年城市规模以上工业企业数降至 319 553 个，比 2010 年 441 426 个的规模以上工业企业数减少了 121 873 个，随后，规模以上工业企业数呈现波动上升的趋势，2020 年为 387 086 个，即我国城市市场潜力产业发展水平波动上升。

究其原因，首先，我国政府实施了一系列积极的产业政策，提供了广阔的市场空间和良好的投资环境。这些政策包括减税降费、鼓励创新、扩大进口等措施，吸引了大量企业进入市场。这些政策的实施促进了企业的发展，增加了产业的增长潜力。其次，我国持续推进产业结构升级，加大技术创新和研发投入。这有助于提升企业的竞争力和能力，推动产业由传统制造业向高技术、高附加值领域转型升级。我国政府积极支持科技创新，引导企业加大研发投入，提

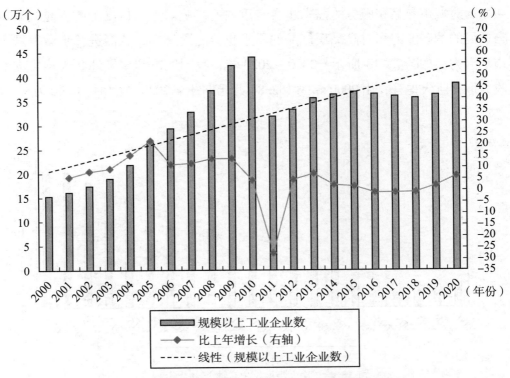

图7-12　城市规模以上工业企业数时序变化

资料来源：国家统计局. 中国城市统计年鉴 [M]. 北京：中国统计出版社，2020.

升了技术水平和产品质量。此外，我国市场需求的不断扩大也推动了产业发展水平的平稳上升。随着城市化进程的加快和人民生活水平的提高，人们对品质和服务的需求日益增长。在这种大背景下，企业根据市场需求进行产品创新和服务升级，满足消费者多样化的需求。市场需求的不断扩大为企业提供了更多的发展机会，促使规模以上工业企业数量呈现波动上升的趋势。总之，我国市场潜力产业发展水平平稳上升的原因包括积极的产业政策、技术创新和研发投入的加大以及市场需求的不断扩大。这些因素相互作用，为企业提供了良好的发展机遇，推动了市场潜力的有效发挥，实现了产业发展水平的稳步提升。

（三）市场潜力购买力大幅增加

我国城市市场潜力购买力大幅增加。人均可支配收入则是反映城市居民消费能力的重要指标之一。人均可支配收入能够反映出城市居民的经济水平和购买力，对城市商品和服务的需求也会有重要的影响。人均可支配收入越高，城市居民的消费能力和对高品质产品的需求也会随之增加，从而进一步激发城市市场潜力。如图 7 – 13 所示，2000～2020 年，我国城市和城镇地区人均可支配收入取得巨大提升，由 2000 年的 162.84 万元上升至 2020 年的 1 114.40 万元。

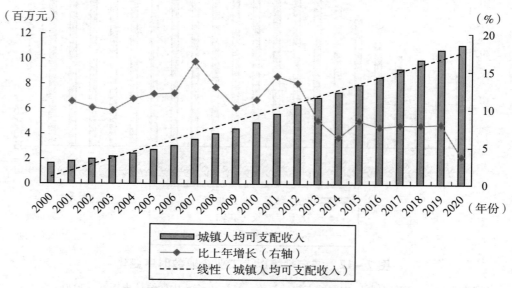

图 7 – 13　城市城镇人均可支配收入时序变化

资料来源：国家统计局. 中国城市统计年鉴［M］. 北京：中国统计出版社，2020.

究其原因，这得益于我国政府实施的相关政策以及国家发展的实际情况。首先，国内政策的逐步实施是城市和城镇地区人均可支配收入提升的重要原因。政府通过推动经济改革和政策调整，促进国有企业私有化和外商投资，逐渐实施市场经济，特别是加入世界贸易组织（WTO）后，扩大了与国际市场的贸易联系，加速了城市和城镇地区经济的发展。同样，我国的内部政策调整，如提高劳动报酬、改善社会保障体系等，也有助于推动城市和城镇地区人均可支配收入的提升。其次，我国的快速工业化和城市化是城市和城镇地区人均可支配收入大幅提升的表现之一。自 20 世纪 80 年代以来，我国大力推进工业化和城市化，快速发展制造业和服务业，同时吸引农民进入城市和城镇地区从事工作，推动了城镇地区的经济增长，也加速了城市和城镇地区人均可支配收入的提升。此外，我国的教育和人力资源政策也是城市和城镇地区人均可支配收入提升的原因之一。政府加强对教育的投入、改善教育制度和教育质量，并发展技能培训和举办专业培训，有助于提高人民的受教育水平和技能程度，为城市和城镇地区提供人才支持，进一步提高人均收入。总之，城市和城镇地区人均可支配收入大幅提升的原因是多方面的，包括国内政策的调整、工业化和城市化的推进以及教育和人力资源政策的加强。随着我国经济继续发展，建设更为公平、包容、可持续发展的经济结构和社会制度，将有助于进一步提高城市和城镇地区人均可支配收入水平，增进人民的福祉。

三、成本环境

我国城市成本环境持续动态优化，不断下降。成本环境是城市营商环境的重要制约因素之一，包括土地成本、房价成本、人工成本等方面的因素。较高的成本意味着企业面临较高的生产成本和经营压力，而较低的成本则有利于企业的生产经营。如图 7－14 所示，2000～2020 年，我国成本环境平均指数持续下降，21 世纪初，我国成本环境处于最高状态，随着针对市场一系列改革的进行，我国成本环境不断优化，此后，我国成本环境平均指数持续下降。2020 年，

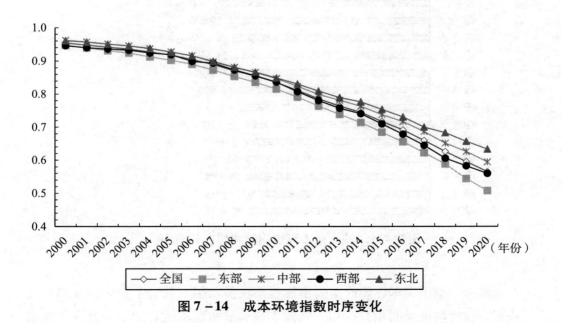

图 7－14 成本环境指数时序变化

全国成本环境平均指数为 0.566，相较于 2000 年的 0.954，降幅为 40.671%；区域层面上，东部地区成本环境指数下降幅度最大，明显低于全国平均水平，中西部和东北地区的指数减幅也较为明显，其中，西部地区成本环境指数低于全国平均水平，中部和东北地区成本环境仍然高于全国平均水平。由此可见，我国成本环境相较于以前有了明显的改善，呈动态优化、不断下降的态势。

从城市成本环境的时序变化来看，如图 7 – 15 所示，2000 ~ 2020 年城市成本环境指数减幅最快的是北京市，减幅达到 97.20%，排名第一。分区域看，在前二十名排位中，东部城市是成本环境优化的主力军，共有 16 位上榜，中部城市仅有武汉上榜，西部城市则是克拉玛依、固原和拉萨上榜。其中，前十名的排位中，北上广深赫然位列其中，北京和上海成本环境优化明显，分别排在第一和第二位。

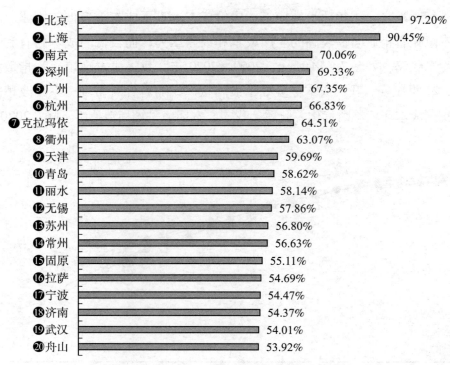

图 7 – 15　城市成本环境指数减幅变化前 20 名

衡量一个城市成本环境的重要指标包括税费负担指数、土地让出成本和用工成本，这些指标之间相互作用，共同影响着城市的成本环境。此外，这些指标之间存在着相互影响的关系。例如，税费负担指数和土地出让成本的减少可以降低企业的用工成本，从而减少企业经营成本，提高企业竞争力。

（一）成本环境负担程度波动上升

我国城市成本环境负担程度波动上升。税费负担指数是反映税收负担程度的指标，反映了企业在城市税收政策下所需负担的税收和各种费用的水平。如图 7－16 所示，2000～2020 年，我国城市税费负担指数波动上升，处于 0.05～0.08 区间内，即我国城市成本环境负担程度波动上升。

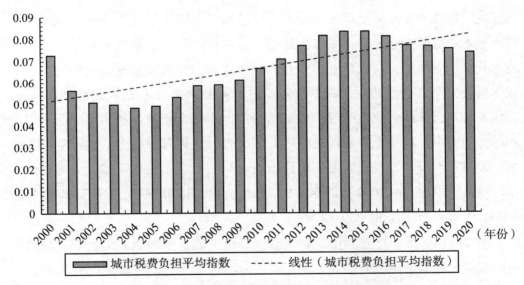

图 7－16　城市税费负担平均指数时序变化

这主要是由以下原因造成的，首先，我国经济的快速发展导致企业规模扩大，税负相应增加。随着经济增速放缓和市场竞争日益激烈，政府需要通过提高税收来支持公共事业和社会福利，从而增加了企业的税收负担。其次，税费法规的频繁调整和变动也是导致税费负担指数波动上升的一个重要原因。为了适应国内外经济形势的变化和提升税收收入的能力，政府会对税收政策进行调整。这种调整可能包括增加税收种类、提高税率或者改变税收计算方法，使得企业需要承担更多的税收和各种费用，进一步提高了税费负担指数。此外，不同地区之间税收政策的差异也为税费负担指数的波动上升产生了一定的影响。

因为我国地域辽阔，在不同地区之间税收政策的制定和执行难以达到完全一致。一些地方政府为了吸引投资和促进地方经济发展，采取了一些优惠政策和减税措施；而另一些地区则可能更加注重增加税收收入和加大企业的负担。这种区域间的差异性，使得企业在不同地区经营时面临不同程度的税费负担，进一步造成了税费负担指数的波动上升。总之，税费负担指数的波动上升是由多种因素共同作用的结果。经济发展、税收政策调整和地区差异等因素相互交织，推动着税费负担指数的上升。

（二）成本环境用地用工成本逐年递增

我国城市成本环境用地用工成本逐年递增。土地出让成本是衡量城市用地经营成本的重要指标之一。城市土地出让成本较高时，企业的土地租赁和购买成本就会相应增加，这也会增加企业的经营成本，降低其发展的竞争力。用工成本直接关系到企业的生产经营成本。对于需要大量用工的制造型企业而言，高用工成本会导致企业生产经营成本的增加，降低企业的盈利水平，而用工成本越低的城市，对制造业及其他在用工量上的行业更有吸引力。如图 7-17 所示，2000~2020 年，我国城市土地让出成本和用工成本逐年递增，土地让出成本、用工成本分别由 2000 年的 608.95 万元/公顷、8 261.93 元上升至 2020 年的 3 988.97 万元/公顷、83 250.88 元。

主要原因如下，首先，我国的城市化进程加剧了土地紧缺的情况。随着人口的城镇化和城市规模的扩大，土地供应面临巨大压力。在城市化催生的需求下，土地市场供需失衡，促使土地出让成本上升。其次，劳动力市场的供需关系也对用工成本的逐年递增产生了影响。我国的劳动力资源相对充裕，但随着劳动力素质的提升和人口老龄化趋势的加剧，一些劳动密集型产业和制造业面临用工短缺和用工成本上升的问题。高用工成本主要体现在工资水平的增加及劳动力成本的提高，例如社会保险和福利待遇的增加等。劳动力市场供求矛盾加剧和用工成本的上涨，使得一些制造业企业逐渐失去竞争力。最后，政府政策和规制也对土地和劳动力成本上升产生一定影响。政府对土地资源的严格管控、土地使用权的出让策略和土地供应机制等因素，直接影响土地出让成本的水平。同时，政府劳动法规定、最低工资标准的提高以及劳动力保护政策的加强等，也推动了用工成本的增加。总之，我国经济发展和城市化进程对土地和

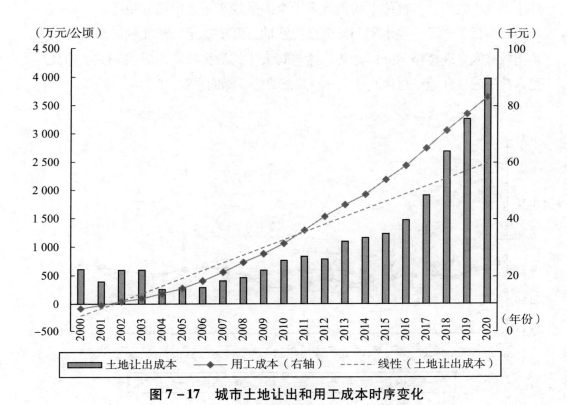

图 7 –17　城市土地让出和用工成本时序变化

劳动力资源的需求不断增加，导致了土地出让和用工成本逐年递增的现象。土地紧缺和供需失衡、劳动力市场供求矛盾以及政府政策和规制的影响，都是导致成本环境中土地和用工成本递增的关键因素。

四、融资环境

　　我国融资环境呈现总体波动上升、局部缓慢下降的态势。融资环境是城市营商环境的重要组成部分，它涉及金融机构的数量、种类、竞争程度、资金来源等多个方面。良好的融资环境对于企业的融资能力、资金成本、创新能力等都有着重要的影响。如图 7 – 18 所示，2000 ~ 2020 年，我国融资环境平均指数呈现总体波动上升，局部缓慢下降的态势。2020 年，全国融资环境平均指数为 0. 320，相较于 2000 年的 0. 288，增幅为 11. 11% ；区域层面上，东部地区融资环境指数增幅明显，整体平均指数高于全国平均水平，中西部地区融资环境平均指数虽低于全国平均水平，但仍呈现波动上升的态势，东北地区融资环境平均指数减幅呈现缓慢下降的态势，这与其人才的流失等原因紧密相关。由此可见，我国融资环境呈总体波动上升、局部缓慢下降的态势。

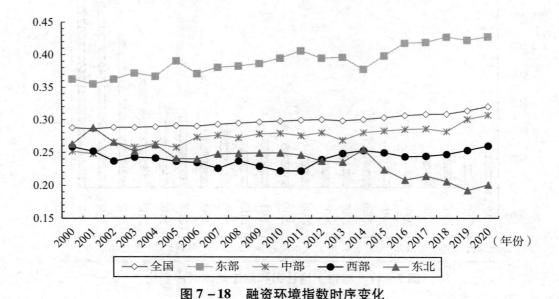

图 7 - 18   融资环境指数时序变化

从城市融资环境的时序变化来看，如图 7 - 19 所示，2000 ~ 2020 年城市融资环境指数增幅最快的是河南省商丘市，增幅达到 580.28%，排名第一，紧随其后的是江西省新余市。分区域看，在前二十名排位中，中部城市融资环境增幅力度最大，共有 16 位上榜，东部城市仅有佛山上榜，西部城市则是榆林、巴中和遂宁上榜。前十名的排位中，中部城市占 9 席，西部城市仅占一席且排在第九位。

衡量一个城市融资环境的重要指标包括金融从业人员占比、融资能力、外来投资笔数和 VC - PE 投资笔数[1]等指标，它们是衡量城市融资环境的重要指标，这些指标之间相互作用，共同影响着城市的融资环境。

---

① VC - PE 投资笔数：风险投资和私人股本投资项目数量。

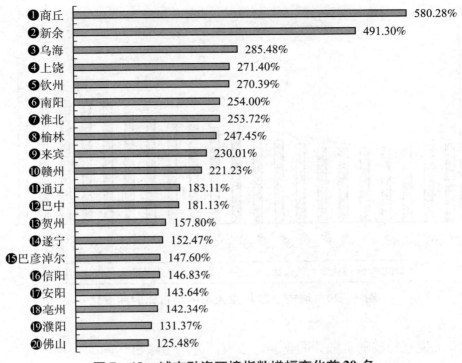

图 7 - 19　城市融资环境指数增幅变化前 20 名

（一）融资环境金融水平不断提高

我国城市融资环境金融水平不断提高。金融从业人员占比反映了金融业在城市经济中的地位和贡献。金融从业人员占比较高的城市，金融业发展水平也相对较高。同时，金融业发展水平高的城市还会带动相关行业和产业的发展，进一步促进城市的经济繁荣。如图 7 - 20 所示，2000 ~ 2020 年，我国城市金融从业人员占比不断增加，由 2000 年的 31.55% 上升至 2020 年的 67.68%，即我国城市融资环境金融水平不断提高。

究其原因，首先，随着我国经济快速发展，金融业在国家经济发展中的地位越来越重要。我国政府也在推动金融领域的改革与开放，加大了对金融业的扶持力度，这使得金融业在国民经济中占比逐年扩大，相应地金融从业人员的需求也逐年增加。其次，金融行业的快速发展促进了城市经济的繁荣，也加快了城市化进程。随着城市人口的增加和城市居民对金融服务需求的增加，金融从业人员的需求也逐年上升。此外，我国政府在金融领域的政策扶持也在一定程度上促进了金融从业人员占比逐年递增。政府在金融系统中加强监管，促进金

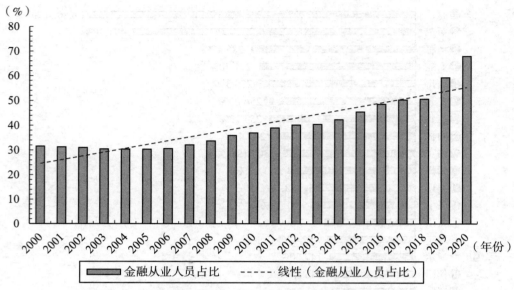

图 7 - 20   城市金融从业人员平均占比时序变化

融行业的发展并鼓励金融业的创新。政府还鼓励金融机构间的合作与合并，推动金融行业更加高效和专业化，这也推动了金融从业人员需求量的提高。最后，随着金融技术和金融科技的不断发展，也带动了金融行业的变革和重新定位，这对金融从业人员的需求也带来了新的变化。新兴的金融科技公司和创新型金融机构崛起，也需要大量高素质、高技能的金融从业人员来支撑其业务发展和创新。总之，金融从业人员占比逐年递增的主要原因是城市经济繁荣、金融业发展和政策扶持等综合影响下的必然结果。

（二）融资环境融资能力呈倒 "U" 形发展趋势

我国城市融资环境融资能力呈现倒 "U" 形发展趋势。如图 7 - 21 所示，2000 ~ 2020 年，我国城市融资环境融资能力呈现出倒 "U" 形的发展趋势，在 1.13 ~ 1.94 区间内波动发展，其中 2008 年和 2010 年是城市融资能力最强的时期，分别为 1.94 和 1.89。

这种发展趋势可以从以下三个方面进行分析，首先，城市融资能力最弱的时期是在 2000 ~ 2003 年。这一时期城市融资能力受到金融体系不完善、政策法规不完备等因素的影响，尤其是地方政府融资难度大，使得政府难以在不断扩

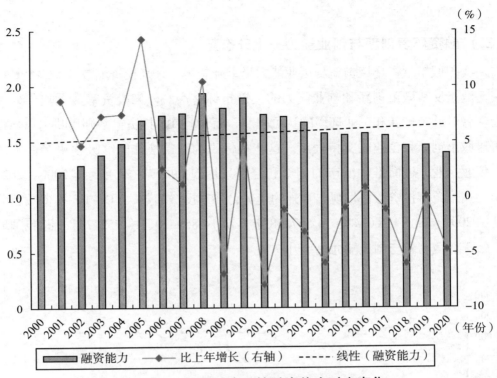

图 7 – 21　城市融资环境融资能力时序变化

大的城市化背景下有效地增加财政支出，从而抑制了城市融资能力的发展。其次，2003～2008年，由于政府全面深化金融改革和加强金融监管，城市融资环境得到了一定的改善。同时，我国加入世界贸易组织后的成效逐渐显现，进一步促进了城市的经济增长，从而提升了城市的融资能力。2008～2010年是城市融资能力最强的时期，这主要得益于我国政府实施的"四万亿"投资计划。这些投资计划通过对基础设施等方面加大投资力度，激发了城市经济的活力，提升了城市的产出，并优化了城市的融资环境，进而促进了城市融资能力的增强。最后，在2010年之后，我国经济增速放缓和国家去库存政策等措施的实施，导致城市投资需求减弱，城市融资环境开始变得更加困难。总之，城市融资能力呈现倒"U"形的发展趋势是由政策法规不完善、经济结构转型、城市化背景下融资环境改善、政府投资等多种因素共同作用的结果。

（三）融资环境创新与创业能力呈上升态势

我国城市融资环境创新与创业能力呈上升态势。外来投资笔数和 VC – PE 投资笔数是反映城市创新和创业能力的关键指标之一。外来投资笔数反映出外部投资者对城市创新和创业环境的认可程度，而 VC – PE 投资笔数则反映出风险投资对城市创新和创业的支持程度。这些指标高的城市往往能够吸引更多的人才和创业企业，进而推动城市的创新和经济发展。如图 7 – 22 所示，2000～2020 年，我国城市投资数目呈现出上升的趋势，外来投资笔数、VC – PE 投资数目分别由 2000 年的 14 760.41、14 567.58 上升至 14 859.20、14 752.78，[①] 即我国城市融资环境创新与创业能力呈上升态势。

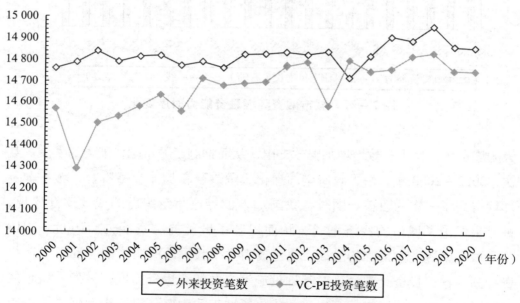

图 7 – 22　城市融资环境创新与创新能力时序变化

究其原因，首先，我国政府引导城市发展的一系列重大政策方针是城市投资的主要驱动力，这些方针包括城市化、新型城镇化、国家大力打造产业园区等。这些政策极大地推动了城市扩张和产业升级，并在城市投资方面提供了充

---

① 本书以北京大学企业大数据研究中心发布的中国区域创新创业指数衡量区域创新环境，该指数基于中国大陆全部行业、全部规模企业的创新产出数据编制而成，单位为 1。

足的资金、税收和基础设施支持。其次，城市人口迅速增加和消费升级也是城市投资上升的重要原因。随着城市化步伐的加速和收入水平的提高，城市居民对各种公共服务和消费品的需求显著增长，从而推动了城市投资的快速发展。最后，资本市场中的投资热潮是提升城市投资的重要因素。2000～2020年期间，我国股票市场和风险投资市场迅速发展，不仅为企业融资提供了充足渠道，同时也为更多的外来投资者创造了机会。关于2001年和2013年VC-PE投资数目下降的原因，一方面与全球经济危机和国内宏观经济环境的不稳定有关，此外，产业结构的调整和优化以及投资的变化在一定程度上影响了VC-PE投资数目的波动。2014年，随着国家一系列"反腐败"政策的实施，外来投资者被迫放缓或者停止了对我国市场的投资，从而导致外来投资笔数下降。总之，城市投资数目呈现上升的趋势是由政策引导、城市人口增长和消费升级、资本市场的投资热潮等多种原因共同作用的结果。

第二节　城市营商环境的空间分布

分区域来看，由附录可知，2000～2020年，全国范围内城市营商环境指数均有了稳步提升，但是区域间差异较大，分异较为明显，总体而言，呈现出明显的"东高西低、南优北劣"发展态势，与我国地理位置存在高度的相关性。东部地区营商环境平均指数明显高于全国平均水平，在四大区域中居于榜首；其余三大区域营商环境平均指数仍未达到全国平均水平，可见东部地区营商环境优势明显，走在全国前列。

地理位置是我国营商环境区域差异的重要因素。我国的东部地区位于沿海地带，拥有便利的交通条件和广阔的海洋资源。这使得东部地区成为经济发展的重要引擎和国际贸易的门户。由于距离海外市场更近，东部地区更容易吸引外商投资和引进先进技术，提供更丰富的商业机会和融资渠道。同时，东部地区还积极引进外资并提供优惠政策，促进了商业活动和创新创业氛围的形成，进一步改善了营商环境。而西部地区由于地理位置偏远，交通不便，市场规模相对较小，以及缺乏先进的基础设施和产业链配套等因素，营商环境相对较弱。这些都限制了西部地区的发展速度和商业机会，使得投资和融资的便利性较低。然而，近年来国家在发展西部地区上已经实施了一系列政策和项目，以加快西部地区的发展，改善营商环境。南方地区由于气候条件较为宜人，农业和旅游业等行业发达，吸引了大量的资金和人才，同时也推动了营商环境的提升。而北方地区则面临较为严寒的气候条件和资源短缺的情况，这导致了商业活动的相对困难和营商环境的相对劣势。总之，地理位置是导致我国营商环境空间分布呈现"东高西低，南优北劣"现象的主要原因。东部地区由于位于沿海地带、交通便利、市场规模大以及拥有先进的基础设施等优势，使得该地区的营商环境相对较好。而西部地区由于偏远地理位置和基础设施局限等因素，使得该地区的营商环境相对较弱。南方地区由于气候条件宜人和产业发达等优势，使得该地区的营商环境较为优越。北方地区则面临气候不利和资源短缺等挑战，因此其营商环境处于劣势。

一、市场环境

结合图 7-5，分析城市市场环境指数空间分布，21 世纪以来，全国范围内城市市场环境整体在提升。首先东部地区的市场环境平均指数相对其他地区要更高，并高于全国市场环境平均水平，其次是中部和东北地区，西部地区的市场环境平均指数相对较低，中西部和东北地区的市场环境平均指数均处于全国市场环境平均指数水平以下。2018 年之后，全国各地区市场环境平均指数明显下降，这与中美贸易摩擦、科技战等息息相关。总体来说，我国市场环境区域分异较大，呈"东高西低，南优北劣"态势。

究其原因，城市市场环境分布格局"东高西低、南优北劣"主要是由于我国政府颁布的一系列优惠政策、经济发展战略和城市产业升级政策等，同时也与国家发展实际情况有着密不可分的关系。首先，政策因素是南北城市市场环境分布格局的重要因素之一。国家在推进经济发展的进程中，出台了一系列有利于南方城市市场发展的政策。例如，南方城市在自由贸易园区、科技创新和优质服务等方面享有政策优惠，因此，南方城市在市场发展和吸引外资方面比北方城市更有吸引力，相应的市场活跃程度也会更高。此外，南方城市还得到了我国政府"一带一路"倡议的赋能，南方城市受益于这一倡议获得了更多来自国内外的经济和贸易机会，因此在市场竞争力上存有明显优势。其次，南北城市的差异也与国家发展实际情况有关。由于土地及人口资源分布的不均衡，南方城市总体经济发展相对较快，城市经济起步较早，人口密度高，市场与产业更为多样化。这为南方城市提供了更加多元化、更具生命力和更加活跃的发展环境，从而吸引了更多的创新型企业和优质人才。同时，未来的发展趋势也会进一步加剧南北城市市场环境的分布格局的差异。随着数字经济的发展，基于互联网的经济形式将进一步深化，新一轮的产业升级势在必行。南方城市在数字经济、科技创新、金融服务和文化旅游等领域上拥有良好的发展基础和更加友好的发展环境，将继续成为经济活跃、市场竞争力强的中心城市。总之，政策因素和国家发展实际情况是导致"东高西低、南优北劣"市场环境分布格局的主要原因。为了缩小南北城市市场环境的差距，需优化产业发展结构，改善发展环境，打造高效、优质、公平的市场环境，加速推动市场经济和经济转型发展，为南北城市共同发展提供有力支撑。

从城市市场环境变化来看，如图 7-23 所示，2020 年东部城市共有十四位上榜，分别是上海、北京、深圳、广州、苏州、南京、杭州、青岛、宁波、泉州、厦门、佛山、济南、东莞，其中上海的城市市场环境高居榜首，远远超过其他城市。中西部城市均处于劣势，西部城市只有重庆、成都和西安上榜，中部城市武汉、郑州、合肥入围。综合来看，上北深广一线城市位列前十中的前四席，重庆、苏州、成都、南京、杭州、青岛、武汉、郑州、西安、佛山、东莞新一线城市纷纷入围。总之，上海城市市场环境得分最高，高居榜首。

追根溯源，上海能够脱颖而出，除了其地理位置和经济结构等自然和人文因素的优势外，政策实施以及基础设施建设等方面的投入和落实也是关键因素之一。首先，上海自身的政策实施及其优良的投资环境为其市场环境指数的提升提供了有力的支撑。上海市政府非常注重政策的实施，采取了大量的政策措施以吸引外资和优化投资环境，如减税降费、简化行政许可等，这对于企业降低成本、提高市场竞争力具有重要作用。此外，上海市政府致力于打造公正、透明和稳定的法治环境，强化知识产权保护意识，对经济和商业活动的支持力度进一步上升。其次，上海得天独厚的地理位置是其快速发展和经济结构调整的

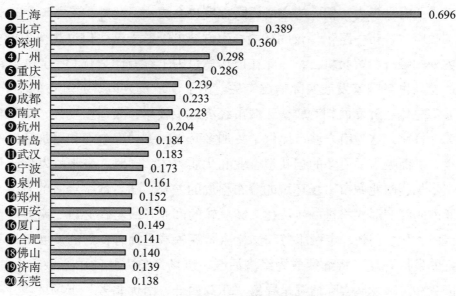

图 7 – 23   2020 年城市市场环境指数排名前 20 名

重要因素之一。作为我国最大的对外开放口岸城市，上海紧靠长江口，是我国最大的海港之一，这为上海提供了丰富的资源和便捷的交通，使得上海在外贸和物流方面实力卓著。同时，上海是当代我国最重要的金融中心、货币中心和贸易中心之一，这也为上海极具创新力和竞争力的经济发展和产业结构调整提供了强有力的支撑。此外，上海的基础设施建设也是其市场环境指数排名靠前的重要原因之一。作为我国经济发展最为活跃的城市之一，上海市政府对于交通、通信等基础设施建设投入大量的资金和精力，并坚持采用高标准、高起点和高质量的建设，例如在建设地铁、高速公路、机场等方面，严格保证安全、高效和环保要求，为商业和经济发展提供了优良的物质条件。总之，上海是一座拥有完善的政策实施体系、得天独厚的地理位置优势、强大的经济实力和坚实的基础设施建设的城市，在这些领域的突出表现使得它在城市市场环境指数排名中遥遥领先。

二、市场潜力

结合图 7 – 10，我国市场潜力指数各区域均呈现持续上升态势，但区域之间也表现出了明显的分异性。分区域来看，东部城市大于西部城市、南方城市大于北方城市，"东高西低，南优北劣"态势明显。

城市市场潜力分布格局"东高西低、南优北劣"与政府优惠政策的颁布、经济发展战略的制定和城市产业转型升级的落实息息相关。首先，国家在推进经济发展的进程中，出台了一系列有利于南方城市市场潜力的政策。例如，2020年我国政府推出了海南自由贸易港建设的规划，旨在打造我国自由贸易港示范区，吸引更多的贸易和投资流向南方城市。我国还实行更加开放的对外贸易政策，通过调整对外贸易政策，实现降低关税税率、扩大保税功能以及扩大进口等措施，吸引大量的外资企业进入南方城市的市场。其次，我国推进互联互通建设，近年来，南方城市的交通基础设施和信息通信等领域的发展，得到了国家政策的大力支持，使得南方城市在吸引流动资本和人力资源方面具有更多的优势。最后，在鼓励科技创新和人才引进方面，南方城市的高新技术产业得到了大力支持，同时鼓励人才引进，通过提供更好的创业和职业发展环境，吸引了更多的人才在南方城市创业和就业。这些政策的实施，使得我国南方城市在经济、贸易、科技等领域的竞争力不断提高，加速了南方城市市场潜力的挖掘和开发。南北城市的差异也与地理位置和资源情况有关。南方城市位于亚热带和热带地区，得天独厚的地理位置和气候条件为其经济发展提供了一定的优势。南方城市的温暖气候、高湿度和丰富的降雨资源，成为南方城市发展农业、林业、水产业和旅游业等领域的有力基础。此外，南方城市还拥有丰富的自然资源。南方地区拥有丰富的土地和水资源，使农业、水产养殖业相对发达，并提供了相关原材料和资源。与此同时，南方城市拥有大量的热带和亚热带植被资源，例如南方城市茶叶、水果、花卉等特色农产品，在国内和国际市场上都具有较高的竞争力。此外，南方城市的制度、文化等因素也是南方城市市场潜力充足的原因之一。以广州和深圳为例，相较于北方城市如北京、天津，这两座城市的商业文化和市场化程度较高。南方城市注重市场导向和市场化转型，不断探索创新的商业管理模式。南方城市还创新性地引进外来产业和民间资本，提高经济效益，使其在国内外市场中竞争力越发强大。

从城市市场潜力变化来看，如图7-24所示，2020年市场潜力指数排名中，东部城市在前二十中占据十九个席位，碾压中西部城市；西部城市只有重庆上榜，排在第五位；值得一提的是，苏州、深圳、上海市场潜力得分最为接近，均超过了其他城市。

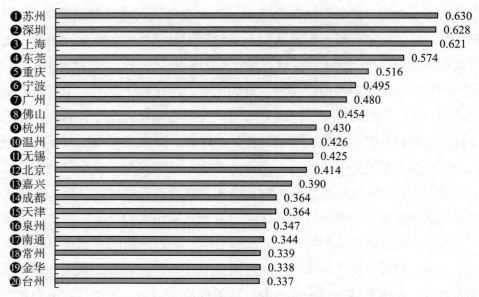

图 7 – 24　2020 年城市市场潜力指数排名前 20 名

　　究其原因，苏州、深圳和上海的市场潜力相对较高，这与政策实施、地理位置、经济结构和基础设施等因素有一定的关联。首先，政策实施是城市市场潜力的关键因素之一。三个城市都有一套完善的政策体系来引导和推动本地经济的发展。例如，苏州市实行"双创一体化"，全面提高科技创新发展支持力度，支持高新技术企业和创新型企业发展。深圳市政府倡导"智能制造2025"计划，努力实现制造业与"互联网＋"的深度融合，提高科技创新成果转化能力。上海则加大开放力度，提供更优质的服务和支持，改善投资环境和营商环境等措施，吸引更多的投资和资本流向。其次，地理位置方面也是影响城市市场潜力的重要因素之一。三个城市都拥有得天独厚的地理位置优势。苏州作为长三角的重要节点城市之一，地处苏南经济发展区的核心地带，紧靠上海，连通江苏省其他城市。深圳则毗邻香港，是我国改革开放的先行者之一，走在了我国经济发展的前列。上海则作为世界级的大都市和全球经济文化中心之一，与长江经济带紧密连通，发挥其带头作用，成为我国经济的重要引擎。此外，经济结构方面也是影响城市市场潜力的重要因素之一。三个城市都拥有比较完善的产业结构，并且有持续更新和优化的趋势。苏州市以先进制造、新材料、金融等产业为主，深圳市则以高新技术、文化创意、金融服务等行业为主，而上海市则以金融、科技、文化、物流等服务业为主。这种产业结构的合理和创新有助于城市市场潜力的提高。最后，基础设施的完善也是影响城市市场潜力的重要因素之一。例如，深圳、上海和苏州都采取了一系列措施以提高城市基础设施建设水平和质量，如高铁规划、交通网建设、物流园区建设等。这些措施使这些城市的基础设施达到了国际水平，为企业和市民提供了更优质、更安全和更高效的服务。总之，苏州、深圳和上海的城市市场潜力都比较高，这归因于政策实施的积极推动，得天独厚的地理位置优势，合理的经济结构以及先进的基础设施建设水平。这些城市在适应国内经济变化的同时，积极探索国际化，为我国发展注入更多的强劲活力。

三、成本环境

结合图 7 - 15，我国成本环境指数各区域动态优化，不断下降，但区域间的差异性仍然明显。总体来说，我国成本环境呈"东高西低，南优北劣"态势。

究其原因，城市成本环境分布格局"东高西低、南优北劣"涉及政策和国家发展实际情况等方面的因素。首先，南方城市获得优化营商环境政策的支持，有利于吸引投资和人才，进一步降低成本，促进经济发展。同时，北方城市在防治污染和生态环保等方面面临更严格的政策限制，加上地区自然环境恶劣的影响，使得其成本环境相对较高。在国家发展实际情况方面，南方城市基础设施水平相对较高，市场和产业更加多样化，区域发展和经济增长比较快速，因此具有更高的规模经济效应，降低了单位成本。同时，南方城市的人口密度较高，推动了区域内劳动力的供需平衡，并加强了各类服务业和企业的竞争和改进能力，提高了效率。反之，北方城市的人口密度相对较低，企业的发展受到制约，导致效益上的不足和低效，加上能源和物流等方面的成本问题，市场竞争力上制约了未来的发展潜力。为缩小南北城市成本环境差距，可采取优化政策、改善投资环境、扩大市场规模等多重措施。例如，北方城市应加快推进污染治理和生态保护工作，提高环境质量和生态可持续性；同时可优化营商环境，降低企业的税负压力，并开展人才引进和招商引资活动，降低人和资本的成本。

在基础设施建设、科技创新、物流配送等领域加快发展，提高效率和协同发展能力也可加快补齐差距、增加北方城市的市场竞争力和吸引力，从而促进全国城市和区域平衡发展。

从城市成本环境变化来看，如图 7 – 25 所示，2020 年东部城市北京、上海、深圳、南京、广州、杭州、衢州、天津、青岛、无锡、丽水、苏州、常州、宁波、厦门、济南、舟山和西部城市克拉玛依、拉萨、固原纷纷入围城市成本环境指数前二十名，中部和陕西城市均无一上榜；总体来看，北京、上海、深圳、广州、天津一线城市和南京、杭州、青岛、苏州新一线城市成本环境得到了大幅度的降低，其中，北京和上海的成本环境较之其他城市降低得更多。因此，京沪城市成本环境优化明显。

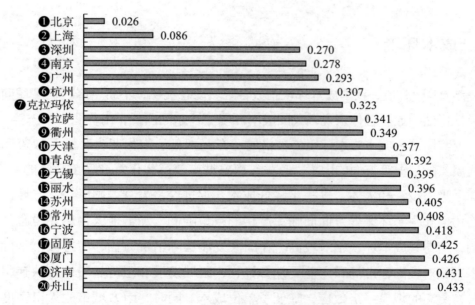

图 7 – 25　2020 年我国城市成本环境指数排名前 20 名

注：该排名为成本环境指数越低越好，特此说明。

究其原因，近年来，北京等一线城市的成本环境逐渐优化，这主要得益于政策实施、地理位置、经济结构以及基础设施等因素的综合作用。首先，政策实施是影响城市成本环境的重要因素之一。北京等一线城市加大了政策实施力度，积极推行了一系列招商引资政策，并改革了一些涉及企业的政策条款，加大财政扶持力度，优化税收政策，免费提供用地等。同时，政府部门也出台了许多具有公共性质的政策措施，如公共交通、居住条件的改善等，不断提高生活质量和城市竞争力。其次，地理位置是城市成本环境的重要因素之一。北京作为国家交通和科技中心，其地理位置非常重要。一方面，政策引导下的大规模企业投资和创新活动促进着北京成为我国经济增长的引擎；另一方面，北京也吸引了大批优秀人才的到来，为其人才优势的进一步提升打下了基础。此外，经济结构也是影响城市成本环境的重要因素。北京等一线城市以服务业为主导，其产业结构逐渐向高科技和信息产业偏移，这为企业创新和高效运营提供了更多的机会和空间。此外，随着经济结构的优化和产业链的完善，城市成本环境得以进一步优化。最后，基础设施的完善也是影响城市成本环境的关键因素之一。近年来，北京等一线城市加大了基础设施建设的力度，如地铁规划、公路建设等，极大地提高了城市交通的便捷性和效率；同时，数字经济和智能化技术的发展，也为企业节省成本提供了更多的机会。总之，政策实施、地理位置、经济结构和基础设施等因素的作用，使得北京等一线城市的成本环境逐渐优化，效果显著。但城市成本环境的优化和改善需要牢牢掌握经济高质量发展的方向和应对未来市场变化，更加注重以市场为导向，突出政府的调节和市场的引导作用，继续推动城市成本环境的合理性，进一步激发企业的活力和经济的发展潜力。

四、融资环境

结合图 7-19，全国范围内城市融资环境呈总体波动上升，局部缓慢下降态势。详细来说，我国融资环境区域分异较大，呈"东高西低，南优北劣"态势。

究其原因，城市融资环境分布格局"东高西低、南优北劣"涉及多方面的原因，包括政策支持和区域经济差异等因素。南方城市作为我国经济发展的重要支柱，其地方政府债务规模相对较小，有利于吸引金融资本，促进经济的发展。此外，南方城市在人力和技术资源方面也更加充足，能够更好地为金融市场提供更多样化的投资机会，提高市场人气，吸引资本投入。相反，北方城市在融资领域面临更大的挑战。由于其发展相对较慢，地方政府债务规模较大，银行信贷风险相对高，对金融创新、资本市场和个人投资等都存在制约。此外，由于其地理位置较为偏远，物流配送、人力成本等费用相对较高，北方城市在金融创新和经济发展方面面临困境，难以吸引更多的投资和金融资本。为了缩小南北城市融资环境的差距，政府可以加强支持北方城市的金融发展，优化营商环境，鼓励企业投资、科研创新，加强金融市场监管等措施。同时，应通过推动金融创新、发展资本市场、加强对小微企业的支持等措施，解决北方城市融资困难的问题。此外，政府还应加强区域合作，推进城市之间的经济互补，合理分配金融资源，推动南北城市共同发展。总之，南方城市融资环境相对优越，北方城市在融资领域面临着较多的挑战，政府应采取针对性的措施，加强政策支持，推动南北城市共同发展的进程。

从城市融资环境变化来看，如图 7-26 所示，2020 年东部城市依然发挥了其"领头羊"的作用，占据前二十中的十六席位，分别是北京、深圳、佛山、上海、广州、青岛、杭州、宁波、福州、厦门、天津、苏州、海口、南京、常州和珠海，中部城市太原、长沙、南昌上榜，西部城市只有陕西西安上榜，并排在前十中的第七位。此外，北京、深圳两座大都市融资环境优势显著，引领着其他城市融资环境的发展。

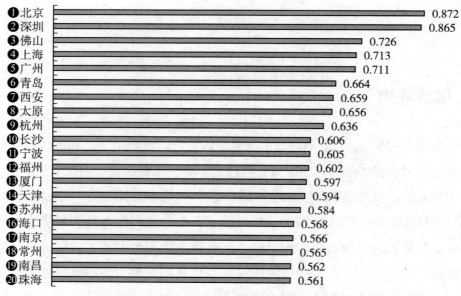

图 7-26　2020 年城市融资环境指数排名前 20 名

追根溯源，城市融资环境的优化离不开政策、地理位置、经济结构以及基础设施等方面的支持和推动。首先，政策实施是城市融资环境优化的基础。政策的制定和实施，是保障企业和金融机构获得融资支持所必需的。近年来，我国政府不断加大金融市场开放力度，推动债券市场、私募股权投资市场、银行间债券市场等各类融资渠道的建设和发展。特别是在一线城市，政府不断升级出台优惠贷款、减税降费等一系列具体措施，完善债券发行制度，加深不同金融机构之间的合作与配合，提高企业和投资人的融资效率。这些政策的出台和实施，促进了融资环境的积极优化。其次，地理位置作为影响城市融资环境的重要因素。一线城市在地理位置上都有独特的优势。例如，北京是我国政治、经济和文化中心，也是全国金融业的中心之一，金融机构众多，大量资金和资源会聚在此，因此融资环境具有较强的竞争力和便利性。此外，经济结构方面也在城市融资环境优化中发挥了重要作用。一线城市拥有多元化且适应性强的经济结构和产业格局。例如，北京市的新兴产业高度发达，近年来互联网技术、文化创意产业等新兴行业蓬勃发展，成为吸引投资和融资的热点之一。最后，城市基础设施建设也是城市融资环境优化的重要因素。一线城市不断加大基础设施建设投资，完善城市基础设施网络，提高供给效率和质量。例如，北京四环、五环之间形成了一条高速公路的环路，这成为提高城市融资环境的重要基础支撑。

第三节　政策启示

纵观我国城市营商环境近 20 年来的发展，其形成了"东高西低、南优北劣"的发展格局，其中，东部城市营商环境优势显著，西部城市次之，中部则最弱。如何突破营商环境发展的瓶颈，不断优化营商环境是我国亟须解决攻克的难题。而这一解决措施与政府政策颁布实施的推动和企业依规贯彻落实的坚定信心紧密相关。

首先，简化优化政策流程。政府可以通过实施"多规合一"来简化审批程序，将不同规章制度整合为一个综合性规划，从而减少烦琐的审批环节，提高工商注册等办理效率。这样可以减少企业的等待时间，加快业务办理进程，提升办理效率。政府应积极推进"最多跑一次"改革，即通过整合政府部门、提供一站式服务，实现政务审批的便利化、高效化和可靠性。这可以减少企业与政府部门之间的接触次数和沟通成本，提高办事效率，增强企业和个体经营者的获得感和满意度。此外，政府可以优化营商环境投资促进政策，为发展企业提供更多的政策支持和便利条件，特别是针对中小微企业。这包括减免税费、提供财务援助、加强创业培训和技术支持等方面的政策措施，以促进企业的发展和增加投资活动的吸引力。

其次，企业要依照法律法规依规依纪开展业务。第一，企业依法合规经营能够确保公平竞争的环境。法律法规的遵守可以有效规范市场秩序，防止不正当竞争行为的出现。第二，依法合规经营有助于企业建立良好的信誉和声誉。积极遵守法律法规，遵守商业道德和社会伦理，是企业维护自身形象和声誉的基础。第三，依法合规经营有助于企业降低风险和成本。合规经营可以帮助企业避免法律纠纷和违规行为所带来的风险和损失。同时，依法合规经营还可以减少因违规行为而产生的处罚和罚款，降低企业经营成本，提升企业盈利能力。第四，依照法律法规依规依纪开展业务是企业社会责任的具体体现。企业应当自觉履行法定义务，积极参与社会事务，推动可持续发展，促进经济、环境和社会的协调发展。最终，提高企业信用度和市场竞争力，从而进一步提高营商环境的整体水平。

最后，营商环境优化需要全社会各方面的共同努力，包括各级政府、企业、社会组织和广大群众。政府要加强人才引进和企业创新支持，并加强公共服务建设，提高基础设施建设水平，营造更好的公共服务环境。企业要加强自身诚信经营和技术创新，提高经营质量和效率，从而实现共赢。同时，社会各界要增强营商环境意识，注重维护营商环境的公平、公正和透明，共同提高我国城市营商环境的整体水平。总之，要突破营商环境发展的瓶颈，全社会各方面必须齐心协力，充分发挥各自的优势，共同提升营商环境的水平。政府要推广优秀的营商环境经验，借鉴国际先进经验，制定针对性的政策，切实降低市场准入门槛，促进企业之间的公平竞争，加速实现营商环境的整体优化。

第八章 城市后天努力·政府治理能力客观评价

党的二十大报告指出，改革开放迈出新步伐，国家治理体系和治理能力现代化深入推进，而推进政府治理能力现代化是推进国家治理现代化的重要组成部分之一。推进政府治理能力现代化，对于推动我国城市逐步迈向高质量发展，加快建设人民城市具有重要意义。为了更加客观准确地衡量各城市现阶段的政府治理能力状况，课题组收集了城市政府治理的法治与安全环境、生态环境、创新环境、城际交通环境、市内交通环境、市政建设、市政维护7个方面的客观数据，形成政府治理能力指数，对我国285个主要城市在2000~2020年政府治理能力方面发生的变化进行综合评判。

整体而言，我国城市政府治理能力呈现出"东强西弱"的态势。如图8-1所示，在政府治理能力评价前20名城市中，东部城市有14个，其中珠三角地区和长三角地区城市表现最为亮眼。西部地区有成都、重庆、西安3城入选前20名榜单，中部地区有武汉、长沙2城入选，东北地区仅有哈尔滨1城入选。

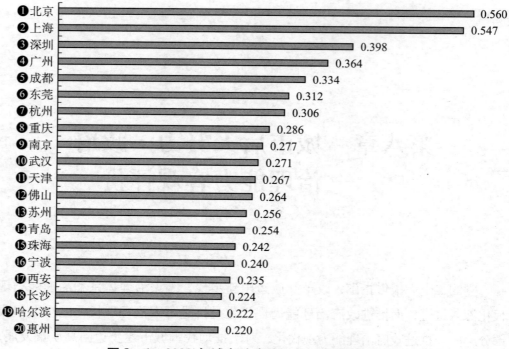

图 8 – 1　2020 年城市政府治理能力指数前 20 名

第一节　城市政府治理能力的时序演变

我国城市治理能力的时序演变如图 8 – 2 所示，2000～2020 年，我国城市政府治理能力平均指数总体呈上升趋势。2020 年全国城市政府治理能力平均指数为 0.138，相较于 2000 年的 0.074，增幅为 85.31%，我国城市政府治理能力在过去的 20 年中取得了长足的进步。

如图 8 – 3 所示，2000～2020 年我国城市政府治理能力指数增幅排名前 20 的城市中东部城市有 10 个，中部城市有 9 个，西部城市有 1 个。新余市、上饶市、赣州市占据增幅前 3 名，江西省城市政府治理能力提升明显。广东省有 6 个城市入选政府治理能力增幅前 20 名，在东部地区表现尤为亮眼。重庆市在过去的 20 年中政府治理能力指数增幅超 2 倍，是西部地区唯一上榜城市。

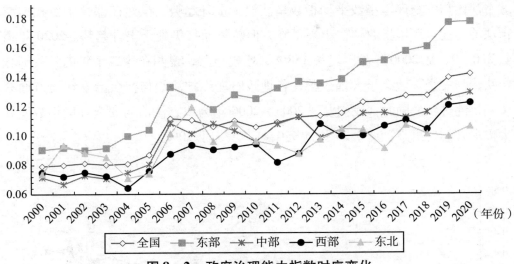

图 8-2　政府治理能力指数时序变化

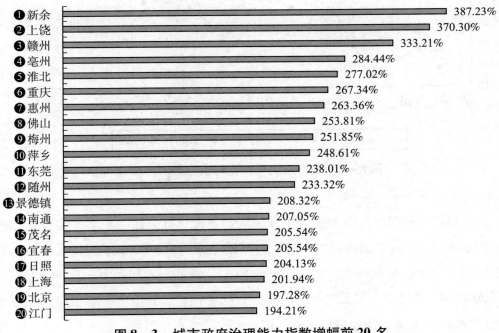

❶ 新余	387.23%	
❷ 上饶	370.30%	
❸ 赣州	333.21%	
❹ 亳州	284.44%	
❺ 淮北	277.02%	
❻ 重庆	267.34%	
❼ 惠州	263.36%	
❽ 佛山	253.81%	
❾ 梅州	251.85%	
❿ 萍乡	248.61%	
⓫ 东莞	238.01%	
⓬ 随州	233.32%	
⓭ 景德镇	208.32%	
⓮ 南通	207.05%	
⓯ 茂名	205.54%	
⓰ 宜春	205.54%	
⓱ 日照	204.13%	
⓲ 上海	201.94%	
⓳ 北京	197.28%	
⓴ 江门	194.21%	

图 8-3　城市政府治理能力指数增幅前 20 名

一、法治与安全环境

我国城市法治与安全环境显著改善。如图 8-4 所示，2000～2020 年，我国城市法治与安全环境指数平均指数呈波浪式上升趋势，虽然在部分年份我国城市法治与安全环境指数存在小幅下降，但总体而言仍处于上升趋势。2020年指数为0.49，较2000年相比增长158%，增幅显著，说明在这二十年内，我国城市法治与安全环境有了大幅改善，各地政府在维护法治与社会治安环境方面有了长足的进步。同时，我们发现2005～2006年为我国法治与安全环境指数发展大幅提升的转折点，从0.24增加至0.41，增加了70%。

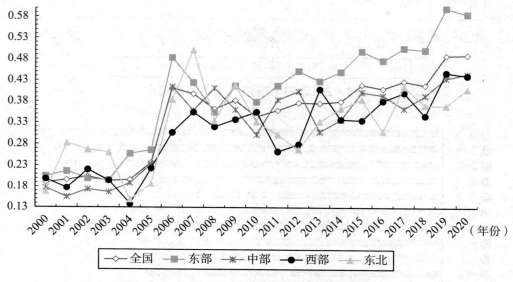

图 8 - 4　城市法治与安全环境指数时序变化

取得这样的成就与党中央加快推进法治建设、打击违法犯罪、维护社会治安的政策指引以及各级政府的积极践行举措密不可分。2006年为我国法治与安全环境平均指数增长的转折点。2006年10月，党的十六届六中全会明确提出了到2020年构建社会主义和谐社会的九大目标和任务，其中第一项目标和任务就是："社会主义民主法制更加完善，依法治国基本方略得到全面落实，人民的权益得到切实尊重和保障"，打开了构建社会主义和谐社会的新局面。因此，2006年我国城市法治与安全环境平均指数较2005年增长70%，此后我国城市法治与社会治安环境虽有起伏，但依然稳步好转。党的十八大召开后，全国政法机关自觉学习习近平法治思想，各地深入推进平安中国、法治中国、过硬队伍建设。"反腐倡廉"和"扫黑除恶"行动雷厉风行，党政机关众多腐败官员落马，社会黑恶势力纷纷被扫除，切实保障了人民群众的生命财产安全，对于构建和谐社会、法治社会具有重要意义。

　　科技应用水平迈上新台阶也是促进城市法治与安全环境指数增长的重要因素。截至 2020 年，我国基本实现"全域覆盖、全网共享、全时可用、全程可控"的公共安全视频监控建设联网应用，重点公共区域视频监控覆盖率达到 100%，在加强治安防控、优化交通出行、服务城市管理、创新社会治理等方面取得显著成效。

　　政法队伍建设取得新进步也是不容忽略的因素。法治工作队伍的建设对于提升城市治安水平十分重要，因此 2000～2020 年各城市政府纷纷致力于建设人民认可和信赖的法治工作队伍，其举措主要有以下两点：一是严格落实对政法队伍的管理监督。一方面加强对法治工作队伍的法律职业道德教育以使其加强自我约束、坚定理想信念；另一方面，坚持开展常态化法治督察，确保法治工作队伍的纯洁性。二是增强政法队伍的专业素质能力。要以提高准入门槛和持续教育培训来确保法治队伍的专业化和职业化，并进一步提高法治业务工作能力，同时创新法治人才培育机制，吸纳更多的法治人才加入执法、司法队伍。

　　从城市法治与安全环境指数的时序变化来看，如图 8－5 所示，重庆市以 1 135.33% 的增幅断层第一，作为"西南双子星"之一，其在 2000～2020 年大力推进提升城市法治氛围与治安水平，重庆政府交出了令人满意的答卷。北京市

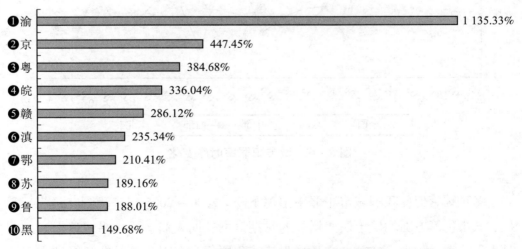

图 8－5　省域法治与安全环境指数增幅前 10 名

以447.45%的增幅位居第2，首都在治安环境建设方面作出了表率。中部地区安徽和江西两省、西部地区的云南省、东北地区黑龙江省在城市治安环境方面表现优秀，城市安全指数改善显著。

2000～2020年，我国城市平均犯罪率下降。违法犯罪行为是对法律尊严的践踏，严重威胁人民群众的生命财产安全，因此打击违法犯罪行为、降低城市的犯罪率对于维护城市秩序、构建和谐社会至关重要。如图8-6所示，2000～2020年，我国犯罪率整体呈下降趋势，2020年该指数平均值为0.057，较2000年的0.096下降了40.11%。我国犯罪率发展趋势在其间分为3个不同阶段，2000～2005年我国犯罪率略有上升，2005～2006年年均犯罪率从0.096迅速下降至0.050，2006～2020年年均犯罪率围绕0.057上下小幅度波动。这表明，在过去的20多年间，尤其在2006年及以后，我国285个城市的犯罪率得到了有效的遏制。

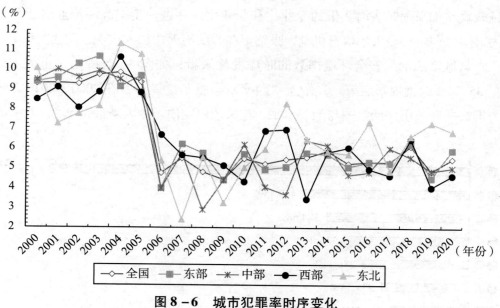

图 8-6　城市犯罪率时序变化

多种因素促使我国城市犯罪率出现下降。2000～2005年，我国在经济、科技、城市化等方面均属于快速增长的时期，增长期人们生活水平快速提高的同时由于法律法规尚未完善，容易滋生违法犯罪行为，因此该时期我国城市犯罪率存在小幅度增长现象。随着我国经济社会的进一步发展，2006年我国城市犯罪率出现陡降。究其原因，一是人民生活水平的提高减少了贫困犯罪率。随着我国经济的快速发展，人民生活水平显著提升，人口失业率降低，尤其在2022年我国打赢了脱贫攻坚战，使得7 000万人民脱离了贫困，大大降低了因贫困而犯罪的行为。二是现代刑侦技术的发展。近些年，我国城市监控覆盖率逐年提升，已经做到了重点区域监控全覆盖，同时，公民信息联网、犯罪指纹提取技术、数据踪迹追踪技术都被广泛应用在公安侦查领域，大大提升了将犯罪者绳之以法的效率，起到了震慑警示作用。三是人民综合素质的提升。随着我国教育的高速发展，我国人民平均学历和法律素养也逐年提升，人民的法律意识逐年提升，由此使得犯罪率尤其是青少年犯罪率得到了有效遏制。

二、生态环境

如图8-7所示，2000～2020年，我国城市生态环境平均指数总体呈缓慢上升趋势。2020年指数为0.320，较2000年增长11.05%，虽然增幅不大，但也基本能够反映我国的城市生态环境在日趋变好。

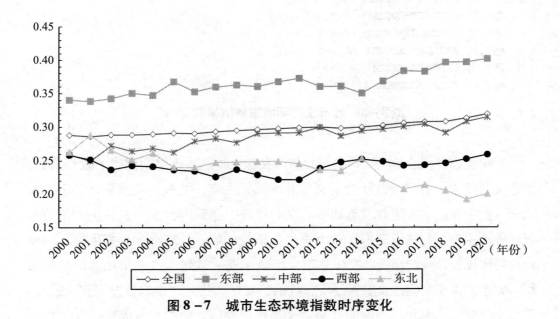

图8-7　城市生态环境指数时序变化

　　过去的二十年我国中部和西部城市的生态环境改善显著，如图8-8所示，在城市生态环境指数增幅前20名中有12个城市为中部城市，有7个城市为西部城市，有1个城市为东部城市。中部地区中河南省城市的生态环境提升表现亮眼，共有6个城市入选增幅前20榜单，同时商丘市以接近6倍的增幅高居榜首。西部地区中广西城市的生态环境治理表现优秀，有4城入选增幅前20名榜单。

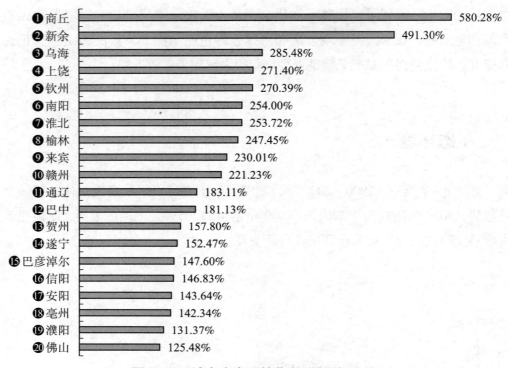

❶商丘　580.28%
❷新余　491.30%
❸乌海　285.48%
❹上饶　271.40%
❺钦州　270.39%
❻南阳　254.00%
❼淮北　253.72%
❽榆林　247.45%
❾来宾　230.01%
❿赣州　221.23%
⓫通辽　183.11%
⓬巴中　181.13%
⓭贺州　157.80%
⓮遂宁　152.47%
⓯巴彦淖尔　147.60%
⓰信阳　146.83%
⓱安阳　143.64%
⓲亳州　142.34%
⓳濮阳　131.37%
⓴佛山　125.48%

图8-8　城市生态环境指数增幅前20名

　　城市生态环境改善主要得益于党和国家加快推进生态文明建设的政策方针。生态文明建设是中国特色社会主义事业的重要内容，关系人民福祉，关乎民族未来。党中央、国务院高度重视生态文明建设，先后出台了一系列重大决策部署，推动生态文明建设取得了重大进展和积极成效。党的十八大把生态文明建设与经济建设、政治建设、文化建设、社会建设一道列入"五位一体"总体布局，要求把生态文明建设融入经济、政治、文化、社会建设的各方面和全过程，建设富强民主文明和谐美丽的社会主义现代化强国。党的二十大报告以"推动绿色发展，促进人与自然和谐共生"为题，为当前和今后一段时间我国生态文明建设擘画了宏伟蓝图、指明了前进方向。

除了党中央的高位推动、政策先行，环保技术的发展应用也是助力城市生态环境改善的重要因素。随着我国研发和自主创新能力的提升，生产企业的能源利用效率大大提升，节约了传统化石能源的使用，同时，在国家碳达峰碳中和的政策指引下，新能源行业蓬勃发展，宁德时代、隆基绿能等新能源电池企业成为行业龙头，比亚迪、蔚来等新能源汽车企业也逐渐占据汽车市场，这都使得城市的生态环境大为改观。此外，政府环保部门依托人工智能和大数据分析，能更方便地追踪碳足迹，对于企业碳排放税的征收和污染防治的精细管理有着重要的支撑作用。

居民环保意识的提高也促进了城市生态环境指数的增长。一方面，随着城市居民逐渐富裕，对生活质量的要求水涨船高，因而对于城市的空气质量、饮水质量、绿化面积等有了更高的要求。另一方面，居民环保意识的增长归功于政府环保部门的大力宣传。基层社区中关于绿色环保、节能减排的座谈会、讲座定期举办，正是基层社区工作人员的不懈努力，坚持走访群众，人民群众的环保意识才能逐年提高，进而带动城市的生态文明发展。

（一）城市绿化率逐年提高

保护自然、维持生态环境，是城市经济发展与人民健康的基本条件，是现代化城市建设的重要组成部分，在促进城市可持续发展中发挥着重要的作用。如图 8-9 所示，2000~2020 年我国城市平均建成区绿化覆盖率整体上呈逐年递增的趋势，2020 年该指数为 42.24 较 2000 年增长了 48.29%，城市绿化率有了大幅提升。具体来说，以 2010 年为节点，我国城市平均建成区绿化覆盖率发展经历了两个阶段。在第一阶段（2000~2010 年），我国城市平均建成区绿化覆盖率快速增长，自 2010 年开始我国城市平均建成区绿化覆盖率增速放缓，呈小幅度增长态势。

在过去的二十多年中，我国城市平均建成区绿化覆盖率逐年增长与党中央不断加强顶层设计密不可分。自党的十八大将生态文明建设纳入"五位一体"总体布局后，以习近平同志为核心的党中央全面加强生态文明建设，开展了一系列根本性、开创性、长远性工作。在党中央的团结带领下，各地政府深入打好污染防治攻坚战，集中攻克老百姓身边的突出生态环境问题，让老百姓实实

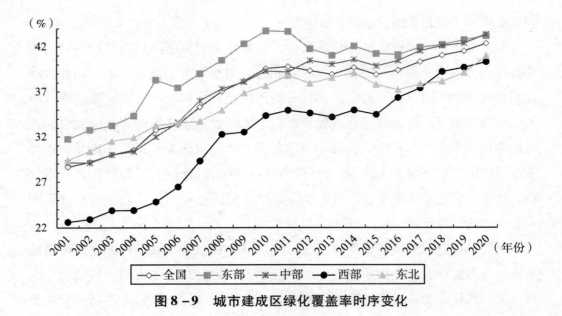

图 8 - 9　城市建成区绿化覆盖率时序变化

在在感受到了生态环境质量改善。我国城市生态文明建设更上了一层台阶，城市绿化率稳步提升，使城市人民生活在天更蓝、山更绿、水更清的优美环境之中。

（二）城市 PM2.5 值达峰值后逐步下降

城市 PM2.5 值是衡量城市空气质量六大指标之一，与居民的生命健康密切相关，是城市进行污染防治和生态保护成果的重要体现。如图 8 - 10 所示，2000 ~ 2020 年我国城市平均 PM2.5 值呈现出先增后减的态势，以 2011 年为分界点，2000 ~ 2011 年城市平均 PM2.5 波动式增长直至 2011 年达到峰值，在随后至 2020 年期间城市平均 PM2.5 值快速下降。从整体上看，在过去的二十多年中，我国城市平均 PM2.5 值呈下降趋势，2020 年城市平均 PM2.5 值为 30.722，与 2000 年的 42.664 相比下降了近三成。

我国空气质量之所以能够获得如此大幅度的改善，根本在于党中央、国务院的高度重视、科学决策。这些年国家先后出台了大气污染防治行动计划、打赢蓝天保卫战三年行动计划，大力调整"四个结构"，持续推进大气污染治理。一是大力调整能源结构，加快能源清洁低碳转型。二是大力调整产业结构，促进产业发展提质增效。三是大力调整交通运输结构，发展绿色交通体系。四是大

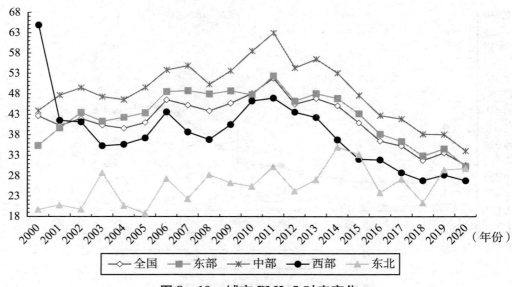

图 8 – 10　城市 PM2.5 时序变化

力优化城市环境治理结构，把扬尘治理纳入重点领域。四大结构的调整使得城市降尘量明显下降。除了党中央不断加强顶层设计与各地政府积极践行外，科技的发展给空气污染防治提供了重要工具。全国 2 000 多名科技人员参加了大气污染成因治理的攻关，为城市空气质量改善提出了科学有效的试行方案。同时，科研人员不断攻克技术壁垒，开发了国家级预测预报模式，对 PM2.5 的污染过程预测准确率达到了 90%，这些技术支持都为我们打赢蓝天保卫战提供了重要支撑。

三、城市创新环境

在过去的二十多年中，我国城市创新环境指数显著提升。城市创新环境主要用以反映城市创新主体生存和发展的外部条件，为创新主体活动提供便利资源和条件保障。如图 8 – 11 所示，2000 ~ 2020 年，我国城市创新环境指数平均指数呈上升趋势。在 2000 年中国城市创新环境平均指数为 0.013，2020 年该指数为 0.026，较 2000 年增长了 100%，说明在二十多年间，我国城市创新环境有了大幅改善。

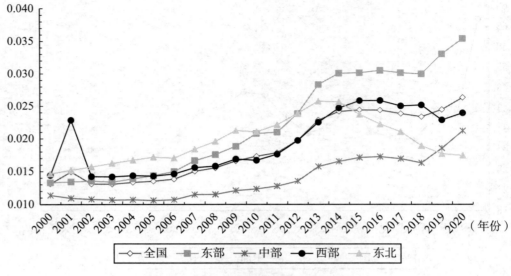

图 8-11　城市创新环境指数时序变化

从我国城市创新环境指数的时序变换来看，前 20 名城市中东部城市有 9 个，中部地区有 7 个，西部地区有 4 个，东中部城市分布较为均衡。东部地区创新指数增幅前二十名城市集中在珠三角地区（6 个）和长三角地区（2 个），呈现出区域城市创新协调发展的态势。中部和西部地区创新发展较快的城市分布较为分散。陕西省延安市的城市创新指数飞速提升，位居创新指数增幅城市第 2 名（见图 8-12）。

我国科技创新能力的提升与党中央的政策扶持离不开关系。2015 年，国务院印发《关于大力推进大众创业万众创新若干政策措施的意见》，改革完善相关体制机制，构建普惠性政策扶持体系。2016 年，党中央和国务院发布《国家创新驱动发展战略纲要》，为中国科技创新未来发展提供了顶层设计和系统谋划，明确了到 2050 年中国创新驱动发展的目标、方向和重点任务，是新时期科技政策的纲领性文件。2018 年，国务院印发《关于推动创新创业高质量发展打造"双创"升级版的意见》，对推动大众创业万众创新提出了新的更高要求，为深入实施创新驱动发展战略，进一步激发市场活力和社会创造力，推动高质量发展打造了"双创"升级版。中国的科技创新政策体系在不断探索和实践中逐渐建立和完善，创新政策从早期的辅助手段逐渐演化为创新体制机制的重要保障，从政策文本到立法都在实践中不断丰富，形成了以法律、法规、规章、规范性文件等为形式，以科创计划、创新资金、创新人才等为主要政策内容的科技创新体系。

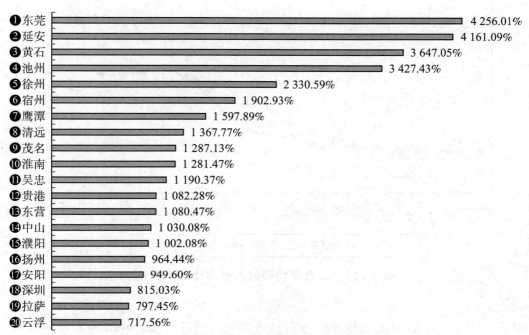

图 8 – 12　城市创新环境指数增幅前 20 名

（一）科研人员占比攀升

党的二十大报告指出，必须坚持科技是第一生产力、人才是第一资源、创新是第一动力，深入实施科教兴国战略、人才强国战略、创新驱动发展战略，开辟发展新领域新赛道，不断塑造发展新动能新优势。科研人员作为人才的重要组成部分，对于打破专业领域技术瓶颈、实现城市创新发展具有重要意义。如图 8 – 13 所示，从整体上看，2000 ~ 2020 年我国城市平均科研人员占比呈现出增长的趋势。2020 年我国城市平均科研人员占比为 0.28%，较 2000 年的 0.15% 增长了 87.73%，我国城市平均科研人员密度出现显著提升。值得注意的是，2011 ~ 2013 年和 2018 ~ 2020 年两个时间段，我国城市平均科研人员占比陡增，出现 2 个快速发展阶段。

我国城市平均科研人员占比出现大幅增长是多方面因素共同作用的结果。首先，用于培养和吸引科研人员的资金增加是提升城市科研人员占比的重要因素。在过去的二十多年中，我国经济高速发展，一方面，经济高质量发展需要

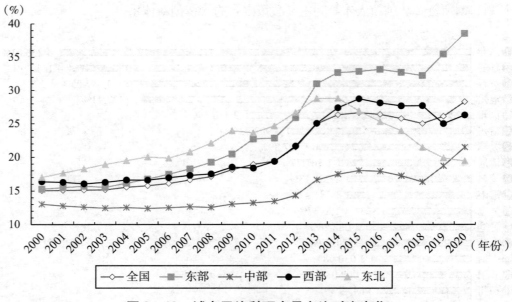

图 8 – 13　城市平均科研人员占比时序变化

大量的科研人员进行创新研发以抢占技术高地；另一方面，经济的发展使得城市可用于培养和吸引科研人员的资金投入日渐雄厚，切实提升了科研人员的待遇水平。各大城市纷纷出台优惠政策，提高科研人员的安置费、项目启动费、科研津贴等费用标准，用"真金白银"来吸引科研人员落户城市。

　　不断完善服务保障机制是城市科研人员增长的助推器。"安居乐业"是科研人员考虑的重要因素，为了保障科研人员能够专心投入到研发创新中去，各地政府为科研人员的生活提供了优质快捷服务，具备高质量的各类商业和公共服务，如保障编制、携家人落户、优先申请入住人才公寓等措施，尽力满足休闲、社交、住房、教育、医疗、养老等多方面需求。

（二）科研支出稳步增长

　　科学研究具有高风险高回报且投入产出关系不确定的特点，因此科学研究需要雄厚的资金支持，因而科研支出是否充足是决定高科技产品能否实现创新发展的重要因素。如图 8 – 14 所示，2000 ~ 2020 年我国城市科研支出占 GDP 比重整体上呈现出增长的趋势，从 2000 年的 0.06% 增长至 2020 年的 0.34%。由此表明，在过去的二十多年中，从党中央、国务院到地方政府对于科研支出的重视程度越来越高，科研经费投入增长快、强度高、结构稳，中国一跃成为全球第二大研发经费投入经济体。

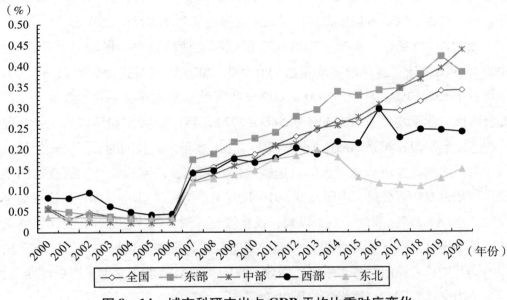

图 8-14　城市科研支出占 GDP 平均比重时序变化

　　我国科研支出快速稳定增长与国家综合实力逐渐增强存在密切关系。在过去的二十多年中，我国经济高速发展，不论是政府用于科研的财政投入还是社会资本都呈现出井喷式增长，因此经济发展程度的提升给予科研经费增长提供了重要支撑。同时，我国教育事业也在二十多年间蓬勃发展，各级教育普及程度达到或超过中高收入国家平均水平，其中学前教育、义务教育达到世界高收入国家平均水平，高等教育进入普及化阶段。教育的发展带来了整个社会文化素质的提升，一方面使得社会崇尚科学研究的风气愈加浓厚，另一方面激发人们探索科技前沿的兴致，这都是科研支出快速增长的驱动力。

四、城际交通环境

　　我国的城际交通格局在过去的二十多年中不断优化。交通运输是国民经济基础性、战略性、先导性产业，也是重要服务性行业，是服务构建新发展格局的重要支撑。党的二十大报告强调了"建设交通强国"的目标，因此要加快推进我国交通运输事业智能化、数字化发展。本次城市高质量发展客观评价将城际交通环境指数作为衡量政府治理能力的重要标准。城际交通环境指数涵盖城际航空、公路、铁路等运输方式，对城际交通的便利度进行综合考量。

如图 8-15 所示，2000~2020 年我国城际交通环境平均指数呈上升趋势。2000 年我国城际交通环境平均指数为 0.002，2020 年该指数为 0.011，较 2000 年增长了 552.13%。其中，2000~2009 年我国城际交通环境平均指数处于稳步发展阶段，年平均增速为 2.30%，2009~2020 年我国城际交通环境平均指数处于快速发展阶段，年平均增速为 40.12%。二十多年来，我国的城际交通发展取得了瞩目成就，建成全球最大的高速铁路网、高速公路网；综合交通运输网络总里程超过 600 万公里；中国高铁、中国路、中国桥、中国港、中国快递成为亮丽的"中国名片"。党的十八大以来，铁路管理体制实现政企分开，我国铁路总体技术水平已经进入世界先进行列；智慧民航建设取得阶段性成效，民航运输规模快速增长，民航服务水平提质增效，我国交通运输事业发生了历史性变革，迎来了由交通大国向交通强国的历史性跨越。

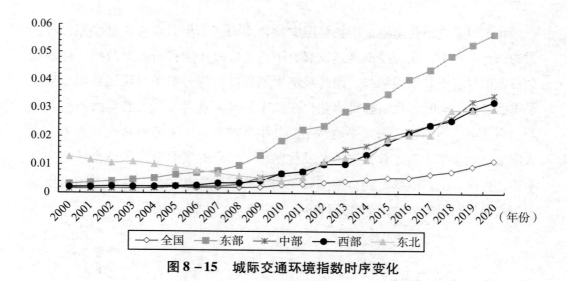

图 8-15　城际交通环境指数时序变化

从城市城际交通环境指数的时序变化来看，我国城际交通环境指数增幅前 20 名中东部城市有 5 个，中部城市有 7 个，西部城市有 4 个，东北地区城市有 3 个，整体而言，中部地区城市城际交通发展速度较快。龙岩市城际交通发展最为迅速，高居城际交通环境指数增幅榜首，中部城市芜湖和东北地区城市牡丹江分别为第2、第3名（见图8–16）。

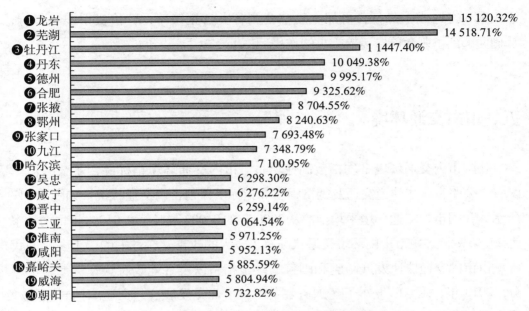

图8–16 城际交通环境指数增幅前20名

航空运输客运量显著提升。航空运输具有快速、机动的特点，不仅为贵重物品、鲜活货物的运输提供了工具载体，更是现代远程客旅运输的重要方式，是现代城际交通运输体系的重要一环。在过去的20年中，不论是货运还是客运方式，我国的航空运输均呈现出增长趋势，货邮运量由2000年的38 784吨增长至2020年的56 660吨，增幅达46.09%，客运量由2000年的274 508人次增长至2020年的4 477 105人次，增幅达1 530.96%。具体来看，民用航空货邮运量呈先减后增的态势，以2012年为界线，2000~2012年我国民用航空货邮运量出现小幅下降直至2012达到最低值，随后在2012~2020年货邮运量快速增长并反超2000年运量。而民用航空客运量在过去的20年中稳定高速增长，年均增长率达14.98%。

我国航空运输高速发展与国家宏观经济增长密不可分。国内经济稳定增长推动民航运输高速发展。一方面，随着经济的发展我国航空运输基础建设快速推进，航线网络迅速扩展、运输规模逐渐扩大、配套基础设施不断完善，航空运输的质量、效率、安全和服务水平都实现了质的提升。另一方面，随着我国宏观经济的发展，人民收入水平不断提高，城市中产阶层人口增长，因此跨城际交通时对飞机的偏好增强。此外，随着我国航空运业逐渐发展成熟，航空货运成本和客运成本降低，再加上航空公司各类营销策略，特价机票屡见不鲜，从侧面起到了刺激航空运输需求的作用。

五、市内交通环境

我国市内交通环境平均指数高速增长。市内交通环境指标综合了公共汽车配置、公路密度、轨道交通及拥挤程度等指标以评判市内交通状况。如图 8 – 17 所示，我国市内交通环境平均指数从 2000 年的 0.002 增长至 0.012，年均增长率为 27.63%，各城市市内环境交通状况有了较大的改善。在过去的二十多年间我国城市市内交通快速发展与党和国家的政策指引以及各地政府认真贯彻密不可分。2013 年，国务院发布了《国务院关于城市优先发展公共交通的指导意见》，提出了树立优先发展理念、把握科学发展原则、明确总体发展目标、实施加快发展政策、建立持续发展机制的指导意见，切实保障了公共交通优先发展战略

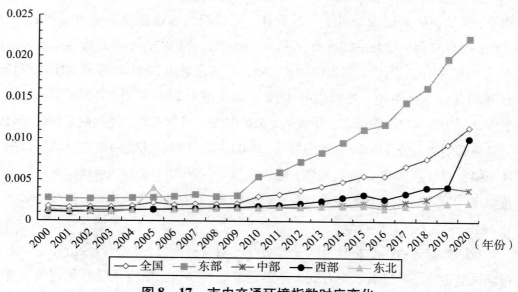

图 8 – 17　市内交通环境指数时序变化

的实施。而党的二十大报告指出，要加快建设交通强国，同时积极稳妥推进碳达峰碳中和，推进交通等领域清洁低碳转型。为此，各地政府以习近平新时代中国特色社会主义思想为指导，以建设人民群众满意的城市公共交通为根本出发点，实施了优化城市公共交通规划、完善城市公共交通基础设施、加大城市公共交通财政投入、切实保障城市公共交通路权优先等措施，促进城市公共交通领域健康可持续发展，不断满足人民群众对城市公共交通的新需求，形成城市公共交通优先发展的新格局。

从市内交通环境的时序变化来看，市内交通环境指数高增幅城市呈现"东多西少"态势。如图 8-18 所示，增幅前 20 名城市中东部城市 10 个，中部和西部城市分别有 5 个。成都市的市内交通环境指数以 300 多倍的增幅占据榜首，遥遥领先于第二名的武汉市，这与成都市政府优化市内交通规划和加大基础设施建设投入离不开。

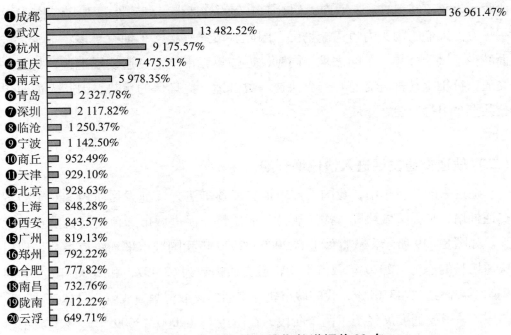

图 8-18　市内交通环境指数增幅前 20 名

（一）人均拥有公共汽车数量先增后减

公共汽车交通可以提高居民出行的便利性、减少出行时间和压力、提高生活质量，是市内交通发展的基础交通运输方式。整体上看，2000～2020 年我国 285 个城市人均拥有公共汽车数量呈下降的趋势，2020 年人均拥有公共汽车数量为 3 辆，和 2000 年的人均公共汽车拥有 5 辆相比出现下降。具体来看，在过去的 20 年中，城市人均拥有公共汽车数量经历了先增后减两个发展阶段，在阶段一（2000～2015 年）城市人均拥有公共汽车数量稳定增长直至 2015 年达到峰值人均拥有 10 辆公共汽车，[①] 在阶段二（2016～2020 年）城市人均拥有公共汽车数量快速下降直至 2020 年达到最小值 3 辆。

我国经济发展阶段的变化使得城市人均拥有公共汽车数量呈现先增后减的趋势。2000～2015 年，我国经济快速发展，城市化进程加快，人口流动增加，公共交通需求大幅增加，因此公共汽车数量快速增加。但随着经济发展进入新常态，城市化进程逐渐趋于稳定，人口流动减缓，公共交通需求增速放缓，公共汽车数量增长也逐渐趋于平稳甚至出现下降。私家车的普及、城市轨道交通的发展降低了人们使用公共汽车出行的需求。随着我国的经济快速发展，人们的收入水平不断提高，一方面人们对于出行的舒适性、便利性的需求越来越高；另一方面人们的购买力也逐渐增强，因此城市家庭私家车拥有量逐年上涨，进而减少了对于公共汽车的需求。同时，近些年城市轨道交通发展迅速，与公共交通出行相比，轨道交通有着更快速、更舒适、更环保的优势，因此人们对于公共汽车出行的偏好降低。

（二）轨道交通发展进入快速增长期

在过去的二十年中，我国城市轨道交通逐渐进入快速发展阶段，对于缓解交通拥堵，加强区域协同、提升居民生活质量、促进城市绿色发展具有重要意义。如图 8－19 所示，从整体上看 2000～2020 年我国城市平均轨道指数呈现出快速增长的态势，2020 年城市平均轨道交通指数为 63 497，和 2000 年的 3 444 相比增幅高达 1 743.61%，我国城市轨道交通建设取得瞩目成就。具体来看，我国城市轨道交通发展经历了两个阶段，在阶段一（2000～2009 年）我国城市轨道交通指数保持不变，在阶段二（2010～2020 年）城市轨道交通指数出现快速增长，年均增长速度达到 23.01%。

① 2020 年交通运输行业发展统计公报 [EB/OL]. (2021－05－19) [2024－03－06]. 中华人民共和国交通运输部，https：//xxgk. mot. cn/2020/jigou/zhghs/202105/t20210517_3593412. html.

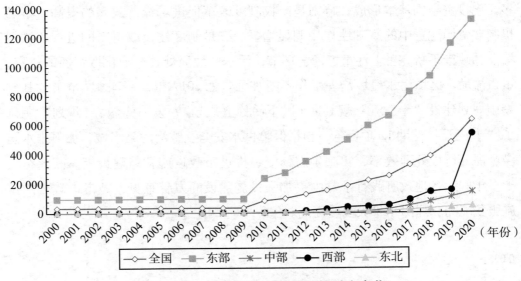

图 8 – 19　城市轨道交通里程数时序变化

六、市政建设

党的二十大报告指出，"坚持人民城市人民建、人民城市为人民，提高城市规划、建设、治理水平"。城市市政基础设施建设作为城市建设的重要组成部分，事关人民群众切身利益，与人民群众的日常生产、生活紧密相连，群众关心、社会关注。各级政府应按照习近平总书记提出的"江山就是人民，人民就是江山"的理念，一以贯之地深入推进城市基础设施建设工作，着力解决市政基础设施建设领域发展不平衡不充分问题和群众出行急难愁盼问题。本报告用天然气储气能力、供水管道密度、建成区排水管道密度、道路照明灯盏数 4 项指标计算市政建设指数，评判各个城市市政建设状况。

在过去的二十多年中，我国城市市政建设稳步推进。如图 8 – 20 所示，2000～2020 年我国市政建设平均指数快速增长，2020 年该指数较 2000 年增长了169.25%，年均增长率8.46%，我国市政公共事业建设取得可喜成就。分析背后的原因，一是市政公共事业市场机制改革取得新进展，城市公共交通、供水、燃气、环卫等行业普遍引入竞争机制，污水垃圾处理产业化稳步推进，市政公用事业投资、建设、运营市场全方位开放，行业垄断和地区垄断局面已经打破，多元化投资结构基本形成。特别是产权制度改革促进了经营效率的提高，市场机制在资源配置中的基础性作用明显增强。二是制度建设取得新的进展，法规标准和政策不断完善。注重抓薄弱环节，污水、垃圾处理产业化取得新的进展，重点流域、区域污水垃圾治理工作不断加强。如2017年，《全国城市市政基础设施规划建设"十三五"规划》（以下简称《规划》）发布实施。《规划》明确了"十三五"时期12项任务，包括保障供水安全、整治污染水域、加强排水防涝、提升垃圾处理效率、实施生态修复、推进市政设施智慧建设等。因此在二十多年间，各地政府践行了党中央加强设施建设的方针意见，城市市政公用设施服务能力和保障水平大幅度提高。

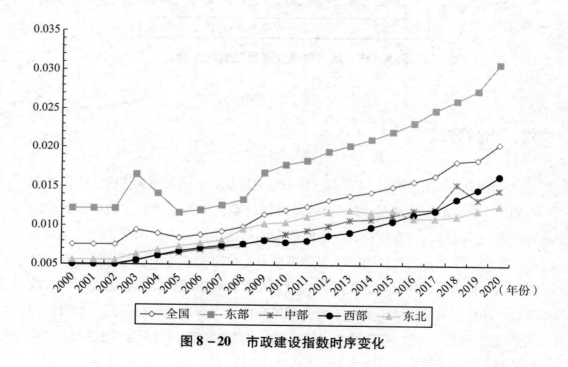

图 8 – 20　市政建设指数时序变化

从城市市政建设的时序变化来看，中部和西部地区城市的市政建设提升较为亮眼。如图 8 – 21 所示，在市政建设增幅前 20 名城市中，中部和西部城市分别有 7 个，东部城市有 5 个，东北地区城市有 1 个。上海市作为长三角地区的领头羊，随着城市经济的腾飞，城市市政建设也随之高速发展。西安和榆林分别为市政建设指数增幅的第 2、第 3 名，陕西省城市市政建设也交出了令人满意的答卷。

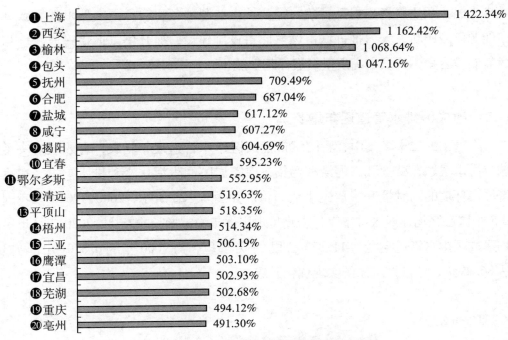

图 8 - 21　市政建设指数增幅前 20 名

（一）城市储气能力提升

在过去的二十多年中，我国城市储气能力提升，对于保障城市的能源供应，促进城市可持续发展，提高城市的经济效益和安全性具有重要现实意义。从整体上看，2000 ~ 2020 年我国 285 个城市平均储气能力呈增长的态势，2020 年城市平均储气能力为 438.593 万立方米，与 2000 年的 219.081 万立方米相比，增长了 100.19%，城市燃气储备规模实现了快速增长，城市能源供应能力和安全性显著提升。具体来看，2000 ~ 2008 年，我国城市平均储气能力出现了明显的起伏波动，燃气储量出现一定程度的下降，而自 2008 年之后，城市平均储气能力呈逐年增长的态势，直至 2020 年达到储气峰值。

我国城市储气能力增长是能源需求增加的体现。在过去的二十多年中，随着经济的高速发展，我国的工业化进程加快、城市化进程加快、交通运输需求增加、农业现代化需求、人民生活能源需求等增加，而这些都需要充足的能源进行支撑，因此我国城市储气能力必须随之增长，以为城市发展提供动力保障。同时，城市储气能力增加也是政府保障能源供应安全的重要举措。随着城市规模的扩大，保障城市能源供应安全的重要性凸显，为了保障城市的高效运转、城市人民生活质量稳步提升，政府需要扩大能源储备，避免因突发事件导致城市能源供应中断，大力推进城市燃气储备设施建设，提升燃气运输管道密度与燃气储备容量，为城市高质量发展保驾护航。

（二）建成区排水管道逐年增长

在过去的二十多年中，我国城市建成区排水管道逐年增长，有效地解决了城市排水难题，减少城市内涝和污染，保障居民的生活用水和排水需求，在改善城市环境的同时提升了居民生活质量。如图 8 - 22 所示，2000～2020 年我国 285 个城市平均建成区排水管道密度呈现出逐年稳定增长的态势。2020 年城市平均建成区排水管道密度为 11.873 公里/平方公里，与 2000 年的 6.370 相比增幅达 86.49%，城市排水系统实现优化升级。

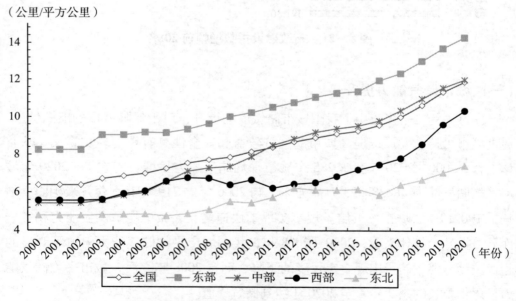

（公里/平方公里）

图 8 - 22　城市建成区排水管道密度时序变化

我国城市排水系统建设取得瞩目成就是多方面因素综合作用的结果。建成区排水管道增长离不开政府的统筹规划。政府在优化城市规划和建设时，将排水管道建设纳入整体规划，统筹规划、科学设计，系统建设城市排水防涝工程体系，优化城市排涝通道及排水管网布局，确保排水管道建设与城市发展相匹配。技术创新为我国城市排水管道建设注入发展动力。城市排水管道建设作为城市市政建设的重要一环，与城市居民的生活质量密切相关，因此，政府积极推动排水技术创新，给予政策优惠和资金支持，引入了先进的排水管道技术和设备，提高建设质量和效率。此外，城市排水管道系统的不断完善与政府主导的多方合作存在密切关联。政府与企业、社会组织等多方合作，共同推进排水管道建设，形成了政府主导、市场运作、社会参与的良好局面，进而实现城市排水系统的优化升级。

七、市政维护

党的二十大报告提出，"坚持人民城市人民建、人民城市为人民，提高城市规划、建设、治理水平，加快转变超大特大城市发展方式，实施城市更新行动，加强城市基础设施建设，打造宜居、韧性、智慧城市"，为城市市政建设与维护指明了方向。市政建设与维护事关城市居民的日常生活，与提升城市生活便利度与舒适感紧密相连，本报告将垃圾站处理量、道路清扫保洁面积、市容环卫专用车辆设备总数赋权综合计算得出市政维护指数，用以评价政府治理中市政维护这一维度的发展情况。

如图 8－23 所示，2000～2020 年，我国市政维护平均指数呈持续增长态势。该指数由 2000 年的 0.015 增长至 2020 年的 0.055，年平均增长率达 13.12%。2000～2010 年，我国市政维护平均指数增长缓慢，究其原因，一是在该时间段我国的经济发展水平较低，市政维护资金缺乏，二是在该时间段我国市政基础设施建设不完善，因此需要维护的市政设施存量较少。

2010～2020 年我国市政维护平均指数增速加快，尤其在 2014～2017 年，该指数年均增长率高达 21.87%。这十年中我国市政维护平均指数高速发展主要由以下因素推动。一是党中央、国务院积极的政策指引。2019 年，习近平总书记在甘肃考察时强调，城市是人民的，城市建设要贯彻以人民为中心的发展思想，让人民群众生活更幸福。金杯银杯不如群众口碑，群众说好才是真的好。市政建设与维护和人民生活息息相关，影响着人民群众生活的便利程度和幸福水平，自党的十八大以来，以习近平同志为核心的党中央积极推动城市治理能力现代化，

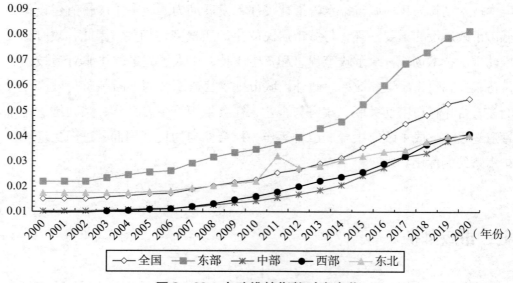

图 8 - 23   市政维护指数时序变化

而市政维护作为城市治理的重要内容，提升各地市政维护水平对于提升人民群众生活的便利度与幸福感具有重要意义。二是市政设施建设与维护的资金投入增加。随着我国经济发展水平的提高，对于城市建设与维护的资金投入也随之增长。流入市政建设与维护的资金主体既有中央和地方的财政支出，又有各类社会资本，大量且多样的资本一方面给城市市政建设与维护提供了足够的资金支持；另一方面激发了市场活力，促进了市政建设与维护行业企业的良性竞争，提升了市政建设与维护的效率。三是居民对于市政建设和维护的要求提高。近些年，随着我国居民生活水平的提升，对于市政维护服务质量和水平的要求提高，对政府忽略的市政维护方面纷纷进言献策，进而倒逼市政维护单位、企业提升服务质量和水平，促进了城市市政建设与维护科学化、精细化、智能化发展。

从市政维护的时序变化来看，如图 8 - 24 所示，2000 ~ 2020 年城市市政维护增长速度最快的是三亚市，增幅达到 1 847.94%，稳居榜首。前 20 名城市中，东部城市有 9 个，中部城市有 7 个，西部城市有 4 个，整体而言东部和中部城市政府在推进市政维护方面更为快速。东部、中部、西部夺得区域第 1 名的城市分别是三亚、赣州和南宁，分别占据增幅排名的第 1、第 3、第 8 名。

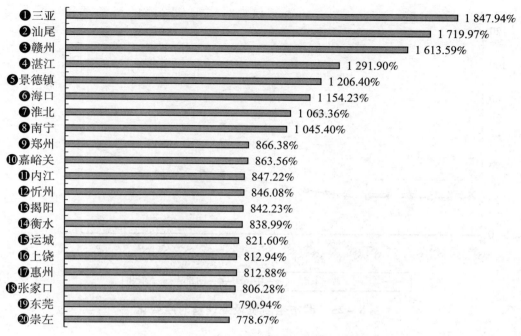

图 8 - 24　市政维护指数增幅前 20 名

（一）城市生活垃圾处理量平稳增长

随着城市的扩张，城市生产与生活过程中产生的垃圾废物也随之迅速增加，生活垃圾占用土地、污染环境的状况以及其对人们健康的影响也越加明显。因此，能否及时处理大规模生活垃圾是衡量城市政府市政维护能力高低的重要标准。如图 8 - 25 所示，在过去的二十多年中，我国 285 个城市平均生活垃圾处理量呈现出平稳增长的态势，2020 年处理量为 67. 711 万吨，较 2000 年的处理量 32. 393 增加了 109. 04%，城市生活垃圾处置能力明显提升。具体来看，城市平均生活垃圾处理量呈现出两个阶段，在阶段一（2000～2006 年）城市垃圾处理量基本保持一致，而在阶段二（2006～2020 年）城市生活垃圾处理量平稳增长，年均增长率达 5. 41%。

城市生活垃圾处理能力增长是多方面因素共同作用的结果。2014 年，国务院发布《关于进一步加强城市生活垃圾处理工作的意见》，规定了城市生活垃圾的指导思想、基本原则和发展目标，提出到 2030 年，全国城市生活垃圾基本实现无害化处理，全面实行生活垃圾分类收集、处置，城市生活垃圾处理设施和服务向小城镇和乡村延伸，城乡生活垃圾处理接近发达国家平均水平的目标。

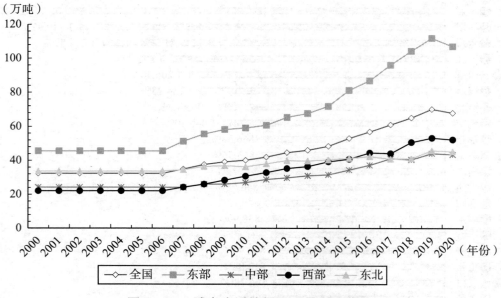

图 8-25　城市生活垃圾处理量时序变化

自此，各大城市政府部门纷纷响应，一是加大了垃圾处理的资金投入，提高了城市垃圾设施的建设和更新，增加新型垃圾处理车辆的数量，优化垃圾中转站的布局，切实提升了城市的可处理垃圾容量。二是大力推进垃圾分类制度，从2019 年开始，全国包括西安市在内的 46 个城市开展垃圾分类试点，在相关部门的大力推进下，46 城居民从源头上全面实行垃圾分类处理，此举大大提升了城市垃圾处理效率，减少了垃圾污染，推动了城市循环经济的发展，是促进城市管理现代化、提升人民生活质量的重要举措。此外，城市垃圾处理能力能够快速增长也与居民的环保意识不断提升有密切关联。在过去的二十多年中，我国的人口素质逐年攀升，人民对于环境保护和节约资源的意识有了大幅提升，在各项环保政策的指引下，人民逐渐形成了垃圾分类良好习惯，为城市垃圾无害化处理事业的发展注入主观动力。

（二）道路清扫保洁面积逐年增长

道路清扫保洁是城市管理现代化的重要组成部分，道路清扫保洁面积增长有利于提高城市环境质量，促进城市形象提升，提高人民生活质量，对于城市可持续发展具有重要意义。如图 8-26 所示，2000～2020 年我国 285 个城市平均道路清扫保洁面积呈逐年增长的态势，且近年来增长速度出现加快趋势。2020 年城市平均道路清扫保洁面积为 903.01 万平方米，与 2000 年的 148.81 万平方米相比增加了 506.82%，由此表明，在过去的二十多年中，我国城市道路保洁事业高速发展，道路清扫保洁面积和规模都实现了质的提升。

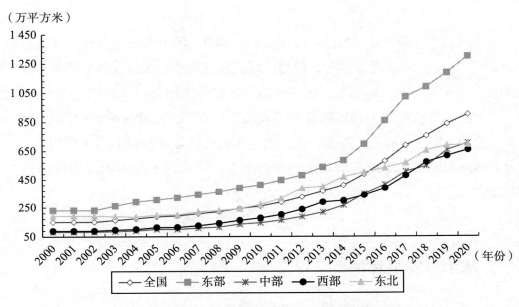

图 8 − 26　城市平均道路清扫保洁面积时序变化

我国城市道路清扫保洁面积出现快速增长是多方面因素综合作用的结果。中国城市化进程加快是道路清扫保洁面积增长的助推器。在过去的二十多年中，我国快速实现城镇化扩张，大量人口涌入城市，城市产业集聚现象明显，城市面积不断扩大，城市道路清扫保洁面积也随之增加。政府对公共事业的投入增加为城市环境卫生事业的发展提供了资金支持。城市道路整洁可以提高城市的整体形象和美观度，增强城市的吸引力和竞争力，促进城市的发展。因此各级政府加大了对城市环境卫生的投入，提高了城市道路清扫保洁设施的建设和更新，增加了城市道路清扫保洁面积。此外，随着人们生活水平的提高，环保意识也逐渐增强，城市道路清扫保洁的重要性得到了更多的认识，促使政府和企业加大对城市道路清扫保洁的投入和研究，进而侧面推动了城市道路清扫保洁面积的增加。

第二节　城市政府治理能力的空间分布

从城市治理能力发展的空间分布来看，2000～2020年全国范围内城市政府治理能力指数均有了稳步提升，但是区域间差异明显，城市政府治理能力逐渐呈现出"东强西弱"的态势。这与我国经济发展格局存在高度相关的一致性。东部地区城市治理能力指数明显高于全国平均水平，在四大区域中居于榜首，其中京津、山东半岛、长三角、珠三角地区城市的政府治理能力指数较高。中部和西部地区的平均政府治理能力相对较低，其中川渝地区的政府治理能力突出。

一、法治与安全环境

我国城市法治与安全环境指数地区发展差距在过去的二十多年中逐渐拉大，呈现出"东强西弱"的态势。2000年我国各地区城市的法治与安全环境指数相对均衡，各地城市法治与安全环境指数的波动范围为0.10～0.33，波动幅度不大，而到2020年，该指数的波动范围扩大为0.20～0.87，地区差异拉大。东部地区城市法治与安全环境平均指数高于其他地区，特别是2015年后，东部地区城市法治与安全环境平均指数高于我国平均水平，而中部、西部、东北地区该指数低于全国平均水平。

如图8－27所示，2020年我国各省域法治与安全环境指数前10名中东部地区有6个，且北京、广东、浙江占据前3名，中部地区有2个，西部和东北地区均分别有1个。由此进一步表明，我国城市法治与安全环境指数呈现出"东强西弱"的态势。第4名的重庆市为西部地区治安环境领头羊，第6名的江西为中部省份城市中治安环境第一，第8名的黑龙江为东北省份城市中治安环境第一。

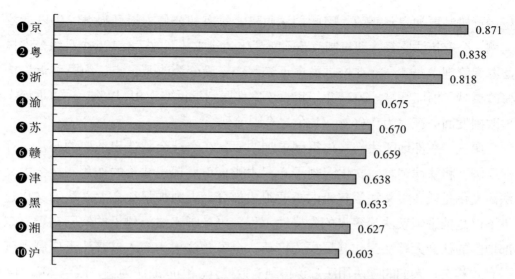

图 8 – 27　2020 年省域法治与安全环境指数前 10 名

　　我国法治与治安环境呈"东强西弱"态势的原因主要有以下方面：

　　第一，东部地区治安管理手段现代化。党的十八届三中全会提出，应推进国家治理体系和治理能力现代化。而站在中国特色社会主义新时代，城市治安管理也应向现代化转型。我国东部地区较中部、西部和东北地区有着更优良的经济基础与科技水平，进而更易于推进社会治理能力现代化，更易于构建信息化的社会治安防控体系、创新型的现代警务机制和数字化的依法治网体系。以"平安中国、法治中国"建设的排头兵省份浙江为例，浙江率先开展诉源治理，全省万人成讼率从 2019 年的 109.7% 下降至 2022 年的 75.5%。[①] 率先破题平安建设、法治建设领域数字化改革，率全国之先发布省级"平安指数"，率先推进依法治网体系建设，实施网络生态工程，多跨协同稳妥应对重大网络舆情事件，及时有效化解潜在网络舆情风险，形成了"一中心四平台一网格"的特色社会治理体系。

　　第二，东部地区司法公信力高。人民城市人民建，而城市司法机关的司法公信力事关人民的司法信仰，是社会公平正义的有力保障，有力量、有是非、有温度的新时代司法是民心所向。东部地区对司法体制的改革更为深入，司法

---

① 人民法院报推出系列报道聚焦"诉源治理浙江模式"［EB/OL］.（2023 – 08 – 21）［2024 – 03 – 06］. 中国记协网，http：//www. zgjx. cn/2023 – 08/21/c_1310737821. htm.

权运行机制更加完善高效，因此司法质量、效率和公信力提升显著。仍以浙江为例，公安执法监督管理机制改革不断深化，建成并高效运行 106 个县级公安执法办案管理中心。高标准推进民事诉讼程序繁简分流改革试点，为民事诉讼法修改贡献了浙江智慧。2022 年一审诉讼案件服判息诉率为 91.12%，一审诉讼案件改判发回瑕疵率为 0.06%，均位居全国前列。①

第三，东部地区法治文化氛围更加浓厚。在全社会营造出浓厚的知法、守法氛围，将法律精神、文化深刻于心，才能真正发挥出法治的作用。社会主义法治文化是社会主义法治建设的重要组成部分，大力加强社会主义法治文化建设不仅是推进国家法治建设的先导性工程，更是国家法治建设的实际需要。东部地区的社会大普法工作开展更为广泛，全民普法更为深入，普法责任制得到了有效落实，人们的守法用法意识得到有效提升。仍以浙江为例，截至 2022 年，建成"五四宪法"历史资料陈列馆等 10 个全国法治宣传教育基地、273 个全国民主法治村（社区），实现市县乡村四级公共法律服务实体平台全覆盖，全省万人律师比达 5.74。② 正是这样浓厚的法治文化氛围使得该省人民群众安全感满意率、法治建设群众满意度逐年提升、走在前列。

二、生态环境

在过去的二十多年中，我国东中部地区生态环境改善，而西部和东北地区的生态治理表现欠佳。2020 年东部地区平均生态环境指数为 0.402，较 2000 年的 0.340 提升了 0.062，在我国四个区域中表现最好。中部地区的生态环境指数在 2020 年为 0.315，较 2000 年的 0.2592 提升了 0.056，仅次于东部地区的表现。东部地区和中部地区的生态环境指数均有小幅增加，考虑到生态环境的改善需要的时间和资金成本较高，在二十年间两个地区生态环境有了这样的改善已属不易。而西部地区和东北地区在 2000～2020 年的表现欠佳。2020 年，西部地区生态环境指数为 0.260，较 2000 年仅增长 0.001，且该指数在二十多年间一直波

---

① 最高法：五年间，一审案件服判息诉率保持在 89% 左右 [EB/OL]. (2023 - 03 - 10) [2024 - 03 - 06]. 人民号，https：//rmh. pdnews. cn/Pc/ArtInfoApi/article? id = 34390766.
② "五四宪法" 历史资料陈列馆打造宪法宣传教育 "金名片" [EB/OL]. (2023 - 12 - 12) [2024 - 03 - 06]. 澎湃网，https：//www. thepaper. cn/newsDetail_forward_12926432.

动，生态环境指数时有下降。东北地区是唯一在 2000～2020 年生态环境指数不增反降的地区，2020 年该指数为 0.201，较 2000 年下降了 0.06，城市生态环境出现恶化现象。

如图 8－28 所示，2020 年我国生态环境指数排名前 20 名城市中，东部地区有 16 个城市榜上有名，中部地区仅有太原市、长沙市、南昌市 3 个城市入选，西部地区则仅有西安市一城入选，东北地区无一城入选。由此表明，目前我国东部地区城市生态环境发展继续保持领先地位，中部地区生态环境出现较大改善，而西部地区和东北地区城市生态环境建设亟须加大力度。

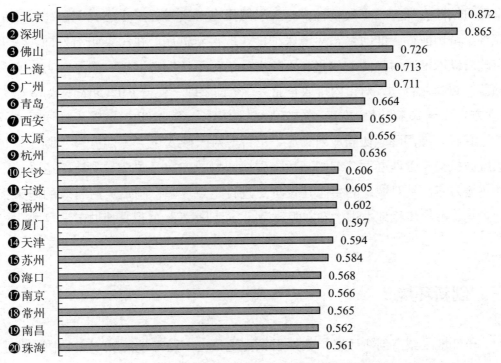

图 8－28　2020 年城市生态环境指数前 20 名

多种因素造成了我国生态环境指数发展出现地区差异。首先是区域经济发展程度。东部和中部地区的经济发展基础较好、速度较快，因而有着更多的资金投入用于改善生态环境，而西部地区经济 2000～2020 年虽然也在增长，但是增速明显落后于东部和中部地区，而东北地区更是处于经济发展缓慢、人口流失的城市衰退期，因此西部地区和东北地区的生态环境建设相对落后。同时，由于东部地区和中部地区的经济发展相对领先，因而对于企业的绿色环保标准更严格，而西部地区和东北地区由于要优先发展经济，因而对于企业的环保标准监管力度较宽松，故出现了生态环境发展的地区差异。

其次，不同地区的产业结构差异制约了西部地区和东北地区的生态文明建设。东部地区和中部地区的经济结构中服务业占比相对较高，这些行业对于生态环境的影响较小，而西部和东北地区的产业结构中能源、矿产、重工业等制造业占比较高，对于生态环境的影响较大，因此城市生态环境指数难以在短时间内改善。此外，东部地区城市生态文明建设的政策方针更具针对性与灵活性。以我国城市生态环境指数的"领头羊"——深圳为例。2022 年，深圳市环保局全面贯彻落实党的二十大精神，深入学习贯彻落实习近平生态文明思想，攻坚克难、奋勇前行，推动生态环境保护工作取得新进展。在污染防治方面，深圳市政府纵深推进污染防治攻坚，不断提升治污系统性精准性，如深入实施"深圳蓝"可持续行动，对市内排放企业进行全面整改，使得 PM2.5 浓度从 18 微克/立方米降至 16 微克/立方米。在节能减排方面，深圳市政府蹄疾步稳践行"双碳"目标，减污降碳协同成效初显，出台应对气候变化"十四五"规划，修订碳排放权交易管理办法，编制减污降碳协同增效方案、碳交易支持碳达峰碳中和实施方案。针对城市的生态建设难点进行重点攻坚，制定灵活有效的政策指导意见，蹄疾步稳地推进生态文明建设，"深圳答卷"值得其他城市学习推广。

三、创新环境

东部地区城市创新环境指数处于领先地位，中西部地区城市正加快步伐追赶。当前我国城市的创新环境发展仍存在区域不均衡的现象，东部地区城市的创新发展速度明显高于其他地区。由此可以看出，目前东部地区城市在创新发展中依然居于领先地位。中部和西部城市创新环境指数在 2019 年开始提速，与东部地区的差距逐渐缩小，区域创新发展势头强劲。

如图 8－29 所示，2020 年中国创新环境指数排名前 20 城市名单中，东部地区有 9 城入选，不仅入选创新环境指数前 20 名城市的数量最多，且牢牢占据了排名榜单的前 5 名，区域创新氛围浓厚。中西部地区城市创新发展表现亮眼，在城市创新环境指数排名前 20 榜单中，西部地区有 6 城入选，中部地区有 4 城入选，其中拉萨市、呼和浩特市、乌鲁木齐市和成都市进入了前 10 名。东北地区仅有大庆一城入选创新环境指数排名前 20 名榜单，且东北地区城市创新环境指数自 2013 年开始逐年下跌，与其他地区城市创新环境指数差距逐渐扩大。

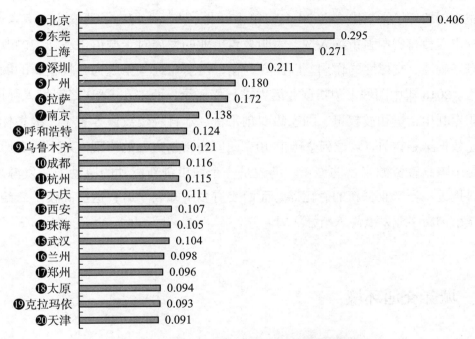

图 8 - 29 · 2020 年城市创新环境指数前 20 名

城市创新环境的发展与经济形势息息相关。东部地区依托沿海优势和改革开放的政策红利，在过去的二十多年中，形成了优良的经济基础和齐全的产业部门，因此在资金支持、人才储备和政府扶持力度等方面表现明显优于其他地区城市，从而占据了城市创新发展的先机，吸引创新产业集聚，从而产生溢出效应，使得东部城市得以保持稳定的创新发展速度，进而在四大区域中处于领先地位。中西部地区城市在过去由于经济基础相对落后，在城市创新发展方面表现欠佳，但是近些年随着西部大开发战略的深入推进、中部崛起战略的积极践行以及"一带一路"的合作逐渐深入，中部和西部地区的城市化建设速度加快，优势产业凸显，经贸往来频繁。经济的繁荣带动了中部和西部地区城市创新产业的发展，激发出技术和产业创新的活力，涌现出拉萨市、乌鲁木齐市、成都市、西安市、兰州市、克拉玛依市等创新活力新城。而东北地区从一开始的居于领先地位直至逐渐落后于其他地区，与东北地区的经济衰退存在密切关联。近些年，东北地区的重工业经济模式落后和效益下降，经济转型乏力，导致科研支持减少、创新人才流失严重，这都给城市创新环境发展埋下了隐患。

教育事业发展对于城市创新环境改善具有重要支撑作用。如图 8-29 所示，在城市创新环境指数排名前 20 名榜单中，北京市、上海市、西安市、南京市、武汉市等教育资源强市均入选，表明教育事业的发展对于城市创新环境的改善具有基础性、支撑性的作用。以西安为例，西安在近些年成为科技创新的网红城市。2018 年中国城市创新创业活力排行榜显示，西安在 R&D 经费投入强度、发明专利申请量和授权量、国家级双创平台、本科院校数量等多个二级指标的原始数据排名靠前，均位列全国前 10。西安在创新方面的表现有赖于西安原本就是中国高教资源丰富的城市。高校是一个城市创新驱动的原动力和发源地，是科技进步与产业创新的孵化器，而西安有多所知名学府，这些高校不断给西安城市创新事业发展注入新鲜活力。

四、城际交通环境

在过去的二十年中，我国地区城际交通发展存在区域不平衡现象，东部地区城际交通发展速度快。从各地区的变化趋势来看，2000 年，我国各地区的城际交通环境指数差异不大，除东北地区的城际交通环境指数高于其他地区外，东、中、西部地区城际交通环境指数近似。在之后的二十多年中，东部地区城际交通发展速度明显高于其他地区，且东部与其他地区的城际交通差距呈逐年扩大的趋势。中部和西部地区的城际交通同样也处于稳步发展的态势，但是发展速度和东部地区相比仍存在一定差距。而东北地区不同于其他地区的逐年增长态势，呈现出明显的先降后升趋势。2000~2010 年，东北地区的城际交通环境指数由领先于其他地区下降至末位，并在 2010 年实现触底反弹，呈现增长态势，但是年均增长速度落后于中西部地区。

多方面的因素造成了城际交通发展区域不均衡的现象。一是交通基础设施资金投入的影响。东部地区由于经济相对发达，城市政府对于交通基础设施公路、铁路、机场的建设资金投入明显多于其他地区，东部地区的城际交通基础设施规模大、设备先进，城际交通运输的方式多、速度快、服务好，因此东部地区城市的城际交通指数处于领先地位，且与其他地区的交通差距逐渐拉大。二是人口流动的影响。由于东部地区城市的综合实力相对领先，就业机会和公共保障较好，吸引了大量人口流入，东部地区城市的人口规模逐渐扩大，人员流动频繁，对于城际交通运输的需求增加，因此东部地区城市的交通运输需求逐年上涨，需求带动了东部城际交通建设步伐。而其他地区尤其是东北地区在近些年人口流失严重，区域城际交通运输需求也随之下降，因此东北地区的城际交通运输发展速度减缓，城际交通规模逐渐落后于其他地区。

省会中心城市城际交通发达。如图 8－30 所示，2020 年我国城际交通环境指数排名前 20 的城市中，有 18 个城市为直辖市或省会城市，而非省会城市仅有深圳市和青岛市入选，由此表明，直辖市和省会城市的交通枢纽作用明显，我国城际交通发展存在向直辖市及省会城市集中的趋势。

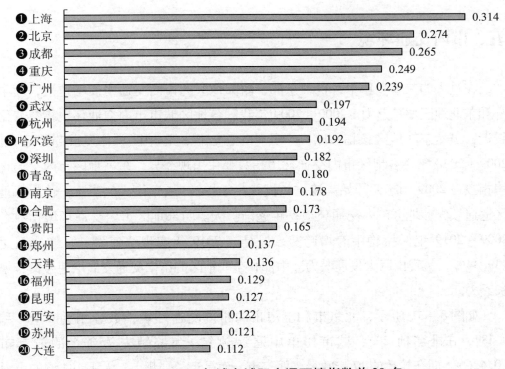

图 8－30　2020 年城市城际交通环境指数前 20 名

省会中心城市城际交通发达主要由以下因素引起：第一，省会中心城市为区域经济发展高地。一般而言，直辖市和省会是区域经济发展的中心城市，起到引领和辐射的作用，是区域发展的商业中心，因此区域其他城市与省会中心城市的交通往来需求巨大，进而省会中心城市通向所在区域其他城市的交通线路四通八达，成为区域交通枢纽。第二，省会中心城市的交通建设投入大。我国作为世界上最大的发展中国家，区域经济发展依然存在不平衡，因此很多省份实施"强省会城市"战略，突出省会中心城市的首位度。因此，省政府对于省会城市的投资力度更大，省会中心城市的城际交通建设步伐更为迅速。第三，省会中心城市的人口流动性更大。由于省会中心城市的人口规模更大，进而产生了更大的人口流动，从而对于城际交通的需求更为旺盛，在需求的拉动下，省会中心城市的城际交通建设自然居于领先地位。因此，未来我国的城际交通发展应更多地发挥直辖市及省会城市交通枢纽作用，以带动周边地区城市的交通发展。

五、市内交通环境

在过去的二十多年中，我国东部、西部地区的市内交通发展增速快，而中部和东北地区增长乏力。2000～2009 年我国各地区城市市内交通环境指数变化接近，虽然东部地区该指数略高于其他地区，但是各地区总体发展趋势近似。2009～2020 年，各地区市内交通环境指数变化出现差异。东部地区市内交通环境指数自 2009 年起便开始高速增长模式，年均增长率高达 56.25%，较其他地区遥遥领先，地区市内交通环境差距逐渐扩大。西部地区市内交通环境指数在 2009～2019 年保持稳中有增趋势，但是在 2019 年实现快速增长，增速高达 139.34%，呈现出巨大发展潜力。中部和东北地区的市内交通发展增速缓慢，增长乏力。

如图 8-31 所示，北京市和上海市的市内交通环境指数分别为 0.757 和 0.687，在排名前 20 名城市榜单中遥遥领先，大幅领先第 3 名的成都市（0.426）。而在榜单的 17～20 名，西安市、南昌市、郑州市、无锡市 4 城的市内交通环境指数均处于 0.01 左右，与北京市和上海市相比呈现出较大的差距。

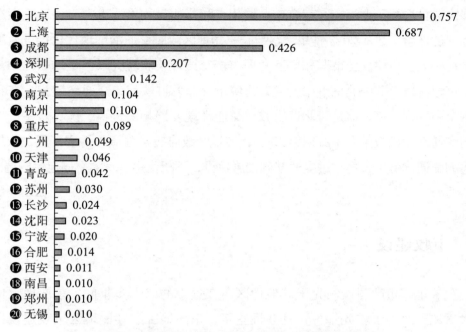

图 8-31 2020 年城市市内交通环境指数前 20 名

经济发展、人口流动、政策规划等方面的因素造成了我国城市市内交通发展的差距。在过去的二十多年中，东部地区的经济发展迅速，城市化进程加快，市内交通建设如火如荼：公共交通事业逐渐完善，轨道交通发展实现突破，大批城市进入"地铁通勤"时代；私家车家庭持有量大幅增长，家庭出行便利度显著提升；道路规划进一步升级，城市路网密度提升，市内跨度出行便利。因此，东部地区的市内交通指数发展遥遥领先。同时，东部地区城市在市内交通发展上保持领先与灵活的政策规划脱不开关系。东部地区的城市化进程相对较早，因此积累了更多有关城市交通布局规划的经验，在市内交通建设政策的颁布上更具灵活性与针对性，对于城市交通规划的顶层设计更为现代化，因此东部地区城市的市内交通发展更为迅速。

市内交通环境指数与城际交通环境指数呈正相关关系。将图 8-31 与图 8-30 进行对比发现，我国市内交通环境指数与城际交通环境指数前 20 名城市两份榜单的城市重复率较高，其中北京市、上海市与成都市为两个指数榜单的前 3 名，由此表明，市内交通与城际交通关联密切，市内交通环境指数与城际交通环境指数呈正相关关系。同时，从城市群的角度来看，长三角城市群表现最好，交通环境发展快速且均衡，上海市、南京市、杭州市和苏州市均入选市内交通环境指数和城际交通环境指数前 20 名榜单，这与长三角地区政府交通治理现代化推进速度较快密切相关。京津冀城市群和珠三角城市群交通环境表现亮眼但是均衡性相对缺乏。京津冀城市群中北京市和天津市的城市交通发展快速，交通环境指数在我国各城市中名列前茅，但是河北省的城市交通环境发展相对逊色，仅石家庄一城在市内交通环境指数排名中占据第 22 名，该地区政府应加强城市协同发展，依靠京津冀的交通优势，大力推进交通基础设施建设，不断优化自身的交通运输格局。

六、市政建设

东部地区市政建设领先于其他地区。在过去的二十多年间，东部地区市政建设指数一直处于领先地位，且在近些年，东部地区与其他地区市政建设指数之间的差距呈逐渐扩大趋势，我国市政建设地区不平衡性逐渐显现。中部和西部地区的市政建设指数曲线相似，在二十多年间处于稳步增长的态势，与东部地区发展速度存在较大差距。2000 年，东北地区市政建设指数在除东部外三个地区中处于领先地位，但从 2016 年开始东北地区该指数出现"垫底"现象，区域市政建设推进速度明显低于其他地区。

经济发展水平、技术管理水平、专业人才数量等因素是造成东部地区市政建设领先的重要原因。在经济发展方面，东部地区城市的经济总量、人均收入、城市化率等指标均高于其他地区，这为市政建设提供了更多的资金来源和资源支持，雄厚的资金支持使得东部地区城市的市政建设规模逐渐扩大、市政设施不断升级。在技术管理方面，东部地区城市的科技创新能力、技术研发水平、工程管理水平等均处于较高水平，这为市政建设提供了更多的技术支持和保障。此外，东部地区的市政建设也更加注重科技创新和技术应用，不断引进和推广新技术、新材料、新工艺，提高市政建设的质量和效率。在专业人才方面，东部地区的人口教育水平、文化素质、职业技能等均处于较高水平，这为市政建设提供了更多的人才支持和保障。科学的城市规划布局是推进城市市政建设现代化的重要一环，而提高城市建设规划水平需要城市建设与规划相关的专业人才。东部地区依托经济优势，给予人才更丰厚的薪资补贴、更便利的公共服务、更贴心的生活保障，吸引了大量的人才聚集，进而城市市政建设的人才素质和管理水平也随之不断提升。

上海市市政建设一枝独秀。如图 8 - 32 所示，2020 年我国市政建设指数排名前 20 名榜单中，上海市以 0.633 占据榜首，遥遥领先第 2 名的重庆市（0.117）。同时，榜单的第 2~20 名城市市政建设指数近似，差距并不明显。由此表明，上海市在我国的市政建设方面具有断层领先的优势，市政建设数量、质量均大幅超过全国平均水平。上海市政府科学规划、协调各方打造了上海市政建设领先全国的局面。首先，上海市政府注重科学规划。上海市政府借鉴国际都市的优秀城市建设范本，采用国际先进的城市规划理念，注重城市的可持续发展，将城市规划与经济社会发展相结合，实现了城市规划与城市建设的有机衔接。其次，上海市政府注重精细管理。上海市政府在市政设施的建设和管理方面，注重精细化管理，通过信息化手段，实现了市政设施的智能化管理，提高了市政设施的使用效率和管理水平。最后，上海市政府注重创新发展。上海市政府在市政建设方面，注重创新发展，积极引进国内外先进技术和管理经验，不断推进市政设施的升级和改造，提高了市政设施的质量和服务水平。

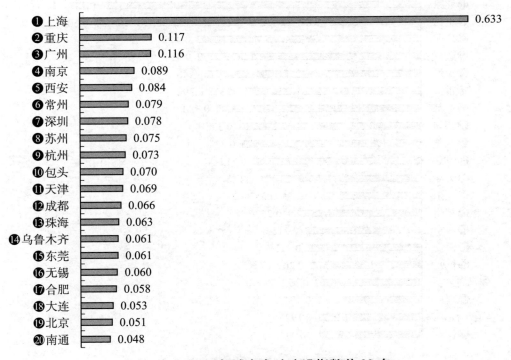

图 8 - 32　2020 年城市市政建设指数前 20 名

七、市政维护

在过去的二十多年中，东部地区市政维护指数发展速度快，与其他地区的差距逐渐扩大。东部地区市政维护指数一直保持领先态势，且 2015 年后东部地区市政维护指数增长速度加快，与其他地区的市政维护指数差距逐渐拉大。2000 年，东北地区的市政维护指数居第 2 位，与东部地区差距微弱，但随后的二十多年中该指数发展速度缓慢，逐渐落后于东部地区，并在 2020 年被西部地区反超。中部和西部地区市政维护指数在这二十年中的发展趋势近似，呈现出先保持稳定再高速增长的趋势，表现出强劲的发展潜力。

东部地区城市市政维护指数居领先地位。如图 8－33 所示，从不同地区的角度来看，2020 年我国市政维护指数前 20 名城市榜单中，东部地区城市 11 个，西部地区城市 4 个，中部地区城市 2 个，东北地区城市 2 个。北京、上海、广州

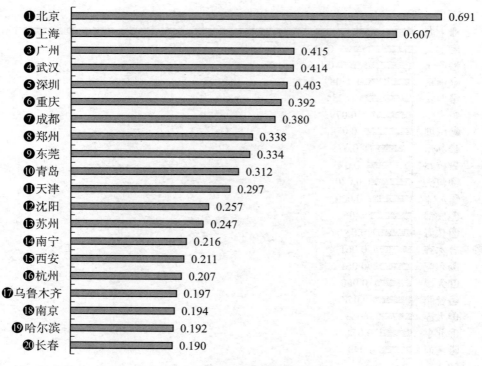

图 8－33　2020 年城市市政维护指数前 20 名

居于前 3 名，且均为东部地区城市。由此表明，在市政维护方面，我国东部地区城市处于领先地位，不仅数量较多且地区分布较为均衡。

东部地区市政维护指数领先是多种因素共同作用的结果。首先，与我国经济发展程度不平衡密不可分。2000～2020 年，东部地区经济发展基础牢、速度快，东部地区市政建设与维护的资金投入多，市政维护管理水平居领先地位，因此市政维护水平、效率、质量领跑全国。其次，东部地区市政维护行业市场活跃。东部地区的市场经济发展起步早、改革力度大、主体活力强，进而东部地区城市的市场活跃，市政维护行业企业竞争更为激烈，良性的竞争提升了整个行业的服务效率，为东部地区市政维护指数注入增长动力。此外，居民的居住理念与生活标准差异也是不可忽略的一个因素。随着东部地区经济的高速发展，人们对生活质量的要求更苛刻，进而城市居民对于市政维护的标准逐渐提高，严格的市政维护标准在给城市市政维护事业带来严峻挑战的同时，也在一定程度上倒逼东部地区市政维护的服务效率、技术水平逐渐增长，进而造成了东部地区城市市政维护领先的局面。

第三节　政　策　启　示

推进政府治理能力现代化是中国式现代化的重要体现。要深刻理解当今我国经济发展格局，厘清政府治理发展脉络，以政府治理能力的提升推动我国经济高质量发展。目前，我国城市政府治理能力仍存在治理力度不足、区域差距巨大等问题，结合政府治理能力的客观评价结果，提出如下政策建议。

树立以人民为中心的政府治理理念。一方面，必须坚持以人民为中心的价值取向，通过政府治理能力的提升让人民群众的获得感更强、幸福感更高、安全感更足。政务数据开放与共享也应以人民为中心，要及时公开政务数据，满足社会公众的基本需求，提高政务处理效率和水平。另一方面，在政府治理过程中，从便利群众使用的视角搭建统一数字化平台，推进办事流程改造，创新管理措施；以群众需求为导向不断创新服务方式，简化服务流程，让数据多跑路，让群众少跑腿，真正实现以人为本。

引进与培养政府治理的高层次人才。一方面，要加大引才、育才力度，国家及地方政府均应完善政府治理过程中所需人才的引进政策，制定并出台相关用人标准，打造人才培育基地，为人才引进和培育创造良好环境。另一方面，全力打造新型培养模式，实施"政府—高校—企业"联动的政府治理专业人才培养模式，强调本领域人才队伍建设，完善用人机制，留住高层次人才，充分发挥人才服务地方的价值。

完善政府治理的法律体系。一方面，要注重政府治理的法治化建设，政府部门要及时制定并出台相关法律法规，明确政府治理的主体权责，同时保证法律法规的可操作性。另一方面，要建立完备的管理体制机制，政府部门要按照全国"一盘棋""一张网"的建设思路系统谋划政府治理工作，加强政府治理的顶层设计，既要彰显政府治理工作的权威性，还要保证管理体制的适用性。

构建智能化与透明化的公众监督系统。一方面，利用数字化手段建立智能监督系统，充分调动公众的积极性，通过留言举报、拍照上传证据等方式打通基层监督的"最后一公里"。将内部监督和外部监督结合起来，把权力关进制度的笼子。另一方面，在智能监督系统的基础上加强智慧监管，充分运用互联网、大数据监管方式，推行以远程监管、移动监管、预警防控为特征的非现场监管，提升监管的精准化、智能化水平，稳步推进政府治理能力现代化。

第九章　城市后天努力·人居环境发展客观评价

　　进入新时代，人民对美好生活的向往更加强烈，期盼有更好的教育、更可靠的社会保障、更高水平的医疗卫生服务、更舒适的居住条件、更丰富的精神文化生活和更优美的城市人居环境。党的二十大报告指出：深入贯彻以人民为中心的发展思想，建成世界上规模最大的教育体系、社会保障体系、医疗卫生体系，使共同富裕取得新成效。人民生活水平和生活质量的提高是党和国家工作的重心。国家统计局发布的国民经济和社会发展统计公报显示：2022 年末全国常住人口城镇化率为 65.22%。随着我国城镇化的逐步推进，城市社会居住环境将影响我国越来越多的人口，直接关乎我国的国计民生。因此，高度关注城市人居环境质量，扎实推进城市人居环境的改善和发展将是我国落实"以人民为中心"发展思想的重要工作之一。城市人居环境在广义上不仅包括人们能切实感受到的物质实体构成，如社区居住环境、生态环境、公共基础设施建设，住区内邻里关系、出行安全保障、社会秩序等，更是指物质和非物质二者共同围绕人所形成的城市人居环境，包括城市具有的独特文化、人口和自然资源、经济规模等。在过去十多年的时间里，我国城镇化快速发展的同时也出现了很多城市生活发展问题，如交通拥堵、职住不平衡、就医难、上学难等问题，给我国城市高质量发展带来挑战。

　　本报告结合所研究主题，同时借鉴诸多学者的研究成果，将城市人居环境主要概括为民生环境、文化环境、教育资源、医疗卫生资源和生活服务五个方面。通过计算这五个维度的发展指数来对城市人居环境进行测度和评价。课题组对我国 285 个城市 2000～2020 年的人居环境进行测算研究，发现我国人居环境质量总体呈上升趋势。五个维度中，民生环境、医疗卫生资源和生活服务三个方面的发展都有明显进步。其中，民生环境指数上升最为明显，我国"在发展中保障和改善民生"的成效显著；医疗卫生资源也得到了长足发展，人民群众的医疗卫生需求得到了更好的满足；生活服务指数呈现缓慢上升，城市化进程加快、消费升级等导致城市服务业逐渐扩大，居民生活便利程度提高；文化环境指数呈微弱的下降趋势，可能与人们生活节奏加快、传统文化影响力的削弱等因素有关；教育资源保持平稳发展，这离不开国家不断加大教育投入力度，但仍受限于教育质量、资源分配不均等问题。

　　我国人居环境质量总体呈现"南高北低、沿海高内陆低、中心城市高非中心城市低"的分布格局。由于民生环境依赖城市的辐射带动作用，沿海城市相互影响，"连点成带"共同发展民生环境。所以，我国东部各城市的人居环境发展优于全国其他地区，近 20 年间稳步提升且速度较快。2020 年人居环境指数前 20 名城市排名如图 9 – 1 所示，可以看出，我国城市人居环境指数总体呈上升

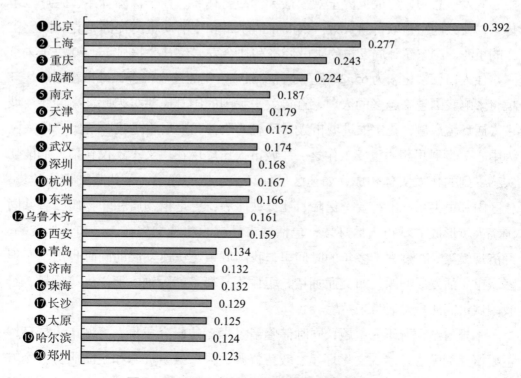

图 9 – 1　2020 年城市人居环境指数前 20 名

趋势。2020 年我国人居环境指数排名第一的是北京市，且远高于其他城市；上海市排名第二；排名第三、第四的分别是重庆和成都，两城市都处于川渝城市群。排名前二十的城市大都位于我国东部地区。西部地区的人居环境质量总体处于中下游水平。同时，我国中心城市辐射引领作用明显，各类资源高度集中于中心城市、省会城市。总体而言，我国人居环境发展总体进步明显，我国在发展中保障和改善民生的成效显著，人民对美好生活的向往不断实现。

第一节　城市人居环境的时序演变

以官方国家划分标准为基础，本报告将全国城市划分为东部、中部、西部和东北四大区域，通过比较各区域之间人居环境质量状况和趋势发现（见图 9 - 2）：我国东部各城市的人居环境发展要优于全国其他地区，近 20 年间稳步提升且速度较快。我国东北地区可能受地处东北的发展限制，近 10 年的人居环境质量没有非常明显的改善。西部地区的人居环境质量总体处于中游水平，但在近十年有较快的增长。西部地区中，成都和重庆两大区域中心城市的人居环境始终位于

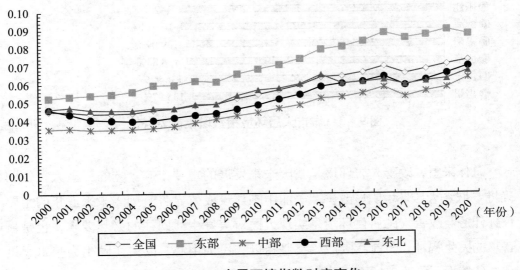

图 9 - 2　人居环境指数时序变化

全国最高水平的范围区间，随着其辐射带动作用的提高，成、渝人居环境有了明显改善。而除成渝地区外，内陆城市群的人居环境水平普遍低于我国东部城市。

从城市人居环境发展指数的时序变化来看，如图 9 - 3 所示，莆田以204.42%的增幅稳居榜首；宿迁和鄂州分别以 185.27% 和 174.22% 的增长幅度排名第 2、第 3 名；六安以较低于鄂州的增幅排名第 4，增长了 172.94%；出人意料的是，拉萨以 168.45% 的增幅排名第 5，是西部地区人居环境发展增幅最大的城市。在前 20 名中东部地区上榜的城市有 9 个，中部和西部次之，分别有 7个和 4 个城市上榜。总体比较而言东部地区整体的增长幅度更大。

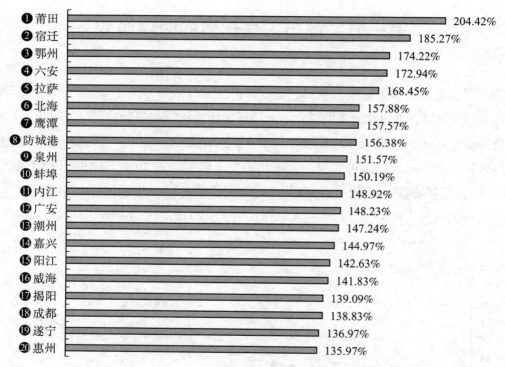

图 9 - 3　城市人居环境指数增幅前 20 名

总体来看，改善人居环境是我国未来发展的重要方向。党的二十大报告明确将"城乡人居环境明显改善，美丽中国建设成效显著"列入未来五年的主要目标任务。改善人民居住环境是实现人民对美好生活向往的必然要求，也是最普惠的民生福祉。当前我国应始终坚持以人民为中心，以关注民生为基本立足点，统筹发展，改善城乡人居环境。将美好环境与和谐社会有机结合，将人居环境的建设与社会发展融合为一个整体，共同建设人与自然共生的现代化中国。

一、民生环境

我国民生环境整体发展水平显著提高。在过去的二十多年中，政府在消除就业障碍、推进乡村振兴、优化养老服务供给、稳物价促消费和保障粮食与能源安全等民生问题上持续发力且成效显著。2022 年，国家发改委等部门联合印发的《"十四五"公共服务规划》提出，到 2025 年，公共服务制度体系更加完善，政府保障基本、社会多元参与、全民共建共享的公共服务供给格局基本形成，民生福祉达到新水平。"十四五"时期，我国以推动城镇化高质量发展为主题，以转变城市发展方式为主线，以体制机制改革创新为根本动力，以满足人民日益增长的美好生活需要为根本目的，深入推进以人为核心的新型城镇化战略。可见，民生环境的建设与改善应始终贯穿于我国新型城镇化的全过程。

（一）民生环境整体发展水平显著提高

我国民生环境平均指数呈上升趋势。2000 年，我国民生环境平均指数约为 0.046；2008～2020 年，我国民生环境平均指数快速增长，在 2020 年达到了约 0.126，较 2000 年增长了约 2.74 倍。细观各城市群的民生环境发展，2000～2020 年，我国按照地理位置可以划分为四个大区，每个区域的民生环境指数都有所上升（见图 9-4）。2000 年，我国东部、东北地区较其他地区的民生环境发展较好，有许多城市的民生环境指数都超过了 0.05，如北京、天津等地。中部、西部地区的大部分城市民生环境指数不超过 0.05。总体来说 2000 年全国民生环境发展水平不高。至 2020 年，全国各区域的民生环境指数增长明显。其中东部沿海地区的发展最好，珠江三角洲的民生环境发展水平在全国范围内是最优的，民生环境指数达到了 0.2。中部地区和西部地区的发展也较好。东北地区 2013～2015 年民生环境发展极速下降，至 2020 年一直低于全国平均水平，排名最后。

从民生环境发展的时序变化来看，如图 9-5 所示，2000～2020 年城市民生

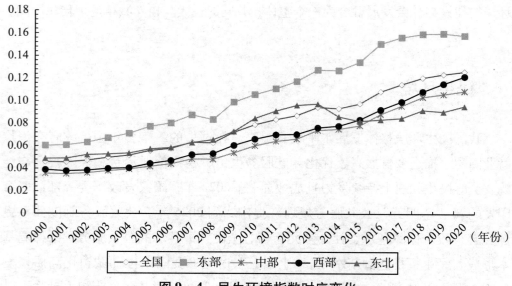

图 9 - 4　民生环境指数时序变化

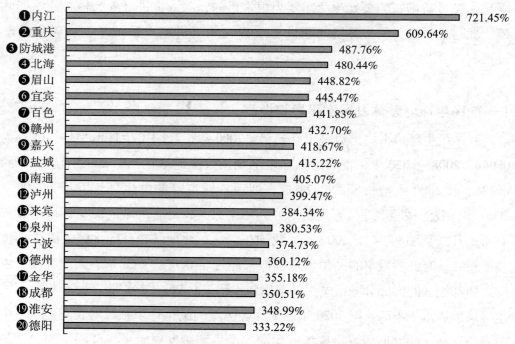

图 9 - 5　城市民生环境指数增幅前 20 名

环境指数增幅①最快的是内江市，增幅达到了 721.45%；排名第二的是重庆，增

---

① 人口素质指数增幅 =（2020 年城市人口素质指数 - 2000 年城市人口素质指数）/2000 年城市人口素质指数。后文增幅计算方法相同。

幅为 609.64%；防城港以 487.76% 的增幅排名第三，但与重庆相比具有较大差距。在前二十名中，东部、中部、西部地区分别有 8 个、1 个和 11 个城市。东部地区排名第一的是嘉兴市，涨幅为 418.67%。西部地区发展整体增幅较大。东部和西部地区民生环境质量提高明显，城市群辐射范围扩大且有向内陆延伸的趋势。

（二）民生环境较好区域呈"南移"态势

我国民生环境分布有较为明显的"南移"特征。2000 年，我国的民生环境较好的区域有东部地区、东北地区。这时我国民生环境较好的城市群分布没有特征可循，优势城市群散落于全国各个板块。2020 年，我国东部地区，如江苏省、浙江省、湖北省等省份的民生环境指数表现较好。这些地区在地理位置上处淮河以南，属于我国南方城市，南方城市中民生环境较好的区域明显增多，沿海地区环境发展具有"连点成带"的趋势，甚至已经形成了明显的高质量带状分布格局。从以上分别对 2000 年和 2020 年我国民生环境指数分布情况的分析，可以得出我国民生环境较好区域呈"南移"态势。这种"南移"与我国经济进入新的经济发展阶段有关。2013 年，我国经济发展进入了增长速度换挡期、结构调整阵痛期和前期刺激政策消化期的"三期叠加"时期，因此中国经济进行了全面深化改革。南方地区在经济新常态的政策支持和利于进出口的地理优势下抓住机遇进入了经济高速发展期。

上海市、浙江省、江苏省等地是沿海地区发展程度较高的经济区域，经济总量占我国的 20% 左右。2019 年，中共中央、国务院印发《长江三角洲区域一体化发展规划纲要》，指导长三角地区成为中国发展强劲活跃增长地。属于长江三角洲城市群的苏南地区是江苏经济最发达的区域，也是中国经济最发达的区域之一。苏北地区虽不及苏南地区，但仍处于全国领先水平。江苏全省总体的经济水平在全国占绝对优势，因此民生环境以经济基础作保障得到了大力发展，使得长江三角洲城市群的民生环境优于我国绝大部分城市群。

二、文化环境

城市文化是城市发展的重要动力，在城市化进程中具有重要作用。具有优势的城市文化能够有效提升城市的吸引力和辐射力，提升一座城市在一定区域范围内集散资源、积聚生产要素、提供产品和服务的能力，为城市带来竞争和发展的巨大优势。在一个社会系统内，经济和文化从来都是共生互动的，文化生活既为该时代的经济生活所制约，而文化资源又是经济建设的一笔宝贵财富。党的二十大报告强调要"推进文化自信自强，铸就社会主义文化新辉煌"，可见，我国在当前的城市建设过程中也对城市文化环境建设给予了高度重视，发展文化环境将成为我国未来城市环境建设工作的重要部分。

我国城市文化环境的变动幅度十分微小。如图 9 – 6 所示，2000～2020 年全国文化环境平均指数的变动表现出微弱的下降趋势，2000 年全国的文化环境平均指数为 0.035，2020 年为 0.033，下降了 6.29%。该环境指数甚至在 2002～2013 年一直下降并维持在 0.029 左右。可见，城市文化环境的改善速度较慢。我国各区域间的文化环境发展具有较大差异。在二十多年间，大部分地区的文化环境发展水平有小幅上升；唯西部地区环境发展水平出现了明显的下降，其中兰州、西宁的发展水平的下降趋势最为明显。2000 年时西部地区的发展水平远优于其他地区，随着连年发展水平的下降，2020 年时该地区的文化环境优势已经消失。目前，东部地区文化环境改善成绩相对较好，且能在本身文化环境基础较好的水平上做到改善成效明显更是难得。中部和东北地区的发展一直低于全国平均水平。

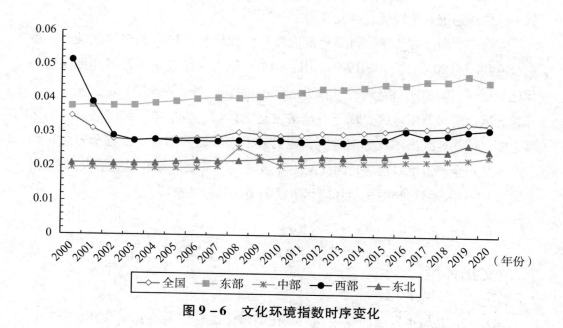

图 9 – 6　文化环境指数时序变化

从文化环境发展的时序变化来看，如图 9 – 7 所示，2000～2020 年城市文化环境指数增幅最快的是潮州市，增幅达到 447.45%，位居榜首。西安以 343.42% 的涨幅位居第二，是西部地区中排名第一的城市。从前 20 名城市所在的区域分布来看，我国东部、中部、西部地区分别有 7 个、8 个和 4 个城市，东北地区仅 1 个城市。其中，中部地区有一半的城市都属于安徽省，可见安徽省全域文化环境发展较快。

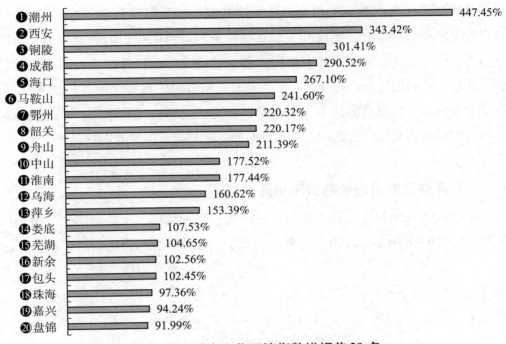

图 9 – 7 城市文化环境指数增幅前 20 名

城市文化环境是一种文化传承，是由城市的历史、地理、社会、经济等多种因素形成的，是一种长期积累和沉淀的过程。要想改善城市的文化环境，需要深入挖掘城市的历史文化，寻找城市的文化特色和精神内涵，从而制定出具有针对性的文化建设规划和方案，这需要长时间的投入和持续的努力。此外，在城市人居环境建设中，城市文化环境建设在一定程度上要先让位于经济建设和民生建设，当一个城市经济发展水平较高，民生环境建设也较好时，更多的精力和财力就会被转移到文化环境建设上来，以满足人民日益增长的科学文化需求。

三、教育资源

我国教育资源发展缓慢，增长趋势不明显。在党和国家工作全局中，必须始终坚持把教育摆在优先发展的位置。在城市人居环境建设中，教育资源的配置是重要内容。教育资源的投入和建设为城市居民提供接受更广泛、更深入、更系统的知识和文化教育的机会，从而提高整个城市的文化素质和知识水平。城市教育资源的丰富度、质量和水平直接关系到城市的吸引力和竞争力，有助于培养和吸引人才，为城市的发展提供强大的动力。教育资源的均等化配置和公平使用，能够促进城市社会的公平。城市教育资源的均等化配置和公平使用，有助于减少城市教育资源的不平等现象，促进社会的公正和平等。教育资源对于城市的经济、文化、社会和人才等方面的发展都有着深刻的影响。

（一）教育资源发展增长趋势不明显

我国 2000 ~ 2020 年的教育资源发展缓慢。平均发展水平甚至出现了微弱的下降。如图 9 - 8 所示，2000 年时我国教育资源平均指数约为 0.0135，2020 年时

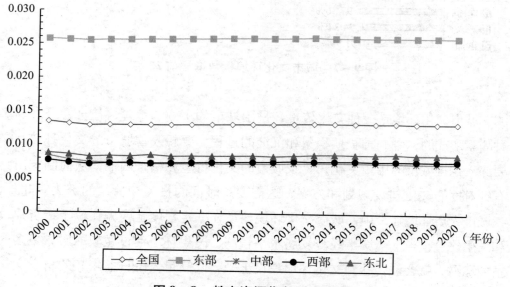

图 9 - 8　教育资源指数时序变化

该指数下降为 0.0134，较 20 年前降低了仅 0.74%。在这 20 年间，我国城市教育资源一直在平稳发展，没有大幅地增长或降低，且没有显现出未来会持续增长的趋势。

2001 年，国务院审议通过了《关于基础教育改革与发展的决定》和《基础教育课程改革纲要（试行）》，这些政策推动了对我国基础教育体系的系统规划（赵婷，2021）。2010 年，教育部为进一步推动深化基础教育改革和完善教育保障机制，提出并通过了《国家中长期教育改革和发展规划纲要（2010～2020）》。2019 年党中央提出了《中国教育现代化 2035》，这是我国为推进教育现代化制定的中长期发展战略。纵观改革历史，我国教育改革逐渐具有针对性和科学性，不断完善课程体系和保障机制。

从城市教育资源指数发展的时序变化来看，如图 9－9 所示，2000～2020 年教育资源增长率最高的是平凉，达到了 164.62% 的增长率，且前十名的省份城市均为发展较为落后的地区，教育发展改善空间大。这些地区教育资源的增长也

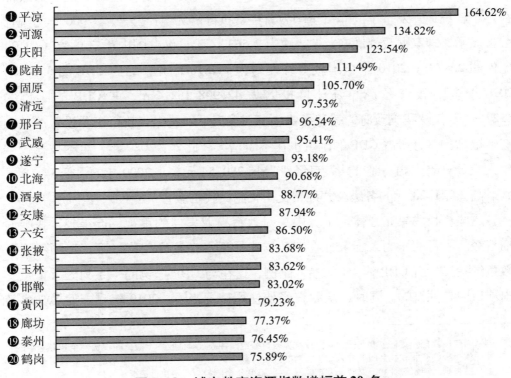

图 9－9　城市教育资源指数增幅前 20 名

进一步反映出了二十多年间我国教育改革的有效性，全国范围内尤其是落后地区的教育得到了保障，也体现出了我国政策发展与实施的普惠性。

然而，我国教育的大力改革未能使教育资源发展水平形成逐年增长的趋势，造成这种增速缓慢的原因有许多。首先，我国人口逐年增多，每年有限的教育投入无法平均到各级地区，城乡和区域间的教育发展不均衡。城市和乡村之间、城市群之间的基础教育存在着明显差距。我国基础教育投入总经费的使用也尚未实现完全均衡。除此之外，教育改革需要时间。我国教育体系的底子薄、基础弱。同时，教育体系的改革，需要兼顾人民群众的接受程度和国际发展的趋势，这就要求我国政府不断调整教育政策，并将政策改革逐渐渗透至各个地区、各级教育系统。在这些因素的综合作用下，形成了中国平均教育资源增长趋势不明显的发展现状。

（二）教育资源投入不断增加

我国对教育资源发展建设的投入逐年增加。教育部、国家统计局、财政部在各年度统计并发布了《年度全国教育经费执行情况统计公告》。2000 年的统计公告显示，国家财政性教育经费①约为 2 563 亿元，仅占国内生产总值（GDP）比例的 2.87%；2010 年全国教育经费约为 14 670 亿元，约占 GDP 的 3.66%；2020 年全国教育经费经统计总投入为 42 908.15 亿元，占 GDP 的比例为 4.22%②。仅从我国政府的教育经费总投入数据可以看出，教育资源投入的总额在大幅增加，且所占 GDP 的比重也在不断增大。此外，2020 年，全国按在校学生人数计算的生均一般公共教育经费为 15 280.54 元，与 2000 年的最低 37.18 元到最高 2 921.23 元的各级公共经费支出相比，我国教育资源投入在不断增加。③

这些增长成果充分体现了党中央对教育事业发展的重视。近年来，我国面临着经济下行的压力，国家存在财政支出矛盾。在这样的背景下，我国保证了教育经费投入占 GDP 约 4% 的投入比例，这在与 GDP 挂钩的一系列国家重点支出项目中是独有的。同时，从教育经费使用情况来看，2019 年我国发展义务教

---

① 国家财政性教育经费：主要包括公共财政预算教育经费，各级政府征收用于教育的税费，企业办学中的企业拨款，校办产业和社会服务收入用于教育的经费等。
② 参见教育部、国家统计局、财政部发布的《关于 2020 年全国教育经费执行情况统计公告》。
③ 教育部 国家统计局 财政部关于 2020 年全国教育经费执行情况统计公告［EB/OL］.（2021 - 11 - 16）［2024 - 03 - 06］. 国家统计局，https：//www. gov. cn/zhengce/zhengceku/2021 - 12/01/content_5655192. htm.

育资源所用经费占总经费的一半以上，这保证了我国义务教育的均衡发展。截至 2019 年，我国义务教育已进入全国约 92% 的县级地区①。同年，学前教育的教育投入增长了 15.4%，其发展得到了大力支持，是各级教育中增速最快的。我国在教育体系中的投入和经费利用比例，在最大限度地保证基本教育，弥补教育短板和保证公平性。

（三）省内教育资源稳中有进

我国各省内教育资源总体呈上升趋势。2000～2020 年各省份普通中小学师生比在各地市的具体分布图显示，② 绝大部分省份的普通中小学师生比在各地市分布较为平均，且总体呈上升趋势。本报告中选取山西、内蒙古自治区、黑龙江和浙江四个省份进行详细分析。

山西省 2000～2020 年各地市普通中学、小学师生比变化情况如图 9-10 和图 9-11 所示。山西省各地市之间普通中小学师生比差距较小。2000 年，山西省各地市普通小学师生比基本在 0.05 及以上，仅吕梁市情况较差。2015 年，山西省各城市的普通小学师生比都是本市 20 年来数据的最高值，这之后普遍有所下降。但 2020 年的数据与 2000 年相比，各市级地区总体还是展现出了增长

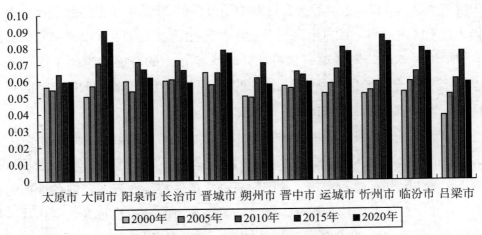

图 9-10　2000～2020 年山西省各地市普通小学师生比

---

① 全国 92.7% 的县实现义务教育基本均衡发展 [N]. 人民日报, 2019 - 03 - 27 (11)。
② 全国 92.7% 的县实现义务教育基本均衡发展 [EB/OL]. (2019 - 03 - 26) [2024 - 03 - 18]. 中华人民共和国教育部, www. moe. gov. cn/fbh/live/2019/50415/mtbd/201903/t20190327_375633. html.

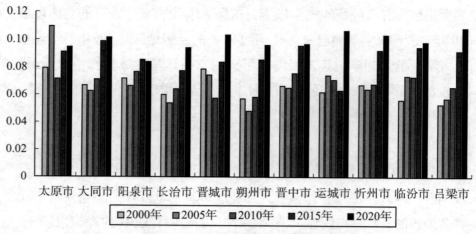

图 9 - 11　2000～2020 年山西省各地市普通中学师生比

的趋势。再观省内各地市普通中学师生比，绝大多数城市的发展趋势是"先低后高"，以 2010 年为分界点，2010 年之后山西省各地市普通中学师生比普遍提高，至 2020 年基本可达到 0.1，即实现 10 个中学生能够拥有一个老师的配置。

内蒙古自治区的普通小学师生比除包头市、乌海市两地的数值有轻微下降以外，自治区内各城市师生比在 2000～2020 年总体呈上涨趋势。其中呼伦贝尔的普通小学师生比在 2005～2020 年自治区内教师资源占有量一直最高，且在 2010 年达到了 0.113，这之后又有轻微的回落，但 2020 年该市的普通小学师生比仍为自治区内最高。该自治区的普通中学师生比（见图 9 - 12）没有明显差距。但呼伦贝尔市的发展具有独特性，2015 年该市的普通中学师生比达到了 0.197，这高于全自治区内所有城市在 20 年间的师生比，但 2020 年时回落至 0.117，仅微弱地高于其他城市。

我国东北三省的各地市中小学师生比配置状况普遍较好，普遍高于全国其他大部分省份。其中黑龙江省发展更具特点。2000～2020 年黑龙江省各地市普通中小学师生比都有显著增加，基础教育办学条件持续改善。省内各地市的普通小学师生比总体处于较高水平，教育资源在各市的分布也较为均匀。其中伊春市普通小学师生自 2010 年开始增长较快。省内中学生师生分布也较为均匀，各市师生比显著提高并处于较高水平（见图 9 - 13）。

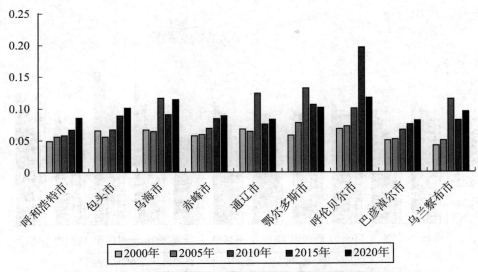

图 9 - 12 2000~2020 年内蒙古自治区各地市普通中学师生比

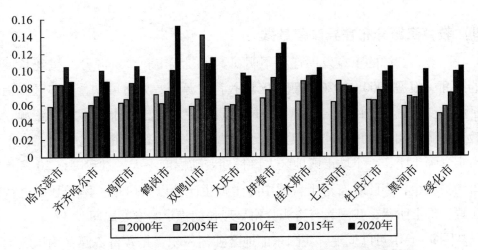

图 9 - 13 2000~2020 年黑龙江省各地市普通中学师生比

浙江省各地市普通小学师生比在 2000~2020 年五个时间点的数据普遍都呈现出逐年稳定递增的增长趋势（见图 9 - 14）。但台州的发展有些不同，该市自 2000~2015 年师生比逐年降低，但 2020 年又迅速上升至 0.057，达到了该省的平均水平。其余各市的师生比较为均匀，其中舟山师生比最高。浙江省 11 个市的普通中学师生比总体都在稳步增长，无一例外。其中舟山的增长速度最快，且在 2020 年达到了省内最高值 0.076。综合来看，浙江省所有市的教育资源发展趋势是稳中有进。

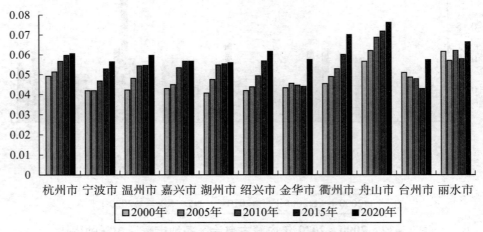

图 9 – 14　2000～2020 年浙江省各地市普通小学师生比

（四）教育资源分布差异改善甚微

我国教育资源的重点发展迁移不明显。我国城市教育资源分布呈现长期稳定的局面。根据 2000～2020 年四大区域教育资源指数分布可以看出各区域指数几乎没有变化。这是由教育资源本身的性质决定的。相较于高等教育资源，基础教育资源增加的难度较小，但是由于报告测评基础教育资源水平的指标主要是中小学师生比，一个城市或地区人口长期变动幅度不大，且我国在 20 多年间人口增长放缓，因此政府对于普通中小学师生比要以人口增长率为基础进行合理配置，综上所述，我国教育资源分布呈现长期稳定的发展局面。

从图 9 – 6 中可以发现，我国东部地区独树一帜，其教育资源平均指数远高于其他地区和全国平均水平；处于第二梯队的是我国东北地区，但平均指数低于全国平均指数；西部地区、中部地区的教育资源发展不足，如广西、内蒙古自治区等城市总体教育资源偏低。因此，我国东部沿海城市群和西部地区城市群的教育资源分布仍存在较大差异。但是我国始终积极推进义务教育均衡发展，努力解决区域之间、城乡之间、学校之间办学水平和教育质量的差距问题，缓解人民群众不断增长的高质量教育需求与供给不足的矛盾。2012 年《国务院关于深入推进义务教育均衡发展的意见》强调：扩大优质教育资源覆盖面，发挥优质学校的辐射带动作用，提倡对口帮扶，实施学区化管理，整体提升学校办学水平。随着义务教育普及的继续巩固和义务教育均等化水平的持续提高，我国基础教育资源分配也逐渐朝着目标顺利迈进。

四、医疗卫生资源

我国的医疗卫生资源发展总体增长明显。党的十八大以来，以习近平同志为核心的党中央把保障人民健康放在优先发展的战略位置，高度重视医疗卫生服务体系改革发展，强化城乡三级医疗卫生服务网络建设，明确了建设健康中国的大政方针和行动纲领。2023 年 4 月，中共中央办公厅、国务院办公厅印发《关于进一步完善医疗卫生服务体系的意见》，提出了我国下一阶段医疗卫生工作的具体目标：到 2035 年，形成与基本实现社会主义现代化相适应的整合型医疗卫生服务体系。从提升卫生健康人才能力，提高公共卫生服务能力，强化城乡基层医疗卫生服务网底，推进医学医疗中心建设，切实优化资源配置，推进我国医疗卫生能力现代化。

（一）医疗卫生资源发展水平整体呈上升趋势

我国的医疗卫生资源发展水平总体上呈曲折上升的趋势。如图 9 – 15 所示，2000 年时我国医疗卫生资源平均指数为 0.105，2020 年时增长到了 0.153，较 2000 年增长了 45.71%，总体保持了较高的增长幅度。但在这 20 年间，医疗卫生资源发展还出现了短暂下降。2000~2016 年，中国人居环境医疗卫生资源指数一直稳步上升。2016 年，我国医疗卫生资源平均指数达到了 0.160，这也是 2000~2020 年指数最高的一年。一年后，2017 年指数急速下降，2017~2020 年，我国医疗卫生资源又回到了稳步发展的趋势。除中部地区外，我国各区域间医疗资源发展差距相对较小。2016 年以前，东北地区的医疗卫生发展领先全国，东部地区与东北地区相差不大；2016~2017 年，所有地区的平均指数都有所下降，后又稳步上升；2017 年以后，东部地区的发展微弱地超出了东北地区，2019 年后，东北地区与其他地区拉开了较大的差距，成为第一。在这一过程中，中部地区的医疗资源指数一直排全国最后。

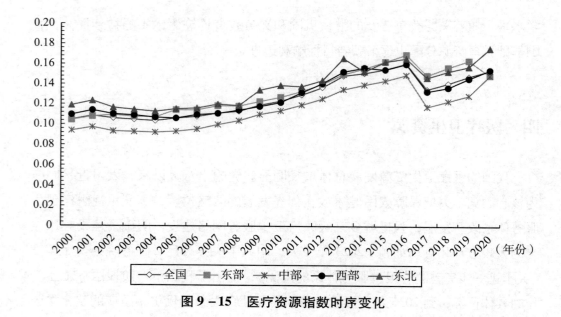

图 9 – 15　医疗资源指数时序变化

从城市医疗卫生发展的时序变化来看，如图 9 – 16 所示，2000～2020 年医疗卫生指数增幅最快的是拉萨市，达到 312.57%，位居榜首。在此排名中，有西部城市 8 个，东部城市 4 个，中部城市 8 个。这说明我国医疗卫生资源发展突出地区在逐渐增多，西部和中部地区城市医疗卫生整体发展增速较快。这些中西部城市中许多都是经济发展较为落后的城市，如毕节、昭通、漯河等，这也进一步表明了国家对医疗卫生资源差距的重视，切实做到了不断完善居民医疗保障制度。

2000 年末全国共有卫生机构 32.5 万个，2020 年末增长至 102.29 万个，增长了约 3 倍；全国卫生技术人员总数也从 449 万人（2000 年）增长至 1 347.5 万人（2020 年）；卫生总费用从 4 764 亿元（2000 年）增长到了高达 72 306.4 亿元（2020 年）[①]。截至 2020 年末，我国人均卫生总费用约 5 146 元，我国在卫生资源的总费用投入占 GDP 百分比为 7.12%[②]。与 2000 年总费用占 GDP 比重（5.3%）相比，2020 年，我国医疗资源的发展达到了强有力的增长。

与我国日益增长的医疗卫生需求相比，我国的医疗卫生资源总量不足，且

---

① 2000 年国民经济和社会发展统计公报 [EB/OL]．（2021 – 02 – 28）[2024 – 03 – 18]．https：//www. gov. cn/gongbao/content/2001/content_60684. htm.
② 2020 年我国卫生健康事业发展统计公报 [EB/OL]．（2021 – 07 – 15）[2024 – 03 – 18]．https：//www. pds. gov. cn/contents/26310/255178. html.

质量有待提高，同时由于资源分布结构的缺陷无法保障卫生体系的公平、高效运转。随着我国进入老龄化社会，国家不断调整医疗卫生体系，并出台相关政策。2015 年，党中央、国务院发布了《全国医疗卫生服务体系规划纲要（2015～2020年)》①。该纲要对各级医疗机构进行统筹规划和系统整合，促进了医疗体系的有序、均衡发展。我国医疗卫生系统认真贯彻落实党中央的决策部署，积极统筹和推进各项政策的落实发展，全面推进"健康中国"的国家战略。这让我国医疗卫生资源和服务水平得到了有效提升，居民健康水平得到了有效保障。

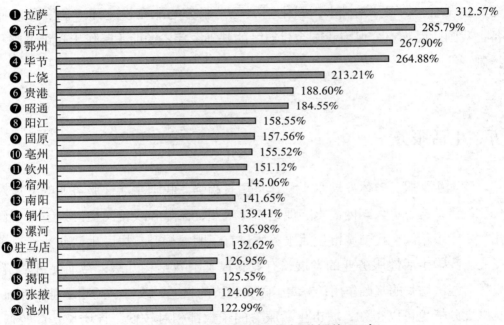

图 9－16　城市医疗卫生指数增幅前 20 名

（二）医疗卫生资源发展突出地区逐渐增多

　　我国医疗卫生资源发展突出地区在逐渐增多。2000 年，我国重点的发展地区为重庆、北京和武威等少数城市，我国东北地区的医疗资源数量丰富程度相对较高，西部地区和东部地区位于第二梯队。2010～2015 年，全国医疗卫生指数较高的城市逐渐增多，东莞、深圳等沿海城市、忻州和太原等山西省城市的

① 全国医疗卫生服务体系规划纲要［EB/OL］. (2015－03－30)［2024－03－18］. https：//www. gov. cn/zhengce/content/2015－03/30/content_9560. htm.

医疗卫生资源发展突出。2020 年，医疗卫生资源指数较高的城市明显增多，几乎分布在中国各个城市群。

我国医疗卫生资源发展突出地区在逐渐增多，但医疗资源的分布不均衡仍存在。我国医疗卫生资源在地区、城乡之间的分布存在差异，这造成了地区、城乡居民无法获得平等的卫生服务。2016 年，我国城市人口享受了约 80% 的医疗卫生资源，占总人口 70% 的乡村居民则只能使用大约 20% 的卫生资源[1]。我国约一半以上的大中型医疗机构都集中于城市。为此，我国不断增加政府对公共卫生的支出比重；同时进一步完善医疗卫生服务体系，加快补足分配不均的短板；在原有的艰涩基础上，强化基层卫生服务的配套设施和应急资源的储备。我国政府为充分保障我国乡村居民的基础医疗资源而不断作出政策调整和控制。

五、生活服务

我国生活服务整体发展水平总体呈增长趋势。我国生活性服务业的发展对优化经济结构、扩大国内需求、促进居民就业、保障和改善民生发挥了重要作用。二十多年间，我国城市生活服务质量有了明显提升，居民生活便捷性显著提高。我国生活性服务业的发展，有效支撑了消费结构升级；帮助促进消费，发挥对经济增长的基础作用；夯实了国民经济的根基；改善了民生福祉。然而，从以上分析也可以得知，城市生活服务的指数都相对较低，且增长基数较低。这主要是由于我国对此类产业的属性、战略、运行规律等研究不足。2019 年，财政部发布公告将加大对生活服务业的减税力度和赋税抵扣比例。"十四五"时期，我国为促进生活服务业的高质量发展，出台了"一揽子"条例，以营造积极、稳定、公平、创新的高质量营商环境，为生活服务业的发展保驾护航。

（一）生活服务整体发展水平显著提高

我国的生活服务发展水平总体呈上涨趋势。图 9 – 17 我国生活服务平均指数

---

① 中华人民共和国国家发展和改革委员会. 加快补齐公共卫生资源配置短板的对策建议［Z］. 2020 – 11 – 16.

曲线，可以反映出我国 2000～2020 年的生活服务发展水平是"波浪式"的缓慢增长，并不是完全稳定的稳步增长。2000 年我国生活服务平均指数为 0.027；2020 年末已增长至 0.043，较之前增长了约 60.74%。东部地区生活服务指数增长速度最快，且综合发展也相对较好，是生活服务资源最好的区域。西部地区的生活服务水平在 2009～2015 年间经历了飞速的上涨，后又急速下降，于 2017 年开始逐渐缓慢增长，至 2020 年成为我国生活服务水平排名第二的区域。我国东北地区和中部地区没有取得明显的发展，排在全国末位。

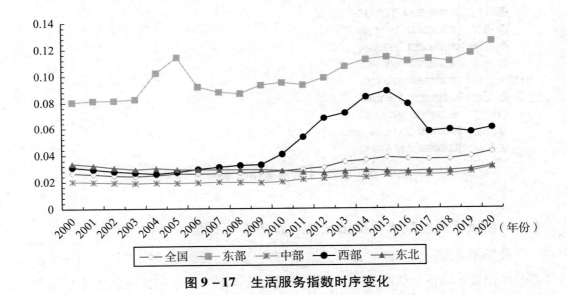

图 9 - 17 生活服务指数时序变化

从城市生活服务发展的时序变化来看，如图 9 - 18 所示，2000～2020 年生活服务发展指数增幅最快的是六安，达到 2 109.99%，以远超其他城市的增长幅度稳居榜首。拉萨也以 592.17% 的增幅位居第二。令人欣喜的是，在前 5 名中，有四座城市都属于西部地区。而纵观前 20 排名，有 9 个西部城市、6 个东部城市和 5 个中部城市。西部地区占比更多，这是由于这些城市 2000 年的生活服务指数较低，因此上升空间大，随着经济增长和国家的大力发展，生活服务发展不断提高。

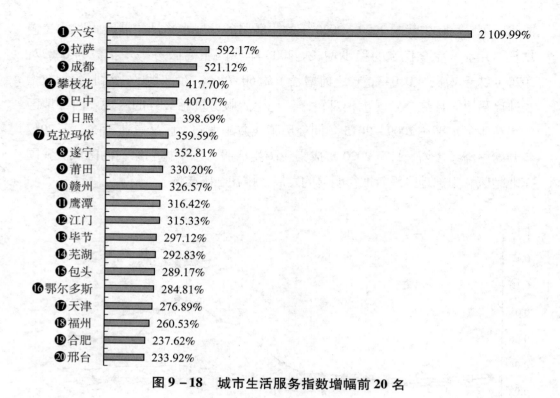

图 9–18 城市生活服务指数增幅前 20 名

（二）生活服务发展水平突出区域呈"南移"态势

我国生活服务较好的城市有逐渐南移的趋势。我国南部和长江三角洲地区等长江流域各城市生活服务水平在全国处于优势水平；东部沿海城市生活服务水平也显著提高；沿海地区成为城市生活服务质量的高地。

2000 年我国城市生活服务指数排名前十的城市中北方城市占比 60%，南方城市占比为 40%；自 2005 年后，城市生活服务前十名的南方城市占比稳定维持在 80%，远高于北方城市，而东北地区城市的生活服务质量 2020 年仅有微弱优势。从绝对数量上来看，前十名城市生活服务指数在近 20 年间总体呈上升趋势。导致生活服务质量较好区域南移现象发生的原因可能有经济发展不平衡、政府政策、城市规模和地理因素等。随着中国经济的快速发展，南方地区的城市拥有更多的投资和资源，这使得他们更有可能提供更好的城市生活服务。相反，北方城市在经济上没有得到同样的发展，城市生活服务指数也相应地低一些。政府的政策和资源分配也可能是城市生活服务指数分布格局变化的原因之一。随着城市规模的扩大，城市生活服务的需求也会相应增加。较小的城市可能没有足够的规模和资源来提供更好的城市生活服务，这也可能解释为什么南方的城市生活服务更好。地理因素可能也会对城市生活服务指数的变化产生影响。沿海城市通常具有更好的物流和贸易网络，这是这些城市能够提供更好的城市生活服务的原因。

第二节　城市人居环境的空间分布

在空间维度上，我国人居环境质量总体呈现"南高北低、沿海高内陆低、中心城市高非中心城市低"的分布格局。人居环境的发展特征与经济发展水平呈现较强相关性，城市建设一定程度上依托于经济建设，经济发达地区的人居环境发展较好。

我国人居环境发展沿海指向性明显。我国沿海城市的民生环境发展普遍更好，沿海地区的气候、自然环境更加舒适，所以许多人口聚集在沿海地区，这有助于推动经济发展。同时，由于民生环境依赖城市的辐射带动作用，沿海城市相互影响，"连点成带"共同发展民生环境。同时，我国中心城市辐射引领作用明显，各地区中心城市、省会城市较其他城市的人居环境质量测度结果较好。各类资源高度集中于省会城市，这也是由于省会城市的经济政策优惠和发展机遇优于其他城市，这有利于地区经济的发展，造就了中心城市人居环境发展的引领作用。

一、民生环境

（一）沿海城市民生环境普遍更好

我国民生环境发展较好的区域主要集中在沿海城市。2000～2005年中国城市民生环境指数空间分布格局显示：民生环境相对较好的区域主要集中在东北地区和东部地区，这些区域包含的如辽宁、天津、山东等沿海城市。相较于内陆，沿海地区气候更加适宜、空气质量相对较好，在自然环境上更为宜居，这也是东部地区人口聚集的根本因素之一，人口聚集带来更多的需求和经济发展空间，使得沿海地区经济发达，人民收入高、政府财力充足给民生环境的改善以有力支持。在沿海优势的基础上，民生环境还依赖城市的辐射带动，苏北沿海地区和海峡西岸由于距离北京、上海、广州、深圳等特大城市较远，使得沿海地区的民生环境优势带出现间断。2010 ~ 2020 年中国城市民生环境指数空间分布格局显示，中国沿海地区民生环境普遍更好的分布格局并没有改变，京津冀地区、山东半岛、长江三角洲、珠江三角洲的民生环境仍处于全国前列，甚至民生环境较好区域在东部沿海的范围进一步扩大。

2020 年我国民生环境指数排名（见图 9 - 19）可以看出，重庆市稳居第一，指数远高于排名第二的东莞市。武汉、成都、深圳都以较高的指数分别位列第三、第四、第五。在前 20 名的城市中，过半数城市都属于我国东部地区。

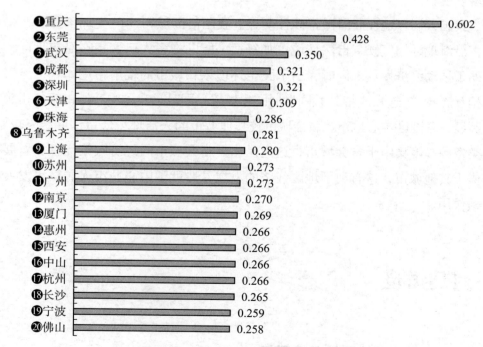

图 9 - 19　2020 年城市民生环境指数前 20 名

东部地区的民生环境的发展在这二十多年间一直遥遥领先，东北地区虽排名

第二，但与东部城市相比仍具有一定差距。总体来说，广东省等珠江三角洲地区依然稳坐民生环境发展水平的头把交椅，第二梯队已从北京、河北省和东北地区更替为山东省和四川省、重庆等地，且和珠江三角洲的城市差距逐渐缩小。2000～2020年，属于我国西部地区的四川省城市民生环境质量提高速度最为迅猛。2017年我国批准建立了中国（重庆）自由贸易试验区，作为扩大开放和深入推进"一带一路"建设、长江经济带发展、西部大开发战略等的必要手段，重庆自贸试验区建设将重庆甚至整个成渝地区的经济发展和城市建设水平推向了新的高度。

除四川省外，浙江省和山东省在政策支持上对民生环境的改善也颇为明显。例如，2012年《浙江省人民政府关于建立健全覆盖城乡居民的养老保障制度的意见》多途径探索建立城乡居民养老保障制度，健全社会保障体系。山东很多城市也在改善民生条件方面持续发力。2018年，山东省人民政府成立了山东省民生工作领导小组，加强民生领域工作的统筹谋划和顶层设计，研究确定重要民生政策，协调解决重大民生问题，推进实施重点民生项目。

（二）中心城市辐射引领作用显著

我国中心城市辐射引领作用显著。从2000～2020年中国民生环境指数分布格局可以看出，区域中心城市、省会城市及其附近民生环境更好。其中以山东省和四川省、重庆最为明显。

2000年，山东省民生环境较好的地区主要是济南、青岛和东营等经济发展水平较高的城市，此后逐渐向鲁南和鲁西北扩展，至2020年，山东省几乎全境的民生环境质量都处于较高水平。2017年山东省出台《山东半岛城市群发展规划（2016～2030年）》，布局"一群两心三圈"的区域经济发展格局。山东半岛城市群以济南、青岛为双核辐射中心，推动省会经济圈、胶东经济圈和鲁南经济圈建设。其中，省会经济圈以济南为核心，推进打造"泰安—济南—德州""淄博—济南—聊城"发展枢轴，构建"一心两圈层、一带两枢轴"发展布局。胶东经济圈以青岛为核心，依托高铁、高速等交通轴和滨海发展带，构建"中心引领、轴带展开、湾区带动、多点支撑"的陆海统筹发展布局。鲁南经济圈以鲁南高铁为依托，大力发展临沂新区与菏泽新区，打造济广—德上高速发展走廊、济徐高速（大运河）发展走廊等，构建"一轴带动、两区引领、三带协同、四廊支撑"发展布局。充分利用山东省各地市比较优势，探索联动发展路径，引导经济圈各市融合发展、一体发展。

2000 年，成渝地区民生环境领先的城市只有成都和重庆两市，2010 年以后逐渐增多，至 2020 年，成渝地区民生环境较好的区域已经扩大至泸州、宜宾、遵义等市。成渝地区涵盖了重庆 27 个区（县）和四川省 15 个地市等相关地区，成渝地区双城经济圈位于"一带一路"和长江经济带交汇处，是我国西部人口最密集、产业基础最雄厚、创新能力最强、市场空间最广阔、开放程度最高的区域，在国家发展大局中具有独特而重要的战略地位。类似山东半岛城市群，成渝地区双城经济圈以重庆中心城区、成都市为核心，形成双核增长及辐射带动周围城市经济增长。2011 年，国家发展改革委印发《成渝经济区区域规划》；2016 年印发的《成渝城市群发展规划》明确，2020 年，成渝城市群要基本建成经济充满活力、生活品质优良、生态环境优美的国家级城市群。

在民生环境质量提高上，西部地区的其他城市近 20 年间没有明显的中心城市辐射带动作用，本报告以西安市和郑州市为例进行分析。西安市是关中平原城市群核心城市，具有重要政治、经济地位。其民生环境质量始终处于全国前列。但是，周围城市的民生环境质量没有呈现大范围的显著提升，作为中心城市的西安基本处于"一枝独秀"的状态。中原城市群目前典型现状是郑州"一地独大"。2008 年河南以省内 9 个行政市为基础，提出了"一级两圈三层"[①] 的区域发展规划，2018 年郑州迈入"万亿俱乐部"，其余各市无论是在人口还是经济总量方面与郑州的差距都很大。在这种极不均衡的发展格局下，区域中心城市的辐射带动压力很大。截至 2020 年，中原城市群仅有洛阳、三门峡等地的民生环境质量表现尚可，以郑州为中心的大范围的区域融合联动效果并未显现。

二、文化环境

（一）沿海城市文化环境发展水平相对较高

沿海地区与内陆城市相比文化环境发展水平相对较高。2000～2020 年我国

---

① 一级（郑汴新区），两圈（以郑州为核心的半小时城际快速轨道到周边 8 个省辖市；以郑州为核心一小时到达外围 9 市），三层（核心层即为郑汴新区，繁密层半小时范围圈，辐射层一小时范围圈）。

东部地区的文化环境指数明显高于其他地区，2020 年时，山东省文化环境最好，其环境指数达 0.068；北京、河北省一带紧随其后，上海、江苏省等地的文化环境发展水平也相对较高。

我国各城市文化环境普遍处于较低水平。2020 年，我国文化环境发展前十名的城市中（见图 9–20），北京市指数排名第一，上海、重庆分别位列第三和第四。位于西部地区的乌鲁木齐、克拉玛依和呼伦贝尔三个城市的指数排名也十分靠前。前二十名中位于山东省的城市有四个。西部地区虽也有多个城市指数上榜前 20 名，但综合来看，中部和东部地区城市占比更多。

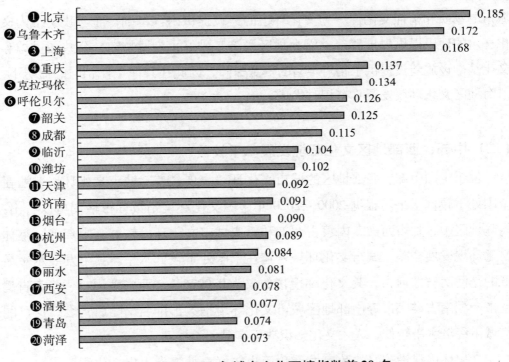

图 9–20　2020 年城市文化环境指数前 20 名

为满足人民群众对科学文化知识的需求，山东省发布了《山东省公共图书馆管理办法》，该办法规定了省、市、县各级应当将公共图书馆建设纳入当地城乡总体规划；建立健全公共图书馆服务制度；搞好信息资源的共建共享工作。至 2020 年底，全省公共图书馆可供读者外借图书共 2 968 万册，全省阅览座席总数 6.95 万余个。公共图书馆建设成效显著，市民科学文化需求的满足程度得到大幅提高。北京作为中国的首都和全国的政治文化中心，位于京津冀城市群的核心位置，有着非常丰富的博物馆资源，截至 2022 年，北京有 204 家备案的博物馆，是一座名副其实的博物馆之城。① 北京的图书馆体系发展水平也相对较高。近五年来，北京累计投入文保资金近百亿元；实施近百项文物修缮和环境整治工程；明确了北京中轴线申遗时间表线路图；公共图书馆服务水平显著提升，年均接待观众超过 5 000 万人次。②

党的十八大以来，习近平总书记作出了一系列重要指示批示，对我国文化发展和保护工作形成有效指引。城市文化环境建设既要依赖城市原本的文化基因和历史遗产积累，又要依赖城市经济发展水平提供财力支持，二者互为补充。城市的物质和精神文化传承为文化环境的建设提供内容基础，而财政支持为文化环境的建设提供发展路径。沿海地区经济基础好，为博物馆、公共图书馆等文化基础设施建设提供了相对丰富的资金保障，因此在其他条件相同的情况下，沿海地区文化环境发展具有相对优势。

（二）中部、西部地区文化环境发展水平较差

位于中国中部、西部地区的城市文化环境表现稍差。城市文化环境普遍在全国处于较低水平。根据 2000～2020 年中国文化环境指数分布格局可以看出：内陆地区中，甘肃西部、内蒙古北部和重庆城市文化环境较好；中部地区整体文化环境发展较差，城市文化环境普遍在全国处于较低水平。其中发展水平最低的是河南省漯河市，其文化环境指数仅为 0.0076；江西省鹰潭市、河南省鹤壁市、湖南省娄底市等中部地区城市文化环境指数都排名全国后十名。这可能与城市经济水平较低，人才文化知识缺乏有很大关系。

文化环境建设较好的政府发展政策也较好。甘肃省历史文化积淀丰富，并始终高度重视并持续推进文化环境的建设工作。中国共产党第十三次全国代表大会以来，甘肃博物馆事业已基本形成了主体多元、特色鲜明的全省博物馆事业发展新格局。2022 年，甘肃省博物馆有珍贵文物 117 470 件/套（实际数量

---

① 年均接待观众 5 000 万人次 北京"博物馆之城"建设初见成效 [EB/OL]. (2023－05－18) [2024－03－06]. new. qq. com/rain/a/20230518A074CA00.

② 历史文化保护利用｜书香浸古建，激活城市文化记忆 [EB/OL]. (2023－04－05) [2024－03－06]. https：//www. visitbeijing. com. cn/article/4CMj1Cwo94v.

251 890 件），分别位居全国第五和第三。重庆市自 2017 年出台《关于推进区县文化馆图书馆总分馆制建设的实施意见》（以下简称《实施意见》），2018 年全面展开文图总分馆制改革，2019 年实现了全覆盖。截至 2019 年底，全市建成图书总分馆共计 1 471 个，文化总分馆共计 1 047 个。进一步提升了城市文化内涵与生活品质。呼包鄂榆城市群对城市文化环境建设也持较为积极的态度。2022 年，为保障博物馆免费开放和支持文物征集，包头市财政局统筹资金 484 万元。①

　　以上地区的文化环境发展除了与城市先天的文化底蕴有关，更与后天的城市经济水平联系紧密。一系列保证文化环境发展的政策实行都以区域经济作为重要支撑。同时，唯有温饱问题得到有效解决时，城市居民才会表现出对精神价值的追求。文化和经济是互相催化的，有文化的地方会出现经济的繁荣发展，反之经济繁荣会促进文化转移。在城市文化环境建设过程中，许多城市忽略了文化产业的发展，没有激活文化市场活性，催生经济效益，无法以文化产业反哺文化保护、文化创意等工作，形成文化发展、经济发展的良性循环。除此之外，中轴线城市群的人才缺失严重。人才是当下时代发展的核心竞争力之一，高质量人才可以助力城市文化繁荣发展。高质量、高层次的人才能够充分发挥教育资源的优势，同时吸引更多优秀人才，在政府、学校、产业的联合下形成"产—学—研"一体化，优化城市文化建设。中轴线城市群在经济和人才两个方面较沿海城市群处于劣势，所以这些区域的城市文化环境发展水平受到了限制。

　　文化环境的发展是经济、精神、人才等多方面、多维度的综合发展，各城市的文化环境发展应充分体现习近平总书记提出的"让我们的城市建筑更好地体现地域特征、民族特色和时代风貌"，② 寻找具有区域独特性的文化发展道路。

三、教育资源

　　我国 2000～2020 年城市教育资源指数较高的区域呈点状分布，京津冀地区

---

① 2 471 个文图分馆走近身边！重庆文化馆图书馆总分馆制建设见实效［EB/OL］.（2019 – 12 – 18）［2024 – 03 – 06］. https：//www. 163. com/dy/article/F0N679CO053469M5. html.

② 留住历史根脉 传承中华文明——习近平总书记关心历史文物保护工作纪实［EB/OL］.（2015 – 07 – 14）［2024 – 03 – 18］. https：//www. rmzxb. com. cn/zt/xxkyxsyzt/tpxw/533209. shtml.

的教育资源在全国一直处于重要发展地位，其教育资源指数一直高于全国其他省份。同时，教育资源长期集中于几个省会城市，而城市群效应较弱。

教育资源指数排名如图 9-21 所示，教育资源高度集中于北京。北京以远高于其他城市的指数排名第一，上海排名第二，南京紧随其后。从排名第四的武汉开始城市指数相较前三名有明显差距。第九名以后的长沙等城市指数与排名靠前城市相比有较大差距。在所有城市教育资源指数的对比中，排前 42 名的地区中省会城市占 71.4%，其中只有石家庄教育资源指数排名靠后。

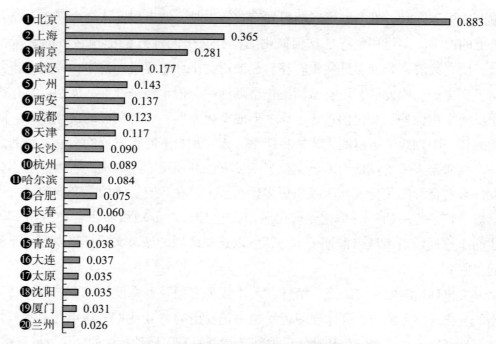

图 9-21　2020 年城市教育资源指数前 20 名

（一）优质教育资源高度集中于北京

我国优质高等教育资源高度集中于北京，并呈现出"一超多中心"的发展状况。具体来说，北京拥有的优质高等教育资源总量远超其他地区。截至 2020 年，北京共有 8 所"985 工程"大学，占"985 工程"大学数量的 20%；26 所"211 工程"大学，占"211 工程"大学数量的 22.4%。这些数据表明，北京在"985 工程""211 工程"和双一流高校的数量上都遥遥领先于其他省份。除北京外，还有四个省份拥有较多的优质高等教育资源，分别是江苏、上海、陕西和湖北。其中，江苏拥有"211工程"高校11所、上海10所、陕西8所、湖北7所，占比分别为9.48%、8.62%、6.90%和6.03%。相比较下，优质教育资源高度集中于北京市。

我国各省份"双一流"高校数量的分布格局如图9-22所示。北京拥有34所"双一流"大学，占"双一流"大学总数的24.82%，是全国各省市中占比最重的地区。"双一流"高校数量继续呈现"一超多中心"的发展状况。同时，在"双一流"学科建设上，北京高等教育资源高度集中的状态更加明显。2020年全国506个"双一流"学科中，北京拥有166个，占学科总数的32.80%。北京同样是"双一流"学科总数占比最多的地区。

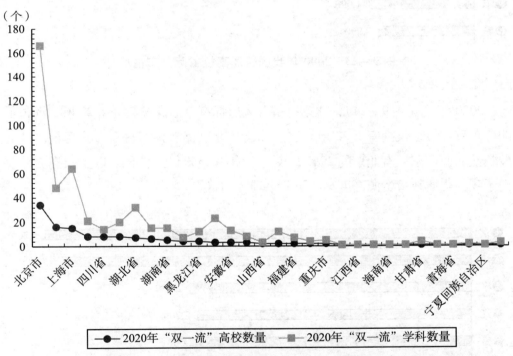

图9-22　2020年"双一流"高校数量和"双一流"学科数量省际分布

从图9-23中可以发现，可以从人均高等教育资源配置的角度看出我国的高等教育资源依然高度集中于北京。2000年每百万人口拥有普通高校数量上，北京为4.50所，排全国第一，而与排全国最后的山东（0.53所）相比较，这意味着北京每百万人口可以拥有比山东近九倍的普通高校数量。相比之下，在31个省份中，仅有14个省份的高校数量不低于平均值。

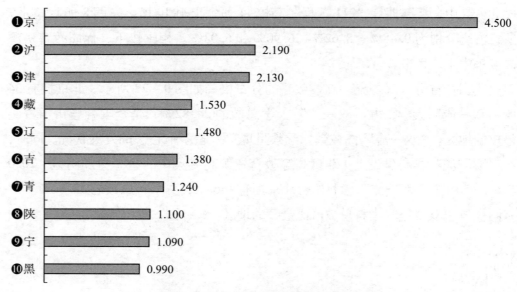

图 9 – 23   2000 年我国普通高校省际分布情况

2020 年（见图 9 – 24），北京每百万人口拥有普通高校数为 4. 20 所，而最低的广东每百万人仅拥有 1. 22 所。这意味着，北京仍然拥有每百万人口最高的高校数量，而广东只有北京的 29%，较之辽宁的 45% 仍然较低。以上数据充分体现了我国优质教育资源高度集中于北京地区的特点。

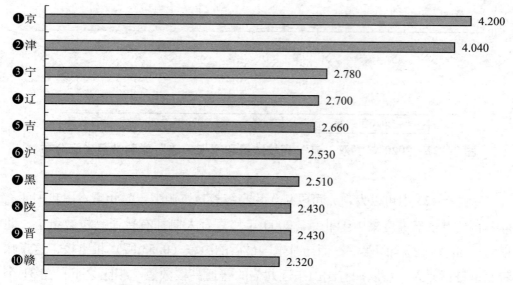

图 9 – 24   2020 年我国普通高校省际分布情况

（二）基础教育资源分布较为平均

我国总体基础教育资源分配较为平均。中小学师生比是测评城市教育资源的重要指标之一，相比于高校反映城市的高等教育资源，中小学师生比反映了城市基础教育资源。2020 年我国普通中小学师生比省际分布如图 9 - 25 所示，各省差距较小，这说明我国总体基础教育资源分配较为平均。

若对我国基础教育资源数量——中小学师生比进行省际比较可以发现（见图 9 - 25）：北京、辽宁省、黑龙江省的中小学师生比最高。这表明我国东北地区基础教育资源在数量上较充足。北京和上海汇集了全国最多最好的高等教育资源；同时也拥有最为充足的基础教育供给。两湖两广地区小学师生比最低；西南地区中学师生比最低。这些地区应加大基础教育投入，改善办学条件，提高基础教育师生比，降低青少年接受义务教育的难度，提高基础教育服务水平。比较数据还发现：各省份中小学师生比水平基本对应，说明我国不同省份基础教育资源数量供给虽有偏差，但各省份内部中小学资源供应衔接均衡，省内基础教育配套基本稳定。

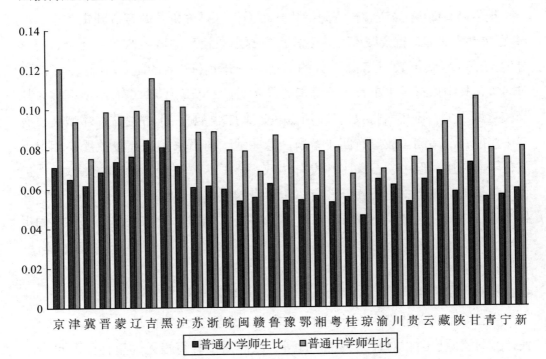

图 9 - 25　2020 年我国普通中小学师生比省际分布

我国各省（市）间基础教育资源的均衡发展，得益于我国对全面普及义务教育多年的辛勤耕耘。1986 年公布实施的义务教育法提出我国实行九年义务教育制度。根据《中华人民共和国义务教育法》，我国所有适龄儿童、青少年，都依法享有平等接受义务教育的权利，同时规定各级人民政府应当公平、合理地配置教育资源，以促进义务教育均衡发展。2011 年所有省（区、市）通过了国家"普九"验收，我国用 25 年全面普及了城乡义务教育，从根本上解决了适龄儿童少年"有学上"问题，为提高全体国民素质奠定了坚实基础。因此，如果说高等教育资源决定了城市教育资源的天花板，那义务教育阶段的基础教育则决定了城市教育资源的基石。

（三）教育资源多集中于省会城市

教育资源指数较高的区域主要集中在省会城市。根据 2000～2020 年我国城市教育资源指数分布格局：全国绝大部分城市教育资源指数差距较小，教育资源指数较高的区域呈点状分布，主要集中在几个省会城市，而城市群效应较弱。全国几乎所有城市教育资源指数 2000～2020 年没有明显变化。

报告以 2020 年城市教育资源指数分布为例进行分析。教育资源指数排名前 14 的城市全部都是省会城市，其中教育资源指数较高的城市依次为北京、南京等地。在所有城市教育资源指数的对比中，排前 42 名的地区中省会城市占71.4%，其中只有石家庄教育资源指数排名靠后。石家庄现共有 41 所高校，其高校数量不少。呼和浩特仅有 24 所高校，太原也只有 40 所左右；郑州高校有二十多所；济南高校数量有四十多所。这些地区与石家庄的高校数量不相上下或低于石家庄。但由于石家庄并没有"双一流"大学坐镇，其高校总体实力远低于其他省会城市。由于高等教育资源自身的性质，高校尤其是"双一流"高校必然会布局在区域中心城市，同时，"双一流"高校和"双一流"学科布局也会出于均衡各地区发展的考虑避免过度聚集。因此，不同于民生环境等的建设，我国教育资源由于其人才培养基础地位的特性，不会出现明显的城市群聚集现象，只有在城市群的中心城市才会拥有高水平教育资源。

省会城市通常是政治、经济和文化中心，聚集了大量的人才、企业和机构，使得教育资源也会相对较为集中。此外，政府对于教育投入的重视程度也会比较高，会有更多的资金和资源投入到教育领域中，以保证教育的质量和水平。

省会城市的教育文化氛围也更加浓厚，省会城市通常会聚集更多的高水平高等教育机构，这些机构不仅拥有更好的师资力量和教学设施，还对高素质人才有很强的吸引力。高校的存在会带动整个城市的教育水平和质量的提升，形成一个良性的发展循环。

四、医疗卫生

2000～2020 年，全国城市医疗卫生发展指数均有了明显提升，但是区域间差异较为明显。东部地区的医疗卫生指数明显高于其他地区。2010 年开始，我国医疗卫生指数较高的城市明显增多，中、西部城市发展迅速，指数变化明显。2020 年，医疗卫生资源指数较高的城市几乎分布在中国各个城市群，但东部地区仍有较强优势。

从城市医疗卫生发展变化来看，如图 9 - 26 所示，2020 年，医疗卫生平均指数排名中，鄂州、北京和重庆包揽了前三名。令人意外的是，鄂州仅是湖北省

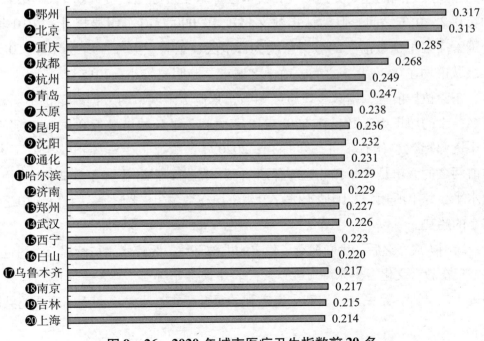

图 9 - 26　2020 年城市医疗卫生指数前 20 名

的一个小城市，但医疗卫生评价指数为 0.317，排名第一；而上海仅以 0.214 的指数排第 20 名。此外，前 20 名中，各城市间指数差距较小，可见我国区域间医疗卫生资源差距在不断缩小。在此排名中，有东部城市 6 个，东北地区城市 5 个，西部城市 5 个和中部城市 4 个。这也再次印证了中部地区整体医疗卫生指数较低的结论。

（一）区域间医疗卫生资源差距缩小

我国城市医疗卫生资源指数差距在逐渐缩小。由于本报告在进行指标设计时主要关注人均医疗卫生资源数量，而没有比较不同城市具体的医疗卫生资源质量，因此我国医疗卫生资源指数分布格局图主要代表着我国城市医疗卫生资源在数量上的分布情况。

2000～2020 年，我国医疗卫生服务资源建设的地区差异逐渐缩小，这说明我国在医疗公平、惠民服务工作上成效显著。图 9 - 27 显示，2000 年，重庆是前十名城市中医疗卫生资源最为充足的城市，医疗卫生资源指数在 0.4 以上，其余城市均在 0.2～0.3 之间；2005 年，医疗卫生资源指数第一名济南与第二名重庆之间的差距更加明显，济南医疗卫生资源指数接近 0.5，其余城市均在 0.2～0.3 之间，但整体指数又相较于 2000 年有了明显提升；2010 年，全国医疗卫生指数前三的城市依次为：重庆、东莞、深圳，指数略高于 0.3，其余城市均在 0.2～0.3 之间，前十名城市差距明显缩小；2015 年，重庆、北京、东莞位居前三，指数表现旗鼓相当，其他 7 个城市的数据差距也不明显，排名前十的城市中半数城市在 0.3～0.4 之间，半数城市接近 0.3，城市医疗卫生资源指数总体有了进一步提升；2020 年，医疗卫生资源指数相差不大，排前两名的城市是鄂州和北京。但所有城市的指数总体下降至与 2010 年相当的水平。综上所述，我国城市医疗卫生资源在数量上差距不大，且呈现出逐渐减小的趋势。

新中国成立之后，我们拥有了稳定的内部环境，医疗水平持续提高，习近平总书记在教育文化卫生体育领域专家代表座谈会上提到："人民健康是社会文明进步的基础，是民族昌盛和国家富强的重要标志，也是广大人民群众的共同

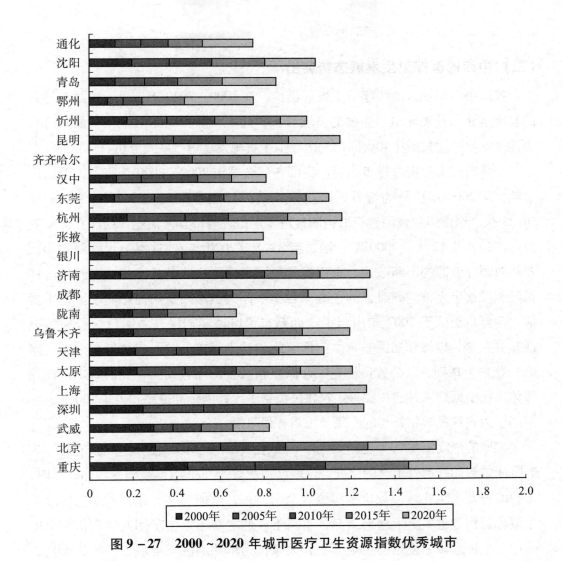

图 9 - 27   2000～2020 年城市医疗卫生资源指数优秀城市

追求。"① 人民身体健康是国家繁荣昌盛的重要支撑，国家始终把保障人民生命安全和身体健康放在优先发展的战略位置，努力全方位全周期保障人民健康，加快建立完善制度体系，保障公共卫生安全，实现健康和经济社会良性协调发展。

---

① 习近平主持召开教育文化卫生体育领域专家代表座谈会强调　全面推进教育文化卫生体育事业发展　不断增强人民群众获得感幸福感安全感　王沪宁韩正出席 ［EB/OL］. （2020 - 09 - 22）［2024 - 03 - 18］. 求是网，http：//www. qstheory. cn/yaowen/2020 - 09/22/c_1126527759. htm.

（二）中西部医疗卫生发展态势突出

我国中西部地区的医疗卫生发展迅速。在 2000～2020 年，我国中西部地区的发展迅速，并表现出了强劲的发展势头，其中拉萨和太原两个城市最具有代表性。本报告对拉萨市和太原市的医疗卫生资源发展进行展开分析。

拉萨医疗卫生资源进步明显。我国各省会城市 2000～2020 年每万人医院床位数，从 2000 年拉萨的每万人医院床位数最低还不到 20 张，2020 年增长至 50.25 张，医疗卫生资源建设取得明显进步。拉萨的每万人执业（助理）医师数也有增长，从 12 人（2000 年）增长至 33 人（2020 年）。这得益于西藏自治区多年对医疗资源的不断改进，全面提升居民享受医疗服务的水平。在基本医疗保险制度逐步完善的同时，为了确保各类参保人员不因疾病而影响家庭基本生活，西藏自治区于 2007 年出台了《西藏自治区城镇居民基本医疗保险暂行办法》并实施，以城镇居民基本医疗保险的启动为标志，以大病统筹与个人（家庭）账户为基础，以公务员补充医疗保险和城乡医疗救助为补充的基本医疗保障体系已全面建立并逐步完善。农牧民免费医疗补助标准提高到人均 100 元，并提高了为农牧民报销补偿的比例及报销补偿限额。

太原的医疗卫生资源也较为亮眼，在全国范围内表现较好。太原的每万人医院床位数始终都处于全国前列，这些城市医疗卫生资源丰富程度较高，同时，太原的每万人执业医师数也多年位居全国前列，且如前文所述，太原的医疗卫生资源总指数也多次上榜前十名，不同于人们主观印象中东部发达省份城市的医疗卫生资源较为充足的主观印象，太原作为华北地区重要城市，始终维持着人均医疗卫生资源数量相对充足的状态。山西省始终高度重视城市医疗建设。2023 年 3 月，山西省为加快推进医疗卫生领域供给侧结构性改革，推动解决群众看病难、看病贵问题，山西省人民政府办公厅出台《关于印发山西省支持国家区域医疗中心建设工作方案的通知》，努力在省域内建成一批高水平的临床诊疗中心；高层次的人才培养基地；打造以高水平医院为依托的"互联网＋医疗健康"协作平台，形成以国家区域医疗中心为核心的一批专科联盟，发挥"龙头"作用，带动全省医疗水平整体迈上新台阶。

图 9-28 显示了我国各省会城市 2000 年和 2020 年医疗卫生与计划生育支出占财政支出的比重。大部分城市 2000 年医疗卫生与计划生育支出占财政支出的

比重远高于其后的年份，但北京、天津、沈阳等地数据变化不明显。2020 年，大部分城市的医疗卫生与计划生育支出占财政支出比重并没有明显的变化趋势，基本在 0 ~ 0.1 之间浮动，说明我国医疗卫生与计划生育支出在财政支出中的占比较为固定，各城市的医疗资源分配比例也较为相似。

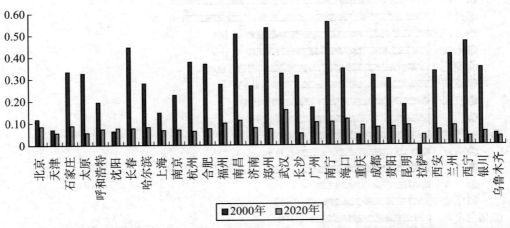

图 9 - 28　2000 年和 2020 年全国省会城市医疗卫生与计划生育支出占财政支出比重

五、生活服务

2000 年以来，全国范围内城市生活服务整体发展在不断提升，其中东部地区的生活服务指数相对其他地区更高；相较于 2000 年，2020 年西部地区生活服务发展提升十分明显；而中部城市在空间分布上没有较大变化，且发展水平较低，处于全国生活服务平均指数以下；东北地区自 2010 年起，生活服务水平也低于全国平均指数。总体来说，我国生活服务区域差异较大。

从城市生活服务发展变化来看，如图 9 - 29 所示，2020 年，生活平均指数排名中，上海和深圳分别以极小的指数差距包揽了前两名，北京排名第三。此外，六安作为安徽省经济发展水平不高的城市，生活服务指数排名第九，且是中部地区排名最高的城市。可以注意到，前二十名中，东部城市占 11 个，西部城市有 7 个，中部城市仅 2 个，东北地区无一城市上榜，也再次反映了我国当前各区域间生活服务发展水平差异较大的事实。

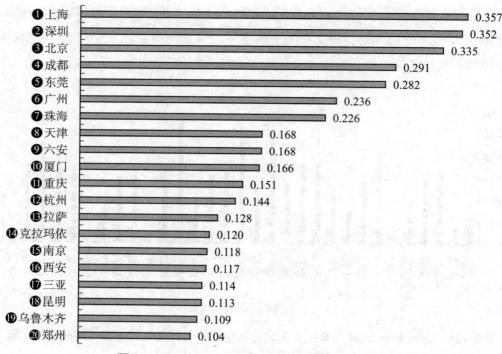

图 9 - 29   2020 年城市生活服务指数前 20 名

（一）经济发达城市群生活服务质量更好

经济发达城市群的生活服务质量相对发展较好。我国东部地区生活服务指数增长速度最快，且综合发展也相对较好，是生活服务资源最好的区域。其中北京市的生活服务资源指数在 2000 ~ 2010 年处于全国首位，2015 年之后逐渐被广东省超越。相较于京津冀地区中北京"一枝独秀"的发展局面，广东省各城市间发展均衡程度更高，进而带动城市群总体生活服务指数的上升。

近些年，为缓解北京日益增大的经济社会压力给城市生活服务配套设施建设带来的高要求，中央以有序破解北京非首都功能为基本出发点，积极推进雄安新区建设，为京津冀协同发展实现了良好开局。2023 年 5 月 10 日，习近平总书记在河北雄安新区考察并主持召开高标准高质量推进雄安新区建设座谈会时强调，雄安新区已进入大规模建设与承接北京非首都功能疏解并重阶段，工作重心已转向高质量建设、高水平管理、高质量疏解发展并举。雄安新区的持续顺利建设，将助力京津冀城市群生活服务资源建设乃至人居环境建设。①

此外，浙江省、江苏省、上海市等地在 20 多年间生活服务指数也有明显提升，相较于全国其他城市群仍处在较高水平。这些省份很多城市都在提升城市生活服务质量方面做了很多努力，成效也是有目共睹。2008 年，江苏省为保护和建设苏中、苏北地区的自然保护区、森林公园、湿地等生态功能，省财政在相关专项资金中给予经费支持。2012 年，《江苏省"十二五"服务业发展规划》提出要"加快重点产业发展，提升服务业整体实力"的总目标，推进省级重点物流基地（园区）建设；加快现代商贸流通体系建设；构筑便利实惠的居民商贸服务体系。同时，浙江省也在 2013 年发布计划对宁波、杭州、义乌、舟山、嘉兴等城市的重点物流中心进行发展建设，推动省内生活服务发展建设。

（二）重点城市生活服务优势明显

我国直辖市及省会城市城市生活服务优势较为明显。2020 年全国省会城市免费公园个数如图 9 - 30 所示：我国北京、上海、昆明等市的免费公园个数较多。北京、上海和广州处于城市发展第一梯队；杭州和重庆近二十年城市发展迅速，经济发展水平高、人口集聚水平高、城市建设完善，公园数量处于全国前列；昆明是中国西南地区的重要城市之一，以宜人的气候和美丽的自然景观著称。

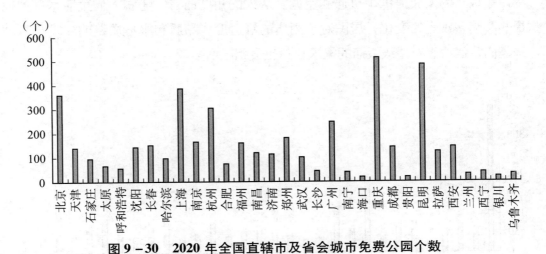

图 9 - 30　2020 年全国直辖市及省会城市免费公园个数

---

① 习近平在河北雄安新区考察并主持召开高标准高质量推进雄安新区建设座谈会［EB/OL］.（2023 - 05 - 10）［2024 - 03 - 10］. https：//www. gov. cn/yaowen/2023 - 05/10/content_5754808. htm.

作为一个生态城市，昆明拥有大量的公园和绿地，这也是昆明成为国内公园较多的城市之一的重要原因。昆明地处云南高原，气候宜人，这为公园建设提供了得天独厚的条件。昆明市政府也重视城市绿化和生态保护，在城市规划和建设中注重公园和绿地的建设，加大了投入力度。昆明市的公园建设也与其历史文化有关，昆明拥有丰富的历史和文化遗产，公园的建设也注重文化内涵和历史渊源的融合。目前，昆明市内有数十个公园，这些公园环境优美，景观多样，为市民休闲娱乐和健身锻炼提供了优质环境。

全国省会城市及直辖市星级饭店数量也和经济发展水平高度相关，如图9-31所示，2020年我国省会城市及直辖市中星级饭店数量最多的城市是北京和上海。北京、上海和广州是中国的一线城市，拥有较为发达的经济基础和较高的人均GDP，能够吸引星级酒店进驻当地。同时作为国家政治、文化、经济中心城市，这些城市吸引了大量的国内外游客和商务人士，酒店需求量相对较大，在这些城市发达的旅游服务业加持下，星级酒店的发展能够拥有坚实的市场基础。同时，我国人民政府一直大力支持发展旅游业，尤其是发展新型高端旅游和会议旅游。高端酒店能够提供国内外高端商务会议、展览、文化艺术活动等服务，也能够满足外国游客和高端消费者的需求，因此国家政策对于星级饭店的扶持力度也比较大；政府还推动城市国际化、经济转型升级和文化旅游融合，这也为星级饭店的发展提供了机遇和空间。从人民角度而言，随着人们生活水平的提高和消费观念的变化，居民对于酒店的舒适度、品质和服务质量的要求也越来越高，消费者对星级饭店的需求自然也会相应增多。

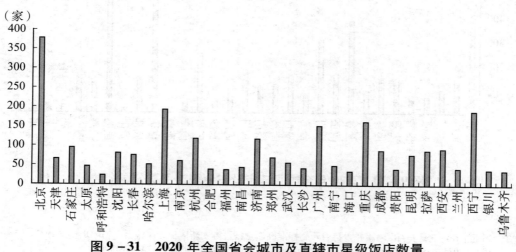

图9-31 2020年全国省会城市及直辖市星级饭店数量

第三节　政　策　启　示

人居环境的各方面综合协调发展是城市经济与环境可持续发展的重要前提。我国国土面积大，各地区之间资源、位置、文化等背景的优势不同，因此区域间发展会存在不均衡的现象。随着我国城市建设水平的逐步提升，乡村人居环境发展应受到高度关注和大力发展。我国在改进城市规划和基础环境的同时，应注重为未来城市发展预留空间，保障未来的良好发展。

首先，应兼顾城乡发展差距。农村人居环境的发展提升是我国乡村振兴战略的重要内容，对促进城乡统筹建设具有重要意义。随着我国城市建设水平的逐步提升，乡村人居环境发展应受到高度关注和大力发展。一是应坚持政府为主导，自上而下治理。我国农村人居环境的发展过程中政府在资金投入、技术支持、政策支持等方面发挥着重要作用。我国应该在政府的主导下统筹考虑各地区的重点发展问题，进行优先排序，以先易后难的顺序解决乡村居民最为迫切和最关心的现实问题；根据排序制定具体解决章程，并与村民进行充分讨论，确保能够最大限度满足乡村居民所需；并配合宣传教育，合理保障人居环境建设资金投入和运行。二是应因地制宜，进行自主治理。相比较而言，农村自主治理较政府统一治理更具有直接性和有效性等优势。对于各村、镇的实际发展情况，各村镇组织掌握的信息更为充分和直接，并能按照自发秩序进行规划和建设。依托村民理事会可以转化并吸纳资源，让治理过程嵌入社会，起到人居环境发展问题从群众中来，落实到群众中去的作用。三是应贯彻落实"绿水青山就是金山银山"的发展理念。乡村人居环境的发展应积极与各村独有地域特色相结合，如乡村旅游、观光体验、研学旅行等与人居环境发展结合的创新模式，可以将人居环境发展整治与产业发展进行结合。这种因地制宜的发展模式，可以保留乡土特色，避免乡村建设的千篇一律和低质化，推动乡村人居环境的治理。

其次，应统筹政府、社会、自然，全面发展。一是人居环境的发展中自然环境是不可忽视的重要部分。在城市人居环境建设过程中协调社会经济与环境可持续发展。曾经的"生产要素扩张型"经济发展模式已经无法满足当前社会的发展需求。未来的发展应贯彻和坚持循环经济，将传统的资源消耗转变为生态型资源循环，形成自然资源到再生资源的有力循环。最终实现低消耗、高效率、低污染的经济发展模式。二是高品质城市环境建设需要打造稳定、公平、透明的营商环境。企业家在良好营商环境中发展可以促进产业的高质量发展；鼓励更多社会群体进入市场进行创业；推进了各类人居环境相关产业的市场化改革；为改善民生福祉贡献力量。三是我国应坚持党中央的领导，在城市人居环境建设过程中深入贯彻落实以人民为中心的指导思想，践行"绿水青山就是金山银山"的发展理念。除此之外，还应加强监管，健全相关法治体系。相关法律法规的建立能够让人居环境可持续发展的实践具体化。

第十章　城市人口发展客观评价

　　习近平总书记强调，人口问题始终是我国面临的全局性、长期性、战略性问题，人口发展是关系中华民族发展的大事情；中国式现代化是人口规模巨大的现代化，是全体人民共同富裕的现代化，是物质文明和精神文明相协调的现代化，是人与自然和谐共生的现代化，是走和平发展道路的现代化[①]。新时代以来，我国人口发展面临深刻而复杂的形势变化，一方面城市人口集聚明显，给城市高质量发展带来机会的同时，挑战也随之而来；另一方面，随着我国人口增幅的放缓，社会老龄化程度不断加深，个人和社会养老压力不断增大。此外，不断提高城市人口素质是推动城市高质量发展，全面建设现代化中国的题中之义。与此同时，党的十八大以来，以习近平同志为核心的党中央高瞻远瞩、运筹帷幄，对新时代人口工作提出了一系列科学判断，作出了一系列重大部署。党的二十大报告中对促进生育支持、缓解人口老龄化和提高人口素质均作出了战略性部署，为我国优化人口战略提供了根本遵循。进入 21 世纪后，我国人口发展的内在动力和外部条件发生了显著改变，出现重要转折性变化。准确把握人口变化趋势性特征，深刻认识这些变化对人口安全和经济社会发展带来的挑战，对于谋划好人口长期发展具有重大意义。

　　2023 年 5 月 5 日，二十届中央财经委员会第一次会议召开，本次会议对当前我国人口形势作出最新研判，并强调应以人口高质量发展支撑中国式现代化。推进政府人口治理现代化的前提是必须根据城市人口新形势的变化和任务要求

[①] 人口问题始终是我国面临的全局性、长期性、战略性问题［EB/OL］．（2022 - 07 - 11）［2024 - 03 - 06］．人民网，http：//politics. people. cn/n1/2022/0711/c1001 - 32471887. html.

坚决彻底转变人口工作的思路、方法和手段。因此，为了更加客观准确地衡量各城市现阶段的人口形势，课题组对我国285个城市的人口发展结果以及影响人口发展结果的关键因素进行测算。可以看出，我国城市人口发展质量指标总体呈上升趋势，2020年指标前二十名城市排名如图10－1所示，北上广深的排名在意料之内，稳居前列；区域分布上东部城市表现总体优于中西部，共上榜十五个城市；西部区域中心城市表现强劲，重庆、成都和西安的排名依次为第四、八、十九位；武汉和郑州作为中部地区数一数二的"领头羊"，成功上榜，位列第十七、十八位；东北地区无城市上榜。

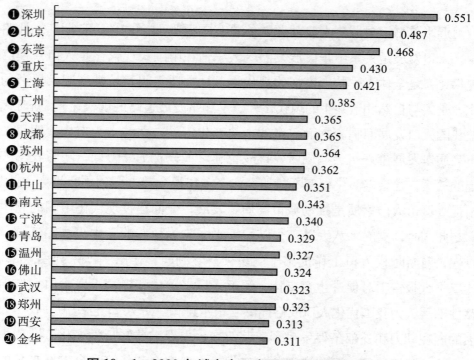

图 10 －1　2020 年城市人口发展质量指数前 20 名

总之，人口发展总体上是个慢变量，具有渐变性特征，且人口工作是一个系统工程，需要多方发力、久久为功，只有在准确把握我国人口变化趋势的基础上，不断深化认识，积极创新政策措施，才能促进人口长期均衡发展，为不断推进和拓展中国式现代化创造良好条件。

第一节　城市人口发展的时序演变

我国城市人口发展的时序演变如图 10 - 2 所示，2000～2020 年，我国人口发展质量平均指数总体呈上升趋势。2020 年全国人口发展质量平均指数为 0.263，相较于 2000 年的 0.202，增幅为 30.57%。这表明 21 世纪以来，我国的人口工作取得了新成效，迈上了新台阶。从时段发展来看，2000～2008 年，我国人口发展质量平均指数上升增幅较为平缓，2008～2009 年增幅急剧上升，之后几年内总体上呈波动上升趋势。从时间节点来看，主要的两次波峰出现在 2008 年和 2015 年，而这两年人口政策均发生了较大的变动。2008 年被视为第一代回流人口的回流高峰和转折点，加之汶川大地震、北京奥运会举办和全球金融危机的爆发等国内外大事均对我国人口工作产生了影响；而 2015 年，中国实行了 35 年的独生子女政策宣布告终，全面放开二孩政策，人口政策和工作方向发生了较大转变。近几年来，人口发展质量指数呈现出新的变化趋势，波动相较之前总体变大，呈现下降苗头。

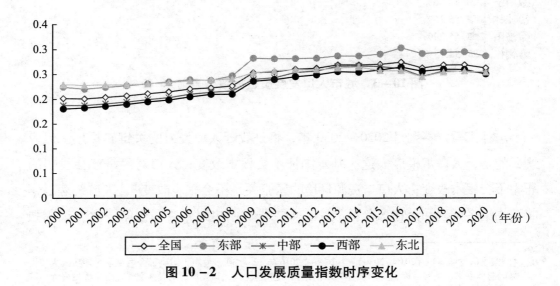

图 10 - 2　人口发展质量指数时序变化

从城市人口发展质量指数的时序变化来看，如图 10 - 3 所示，海口以 1 324.73% 的增幅稳居榜首，东莞和深圳的涨幅依次为 143.15% 和 123.36%，占据第二、第三名；银川以 75.03% 的增幅占据全国第四名，西部地区第一名；合肥是中部地区人口发展质量增幅的第一名，位列全国第十一名。前二十名中，东中西部上榜的城市个数依次为 5 个、3 个和 12 个，西部地区城市的整体增长幅度更大。

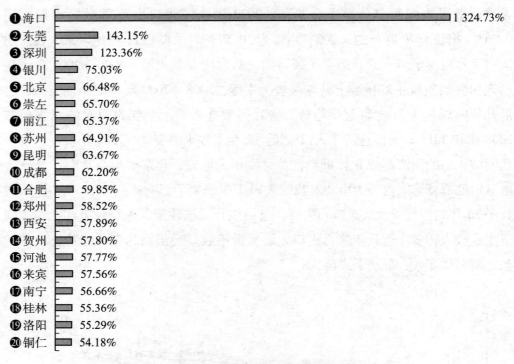

图 10 - 3　城市人口发展质量指数增幅前 20 名

总体来看，特别是 2020～2030 年，将是我国人口发展的关键转折期。但应明确的是，人口规模庞大这一基本国情不会根本改变；人口对经济社会发展的压力不会根本改变；人口与资源环境的紧张关系不会根本改变[①]，人口统筹工作将面临诸多问题和潜在风险挑战。正如二十届中央财经委员会第一次会议所强

---

① 《国家人口发展规划（2016～2030）》由国务院 2016 年 12 月 30 日发布，明确了今后一段时期我国人口发展的总体要求、主要目标、战略导向和工作任务，是指导全国人口发展的纲领性文件，是全面做好人口和计划生育工作的重要依据，并为经济社会发展宏观决策提供支撑。

调的，当前我国人口发展呈现少子化、老龄化、区域人口增减分化的趋势性特征，必须全面认识、正确看待我国人口发展新形势；同时我国人口发展仍然存在劳动力充裕和人口红利等有利条件，统筹解决人口问题有较大的回旋空间。完善人口发展战略和政策体系，促进人口长期均衡发展，最大限度地发挥人口对经济社会发展的能动作用，对全面建成小康社会、实现中华民族伟大复兴的中国梦，具有重大现实意义和深远的历史意义。

一、人口素质

　　我国人口素质显著提高。未来世界各国竞争归根到底是各国国民综合素质的竞争。因此，要积极协调人口和发展的关系，而其中最重要的一个途径就是提高和改善人口素质。如图 10 - 4 所示，2000 ~ 2020 年，我国人口素质平均指数显著提升，尤其是 2008 年以后，人口素质平均指数增幅迅猛。2020 年，全国人口素质平均指数为 0.192，相较于 2000 年的 0.037，增幅为 423.70%；区域层面上，东部地区人口素质指数涨幅最大，显著高于全国平均水平，中西部和东北地区的指数增幅差异并不大，指数相差不超过 0.1。可见，21 世纪以来，全国范围内的人口素质均显著提高，国民综合素质工作成果斐然。

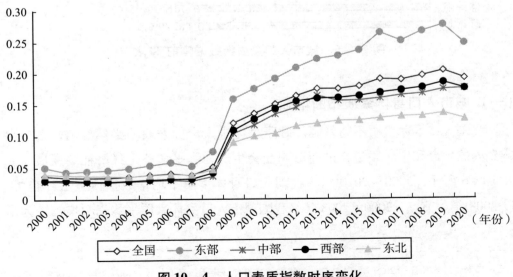

图 10 - 4　人口素质指数时序变化

从城市人口素质发展的时序变化来看，如图 10 – 5 所示，2000～2020 年城市人口素质指数增幅[①]最快的是深圳市，增幅达到 1 035.51%，稳居榜首。其次，中西部城市人口素质显著提高，在前二十名排位中，西部和中部地区分别有 11 个和 4 个城市上榜。东、中、西部夺得区域第一名的城市分别是深圳、武汉和西宁，分别包揽了全国排名的前三位。

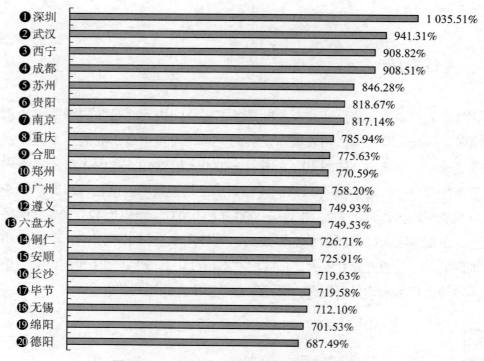

图 10 – 5　城市人口素质指数增幅前 20 名

（一）城市人口身体素质不断增强

我国人口身体素质不断增强。健康是促进人全面发展的必然要求，直接影响到人的生命和生活质量，进而影响社会生产力水平和整个经济社会发展。如图 10 – 6 所示，2000～2020 年，我国人口身体素质平均指数整体呈上升趋势。以 2008 年为节点，2000～2008 年，我国城市人口身体素质平均指数增幅较为平

---

① 人口素质指数增幅 = (2020 年城市人口素质指数 – 2000 年城市人口素质指数)/2000 年城市人口素质指数。后文增幅计算方法相同。

缓，2008～2020 年，增幅迅猛。2020 年全国人口身体素质平均指数为 0.318，相较于 2000 年的 0.054，增幅为 487.25%。这表明，在过去的二十多年中，尤其是 2008 年以后，我国城市居民的身体素质得到了有效改善，健康水平不断提升。

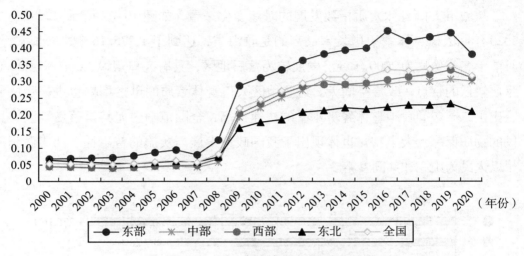

图 10 – 6　人口身体素质指数时序变化

人民身体素质显著提升的首要原因在于我党始终重视人民健康发展，不断加强顶层设计制度构建，切实做到了把保障人民身体健康放在战略工作前列。2017 年 10 月，习近平总书记在党的十九大报告中正式提出了健康中国战略，指出人民健康是民族昌盛和国家富强的重要标志，要完善国民健康政策，为人民群众提供全方位全周期健康服务，从而不断增强人口身体素质，走国民增强体质之路。2022 年，党的二十大报告指出，我国要进一步推进健康中国建设，把保障人民健康放在优先发展的战略位置，再次明确强调全民健康的重要性，并为我国各级各部门下一步的健康工作明确了战略目标和战略步骤。

2000 年以来，我国人口身体素质不断增强的原因，除了党中央不断加强顶层设计以外，还主要得益于以下几个因素的共同作用。一是我国经济社会水平不断发展提高。随着我国经济的迅速腾飞，居民人均 GDP 和可支配收入不断提高，物质生活相较于过去几十年大大丰富，营养状况、居住条件等也相应大大改善，经济发展是保障居民健康的物质基础，通过多渠道综合作用加强居民身体素质，因此居民身体素质得到了显著增强。二是科学技术的快速发展。科技的迅速发展使得医疗水平不断提高，医疗卫生事业得到了长足发展，大大有利于身体素质的加强。三是思想观念的转变。随着物质生活的逐渐丰富，居民健康观念得到了很大转变，基础知识更加丰富，养生观念更加深入人心，更加重视身体健康和身体素质的加强。

从城市人口身体素质指数发展的时序变化来看，如图 10 - 7 所示，2000 ~ 2020 年间人口身体素质增长率最高的是青海省，达到了 1 275.16% 的增长率，且前十名省份均为 2000 年经济发展较为落后地区，具有人口规模大、人口身体素质较低的特点，改善空间大。这些地区人口身体素质的迅猛增幅也进一步反映出了二十年间我国整体经济水平的快速提高，全国范围内尤其是落后地区人民的物质保障大大丰富，也体现出了我国政策发展与实施的普惠性，切实做到了以人民为中心和共同富裕。

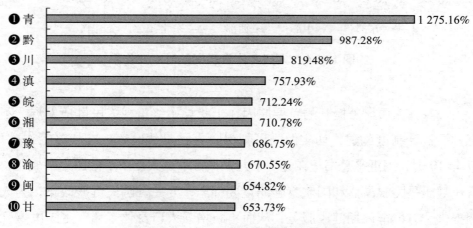

图 10 - 7　城市人口身体素质指数增幅前 10 名

（二）城市人口文化素质稳步提升

我国人口文化素质稳步提升。立足国际、放眼全球，各国之间的竞争日趋激烈，在国力竞争中经济竞争是最基本和最重要的方面，经济竞争的背后是科学技术的竞争，而科技竞争归根到底是知识和人才的竞争。因此，人口文化素质的高低无论对经济竞争还是对我国实施可持续发展战略、走高质量发展之路、实现中国式现代化，都具有十分重要的影响。如图 10 - 8 所示，2000 ~ 2020 年，

　　我国人口文化素质平均指数呈上升趋势，且近年来增幅不断加快。2020年全国人口文化素质平均指数为0.067，相较于2000年的0.020，增幅为242.56%，上升幅度较大。

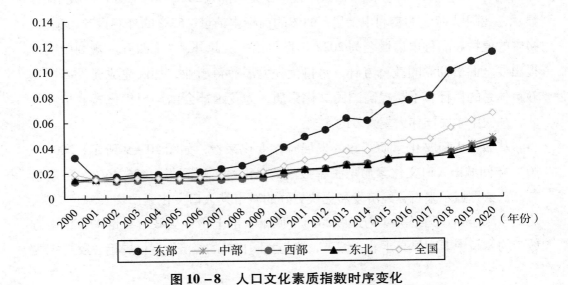

图10-8　人口文化素质指数时序变化

　　教育是人口文化素质提升的关键因素。党中央历来重视教育问题，不断提高全民文化素质，用教育培养人才、成就人才。2000年，我国就已经基本实现了"基本普及九年义务教育、基本扫除青壮年文盲"的战略目标，国民文化素质大大提升。随着2006年修订后的《义务教育法》出台，义务教育回归免费，一方面体现了我国经济发展和社会进步取得了长足成效，另一方面，义务教育也体现着一个国家的文明程度。2006年后，我国人口文化素质指数增幅进一步提高。九年义务教育的施行，对于我国人口文化素质的提高起到了举足轻重的作用。

　　党的十八大以来，在以习近平同志为核心的党中央坚强领导下，我国教育事业取得历史性成就。一是就业人员平均受教育年限不断延长。随着我国教育普及水平不断提高，国民受教育机会进一步扩大，受教育程度也得到了进一步提升。2021年，劳动年龄人口平均受教育年限为10.9年，相比2012年整整提高了一年。二是大专及以上就业人数占比不断提高。国家统计局公报显示，2021年，我国就业人数中专大专及以上学历占比的比重为24.27%，相比2000年初，提高了近十个百分点。三是研发人员数量不断扩大。近十年来，我国科技人才结构不断优化，研发人员总量更是稳步提升。截至 2021 年底，我国研发人员总量为 572 万人，是 2012 年的 1.8 倍，稳居世界第一。四是我国知识产权创造数量和质量不断提升。2022 年全年授权发明专利 79.8 万件，每万人口高价值发明专利拥有量达到 9.4 件。世界知识产权组织发布的《2022 年世界知识产权指标》显示，我国以 47% 的专利申请量、68% 的商标申请量、53% 的外观设计申请量、44% 的植物新品种申请量名列 2022 年世界第一。此外，"十四五"规划中明确提出要全面贯彻党的教育方针，坚持优先发展教育事业，加快完成建设高质量教育体系的目标，不断提高国民文化素质，为我国社会主义现代化事业培养人才，加快中华民族伟大复兴梦的实现。

从城市人口文化素质指数的发展时序变化来看，如图 10-9 所示，2000 ~ 2020 年间城市人口文化素质增长率最高的是深圳，达到了 3 486.46%，稳居榜首。从数据显示来看，经济发展更快更好的城市其人口文化素质增长率也更高，北上广深作为我国经济实力最强的四个城市全部上榜；从城市数量来看，南方城市的增长率要明显高于北方城市，这与我国目前的经济发展格局相一致；从城

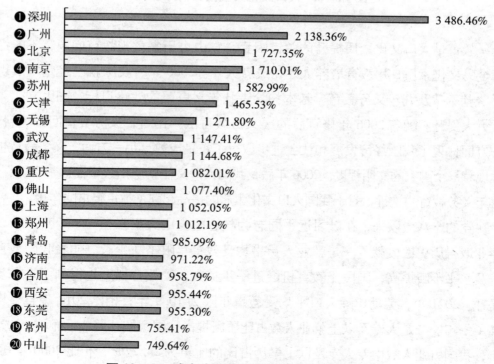

图 10-9　城市人口文化素质指数增幅前 20 名

市级别来看，直辖市和省会城市的人口文化素质增长率要明显高于非省会城市，前二十名中，直辖市和省会城市达到 13 个。从省别角度分析，广东省和江苏省人口素质发展增长率明显更高，上榜城市包括深圳、广州、南京、苏州等，均处于榜单前列，一方面，广东省和江苏省二十年来经济发展取得巨大成就，物质基础坚实，进一步吸引高层次人才集聚；另一方面两省均为教育强省，而教育是人口素质提高的基础性系统工程。

还应看到，尽管我国人口文化素质水平大幅提高，但是还存在与经济可持续发展不相适应和不相协调的状况。虽然整体增长幅度迅猛，但整体指数水平偏低，而且人口文化素质结构发展不平衡，如产业、地区、城乡之间文化素质结构存在较大差异。这种状况对实现人口高质量发展和经济高质量发展以支撑实现中国式现代化将持续产生不利影响。为消除我国人口文化素质对可持续发展的不利影响，应采取相应的对策提高人口文化素质，特别是劳动力文化素质，改善人口文化素质结构，以适应经济可持续发展的需要，促进第二个百年奋斗目标的顺利实现。2023 年第二十届中央财经委员会第一次会议进一步强调了教育事业深化改革问题，指出要把教育强国建设作为人口高质量发展的战略工程，全面提高人口科学文化素质，再次明确了不断提高人口文化素质战略目标对实现中华民族伟大复兴的重大现实意义和深远历史意义。

二、人口规模

近年来，我国人口规模趋于平稳。毫无疑问，一定规模的人口数量是一个国家立足和强大的前提条件，纵观世界大国的兴衰沉浮，人口是其中最积极的要素，劳动力的数量和质量对于国家而言具有至关重要的意义。如图 10-10 所示，2000~2020 年，我国人口规模平均指数总体上呈平稳趋势，以 2010 年为时间节点，2010 年以前增幅平缓，变化较小，近十年来，指数发展波动变大，但总体上变化差异并不大。2020 年全国人口规模平均指数为 0.168，相较于 2000 年的 0.158，增幅为 -0.12%，变化较小。这表明我国人口规模发展趋势趋于平缓，接近人口峰值，将迎来人口负增长时代。

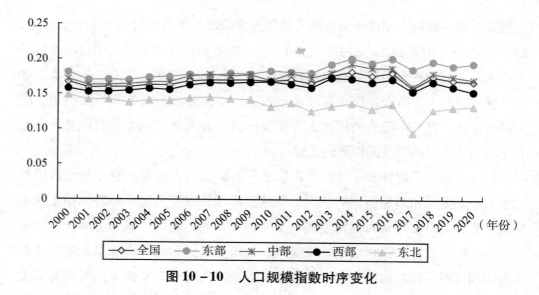

图 10 – 10　人口规模指数时序变化

从城市人口规模发展的时序变化来看，如图 10 – 11 所示，2000 ~ 2020 年城市人口规模指数增幅最快的是烟台，增幅达到 361.42%，位居榜首。从上榜城市的区域分布来看，东、中、西部地区上榜城市个数分别为 12 个、3 个、5 个，

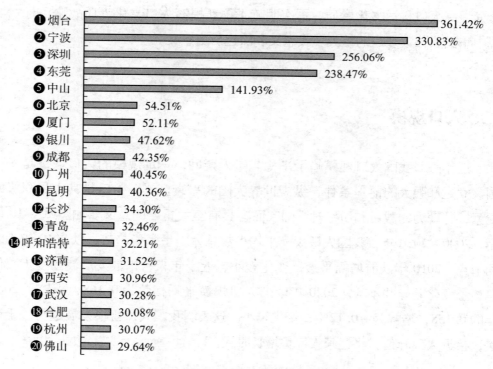

图 10 – 11　城市人口规模指数增幅前 20 名

东部城市人口规模的快幅增长也侧面反映出了我国人口流动的大致方向，即从中西部和东北地区向东部沿海经济发达城市转移。

（一）存量规模增幅放缓，人口数量迎来峰值

我国人口存量规模或迎来峰值。如图 10 - 12 所示，2000 ~ 2020 年，我国人口存量规模指数总体呈上升趋势，但增幅变化差异并不大。2020 年全国人口存量规模指数为 0.125，相较于 2000 年的 0.099，增幅为 26.21%。这表明，过去二十多年间，我国人口存量规模增幅虽然放缓，但人口存量规模仍在未来一段时间内处于增长通道。2020 年第七次全国人口普查统计结果显示，2020 年，我国总人口占全球总人口的 18%，仍然是世界第一人口大国，与此同时还应看到，近年来，我国人口自然增长率和生育率持续走低，人口总量接近峰值，这预示着我国存量人口规模增长或许很快会转入零增长和负增长区间，进入人口存量规模减量增长的新阶段。

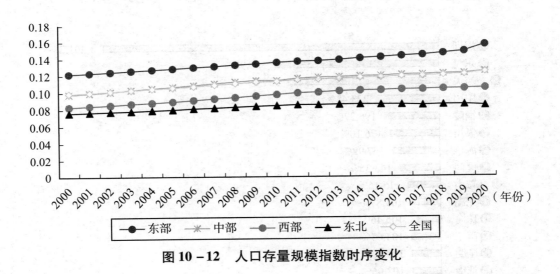

图 10 - 12　人口存量规模指数时序变化

当前，我国已开始采取措施积极应对人口形势的新变化，且这项任务具有艰巨性和长期性，短期内难以立竿见影。2022 年 8 月 19 日，国务院办公厅发函，同意建立由 26 个部门和单位组成的国务院优化生育政策工作部际联席会议制度，统筹协调全国优化生育政策工作。可见生育政策调整是最根本、最重要的供给侧结构性改革，放开并鼓励生育是大势所趋，但目前我国积极生育支持

政策体系仍在起步阶段，下一阶段应加快整体战略规划，不断完善顶层设计，推进生育支持政策端口前移。同时，还应该继续加强人口监测预警，实施更加有效且多维联动的生育支持政策，及时调整和完善经济社会发展战略，以降低人口因素给我国经济社会发展带来的负面影响。

从城市人口存量发展规模的时序变化来看，如图 10 – 13 所示，人口存量规模增长率最高的为深圳，达到 1 201. 78%。从上榜城市数量来看，增长率靠前的城市主要分为两类：一是经济发展速度快、社会发展水平高的东南沿海城市。城市经济社会发展水平越高，政策发展、基础设施等更完善，产业和企业集聚更多，就业机会和发展空间更大，人口集聚效应明显，因此人口存量增长幅度快，例如广东省上榜的深圳、东莞、中山和珠海等城市皆属此类。二是经济发展较为落后的边疆城市。此类城市本身规模并不大，人口数量较少，经济发展水平较为落后，但随着我国整体经济发展水平的提高和国家政策对于边疆地区的扶持等，这些城市在二十多年间经济社会发展取得了长足进步，产业发展和就业机会远远增大，人口自然增长率有了保障，人口流入也明显增多，因此人口

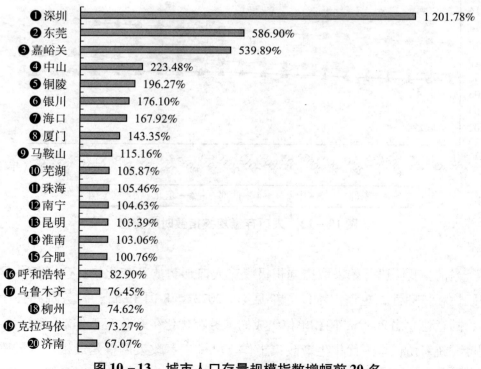

图 10 – 13　城市人口存量规模指数增幅前 20 名

存量规模增长率增幅较大，例如上榜的嘉峪关、呼和浩特、昆明、乌鲁木齐和克拉玛依等城市均属此类。

（二）流量规模波动变大，人口集聚进一步加强

人口流量规模波动不断加大。如图10-14所示，2000~2020年，全国人口流量规模平均指数虽有波折，但总体呈平稳态势，近年来有下降趋势显现。2020年全国人口流量规模平均指数为0.210，相较于2000年的0.237，降幅为11.07%。这表明二十多年来我国人口增长率并不高，增幅呈现放缓态势。同时，区域间的人口流量规模指数差异也显现出了当前我国人口的流动趋势，即人口向经济发达地区和城市群进一步集聚。

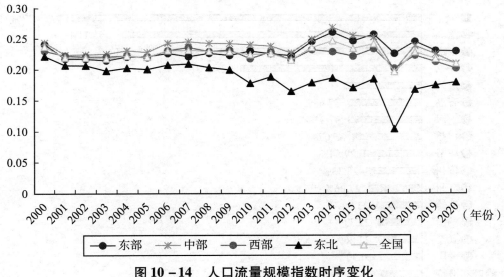

图10-14 人口流量规模指数时序变化

人口流量规模增幅放缓是多种因素共同作用的结果。一是育龄妇女生育观念发生较大转变。进入新时代以来，女性受教育水平不断提高，权益保障更加完善，女性渐渐从传统生育观念中解放出来，生育观念发生了较大的转变，生育时间发生了较大的推迟，且"丁克"家庭的数量也在不断增长。二是生育成本大，经济上难以支持。《中国生育成本报告2020》结果显示，中国家庭养育一个孩子到18岁的平均成本为48.5万元，为人均GDP的6.9倍，该倍数几乎位居全球榜首。在生育成本高、教育成本高等共同作用下，年轻人"不敢生""不

想生""不敢多生"。三是我国经济社会发展到一定水平，特别是工业化、城镇化发展到一定阶段的客观结果，这也是世界各国尤其是发达国家普遍面临的问题。

从城市人口流量规模发展的时序变化来看，如图 10 – 15 所示，2000 ~ 2020 年间，东莞的人口流量规模增幅为 186.37%，位列第一名，深圳和中山紧随其后，增长率均达到 100% 以上，广东省包揽了前三名。从上榜城市分布来看，城市流量规模增幅与经济发展水平存在一致性，即经济社会发展水平越高、发展速度越快，其人口流量规模增幅越高，显著区别于人口自然增长率，同时也从侧面反映了我国当前人口流动的趋势，向一线城市和重要城市群流动的人口数量占据较大比重。

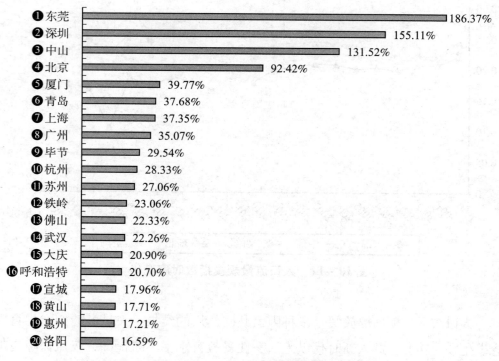

图 10 – 15　城市人口流量规模指数增幅前 20 名

如图 10 – 16 所示，2000 ~ 2020 年间城市人口流量规模减幅前二十名的城市中，四川省共有六个城市上榜，且包揽了前三名；东北地区共有四个城市上榜。与前文结论一致，经济发展水平较落后的地区，人口流出较大，且区域内省会城市和部分经济较发达城市的"虹吸效应"强,吸收了大部分的人口流入。以四川省为例,省内经济发展水平差异较大,成都作为四川省会城市,2022 年 GDP 总量已经超过 2 万亿元,而其他地级市 GDP 超过 3 000 亿元的也仅有绵阳和宜宾,大部分处于千亿元之间[①],地级市经济发展水平远远落后于成都,市内发展产业较少,就业机会也相应并不充足,因此各地级市的人口流出规模巨大。资阳、眉山、德阳的人口流量规模减幅包揽了前三名,大部分人口流向省会成都或东南沿海经济发达城市,人口流动规模降幅处于高位水平。

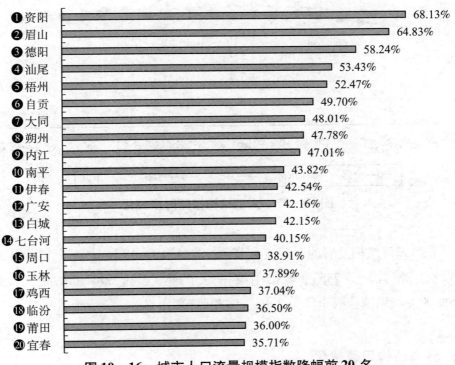

图 10 - 16　城市人口流量规模指数降幅前 20 名

三、人口结构

我国人口结构呈现优化态势,但增幅缓慢。如图 10 - 17 所示,2000 ~ 2020 年,我国人口结构平均指数总体上呈平稳趋势,以 2010 年为时间节点,2010 年

---

① 中华人民共和国国家统计局. 中国统计年鉴 [M]. 北京:中国统计出版社,2020.

之前人口结构指数呈平稳上升态势，2010 年以后逐渐呈下降态势。2020 年，全国人口结构平均指数为 0.430，相较于 2000 年的 0.401，增幅为 7.33%，虽然增幅不大，但也表明了我国的人口结构在不断优化改善，这种优化趋势是在我国人口城乡结构、年龄结构、性别结构和就业结构的四方面综合作用下形成的，但是四个指标的分异较为明显，特别是年龄结构指标下降迅猛。

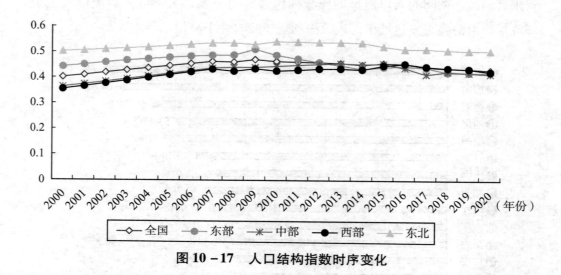

图 10 – 17   人口结构指数时序变化

从城市人口结构发展的时序变化来看，如图 10 – 18 所示，东莞以 64.09% 的增幅稳居榜首，是 285 个城市中唯一一个增幅超过 60% 的城市；崇左以 55.05% 的发展增速位列全国第 2 名、西部地区第 1 名。

（一）城乡结构显著优化

城乡结构显著优化。如图 10 – 19 所示，2000 ~ 2020 年，我国城乡结构平均指数呈上升趋势，且增幅十分迅猛。2020 年，全国城乡结构指数为 0.544，相较于 2000 年的 0.437，增幅为 24.67%。东部城乡结构优化幅度最快，已经超过了全国平均水平，中西部和东北地区的城乡结构平均指数相差不大，并且与东部地区之间的差距正在不断缩小。这表明，2000 年以来，我国的城镇化率不断上升，城乡结构持续优化。

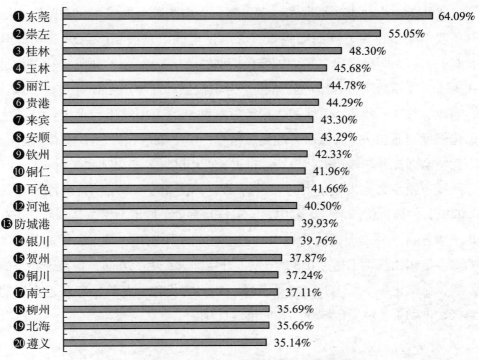

图 10 – 18　城市人口结构指数增幅前 20 名

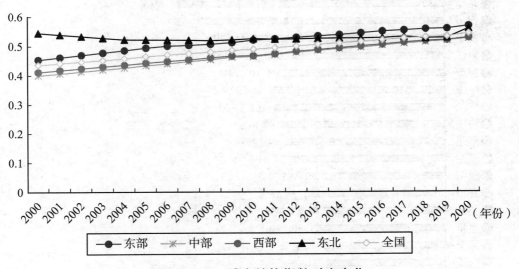

图 10 – 19　城乡结构指数时序变化

党的十四大明确了将城市作为区域经济社会发展的中心，城市地位和作用得到前所未有的重视。2002 年 11 月，党的十六大明确提出"要逐步提高城市化水平，坚持大中小城市和小城镇协调发展，走中国特色的城市化道路"，从此，揭开了我国城镇建设发展的新篇章，城市化与城市发展空前活跃。2012 年 11 月，党的十八大明确提出"走中国特色新型城镇化道路"，我国城镇化开始进入以人为本、规模和质量并重的新阶段。为积极推动新型城镇化建设，户籍、土地、财政、教育、就业、医保和住房等领域配套改革相继出台，农业转移人口市民化幅度明显加快，大城市管理更加精细，中小城市和特色小城镇加速发展，城市功能全面提升，城市群建设持续推进，城市区域分布更加均衡。

从城市城乡结构发展的时序变化来看，如图 10 - 20 所示，云浮增幅达到 220.92%，位列首位。前二十名中，广东省共有 7 个城市上榜，其余均分布在云贵川陕豫五省。一方面是这些城市的起点较低，如铜川、咸宁、丽江等，2000 年的城乡结构指数均不超过 0.3，所以上升空间大；另一方面，得益于经济的快速发展，城镇化率不断上升，推动了城乡结构的优化，尤其是广东省全省的经济腾飞，带动了各地级市城乡结构的迅速优化。

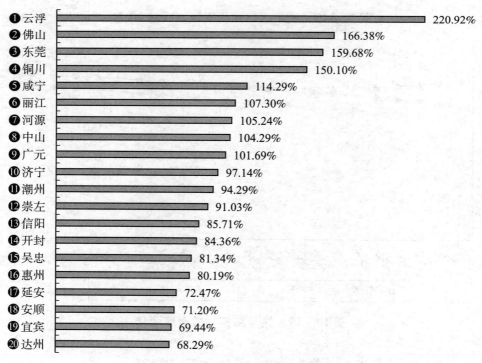

图 10 -20　城市城乡结构指数增幅前 20 名

当前我国城乡结构发展主要还有以下几个关键问题亟待解决。一是城镇化发展的内生阻力。城市发展过程中一系列的"城市病"日益严重，包括交通拥挤、住房紧张、能源紧缺、环境污染等，制约了城市综合承载能力的进一步提升。二是城镇化质量仍待提高。当前我国城镇化增速逐渐放缓，到了质效提升的窗口时期，但城市发展还存在数量不足、功能不够完善等质量和效益等方面问题。三是乡村衰落问题。当前，我国部分地区农村的空心问题已经逐渐凸显，位置僻远、交通不畅、资源环境承载力弱的农村地区将会持续衰退，大量农村将面临迁并整合发展的现实选择，并且随着农村青壮年持续外流、农村人口年龄结构变动和代际空间选择的变迁，农村老龄化问题将会比城市更加突出。此外，由于缺乏代际有序传递，乡土文化可能面临失传的风险，乡村发展活力将面临进一步衰退。

2022 年 10 月，党的二十大报告提出，"坚持人民城市人民建、人民城市为人民，提高城市规划、建设、治理水平，加快转变超大特大城市发展方式，实施城市更新行动，加强城市基础设施建设，打造宜居、韧性、智慧城市"，为新时期推进以人为核心的新型城镇化指明了基本方向。习近平总书记提出了"人民城市人民建，人民城市为人民"的重要理念，深刻揭示了我国新时期城市发展的宗旨、主体和根本目的。人民城市重要理念要求城市发展以人民为中心，坚持人民在城市发展中的主体地位，并以满足人民日益增长的美好生活需要作为城市发展的根本目的，从根本上给出了新发展格局下我国城市高质量发展的方向和路径，为下一步城乡工作提供了根本遵循，将有利于我国城镇化工作的深入推进和城乡结构的进一步优化。

（二）年龄结构不断恶化，社会老龄化不断加剧

年龄结构不断恶化，社会老龄化不断加剧。如图 10 - 21 所示，2000～2020 年，我国人口年龄结构平均指数的发展主要分为两个主要阶段，以 2010 年为界，2000～2010 年，我国人口年龄结构整体呈上升趋势，2010 年达到峰值以后，开始呈明显的下降趋势，且降幅十分迅猛。我国人口统计数据显示，2010 年我国的抚养比下降到 34.2% 的最低值，中国劳动年龄人口达到峰值，2010 年以后，劳动力人口从正增长转化为负增长，与年龄结构平均指数变化趋势相吻合。2020 年，全国人口年龄结构平均指数为 0.319，相较于 2000 年的 0.441，降幅为

27.71%。这表明，我国的人口红利正在不断消失，人口老龄化不断加剧，人口年龄结构正在恶化。

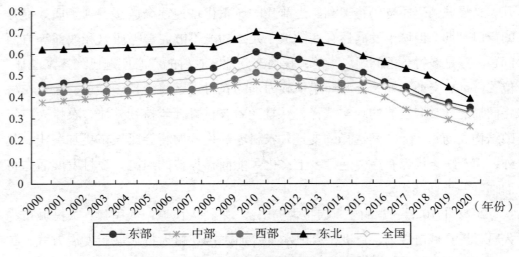

图 10 - 21　人口年龄结构指数时序变化

作为经济增长的要素之一，人口红利消失以及老龄化趋势必定会对我国未来的经济增长和发展造成一定的影响。首先最直接的影响是社保基金缺口将会不断扩大。我国目前的养老金支付由政府、企业和个人商业养老保险三大支柱构成。其中政府主导的基本养老金和社保基金占比超过 2/3，企业和个人的养老保险覆盖率较低。未来人口老龄化加剧必然导致现行制度下赡养负担持续加重，养老金收不抵支缺口将日益扩大。其次是对劳动力市场会造成较大冲击。随着人们生育观念的改变，90 后、00 后的生育意愿明显下降，新生人口出生率下降将成为长期趋势，加上人口老龄化不断加剧，未来劳动力人口总量下降是必然趋势，对社会就业形势也会造成不利影响。再者，人口老龄化加剧还会对经济增长和社会发展产生不利影响。从世界各国经济发展来看，人口老龄化程度越高的国家，经济增幅往往越慢。我国目前正处于人口红利消失以及老龄化的关键转折期和机会窗口期，如何应对人口老龄化加剧至关重要。

从城市年龄结构发展的时序变化来看，如图 10 - 22 所示，山东省城市老龄化幅度最快，达到 75.75%，位列首位。从上榜省份城市进行分析，老龄化加重的原因可大致分为两类：一是以四川、河北和辽宁为代表的人口流出大省，由于经济增速较低，城市发展缺乏活力，就业机会不能满足发展需要，青壮年人口流出规模巨大，导致老龄化不断加重；二是以上海、江苏和山东为代表的东部经济强省，由于经济发达，物质基础丰厚，思想观念超前，家庭结构多以独生子女为主，因此老龄化速度快、程度深。

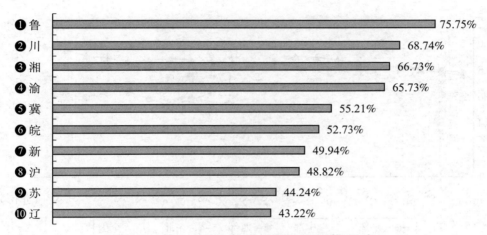

图 10 - 22　省域年龄结构指数降幅前 10 名

积极应对人口老龄化，事关国家发展和民生福祉，是实现经济高质量发展、维护国家安全和社会稳定的重要举措。党的二十大报告强调："实施积极应对人口老龄化国家战略，发展养老事业和养老产业，优化孤寡老人服务，推动实现全体老年人享有基本养老服务。"2023 年 5 月 5 日，第二十届中央财经委员会第一次会议强调指出，要实施积极应对人口老龄化国家战略，推进基本养老服务体系建设，大力发展银发经济，加快发展多层次、多支柱养老保险体系，努力实现老有所养、老有所为、老有所乐。接下来五年作为我国应对人口老龄化的重要窗口期，更要提高积极应对人口老龄化加剧的政策积极性和主动性，最大限度发挥人口对经济发展的能动作用，使我国经济社会发展与人口老龄化必然趋势相适应。

（三）性别结构总体保持平稳

性别结构总体保持平稳。如图 10 - 23 所示，2000 ~ 2020 年，全国人口性别结构平均指数发展趋势主要分为两个阶段：以 2007 年为界，2000 ~ 2007 年，人口结构平均指数呈上升趋势；2007~2020 年，人口结构平均指数呈波折下降趋势，且各区域性别结构指数存在较大差异，指数呈现出不同趋势。这表明，我国区域间人口性别结构正在转向不平衡的发展方向，但全国性别结构总体保持平稳。

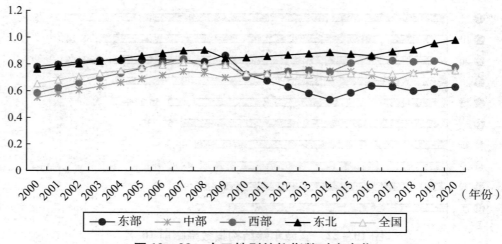

图 10-23 人口性别结构指数时序变化

全国早期人口性别结构失衡很大程度上是出生性别比的失调，出生性别比作为人口性别结构的起点，一旦失常是难以逆转的，不仅直接导致婴幼儿人口的性别比异常，而且还会进一步影响到婚龄人口，进而传递到老年人口，使整个人口的性别比例失衡，对不同年龄阶段和总人口的性别结构带来"多米诺骨牌式"的一系列连锁效应。人口性别结构失衡不仅对社会良性稳定运行造成不利影响，还会冲击社会传统道德伦理体系，导致一系列的社会问题。根据第七次全国人口普查结果，截至 2020 年，全国人口中，男性人口占比为 51.24%，女性占比为 48.76%，总人口性别比为 105.086，与 2010 年第六次全国人口普查基本持平。2020 年，全国人口性别结构指数为 0.754，相较于 2010 年的 0.732，涨幅为 3.048%，涨幅并不大，且近年呈下降趋势。总而言之，人口性别结构失衡的治理工作是一项复杂的系统工程，难以立竿见影，且我国区域性别失衡表现更为突出，工作难度更大，需做好持久战的准备。

我国出生性别比失衡是多种因素综合作用的结果。一是长期以来实行"计划生育"政策的结果。综合全国数据来看，出生性别比失衡最为严重的省份如广西壮族自治区、海南省、河南省等，生育率也呈较高水平，在"重男轻女"社会背景下实施"计划生育"政策很大程度上强化了居民生育男孩的愿望，导致出生性别比失衡。二是经济社会发展水平。排除人口流动因素，经济社会发展水平较低的区域，人口出生性别比越高，一方面是增加劳动力，家庭中男孩数量直接关系到农民家庭的经济收入和生活状况，另一方面是"养儿防老"观念根深蒂固。三是重男轻女的思想观念。思想意识对人的行为有很大影响，中国是一个经历了两千多年封建社会的国家，"传宗接代""不孝有三，无后为大"等传统观念一定程度上根深蒂固，要彻底改变以男性为中心的社会和文化行为模式，克服男尊女卑的传统观念是一项长期的任务，需要一个漫长的过程。此外，随着医学技术的发展，B超和人流技术的普及，非法鉴定婴儿性别和选择性人流等行为依然存在。

从城市性别结构发展的时序变化来看，如图 10 - 24 所示，广西壮族自治区的城市性别结构改善幅度最快，增幅达 96.61%。上榜省份中大多为西部省份，一方面是这些省份城市传统思想观念比较根深蒂固，2000 年的性别结构指数偏低，因此上升空间大，随着经济社会发展和思想观念的解放，人口性别结构逐渐趋于平衡。

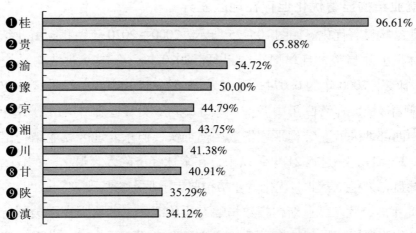

图 10 - 24　省域性别结构指数增幅前 10 名

我国政府始终高度重视男女比例失衡的问题。在国务院的领导下，有关部门已经形成了工作机制，并且在不断加大工作力度。采取的措施主要包括以下四个方面：一是加快发展社会生产力，不断改善人民生活水平。物质资料的生产影响和决定着人口生产，物质越丰富，人们在生产和生活上对子女依赖性就越弱，科技越发展，生产力越进步，男性的性别优势就越小，性别歧视就越来越容易被淡化。二是要进一步完善社会保障制度。"养儿防老"观念的背后是社会保障缺位，一旦社会保障体系不断完善，此种观念也自然会淡化。三是要落实男女平等的基本国策。党的十八大以来，党和国家不断完善落实男女平等基本国策的体制机制，坚持把妇女事业发展纳入国家发展总体布局，综合运用法律、政策、行政、教育、舆论等手段促进妇女事业与经济社会协调发展，有力地促进了男女平等事业取得新进步。与此同时，也应该看到当前社会上妇女持续发展所面临的挑战依然严峻，全社会的男女平等观念还需要进一步加强，贯彻落实男女平等基本国策的力度还需要进一步加大，传统性别文化中有关"男尊女卑""干得好不如嫁得好""男主外女主内"的性别观念和分工模式仍然影响较大，严重影响男女平等的进程，要进一步将基本国策落实为具体细则，保障妇女权益。四是要严厉打击非法胎儿性别鉴定和非医学需要的人工终止妊娠行为，保护女婴权益，保障生命权的平等。五是要加强相关部门的配合，使资源和信息共享，形成合力。

（四）就业结构显著优化但存在地区差异

就业结构显著优化。如图 10－25 所示，2000～2020 年，我国就业结构平均指数整体呈上升趋势，且增幅十分迅猛。2020 年，全国就业结构平均指数为 0.105，相较于 2000 年的 0.074，涨幅为 42.53%。其中，东部地区就业结构平均指数增幅最快，显著高于中西部和东北地区，处于全国平均水平之上，2010 年以来中西部地区就业结构平均指数增幅加快，但东北地区就业结构出现了下降趋势。总而言之，进入 21 世纪以来，在全球经济陷入衰退之际，我国经济发展逆风翻盘，为稳定就业、优化就业结构奠定了坚实的基础。

2008 年后，我国就业结构指数增幅有所放缓，主要原因在于美国持久的次贷危机转化为严峻的世纪性金融危机，并且迅速席卷了全球，世界经济陷入寒冬，不仅对我国经济发展带来严重困难，也对我国就业造成了不小的冲击。一是对进城打工者的就业冲击最大。国际金融危机最先席卷至我国开放型经济最为发达的东部沿海省份，造成大量出口产业和企业部门用人需求快速下降。二是危机造成的影响范围在不断扩大。对外向型产业造成冲击后，继而影响产业链

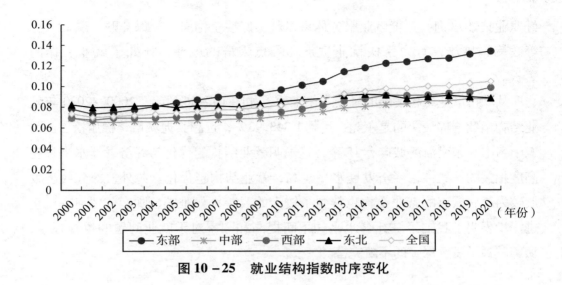

图 10 – 25　就业结构指数时序变化

的上下游其他产业，造成就业下滑。三是就业挤压效应进一步扩大。局部就业紧张的地区和行业形势进一步恶化。2008 年我国城镇登记失业率达 4.2%，达到近 3 年峰值水平。2009 年 2 月，国务院出台《关于做好当前经济形势下就业工作的通知》，提出紧密结合实施扩大内需促进经济增长的措施，千方百计扩大就业，为国际金融危机下稳定我国就业局势，保障民生工作采取了切实有效的措施，防止了失业率的进一步升高。

党的十八大以来，我国就业形势保持基本稳定，结构出现较大调整，第三产业和城镇就业大幅增加，个体经济和创业吸收了大量就业，不仅是经济社会发展的突出成绩，也进一步为经济社会持续稳定健康发展奠定了基础。就业结构的进一步优化主要体现在以下几点：一是第三产业就业人数大幅增加，服务业尤其是新兴服务业的就业吸纳能力要远远高于传统制造业。二是城乡就业结构的持续改善，随着我国城镇化进程的进一步加快，城镇就业的吸纳能力已经远远高于农村，进一步优化了就业结构。三是个体私营经济吸纳就业的能力显著增强。党的十八大以来，我国进一步深化改革，不断激发市场活力，促进了个体和私营经济的蓬勃发展，有力带动了非公经济就业人数的大大提升。四是重点人群就业工作扎实推进。高校毕业生、下岗再就业人员、零就业家庭、退役军人、残疾人等重点群体作为就业工作的重点和难点，党中央和各级各部门紧紧围绕"社会政策要托底"的政策思路，通过加强就业援助，强化对灵活就业、新就业形态的扶持，加大再就业支持力度，托底帮扶就业困难人员，搞好职业技能培训，完善就业服务体系，落实好援企稳岗、社保补贴、税费减免等政策和措施，有力帮扶就业重点和难点人群的就业，补齐了就业工作的短板。

从城市就业结构发展的时序变化来看，如图 10－26 所示，2000～2020 年就业结构指数增幅最快的是东莞，达到 1 343.93%，远超其他城市，稳居榜首。前二十名中，东南沿海城市有 15 个，这表明就业结构的优化与经济发展水平存在高度相关的一致性，经济发展水平越高，就业结构越优化。此外，部分经济发展较为落后城市的就业结构也得到了较大的改善，如雅安、陇南、漯河等，也进一步表明了我国经济社会水平的不断提高和国家对于就业问题的重视程度，切实做到了民生保障的不断完善。

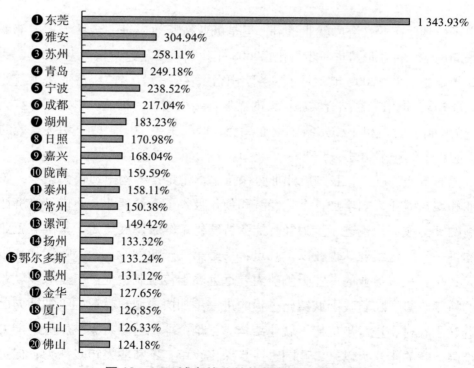

图 10－26　城市就业结构指数增幅前 20 名

党的二十大报告从增进民生福祉、提高人民生活品质出发，强调就业是最基本的民生，社会保障体系是人民生活的安全网和社会运行的稳定器，对实施就业优先战略、健全社会保障体系作出专门部署，明确了"十四五"时期就业工作的目标要求和工作任务，将不断优化我国就业结构，保障和稳定就业局势。

第二节　城市人口发展的空间分布

分区域来看，2000～2020 年间，全国范围内城市人口发展质量指数均有了稳步提升，但是区域间差异较大，分异较为明显，总体而言，呈现出明显的"南高北低，东高西低"发展态势，与我国经济发展格局存在高度相关的一致性。东部地区人口发展质量平均指数明显高于全国平均水平，在四大区域中居于榜首；西部地区在 2015 年以前，指数水平一直位于最末位，到 2020 年时，已经逐渐赶超东北和中部地区；截至 2020 年，除东部地区以外的其他三大区域，人口发展质量平均指数仍未达到全国平均水平，可见东部地区人口工作取得了长效显著的影响，走在全国前列。

经济因素是影响人口发展质量的最关键因素。2000～2020 年间，东部沿海城市和区域重要城市的人口发展质量指数上升更为显著，这从侧面反映了当前我国人口流动的趋势。从全国范围来看，向东南沿海的人口流动仍然占据大部分比重，但近年来一些二线城市崛起也吸引了部分回流；从省内角度来看，向省会城市和省内经济发展强劲城市的人口转移规模加大。人口集聚不仅影响城市发展的规模大小，对城市发展的各个方面均会产生一系列影响，包括城乡结构、年龄结构、性别结构和就业结构。

从城市人口发展质量指数的当前变化来看，如图 10－1 所示，2020 年，深圳人口发展质量指数水平最高，稳居榜首，是 285 个城市中唯一一个指数超过 0.5 的城市，四个直辖市也全部上榜，排名均在前十名。从城市区域分布来看，东中西部城市的数量依次为 15 个、2 个和 3 个，说明区域间人口发展质量存在差异且差异较大。此外，中西部地区上榜的城市均为区域的重点发展城市，如中部的武汉和郑州、西部的成渝及西安。

一、人口素质

进入 2000 年以来，全国范围内城市居民人口素质整体在提升。其中东部地区的人口素质平均指数相对其他地区要更高，其次是中部地区，西部和东北地区的人口素质平均指数相对较低，处于全国人口素质平均指数以下。东北地区增幅相对较慢，在 2000 年伊始人口素质指数水平处于全国前列，但截至 2020 年时，已经明显落后于其他三个区域。总体来说，我国人口素质区域分异较大，由东到西呈现明显的逐渐递减态势。

从城市人口素质发展变化来看，如图 10－27 所示，2020 年，人口素质平均指数排名中，深圳、北京和上海分别包揽了前三名，此外，前二十名均为东部城市，中西部和东北地区无一城市上榜，也再次印证了人口素质东高西低的总体结论，反映了我国当前各区域间人口素质差异大的事实。此外，浙江省人口素质整体水平较高，共有 10 个城市上榜，远远超过其他省份。

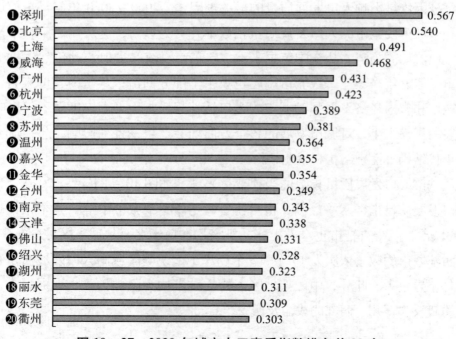

图 10－27　2020 年城市人口素质指数排名前 20 名

（一）人口身体素质呈"东高西低，南高北低"态势

人口身体素质呈"东高西低，南高北低"态势。东部地区人口身体素质平均指数明显高于其他地区，2015 年后，西部地区人口身体素质逐渐赶超中部地区，截至 2020 年两地区指标已经十分接近，而东北地区的人口素质平均指数则一直显著低于其他地区，居于末位。从城市人口身体素质指数的空间分布来看，如图 10 - 28 所示，2020 年，我国城市中人口身体素质指数排名前十的省份中，东部省份占了七个，北方省份占了三个，再次佐证了本报告的结论，我国城市人口身体素质指标呈"南高北低、东高西低"态势。

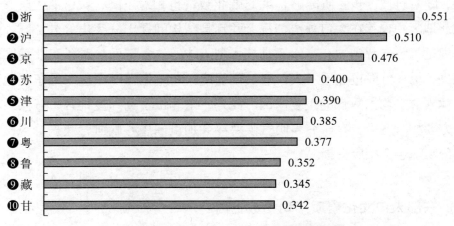

图 10 - 28　2020 年省域人口身体素质指数前 10 名

这种态势的形成首先取决于城市经济发展水平的高低。经济发展水平是城市发展的物质基础。从政府角度来说，经济发展水平越高，政府财政收入就越多，更大比重的财政支出会倾斜给医疗卫生事业，从而进一步提高社会卫生健康治理水平；社会多方面保障更加完善，社会福利水平更高，包括医保、社保、育儿保险等；基础设施建设更加完善，包括社区、学校体育器材设置等；社会健康意识更加突出，城市全民健身氛围浓厚。从居民角度来说，人均可支配收入更高，用于卫生健康的支出占比也会相对更高，健康意识也在不断加强。

其次是城市对于居民健康的保障政策。以排名第一的浙江省省会杭州为

例，杭州人口身体素质的快幅提高与杭州政府始终把居民健康摆在第一位的政策措施是分不开的。杭州在市委书记和市长为双组长的健康杭州领导小组部署下，以人人享有健康为目标，深入开展健康杭州"六大任务"建设，以落实健康第一责任人为目标，持续推进健康细胞培育工程，积极倡导文明健康的生活方式。持续优化"6 + 1"平台大健康共建体系，建立健康行动任务责任清单，强化条块联动，构建责任共同体，因此杭州多次获评全国健康城市建设样板市、健康中国年度标志城市、健康浙江建设先进市，城市居民身体素质整体较高。

东北人口身体素质指数位列末位，这与当前东北地区的人口结构分不开。东北经济发展水平在全国处于靠后位置，产业结构也多以第一产业和第二产业为主，随着科技进步，所能够容纳的就业数量也相对下降，城市活力匮乏，因此东北地区一直存在人口外流情况，并且是结构问题十分突出的外流。外流人口主要是青壮年劳动力和高素质高技术型人才，这一方面加重了东北地区的人才流失，另一方面也加重了人口老龄化程度。老龄化程度深也正是东北地区人口身体素质平均指数低的主要原因。此外，东北位于高纬度地区，气候条件相比南方要相对恶劣。有研究表明气候寒冷会加重罹患心脑血管疾病的风险，免疫系统功能也会相应受损。[①]

（二）东部人口文化素质平均指数更高

东部人口文化素质水平显著高于其他区域。2000 ~ 2020 年，东部地区人口文化素质平均指数均明显高于其他地区。2020 年，东部地区人口文化素质平均指数为 0.115，而中部、西部和东北地区的人口文化素质平均指数依次为 0.048、0.045 和 0.043，接近高出 5 个百分点，中部、西部和东北地区的人口文化素质平均指数基本相近，差异较小。如图 10 - 29 所示，2020 年，我国 285 个城市中人口文化素质排名前二十的城市中，中部城市仅有武汉、郑州两个，西部城市有三个，分别为重庆、成都和西安；其余均为东部城市。这再次印证了本报告的结论，东部地区人口平均文化素质明显高于其他地区。

---

① 世界心脏日 | 一项持续百年的科学探索：寒冷如何诱发心血管疾病［EB/OL］.（2022 - 09 - 29）［2024 - 03 - 06］. 澎湃网，https://www.thepaper.cn/newsDetail_forward_20108744.

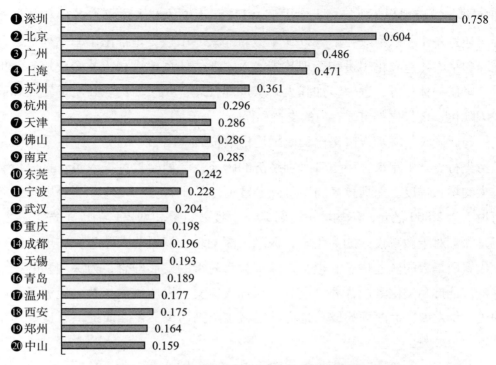

图 10－29　2020 年城市人口文化素质指数前 20 名

　　就东部地区整体来说，首先相比其他地区经济发展水平更高，就业机会相比其他地区来说更大，因此人才虹吸效应更强，其他地区的高素质人才会被吸引流动到东部地区；其次，东部城镇化率要明显更高，大城市更多，对教育的重视程度更高，教育方式更加科学；此外，我国重点大学分布特点呈现由东到西依次递减的态势，东部地区教育资源更加丰富，更有利于人口文化素质提升。

　　"孔雀东南飞"被用来描述各种人才南下深圳的景象，深圳始终保持着对人才高强劲的吸引力，而这也正是深圳人口文化素质指数稳居榜首的重要原因。深圳作为我国最早改革开放的重点城市和全国首个经济特区，现如今已经形成了以高新技术、现代物流、金融、文化为主的四大支柱产业网，完善的产业链和创新创业体系、开放包容的城市文化氛围、高效开明的行政效率和政府办公职能、发达的资本市场和完善的金融体系、优良的投资环境和适宜的气候条件都正在使深圳成为现代化国际大都市，不断吸引多元化人才入驻。此外，深圳吸引人才的政策条件也十分优渥，展现了深圳尊重和善待人才的城市态度。

2015 年起，深圳开始执行《人才安居办法》，不仅放宽人才落户条件和数量指标，还进一步予以财政补贴。2023 年最新的人才引进更是推出了一系列优惠政策，包括人才差异化引进和管理政策、人才评估体系建设和人才全程培养、推进产学研一体化等，进一步加强人才引进和管理，为深圳实现高质量发展和建成国际化、现代化都市强有力的支持和保障。

与此同时，深圳人口文化素质平均指数位居全国第一的另一个重要原因是教育先行。几十年来，伴随着深圳经济的腾飞，深圳的教育投入也一直保持着较大的增长幅度。深圳教育局发布公告显示，深圳 2018～2022 年累计财政性教育投入为 2 800 亿元，年均增长达到 20%，投入总量和增幅均为广东省第一名，正是深圳对于教育投入的大手笔，保障了深圳教育发展的大跨越，实现了人口文化素质指数的快速增长。也正是深圳教育先行的发展理念，为深圳和国家培养了一批批高文化素质人才，提高了深圳人口文化素质平均指数，促进了深圳的进一步发展。而深圳的成功也为其他城市提高居民文化素质提供了良好的示范效应与经验。

二、人口规模

我国人口规模指数各区域的增幅均呈现放缓态势，但区域之间表现出明显的分异性。从人口规模大小来看，东部城市大于西部城市、南方城市大于北方城市；从人口迁徙流动情况来看，当前我国人口流动依然十分活跃，向经济发达的东南沿海地区和城市群的人口流动占了人口流动中的绝大比重，城市的人口集聚效应进一步凸显。

从城市人口规模发展变化来看，如图 10－30 所示，2020 年，人口规模平均指数前二十排名中，北上广深四个超级大城市全部上榜，依次位列第 6、8、10、4 名；东部地区共上榜 13 个城市，多分布在广东、山东和河北三个人口大省，显著高于其他地区；中西部分别上榜 3 个和 4 个城市，重庆在中西部城市中位列第一，在全国排第 3 名，成都和西安分别位列第 7 和第 16 名。

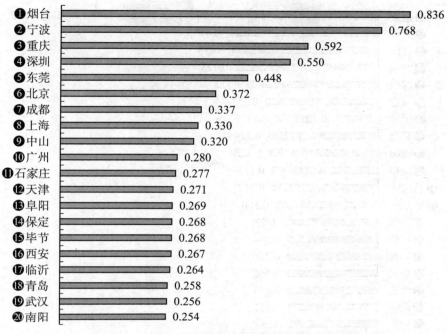

图 10-30 2020 年城市人口规模指数前 20 名

（一）人口存量规模从东至西依次递减

人口存量规模"东高西低"。从区域分布来看，东部、中部、西部的人口存量规模平均指数依次递减且呈上升趋势，2020 年，东部、中部和西部的人口存量规模平均指标依次为 0.157、0.125 和 0.085，呈现明显的递减趋势，而东北地区较为特殊，不仅人口存量规模平均指数始终居于末位，且从 2010 年开始指数呈下降趋势。如图 10-31 所示，2020 年，从我国 285 个城市中人口存量规模前二十排名的城市的区域分布来看，人口存量规模指数排名靠前的城市大部分位于河南省和河北省，以及北京和上海两个超级大城市，川渝地区成都和重庆人口存量规模指数表现强劲，依次位列第 1、2 名。

东部地区人口存量规模大的主要原因可以从自然和社会两个大方面来进行分析。我国东部地区处于第三阶梯，多平原丘陵，耕地面积相对更大，且为季风气候，降水量要远大于西部地区，因此相比其他区域更为宜居；从社会层面上来讲，东部地区经济社会发展水平更高。一是东部市场发育程度更高，改革开放后东部地区抓住了政策倾斜的有利时机，走上了经济发展的良性轨道，市场发育程度远高于我国其他区域；二是东部资本投入更大，自筹和市场化融资

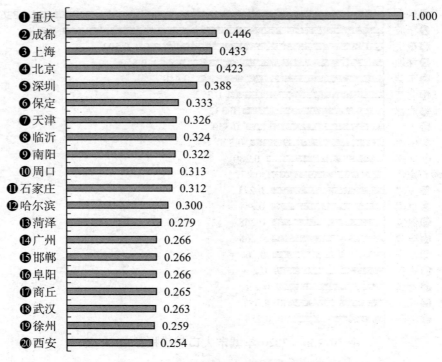

图 10 - 31　2020 年城市人口存量规模指数前 20 名

能力更强；三是产业结构的优化升级，我国东部地区第三产业占比明显高于其他区域，就业容纳能力更高；四是文化制度因素，东部地区毗邻海洋，而中部和西部地区位于内陆，其背后所培养的思维方式、文化观念和意识形态均存在差异，东部文化和思维更趋于包容开放和创新。综上所述，东部地区相比其他区域的吸引力更高，因此目前人口规模存量更大。

作为川渝地区的省会城市，成都和重庆的人口存量规模指标增幅发展劲头十分强势，2000 年，成都和重庆的人口存量规模指数分别为 0.269 和 0.817，截至 2020 年，二者的人口存量规模指数已经增长至 0.446 和 1.000，增幅为65.82% 和 22.47%。背后原因一是成渝城市群作为西部经济基础最好，经济实力最强的区域之一，属于引领西部开发开放的国家级城市群，产业实力雄厚，具有较强的城市竞争力和吸引力，未来发展空间和潜力巨大。二是相比北京、上海和广州的高房价和高生活成本，川渝地区的生活成本明显要低得多。此外，成都和重庆还出台了许多政策来吸引人才，包括创新创业支持、财政支出、城市落户等方面，进一步提高对人才的吸引力。

近年来，我国东北地区的人口始终呈现负增长态势。一方面，人口自然增长率不容乐观，均为负值，且常住人口也在逐渐减少；另一方面，东北地区经济发展目前处于爬坡转型的坎坷阶段，经济形势尚不明朗。这两方面因素是东北地区人口存量规模平均指数处于全国末位的最主要原因。

（二）中心城市人口集聚态势凸显，广东省人口增长动力强劲

新一线城市人口集聚迅猛。从区域分布上来看，东部、中部和西部地区的人口流量规模平均指数差异较小，虽然不同时间段内存在起伏，但总体上趋于平稳态势，东北地区的人口存量规模平均指数相较于其他地区较低，但就近几年来看，这种差异正在缩小。2020年，东北地区的人口流量规模平均指数为0.180，而东部、中部和西部地区指数依次为0.230、0.210和0.202，东北地区和西部地区仅差两个百分点。如图10–32所示，2020年，我国285个城市中人口流量规模指数排名前二十的城市中有八个城市都来自广东省，与此同时，新一线城市或者强二线城市的人口流量规模正在大幅上升，包括厦门、青岛、杭州和佛山等。

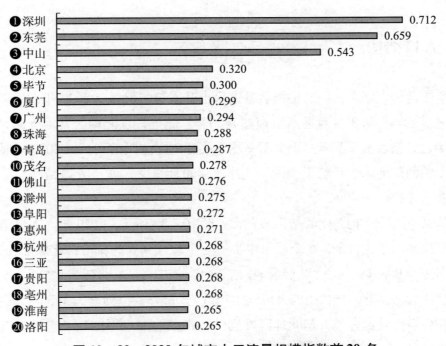

图 10–32　2020 年城市人口流量规模指数前 20 名

广东省作为我国人口流入的第一强省，人口增长动力依然保持强劲，同时也折射出广东经济社会发展的稳中向好，正是推动广东省进一步实现高质量发展的优势所在。广东省作为改革开放的先行者之一，全省经济总量始终保持连续增长，目前已经发展成为全球性的制造业基地和重要的出口大省，这些都为广东省发展创造了重要条件，成为吸引大量资本和人才的基本因素。具体原因包括外来就业机会多、务工人员规模庞大；国际商业贸易集中地，人口流量大，单位时间内人口存量规模大；交通枢纽，人口流动规模不断增大；高校多，外来学生数量大；国际交流中心，吸引的外国人才数量也在上升。

近年来，新一线城市的人口流入增量迅猛，越来越多人口正在向新一线城市或者强二线城市集聚。一方面是由于北上广深等大城市高生活成本的压力，传统一线大城市的人口流入有所下降；另一方面是新一线城市的经济快速发展，潜力巨大，同时生活成本压力相比传统大城市要更低。此外，新一线城市的"抢人大战"也进行得如火如荼，青岛、佛山、珠海、茂名等均出台了一系列的优惠政策吸引人才集聚。三亚的人口流量规模指数排名要相对靠前，主要原因是旅游业相对发达，吸引了大量游客和旅居者。

三、人口结构

全国范围内城市人口结构指数普遍呈上升态势，但截至 2020 年，呈现出明显的区域分异，从东至西逐渐呈现递减态势。此外，东北地区发展受阻，2000年初始，其指数水平明显高于全国平均水平，走在全国前列，但 2020 年时明显落后于中西部地区，且低于全国平均水平。总而言之，城市人口结构与经济社会发展水平存在一致性。

从城市人口结构变化的结果来看，如图 10-33 所示，2020 年，人口结构指数水平最高的东莞，是 285 个城市中唯一一个超过 0.6 的城市；北京排名第二，指数水平为 0.551；可以注意到，在前 20 名城市中，东北三省城市共上榜 14个，整体排名靠前，如白山的人口结构指数为 0.548，位列全国第 3 名。这种情况可能与指标设置有关，东北地区性别结构指数的高水平拉高了整体人口结构指数的排名。

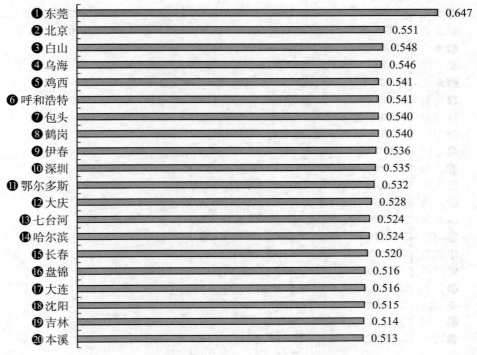

图 10-33　2020 年城市人口结构指数前 20 名

（一）城乡结构不断优化、稳中向好发展

城乡结构稳中向好发展，地区差异较小。从区域分布上来看，目前东部地区城乡结构平均指数居于首位，往后依次为东北地区、西部地区和中部地区。整体区域均处于平稳上升态势，这表明我国城乡结构不断优化，正在稳中向好发展。常住人口城镇化率作为城乡结构的关键衡量指标，也进一步表明全国范围内城镇化率正在稳步提升。城镇化作为现代化发展的必由之路，是我国目前构建国内大循环为主体，国内国际双循环新发展格局最大的内需潜力和发展动能所在，对我国全面建成社会主义现代化意义重大。如图 10-34 所示，2020年，我国 285 个城市中城乡结构排名前 20 的城市中，南方省份城市有 8 个，东北地区城市有 3 个，其余均为北方城市；其中深圳的城乡结构指数达到 0.72，夺得榜首。

由上榜城市分析可知，我国城市城乡结构优化即城镇化率提高的发展道路主要有两个大致方向。一是以重工业为主的北方城市参与国内产业链价值链发展道路；二是以出口拉动为主的南方城市参与国际产业链价值链发展道路。例如，

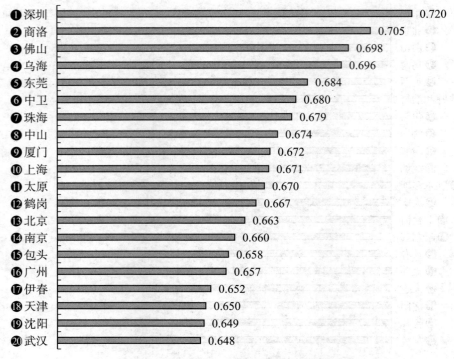

图 10 – 34　2020 年城市城乡结构指数前 20 名

东北三省，在新中国成立之初计划经济时期，以煤炭、钢铁为代表重化工业主要分布在此，其工业发展水平当时已经领跑全国，城镇化率更高，城乡结构更为优化；而改革开放后，随着经济特区和开放口岸的设立，东部和南方沿海城市逐步放开，经济开始腾飞，城镇化率进一步提高和城乡结构进一步优化。直到 2010 年左右，东北地区的城乡结构指数才逐渐被东部地区赶超。

西部和中部地区的城市城乡结构平均指数基本相近，差异不大，且二者均呈稳步上升态势。2000 年，中部地区和西部地区的城乡结构平均指数分别为 0.400 和 0.412，而到 2020 年时，城乡结构平均指数分别为 0.527 和 0.529，增幅分别为 31.75% 和 28.59%。随着西部大开发和中部崛起战略的深入推进，一方面东部沿海产业加快向中西部转移，另一方面，中西部不断推出新政策扶持本地产业做大做强，工业水平不断提高，因此城镇化率快速增长，城乡结构进一步优化。目前从总量和增量上来看，中西部发展空间仍然很大，部分城市发展势头强劲，城镇化率会进一步提高，更好发挥城市职能，走高质量发展之路，加快实现现代化。

（二）人口性别结构区域差异较大

人口性别结构各区域差异较大。从区域分布上来看，东部地区的人口性别结构指数处于下降趋势，截至 2020 年，人口性别结构指数位列最末位，而东北和中部地区人口性别结构指数逐渐提高，西部地区指数整体表现为上升态势，但近年来有所下降。整体而言，区域间人口性别结构失衡问题已经逐步显现。一旦人口性别结构产生重大失衡，对我国经济、政治、文化和社会各个方面带来的影响将会是全面和深刻的结构性问题，会产生长期危害。一是女性权益受损，女性相比男性更少且男女比持续升高的趋势直接反映了出生性别不平衡以及女婴非正常的高死亡率；二是加速人口老龄化，女性作为直接生育者，其数量减少，必然导致出生率下降，将加速人口老龄化，对我国人口系统产生长期持续影响，从而进一步冲击社会各个方面。

从东部区域中来看，广东省人口性别结构指数最低，2020 年指数为 0.296，远低于全国平均指数 0.794。广东省作为我国的第一经济大省，从改革开放以来一直是主要人口流入之地，人口集聚度始终处于高位水平，而根据流动人口的实际情况来看，男性在流入人口中占比更高，尤其是远距离流动，因此，随着大量男性劳动力流入，在相当大程度上使广东省性别进一步失衡。如图 10 - 35 所示，2020 年，东北三省人口性别结构指数包揽前三名，三省人口性别结构平均指数为 0.982，相较于全国水平将提高了两个百分点，主要原因是人口外流尤其

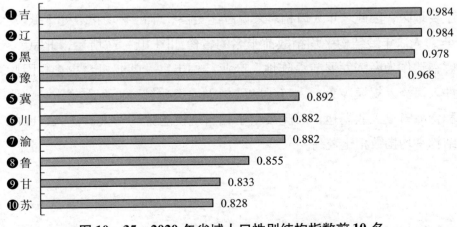

图 10 - 35　2020 年省域人口性别结构指数前 10 名

是男性人口外流。近年来，受经济发展和就业等问题制约，东北地区人口外流严重，尤其是男性青年更为突出；此外，女性平均寿命相比男性更长，上述原因共同导致东北地区"女多男少"的局面，所以东北地区反而人口性别结构指数更高。

（三）人口年龄结构呈现"东高西低"态势，老龄化问题突出

人口年龄结构"东高西低"。从区域分布上来看，全国范围内各区域人口年龄结构平均指数均呈下降态势。其中，中部和西部地区的人口年龄结构平均指数居于末位，东部地区指数略高于中西部地区，但近年来下降幅度正在加快，这表明了我国近年来社会老龄化程度正在不断加深，呈现出老龄人口数量大、人口老龄化幅度在加快、各城市老龄化程度差异大，且应对人口老龄化任务重的显著特点，紧随而来的是老年人口规模和比重的不断扩大、老年抚养比和社会抚养比不断上升的人口年龄结构困境。

如图 10－36 所示，2020 年，人口年龄结构平均指数倒数十名的省份中，东部省份有 3 个，中部省份有 3 个，西部省份有 4 个。可以看到，川渝地区的人口年龄结构平均指数处于低位水平。一方面是四川省地级市数量较多，地级市大量劳动力人口流出，另一方面，人口向省会成都和重庆主城区聚集，省内差异较大。此外，湖南、安徽、河南等一些中部地区，距离长三角和珠三角等经济发达地区位置近，且近年来高铁网络的建设进一步缩短了省际距离，为了追求更好的就业机会和发展前景，大量青壮年人口流失。而西部省份一直是人口流失的主要地区，因此老年人口相对来说占比更高，年龄平均指数处于低位水平。2020 年，人口年龄结构平均指数前十名的省份如图 10－37 所示，北京、天津、广东、福建作为经济发展前沿阵地，产业结构丰富、就业机会更多，因此青壮年男性人口流入规模庞大，人口年龄结构平均指数较高；而内蒙古自治区、山西省和青海省重工业发达，因此吸引了相当规模的劳动力人口流入，因此人口年龄结构平均指数相比较高。

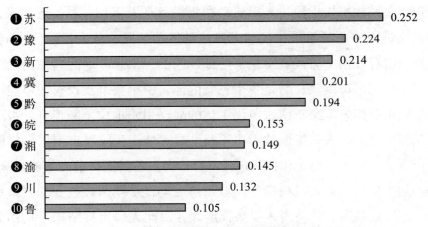

图 10 – 36　2020 年省域人口年龄结构指数后 10 名

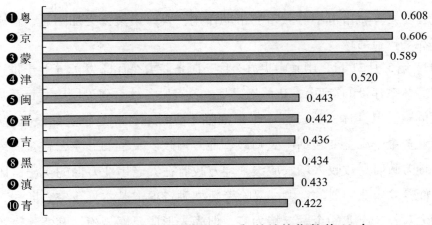

图 10 – 37　2020 年省域人口年龄结构指数前 10 名

此外，可以看到，云南省的人口年龄结构平均指数处于全国前位，这与云南的基本省情分不开，存在一定的特殊性。一方面云南作为一个多民族的边疆省份，少数民族人口占比接近八成，在计划生育方面存在优待政策，因此生育更替水平更高，且云南少数民族生育观念一方面受汉族"多子多福""四世同堂"等文化的影响；另一方面还受地理环境和文化习俗的影响，"早婚早育""抢婚""试婚"等婚恋习俗仍然保留至今。云南人口年龄结构指数偏高的另一原因是，经济发展水平不够，人口老龄化具有滞后性和后发性特点，相比东部沿海发达省份来说，云南的人口社会抚养费用并不高。总体来说，云南的出生率和人口自然增长率均高于全国平均水平。

　　人口年龄结构平均指数与人口流动和集聚存在着密切关系。近年来，随着我国城镇化进程的不断推进，我国人口流动日益活跃，从人口空间布局来看，人口集聚主要存在两个方向：一是从中部、西部、东北等地区向东南沿海等经济发展水平高的城市聚集；二是各个省域内部，中小城市及农村人口向中心城市集聚。城市群作为国家新型城镇化主体的战略引领地位不断提升，吸引人口流入数量规模庞大，人口集聚效应也不断凸显。处于我国城市群第一梯队的京津冀城市群、粤港澳大湾区和长三角城市群，代表着我国目前发展的最高水平，以劳动力为主体的流动人口将持续向城市群流动，是我国最主要的人口和经济集聚地，人口基数大、劳动力人口规模庞大，因此人口年龄结构平均指数水平领跑全国。而从省域层面来说，成渝城市群、长江中游城市群、中原城市群和关中平原城市群进一步发育和成熟，成都、重庆、武汉、长沙、郑州、西安等将会进一步发挥城市群中心城市的带动作用，人口集聚会更加明显，省域范围内人口流动日益活跃。

　　2023 年 5 月 21 日，中共中央办公厅、国务院办公厅印发了《关于推进基本养老服务体系建设的意见》，积极推进基本养老服务体系建设以应对日益加剧的老龄化问题。但具体实施过程中仍然面临不少挑战。一是融资建设资金问题。养老事业资金来源主要包括中央财政、地方财政以及福利彩票公益金。经济新常态下地方政府财政收入增长放缓，地方政府在养老事业方面的支出占比相对较小，而养老事业发展的金融、保险等新型融资渠道基本处于空白阶段，尽管国家加大对养老产业的金融支持力度，但尚未形成足够规模，融资建设资金仍存在较大缺口。且养老产业项目的收益回报率相比其他商业项目要低得多，因此在资金融资方面也一直存在困难。整体上说，养老服务融资建设投入不足，保障功能目前较弱，养老设施及养老服务明显供不应求。二是审批程序较为复杂。养老服务属于重大的社会民生问题，是政府必须参与其中、进行严格监管的特殊行业，因此衍生出多种行政审批事项。三是农村养老问题突出。当前我国农村养老服务建设要远远落后于城市建设，且养老问题十分突出。随着农村青壮年大量外出务工，导致赡养脱离，农村空巢老人数量规模十分庞大，生活照料缺失问题普遍存在，此外，农村养老机构建设条件也较为落后，总而言之，农村养老面临严峻考验。四是养老专业人才缺失。当前我国养老服务队伍人员规模不足，明显处于供不应求状态。养老服务职业发展面临劳动时间长、强度大、薪资低、晋升难等一系列问题，服务人员流转率较高，队伍整体不稳定，且符合标准的专业人才更是凤毛麟角，大部分是未经培训、"边干边学"的非专业人员。

（四） 东部人口就业结构平均指数领跑全国，其他区域差异较小

东部就业结构全国最优。从区域分布来看，东部地区人口就业结构平均指数领跑全国，而中部、西部和东北地区人口就业结构平均指数相差较小。2020年，东部地区人口就业结构平均指数为 0.135，而中部、西部和东北地区的人口结构平均指数依次为 0.088、0.099 和 0.089，明显低于东部地区。但整体来看，各区域的就业结构平均指数处于上升态势，这表明过去的二十多年，我国就业局势总体保持稳定，失业率总体低于预期控制目标，但还应看到，我国当前就业结构平均指数整体水平并不高。

党的二十大报告强调，"强化就业优先政策，健全就业促进机制，促进高质量充分就业"。就业作为最大的民生，是我国加快实现下一个百年奋斗目标的重要基础工作。如图 10-38 所示，2020 年，全国 285 个城市中人口就业结构指数排名前二十的城市中，东莞人口就业结构指数为 1，在 285 个城市中位列第一名，北京和上海排名依次为 15 和 13 位。总而言之，东部地区就业结构更为优化，前二十名中东部城市共有 14 个，其余 6 个均为西部区域城市，其中成都为第八名。

东部城市的就业结构指数水平显著高于其他区域城市，就业率更高、就业结构更为优化。分析其原因，主要有以下几点。一是东部地区经济更为发达，代表了我国目前最高的发展水平。东部地区资本积累、科技先进、市场活跃、企业集聚等优势意味着就业机会更多、就业前景更好、就业薪资更高、社会保障更完善，吸引了全国大部分的人口流入，且提供了大量的就业岗位，吸收了大量涌入劳动力。二是产业结构优化。相比中西部地区，东部地区产业结构布局更为优化，升级转型之路也早已开辟，目前第三产业已经成为东部地区的支柱产业，相较第一、二产业提供了更多的就业岗位，吸纳了更多劳动力，且高新技术产业引领城市产业结构转型，促进高素质人才集聚，进一步实现高质量就业。三是东部区域省政府加快职能转变，进一步简政放权，不断激发市场主体的创新创业活力，因此作为吸纳就业主渠道的小微企业、民营企业、个体私营经济不断蓬勃发展，进一步拉动就业。四是政府积极落实各种就业政策，保障

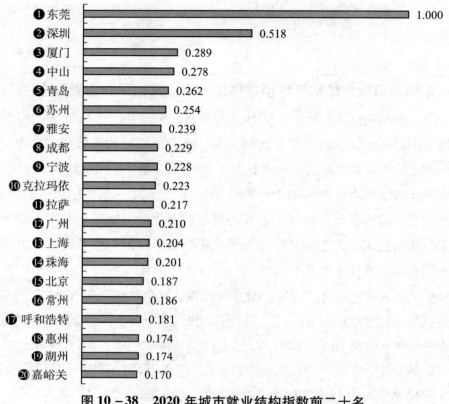

图 10 – 38　2020 年城市就业结构指数前二十名

民生。政府不断强化就业服务和职业培训，扎实推进重点群体的就业工作，从而使政策促进就业的效力得到进一步发挥和提升。

　　东莞的人口就业结构平均指数为 1.000，相较于排名第二位的深圳，就业结构指数高出 93.12%。1988 年，东莞升格为广东省地级市，随着出口贸易的快速发展，东莞逐渐发展成为全球最大的制造业基地之一，形成了以电子信息、电气机械、纺织服装、家具、玩具、造纸及纸制品业、食品饮料、化工八大产业为支柱的现代化工业体系。近年来，在一线城市深圳的外溢和带动下，经济转型升级不断加快。因此，东莞早年发展阶段靠承接国际制造业转移产业不断发展轻工业，形成高度外向型制造产业，制造业集群十分发达，产业规模庞大，就业人口不断增多。截至 2021 年底，东莞登记在册的有 140 多万家市场主体，占全国的 1%；有 19 万家工业企业，其中，1.1 万家规模以上工业企业，数量位居广东省第一[①]，比其余 13 个地级市工业企业数量的总和还要多；与此同时，东莞拥有一个万亿级规模产业集群即电子信息产业和四个千亿级规模的产业集群，分别是装备制造、新材料、食品饮料、纺织服装，制造业体量十分庞大。此外，根据我国第七次人口普查数据可知，东莞 15 ~ 59 岁人口占比为 81.41%，平均年龄约为 34 岁，属于名副其实的"青春之城"，年轻人多在很大程度上意味着城市活力足，创新创业思维也会更加活跃，整个城市也弥漫着"敢拼敢闯、把握未来"的就业氛围。政府在贯彻落实就业政策方面也发挥了重要作用。"东莞正举全市之力参与粤港澳大湾区建设，打造粤港澳大湾区先进制造业中心，与港澳、广深形成错位互补的产业发展格局，培育世界级先进制造业集群，此时的东莞比任何时候都渴求人才。"以此来实现人才引进和产业发展的良性互动，东莞正在从"打工圣地"向创新创业人才沃土转变，一方面通过降低入户门槛、提升人才政策分量不断吸引人才流入，逐步实现人口红利向人才红利的转变和过渡；另一方面，聚焦紧缺急需、聚焦填补产业空白，引导人才向重点产业、行业、领域集聚，为东莞实现城市高质量发展注入新动能。

可以看到，西部地区和中部地区的就业结构平均指数呈缓慢上升趋势，就业结构虽然与东部地区存在不小的差距，但差距正在缩小，对我国新形势下就业局势稳定贡献度不断提高。主要原因如下：一是近年来随着东部产业向中西部的转移，中西部地区后发优势逐渐显现，就业机会增多；二是政策利好，随着党中央和国务院统筹推进"四大区域"和"三大战略"，中西部地区逐渐成为吸纳就业的新增长极，脱贫攻坚和人才引进政策强度加大，进一步推动了区域内的就业增长率。

第三节　政策启示

2023 年 5 月 5 日，第二十届中央财经委员会第一次会议召开，明确指出当

[①] 2021 年东莞市国民经济和社会发展统计公报［EB/OL］.（2022 - 03 - 30）［2024 - 03 - 19］. 东莞市人民政府，https://www.dg.gov.cn/zjdz/dzgk/shjj/content/post_3790787.html.

前我国人口发展的趋势性特点和面临的严峻形势，提出要以促进人口高质量发展支撑中国式现代化。现根据会议精神和前文分析提出如下对策建议。

首先，要着力全面提升人口素质。提高人口整体素质是一项复杂的社会系统工程，必须统筹考虑人口数量、素质、结构、分布等问题。一是要深化教育卫生事业改革创新，把教育强国、健康中国建设作为人口高质量发展的战略工程，全面提高人口科学文化素质、健康素质、思想道德素质。二是加强人力资源开发利用，多管齐下促进就业，稳定劳动参与率，提高人力资源利用效率。三是政府和市场一起发力，推进与人力资源结构相适应的经济发展模式，要推向科技和人才密集型产业的加速转化，进一步释放我国人才红利。

其次，要积极实施生育鼓励政策。当前我国已经出台了不少生育鼓励政策，但仍存在不少问题。一是政策执行效果不理想。全国各地各级部门在落实过程中存在着拖延和落实不到位等问题，因此应该加大政策执行力度，要求各级各部门深刻认识到完善和落实积极生育支持措施的重要性和紧迫性，把人口工作摆上重要政府议事日程，各部门之间密切协同配合，加快完善积极生育支持措施。二是政策重点难以突破。当前我国各地出台的鼓励生育政策大多集中在妇幼保健、产假育假、税收优惠等方面，但生育不仅是一个全局性问题，更是一个民生问题，坚决不能忽略生殖健康、婚恋服务、婴幼儿照护、养老照护、住房保障、文化宣传等与生育间接相关的政策投入，而当前的问题恰恰是间接政策投入不够。三是社会层面的共识性问题。当前我国生育水平下降是多重因素共同作用的结果，随着家庭婚育文化观念的转变、育龄人口规模的相对减少、生养教育成本的不断上升和平均婚育年龄一再推迟，社会层面的生育意愿进一步下降。并且在前述政策执行不到位的情况下，女性作为生育的直接和最大受影响者，其职业和个人发展受到较大阻碍等一系列生育后的问题，因此导致了生育意愿进一步下降的恶化趋势。除了注意生育政策本身的制定与实施外，还要关注社会隐性的生育压力，着重解决这些痛难点。

最后，要大力推进基本养老服务体系构建。针对前文的具体问题，政府一是要开设专项资金投入养老服务体系，并且加快创新金融等领域的新型融资渠道，保证体系建设的资金投入，奠定物质基础。二是应该进一步加快服务型政府的职能转变和简政放权，制定统一标准，提高养老服务事业产业的申报审批效率，节省程序成本。三是将农村空巢老人列为重点服务和优先照顾群体，加大农村资金政策倾斜力度，结合农村实际创新实践，加强农村互助养老服务等，优化农村养老服务体系的规范化建设等。四是要加强专业养老人才的储备。出台相关政策，积极开展养老领域从业人员的规范化培训，加大人员经费支出，留住专业人才，逐渐扩大人员规模。

第十一章　城市经济发展结果评价

党的二十大报告指出："从现在起，中国共产党的中心任务就是团结带领全国各族人民全面建成社会主义现代化强国、实现第二个百年奋斗目标，以中国式现代化全面推进中华民族伟大复兴。""中国式现代化的本质要求是：坚持中国共产党领导，坚持中国特色社会主义，实现高质量发展，发展全过程人民民主，丰富人民精神世界，实现全体人民共同富裕，促进人与自然和谐共生，推动构建人类命运共同体，创造人类文明新形态。"经济社会的高质量发展凝聚着广大人民群众对美好生活的热切期盼，也是未来一段时间我国着力建设的重要任务和目标。在全面深化改革、迈上新征程的今天，区域发展不协调、产业布局不合理等一系列深层次矛盾亟待破解，这对新时代的城市经济建设提出了新要求和新挑战。

城市是区域人口、产业和要素资源的聚集地，是经济社会发展的"火车头"，具有很强的辐射带动作用。实现经济高质量发展，必须充分发挥城市的"火车头"作用，推动城市高质量发展。课题组对我国 285 个城市的经济发展指数进行测算，发现城市经济发展指数排名前二十的城市如图 11 - 1 所示，上海、北京、深圳的经济发展评价更高，苏州、无锡表现亮眼，分别位列第 6 和第 10 名。非省会城市及直辖市的城市经济发展表现强劲，在前二十名中占据 10 位。

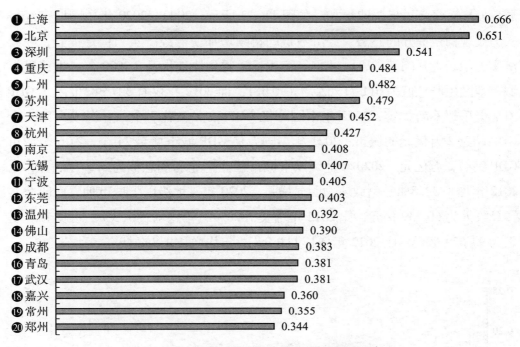

图 11 - 1　2020 年城市经济发展指数前 20 名

第一节　城市经济发展的时序演变

一、城市经济总量不断扩大，城市经济结构持续升级

　　党的十八大以来，在以习近平同志为核心的党中央坚强领导下，各地区各部门坚持稳中求进工作总基调，坚定不移贯彻新发展理念，深入推进供给侧结构性改革，加快推动经济结构调整和转型升级，积极主动扩大开放，着力推动高质量发展，我国经济结构调整取得新进展，产业结构不断优化，需求结构持续改善，区域发展格局优化重塑，收入分配结构持续调整，发展的协调性和可持续性明显增强。党的十八大以来，各地区积极贯彻落实新发展理念，推动高

质量发展，经济总量快速增加。如图 11 - 2 所示，2000～2020 年中国城市经济实力展现稳定提升的态势，经济数量的持续增加使得经济实力稳定提升，在经济实力不断上升的基础上，城市经济质量也得到快速提升。2020 年，地级以上城市地区生产总值为 611 713 亿元（现价），而 2012 年仅有 327 382 亿元。GDP万亿俱乐部不断扩容，2012 年中国万亿 GDP 城市仅有 7 个，上海成为第一个GDP 超过 2 万亿元的城市；2021 年中国万亿 GDP 城市增至 24 个，有 6 个城市GDP 突破 2 万亿元。2020 年地级以上城市工业企业利润总额为 3.9 万亿元，比2012 年增长 32.8%。财政实力明显增强，2020 年，地级以上城市地方一般公共预算收入为 60 739 亿元，比 2012 年增长 75.8%，年均增长 7.3%；公共预算支出为 94 629 亿元，比 2012 年增长 111.9%，年均增长 9.8%。[①]

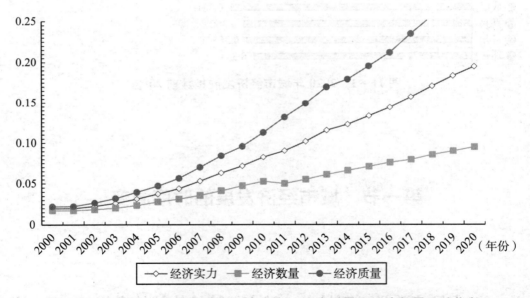

图 11 - 2 2000～2020 年城市经济实力、经济质量及经济数量平均指数

居民收入稳步增长，住户部门收入占比持续提高。受益于高速增长的经济实力和经济质量，以及不断深化的收入分配制度改革，居民收入保持稳步增长，住户部门收入在国民收入初次分配和再分配中的比重不断提高。一方面，不断

---

① 新型城镇化建设扎实推进 城市发展质量稳步提升——党的十八大以来经济社会发展成就系列报告之十二［EB/OL］.（2022 - 09 - 29）. 国家统计局，https://www.stats.gov.cn/sj/sjjd/202302/t20230202_1896688. html.

提高劳动者报酬收入，拓宽居民财产收入渠道，住户部门初次分配收入占国民总收入比重稳步提高。2020 年，住户部门初次分配总收入占国民总收入比重为62%，比 2012 年提高 3.2 个百分点。其中，住户部门劳动者报酬收入占国民总收入比重为 52.7%，比 2012 年提高 2.9 个百分点，是拉动住户部门初次分配总收入占比提高的最主要因素。另一方面，不断完善收入再分配调节机制，实施个人所得税改革，扩大社保制度覆盖范围，加大社会救助补助资金投入，住户部门可支配收入占国民可支配总收入比重整体提高。2020 年，住户部门可支配总收入占国民可支配总收入比重为 62.2%，比 2012 年提高 4.8 个百分点。

供给侧结构性改革成效逐步显现，企业部门收入占比总体提高。如图 11 – 3所示，2015 年以来，我国持续深入推进供给侧结构性改革，企业去产能、去杠杆、降成本取得积极成效，企业效益不断改善，经济结构持续优化，带动了企业收入的较快增长，以及产业聚集程度的协同变化，使得企业部门收入在国民总收入及可支配总收入中的比重逐步提高。2020 年，企业部门初次分配总收入占国民总收入比重为 26.9%，比 2015 年提高 2.4 个百分点；可支配总收入占国民可支配总收入比重为 22.9%，比 2015 年提高 2.7 个百分点。

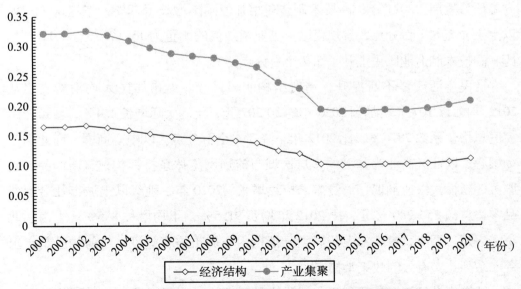

图 11 – 3　2000 ~ 2020 年中国城市经济结构、产业集聚平均指数

总的来看，党的十八大以来，我国产业结构、需求结构、地区结构和分配结构持续优化改善，不断转型升级，为经济社会持续稳定发展注入了强大的动力与活力。但也必须清醒认识到，当前我国国内发展不平衡不充分问题仍然突出，外部环境依然复杂严峻。我们要准确把握新发展阶段，深入贯彻新发展理念，构建以国内大循环为主体、国内国际双循环相互促进的新发展格局，坚持以深化供给侧结构性改革为主线，坚持扩大内需这个战略基点，积极畅通国民经济循环，齐心协力，开拓进取，推动经济高质量发展，奋力夺取全面建设社会主义现代化国家的新胜利。

二、城市经济转型升级，产业结构稳步优化

服务业占比提升，传统产业改造提速，产业结构指数稳中有升。如图 11 – 3 所示，2013 年以来城市经济结构和产业集聚呈现出稳中有升的发展态势。主要原因为城市经济转型升级，传统产业改造提速，服务业占比提升，产业结构更加优化。其中，2013 年地级以上城市第三产业增加值所占比重首次超过第二产业，2014 年占比超过 50%，2020 年达到 60.5%。先进制造业发展良好，工业迈向高质量发展。2021 年，高技术制造业增加值同比增长 18.2%，增速快于规模以上工业 8.6 个百分点，占规模以上工业增加值的比重为 15.1%；与 2012 年相比，高技术制造业比重上升了 5.7 个百分点。

居民生活质量不断提升，消费结构明显升级。城市居民人均消费支出从 2012 年的 17 107 元增加到 2020 年的 30 307 元，年均实际增长 4.4%；城镇居民家庭恩格尔系数 28.6%，比 2012 年下降 3.4 个百分点。以中心商圈、商业街区为核心、以社区商业为基础的多层次城市流通网络体系持续构建，新产品、新服务、新模式快速涌现，消费需求持续增长。2020 年，地级以上城市社会消费品零售总额 250 280 亿元，比 2012 年增长 91.5%，年均增长 8.5%。上海、北京、广州、天津、重庆率先开展国际消费中心城市培育建设，目前均已制定出台一系列扎实有效的政策举措。①

城市化是经济增长的结果，同时也是重要推动力量。城市化进程将带来人

---

① 新型城镇化建设扎实推进 城市发展质量稳步提升——党的十八大以来经济社会发展成就系列报告之十二［EB/OL］.（2022 – 09 – 29）. 国家统计局，https：//www. stats. gov. cn/sj/sjjd/202302/t20230202_1896688. html.

口和产业的集聚效应、推动技术进步、提高全要素生产率以及收入水平，这主要得益于技术外溢和更多样化的中间品服务，以及更大的本地市场所带来的贸易优势，这都将成为中国经济高质量增长的重要驱动力，也是我们能够有效抵御外部风险、继续深化改革扩大开放的底气所在。城市化可以通过本地市场效应，带来贸易优势拉动消费，内需驱动力日益强劲。中国具备广阔的国内市场，伴随着城市化进程特别是农村人口进入城市将带来巨大的本地消费市场。随着中国产业结构升级、城市化推进，农民工将成为城市化最主要的力量。2017 年新生代农民工占比首次过半，1980 年及以后出生的新生代农民工逐渐成为农民工主体，占全国农民工总量的 50.5%。[①] 正在逐渐成为主体的新生代农民工具有强烈的城市化意愿和需求。当农民工的福利待遇大幅提高后将促进消费支出，那时候农民工对中国经济的巨大影响才见端倪。更进一步，城市化会从生活方式上改变人们的消费行为，从而提升消费率。城市的"集聚效应"会带来人均可支配收入提高，也将进一步推动消费。根据贸易理论，本地消费市场潜力的增加将会带来贸易优势，促进经济的增长。

三、市场保持稳定活力，消费活力迅速恢复

我国经济市场活力和发展潜力在快速释放。主要呈现以下特点：一是工业企业销售稳步回升，装备制造业支撑作用增强。工业是国民经济的重要基础，也是深化供给侧结构性改革的主战场。2020 年工业企业销售收入同比增长 2.7%，在 10 月份累计增速转正后继续稳步回升。其中四季度增长 11.1%，比三季度提高 1.9 个百分点。工业 41 个大类中，有 26 个实现正增长。制造业复苏较快，全年销售收入同比增长 3.2%，特别是装备制造业支撑作用持续增强，同比增长 7.1%。[②]

二是商品消费恢复较快，线上消费保持快速增长。如图 11 – 4 可以较为明显地看出，城市消费活力稳定上升。因为消费是扩大内需的主要着力点，对经济

---

① 五个关键词勾勒 2.8 亿多农民工最新数据画像［EB/OL］.（2018 – 05 – 04）.中国政府网，https：//www. gov. cn/xinwen/2018 – 05/04/content_5287881. htm.

② 税务总局新闻发布会：十组税收数据反映 2020 年中国经济稳定恢复、好于预期［EB/OL］.（2021 – 01 – 21）.中国政府网，https：//www. gov. cn/xinwen/2021 – 01/21/content_5581584. htm.

发展具有基础性作用。同时商务部数据显示，消费已连续 6 年成为拉动经济增长的第一动力，[①] 线上经济逆势上扬，直播带货、社团购物、门店到家等新型消费蓬勃发展，成为消费市场一大亮点。在线教育、网络医疗等新业态、新模式的发展不仅有效满足了人民群众的需求，也使得信息消费成为有效扩大内需、拉动经济增长的新动力。2020 年，批发零售业销售收入同比增长 5%，其中四季度增长 15.4%，比三季度提高 4.1 个百分点，疫情改变了居民消费方式，"非接触式"消费快速发展，线上线下平台加快融合，互联网零售、外卖送餐服务同比分别增长 29.2% 和 31.6%。[②]

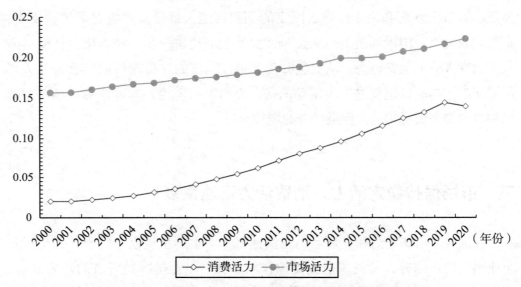

图 11 - 4　2000~2020 年城市消费及市场活力平均指数

三是投资相关行业增长迅速，新基建发展提速。中国城市市场活力稳中有升，市场活力的稳定使市场保持了对投资的吸引力，而投资对优化供给结构具有关键作用。2020 年发展较为突出的是城市基建行业，与基建投资相关的土木工程建筑销售收入同比增长 19.7%。特别是 5G 基站、特高压、城市轨道交通、环保等新基建领域投资增长较快，带动通信和电力输送设施工程、城市轨道交

---

① 消费连续 6 年成为中国经济增长第一拉动力 ［EB/OL］. (2020 - 01 - 21). 中国政府网, https：//www.
gov. cn/guowuyuan/2020 - 01/21/content_5471313. htm.
② 2020 年全国税务部门组织税收收入情况 ［EB/OL］. (2021 - 01 - 20). 国家税务总局, https：//
www. chinatax. gov. cn/chinatax/n810214/n810641/n2985871/n2985918/c5160638/content. html.

通工程、节能工程建筑销售收入同比分别增长 10%、13.4% 和 20.8%。①

第二节　城市经济发展的空间分布

一、城市经济发展水平的空间特征

（一）区域经济发展差距逐步缩小，城市经济布局持续优化

　　非均衡区域发展战略下，城市空间规模呈现"东高西低、南高北低"态势。在非均衡区域发展战略的主导下，我国空间资源配置效率提高，那些优先发展的中心城区和沿海地区融入世界经济体系，并带动了中西部地区的发展。但是，经营型城市空间治理模式加剧了城市间的竞争，造成区域内的权力碎片化。根据指数可以较为明显地发现东部沿海城市、南方城市发展较快，中西部、北方城市发展相对较慢，城市空间规模呈现"东高西低、南高北低"态势。

　　随着区域发展协调机制统筹推进，区域经济发展相对差距逐步缩小。可以较为明显地看出，2015 年后，区域城市经济发展差距逐步缩小。从经济规模看，2020 年，东部、中部、西部、东北地区生产总值分别为 59.2 万亿元、25 万亿元、24 万亿元和 5.6 万亿元。按不变价核算，2013～2020 年，东部、中部、西部、东北地区生产总值分别年均增长 7%、7.5%、7.7% 和 4.7%，中西部地区发展速度领先于东部地区。从居民人均可支配收入看，2020 年，东部、中部、西部、东北 4 个区域的居民人均可支配收入分别为 44 980 元、29 650 元、27 798 元和 30 518 元，② 最高的东部和最低的西部之间的收入比缩小，区域良性互动，

---

① 税收大数据展示中国经济活力 [EB/OL].（2021 - 01 - 21）.国家税务总局，https：//www.chinatax. gov. cn/chinatax/n810219/n810780/c5160927/content. html.

② 中华人民共和国 2020 年国民经济和社会发展统计公报 [EB/OL].（2021 - 02 - 28）.国家统计局，ht-tps：//www. stats. gov. cn/xxgk/sjfb/tjgb2020/202102/t20210228_1814159. html.

相对差距逐步缩小。

城市经济布局持续优化，规模结构不断改善。党的十八大以来，大中小城市和小城镇协调发展，城市群一体化发展水平明显提高。党中央提出了京津冀协同发展、长江经济带发展、共建"一带一路"、粤港澳大湾区建设、长三角一体化发展等新的区域发展战略。直辖市、省会城市、计划单列市和重要节点城市等中心城市辐射功能不断增强，北京、上海、广州、深圳等城市龙头作用进一步发挥，带动所在区域中小城市发展壮大。同时，县城补短板强弱项扎实推进，"1＋N＋X"政策性文件体系落实落地。伴随着城市经济布局的不断优化，城市规模结构也得到持续改善。2020 年末，全国城市数量达 691 个，比 2012 年末增加 34 个。其中，地级以上城市 297 个，增加 8 个；县级市 394 个，增加 26 个。建制镇 21 322 个，比 2012 年末增加 1 441 个。城市人口规模不断扩大，按 2020 年末户籍人口规模划分，100 万～200 万、200 万～400 万、400 万以上人口的地级以上城市分别有 96 个、46 个和 22 个，分别比 2012 年末增加 14 个、15 个和 8 个；50 万以下、50 万～100 万人口的城市分别有 47 个和 86 个，分别减少 7 个和 22 个。[①]

（二）城市群建设成效显著，区域发展态势向好

城市群建设成效显著，一体化发展水平持续提高。2020 年中国城市经济发展指数排名前二十如图 11 - 5 所示，京津冀协同发展、粤港澳大湾区建设、长三角一体化发展取得重大进展，成渝地区发展驶入快车道，长江中游、北部湾、关中平原等城市群集聚能力稳步增强。长三角以上海为核心，带动南京、杭州、合肥、苏锡常、宁波五大都市圈共同发展。粤港澳大湾区以香港、澳门、广州、深圳四大中心城市为引擎，辐射周边区域。京津冀以北京、天津为核心城市，带动河北省及周边省区邻市，成为我国北方经济规模最大、最具有活力的经济圈。成渝、长江中游、关中平原等城市群省际协商协调机制不断建立健全，一体化发展水平持续提高。

---

① 新型城镇化建设扎实推进 城市发展质量稳步提升——党的十八大以来经济社会发展成就系列报告之十二 [EB/OL].（2022 - 09 - 29）. 国家统计局，https：//www.stats.gov.cn/sj/sjjd/202302/t20230202_1896688. html.

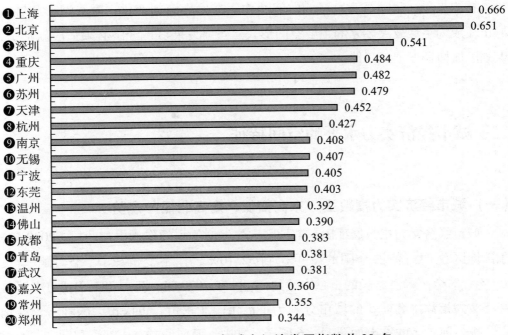

图 11 - 5　2020 年城市经济发展指数前 20 名

　　当前，我国区域发展形势较好，但同时也存在一些值得关注的新情况、新问题。从中国城市经济发展指数分布格局中可以较为明显地发现三点情况：一是区域经济发展分化态势较为明显。长三角、珠三角等地区已初步走上高质量发展轨道，一些北方省份增长放缓，全国经济重心进一步南移。2018 年，北方地区经济总量占全国的比重为 38.5%，比 2012 年下降 4.3 个百分点。各板块内部也出现明显分化，有的省份内部也有分化现象。二是发展动力极化现象日益突出。经济和人口向大城市及城市群集聚的趋势比较明显。北京、上海、广州、深圳等特大城市发展优势不断增强，杭州、南京、武汉、郑州、成都、西安等大城市发展势头较好，形成推动高质量发展的区域增长极。三是部分区域发展面临一定困难。东北地区、西北地区发展相对滞后。2012～2018 年，东北地区经济总量占全国的比重从 8.7% 下降到 6.2%，常住人口减少 137 万人，流失人口多数是年轻人和科技人才。一些城市特别是资源枯竭型城市、传统工矿区城市发展活力不足。①

---

① 习近平：推动形成优势互补高质量发展的区域经济布局 ［EB/OL］. （2019 - 12 - 15）中国政府网，ht-tps：//www. gov. cn/xinwen/2019 - 12/15/content_5461353. htm.

总的来看,我国经济发展的空间结构正在发生深刻变化,中心城市和城市群正在成为承载发展要素的主要空间形式。当前发展城市经济必须适应新形势,谋划区域协调发展新思路。

二、城市经济实力水平的空间特征

(一)城市经济实力指数呈"东高西低、南高北低"态势

城市经济实力指数展现出东部地区率先发展的引领作用更加凸显。2020 年,东部地区生产总值占全国的比重达到 52.10%,按不变价核算,比上年增长 8.1%,对全国经济增长的贡献率达到 52.9%。2020 年,我国 285 个城市中城市经济实力指数排名前 5 的城市分别为上海市、北京市、重庆市、深圳市、苏州市,排名前二十的城市如图 11 - 6 所示。其中,西部城市有成都市和重庆市,中部地区有武汉市,其余多数为东部城市,呈现出"东高西低"的状态。处于北方

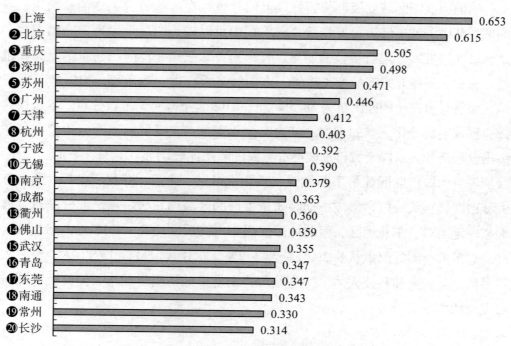

图 11 - 6　2020 年城市经济实力指数前 20 名

的城市有北京市、天津市、青岛市三个城市，其余为南方城市，且排名前五的南方城市占据四席，呈现出"南高北低"的格局。

中部地区加快崛起，东西部地区经济实力差距正在缩小。中部六省地区生产总值占全国的比重由 2012 年的 21.30% 上升至 2020 年的 22%，按不变价核算，2020 年，中部地区生产总值增速为 8.7%，高于全国 GDP 增速 0.6 个百分点，中部地区整体实力和竞争力进一步提升。西部大开发战略深入推进，基础设施和生态环境建设取得积极进展，陆海新通道建设加快推进，营商环境不断改善，经济持续快速发展。西部地区人均地区生产总值由 2012 年的 29 195 元增加至 2020 年的 62 596 元，与东部地区的相对差距缩小。东北地区振兴取得新进展。东北地区统筹资源型地区转型发展、老工业城市更新改造、产业转型升级示范区建设持续深入，第三产业增加值占地区生产总值的比重由 2012 年的 40.1% 上升至 2020 年的 51.4%，产业结构进一步优化。

（二）城市群、都市圈经济实力逐步增强，成都都市圈表现亮眼

成都都市圈表现亮眼，在西部地区发挥核心带动作用。2000～2020 年间，成都都市圈作为成渝地区双城经济圈的核心之一，整体经济发展较快，是带动西部地区经济发展的动力源。2010～2020 年，成都都市圈生产总值由 11 507 亿元提高至 32 448 亿元，占四川省的比重由 66.96% 上升到 2018 年的 70.02%，2019 年后略有下降，整体在四川省的比重接近 70%，是四川省经济发展的核心带动力量。都市圈其他城市生产总值也呈上升趋势。2010～2020 年，成都都市圈人均GDP 从 26 593 元增加到 68 189 元，整体高于四川省平均水平。2020 年，都市圈内成都、自贡、德阳、绵阳、乐山五个城市人均生产总值高于四川省平均水平，遂宁、内江、眉山、雅安、资阳五个城市人均生产总值与中心城市差距较大，也低于四川省平均水平。中心城市成都人均生产总值远高于都市圈平均水平和四川省平均水平，中心城市地位突出。2010～2020 年，成都都市圈三次产业结构由 11.5：50.2：38.3 调整为 8.8：34.5：56.7，产业结构变化较为合理。本报告使用产业结构高级化来说明城市的产业发展状况，通过第三产业增加值和第二产业增加值之比来衡量。若该比值越大，则产业结构高级化程度越强。整体上看，2010～2016 年，成都都市圈产业高级化水平不断增长，但总体小于 1，说明第二产业所占比重大于第三产业；2017～2020 年，产业结构高级化水平

由 1.05 上升为 1.64，第三产业比重大于第二产业。2010～2020 年，成都都市圈各城市城镇居民人均可支配收入稳步提升，其中成都市最高，从 19 920 元提升到 48 593 元，远高于四川省的平均水平。2020 年，成都、自贡、德阳、绵阳、内江、乐山、眉山城镇居民人均可支配收入均超过四川省平均水平，遂宁、雅安和资阳略低于四川省平均水平。从城乡人均可支配收入绝对差距分析，2010～2020 年成都都市圈不同城市城乡居民人均可支配收入差距不断扩大，但收入差距绝对值均低于四川省的平均水平，2020 年成都、绵阳、内江和雅安的城乡居民人均可支配收入差距超过 2 万元，其他城市均低于 2 万元。

城市群建设逐步协调，优质都市圈正在培育。2000～2020 年，在经济实力指数排名中多次位居前二十的城市主要分布在珠江三角洲城市群、长江三角洲城市群、京津冀城市群、山东半岛城市群、长江中游城市群、中原城市群、成渝城市群。城市群已经成为我国新型城镇化发展的关键空间载体。"十四五"规划提出"以城市群、都市圈为依托促进大中小城市和小城镇协调联动、特色化发展"。发展都市圈被视为推进我国高质量城镇化的重要抓手，通过都市圈建设，可以打破行政壁垒，可促进要素有序流动，形成都市圈经济，并且将中心城市的非核心功能疏解到周边的中小城市和小城镇，有利于缓解大城市病，同时有效解决中小城市人口外流导致的城市收缩问题。

三、城市经济结构水平的空间特征

（一）经济结构指数非省会类城市表现突出，南北城市产业各有发展特色

城市经济结构指数展现出南部地区的引领作用，其中非省会类城市表现突出。2020 年，我国 285 个城市中城市经济结构指数排名前 5 的城市分别为温州、天津、鄂州、十堰、重庆。排名前二十城市如图 11-7 所示，其中，西部城市有成都市和重庆市，中部地区城市占据五席，其余多数为东部城市，呈现出"东高西低"的状态。北方城市有北京市、天津市、青岛市三个城市，其余为南方城市，且排名前十位中南方城市占据六席，呈现出"南高北低"的格局。从城市发展规律来看，人才、资本、信息、技术等生产要素向区域内中心城市集聚，

会率先在中心城市催生出新的产业。而当中心城市的要素聚集到一定水平，城市扩展到足够规模时，内部要素会向外溢出，辐射并带动周边城市发展，形成都市圈，进而形成城市群。城市群发展又反过来实现了产业配套的完善，为产业发展提供足够的空间资源和市场，进而推动了区域内各城市相关产业构成的产业集群发挥出优势。特别是一些新兴产业，由于它们高度依赖城市空间来实现更高效的资源交换，在城市群集聚中的表现也就更为突出。在各个城市群中的企业集聚程度方面，长三角和珠三角几乎在每个行业中都形成了集聚优势，京津冀和成渝也在部分行业有突出表现。

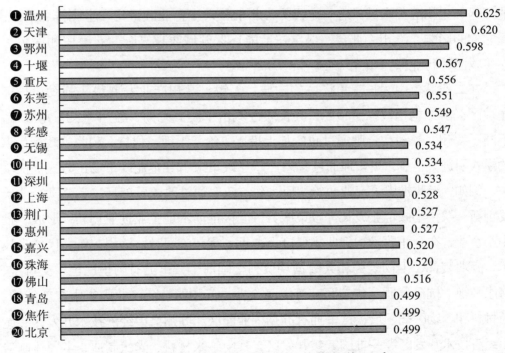

图 11-7　2020 年城市经济结构指数前 20 名

（二）城市经济产业结构不断优化，长三角区域城市发展优势最为明显

北上广深作为城市群的核心，在热门新兴产业的集中度上展现绝对优势。上海的产业发展最为全面，而深圳则特色最鲜明——它的新一代信息技术企业数量占到全国的 13.25%，大数据企业占到 14.66%，工业互联网企业也占到了 8.11%，都占据了绝对优势。除了每年安排不低于 30% 的财政专项资金投入研

究领域，深圳这几年在积极引入一流大学和研究中心上的成果也让很多城市艳羡。此外，深圳政府还通过政府投资基金投资了重点产业链的缺失和薄弱环节，对产业链企业和核心配套企业建立常态化服务机制，鼓励链主企业联合中小企业建设制造业创新中心，以实现产业链优化提升。这些真正能够服务到产业发展的政策，使得深圳抓住了诸多热门产业中处于起步阶段和正在建立产业格局的产业。珠三角和成渝的城市加起来构成了 72.71% 的新一代信息技术产业。其中珠三角企业占到了 46.41%，成渝企业占到了 26.3%。在珠三角城市群内部，深圳、东莞是这个产业的核心城市，它们带动了整个产业在佛山、珠海、中山等城市的发展；而成渝都市圈更多体现为重庆、成都双核发展。而京津冀在节能环保、生物医药领域具有一定优势，北京和天津企业数量均在全国排名前五。受它们的影响，沧州、邢台、保定在节能环保领域表现亮眼，石家庄和保定也在生物医药行业保持领先地位。

在二线城市中，长三角区域的宁波、无锡、温州产业发展势头强劲。长三角地区经济结构指数稳定领先，其代表性城市宁波、无锡、温州等长三角城市，不同于郑州、长沙和合肥通过政府加大投入、给予土地、信贷、税收等政策优惠的模式引进大企业，更多地通过普惠性产业政策来引导企业以市场化方式加快攻关。例如，温州推出了产业政策奖励系统，政府通过改善营商环境、奖励企业研发创新、扶持小微企业成长等政策服务，间接推动本地企业创业创新，形成一批中小企业，在企业数量和行业集聚度上占据了优势。同时，杭州在新一代信息技术、高端装备、生物医药和大数据均位列全国前十，也拥有阿里巴巴、支付宝、海康威视、杭叉集团、华东医药等龙头企业。苏州的特色产业则集中在新能源、新材料和生物医药领域，这里拥有苏州工业园区、苏州吴中经济技术开发区、昆山经济技术开发区等一批国家级开发区，其中纳米材料、光伏制造、半导体制造等领域都有一大批技术领先的头部企业。

四、城市经济活力水平的空间特征

城市是有生命的，活力则是城市有机体生命力的本质体现。城市经济活力，是指城市经济发展过程中的能力和潜力。2000~2020 年间，城市经济实力显著提升，经济结构持续优化，发展活力不断释放。

（一）经济活力逐步增强，头部城市经济活力竞争格局趋于稳定

城市经济活力稳步上升，上海城市活力表现亮眼。由图 11-8 可以看出，2020 年中国经济活力竞争力排名前十的城市依次为北京市、上海市、深圳市、广州市、苏州市、杭州市、重庆市、南京市、成都市、宁波市。从 2020 年前 20 名分布来看，东南地区占据 12 席，环渤海湾地区占据 4 席，中部地区占据 2 席，西南地区占据 2 席，总体覆盖北京、上海、广东等 13 个省份。2000 年中国经济活力竞争力排名前十的城市依次为深圳市、上海市、广州市、东莞市、中山市、北京市、珠海市、厦门市、佛山市、南京市。从 2000 年前 20 名分布来看，东南地区占据 13 席，环渤海湾地区占据 3 席，中部地区占据 2 席，东北地区占据 1 席，总体覆盖广东、上海、北京等 12 个省份。相比而言，2020 年排名前 20 的城市与 2000 年、2012 年排名前二十的城市差别不大，其他城市的经济活力排名小范围浮动，由此可见头部城市的经济活力竞争力格局逐步稳定。但西南地区城市经济活力表现稳定，成都市、重庆市经济活力稳步上升，表现亮眼。作为

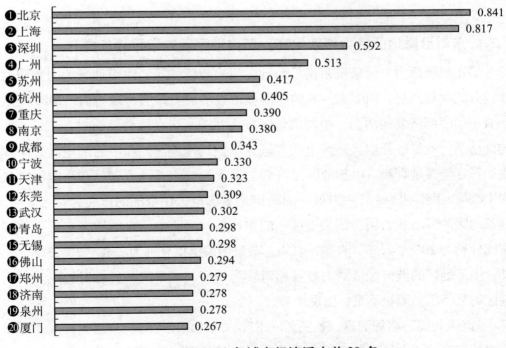

图 11-8 2020 年城市经济活力前 20 名

我国最具经济活力之一的长三角中心城市，上海增强服务经济辐射力不仅是现代服务业发展，产业结构升级，发展后劲增强，国际竞争力提升的内在需要，而且是"四个中心"建设的基础，是推进长三角区域合作，构建长三角产业分工体系以及服务全国的客观要求。此外，上海居民健康素养水平在 2020 年达到了 38.25%，创历史新高并实现 13 年"连升"。这座城市发展的厚重支撑根本靠科技，基础在教育，关键是人才，这三者犹如一个稳固的"三角"，构筑起上海未来发展的战略优势。

经济活力增强的同时，居民可支配收入也得到不断提升。党的十八大以来，我国全面实施就业优先政策，就业规模显著扩大，城镇就业人员从 2012 年的 37 287 万人增加到 2020 年的 46 773 万人，累计增加 9 486 万人。同时，不断深化收入分配制度改革，深入推进精准扶贫精准脱贫政策，居民收入实现了持续较快增长，使居民收入基本与经济发展保持了同步。2019 年，全国居民人均可支配收入为 30 733 元，首次跨过 3 万元大关，比 2000 年实际增长 4.4 倍，年均实际增长 9.2%。我国居民用 60 年时间实现了人均可支配收入跨过 1 万元大关，分别用 5 年时间实现了跨过 2 万元与 3 万元大关，居民收入水平持续较快增长。2020 年，全国居民人均可支配收入达 32 189 元。

（二）东南沿海地区活力持续偏高，西南地区活力指数稳步提升

城市经济活力发展呈现东南沿海地区活力持续偏高，西南地区活力指数稳步提升的发展态势。由图 11-8 的中国城市经济活力排名可以看出，2020 年东部城市引领经济发展活力，中西部地区齐头并进，正在慢慢地崛起。东部地区的经济活力均值位居四大地区之首，远远领先其他地区。而中西部地区齐头并进，正在慢慢地崛起。中部地区经济活力最大的城市是武汉市，在全国的排名为 13 名，西部地区经济活力最大的城市是重庆市，在全国的排名为 7 名。中、西部地区的经济活力属于四大地区中的中位数水平，中、西部地区的百强城市占比分别为 20%、26%，在地区城市总数量中的比重分别为 25%、30.23%。此外，中部地区的城市经济活力发展相对较为均衡，城市间差异相对较小。东北地区的经济活力明显不足，出现颓势。

"南强北弱"格局明显，长三角城市群、珠三角城市群经济活力较高。南北方的城市经济活力呈现典型的"南强北弱"的状况，北方的城市经济活力呈带

状离散分布，大致沿京津冀城市群向两边对称分布，形成了"翅膀"，整体经济活力水平较低；南方的城市经济活力呈团状集聚分布，以长三角、珠三角、成渝等城市群为主，向周边城市辐射，形成多中心的经济活力集聚分布，整体经济活力水平较高。另外，南方地区的城市百强数量比重和在地区城市总数量中的比重为73%、45.34%，远大于北方地区的27%、20.77%，再一次说明南北方地区的经济活力竞争力发展状况相对失衡。然而，南方地区的深圳市的经济活力指数排名全国第一，北方地区的北京市的经济活力指数排名全国第二，这说明南北方均具备顶级经济活力的城市，下一步需要做的是如何利用北方的顶级活力城市带动其他城市实现整体水平上的提升。

长三角城市群的经济活力竞争力百强城市数量和城市群内百强城市占比分别为17%、73.91%，均位居第一，城市群内城市发展状况较好，以上海为中心辐射周边的城市，带动了长三角城市群的整体经济活力水平。珠三角城市群的整体发展与长三角城市群大致相近，不同的是珠三角城市群的内部差异较大。京津冀城市群整体发展水平居中，城市间发展不平衡，经济活力指数差异较大，其中北京市在全国城市排名位居第一。值得一提的是，长沙城市群的经济活力竞争力位居全国第三，百强城市数量为5，城市群内城市百强中的占比为62.5%，该项数据仅次于长三角城市群，说明长沙城市群具有非常强的经济潜力。

第三节　政　策　启　示

在城市经济的时序分析中，可以发现城市经济在总量方面的迅速扩大趋势，以及产业结构和经济活力稳中有升的发展态势。同时，在城市经济的空间分析中，得到南北方及东西部城市经济发展水平仍然存在一定差异的结论，发现城市经济实力水平、结构水平和活力水平虽然整体增强，但各地区城市、城市群和都市圈差异化较为明显，各有发展特色，其中东南沿海城市各项指数持续偏高，西南地区城市各项指数表现亮眼，长三角区域城市发展优势最为明显。

党的二十大报告提出，以城市群、都市圈为依托构建大中小城市协调发展格局，推进以县城为重要载体的城镇化建设。此举将强化城市群、都市圈在我国城镇化战略格局中的主体地位，更有效发挥中心城市和城市群的引领带动作用，强化城市群、都市圈内部不同城市和小城镇相对密集分布、分工协作关系紧密的优势，为世界城市协调发展贡献具有中国特色的解决方案。当前，亟须以城市群、都市圈为依托构建大中小城市协调发展格局，提升城市环境质量、人民生活质量、城市竞争力，推动以人为核心的新型城镇化持续深化。

新时代我国的经济增长，对区域协调发展提出了新的要求，不能简单要求各地区在经济发展上达到同一水平，而是要根据各地区的条件，走合理分工、优化发展的路子。要形成几个能够带动全国高质量发展的新动力源，特别是京津冀、长三角、珠三角三大地区，以及一些重要城市群。不平衡是普遍的，要在发展中促进相对平衡。这是区域协调发展的辩证法。新时代促进区域协调发展，总的思路是：按照客观经济规律调整完善区域政策体系，发挥各地区比较优势，促进各类要素合理流动和高效集聚，增强创新发展动力，加快构建高质量发展的动力系统，增强中心城市和城市群等经济发展优势区域的经济和人口承载能力，增强其他地区在保障粮食安全、生态安全、边疆安全等方面的功能，形成优势互补、高质量发展的区域经济布局。特别是，我国"十四五"规划提出要建立实体经济、科技创新、现代金融、人力资源"四大支柱"协同发展的现代产业体系，打造现代产业集群，促进产业结构高级化，实现我国产业高质量发展。

加强政策引导，鼓励不同类型城市产业差异化发展，同时加强各城市群产业间的协调。粤港澳大湾区应优化产业发展路径与产业政策，各地区在充分了解自身情况的基础上，充分运用城市自身的独特方面，发挥自身的产业优势，打造主业突出、特色明显的产业品牌，从而提升竞争力，并确保产业未来的可持续发展。同时，为了更好地推动城市集聚和产业集聚的互动发展，各地人民政府应注意并重视如何合理进行各地区城市规划和工业园建设的相关问题，各城市产业也需了解各城市产业发展现状，合理规划产业布局与资源配置，进一步优化地区产业协调发展的环境，形成良性竞争、相互补充、相互协调的发展环境。

提高产业集群质量，聚力提质增效产业集群。各地区在明确认识各自地区优势的基础上，围绕高质量发展目标，进一步提高各地区产业的产业质量。同时均等化城市群与都市圈公共服务，为产业集群提供配套保障。均衡城市群与都市圈内各地区经济基础与社会资源，降低产业集群之间的基本公共服务质量和能力的差距，进而减轻人才、消费和生产成本等因素对产业集群发展的影响。加强城市群与都市圈区域公共服务均等化（包括教育、医疗、养老等），建立和完善一体化公共服务平台，实施区域基本公共服务的一体化发展，为产业集群的发展提供服务支持。此外，部分产业仍存在规模小、实力不足、缺乏创新能力等问题，各地区政府也应鼓励产业之间多交流、多合作，大力培育与发展产业集群。低质量产业应攻坚克难，了解自身优劣势，借鉴高质量产业的发展经验，进一步实现自身突破，为实现高质量产业的目标进发。

第十二章　城市空间发展客观评价

　　"城市空间结构直接关系到城镇化质量，影响房价、交通、生态等城镇人居环境和竞争力，处理不好会滋生和助长城市病。"[①] 空间是人类赖以生存和发展的载体，其结构和过程作用于各类要素的流动和集聚对经济社会行为产生深远的影响。通过空间治理的制度设计与安排，优化不同空间单元的开发利用格局，实现经济、人口、资源、环境的空间均衡，将会有力促进社会的可持续发展。

　　党的十八大以来，我国提出并贯彻新发展理念，着力推进高质量发展，推动构建新发展格局，实施供给侧结构性改革，制定一系列具有全局性意义的区域重大战略，经济实力实现历史性跃升。党和国家事业取得历史性成就、发生历史性变革，推动我国迈上全面建设社会主义现代化国家新征程。以党的十八大为节点，我国城市发展理念、城市发展政策经历了由注重效率到效率与公平并重、土地城镇化到人口城镇化、点状拉动到协调推进的转变，开启了人民城市建设之路，城市空间格局发生了新变化。课题组对我国 285 个城市的空间规模、空间形态和空间活力进行测算，可以看出，上海、深圳、佛山、广州城市空间质量排名前四，说明我国空间总量规模指数呈"东高西低、南高北低"态势，以长三角城市群、珠三角城市群为主体的城市群主导城市空间规模扩张（见图 12-1）。另外，并不是城市规模越大，空间质量指数越高，三亚最为典型，排名第五。

---

① 习近平关于城市工作论述摘编［M］. 北京：中央文献出版社，2023：46.

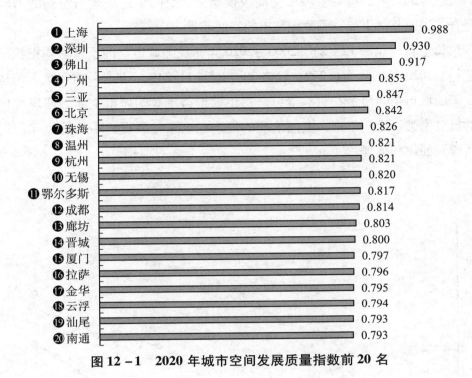

图 12 – 1　2020 年城市空间发展质量指数前 20 名

第一节　城市空间发展的时序演变

中央高度重视区域发展和空间问题，重大区域发展战略接连出台，国土空间治理体系现代化被提上议事日程。党的十八届五中全会明确提出，以市县级行政区为单元，建立由空间规划、用途管制、领导干部自然资源资产离任审计、差异化绩效考核等构成的空间治理体系。2019 年 12 月 16 日，《求是》杂志发表了中共中央总书记、国家主席、中央军委主席习近平的重要文章《推动形成优势互补高质量发展的区域经济布局》。文章指出，要完善和落实主体功能区战略，细化主体功能区划分，按照主体功能定位划分政策单元，对重点开发地区、生态脆弱地区、能源资源地区等制定差异化政策，分类精准施策，推动形成主体功能约束有效、国土开发有序的空间发展格局。正是国家空间治理理念和空间治理政策的转变，推动着城市空间规模质量、空间形态质量与空间活力质量的提升，进而整体上提升了我国城市的空间质量。

总体上看（见图 12 - 2），2000 ~ 2020 年，我国城市空间质量平均指数呈上升趋势。2020 年指数为 0.292，较 2000 年增长 11.24%，虽然增幅不大，但也表明我国的城市空间质量在日趋变好。这主要得益于我国城市空间治理现代化能力的日益增强。近些年来，空间治理的理念在国家发展规划中的地位和作用亦不断得到强化和体现。

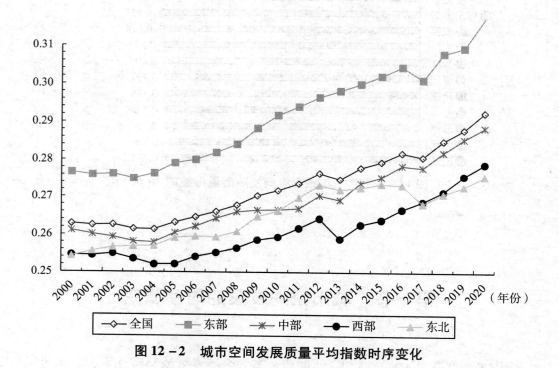

图 12 - 2　城市空间发展质量平均指数时序变化

分城市看（见图 12 - 3），上海空间质量增幅最大为 14.08%，排名第一；旅游城市三亚增长 57.15%，排名第二；排名前二十的城市中，增幅较大的反而多为中小城市，如丽江、六盘水、台州、晋城、榆林、三明、玉溪、漳州、廊坊、忻州等，占到了一半以上，我国中小城市空间规模发展较快。

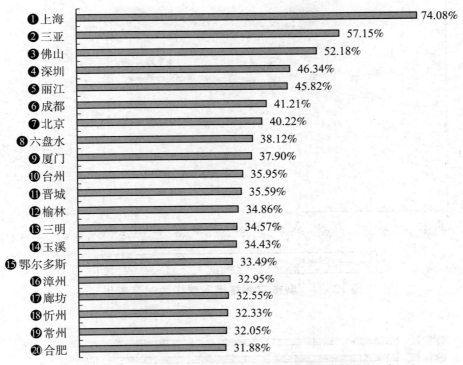

图 12 - 3　2020 年城市空间发展质量指数增幅前 20 名

一、空间规模

如图 12 - 4 所示，2000～2020 年，我国城市空间规模质量平均指数呈增长趋势。2020 年，城市空间规模平均指数达到 0.059，较 2000 年增长 55.79%。这种趋势是在城市总量规模质量和增量规模质量共同作用下形成的。

分城市看（见图 12 - 5），位于广东省西南沿海，紧邻珠三角，扼粤西要冲的阳江空间规模质量增幅最大，为 476.40%，排名第一；另外，排名前二十的城市主要为区域中心城市，深圳为珠三角主要城市，重庆、成都为成渝城市群主要城市等。

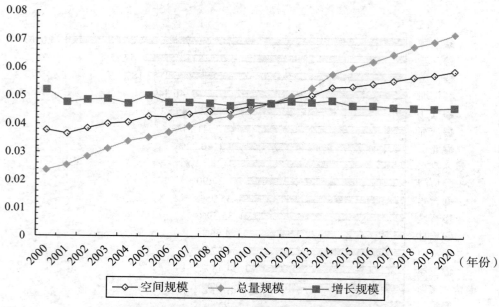

图 12 - 4 城市空间规模质量指数时序变化

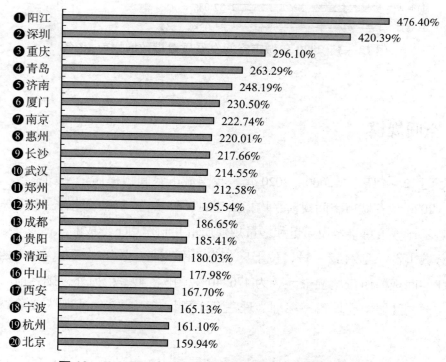

图 12 - 5 2020 年城市空间规模质量指数增幅前 20 名

（一）　城市空间规模日趋变大

我国城市规模呈日益变大的趋势。2000～2020年，我国城市空间总量规模平均指数呈增长趋势（见图12-4）。2020年，城市规模平均指数为0.072，是2000年的3.04倍，城市规模变大的趋势比较明显。在中国，经济集聚的力量还在发挥着主导作用①。城市空间规模的扩张是生产要素集聚的过程，有利于生产效率的提高。新世纪以来，国家采取各项政策促进城市规模的合理扩张。2000年5月国务院批转的公安部《关于推进小城镇户籍管理制度改革的意见》是关键性的一个文件，批准"凡是在建制镇范围内有合法固定的住所、稳定的职业或生活来源的人员及与其共同居住生活的直系亲属，均可根据本人意愿办理城镇常住户口；已在小城镇办理的蓝印户口、地方城镇居民户口、自理口粮户口等，符合上述条件的，统一登记为城镇常住户口"。这一具体政策在推动中国的城镇化过程中起到了十分关键的作用。随后，党的十六大报告明确提出："坚持大中小城市和小城镇协调发展，走中国特色的城镇化道路。"党的十七大进一步提出了"走中国特色城镇化道路，核心是促进大中小城市和小城镇协调发展"的城镇化发展战略。党的十八大以来，中央多次强调市场在资源配置中的决定性作用，与此相呼应的是我国城镇化依然在推进，并进入就地城镇化和异地城镇化并重阶段。因此，整体来看，我国城市空间规模仍在日益增大。

（二）　城市空间扩张速度呈放缓趋势

我国城市规模扩张速度呈放缓趋势。2000～2020年，我国城市空间增量规模平均指数呈下降趋势（见图12-4）。2020年，城市增量规模平均指数为0.046，较2000年下降11.43%，从图12-4趋势线可以看出，指数虽有少量波动，但总体下降趋势明显。随着我国城市化的快速发展，许多大城市出现了交通拥堵、环境污染等"城市病"。国家在注重城市规模合理扩张的同时，也更加注重城市的精细化治理，提高城市居民生活的满意度和国家治理的现代化。进入21世纪，党中央提出"科学发展观"和"和谐社会"，强调"经济与社会的

---

① 陆铭. 空间的力量：地理、政治和城市发展［M］. 北京：格致出版社，2016：39.

平衡发展"。城市被当作区域间发展的核心，是维护社会秩序稳定的主体。基于"赶超增长和维持稳定"的双重目标，城市空间治理模式表现出服务型和行政型的特征，并更倾向于构建服务型地方政府。党的十八大以来，中国特色社会主义进入一个新的发展阶段，习近平总书记指出："城市是人民的城市，人民城市为人民。"[①] 他以"人民城市"的高度自觉明确了当今中国城市的性质及其发展的目的和意义所在。新时代，城市空间生产更注重经济、政治、社会、文化、生态空间维度的全面发展，强调空间多重维度的生产。城市治理理念的逐渐转变，使城市的空间扩张在考虑经济效率的同时，更加注重城镇居民的获得感，因此，城镇扩张速度逐渐放缓。

中西部城市空间规模增速相对较快。从图 12-6 可以看出 2020 年，我国城市空间规模质量指数增长较高的城市多集中于中西部地区。主要是因为中央在 2000 年以后加大了平衡政策的力度，在 2003 年前后，政府通过行政干预的手段让经济资源（包括建设用地指标和资金）在区域间的配置发生了重大的变化，形成了明显的政策拐点。西部大开发、振兴东北老工业基地和中部崛起等区域战略的提出，表明中央推进区域平衡发展的力度进一步增强。区域战略的实施通过中央的一些文件具体落实到某些政策上面，起到了引导要素流动和配置资源的作用。一个明显的变化首先发生在土地资源的配置上，建设用地指标的配置被作为支持内地经济发展的政策手段。1999 年 4 月国务院批准的《1997～2010 年全国土地利用总体规划纲要》强调了统筹平衡各区域用地，主要体现在对东南沿海区和环渤海区建设用地规模扩大加强限制。另外，2003 年以后，开发区的设置也被作为支持内地发展的手段。为了控制"开发区热"和建设用地的过度扩张，国家在 2003 年 7 月底开始发文对开发区和建设用地进行清理整顿[②]。这一轮清理整顿中，全国开发区数量由 6 866 家减少到 1 568 家，减少 77.2%；规划面积由 3.86 万平方公里压缩到 9 949 平方公里，减少 74.0%[③]。在开发区清理过程中，对中西部地区，东北老工业基地的资源枯竭型城市，部分老、少、边、穷地区的开发区，在入园企业个数、基础设施建设水平、产业发展规模等具体

---

① 习近平在上海考察时强调：深入学习贯彻党的十九届四中全会精神　提高社会主义现代化国际大都市治理能力和水平［N］. 人民日报，2019-11-04.
② 详见国务院办公厅《关于清理整顿各类开发区加强建设用地管理的通知》。
③ 参见《印发国家发展改革委关于全国各类开发区清理整顿工作总结的报告要点的通知》。

审核条件上给予了一定倾斜①。

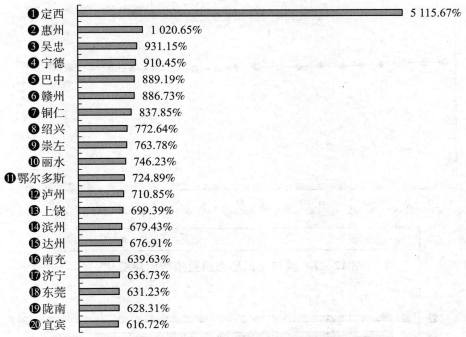

图 12 – 6   2020 年城市空间规模质量指数增幅前 20 名

二、空间形态

总体上看（见图 12 – 7），我国城市空间形态平均指数呈基本平稳态势，党的十八大以前呈略微下降趋势，之后呈略微增长趋势。党的十八大以来，我国城市空间治理理念、空间治理政策的转变深刻地影响着我国城市扩展方式、空间功能协调度和空间类型的多元化。

分城市看（见图 12 – 8），城市空间形态质量排名前二十的城市中，仅有上海、北京两座大城市，分别排名第一、第十七名，其他城市均为中小城市，且多为中西部城市。

---

① 开发区清理整顿工作取得积极成效 ［EB/OL］. 2007 – 04 – 19. 国家发改委，http：//www. gov. cn/ztzl/2007 – 04/19/content_588196. htm.

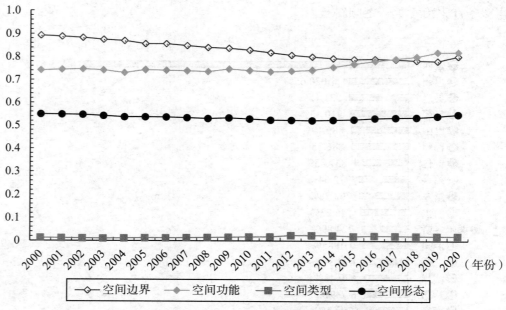

图 12 – 7 城市空间形态质量指数时序变化

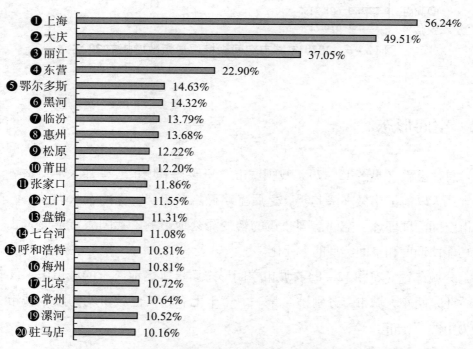

图 12 – 8 2020 年城市空间规模质量指数增幅前 20 名

（一）城市空间蔓延得到有效遏制

我国城市空间蔓延得到有效遏制。2000～2020年，我国城市空间蔓延（即空间边界）平均指数整体呈下降趋势（见图12－7）。2020年，城市增量规模平均指数为0.801，较2000年下降10.34%，从图12－4趋势线可以看出，指数虽2020年有所增长，但总体下降趋势明显，调研的285座城市中，空间蔓延指数下降的有231个，降幅最大的二十个城市如图12－9所示，增长的仅54个。我国城市蔓延是社会发展过程中各类驱动因素之间相互关联、共同作用的产物（陈吉煜等，2018）。然而伴随着城市化的快速开展，城市空间出现无序扩张的现象。大城市的边缘区土地开发失控，建成区蔓延情况严重；小城镇则由于缺少对流动资源的吸引能力，建设用地的扩张与社会经济发展脱节（黄晓军等，2009）。总体上看，在过往以经济增长为导向的规划背景下，城市蔓延具有很强的路径依赖特征，蔓延问题日趋严重。党的十八大以来，我国城市逐步进入存量优先的内涵式发展阶段。随着《国家新型城镇化规划（2014～2020年）》的颁布，以人为本、绿色、可持续、包容的发展模式成为指导全国城市发展的宏观

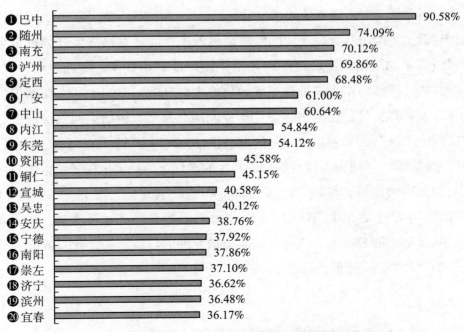

图12－9　2020年城市空间规模蔓延指数降幅前20名

战略规划。地方政府开始针对城市发展的趋势特点，实现社会、经济、空间等多方面的协调发展，妥善解决城市蔓延问题。党的十九届五中全会中提出，"要构建国土空间开发保护新格局，推动区域协调发展，推进以人为核心的新型城镇化"。城市空间结构布局调整和优化是构建国土空间开发保护新格局、推进新型城镇化建设的重要一环。从单纯的以扩展城市规模促进城市发展，到注重城市空间规模与空间结构协调发展并重的转变，是我国城市治理现代化的重要表现。

（二）空间功能协调性日益提高

我国空间功能协调性经历了先下降后提高的过程。如图 12 – 7 所示，2000 ~ 2012 年我国城市空间功能协调性平均指数整体呈缓慢下降趋势，从 2000 年的 0.741 下降到 2012 年的 0.734，虽下降，但下降不多。党的十八大以来，指数明显呈增长趋势，上升到 2020 年的 0.819，较 2012 年增长了 11.13%。分城市看，城市空间功能指数增幅最大的二十个城市如图 12 – 10 所示。20 世纪 90 年代以来中国经济发展取得了巨大成就，同时引发了土地利用的深刻转型，带来了一系列严重的生态环境问题（陈万旭等，2019）。随着中国城镇化进程的快速推进，城市各种活动对于空间的需求日益高涨，"三生空间"利用中的失衡问题也越来越显著。党的十八大以来，国家将优化国土空间开发格局上升为推进生态文明建设抓手的战略高度，将提高城镇建设用地利用效率，形成生产、生活、生态空间的合理结构作为推进新型城镇化的主要任务。党的十八大在阐述生态文明建设发展要义时，提出构建"生产空间集约高效、生活空间宜居适度、生态空间山清水秀"的"三生空间"的发展目标。2020 年 11 月，习近平总书记在江苏考察时强调，"建设人与自然和谐共生的现代化，必须把保护城市生态环境摆在更加突出的位置，科学合理规划城市的生产空间、生活空间、生态空间，处理好城市生产生活和生态环境保护的关系，既提高经济发展质量，又提高人民生活品质"[①]。随着国家对生态空间高质量发展的日益重视，我国城市"三生空间"的耦合协调度不断提高。

---

① 新华社. 习近平在江苏考察 [EB/OL]. 中华人民共和国中央人民政府网，http://www.gov.cn/xinwen/ 2020 – 11/14/content_5561530. Htm.

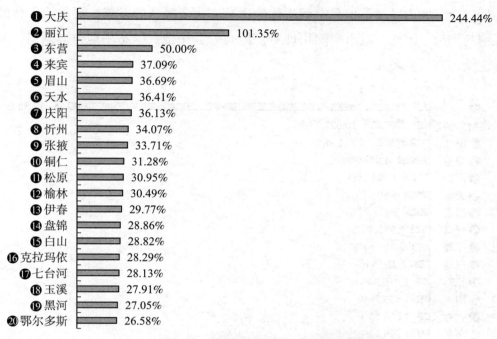

图 12 - 10　2020 年城市空间功能指数增幅前 20 名

（三）空间类型日益多元化

我国城市空间类型日益多元化。2000～2020 年，我国城市空间类型平均指数呈缓慢增长趋势（见图 12 - 7）。2020 年，城市空间类型平均指数为 0.020，较 2000 年增长 51.49%，从图 12 - 7 趋势线可以看出，虽然城市空间类型指数相对较低，但总体还是呈上升趋势，表明我国城市空间用地日益多元化。分城市看，分城市看，城市空间类型指数增幅最大的二十个城市如图 12 - 11 所示。这主要得益于我国城市空间治理理念的转变。在国家"以经济建设为中心""发展是硬道理"思想的指导下，城市化进程一直沿着如何服务于经济建设，为经济建设保驾护航的路径发展，进而形成以经济发展效率为指向的城市发展价值观。在此背景下，城市化作为一种生产手段，已成为推进经济发展效率的工具，在空间资源开发和配置上，在社会整体层面上，始终把效率放在第一位。但经济快速发展和增长并不必然或自动导致社会公平、社会公正和社会稳定。党的十八大后，习近平总书记以人民城市的高度自觉明确了当今中国城市的性质及其发展的目的和意义所在。人民城市本质上就是要坚持以人民为主体的空间生产与组织形式，塑造适合人民主体需要的空间产品，满足人民主体生存与发展的空间需要。城市发展不仅是空间实体的生长、社会经济的发展，更关涉主体的发展与实现。因此，城市空间用地更多地向公共用地、生态用地方向倾斜，城市空间形态日益多元化。

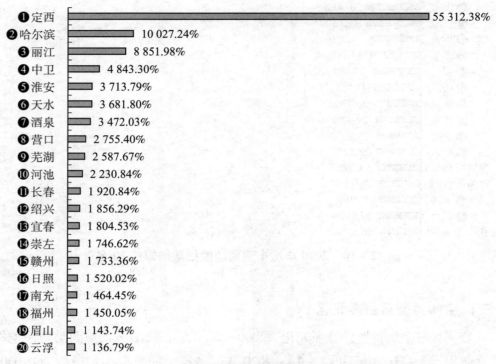

图 12 - 11　2020 年城市空间类型指数增幅前 20 名

三、空间活力

总体上看（见图 12 - 12），我国城市空间活力平均指数整体呈增长趋势，但是党的十八大后增长趋势明显弱于党的十八大前。党的十八大以来，城市发展从"增长联盟"（陈映芳，2009）转向"公平治理"，城市的发展更加兼顾效率与公平，更多的资源转向社会公平领域，导致城市生产活力增长速度放缓，而城市生产活力是城市空间活力的主要构成因素。

分城市看（见图 12 - 13），城市空间活力增幅最大的大城市仅有深圳，增长276.68%，排名第七；其余均为中小城市，船小好调头，我国中小城市发挥自身特色，不断提升自身活力。

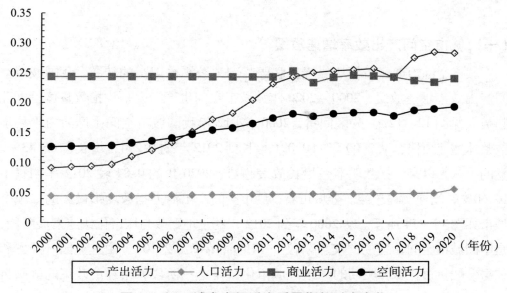

图 12－12 城市空间活力质量指数时序变化

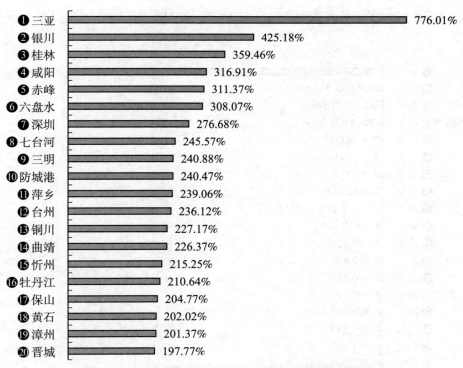

图 12－13 2020 年城市空间活力质量指数增幅前 20 名

（一）城市空间产出效率增速放缓

城市空间治理经历了从"增长联盟"到"公平治理"的转变。我国城市空间产出效率增速放缓，2000～2020年，城市空间生产活力平均指数整体呈上升趋势（见图12－12）。分区间看，2000～2012年我国城市空间生产活力平均指数整体增速更快，从2000年的0.091增长到2012年的0.244，增长了66.43%。党的十八大以来，指数明显呈增长放缓趋势，2020年的0.84较2012年增长了16.60%，增速明显放缓。分城市看，城市空间产出活力指数增幅最大的二十个城市如图12－14所示。从2000年到2012年的土地财政与城市化快速发展阶段，是中国城市空间治理的"爬坡阶段"（Hsing Y. T., 2010）。由工业园区开发和住房分配货币化双轮驱动的"土地城市化"是这一阶段城市经济政策的鲜明特点，毫无疑问，其有力推动了城市经济的繁荣和城市规模的有效扩大。然而，房价持续推高使住房问题成为城市居民的头等大事，产生了财富分配差距快速扩大的问题。2012年后我国经济进入新常态，针对前期积累的金融风险、社会风

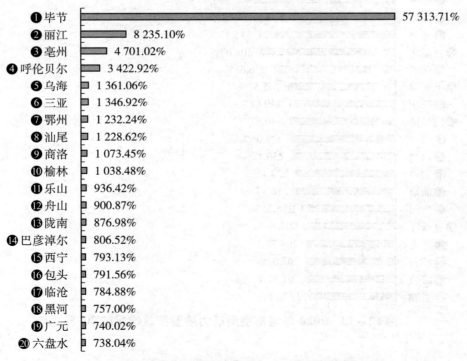

图12－14　2020年城市空间产出活力指数增幅前20名

险、环境风险，中央政府开始较大幅度地调整城市政策方向，加强调控过热的房地产市场、严防系统性金融风险、加强城乡基本公共服务均等化，并更加注重环境保护、历史文化遗产保护等。陆续出台了一系列更加注重社会公平导向的新政策，提出人民城市理念，重申共同富裕的改革方向，相应地推动城市空间治理向社会公平型治理转型，对此前城市大开发过程中遗留的各种问题进行系统性的城市体检，城中村、老旧小区、历史文化街区等城市空间治理得到更多的政策倾斜，新市民、青年群体、外来人口的居住问题得到更多关注，治理机制也增加了更多对社会参与和法治化的监督。由于政策转向社会"公平治理"，城市的空间产出效率增速较前期有所下降。

（二）人力资源活力逐渐凸显

我国城市空间人力资源活力逐渐凸显。2000～2020年，城市空间人口活力平均指数整体呈上升趋势（见图12－12）。2020年，城市人口活力平均指数为0.056，较2000年增长26.85%，从图12－12的趋势线可以看出，指数波动较小，整体呈上升趋势。分城市看，城市空间人口活力指数增幅最大的二十个城市如图12－15所示。人口是经济发展的基本变量，人口密度大有利于社会互动和相互学习，人口流动直接改变了劳动力空间配置结构，并进一步影响了区域发展比较优势。大城市具有显著的"厚劳动力市场"特征（Pierre－Philippe Combes，2012），因而具有更高的经济产出效率和工资收入（Kristian Behrens，2014），这反过来又进一步加大大城市的集聚效应，使集聚更多流动人口的超大、特大城市的"厚劳动力市场效应"愈加显著。为促进人口在区域间自由流动，促进人力资源优势的发挥，国家2014年发布《国务院关于进一步推进户籍制度改革的意见》，2019年印发《关于促进劳动力和人才社会性流动体制机制改革的意见》，随着户籍制度改革稳步推进，目前除个别超大城市外，人口流动的制度壁垒已大幅度降低，较之以前，流动人口规模更大且增速更快。从人口流动的实际情况看，根据第七次全国人口普查数据，2020年中国流动人口近3.76亿人，约占全国总人口26.04%[①]。然而，由于我国地区间的人口流动长期受到户籍、土地和公共服务等多方面制度的阻碍，造成人口集聚落后于经济集聚的

---

① 第七次全国人口普查公报（第七号）——城乡人口和流动人口情况［EB/OL］.（2021－05－11）. 中国政府网，https://www.gov.cn/xinwen/2021－05/11/content_5605791.htm.

现象。因此，虽然我国城市空间人口活力呈上升趋势，但上升趋势比较缓慢。建立国内统一大市场，消除区域间的壁垒是大势所趋。

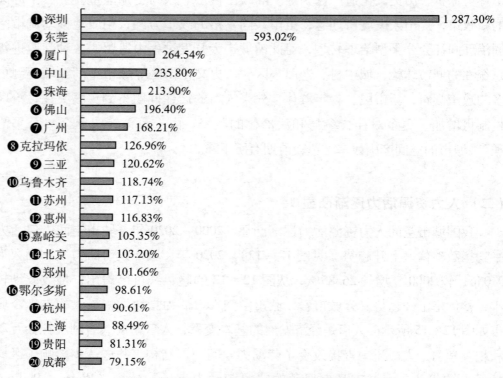

图 12－15　2020 年城市空间人口活力指数增幅前 20 名

（三）商业活力受疫情影响较重

由于 2000～2011 年数据不可得，因此，城市空间商业活力数据自 2012 年开始。整体上看，城市空间商业活力平均指数虽有波动，但变化不大，不过需要注意的是 2020 年平均指数低于整体平均水平。分城市看，城市空间商业活力指数增幅最大的二十个城市如图 12－16 所示。2020 年 1 月，新冠疫情暴发并迅速蔓延，使消费者线下消费及配送服务受到阻碍，商品流通受到抑制，消费者的消费方式集中于线上消费，且疫情开始时间在春节假期这一重大节点，对我国传统零售行业带来了短期巨大影响，相关企业停工停产，假期过后工人不能复工，企业仍不能投入生产，企业面临经营计划被打乱、采购订单不能按时交货、资金链断裂等压力。国家统计局数据显示，2019 年 3～12 月，社会消费品零售总额分月同比增长速度趋于稳定，维持在 8% 左右，上下相差不超过 1%，但

2020 年 1 ~ 2 月，受新冠疫情影响，社会消费品零售总额同比降低 20.5%，3 月以后随着企业复工复产，零售总额增长速度开始回升。可见，疫情对我国零售行业短期经济影响巨大。

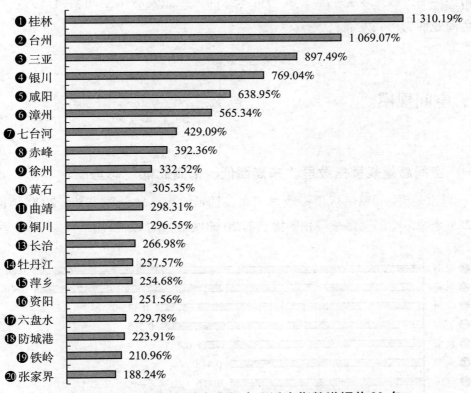

图 12 - 16　2020 年城市空间商业活力指数增幅前 20 名

第二节　城市空间发展的空间分布

报告对我国 285 个城市的空间质量、影响城市空间质量的关键因素进行测算，可以看出：我国城市空间质量整体呈上升趋势，空间规模质量持续上升、空间形态日益丰富、空间活力日益得到激发。从城市空间的全国布局看，空间规模方面，我国空间总量规模指数呈"东高西低、南高北低"态势；城市群主导城市空间规模扩张，珠江三角洲优势明显；国家中心城市的城市规模指数排名靠前，重庆追赶势头较强。空间形态方面，城市蔓延区域差异显著，空间非均衡程度呈逐步下降趋势；"三生空间"的耦合度均处于较低水平，而且地区差距较大；空间用地向兼具社会经济发展与生态保护方向转变。空间活力方面，城市生产活力极化现象明显，人力资本空间集聚激发城市空间创新活力，城市特色商业活力得到发展。

一、空间规模

（一）空间总量规模指数呈"东高西低、南高北低"态势

我国城市空间总量规模指数呈"东高西低、南高北低"态势。2020 年，我国 285 个城市空间总量规模指数排名前 20 的城市如图 12 – 17 所示。其中，西部

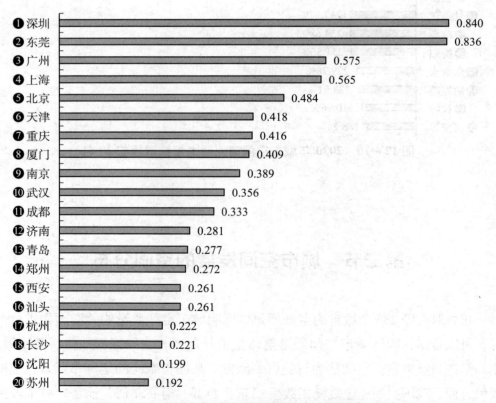

图 12 – 17 2020 年城市空间总量规模指数前 20 名

城市有西安、成都和重庆，中部地区有郑州、长沙，其余全部为东部城市，呈现出"东高西低"的状态。北方城市有北京、天津、济南、青岛、郑州、西安、沈阳七城，其余为南方城市，且排名前四的全部为南方城市，呈现出"南高北低"的格局。这种态势的形成与我国长期的城市发展策略息息相关。改革开放后很长一段时期，国家实行非均衡空间发展战略，通过差异化空间的生产、重构和竞争，促进城市经济增长。邓小平同志在"两个大局"的战略构想中谈道："沿海地区要加快对外开放，较快地发展起来，从而带动内地地区更好的发展。内地要顾全这个大局"①。国家将权力和优势资源集中在某些城市与区域，最终导致东部沿海城市、南方城市发展较快，中西部、北方城市发展相对较慢，城市空间规模呈现"东高西低、南高北低"态势。

（二）城市群主导城市空间规模扩张

城市群主导城市空间规模扩张。城市空间规模质量指数较高的区域大多是城市群所在地，另外排名前 20 的城市主要分布在珠江三角洲城市群、长江三角洲城市群、京津冀城市群、山东半岛城市群、辽宁中部城市群、长江中游城市群、中原城市群、成渝城市群、关中平原城市群。城市群已经成为我国新型城镇化发展的关键空间载体。"十一五"以来，"城市群作为城镇化主体"的战略地位在多个重要文件中被提及。2006 年，"十一五"规划首次提出城市群战略："将城市群作为推进城镇化的主体形态"。党的十八大报告指出"科学规划城市群规模和布局，增强中小城市和小城镇产业发展、公共服务、吸纳就业、人口集聚功能"。党的十九大报告更是指出"以城市群为主体构建大中小城市和小城镇协调发展的城镇格局"。随着城镇化水平的不断提升，我国城市群的发展战略及其对城镇化空间格局演变的影响作用日益显著。

珠江三角洲优势明显。城市群中，珠三角城市群空间总量规模发展整体质量较为突出，城市空间总量规模排名前三的城市均在珠三角。珠三角城市群以广州、深圳、香港为核心，包括珠海、惠州、东莞、肇庆、佛山、中山、江门、澳门等城市所形成的珠三角城市群，是我国三大城市群（其他两个是长三角城市群、京津唐）之一。改革开放后，珠三角凭借邻近港澳优势和国家政策的支

---

① 曾培炎. 西部大开发决策回顾［M］. 北京：中共党史出版社，2010：3.

持，通过"三来一补"和贴牌生产，大力发展轻纺、服装、小家电、玩具等劳动密集型制造业，佛山、中山和东莞等乡镇企业快速发展。21 世纪以来珠三角城市群发展进入大都市化阶段。为继续保持广州优势地位，2000 年广州市编制了城市发展战略规划，并提出广州建设国家中心城市的战略。在该规划指导下，广州城市实体地域不断扩张，城市人口快速增加。加上深圳、佛山等大城市快速崛起，整个珠三角现已初步形成了广佛肇、深莞惠和珠中江大都市区。为了进一步提升珠三角城市群综合竞争力和国际影响力，"十二五"规划明确提出，珠三角要"深化与港澳合作，将其打造更具综合竞争力的世界级城市群"，珠三角进入了一个大都市化发展阶段。

（三）国家中心城市引领城市规模扩张

国家中心城市规模指数排名靠前。我国现在明确批复的国家中心城市有 9 个，分别是上海、北京、广州、天津、重庆、成都、武汉、郑州、西安，城市空间总量规模指数全部排名前 20（见图 12 - 17）。国家中心城市是国家战略区域的经济中心，是全球城市网络体系和产业价值链分工体系的重要功能节点，是代表国家参与国际竞争的重要空间载体，是具有较强控制、管理、整合、创新功能的特大中心城市（李林等，2012）。2005 年，中国住房和城乡建设部在编制新的国家城镇体系规划时，首次提到了国家中心城市的概念。随着国家级城市的影响力不断增强，有更多的城市开始将创建国家中心城市作为发展定位（蓝志勇，2019）。2010 年 2 月，住房和城乡建设部发布的《全国城镇体系规划（2010 ~ 2020 年）》明确提出建设北京、天津、上海、广州、重庆五大国家中心城市。2016 年 5 月至 2018 年 2 月，国家发展和改革委员会、住房和城乡建设部发函支持成都、武汉、郑州、西安建设国家中心城市。由此，中国的国家中心城市包含 4 个直辖市和 5 个省会城市（副省级城市），属于国家尺度的最高等级城市。国家中心城市在国家的经济社会建设、交通网络化等方面都发挥着重要的中心和枢纽作用，在推动国际合作与文化交流方面也发挥着突出的门户作用。因此，国家中心城市是中国城镇体系中辐射范围最广、对外服务能力最强的中心地，具有最强的中心性，也被称为塔尖城市。

肩负国家空间统筹使命，重庆追赶势头较强。重庆是第一批被确定为国家中心城市中的唯一中西部城市。2020 年，重庆空间总量规模指数排名第七（见

图 12 – 17），较 2000 年上升了十位，在国家中心城市中排名上升较快。2020 年重庆建成区面积为 1 565 平方公里，是 2000 年的 5.97 倍；城镇化率为 69.5%，较 2000 年提高 33.9 个百分点。城市规模扩张的背后是重庆经济社会全面的快速发展。作为沿海与内陆联动的关键支点，中西部地区唯一的直辖市，重庆承担着构建国家中心城市、肩负着带动长江上游地区、辐射中西部，推动国家空间统筹和发展转型，走向全面繁荣的重要使命。与这种形势相适应的是一系列支持重庆发展的重要政策密集出台，一系列促进重庆市大发展的标志性举措相继落实，如统筹城乡发展的综合改革试验区、内陆保税港区、综合保税区及两江新区的成立。党的十八大以来，习近平总书记两次到重庆考察调研、参加十三届全国人大一次会议重庆代表团审议，为重庆发展把脉定向，强调"努力在推进新时代西部大开发中发挥支撑作用、在推进共建'一带一路'中发挥带动作用、在推进长江经济带绿色发展中发挥示范作用"，指出"加快建设内陆开放高地、山清水秀美丽之地，努力推动高质量发展、创造高品质生活"。牢记嘱托，不断奋进。重庆以大数据、智能化为发力点推动经济转型升级，以通道、平台、要素等为支撑加快建设内陆开放高地，以"生态优先，绿色发展"为理念打造山清水秀美丽之地，奋力书写推动高质量发展、创造高品质生活新篇章。

二、空间形态

（一）空间形态非均衡呈"小—扩大—变小"趋势

城市空间形态非均衡呈"小—扩大—变小"趋势。如图 12 – 18 所示，我国城市各区域城市空间形态指数呈逐步扩大随后逐步缩小的趋势。2000 年时，我国东部、中部、西部、东北的城市的空间形态质量几乎处于相同的水平，空间形态质量指数分别为 0.551、0.549、0.548、0.549，差距很小；2015 年左右，各区域差距达到最大程度，差值为 0.027 左右；2020 年，差距缩小为 0.019。可以看到，大致以党的十八大为节点，党的十八大前城市空间形态质量呈下降趋势且差距逐渐拉大，党的十八大后各区域城市空间质量形态呈上升趋势且差距逐渐缩小。"下降—上升"的整体趋势本节"一、空间规模（二）城市群主导城市空间规模扩张"部分已经分析，在此不过多赘述，此处主要分析各区域非均衡趋势的原因。党的十八大前，我国长期执行优先发展部分区域的政策，导致了这些地区发展迅速，区域间差距扩大，虽然新世纪以来我国的政策逐渐转向区域均衡发展，实施东北振兴、西部大开发、中部崛起的战略，但经济社会发展的惯性仍然导致区域发展非均衡的扩大。党的十八大以来，中央打破了之前以单个的城市点为支撑的区域规划模式，主要以经济区为导向实施区域规划，具有"面状组合"的特点，重点包括加快京津冀协同发展、长江三角洲区域一体化发展和粤港澳大湾区建设等。立足于"面"的规划更加注重全局性利益和区域性利益，推动了各区域向更加协调的方向发展。

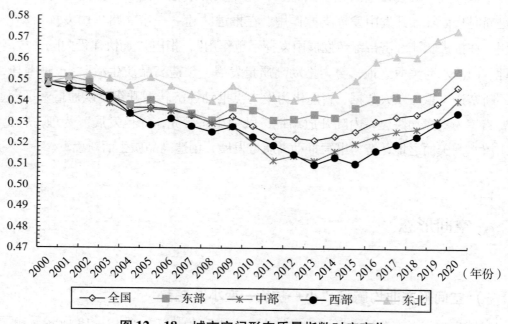

图 12 – 18 城市空间形态质量指数时序变化

东北空间形态质量较高。从图 12 – 18 中可以看出，东北地区空间形态质量指数高于其他各区，主要是因为东北地区"三生空间"耦合协调度较高。如图 12 – 19 所示，我国城市"三生空间"耦合协调度排名前 20 的城市，其中有 8 个属于东北地区；排名前 40 的城市，有 15 个属于东北地区（根据整体排名表所得）。东北地区作为新中国工业的摇篮，曾是中国工业化和城市化发展的重要区域。改革开放后，东北地区经济发展下滑，就业矛盾尖锐，居民收入下降，由此成为中国的问题区域。20 世纪 90 年代中期开始，为了解决区域发展问题，东北地区被纳入国家战略实施振兴。2003 年中国颁布《关于实施东北地区等老工业基地振兴战略的若干意见》，2004 年国务院振兴东北地区等老工业基地领导小组成立，这标志着东北地区振兴战略全面启动。中央政府先后实施了一系列振兴政策，相关部委相继出台了配套政策。东北振兴发展覆盖全域，涉及各部门、各领域，以应急扭转经济下滑和解决"新东北现象"为主，振兴主题是改善环境、增强内生动力、培育新动能。紧抓体制机制创新、历史遗留问题、产业结构优化等主要矛盾，兼顾区域经济社会协调发展。因此，东北地区城市"三生空间"耦合协调度相对其他区域水平较高。

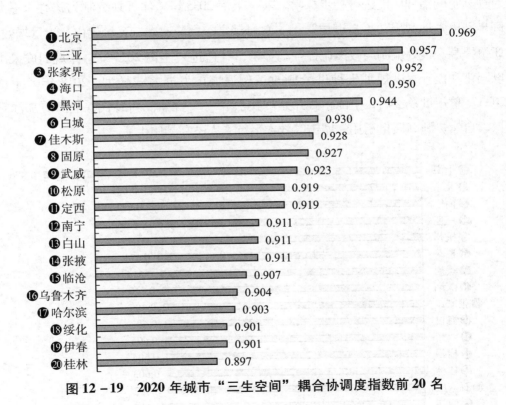

图 12 – 19 2020 年城市"三生空间"耦合协调度指数前 20 名

（二）上海城市建设走向空间正义

上海空间形态质量最优。上海城市空间形态质量排名第一（见图 12 – 20），较 2000 年提升了 59 位。作为改革开放的"排头兵"，上海在城市建设和更新方面积累了大量经验，上海也是许多重要城市发展理念的"策源地"和"先行区",2019 年 11 月习近平总书记考察上海期间提出"人民城市人民建,人民城市为人民"重要理念,2020 年 6 月中共上海市委发布了《中共上海市委关于深入贯彻落实"人民城市人民建,人民城市为人民"重要理念谱写新时代人民城市新篇章的意见》,成为人民城市理念在城市层面的首个实践指引。上海建设人民城市,满足人民美好生活的需要,从空间维度上说就是通过城市空间治理,满足人民对空间生产、资源分配等权利的需求,最终达到空间正义,即社会正义("空间正义"即"空间中的社会正义")。基于此,上海市各部门从控制城市蔓延、推进"三生空间"协调发展等方面加速推动城市空间治理的现代化,上海市成为"宜居、宜业、宜游"的人民城市。持续优化城市空间精细化治理,着重对规划空间治理职能进行初步探索。以"上海 2035"总体规划编制为核心,上海同步开展土地利用"五量调控"——总量锁定、增量递减、存量优化、流量增效、质量提高。规划编制与政策调控互动互融,并通过"上海 2035"总体规划成果予以固化和提升,以规划土地供给侧改革倒逼城市发展方式转型。2018 年"上海2035"总规批复之后,上海正式开始"实施合一"探索。新时代,上海更加注重探索自然资源高质量利用、城市高效率运行、人民高品质生活。

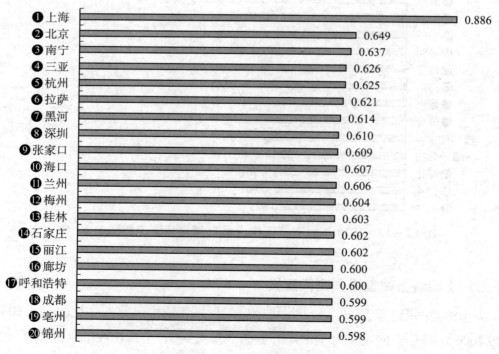

图 12 - 20　2020 年城市空间形态质量指数前 20 名

（三）城市空间形态质量并不总是和经济发展水平相匹配

南宁市空间形态治理走出了自己的特色。从图 12-20 可以看出，城市空间形态质量排名靠前的城市，并不都是 GDP 排名较好的城市。前 10 名中，上海、北京、深圳、杭州的 GDP 排名靠前，2020 年城市 GDP 排名中分别排第 1、第 2、第 3、第 8 位，而南宁、三亚、拉萨、黑河、张家口、海口则排名较为靠后。这些经济算不上发达的城市，缘何在城市空间形态上发展质量较好？我们挑选南宁市做详细分析。南宁市空间形态质量排名第三，主要是因为其空间边界质量、空间功能质量、空间类型质量发展较为均衡，都处于不错的状态，排名都在前 20 之内。南宁秉承时代赋予的新使命，坚持新发展理念，以高度的思想自觉和行动自觉，创造性贯彻落实中央和自治区决策部署，按照"建设壮美广西　共圆复兴梦想"的总目标总要求，主动践行"担当为要、实干为本、发展为重、奋斗为荣"的理念，奋力谱写南宁高质量发展新篇章。一是借力"南宁渠道"，走活开放开发全盘棋。南宁市持续推进"南宁渠道"升级，深度融入"一带一路"建设，在全区构建"南向、北联、东融、西合"全方位开放发展新格局中发挥了示范引领作用。二是擦亮"金字招牌"，生态南宁向世界发出新名片。南宁市深入贯彻习近平生态文明思想，提出"推动绿城品质升级，建设生态宜居城市"的总目标，突出城市建设的"形、实、魂"，坚持"治水、建城、为民"城市工作主线，坚决打好污染防治攻坚战，推动生态宜居城市建设提档升级。经过不懈的努力，南宁市空间形态日益丰富，越来越能满足人民多样化的空间需求。

三、空间活力

城市是有生命的，活力则是城市有机体生命力的本质体现。美国著名城市理论家凯文·林奇将活力引入到城市性能的评价之中，提出了评价城市形态的七个性能指标，即"活力、感受、适宜、可及性、管理、效率、公平"[1]。活力

---

[1] 凯文·林奇. 城市形态 [M]. 北京：华夏出版社，2001：84-85.

作为评价城市形态的首要指标，对城市形态的发展和规划具有重要的导向作用。

（一）城市空间活力极化现象明显

我国城市空间活力极化现象比较明显。区域内核心或中心城市的效率较高，外围城市的效率相对较低，导致空间上出现效率的"核心—外围"结构。区域中心城市由于其高额的边际效益，大量资本、劳动力等各种生产要素不断涌入，与周边其他外围城市相比，在经济发展、社会福利、环境治理等方面都具有相对优势，经济高度发达，城市居民的福利水平也相对较高，因而城市效率处于相对较高水平。长三角中上海、苏州、杭州的平均效率处于较高水平，无锡、南京、舟山和镇江处于中等效率水平，其余城市的效率水平较低。珠三角的广州、深圳和东莞，京津冀的北京和天津在各自区域中都具有效率较高的优势地位，因此在空间上呈现出明显的"核心—外围"结构，核心城市和外围城市的效率表现出不平衡的空间结构。核心城市通过其强大的虹吸效应，吸引了区域内较多的生产要素、人力资本和创新研发要素，从而使得核心城市从要素流动和研发溢出中获益。

（二）深圳市空间人口活力独占鳌头

深圳市空间人口活力较活跃。如图 12 - 21 所示，深圳市的人口活力排名第一。2020 年，深圳市的人口密度为 8 828.24 人/平方公里，是第二名东莞的两倍多。人力资本是一个地区最重要的资源禀赋，其对经济增长的巨大作用是毋庸置疑的，并且越来越重要。那么，深圳有何魅力，能够吸引大批人才向其集聚呢？首先，以就业岗位吸引人。深圳通过产业集聚，创造就业岗位，吸引大量人口流入，以就业人口增长带动城市人口总量扩张。2000 年以后，面对大规模产业转移，特别是 2008 年国际金融危机带来的"民工荒"，深圳加快了产业转型步伐，大力发展现代服务业，信息技术服务、科学研究和新兴商贸等产业蓬勃发展，服务业就业人口成为后期深圳人口增长的主要力量。其次，以优惠政策服务人。深圳精准定位产业发展的人才需求，适时完善人口政策，服务城市人口变化。针对人口流动特点和需求变化，调整完善户籍政策。为大力吸引人才到深圳创业创新，2017 年，深圳实施了全国首个人才条例——《深圳经济特区人才工作条例》，并建立最大限度激励人才的财政政策支持、科技成果转化、利益分配等机制，构建与国际接轨、具有全球竞争力的人才制度体系。最后，以优质环境留住人。优美的城市生态环境和优质的公共服务，是深圳留住大量高素质人才的重要保障。深圳把生态文明建设作为可持续发展的内在要求，先后印发实施《关于加强环境保护建设生态市的决定》《关于推进生态文明、建设美丽深圳的决定》等文件，把生态文明建设融入经济、政治、文化、社会建设各方面，落实在城市规划、建设、管理各领域。

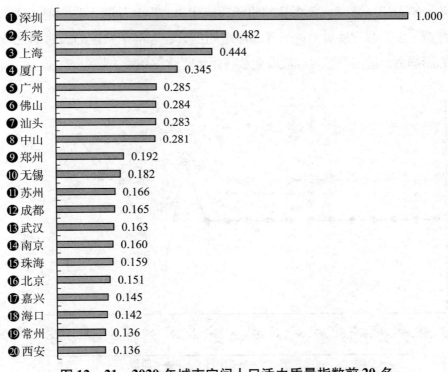

图 12 - 21　2020 年城市空间人口活力质量指数前 20 名

（三）城市商业活力显示出较小的区域差异性

从全国范围看，各大区域商业活力差异性并不明显。从图 12 - 22 可以看出，我国各区域城市空间商业活力差别不大，和其他指标表现出来的空间不均衡性相比，城市空间商业活力要均衡一些。硬经济和基础设施建设并不等同于商业活力更优的事实，二者之间并不是充要关系。城市商业活力是城市经济增长内生性动能的重要体现，关乎城市人口流动和产业梯次发展，城市商业与民生服务项目的融合有利于发挥稳定市场和民心的双重作用。各城市发挥特色，激发城市商业活力。党的十八大以来，我国城市逐渐开始意识到城市商业活力的激发要依据自身特色，而不应该趋同化。东部地区根据自己的经济社会优势发展商业，中西部城市经济社会发展相对落后，更多依靠自己的历史文化和自然风光资源开展特色商业，弥补自己的不足。同时，各城市结合节假日主题活动，联合主流互联网平台发布城市消费券或抵税，针对餐饮、住宿等受疫情影响较大的行业发放专门类目的优惠券，刺激即时消费，增强经营方经营信心提升城市营商环境开放度，对商业运营者给予招商奖励、龙头品牌给予政策优惠，提升品牌入驻意愿；注重城市群的打造，提升城市软实力对于营商环境的提升、客群消费能力及意愿的改善有很强的影响力，进而增强对优质商业载体、运营商和品牌的驱动。

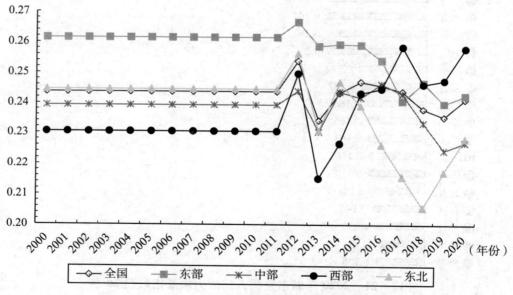

图 12－22　城市空间活力质量指数时序变化

第三节　政策启示

人民城市的价值遵循与空间正义具有高度的契合性，核心目标就是满足人民美好生活的需要。从实现空间正义的视角去看待人民城市的建设，对于创新社会治理，提升城市治理体系和治理能力现代化，实现文明城市建设常态化，实现基于空间正义的城市治理系统化具有重要的意义。如前所述，新世纪尤其是党的十八大以来，我国城市空间质量取得明显的发展，然而不可否认的是城市空间还存在着"空间蔓延"、空间发展不平衡、不充分等问题，不断地促进城市空间治理现代化，迈向城市空间正义，实现人民城市建设，还有很长的路要走。

下一步，主要从以下几个方面做好城市空间治理工作。城市空间规模方面，兼顾规模扩张与结构调整。兼顾大城市与中小城镇发展，城市化推进应该在大中小城市和小城镇协调发展的基础上，充分发挥中心城市的带动与辐射作用，发展一批具有世界竞争力的大城市群或大都市圈，通过其强大的集聚功能和辐射功能有效带动农村工业化和城镇化发展，实现以城市群带动城市化的跨越。城市空间形态方面，锚固"三生空间"统筹发展的基底。强化"三生空间"优化中的底线管理，通过设置不可逾越的红线，将各种空间利用的行为框定在一定范围内，将事关城市经济、社会、生态全局和长远利益的事权收紧，筑牢"三生空间"统筹发展的基底。城市空间活力方面，强化多元主体在城市空间治理中的"主人翁"意识。提高个人自我管理和自主服务的主动意识，按照"一事一议"的原则增加奖励，并开展网格成员、志愿者、最美丽邻居等评选活动，强化多元主体在城市空间治理中的主人翁意识，充分调动其积极性。

第十三章　城市社会发展客观评价

党的二十大报告明确指出："必须完整、准确、全面贯彻新发展理念，坚持社会主义市场经济改革方向，坚持高水平对外开放，加快构建以国内大循环为主体、国内国际双循环相互促进的新发展格局。"新发展理念是习近平新时代中国特色社会主义思想的重要内容，是马克思主义发展观中国化时代化的理论成果，这一理念是在全面分析国内外发展大势、深刻总结国内外发展经验教训的基础上形成的科学论断，是引领高质量发展的理论指导和实践指南。理念是行动的先导，城市高质量发展必然由先进而正确的发展理念来引领。进入新的发展阶段，"更高质量、更有效率、更加公平、更可持续发展"是中国城市发展的新要求，由"快"到"优"是推动城市持续健康发展的新思想和新战略。践行新思想新战略，必然依靠"创新、协调、绿色、开放、共享"的新发展理念引领城市政治、经济、文化、生态等方方面面的深刻改革。

党的十八大以来，我国城市发展围绕创新、协调、绿色、开放、共享"五位一体"的新发展理念，实现了效率与质量并重、生态与产业共同发展、点状拉动到协调推进的转变，开启了人民城市建设之路。课题组对我国285个城市的社会发展、影响城市社会发展的关键因素进行测算，如图13-1所示，其中大部分城市集中在东部地区，北京、上海和深圳社会发展指数排名前3；中部地区武汉、长沙分别排名第11、第16位；西部地区城市社会发展提升空间较大，重庆、成都和西安分别排名第8、第9和第12位。

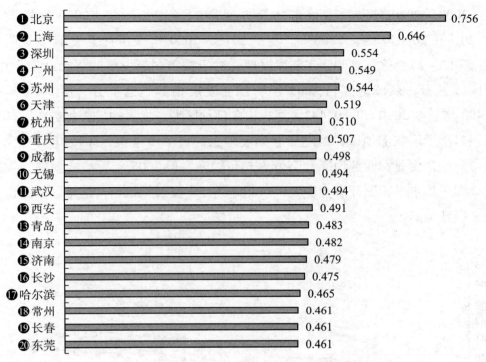

图13－1　2020年城市社会发展质量指数前20名

第一节　城市社会发展的时序演变

2015年10月29日，习近平在党的十八届五中全会第二次全体会议上的讲话提出了"创新、协调、绿色、开放、共享"的新发展理念。新发展理念对"实现什么样的发展、怎样发展"等问题作了系统、全面的论述，回答了我国全面建设社会主义现代化国家的发展动力、发展方向、发展方式、发展环境、发展目的等一系列重大问题。本研究基于新发展理念，选取创新发展、协调发展、绿色发展、开放发展以及共享发展五个维度构建城市社会发展指数，以多角度、全方位衡量城市社会发展水平。评价社会发展水平，有助于厘清当前城市社会发展短板，总结当前高质量发展的成果以及存在的问题，为推进中国式现代化指明方向。

  2000～2020年，我国城市社会发展指数呈增长趋势，2020年指数为0.420，较2000年增长7.08%。其中2015～2020年城市社会发展增长明显（见图13-2），这正是归因于新发展理念对于城市创新发展的强力助推作用。分区域来看，东部地区自2005年后社会发展指数迅速提升，由2005年的0.403增长至2020年的0.442，展现出东部地区城市发展的显著优势；中部地区明显落后于东部地区，但随着新发展理念的进一步落实，2015年后社会发展指数提升明显；西部地区社会发展起步较晚，但2005年后社会发展指数超过全国平均水平，提升潜力较大；东北地区社会发展指数与其他地区相比仍有较大提升空间。

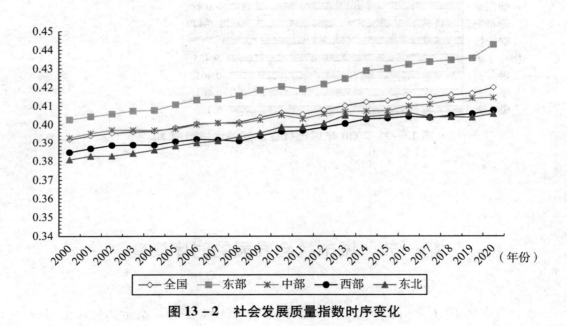

图13-2　社会发展质量指数时序变化

  结合城市社会发展质量指数增幅进一步分析，如图13-3所示，北京市以86.84%的增幅稳居榜首，上海和广州的涨幅依次为67.60%和46.00%，占据第2、第3名，重庆市、昆明市分别以43.17%、34.32%位列第5、6名，西部地区社会发展增长迅速；中部地区中武汉市以27.86%的增幅位列第9名。前20名中大部分为东部城市，但西部城市发展速度也不容小觑。

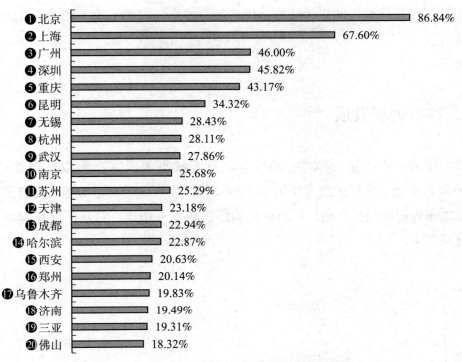

图 13 – 3 城市社会发展质量指数增幅前 20 名

综上所述，本结果进一步论证了新发展理念对于中国城市高质量发展的助推作用，在新发展理念的作用下，中国城市社会发展水平显著提升。党的十八届五中全会提出的新发展理念，从我国经济社会发展的战略全局高度，深刻揭示了"十三五"乃至更长时期实现更高质量、更有效率、更加公平、更可持续发展的科学路径。从"五位一体"总体布局到"四个全面"战略布局再到新发展理念的提出，新发展理念明确了"十三五"时期经济社会发展的主脉络。2018 年 3 月 11 日，第十三届全国人民代表大会第一次会议通过《中华人民共和国宪法修正案》，在"自力更生，艰苦奋斗"前增写了"贯彻新发展理念"。"十四五"更是进一步强调要完整准确全面贯彻新发展理念，建设现代化经济体系。2021 年 4 月 30 日，《求是》杂志发表了中共中央总书记、国家主席、中央军委主席习近平的重要文章《把握新发展阶段，贯彻新发展理念，构建新发展格局》。文章指出，进入新发展阶段、贯彻新发展理念、构建新发展格局，是由我国经济社会发展的理论逻辑、历史逻辑、现实逻辑决定的，三者紧密关联。进入新发展阶段明确了我国发展的历史方位，贯彻新发展理念明确了我国现代化建设的指导原则，构建新发展格局明确了我国经济现代化的路径选择。

一、城市创新发展

如图 13 - 4 所示，2000 ~ 2020 年，我国城市创新发展指数呈增长趋势，2020 年城市创新发展指数为 0.0214，2000 年仅为 0.0004，城市创新发展前景广阔。本报告选取创新产出、创新转化构建创新发展指数，对城市创新发展进一步分析如下。

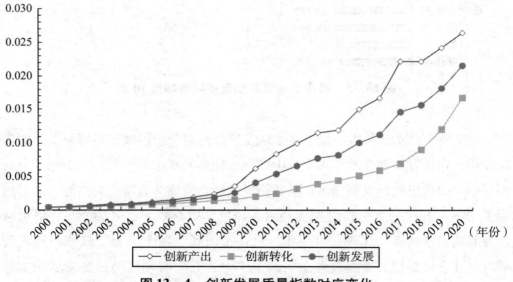

图 13 - 4 创新发展质量指数时序变化

结合城市创新发展质量指数增幅进一步分析，如图 13 - 5 所示，湖南省、江西省分别排名第 1、第 2 名，中部地区正结合自身优势，走上科技创新快速发展道路；东部地区江苏省、浙江省排名第 3、第 4 名，东部地区长期保持城市创新稳步发展。

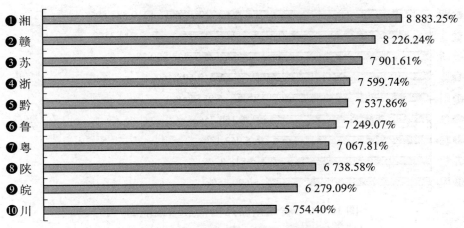

图 13 – 5　省域创新发展质量指数增幅前 10 名

（一）城市创新产出成果显著

2000～2020 年，我国城市创新产出平均指数呈增长趋势（见图 13 – 4）。2000～2005 年，城市创新产出增长较为平缓，之后迅速由 2005 年的 0.001 增长至 2010 年的 0.006，增长 5 倍，2010 年后，创新产出增长速度进一步提升，至 2020 年城市创新产出平均指数为 0.026。城市创新产出成果显著。创新是现代经济增长的核心，技术进步是经济增长的内生变量，随着创新驱动发展战略的不断深入实施，创新在经济发展中的作用日渐突出。创新产出能够在一定程度上反映城市的创新能力和创新水平。城市科技创新能力在很大程度上决定其可持续发展能力。2020 年，国内专利授权数达 352.1 万件，比上年大幅增长 42.3%。除此以外，2020 年中国技术市场成交合同金额达 28 251.5 亿元，比上年增长 26.1%。技术交易额的快速增长表明技术转移转化在不断加速。2020 年每万名科技活动人员平均技术市场成交额为 21.9 亿元，比上年增长 19.1%，增幅比上年提高 2.4 个百分点。

结合城市创新产出指数增幅进一步分析，如图 13 – 6 所示，江西省、湖南省分别排名第 1、第 2 名，印证了中部地区城市创新发展成果；前 10 名中半数均为东部城市，东部地区城市创新能力可见一斑。

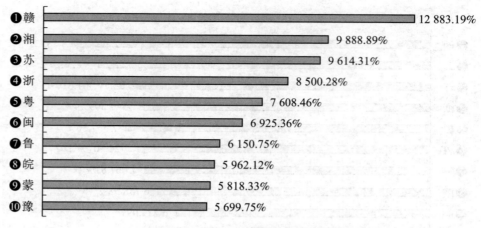

图 13 – 6　省域创新产出指数增幅前 10 名

　　随着经济发展进入新阶段，中国城市逐渐进入结构调整、转型升级过程中，创新成为中国城市发展的重要驱动力，创新产出因此成为衡量城市发展质量的重要指标。"十一五"期间，《国家"十一五"科学技术发展规划》提出把科技投入作为战略性投入，把发展战略技术及产业作为实现跨越的重要突破口，我国必须切实将科学技术置于国家发展的优先地位，大力推进自主创新，努力建设创新型国家。"十二五"期间进一步强调创新产出的作用，进入全面建设小康社会的关键时期，更需要大力推动创新成果，提升自主创新能力、建设创新型国家。《"十三五"国家科技创新规划》提出，我国科技创新还存在一些薄弱环节和深层次问题，主要表现为科技创新能力特别是原创能力还有很大差距，关键领域核心技术受制于人的局面没有从根本上改变。创新产出决定了城市发展的关键技术问题，体现了城市创新能力，因此成为国家五年规划的重中之重。

（二）城市创新转化有待提升

　　2000～2020 年，我国城市创新转化平均指数呈增长趋势（见图 13 – 4）。2000～2015 年，城市创新转化增长较为平缓，之后迅速由 2015 年的 0.005 增长至 2020 年的 0.017，增长了 3 倍。城市创新转化的显著增长进一步体现了新发展理念对于城市创新发展的强力助推作用。此外，由图可以看出，城市创新转化平均指数明显低于城市创新产出平均指数，2000～2005 年期间城市创新产出与创新转化同步发展，2005 年以后创新转化发展速度明显弱于创新产出，创新成果无法得到及时有效的成果转化，进而影响城市创新发展平均指数。

新发展理念不仅作用于创新产出阶段，更直接影响创新成果转化。近年来，我国逐步拓宽成果转化融资渠道。2014 年，国家科技成果转化引导基金正式启动，高效带动及引导地方财政资金、国有资本、社会资本向科技成果转化阶段聚集。截至 2013 年底，转化基金共批复设立 36 只子基金，总规模达 624.30 亿元。子基金累计投资了 359.55 亿元，带动社会同步投资 1 097.04 亿元，投资了 616 家企业，转化科技成果 974 项。但目前我国科技成果转化仍存在堵点，下一步需针对堵点深化改革。2023 年 1 月，科技部联合发展改革委、教育部等部门印发《"十四五"国家技术创新工程规划》，加强部门协同联动，形成更加高效的企业科技创新制度安排和环境保障。2022 年 8 月，科技部会同财政部印发《企业技术创新能力提升行动方案（2022～2023 年）》，聚焦企业技术创新能力建设的关键环节，提出近 2 年内可推进的 10 项重点举措，引导支持各类企业将科技创新作为核心竞争力。因此，多重举措下创新转化仍有较大提升空间。

二、城市协调发展

如图 13－7 所示，2000～2020 年，我国城市协调发展指数较为平稳，2020 年城市协调发展指数为 0.905，2000 年为 0.895，城市共享发展稳步提升。本报告选取城乡协调、城际协调构建协调发展指数，对城市协调发展进一步分析如下。

结合城市协调发展指数增幅进一步分析，如图 13－8 所示，昆明市以 79.99% 的增幅稳居榜首，东部地区中深圳和佛山的涨幅依次为 40.79% 和 32.51%，占据第 2、第 3 名。前 20 名中，东部地区共有 10 座城市，体现了东部地区协调发展的引领地位。

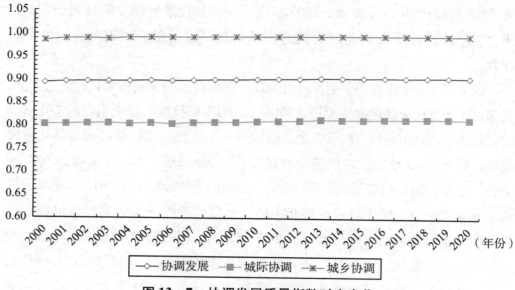

图 13 - 7 协调发展质量指数时序变化

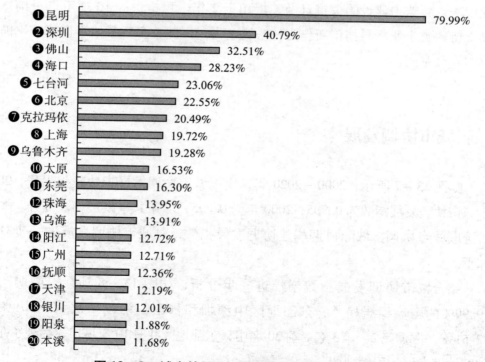

图 13 - 8 城市协调发展质量指数增幅前 20 名

（一）城乡协调发展稳步提升

2000～2020年，我国城市城乡协调平均指数小幅度增长（见图13-7），2000年城市城乡协调平均指数为0.986，2020年城市城乡协调平均指数为0.995。结合城市城乡协调指数增幅进一步分析，如图13-9所示，西部地区城市城乡协调迅速发展，其中昆明城乡协调指数增幅以141.78%排名第一，城乡协调稳步发展。"协调既是发展手段又是发展目标，同时还是评价发展的标准和尺度。"协调发展是处理区域发展不协调、城乡发展不统筹、资源分配不均衡等重大经济关系问题的主要举措，其要求在解决好经济、政治、文化、社会和生态领域的协调问题的同时，消除发展不平衡、不充分等突出问题。本报告选取城乡收入协调、城乡消费协调构成城乡协调指标，以实现对城乡协调全方位、多角度衡量。

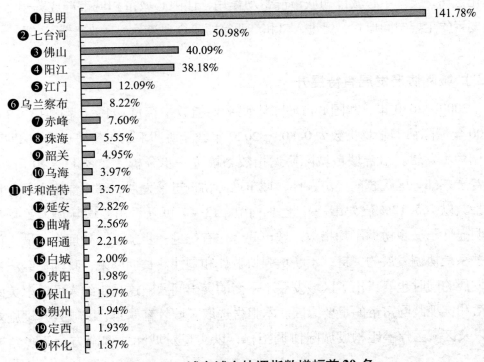

图13-9　城市城乡协调指数增幅前20名

城乡协调发展的稳步提升，归根结底在于协调发展理念下城乡发展战略的贯彻落实。全面小康是城乡区域共同发展的小康。党的十九大报告把"城乡区域发展差距和居民生活水平差距显著缩小"作为基本实现社会主义现代化奋斗目标的重要指标。党的二十大报告指出,坚持农业农村优先发展,坚持城乡融合发展,畅通城乡要素流动。城乡融合发展是全面建设社会主义现代化国家的题中之义。《习近平关于"三农"工作的重要论述学习读本》指出,农业强国是社会主义现代化强国的根基。农业是基础,基础不牢大厦不稳。无论社会现代化程度有多高,14 亿多人口的粮食和重要农产品稳定供给始终是头等大事。满足人民美好生活需要,离不开农业发展。全面建设社会主义现代化国家,出发点和落脚点是让人民生活越过越好。在国土空间层面上,国务院印发《关于建立粮食生产功能区和重要农产品生产保护区的指导意见》,将全国 10.58 亿亩耕地划入粮食主产功能区和重要农产品生产保护区,以生产粮食等主要农产品为功能。"十四五"时期,则应充分发挥新型城镇化辐射带动作用,引导加工产能向农产品主产区、优势区和物流节点集聚,促进农产品加工业发展。在新型城镇化方面,发挥中心城市和城市群带动作用,让中心城市和城市群成为承载发展要素的主要空间形式,促进人口和产业等要素合理流动和高效集聚。

(二) 城际协调发展有待提升

2000～2020 年,我国城市城际协调平均指数小幅度增长(见图 13 - 7),2000 年城际协调平均指数为 0.803,2020 年城际协调平均指数为 0.814,城际协调稳步发展。结合城市城际协调指数增幅进一步分析,如图 13 - 10 所示,得益于东部地区优越的经济条件,城市城际协调迅速发展,其中深圳市城际协调指数以 165.12% 位列第一。此外,由图 13 - 7 可以看出,城际协调平均指数明显低于城乡协调平均指数,城市间合作有待进一步加强。处理好区域之间的关系是协调发展的关键,不断增强协调性和韧性。长期以来,我国在经济快速发展的同时也暴露出了区域发展不平衡的突出问题,这是制约人民追求美好生活和实现共同富裕的重要原因。本报告选取区域教育差距、区域公共设施差距以及区域医疗差距构成城际协调指标,以实现对城际协调全方位、多角度衡量。

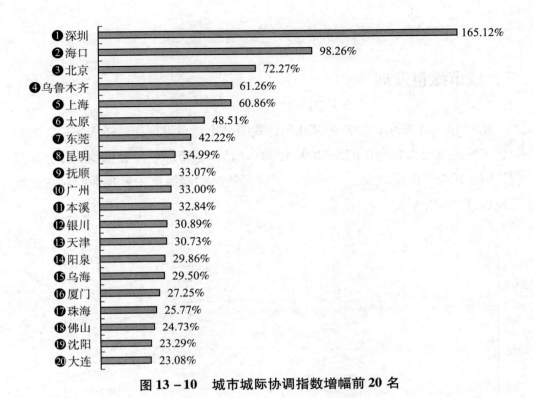

图 13 –10　城市城际协调指数增幅前 20 名

城际协调发展是协调发展理念的重要组成部分，也是实现经济高质量发展的必然要求。由数据可以看出，我国城际协调发展正处于稳步提升阶段，但区域发展不平衡的问题尚未得到解决，城际协调发展仍有较大提升空间。针对这一问题，"十二五"规划提出，实施区域发展总体战略和主体功能区战略，构筑区域经济优势互补、主体功能定位清晰、国土空间高效利用、人与自然和谐相处的区域发展格局，逐步实现不同区域基本公共服务均等化。"十三五"期间，国家进一步推动区域间合作，东中西和东北"四大板块"优势互补、齐头并进。推进实施京津冀协同发展、长江经济带发展、粤港澳大湾区建设、长三角一体化发展、黄河流域生态保护和高质量发展等区域重大战略，进一步完善支持西部大开发、东北振兴、中部崛起、东部率先发展的政策体系，坚决打赢脱贫攻坚战。推动形成优势互补、高质量发展的区域经济布局。此外，在民生问题方面，推动基本公共服务均等化，让改革发展成果更多更公平惠及广大人民群众。

三、城市绿色发展

如图 13 – 11 所示，2000～2020 年，我国城市绿色发展指数较为平稳，2020
年城市绿色发展指数为 0.675，2000 年为 0.615，城市绿色发展稳步提升。本报
告选取水污染、固废污染、大气污染、资源消耗构建绿色发展指数，对城市绿
色发展进一步分析如下。

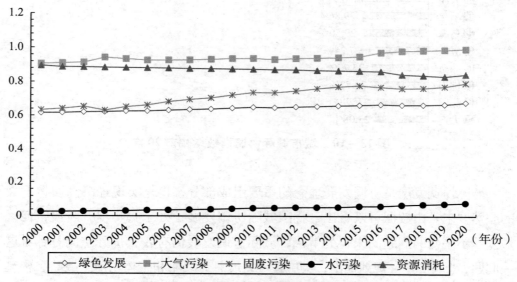

图 13 – 11　绿色发展质量指数时序变化

结合城市绿色发展指数增幅进一步分析，如图 13 – 12 所示，上海市以
94.19% 的增幅稳居榜首，城市绿色发展指数受城市本身自然禀赋影响较大。西
部地区自然资源丰裕，工业发展给环境带来的压力较小，因而城市绿色发展排
名靠前，其中重庆以 73.98% 的增幅排名第 2；东部地区近年来在绿色创新的助
推下，产业结构逐步优化，其中广州以 36.49% 的增幅排名第 5。

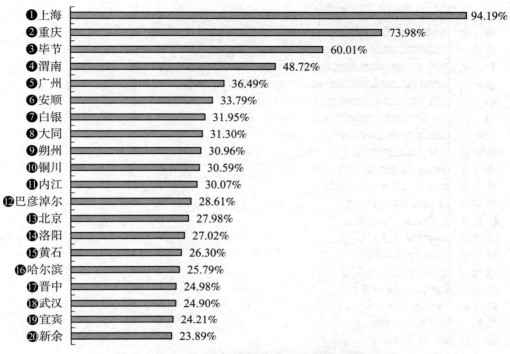

❶上海　94.19%
❷重庆　73.98%
❸毕节　60.01%
❹渭南　48.72%
❺广州　36.49%
❻安顺　33.79%
❼白银　31.95%
❽大同　31.30%
❾朔州　30.96%
❿铜川　30.59%
⓫内江　30.07%
⓬巴彦淖尔　28.61%
⓭北京　27.98%
⓮洛阳　27.02%
⓯黄石　26.30%
⓰哈尔滨　25.79%
⓱晋中　24.98%
⓲武汉　24.90%
⓳宜宾　24.21%
⓴新余　23.89%

图 13－12　城市绿色发展质量指数增幅前 20 名

（一）城市污染问题亟须解决

2000～2020 年，我国城市水污染以及大气污染平均指数小幅度增长（见图 13－11）。水污染平均指数由 2000 年的 0.026 增长至 2020 年的 0.080，固废污染平均指数由 2000 年的 0.633 增长至 2020 年的 0.790，大气污染平均指数由 2000 年的 0.906 增长至 2020 年的 0.990。结合城市水污染指数增幅进一步分析，如图 13－13 所示，前 20 名大多为东部地区城市，其中广州水污染指数增幅以 8 255.67% 排名第 1，城市污染问题亟须解决。绿色发展理念基于"经济—社会—生态"三位一体结构模式，与"五位一体"总体布局中的生态文明建设交相呼应，旨在化解经济发展与自然资源保护间的冲突。只有将生态优势转化为经济发展的新动力，坚持构建绿色、低碳、循环、可持续的生产生活方式，才能找到经济发展和生态环境之间的平衡支点，保障城市高质量发展的可持续性。本报告选取工业二氧化硫排放量、工业烟粉尘排放量构成大气污染指标，污水排放量、工业废水排放量以及污水处理厂处理率构成水污染指标，以实现对城市污染全方位、多角度衡量。

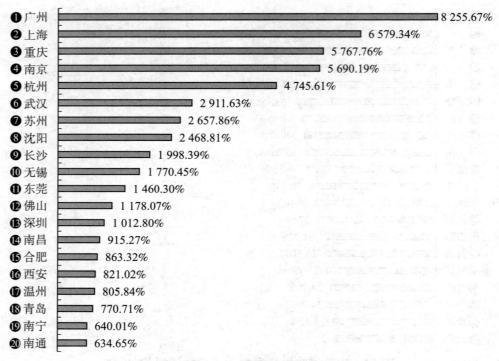

图 13 – 13　城市水污染指数增幅前 20 名

　　城市污染不仅严重影响城市居民生活质量，也阻碍了城市可持续发展。在大气污染方面，大气污染物主要有自然因素（如森林火灾、火山爆发等）和人为因素（如工业废气、生活燃煤、汽车尾气等）两种，并且以后者为主，尤其是工业生产和交通运输所造成的污染。2018 年新修正的《中华人民共和国大气污染防治法》指出，大气污染治理要坚持源头治理，推动转变经济发展方式，优化产业结构和布局，调整能源结构，提高相关产品质量标准。一是明确坚持源头治理，规划先行，转变经济发展方式，优化产业结构和布局，调整能源结构。二是明确制定燃煤、石焦油、生物质燃料、涂料等含挥发性有机物的产品、烟花爆竹及锅炉等产品的质量标准，应当明确大气环境保护要求。三是规定了国务院有关部门和地方各级人民政府应当采取措施，调整能源结构，推广清洁能源的生产和使用。新法加强重点区域大气污染联合防治，完善重污染天气应对措施。近年来，生态环境部加大对大气污染防治督查力度，对于涉及工地苫盖不到位、扬尘治理不到位、部分地方燃煤小锅炉淘汰不力、"散乱污"企业清理整治不彻底、重污染预警下停限产措施未完全落实、焚烧秸秆、部分企业废气直排等问题的城市，环境违法行为及时依法依规严肃查处，对类似问题，举一反三，全面开展自查自纠工作。

在水污染防治方面，近日生态环境部等 5 部门联合印发《重点流域水生态环境保护规划》，在此之前，我国已编制实施了五期重点流域水污染防治规划，推动了全国水环境质量改善。这次印发的《重点流域水生态环境保护规划》名称由过去的"重点流域水污染防治规划"调整为"重点流域水生态环境保护规划"。更加注重由污染防治为主向水环境、水资源、水生态"三水统筹"转变。从"水污染防治"，到"水生态环境保护"，规划名称调整彰显了生态环境部门深入贯彻党的二十大精神和习近平生态文明思想关于"山水林田湖草沙系统治理"的科学理念，可以更好推动综合治理、系统治理、源头治理，更加突出精准治污、科学治污、依法治污，加快改善水生态环境质量。近年来，我国相继出台了长江保护法、黄河保护法，这些法规也对编制长江、黄河流域生态环境保护规划做出了明确规定。多重水污染防治措施下，过去因为发展造成的环境污染势必得到显著改善。

（二）城市资源消耗明显缓解

2000～2020 年，我国城市资源消耗平均指数小幅度降低（见图 13－11）。资源消耗平均指数由 2000 年的 0.895 下降至 2020 年的 0.841。结合城市资源消耗指数降幅进一步分析，如图 13－14 所示，前 20 名大多为东部地区城市，其中上海资源消耗指数降幅以 80.66% 排名第 1，城市资源消耗问题明显缓解，固废垃圾处理效率明显提升。"牢固树立保护生态环境就是保护生产力、改善生态环境就是发展生产力的理念，更加自觉地推动绿色发展、循环发展、低碳发展，决不以牺牲环境为代价去换取一时的经济增长。"推动绿色发展是推进共同富裕路上的鲜明底色，也是经济社会高质量发展的集中体现。可持续发展是中国式现代化进程的基本要求。过去以牺牲环境为代价的快速发展造成了大量污染以及资源消耗，严重影响了城市发展进程。本报告选取生活垃圾无害化处理率、工业固废综合利用率构成固废污染指标，全社会用电量、供水总量构成资源消耗指标，以实现对城市污染全方位、多角度衡量。

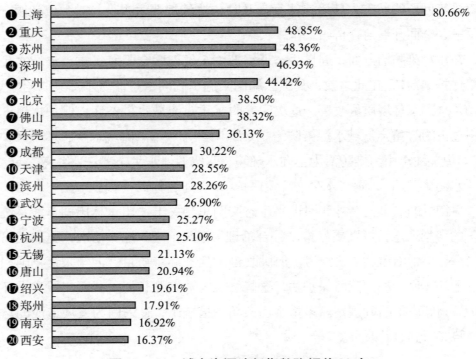

图 13 −14　城市资源消耗指数降幅前 20 名

　　近年来城市资源消耗问题明显得到缓解，行之有效的资源管控政策是其中的重要原因。《中共中央　国务院关于加快推进生态文明建设的意见》要求，合理设定资源消耗"天花板"，加强能源、水、土地等战略性资源管控。以水资源为例，我国水情特殊，人多水少、水资源时空分布不均是我国的基本水情。我国水资源总量较为丰富，但人均水资源量却只有 2 100 立方米，仅为世界人均水平的 28％。水资源丰年多枯年少、夏秋多冬春少、南方多北方少、东部多西部少、山区多平原少。依据水资源禀赋、生态用水需求、经济社会发展合理需要等因素，国家发展改革委等部委制定发布了《关于加强资源环境生态环境红线管控的指导意见》，明确要对水资源消耗实施管控，确定用水总量控制目标。这与我国最严格水资源管理制度确定的"三条红线"中"用水总量控制红线"的内涵和要求是一致的，即通过设定各区域水资源消耗的"天花板"，实行用水总量控制。"十二五"以来，国管局每年通过能耗指标同比下降的方式向中央国家机关各部门、各单位下达能耗指标。

四、城市开放发展

如图 13 – 15 所示，2000 ~ 2020 年，我国城市开放发展指数呈增长趋势，2020 年城市开放发展指数为 0.048，2000 年为 0.022，城市开放发展稳步提升。本研究选取对外开放、对外合作构建开放发展指数，对城市开放发展进一步分析如下。

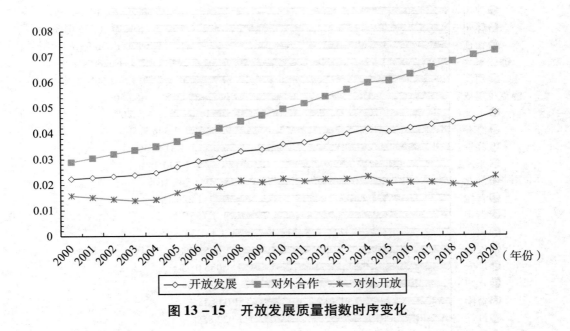

图 13 – 15　开放发展质量指数时序变化

结合城市开放发展指数增幅进一步分析，如图 13 – 16 所示，池州市、赣州市分别以 1 740.23%、1 725.01% 的增幅位列第 1、2 名，前 5 名中有 3 座城市均为中部城市，近年来中部地区开放发展迅速，在结合地区优势后已逐渐形成对外开放市场。

（一）城市对外合作硕果累累

2000 ~ 2020 年，我国城市对外合作平均指数呈增长趋势。2020 年城市对外合作平均指数为 0.073，2000 年城市对外合作平均指数为 0.029。结合城市对外合作指数增幅进一步分析，如图 13 - 17 所示，西部地区城市对外合作迅速发展，城市对外合作成果丰富。我国自改革开放四十多年以来的发展成就得益于对外开放。开放发展是经济全球化背景下全方位、多领域、深层次发展的系统性工程。对外合作不仅要引进先进的资源要素、技术设备，而且要引进更多的先进人才、产业活动、理念及投资，同时还要优化出口结构，提升自主创新能力，引导中国品牌和国内要素有序向国外流动。本报告选取国际友好城市数量、国际互联网用户数构成对外合作指标，以实现对城市对外合作全方位、多角度衡量。

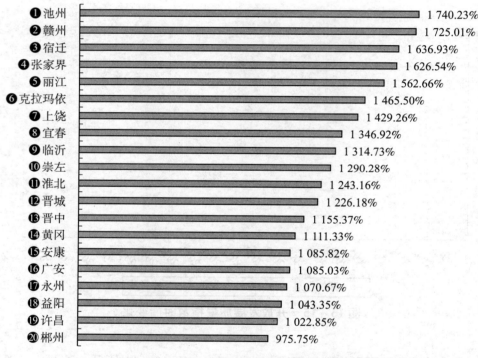

图 13 - 16　城市开放发展质量指数增幅前 20 名

对外开放是中国的基本国策，是当代中国的鲜明标识。改革开放以来，我国充分把握经济全球化带来的机遇，不断扩大对外开放，实现了我国同世界关系的历史性变革，对外合作硕果累累。近年来，我国积极推动从商品和要素流动型开放向规则、规制、管理、标准等制度型开放转变，全方位高水平开放型经济加快形成。高技术、高质量、高附加值的产品出口快速增长，2013～2021年高技术产品出口年均增速达到 5.1%，出口比较优势加快从要素驱动向创新驱动转变。利用外资呈现量质齐升的良好局面，2016～2021 年，高技术产业实际使用外资从 1 409 亿元提升到 3 469 亿元，年均增速达到 19.7%。更高水平开放型经济新体制加快建设，2013 年以来，我国自贸试验区数量拓展到 21 家，已累计形成 278 项制度创新成果向全国或特定区域推广，全国和自贸试验区外资准入负面清单大幅压减到 31 条、27 条，有效激发了改革创新的活力、动力和潜力。开放是国家繁荣发展的必由之路，在亚太经合组织工商领导人对话会上，习近平总书记发表题为《构建新发展格局　实现互利共赢》的主旨演讲。"在新发展格局下，中国的对外合作将不断深化，同世界各国实现互利共赢。凡是愿同中国合作的国家、地区、企业，我们都会积极开展合作。"我们将继续高举开放合作大旗，坚持多边主义和共商共建共享原则，推动高质量共建"一带一路"，推进同各国、各地区发展战略和互联互通规划对接，加强绿色发展合作，为推动世界共同发展、构建人类命运共同体贡献力量。

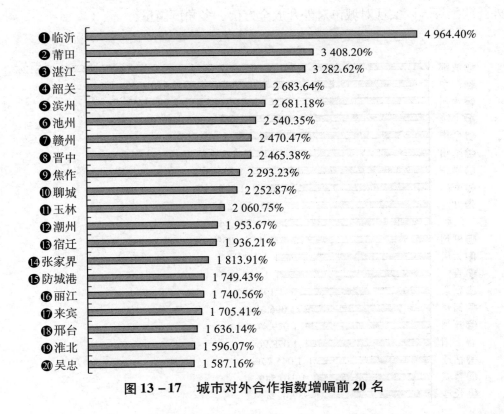

图 13 -17　城市对外合作指数增幅前 20 名

（二）城市对外开放迎来新格局

2000～2020 年，我国城市对外开放平均指数小幅度增长（见图 13－15），2000 年城市对外开放平均指数为 0.016，2020 年城市对外开放平均指数为 0.023。结合城市对外开放指数增幅进一步分析，如图 13－18 所示，西部地区城市对外开放迅速发展，其中成都对外开放指数增幅以 3 086.12% 排名第 1，城市对外开放迎来新格局。"古往今来，人类从闭塞走向开放、从隔绝走向融合是不可阻挡的时代潮流。"随着我国经济发展进入新常态，推动高质量发展需要在开放合作中培育，我们与发达国家在人均可支配收入等方面的差距也需在开放发展中不断缩小。与此同时，经济全球化的历史大势不可逆转，开放合作也是进一步"推动世界经济稳定复苏的现实要求"。对外开放的重要性不言而喻。本研究选取外商投资企业单位数、当年实际使用外资金额以及贸易开放程度构成对外开放指标，以实现对城市对外开放全方位、多角度衡量。

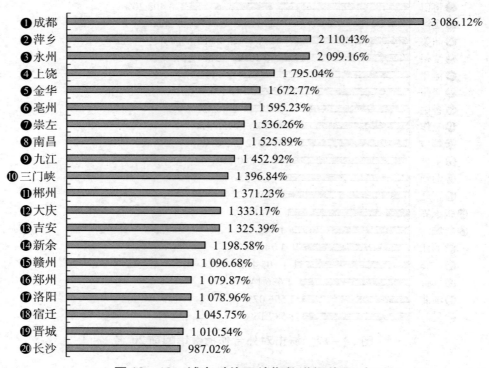

图 13－18　城市对外开放指数增幅前 20 名

中国从改革开放中获得了经济发展和社会进步的不竭动力，深刻地改变了自己，在新发展理念的指引下，全方位、多层次、宽领域对外开放新格局正逐步形成。自2001年中国加入世界贸易组织，中国对外开放进入新阶段。近年来，中国担当多边合作"领头羊"，高举自由贸易旗帜，在二十国集团、亚太经合组织、金砖国家等机制中提出更多中国倡议、中国主张、中国方案。坚定维护多边贸易体制，反对贸易保护主义，不断推动构建更加开放的世界经济格局。在WTO框架下，中国累计与26个国家和地区签署19个自贸协定，特别是2020年签署的区域全面经济伙伴关系协定（RCEP），覆盖15个成员国，囊括了东亚和南太地区的主要国家，涉及22.7亿人（约占全球人口29.7%），GDP总量达26.2万亿美元（约占全球GDP的28.9%），是全球规模最大、最具发展潜力的自贸区，为推动区域乃至全球经济复苏注入新的动力。此外，2013年，习近平总书记提出"一带一路"，备受国际社会关注。截至2021年初，共有140个国家和31个国际组织与中国签署了205份合作文件，基本形成了"六廊六路多国多港"的互联互通架构。城市对外开放正迎来全方位、多层次、宽领域对外开放新格局，今日之中国，不仅是中国之中国，而且是世界之中国，我们推动更高水平开放的脚步不会停滞，推动建设开放型世界经济的脚步不会停滞。

五、城市共享发展

如图13-19所示，2000~2020年，我国城市共享发展指数较为平稳，2020年城市共享发展指数为0.449，2000年为0.427，城市共享发展稳步提升。本报告选取财富共享、服务共享构建共享发展指数，对城市共享发展进一步分析如下。

结合城市共享发展指数增幅进一步分析，如图13-20所示，三亚市以75.77%的增幅稳居榜首，北京和上海的涨幅依次为54.71%和50.76%，占据第2、第3名，重庆市以42.99%位列第4名，西部地区共享发展增长迅速；中部地区中郑州市、南昌市分别以34.35%、32.81%的增幅位列第6、第8名。中、西部城市共享发展的增幅也反映出高质量发展"共建共享"理念的逐步落实。

0.8
0.7
0.6
0.5
0.4
0.3
0.2
0.1
0
2000
2001
2002
2003
2004
2005
2006
2007
2008
2009
2010
2011
2012
2013
2014
2015
2016
2017
2018
2019
2020
（年份）
财富共享
服务共享
共享发展

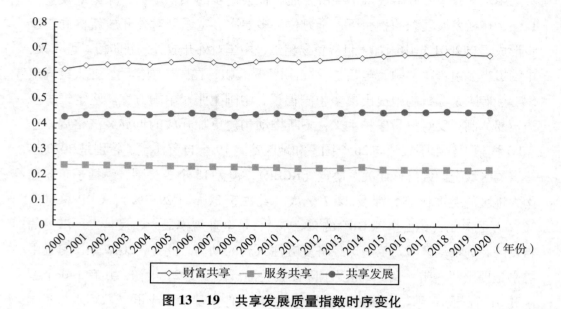

图 13－19　共享发展质量指数时序变化

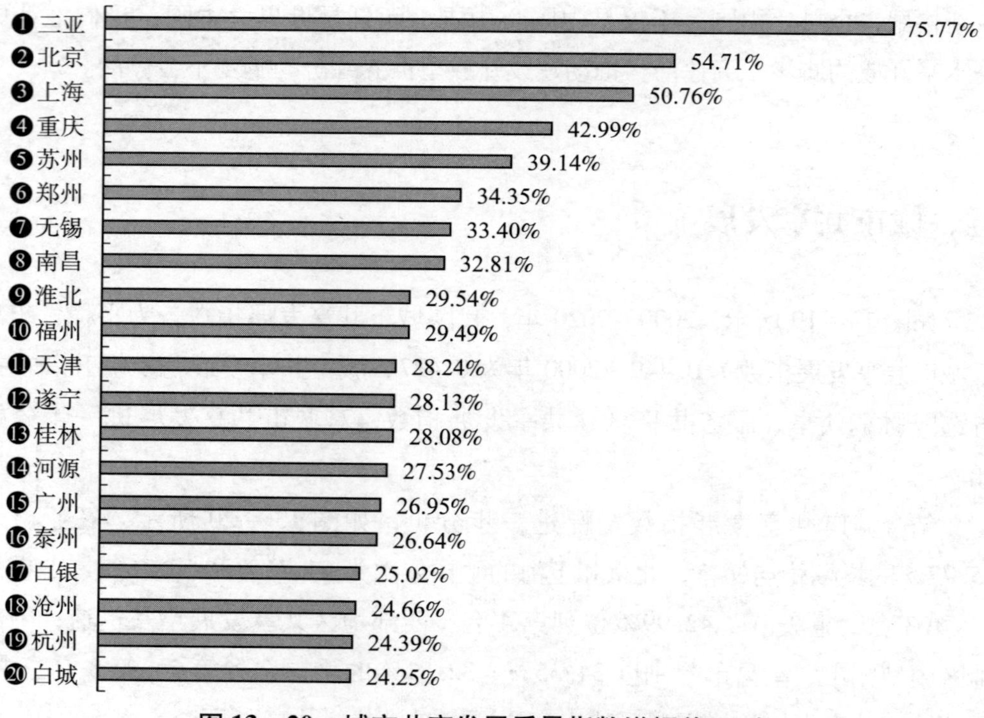

❶三亚 75.77%
❷北京 54.71%
❸上海 50.76%
❹重庆 42.99%
❺苏州 39.14%
❻郑州 34.35%
❼无锡 33.40%
❽南昌 32.81%
❾淮北 29.54%
❿福州 29.49%
⓫天津 28.24%
⓬遂宁 28.13%
⓭桂林 28.08%
⓮河源 27.53%
⓯广州 26.95%
⓰泰州 26.64%
⓱白银 25.02%
⓲沧州 24.66%
⓳杭州 24.39%
⓴白城 24.25%

图 13－20　城市共享发展质量指数增幅前 20 名

（一）城市财富共享稳步发展

2000～2020 年，我国城市财富共享平均指数小幅度增长（见图 13－19），2000 年财富共享平均指数为 0.615，2020 年财富共享平均指数为 0.673，城市财富共享稳步发展。共享发展理念所要解决的问题是，通过坚持全民共享、共建共享和渐进共享的原则，不断处理分配不均和基本公共服务不均等问题来达到实现共同富裕的最终目标。因此可以说，共享发展是衡量发展好坏的基本标尺。本报告选取在岗职工工资、恩格尔系数、城镇登记失业率以及房价收入比构成财富共享指标，以实现对城市财富共享全方位、多角度衡量。

结合城市财富共享指数增幅进一步分析，如图 13－21 所示，桂林市以48.36% 的增幅稳居榜首，南通和淮北的涨幅依次为 39.95% 和 37.76%，排在第2、第 3 名，前 20 名中大部分为东部城市，东部地区经济发展迅速，城市财富共享政策正逐步落实。

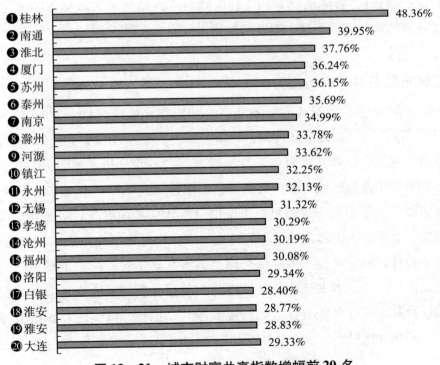

图 13－21　城市财富共享指数增幅前 20 名

财富共享涉及城市居民最关心的民生问题，"让广大人民群众共享改革发展成果，是社会主义的本质要求，是社会主义制度优越性的集中体现，是我们党坚持全心全意为人民服务根本宗旨的重要体现"。共享发展通过推进基本公共服务均等化完善社会保障制度，增强公共产品服务供给能力，如实施的精准扶贫战略和乡村振兴战略，就是实现经济高质量发展成果的"共建共享"。在精准扶贫方面，国家一是实施教育扶贫，普通高校家庭经济困难新生入学资助项目，义务教育"两免一补"政策，让农村贫困家庭子女都能接受公平有质量的教育。二是实施就业扶贫，对有意愿的建档立卡贫困人口可以免费报名参加就业培训。三是实施危旧房改造扶贫，对符合条件的建档立卡贫困户危房改造，帮助其解决安居问题。四是实施健康扶贫，构筑新型农村合作医疗、新农合大病保险、农村贫困人口重大疾病商业补充保险、城乡医疗救助防线。五是实施产业发展扶贫，结合建档立卡贫困村贫困户具体实际，实行产业扶贫。六是坚持全面覆盖、普遍受益。此外，为缓解疫情后出现的就业问题，人力资源和社会保障部会同财政部、国家税务总局制定了《关于阶段性降低失业保险、工伤保险费率有关问题的通知》，将降低失业和工伤保险费率政策延续实施至 2024 年底。多项财政政策的施行确保了城市财富共享稳步发展。

（二）城市服务共享有待提升

2000～2020 年，我国城市服务共享平均指数小幅度波动（见图 13－19），2000 年服务共享平均指数为 0.239，2020 年服务共享平均指数为 0.225，城市服务共享有待提升。结合城市服务共享指数增幅进一步分析，如图 13－22 所示，以郑州为首的中部地区城市服务共享指数增幅较大。此外，由图 13－19 可以看出，城市服务共享平均指数明显低于城市财富共享平均指数。服务共享涉及医疗、保险、养老等人民群众最关心的民生问题，与城市居民生活质量紧密关联，能否进一步优化处理民生问题、提升城市服务共享指数，决定了城市新发展格局下共享发展水平。本书选取公共管理与公共服务用地占比、基本养老保险参保人数以及基本医疗保险参保人数构成服务共享指标，以实现对城市服务共享全方位、多角度衡量。

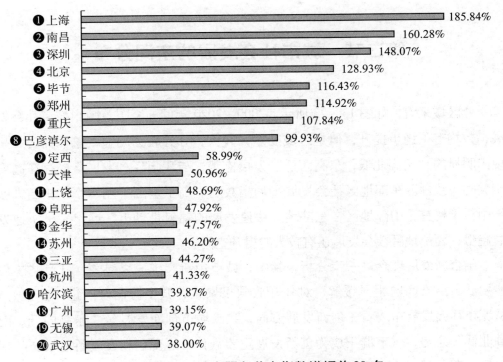

图 13－22 城市服务共享指数增幅前 20 名

　　共享发展表面是分好"蛋糕"的问题，其实质是处理好新发展理念中的价值遵循问题。贯彻新发展理念，关键是要看有没有坚持以人民为中心的发展思想，发展的成果有没有更公平地惠及全体人民。针对困难群众救助帮扶问题，《政府工作报告》提出，养老保险费方面，对参加城乡居民养老保险的低保对象、特困人员、返贫致贫人口、重度残疾人等缴费困难群体，由地方政府为其代缴部分或全部最低缴费档次的养老保险费；加强对未参加失业保险的无生活来源失业人员的救助帮扶，加大对生活困难未就业大学生等青年的救助帮扶力度。同时降低医药价格，提升医保待遇、提高养老金，加强老年健康服务，通过多种举措提升城市服务共享水平。

第二节　城市社会发展的空间分布

分区域来看，如图 13 –23 所示，2000 ~ 2020 年间，全国范围内城市社会发展指数均有了稳步提升，但是区域间差异较大，分异较为明显，总体而言，呈现出明显的"南高北低，东高西低"发展态势，与我国经济发展格局存在高度相关的一致性。东部地区社会发展平均指数明显高于全国平均水平，在四大区域中居于榜首；中部地区在东部地区快速发展的辐射带动下，近年来呈快速发展趋势；西部地区社会发展还有较大的提升空间。

结合新发展理念进一步分析，其中，城市创新产出成果显著、城市共享稳步发展、污染问题明显缓解、对外开放硕果累累、城乡协调发展进一步提升。从城市社会发展布局看，创新发展方面，我国城市创新发展呈"东高西低、南高北低"态势；城市群正成为创新发展重要载体，展现创新发展新前景。共享发展方面，西部地区共享发展有待进一步提升，京津冀共享发展成果突出。绿色发展方面，城市绿色发展呈现明显的区域差异，西部地区资源消耗问题亟须解决，京津冀等超大城市群的固废污染问题较为严重。开放发展方面，城市开放发展呈现"东高西低"的趋势，在"西部大开发"等政策的推动下，西部地区开放合作百花齐放；城市群正成为对外合作的重要载体，长三角城市群的高水平对外开放展现新前景。协调发展方面，东部地区协调发展成果突出，西部地区的大多数农村地处山区，城乡协调发展仍有较大提升空间。

一、城市创新发展

2020 年，我国 285 个城市中创新发展指数排名前 20 的城市如图 13 –23 所示。其中，西部城市有西安和成都，中部地区有武汉、长沙以及合肥，其余全部为东部城市，呈现出"东高西低"的趋势。北方城市有北京、天津、济南、青岛、长春、西安6城，其余为南方城市，且排名前4的全部为南方城市，呈现出"南高北低"的格局，进一步佐证了创新发展东、中、西三大地区梯级差异明显的特征。这些创新发展指数较高的地区具有良好的科技创新氛围，已逐渐形成以企业为核心、产学研一体化助推、政府大力扶持的科技创新体系。此外，东部地区创新发展展现出强大的外溢效应，在沿海城市全方位、深层次合作下，行业技术进一步提升，产业结构进一步优化，助推东部地区城市高质量发展。

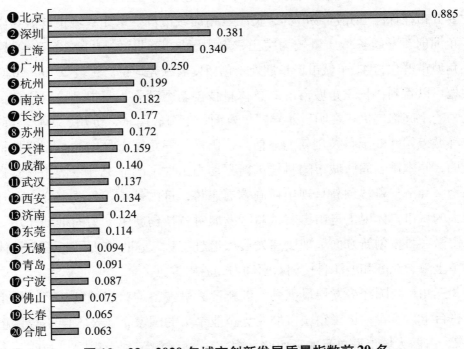

图13-23　2020年城市创新发展质量指数前20名

结合区域进一步分析，东部地区创新发展成果离不开地区层出不穷的制度创新。从渤海之滨到南海之隅，京津冀协同发展、粤港澳大湾区建设、长三角一体化发展、海南全面深化改革开放，多个重大发展战略在此密集交汇，东部地区城市正积极发挥区域重大战略"叠加效应"。"向创新要活力、要动力、要出路、要效益"，已经成为东部地区的普遍共识和经验。而中西部地区创新发展与东部相比仍有较大空间。中部地区优势独特，它承东启西、连南接北，中部地区在全国区域发展格局中具有举足轻重的战略地位。利用中部地区的独特区位优势，向东可以承接东部地区的产业转移，向西可以挖掘西部的市场空间和发展腹地。2021 年 3 月，中共中央政治局会议审议了《关于新时代推动中部地区高质量发展的指导意见》，为中部地区创新发展指明了方向。

（一） 城市群展现创新发展新前景

本报告选取创新产出、创新转化构成城市创新发展指标，创新发展较快的城市会助推周边其他城市实现创新转化，在溢出效应作用下带动整个城市群的发展。城市群正成为创新发展重要载体，展现创新发展新前景。排名前 20 的城市主要分布在珠江三角洲城市群、长江三角洲城市群、京津冀城市群。其中长江三角洲创新发展整体质量较为突出，集中了城市创新发展排名前 3 的城市。长三角城市群包含 41 个城市，长期处于创新发展领先地位。比较 2010～2020 年的数据可以看到，长三角城市群的总体科技创新驱动力不断提升，但科技创新驱动力的空间格局仍存在明显差异。一方面，上海、南京、杭州、合肥、苏州、宁波等城市始终处于科技创新的最前沿，仍是长三角城市群中的科创高地；另一方面，原本排名靠后城市的科技创新驱动力出现了明显提升，例如安徽省的皖东地区经济与科技创新呈现出协同发展态势，舟山是长三角城市群中上升幅度最大的城市，体现了舟山自贸试验区发展对科技创新驱动力的推动作用。此外，安徽在科技创新方面呈现快速发展和追赶态势，这也体现了长三角一体化战略下上海、江苏和浙江科技创新驱动力的溢出效应。

长三角是我国经济发展最强劲、创新要素最完备的跨省域创新区。从企业创新平台丰富度看，长三角城市群龙头企业牵头的国家企业技术中心数量超过400 家，占四大城市群总量的近 50%。从"上海光源"到无锡的"神威·太湖之光"超级计算机，从合肥的"人造太阳"到杭州的超重力离心模拟与试验装置，近年来，长三角科创聚合效应不断加强。长三角一体化上升为国家战略后，长三角地区从交通、基础设施，到人才交流交往等方面，都迸发出前所未有的活力，创新要素也因此在该区域内加速流动。上海拥有科技金融、贸易经济等创新"头部"资源；江苏则拥有雄厚的制造家底，产业门类齐全，且大院大所众多；而安徽也在近些年布局了国家级的大科学装置。企业、高校、科研院所以及金融机构等携手形成了创新联合体，加速推动科研成果产业化。

（二）国家创新型城市发挥引领带动作用

创新型城市是指自主创新能力强、科技支撑引领作用突出、经济社会可持续发展水平高、区域辐射带动作用显著的城市。至 2022 年底，科技部共支持103 个城市（区）建设国家创新型城市，在创新型国家建设中发挥重要作用，这103 个城市以占全国 51% 的人口汇聚全国 85% 的 R&D 经费（全社会研究与试验发展经费）投入和 72% 的地方财政科技投入，培育了全国 85% 的高新技术企业，产出全国 81% 的高新技术企业营收，覆盖全国 67% 的 GDP。结合科技部、中国科学技术信息研究所分别发布的《国家创新型城市创新能力监测报告 2022》和《国家创新型城市创新能力评价报告 2022》，在后者中排名前十的城市依次为深圳、南京、杭州、广州、武汉、西安、苏州、长沙、合肥和青岛，与本报告的研究结果较为一致（见图 13 - 24）。

深圳作为国际科技产业创新中心，正展现其强大的创新能力。创新是深圳的基因，深圳是中国首个以城市为基本单元的国家自主创新示范区，正在加快打造国际科技、产业创新中心，在电子信息、互联网、生物、新能源等产业具有领先地位。深圳孕育出了华为、中兴、腾讯、比亚迪、大疆等一大批高科技企业，可以说是名副其实的"创新之都"。中国科技信息研究所《国家创新型城市创新能力评价报告 2022》，深圳的创新能力在 72 个国家创新型城市中排名第1。福布斯中国发布"最具创新力的 30 个城市榜"，深圳蝉联榜首。国家级高新技术企业数量居全国第 2，2021 年累计超过 2 万家。深圳创新成果的背后是一系列政策的有效施行，党的十八大以来，深圳新引进各类人才超过 187 万名。从《深圳经济特区人才工作条例》《关于加强党对新时代人才工作全面领导进一步落实党管人才原则的意见》，到《关于实施"鹏城英才计划"的意见》《关于促进人才优先发展的若干措施》，深圳的人才政策总是因时而变、不断放开。此外，深圳营造良好的创新创业环境，包括产业环境、投资环境、法治环境等，大力引育重点产业、新兴产业所急需的紧缺人才，使人才引进与高科技产业相匹配。

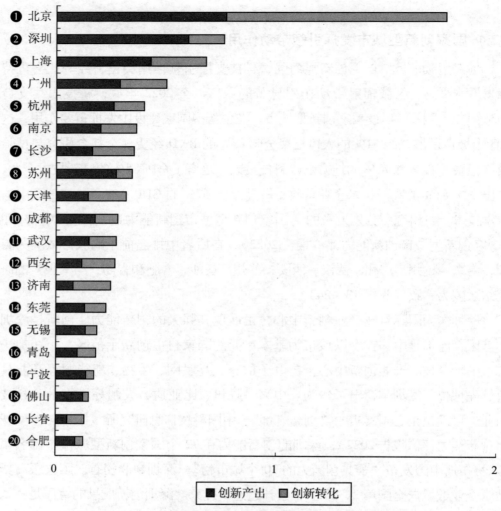

图 13 – 24　2020 年城市创新发展质量指数子指标

二、城市协调发展

城市协调发展呈现出明显"东高西低，南高北低"的趋势。2020 年，我国 285 个城市中协调发展指数排名前 20 的城市如图 13 – 25 所示。其中除位于西部地区的吕梁市、位于中部地区的商丘市以外，大部分排名前 20 的城市均位于两广地区。东部地区正逐步形成以广东为核心的城乡区域协调发展。

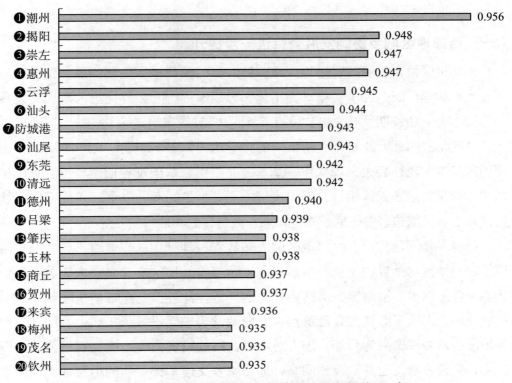

图 13 – 25　2020 年城市协调发展质量指数前 20 名

　　县域是广东区域协调发展的"主战场"。积极探索中国式现代化的广东实践，广东提出要突出县域振兴，高水平谋划推进城乡区域协调发展，实施"百县千镇万村高质量发展工程"，大力推进强县促镇带村。作为民营经济大省，中小企业在推动广东产业发展中扮演重要角色。为推动中小企业集聚化，广东省提出创建现代农业产业园。截至 2022 年 10 月，广东省累计创建 18 个国家级、288 个省级现代农业产业园，实现了每县至少一个省级现代农业产业园，第一轮省级现代农业产业园总产值已达 3 308 亿元。同时，广东省大力推动特色产业发展，广东全省海域面积为 41. 93 万平方公里，是陆地国土面积的 2. 3 倍，海洋资源禀赋得天独厚。如今，在湛江、阳江、汕尾等地，海洋牧场发展的步伐提速。建设海洋牧场，已成为广东筑牢粤海粮仓，推动沿海县域经济发展的新招数。截至目前，广东已累计创建国家级海洋牧场示范区 15 个，从粤东到粤西串珠成链，共同勾勒出广东海洋牧场发展蓝图。

（一）西部地区城乡协调发展有待进一步提升

西部地区协调发展问题较为严重。针对当前西部地区发展问题，我国政府正式提出构建以国内经济大循环为主体，形成国内国际相互促进的双循环发展新格局作为一项长期发展战略。2020 年 5 月 17 日颁布的《中共中央　国务院关于新时代推进西部大开发形成新格局的指导意见》，明确提出"到 2035 年，西部地区基本实现社会主义现代化，基本公共服务、基础设施通达程度、人民生活水平与东部地区大体相当，努力实现不同类型地区互补发展、东西双向开放协同并进、民族边疆地区繁荣安全稳固、人与自然和谐共生"。

结合具体问题来看，西部地区的大多数农村地处山区、道路不畅，严重阻碍了农村地区与外界的交流，虽然近年来西部农村地区交通条件大为改观，但依然存在道路少、道路窄、道路质量差的问题。此外，交通不便也限制了城乡经济发展，影响了劳动力合理流动，农村劳动力缺乏进城务工机会。因此，西部地区应以乡村振兴为目标，加大对农村公路的投资力度，提高农村公路的覆盖率，完善乡村交通基础设施网络，加强城乡交通基础设施的衔接性，让城乡交通均衡化、一体化发展，加快农村公路多元化、融合化发展步伐，盘活农村经济，助力农民就业增收。

（二）广东省城际协调成果突出

2020 年，我国 285 个城市中城际协调指数排名前 10 的省份如图 13 - 26 所示。其中，广东省城际协调指数以 18.256 排名第 1，前 10 名中东部地区占据 3 位，东部地区城际协调政策正逐步落实；中部地区中，河南省以 14.024 排名第 3，展现出强大的协调发展潜力；西部地区中四川省以 14.036 排名第 2，广西以 12.077 排名第 6，西部地区城际协调正逐步提升。

与其他省份相比，广东地区城际协调发展更具有代表性，且发展更为迅速。近年来广东省围绕城际协调推行一系列行之有效的政策，去年广东省自然资源厅发布《广东省都市圈国土空间规划协调指引》，界定了广州都市圈、深圳都市圈、珠西都市圈、汕潮揭都市圈和湛茂都市圈内需要重点协调的地域空间范围，进一步对广东地区都市圈进行精准规划。广东省在考察了全省各市县自然生态、人口集聚与流动、建设用地、社会经济和基础设施建设等情况后，利用大数据技术，将中心城市周边通勤一小时左右范围作为都市圈规划协调指引的重点"聚焦"地区，以实现重点地区"重点协调"。

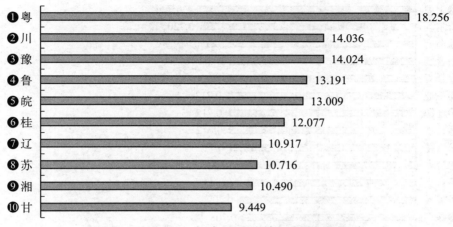

图 13 – 26　2020 年省域城际协调指数前 10 名

三、城市绿色发展

2020 年，我国 285 个城市中绿色发展指数排名前 20 的城市如图 13 – 27 所示。其中，排名前 5 的有三个东部城市广州、北京、上海，西部地区城市较少，呈现出"东高西低"的趋势。

可以看出，不同省份的城市绿色发展水平差异较大，受区域自然禀赋影响，经济发展排名靠后的西部地区，自然资源丰裕，工业发展给环境带来的压力较小，雾霾、水和固废（垃圾）污染更易改善，因而颜色较深的区域大多都集中于西部地区。东部地区近年来大力发展绿色创新，强调产业结构优化的重要性，在多重绿色发展政策的助推下，东部地区自 2010 年后城市绿色发展明显改善。

（一）城市群固废污染问题亟待解决

京津冀及周边地区固废产生强度较高。2017 年，北京、天津、河北、山西、内蒙古、山东、河南七省份一般工业固废产生量占全国工业固废产生量的 40%以上。2018 年一般工业固体废物产生量排在前 3 位的省（区、市）是内蒙古、

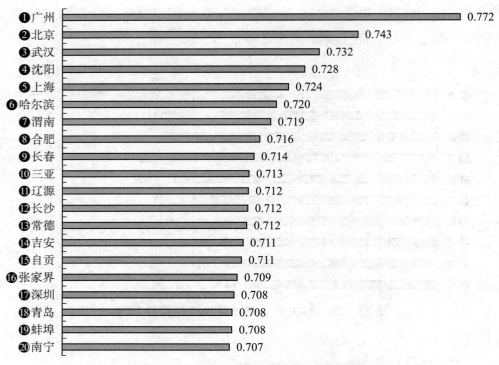

图 13 – 27 2020 年城市绿色发展质量指数前 20 名

辽宁、山东。具体到城市，内蒙古鄂尔多斯产生量居首，达到 7 516.6 万吨，辽宁鞍山、四川攀枝花分别以 5 820.2 万吨、5 613.7 万吨排名第 2、第 3；前 10 位城市产生的一般工业固体废物总量为 4.6 亿吨，占 200 个城市产生总量的近三成。京津冀及周边地区是我国冶金和煤电产业最主要的集聚区，工业固废的产生与堆存已成为制约区域经济社会可持续发展的难题。此外，京津冀作为超大城市群，在国家和全球城市体系中具有顶级战略地位、巨大人口规模、巨大经济总量、巨大核心城市、较高经济外向度与综合发育程度。京津冀以全国 2.3% 的国土面积，承载了近 10% 的人口，是我国经济增长的核心引擎，但是高强度人类活动给城市生态环境带来巨大压力，造成了大量亟须处理的生活垃圾，严重影响了城市群可持续发展。

针对京津冀等超大城市群的固废污染问题，国家和城市群层面已陆续出台各项固体废物污染防治政策以促进超大城市群生活垃圾无害化处理率及一般工业固体废弃物综合利用率提升。2016 年出台的《"十三五"生态环境保护规划》提出全国城市生活垃圾无害化处理率达到 95% 以上的控制目标。城市固废污染问题与再生资源回收利用紧密关联，为推动资源回收利用，工业和信息化部发布《京津冀及周边地区工业资源综合利用产业协同转型提升计划》，同时推动"无废城市"试点，目前全国共有 16 个"无废城市"试点，各地纷纷加快推进工业固废处置与综合利用工作。

（二）广州坚持生态优先绿色发展

如图 13 - 28 所示，广州绿色发展排名第一，污染问题已逐步缓解。绿美广

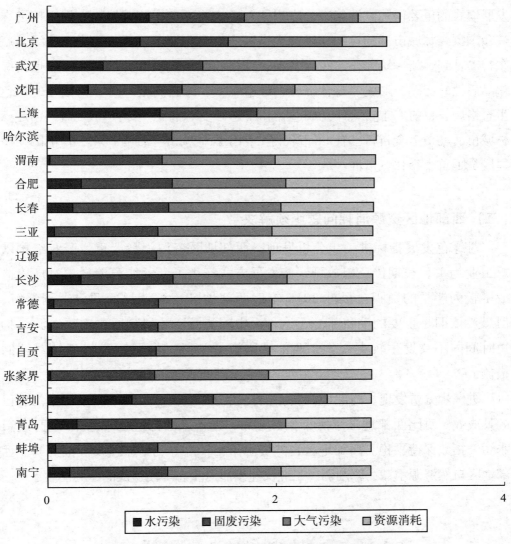

图 13 - 28　2020 年城市绿色发展质量指数子指标

东，绿是立足之本，美是发展目标。如今，重视生态环境保护、推动绿色可持续发展得到了全社会的认同。党的十八大以来，广东坚决贯彻习近平生态文明思想，高度重视生态环境保护，推动绿色发展，建设美丽广东。2022 年 12 月 8日，广东省委十三届二次全会审议通过《中共广东省委关于深入推进绿美广东生态建设的决定》，提出要突出绿美广东引领，高水平谋划推进生态文明建设，形成了下一阶段广东生态文明建设的总体部署和行动方案。2023 年广东省政府工作报告中明确指出，突出绿美广东引领，提高生态文明建设水平。全面实施绿化美化和生态建设工程，是广州肩负的重要任务，更是广州实现绿色高质量发展模式的重要保障。近年来，广州深入实施美丽宜居花城战略，积极推进珠三角国家森林城市群建设和粤港澳大湾区生态绿化城市联盟，稳步实施绿美广东行动计划、新一轮绿化广东大行动、森林城市品质提升计划、公园与道路绿化品质提升行动，形成"森林围城、绿道穿城、绿意满城、四季花城"的绿色生态格局。目前广东省共计完成造林和生态修复总面积 4 659.15 万亩，创建森林城市活动覆盖全省，已有 14 市获得"国家森林城市"称号，珠三角地区初步建成全国首个森林城市群。

（三）西部地区资源消耗问题亟须解决

对绿色发展指标进一步分析发现，西部地区资源消耗严重，产业结构以重工业为主，长期传统粗放型经济发展方式产生了大量能源消耗，对环境造成了较为严重的负担。虽然 2015 年后西部地区资源消耗问题已得到缓解，但煤炭依旧是主要的消费能源，这种由中国能源资源禀赋所决定的能源结构短时间内不会发生较大变化，西部地区资源消耗问题亟须进一步针对性的措施。

进一步分析发现，西部地区资源消耗较为严重，但西部地区水污染治理已颇具成效。对比西部地区水污染指数分布，近年来西部地区水污染明显改善，水污染指数保持平稳。西部地区自然资源丰裕，森林、草原以及湖泊提升了西部地区自然资源承载力，削弱了工业快速发展对生态环境造成的压力。

四、城市开放发展

2020 年，我国 285 个城市中开放发展指数排名前 20 的城市如图 13 – 29 所示。其中，西部城市有西安、重庆以及成都，中部地区仅有武汉，其余大部分为东部城市，呈现出"东高西低"的趋势。进一步分析，开放发展指数较高的多集中于东部沿海地区以及中部地区的个别省份，进一步佐证了开放发展区域差异明显的特征。

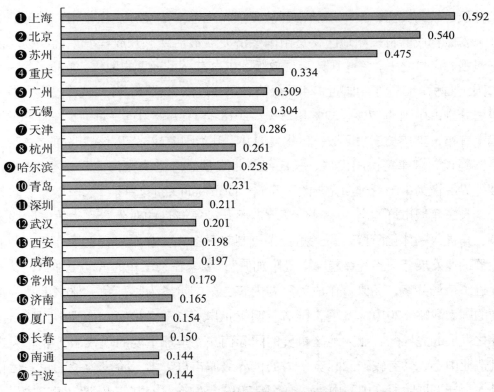

图 13 – 29　2020 年城市开放发展质量指数前 20 名

东部地区城市的高水平对外开放，归因于区域经济布局中对东部地区率先发展的重要部署。我国先后设立了深圳、珠海、汕头、厦门、海南 5 个经济特区，确定了上海、湛江、广州、福州等 14 个沿海开放城市，开辟了长江三角洲、珠江三角洲等沿海经济开放区，由此奠定了东部地区在对外开放中的地位。以满意度排名第 2 的上海为例，2013 年上海设立首个自贸试验区，至今一共设立了 21 个自贸试验区，向全国复制推广了 278 项制度创新成果，21 个自贸区占国土面积不到千分之四，贡献的进出口占到全国的 17.3%。在上海举办的中国国际进口博览会已经成为中国构建新发展格局的窗口、推动高水平开放的平台、全球共享的国际公共产品。

（一）城市群成为对外合作重要载体

城市群正逐渐成为对外合作重要载体。排名前二十的城市主要分布在珠江三角洲城市群、长江三角洲城市群、京津冀城市群。其中长江三角洲开放发展整体质量较为突出，集中了城市开放发展排名前 3 的城市。由上海、江苏、浙江、安徽构成的长三角地区，是中国经济发展最活跃、开放程度最高、创新能力最强的区域之一，在中国改革开放版图中占有举足轻重的地位。它以不到 4% 的国土面积，创造了中国近 1/4 的经济总量；进出口总额、外商直接投资、对外投资分别占中国的 37%、39% 和 29%。2018 年 11 月，习近平总书记在首届进博会上宣布，支持长三角区域一体化发展并上升为国家战略。[①] 该战略同"一带一路"建设、京津冀协同发展、长江经济带发展、粤港澳大湾区建设相互配合，被外界解读为中国新时期完善改革开放空间布局的关键之举。

长三角城市群的高水平对外开放离不开循序渐进的对外合作。第一阶段为长三角进入一体化阶段，长三角合作机制趋于多元，合作内容趋于广泛。产业集群迅速发展，结构升级趋向"高附加值"；要素在长三角的流动更加自由，并促进了市场共享；环保合作成为重要内容。第二阶段为长三角一体化上升为重要的国家战略。2010 年 5 月，国务院明确指出将长三角地区定位为中国城市国际化发展的先导区、亚太地区重要的国际门户、全球重要的现代服务业和先进制造业中心、具有较强国际竞争力的世界级城市群。第三阶段为长三角一体化进入全新发展阶段。中共中央、国务院 2019 年发布《长江三角洲区域一体化发展规划纲要》，明确制定了该地区深化对外经济合作的一系列新方向和新举措。该纲要指出，长三角地区将成为中国新一轮开放政策的重要试验田，同时要稳

---

① 习近平在首届中国国际进口博览会开幕式上的主旨演讲（全文）［EB/OL］.（2018 - 11 - 05）中国政府网，https：//www.gov.cn/xinwen/2018 - 11/05/content_5337572.htm？cid = 303.

步扩大对外投资；加强优势产能、油气矿产开发等领域国际合作，成为中国打造一流营商环境的范本。

（二）西部地区对外开放发展潜力大

2020 年，我国 285 个城市中对外开放指数排名前 20 的城市如图 13 – 30 所示。其中，苏州对外开放指数以 0.546 排名第 1，前 6 名均为东部地区城市。结合图 13 – 18，东部地区经济发展迅速，已形成较为完善的对外开放市场，因而前 20 名中大部分为东部城市；西部地区中，重庆、成都以 0.169、0.155 分别排名第 7、8 名，西安以 0.086 排名第 17 名，西部地区对外开放正展现其强大的发展潜力。

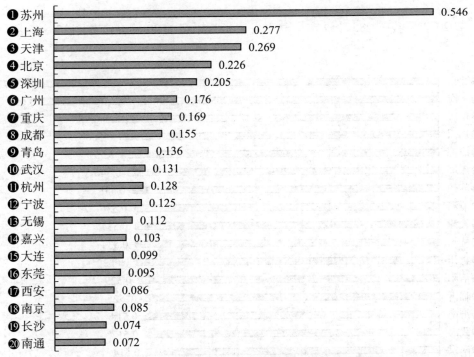

图 13 – 30　2020 年城市对外开放指数前 20 名

西部地区开放发展起步较晚，但自 2013 年"一带一路"提出，西部地区城市对外开放迅速发展。以陕西为例，近年来，陕西大力推进中欧班列（西安）集结中心建设，打造"一带一路"重要商贸物流枢纽，高水平建设境外经贸合作区，积极推进数字丝绸之路建设，通过拓展新线路、开通专列、优化去程班列等措施，中欧班列（西安）集结中心辐射力和影响力持续增强，逐渐成为陕西对外开放的重要平台。目前中欧班列长安号覆盖亚洲、欧洲45个国家和地区。此外，西安国际港务区以"建设内陆第一大港，服务全国向西开放"为目标，全力推动港产、港贸、港城融合发展。西安港是中国唯一具有国际、国内双代码的"内陆港"。以西安为代表的一些西部地区中心城市，正依托"一带一路"经贸合作，构建包括自由贸易试验区、内陆开放型经济试验区等在内的多层次开放平台，促进地区更高水平对外开放。

五、城市共享发展

2020年，我国285个城市中共享发展指数排名前20的城市如图13-31所示。

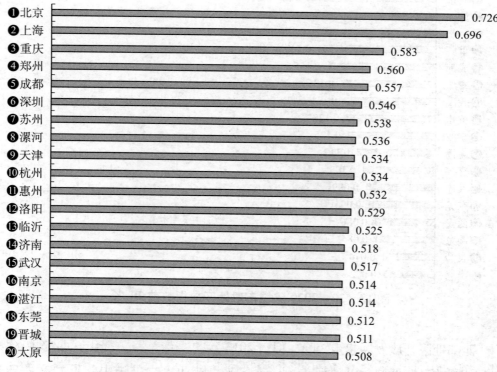

图13-31 2020年城市共享发展质量指数前20名

其中，西部城市有重庆和成都，中部地区有漯河、洛阳、武汉、晋城以及太原，其余全部为东部城市，呈现出"东高西低"的趋势。分区域来看，西部地区共享发展有待进一步提升。

（一）京津冀共享发展成果突出

本报告选取财富共享、服务共享构成城市共享发展指标通过进一步分析发现，城市群正成为共享发展重要载体，展现共享发展新前景。排名前 20 的城市主要分布在珠江三角洲城市群、长江三角洲城市群、京津冀城市群。其中京津冀城市群共享发展整体质量较为突出，其共享发展成果逐渐辐射周围其他城市。京津冀是中国的"首都经济圈"，京津冀城市群包括北京、天津两大直辖市，更囊括了河北省以及河南省的安阳。2014 年 3 月 5 日，国务院总理李克强在作政府工作报告时指出"京津冀一体化"的方案，目的是加强环渤海及京津冀地区经济协作。京津冀协同发展已成为当前三大国家战略之一。

京津冀协同发展的核心是京津冀三地作为一个整体协同发展，要以疏解非首都核心功能、解决北京"大城市病"为基本出发点，调整优化城市布局和空间结构，构建现代化交通网络系统，扩大环境容量生态空间，推进产业升级转移，推动公共服务共建共享，加快市场一体化进程，打造现代化新型首都圈，努力形成京津冀目标同向、措施一体、优势互补、互利共赢的协同发展新格局。2015 年以来，北京企业对现代化首都都市圈企业投资次数累计超 3.2 万次，投资额超 1.6 万亿元；2022 年，北京企业对"通勤圈""产业圈"投资次数均为 2015 年的 2 倍，对"功能圈"投资次数也达到 1.5 倍。上述三个圈层实现地区生产总值占京津冀的比重超四成。在公共服务方面，京津冀三地持续保障和改善民生，促进优质公共服务资源均衡配置，基本公共服务均等化水平持续提高。

（二）东部地区财富共享发展迅速

2020 年我国 285 个城市中财富共享指数排名前 10 的省份如图 13 - 32 所示。其中，广东省财富共享指数以 14.745 排名第 1，前 10 名中，东部地区占据 4 席，东部地区经济发展迅速，城市财富共享政策正逐步落实；中部地区中，河南省以 12.596 紧随其后，展现出强大的共享发展潜力；西部地区中四川省以 11.634

排名第 4，山西省以 8.358 排名第 9，西部地区财富共享有待进一步提升。整体来看城市财富共享呈现出"东高西低"的趋势。

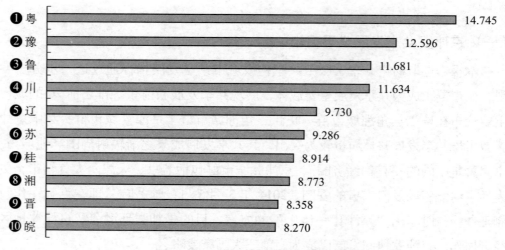

图 13 – 32　2020 年省域财富共享指数前 10 名

东部地区城市财富共享发展迅速。以广东省为例，近年来，广东大力推动经济结构转型，同时更多着墨"民生""共享"。广东省致力于完善社会救助政策体系，守住基本民生底线，综合保障水平已居全国前列。反映到民调上，中等收入人群社会公平感大幅提升，不满意度明显下降。广东的发展是共享与创新的相辅相成，通过政策创新，让企业共享新规红利、共享资源，服务协同，"共享"答卷背后，是全球人才、资本、技术等发展要素加速汇聚。

第三节　政　策　启　示

综上所述，运用新发展理念引领城市高质量发展，必须科学把握新发展理念与高质量发展的相互关系，如此便能激发创新驱动活力、构建协同发展新格局、着力解决突出环境问题、拓宽经济发展交流平台并最终实现发展成果全民共享。但是，就目前而言，还存在制约城市社会发展的痛点难点，主要表现在协调发展阻力大、动能转换难度大、发展环境压力大、内外循环困难多、民生短板问题多等诸多方面。有鉴于此，我们必须提高站位，深刻认识新发展理念与城市高质量发展的相互关系。正视问题，准确把握城市社会发展的战略目标与实践思路。落实措施，全面提升新发展理念引领城市社会发展的能力和水平，从而真正推动和促进城市高质量发展。

第一，提高站位，深刻认识新发展理念与城市社会发展的相互关系。新发展理念是一个系统的、整体的发展观体系。推动城市经济高质量发展，要完整准确全面贯彻新发展理念，积极服务构建新发展格局，以高质量发展高品质生活新范例为统领，全面提升都市圈发展能级和综合竞争力，引领带动经济圈建设。因此，要深入推动城市经济圈建设，持续释放空间布局优化效应，加快形成优势互补、高质量发展的经济布局。

第二，正视问题，准确把握城市社会发展战略目标与实践思路。以新发展理念引领城市经济高质量发展，必须准确把握不同城市经济发展新阶段特点，调整经济发展方式、战略、机制和重点，从服务经济、国内市场、原始创新、风险化解、区域重点、区域协调发展等方面，提高经济发展质量和"差异点"。一方面要采取统筹策略。保持发展耐心和战略定力，全面贯彻落实习近平总书记关于新发展理念的重要论述。另一方面要发挥"成熟期"城市高质量发展的引领示范作用。处于"起步期""增长期"的城市要吸取"成熟期"城市的发展经验，将城市自身特色融入新发展理念中，加快城市高质量发展步伐。

第三，落实措施，全面提升新发展理念引领城市高质量发展。新发展理念是破解经济发展瓶颈、推动城市高质量发展的"金钥匙"。城市社会发展要以供给侧结构性改革为创新驱动基础，以绿色发展为准线，推进城乡融合发展，实现城乡协调、区域协调，不断增强人民群众的获得感、幸福感、安全感。一是创新驱动需要建立和完善创新机制，政府应从一个创新的管理者向创新的服务者转变，营造公平有序的创新环境，调整选择性产业政策为普惠性创新政策。二是协调需要建设现代供应链体系，运用现代信息技术和现代组织方式连接生产端与消费端，实现产品设计、采购、生产、销售、服务无缝配合。三是要坚持生态优先、绿色发展，培育绿色低碳发展新动能。积极践行"生态产业化、产业生态化",努力构建绿色产业体系,加快能源结构向清洁低碳转型。四是要提升对外开放,通过提振内需、扩大出口释放内外需求。五是要推进城乡公共服务的均等化,推进社会公共资源要素的城乡自由流动,大力扶持农业与第三产业、高新技术产业协同发展。

第十四章　城市协同发展客观评价

党的二十大报告将促进区域协调发展作为加快构建新发展格局、着力推动高质量发展的一项重要举措，赋予其在新时代全面建设社会主义现代化国家新征程中重要的现实意义。报告还为今后中国推进区域协调发展提供了基本思路与具体路径，即建立起优势互补、高质量发展的区域经济布局与国土空间体系，依托城市群构建大中小城市协同发展的新发展路径。随着中国发展进入新阶段，单个城市的发展受到其自然资源、人口结构、社会基础与经济水平等多方面因素的制约，已经很难适应高质量发展的要求，因此城市群作为城市发展的最高空间组织形式，成为推进国家区域协同发展的必然选择，更是实现高质量发展的重要驱动力。

"十三五"规划时期新型城镇化最显著的成果就是各类城市群的建立，目前中国的 19 个主要城市群以不到全国 1/3 的土地面积，承载了全国超过七成的人口，还贡献了八成以上的 GDP，成为推动中国经济社会发展的核心力量。尽管以城市群建设为代表的区域发展取得了巨大成功，但区域内部发展的不平衡与不充分问题仍然显著。本报告通过 285 个地级市的各项指标对中国城市协同发展进行了评价，由于在评价城市协同发展时采用的指标大多为城市群层面的数据，不属于城市群的城市评价结果均大幅度落后于城市群城市，因此本部分评价主要针对各级别城市群与其所包含的城市，具体包括国家级城市群 5 个，分别为长三角、珠三角、京津冀、长江中游与成渝；区域级城市群 8 个，分别为山东半岛、海峡西岸、中原、北部湾、哈长、天山北坡、关中平原与辽中南；地区级城市群 6 个，分别为呼包鄂榆、宁夏沿黄、兰西、黔中、晋中与滇中。

图 14 - 1 详细展示了 2020 年 19 个城市群的协同发展指数与其排名。2020 年

时协同发展指数排名第一的城市群是地区级城市群晋中城市群，其协同发展水平达到了 0.718；协同发展水平排名倒数第一的城市群是国家级城市群珠三角城市群，其协同发展水平为 0.534。19 个城市群中排名前五的城市群包含 3 个区域级与 2 个地区级城市群，排名后五的城市群中包含 1 个国家级、2 个区域级与 2 个地区级城市群。

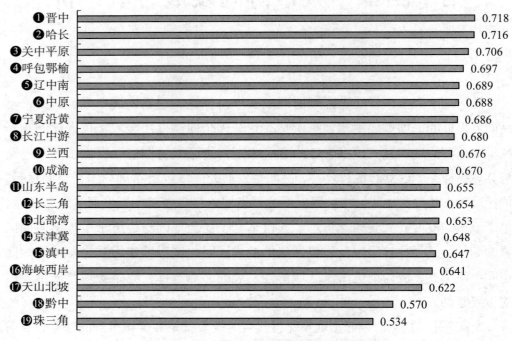

❶晋中　　　　　　0.718
❷哈长　　　　　　0.716
❸关中平原　　　　0.706
❹呼包鄂榆　　　　0.697
❺辽中南　　　　　0.689
❻中原　　　　　　0.688
❼宁夏沿黄　　　　0.686
❽长江中游　　　　0.680
❾兰西　　　　　　0.676
❿成渝　　　　　　0.670
⓫山东半岛　　　　0.655
⓬长三角　　　　　0.654
⓭北部湾　　　　　0.653
⓮京津冀　　　　　0.648
⓯滇中　　　　　　0.647
⓰海峡西岸　　　　0.641
⓱天山北坡　　　　0.622
⓲黔中　　　　　　0.570
⓳珠三角　　　　　0.534

图 14-1　2020 年城市群协同发展指数排名

第一节　城市协同发展的时序演变

改革开放以来，中国经济社会发展取得了令世界瞩目的成就，但在人口、资源与环境等领域依然存在许多发展不协调的问题。随着中国发展进入新时代，现阶段中国社会的主要矛盾是人民日益增长的美好生活需要和不平衡不充分的发展之间的矛盾。城市作为人民生产、生活的基本载体，城市发展的不平衡不充分势必会影响中国社会经济的高质量发展。本报告根据中国 285 个地级市的数据，通过城市人口协同发展、经济发展协同、空间发展协同与社会协同发展这四个协同发展的主要影响因素对中国 285 个地级市的协同发展结果进行了测度，结果如图 14 - 2 所示，主要发现如下。

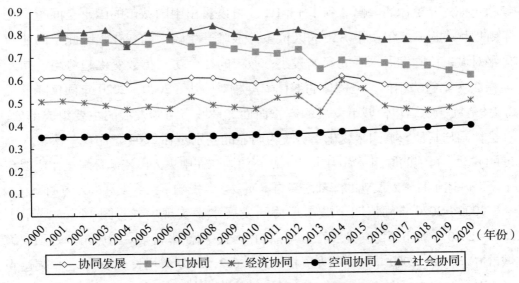

图 14 - 2 协同发展指数时序变化

中国城市协同发展水平略微降低。根据 2000～2020 年间中国城市协同发展结果与其影响因素间的变化趋势，可以看出中国城市协同发展水平在这段时间内略有波动且整体略微降低，2000 年中国 285 个城市的平均协同发展指数为 0. 610，2020 年协同发展指数降低至 0. 574，整体降幅约为 5. 9%。中国城市协同发展水平长期以来维持在相似水平区间内，仅在 2013 年前后发生较明显的波动，导致这一波动的原因是 2013 年 12 月党中央召开了新中国成立以来的首个城镇化工作会议，会议内容可能会对当时施行的城镇化政策产生一定的冲击。尽管城市协同发展指数整体的降低幅度不大，但考虑到中国社会目前的主要矛盾以及中国开启全面建设社会主义现代化国家的新征程，解决中国城市协同发展水平持续下降的问题已经刻不容缓。

人口协同水平恶化是城市协同发展受阻的主要原因。城市协同发展水平的四个影响因素中，中国城市的人口协同指数在 2000～2020 年间持续降低，整体的降幅达到了21.6%。人口协同是城市协同发展水平的重要影响因素，中国作为世界人口大国，人口协同的持续恶化也导致了中国城市协同发展指数的降低；城市经济协同指数在2000~2020年间波动幅度较大，但整体变化幅度可以忽略不计。由于经济形势与国际环境的多种多样，经济发展势必会受到各种冲击，因此城市经济协同也在不断上下波动；城市空间协同指数在2000~2020年间持续稳定提升，整体的增幅达到了13.1%。可以看出中国城市的国土空间布局在不断地优化提升，但由于城市的区位条件很难产生较大的变化，因此空间协同水平对城市协同发展水平的影响较小；城市的社会协同指数变化趋势与协同发展指数变化趋势相似，但整体的变化幅度相对较小，2000~2020年间仅降低了2.2%。社会协同包含城市发展的方方面面，是城市协同发展的主要组成部分，社会协同与其他影响因素变化趋势较为明显的差别是在2004年出现一次较大程度的波动，可能的原因是2004年3月胡锦涛同志在中央人口资源环境工作座谈会上全面阐述了科学发展观的深刻内涵与本质要求，影响了社会发展的方方面面。

2000~2020年间仅四个城市群协同发展水平实现增长。图14-3展示了2000~2020年城市群协同发展指数增幅的排名。增幅排名第一的城市群是国家级城市群京津冀，2000年其协同发展指数为0.622，2020年增长至0.648，增幅达到了4.15%。增幅排名第二与第三的城市群分别为地区级城市群晋中和区域级城市群哈长，增幅分别为2.12%与1.14%。增幅最小的城市群是地区级城市群呼包鄂榆，2000~2020年其协同发展指数由0.694增长至0.697，增长幅度为0.41%。

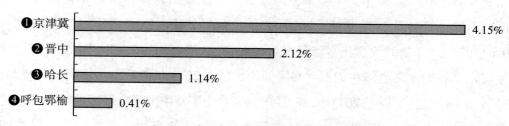

图14-3　城市群协同发展指数增幅排名

一、人口协同

中国作为人口超过14亿人的人口大国，人口问题始终是我国面临的全局性、长期性、战略性问题，中国人口发展目前面临少子化、老龄化、区域人口增减分化的趋势性特征。人口发展会随着经济社会的发展产生变化，在中国全面建成社会主义现代化国家的起步阶段，我们必须时刻认识到人口是现代化建设的基本支撑，更是新型城镇化的动力来源。为了提升城市协同发展水平，应当重视城市人口协同发展水平，提高人口素质，充分有效地发挥人力资源的优势，为经济社会发展提供充足、优质的人力资本，推动城市的高质量发展。本部分对中国285个城市的人口协同发展水平进行了评价，评价依据主要为影响城市人口协同发展的三大因素，分别为人口素质协同、人口规模协同与人口结构协同。人口素质协同通过科研人员占比离差衡量，人口规模协同主要通过年末户籍人口总量离差衡量而人口结构协同主要通过就业人口占比离差衡量。图14-4展示了中国城市人口协同发展指数与其影响因素的变化趋势，根据结果可以看出2000~2020年间中国城市人口协同发展指数及其三个影响因素整体均呈现出降低的趋势。

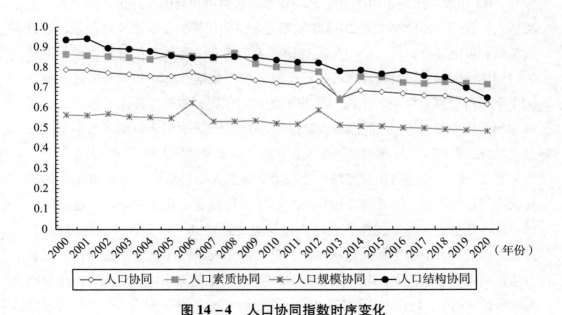

图14-4　人口协同指数时序变化

城市人口素质协同指数持续降低。人口素质协同指数2000~2020年间的降低幅度为17%，其中2013年出现了一次较大幅度的波动，较2012年降低了11.6%，中国在2013年首次明确了新型城镇化的任务目标，可能导致大量的科研人才聚集于重点城市，科研人员占比离差增大，人口素质协同恶化。创新人才和研发经费对科技创新的重要性不言而喻，而这也是城市与区域发展的重要资源。根据中国社会科学院发布的数据，从科技研发人员总规模看，2020年京津冀城市群科研人员总数最多，为102.14万人，占所有城市群科技研发人员数的23.3%，长三角和粤港澳大湾区占比分别为21.26%和11.82%，三大城市群科技研发人员总数占比超过50%。从增量数据看，长三角、京津冀、粤港澳大湾区分别以43.32万人、41.06万人、36.36万人居前三位①。过去10多年来，城市群科技研发人员增速加快、占比不断提高的同时，人均研发经费支出也在大幅提升，城市群科研人员持续增长势必会带来科研人员在区域间分配不均匀的问题发生，导致城市人口素质协同发展水平持续降低。

城市人口规模协同水平持续降低，但其对人口协同发展影响最弱。根据结果可以看出，人口规模协同水平在三个影响因素中的影响最弱，明显低于其他两个因素。人口规模协同指数2000~2020年间的降低幅度为13.8%，但在2006年与2012年间却出现了两次上涨。2006年前后党中央与国务院重点推进社会主义新农村建设、2012年末至2013年初习近平总书记提出了精准扶贫理念，这些政策均有可能导致农村人口与欠发达地区人口回升，降低人口总量离差，提升人口规模协同水平。根据各省市统计年鉴公布的数据，2020年人口净流入最多的十个城市分别是深圳、上海、广州、北京、东莞、成都、苏州、佛山、杭州和郑州，其中深圳与上海的净流入超过1 000万人②，大量人口流入大中型城市势必会导致城市间人口规模差距扩大，城市人口规模协同发展水平降低。

城市人口结构协同指数降低程度最大。城市人口结构协同指数2000~2020年间降低较为明显，降低幅度达到了30.5%，导致这一现象的原因可能是随着城镇化不断推进，越来越多的农村人口与欠发达地区人口涌入发达地区城市，劳动力市场供大于求导致失业率不断攀升，就业人口占比离差不断增大。根据各省市的统计年鉴数据，中国2020年GDP突破万亿的城市中就业人口占比最高的城市是深圳市，就业人口占常住人口比重达到了69.62%，就业人口占比排名第二到第十位的城市分别为东莞（68.27%）、南通（62.93%）、杭州（62.70%）、

① 中国城市群大数据：科研人员、人均经费支出哪里增长快［EB/OL］.（2022-11-10）［2023-05-23］. https：//baijiahao.baidu.com/s？id=1749112022895601641&wfr=spider&for=pc.
② 最新十大人口净流入城市：深圳第一，中西部两城在列［EB/OL］.（2021-12-16）［2023-05-23］. https：//export.shobserver.com/baijiahao/html/433013.html.

广州（62.00%）、泉州（58.87%）、苏州（58.65%）、佛山（56.20%）、无锡（56.12%）与长沙（55.30%）①。万亿城市中就业人口占比前十间的差距已经接近15%，全国城市间的就业人口占比离差差距更大，城市人口结构协同发展水平恶化明显。

2000～2020年仅宁夏沿黄城市群人口协同水平实现增长。2000～2020年间全国19个城市群中只有地区级城市群宁夏沿黄的人口协同指数实现了正增长，由0.845增长至0.934，增长幅度为10.51%，其余18个城市群人口协同水平均出现一定程度的降低。

二、经济协同

城市经济发展是城市功能赖以发挥作用的重要物质基础。城市经济最核心的特点就是人口、财富与经济活动在空间上的集中，集聚效应带来的优势十分明显。党的十八大以来经济社会发展成就系列报告显示，2020年中国地级以上城市地区生产总值611 713亿元，较2012年时的327 382亿元提升了86.85%。城市经济的发展还为科技创新提供了坚实的基础，2020年，地级以上城市科学技术支出3 848亿元，约占一般公共预算支出的4%，同时中国专利申请量连续11年排名全球第一。② 但城市经济的集聚不可避免地带来了地区发展不均衡的问题，具有中国特色的新型城镇化致力于实现共同富裕，消除城乡与区域间发展不均衡问题，因此城市经济协同发展水平对于城市协同发展同样至关重要。本部分对中国285个城市的经济协同发展水平进行了评价，评价依据主要为影响城市经济协同发展的三大因素，分别为质量协同、产业协同与市场协同。质量协同主要通过人均GDP标准差衡量，产业协同主要通过产业结构相似指数衡量，市场协同主要通过市场整合指数衡量。图14-5展示了中国城市经济协同发展指数与其影响因素的变化趋势，可以看出中国城市经济协同发展水平尽管存在一

① 各大城市，谁的工作机会更多？万亿城市就业人口排名［EB/OL］（2022-10-18）［2023-05-23］. https://baijiahao.baidu.com/s? id=1746989003093610718&wfr=spider&for=pc.
② 新型城镇化建设扎实推进 城市发展质量稳步提升——党的十八大以来经济社会发展成就系列报告之十二［EB/OL］.（2022-09-29）国家统计局，https://www.stats.gov.cn/sj/sjjd/202302/t20230202_1896688.html.

定程度的波动，但 2000~2020 年间城市经济协同发展水平几乎没有任何变化，造成城市经济协同发展水平波动的原因需要通过其各个影响因素的变动趋势与原因进行分析。

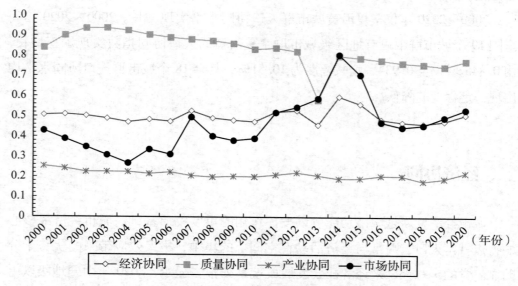

图 14-5 经济协同指数时序变化

城市质量协同指数先增后减。中国城市质量协同指数先在 2000~2003 年间出现上升趋势，涨幅为 11.6%，此后持续降低至 2019 年，这段时间内的降低幅度为 20.6%，其中 2013 年质量协同发展指数出现极大幅度的下跌，较前一年降幅达到了 29.2%，下一年又回升至之前相近水平，2020 年出现小幅度回升，较上一年增长 3.8%，2000~2020 年的整体变化幅度为 -8.1%。质量协同指数主要通过人均生产总值标准差衡量，其变化趋势也反映了城市间经济发展水平的差距在不断扩大。根据各省市公布的统计年鉴与人口普查数据可以发现，2020年中国 18 座人口超过千万的城市中人均 GDP 超过 2 万美元的城市包括北京、苏州、深圳和上海，达到了发达国家的标准，而石家庄、哈尔滨和临沂三座城市的人均生产总值在 1 万美元以下，低于全国同期水平。其中重庆市人均生产总值与 2010 年相比增长了 179%，在 18 座千万级人口城市中增幅排名第一，武汉、成都、郑州、西安四座城市的增速也都超过了 100%，与之相对的是广州、深圳，它们的增速仅分别为 70%、58%，在这 18 座城市中处于较为靠后的位置。可以看出中国城市经济发展水平目前仍然有一定差距，但发展较为成熟的城市人均生产总值增速在逐渐放缓，城市质量协同水平在未来会有所改善。

城市产业协同水平有所降低，对经济协同水平的影响较小。根据图 14 - 5 可以看出城市的产业协同发展水平在各影响因素中对经济协同发展水平的影响最弱。中国城市产业协同指数在 2000 ~ 2020 年间整体呈现降低趋势，这期间的整体变化幅度为 - 13.6%。城市产业协同指数主要通过产业结构相似指数进行描述，城市群在区域协同发展战略中扮演的重要角色是利用城乡与区域间资源禀赋与比较优势的差异进行资源优化配置，实现产业链的"补链"与"强链"。目前城市产业协同发展水平说明中国目前城市间产业结构较为相似，无法充分发挥城市群产业集聚的优势。以广东、广西、海南与云南四省为例，其产业结构相似度高的主要原因在于区域经济发展水平差距不大，资源禀赋条件相似，其供给结构与需求偏好也具有相似性。区域经济联系紧密的区域也更容易出现产业结构趋同，频繁的资源与劳动力流动会导致区域间经济体互相学习，可能的区域间恶性竞争也会导致产业结构趋同。

城市市场协同指数在剧烈波动中上涨。中国城市市场协同指数在 2000 ~ 2004 年间持续降低，降低幅度为 37.7%，此后 2004 ~ 2014 年间在不断的波动中出现大幅度上涨，整体涨幅达到了 200%，此后两年再次出现下滑，两年间降幅达到了 41.3%，之后到 2020 年又再次增长，增幅为 13%。2000 ~ 2020 年间城市市场协同指数的变化幅度为 23.8%，尽管整体呈现上涨趋势，但其波动幅度较大，表明中国目前市场稳定性较差，资源配置效率较低。唐为（2021）的研究证明了我国市场整合度在不断提高，并形成了长三角、珠三角等市场高度整合的城市群，但中西部城市群的市场整合度相对较低；同时城市群内同省城市之间的市场整合度显著高于跨省城市，而市场化改革和对外开放可显著降低这一省界效应。因此城市经济协同发展过程中要尽快扩大内需，加快构建以国内大循环为主体、国内国际双循环相互促进的新发展格局。

2000 ~ 2020 年间四个城市群经济协同指数实现增长。图 14 - 6 展示了 2000 ~ 2020 年间城市群经济协同指数增幅的排名。增幅排名第一的城市群是国家级城市群珠三角，2000 年其经济协同指数为 0.381，2020 年增长至 0.523，增幅达到了 37.10%。增幅排名第二与第三的城市群分别为国家级城市群京津冀和地区级城市群晋中，增幅分别为 27.26% 与 19.04%。增幅最小的城市群是国家级城市群长三角，2000～2020 年其协同发展指数由 0.500 增长至 0.532，增长幅度为 6.39%。

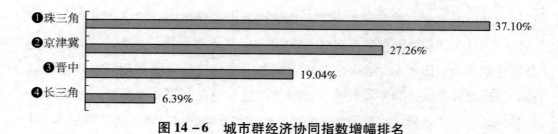

图 14-6　城市群经济协同指数增幅排名

三、空间协同

改革开放以来，中国城镇化进程取得了巨大的成就，随着中国经济发展由追求高增速转变为高质量，个体城市的发展受限于区位条件与资源禀赋等因素均存在一定的制约与"瓶颈"，因此未来经济活动的空间载体也将由个体城市进一步扩展为城市群形态。城市群作为城市发展的最高空间组织形式，是城市生产力发展、生产要素集聚以及地理界线淡化的必然产物，中国目前属于城市群发展的起步阶段，城市间逐渐由竞争关系转变为合作关系。城市间的空间关系作为组建城市群最基础的要素，城市的空间协同水平是衡量城市协同水平的基本因素。本部分对中国 285 个城市的空间协同水平进行了评价，评价依据主要为影响城市人口协同的四大因素，分别为交通协同、区位协同、制度协同与文化协同。交通协同主要通过高铁经过条数衡量，区位协同主要通过邻近城市数量衡量，制度协同主要通过是否为城市群成员衡量，文化协同主要通过城际间平均方言距离衡量。图 14-7 展示了中国城市空间协同指数与其影响因素的变化趋势。

城市交通协同发展水平的提升带动空间协同水平增长，其他影响因素的变化程度不明显。根据结果可以看出中国城市空间协同指数先保持稳定后逐步提升，2000～2008 年间城市空间协同指数提升了 1%，而 2008～2020 年间城市空间协同指数的增幅达到了 11.9%，造成城市空间协同水平变化的核心原因是中国城市交通协同水平稳步提升。2008 年中国内地第一条设计时速超过 350 千米/小时的高速铁路京津城际铁路开通运行标志着中国正式进入了高铁时代，截至

2020 年底中国高速铁路运营里程达 3.79 万公里，稳居世界第一，同时，全国高铁网已覆盖95%的 100 万人以上人口城市。[①] 交通运输作为城市与城市群建设的核心内容，交通运输效率的提升增强了城市的交通协同与空间协同水平。除交通协同水平外，其他三个影响因素在 2000～2020 年的变化全都不够明显，因为城市区位协同水平主要由其邻近的城市数量决定，而城市制度协同水平主要由该城市是否为城市群成员决定，这二者几乎不会发生任何变化，导致城市区位协同与制度协同指数基本保持稳定，较少或不发生变化。城市文化协同水平主要由城际间平均方言距离界定，而城市所属的方言区一般也不会发生变化，属于该城市的先天禀赋，同时随着普通话与义务教育的普及可以认为城市间的文化协同水平也很难发生变化，城市文化协同指数的变化不明显。

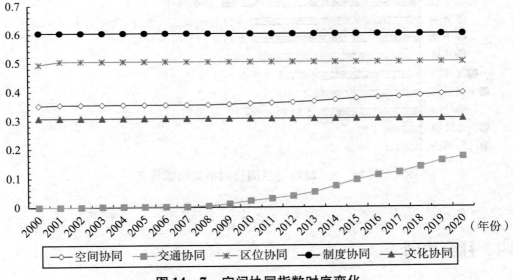

图 14-7　空间协同指数时序变化

　　2000～2020 年间所有城市群空间协同水平均实现增长。图 14-8 展示了 2000～2020 年间城市群空间协同指数增幅的排名。增幅排名第一的城市群是地区级城市群晋中，增长幅度为 19.12%，增幅排名第二的地区级城市群黔中与晋中的增幅接近，为 19.11%，此外还有 9 个城市群的空间协同指数增幅超过了 10%。空间协同指数增幅在 10% 以内的城市群共有 8 个，增幅最小的两个城市

---

① 科技日报：我国高铁运营里程稳居世界第一　中国速度领跑世界［EB/OL］.（2021-06-18）国家统计局，http：//www.sasac.gov.cn/n2588025/n2588139/c19177039/content.html.

群均为地区级城市群，分别为天山北坡与呼包鄂榆，其增幅分别为 1.93% 与 1.89%。

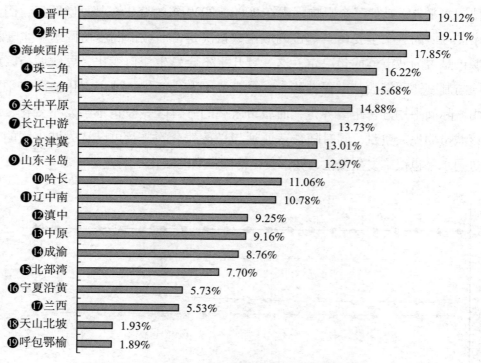

图 14-8　城市群空间协同指数增幅排名

四、社会协同

前文研究了城市协同发展的基础条件、参与者以及其经济活动，最后这一部分将对城市协同发展的非经济活动展开研究，即城市协同发展的最后一个影响因素社会协同水平。中国目前经济社会发展主要遵循习近平总书记在党的十八届五中全会上提出的新发展理念，新发展理念指创新、协调、绿色、开放、共享的发展理念。新发展理念分别侧重于解决五大问题，创新发展解决发展动力问题，协调发展解决发展不均衡问题，绿色发展解决人与自然和谐共处问题，开放发展解决发展内外联动问题，共享发展解决社会公平正义问题，这五大问题也涵盖了社会发展的方方面面。社会发展作为综合性的问题，中国城市社会协同水平也应当是城市协同发展水平的关键组成部分。本部分对中国285个城市的社会协同水平进行了评价，评价依据主要为影响城市社会协同发展的五大因素，分别为生态协同、创新协同、共享协同、开放协同和协调协同。生态协同主要考量 PM2.5 标准差，创新协同主要考量每万人专利授权数离差，共享协同主要考量房价收入比离差，开放协同主要考量贸易开放程度离差，协调协同主要考量城乡收入协调离差。图 14 – 9 描述了中国城市 2000～2020 年社会协同水平及其影响因素的变化趋势，根据图 14 – 9 描述可以看出中国城市社会协同指数围绕一定范围内上下波动，2000～2020 年间整体的变化幅度为 – 2.2%，这说明了尽管中国在过去 20 年间的社会发展过程中遇到了各种各样的问题，但一直将社会协同水平维持在一个较为稳定的区间内，并没有出现较大的社会问题。

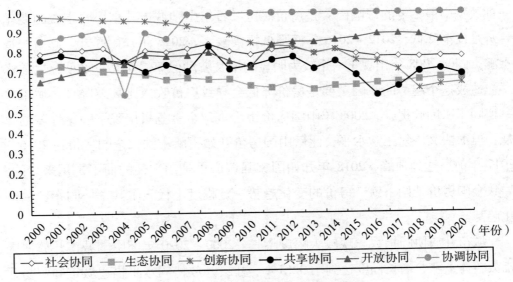

图 14 – 9　社会协同指数时序变化

城市生态协同指数先减后增。2000～2020 年间中国城市的生态协同发展水平略有恶化，指数降低幅度为 3.9%。中国经济长期增长不可避免地会造成一定程度的环境破坏，同时城市间角色的差异也一定会导致城市间生态协同水平各有高低，但从党的十八大开始，中国大力推进生态文明建设，全国各地也深入贯彻落实习近平总书记的"两山理论"，中国在生态环境治理方面取得了巨大成就，例如曾经困扰人民生活的雾霾问题得到了巨大的缓解，2013 年后中国城市生态协同指数由最低点开始不断回升，尽管没有回到最高点，但相信随着生态文明建设不断开展，中国城市生态协同发展水平将会再创新高。

城市创新协同水平明显减弱。2000～2020年间中国城市创新协同指数在不断降低，整体降幅达到了 34.1%。城市创新协同水平的不断恶化并不代表创新能力的恶化，相反的是创新协同水平恶化的原因很大程度上是部分地区创新能力增强。中国长期以来的发展一直遵循科学技术是第一生产力，科教兴国、人才强国以及创新发展等国策与理念，这些思想较大程度地提升了中国的科研创造能力，但科学创新需要一定程度的资源支撑，因此大部分的科学创新均是在一些区域中心城市完成的，这就会导致城市创新协同水平降低。

城市共享协同指数在波动中降低。2000～2020年中国城市共享协同指数整体降幅水平达到了 10.2%。共享协同水平主要考察的是房价收入比离差，在这一项数据中最重要的影响因素是房价。可以看出中国城市共享协同指数的变化趋势是逐渐降低，2012～2016年间降低幅度较大，2017年开始回升，此后一直上涨，同时 2008年出现了一个较为明显的增长波动但第二年马上降低至之前水平。造成这个趋势的原因主要是房价降低会导致房价收入比离差降低，城市共享协同水平因此提升，2008年中国房价由于全球金融危机出现了一定程度的降低，但很快又恢复正常水平，此后中国房价开始不断上涨，全国房价在 2016～2017年前后达到顶峰，2018年开始国家强调房子是用来住的而不是用来炒的，导致全国房价开始下跌，房价的变化趋势一定程度上代表了共享协同指数的变化趋势。

城市开放协同指数出现较大幅度增长。2000～2020年间中国城市开放协同指数整体上涨，增长幅度达到了 32.1%。社会开放协同水平描述城市间贸易开放程度离差，其不断增长表明中国目前城市对于外贸依赖程度接近，这一特点说明中国正在逐步形成国内国际双循环相互促进的新发展格局。

城市协调协同水平稳定增长。2000～2020年间中国城市协调协同指数的变化趋势除 2003～2007年间出现大幅度下跌外呈现出稳定增长的态势，2007年后的地增幅不大，整体趋于稳定，2000～2007年中国城市协调协同指数增幅为 15.5%，而 2007～2020年的增幅为 0.9%。社会协调协同水平主要的评价指标为城乡收入离差，中国城市协调协同指数不断提升且不断趋近 1 代表中国不同城市间的城乡收入比接近，呈现出一种相对公平的状态，尽管城乡收入差距依然存在，但城市协调协同水平的变化趋势证明了目前中国走在实现共同富裕的正确道路上。

2000～2020 年间共有八个城市群社会协同指数实现增长。图 14 – 10 展示了 2000～2020 年间城市群社会协同指数增幅的排名。增幅排名第一的城市群是地区级城市群呼包鄂榆，其社会协同指数 2000～2020 年间由 0.843 增长至 0.944，增长幅度为 12.04%。国家级城市群成渝、珠三角和京津冀三者的增长幅度属于第二梯队，增幅分别为 8.15%、6.83% 与 6.08%。其他四个城市群的增幅属于第三梯队，社会协同指数增幅相对较小，其中地区级城市群宁夏沿黄的增幅为 3.25%，区域级城市群哈长的增幅为 2.97%，地区级城市群兰西的增幅为 2.22%，区域级城市群辽中南的增幅为 2.03%。

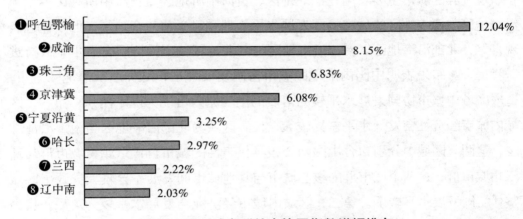

图 14 – 10　城市群社会协同指数增幅排名

第二节　城市协同发展的空间分布

改革开放以来，党和国家对城市发展战略十分重视，第十个五年规划首次提出了城镇化的发展方略，应当"有重点地发展小城镇，积极发展中小城市，完善区域性中心城市功能，发挥大城市的辐射带动作用"，即重视城市的协同发展。第十一个五年规划首次明确提出要把城市群作为推进城镇化的主体形态，此后的五年规划持续不断地强调了城市群在推进具有中国特色的新型城镇化过程中的重要意义。城市群已经成为城市发展过程中的必经阶段，城市的协同发展主要也是依托城市群开展，本报告选取的 285 个地级市主要来自 19 个不同级别的城市群，具体包括国家级城市群 5 个，分别为长三角、珠三角、京津冀、长江中游与成渝；区域级城市群 8 个，分别为山东半岛、海峡西岸、中原、北部湾、哈长、天山北坡、关中平原与辽中南；地区级城市群 6 个，分别为呼包鄂榆、宁夏沿黄、兰西、黔中、晋中与滇中，还有 65 个城市不属于任何现有的城市群。

内陆地区城市协同发展水平优于沿海地区。根据中国 285 个地级市 2000～2020 年间城市协同发展的空间特征，可以看出这段时期内中国城市协同发展水平表现优异的城市主要集中在东北地区、黄河中游地区与长江中游地区；东部沿海地区与西南地区的城市协同发展水平表现稍逊于前三个地区，但整体也表现良好；北部沿海地区、南部沿海地区与西北地区城市的协同发展水平有待进一步提升。结果表明中国内陆地区城市协同发展水平相对优于沿海地区城市，造成区域内城市协同发展水平较为落后的主要原因可能为以下两点：第一，区域内城市经济社会发展水平差异较大，代表区域为北部沿海地区与南部沿海地区，这两大区域中分别包含中国两个极具代表性的城市群：京津冀城市群与珠三角城市群，这两个城市群的核心城市与其他城市间发展差异较大导致了区域整体协同发展水平较弱。第二，区域内城市经济社会发展水平较为落后，代表区域西北地区。由于未加入城市群的城市协同发展水平普遍较低，在此处不作过多讨论，仅研究加入城市群的城市。

融入城市群可以显著提升城市协同发展水平，各级别城市群间协同发展相差不大。图 14-11 展示了各级城市群或未加入城市群城市 2000～2020 年间城市协同发展指数的变化趋势，可以清晰地看出城市群对于城市的协同发展起到了积极的正面影响，未加入城市群的城市不仅协同发展水平相对较差，同时还波动更大，城市发展更容易受到外界因素的影响。国家级城市群 2000～2020 年间整体变化幅度为 −2.2%；区域级城市群的整体变化幅度为 −2.5%；地区级城市群的整体变化幅度为 −5.4%，可以看出级别越高的城市群中的城市协同发展水平更加稳定，导致这一结果原因主要是更高级别的城市群普遍具有更长的发展时间，城市群内部城市之间的协同发展机制相对成熟，可以更好地抵御外界冲击。但在三个不同级别的城市群中国家级城市群城市的平均协同发展水平相对低于区域级城市群与地区级城市群城市的平均协同发展水平，导致这一结果的原因主要是国家级城市群大多由国家政策进行规划布局，以一个或几个经济社会发展较为领先的城市作为中心城市辐射带动周边发展较为落后的城市发展，而区域级与地区级城市群大多是在城市发展的过程中由于经济水平、区位条件与交通便利等因素自发形成的，城市群内部城市间经济社会发展水平接近、差距相对较小，因此其城市的协同发展水平也相对优于国家级城市群中的城市。

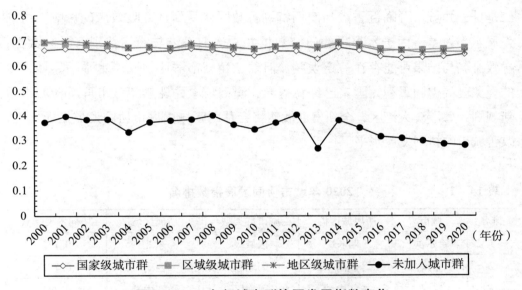

图 14 - 11　各级城市群协同发展指数变化

晋中城市群协同发展水平最高，珠三角城市群协同发展水平最差。图 14 - 1 详细展示了 2020 年 19 个城市群的协同发展水平指数与其排名。2020 年协同发展水平排名第一的城市群是地区级城市群晋中城市群，共包含 2 个城市，其协同发展指数达到了 0.718；协同发展水平排名倒数第一的城市群是国家级城市群珠三角城市群，共包含 11 个城市，其协同发展指数为 0.534。19 个城市群中排名前五名的城市群包含 3 个区域级与 2 个地区级城市群，排名后五名的城市群中包含 1 个国家级、2 个区域级与 2 个地区级城市群。这些结果进一步展现了国家级城市群的协同发展水平相对弱于区域级与地区级城市群，以及区域级与地区级城市群之间城市发展差距较大。

　　表 14 - 1 节选了 2020 年属于城市群中城市协同发展排名的前十名与后十名，结果显示 2020 年排名第一的城市是东北地区的哈尔滨市，所在哈长城市群属于区域级城市群，协同发展指数为 0.772。前十名城市中除庆阳市外均属于协同发展水平较好的区域，庆阳市虽然地理上位于甘肃省，属于西北地区，但属于黄河中游地区城市为主组成的关中平原城市群，因此城市的协同发展水平较高。2020 年排名倒数第一的城市是南部沿海地区的珠海市，所在珠三角城市群属于国家级城市群，协同发展指数为 0.513。可以看到后十名的城市全部来自珠三角城市群，造成这一结果的原因一是珠三角城市群内部城市之间自身发展差异大，二是珠三角城市群临近香港与澳门特别行政区，受到其虹吸效应的影响，协同发展水平较差，由于本报告的研究数据并未选取香港与澳门特别行政区数据，导致排名与结果可能存在一定误差。但珠三角城市群协同发展水平不尽如人意的现象已经得到重视，国家已经将香港、澳门与原先珠三角城市群所含城市重新规划为粤港澳大湾区，全新发展战略将会帮助区域内城市协同发展提质增效，改善城市的协同发展水平。

表 14 - 1　　　　　　　　　2020 年城市协同发展指数排名

排名	城市	所属城市群	城市群类型	所属区域	协同发展指数
1	哈尔滨	哈长	区域级	东北	0.772
2	重庆	成渝	国家级	西南	0.771
3	武汉	长江中游	国家级	长江中游	0.742
4	晋中	晋中	地区级	黄河中游	0.734
5	吉林	吉林	区域级	东北	0.733
6	郑州	中原	区域级	黄河中游	0.726
7	四平	哈长	区域级	东北	0.725
8	沈阳	辽中南	区域级	东北	0.724
9	庆阳	关中平原	区域级	西北	0.723
10	长春	哈长	区域级	东北	0.720
......					
211	惠州	珠三角	国家级	南部沿海	0.548
212	肇庆	珠三角	国家级	南部沿海	0.548
213	广州	珠三角	国家级	南部沿海	0.546

排名	城市	所属城市群	城市群类型	所属区域	协同发展指数
214	东莞	珠三角	国家级	南部沿海	0.538
215	江门	珠三角	国家级	南部沿海	0.531
216	中山	珠三角	国家级	南部沿海	0.530
217	韶关	珠三角	国家级	南部沿海	0.527
218	汕尾	珠三角	国家级	南部沿海	0.520
219	深圳	珠三角	国家级	南部沿海	0.518
220	珠海	珠三角	国家级	南部沿海	0.513

一、人口协同

内陆地区城市人口协同发展水平优于沿海地区。根据中国285个地级市2000~2020年间城市人口协同的空间特征，可以看出中国城市人口协同发展水平较好的城市大多集中在黄河中游与长江中游地区，东部沿海与东北地区的城市人口协同发展水平有明显的进步，北部沿海、南部沿海地区城市人口协同发展水平有待提升。

加入城市群可以显著提升城市人口协同发展水平，城市群级别与空间协同发展水平负相关。图14-12从各级别城市群角度展示了中国城市人口协同发展指数的变化趋势，根据结果可以得出以下结论：各级别城市群均显著提升了城市人口协同发展水平，但随着城市群级别的不断提升，对于人口协同发展水平的提升作用越弱。从图14-12中可以清晰地看出三类城市群中国家级城市群的人口协同发展水平最低，区域级城市群次之，地区级城市群最高。城市群级别越高还会导致人口协同指数降低，三种级别的城市群2000~2020年间的整体变化幅度分别为-17.3%、-5.8%与-3.5%，可以看出国家级城市群人口协同发展水平的恶化程度远超其余两个级别的城市群。总而言之，加入城市群有助于提升城市的人口协同发展水平，但当城市群中存在实力较强的中心城市时，该城市会对城市群范围内城市人口产生虹吸效应，影响城市人口协同发展水平，但总体而言城市群对于城市人口协同发展利大于弊。

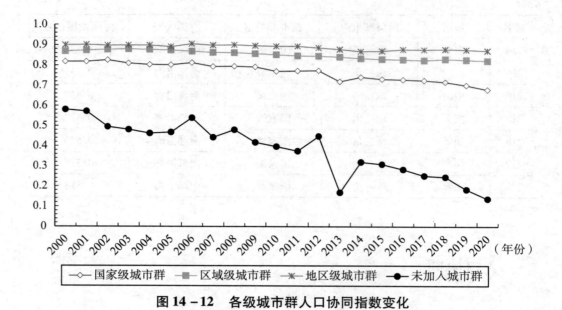

图 14 - 12　各级城市群人口协同指数变化

　　宁夏沿黄城市群人口协同水平最高，珠三角城市群人口协同水平最差。图 14 - 13 详细展示了 19 个城市群 2020 年人口协同发展指数的排名，结果可以进一步证实各级城市群对于城市人口协同发展水平的影响。2020 年人口协同发展水平排名第一的城市群是宁夏沿黄城市群，共包含 4 个城市，属于地区级城市群，人口协同发展指数达到了 0.934。人口协同发展水平排名倒数第一的城市群是珠三角城市群，共包含 11 个城市，属于国家级城市群，人口协同发展指数仅有 0.387。同时可以看到 6 个地区级城市群均排名人口协同发展水平前十名，前六名的城市群中更是占据了五个名额，而 5 个国家级城市群中除长江中游城市群排名第七外，其余 4 个城市群分列倒数四位。同时可以看出城市群城市数目对其人口协同发展水平具有负面影响，因为城市数目越少，城市群间的人口流动越便捷，更有助于城市人口协同发展。

　　由于城市人口协同发展水平评价底层指标采用城市群层面的数据，认定相同城市群中城市人口协同发展水平相似，各城市排名与其所在城市群排名相同，不再单独展示。

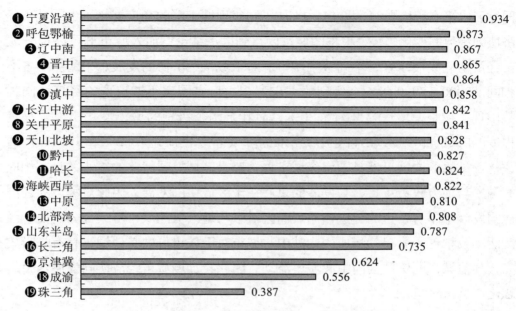

图 14 – 13　2020 年城市群人口协同指数排名

二、经济协同

城市经济协同发展水平空间特征随时间不断变化，内陆地区城市经济协同发展水平相对稳定且不断增强。根据中国 285 个地级市 2000～2020 年间城市经济协同的空间特征，可以看出 2000 年中国城市经济协同发展水平最好的几个地区分别是南部沿海地区的海峡西岸城市群区域，西北地区的天山北坡、兰西与宁夏沿黄城市群区域以及西南地区的黔中城市群区域，此外东北地区、黄河中游地区与长江中游地区大部分区域的经济协同发展水平也较好。此后城市经济协同发展水平较好的区域主要也都集中在这几大区域，东部沿海地区与南部沿海地区城市群经济协同发展水平随着时间推移有所降低，且区域间城市的差距较大。到 2020 年中国城市经济协同发展水平最好的几个区域分别为西北地区的兰西城市群区域、黄河中游地区的中原与关中平原城市群区域、北部沿海区域的京津冀城市群区域、东北地区的哈长城市群区域以及西南地区的成渝与滇中城市群区域。

加入城市群可以显著提升城市经济协同发展水平，国家级城市群对经济协同发展水平有积极影响。图 14-14 从不同级别城市群的角度展示了中国城市经济协同指数的变化趋势,根据图像可以得到以下结论:加入城市群可以提升城市经济协同发展水平,不同级别城市群对于城市经济协同发展水平的影响各不相同。2000~2020 年三个级别的城市群中,只有国家级城市群的经济协同指数出现了增长,增长幅度为 5.30%,而其余两个级别的城市群均出现了一定程度的降低,区域级和地区级城市群的降低幅度分别为 10.2% 和 15.4%。造成这一结果的原因可能是国家级城市群一般是区域发展战略的重心并且有相应的国家与地方政策支持,其发展的重心在于区域协同发展,因此对区域的经济协同发展水平有一定的促进作用。而区域级与地区级的城市群大部分是由于经济活动或地理因素自然形成的,其中心城市对于城市群内其他城市具有虹吸效应,其他城市的资源会向中心城市流动,因此会加剧城市经济协同发展水平的恶化。

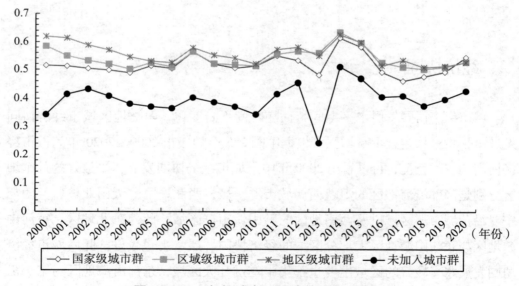

图 14-14 各级城市群经济协同指数变化

兰西城市群经济协同水平最高,宁夏沿黄城市群经济协同水平最差。图 14-15 详细展示了 19 个城市群 2020 年经济协同指数的排名,结果可以进一步证实各级城市群对于城市经济协同发展水平的影响。2020 年时城市经济协同发展排名第一的城市群是地区级城市群兰西城市群,共包含 4 个城市,经济协同指数达到了 0.601。城市经济协同发展水平排名倒数第一的宁夏沿黄城市群同样是地区级城市群，也包含 4 个城市，经济协同指数为 0.427。5 个国家级城市群尽管排名大多位居中游，但其城市群之间的经济协同发展水平差距相对较小；6 个地区级城市群排名与经济协同发展水平均存在较大差异，再次印证了国家级城市群会对城市的经济协同发展产生正面的影响。

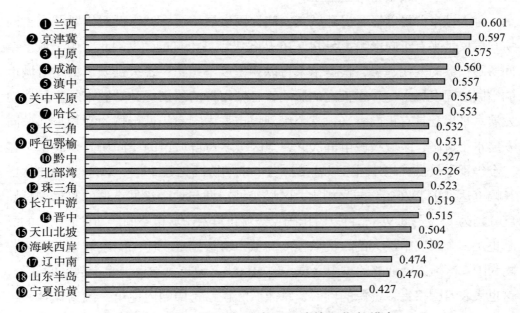

图 14 - 15   2020 年城市群经济协同指数排名

城市经济协同发展水平评价底层指标采用城市群层面的数据，因此认定相同城市群中城市经济协同发展水平相似，各城市排名与其所在城市群排名相同，不再单独展示。

三、空间协同

城市空间协同发展水平空间特征的变化较小，西北地区城市空间协同发展水平有待提升。根据中国 285 个地级市 2000～2020 年间城市空间协同的空间特征，可以看出中国城市空间协同发展水平的空间特征主要为以东北地区至西南地区连线和黄河中游地区至东部沿海地区连线途经区域的城市空间协同发展水平较高，西北地区城市的空间协同发展水平较差，以上这些空间特征在较长时间内基本没有发生变化。同时可以看出以部分北部沿海、南部沿海与长江中游地区为代表的水路运输较为发达的城市空间协同发展水平较低。中国城市空间协同发展水平呈现出当前空间特征的主要影响因素为铁路运输条件，其次还对其有一定影响的因素为地理区位条件。

融入城市群可以显著提升城市空间协同发展水平，城市群级别对城市空间协同发展水平有正向影响。图 14－16 从各级别城市群的角度展示了中国城市空间协同指数的变化趋势，根据结果可以得出以下结论：各级别城市群均对城市的空间协同发展水平存在正向的影响，且城市群的级别提升对城市的空间协同发展水平提升具有正向意义，三个级别城市群中国家级城市群的平均空间协同发展水平最高，区域级城市群次之，地区级城市群城市的空间协同发展水平在三个级别中最低。此外国家级城市群城市空间协同指数 2000～2020 年的整体增长幅度达到了 13.6%，与之相比，区域级城市群与地区级城市群的整体增长幅度分别为 12% 与 8.9%，可以看出国家级城市群对于城市空间协同发展水平的贡献也是三个级别中最大的，贡献程度与城市群级别成正比。国家级城市群一般均为国家区域发展战略的重中之重，例如京津冀城市群与粤港澳大湾区的建设，这也代表着国家更多资源的倾斜，京津城际铁路是中国内地第一条设计时速超过 350 千米／小时的高速铁路，而连接香港、珠海与澳门的港珠澳大桥更是世界上最长的跨海大桥。城市群产生的重要依据就是以高速公路为代表的交通条件的改善，高级别的城市群会带来更大程度的交通改善，对其内部城市空间协同发展水平的强化也更加明显。

成渝城市群空间协同水平最高，天山北坡城市群空间协同水平最差。图 14－17 详细展示了城市群 2020 年空间协同指数的排名，结果进一步证实了不同级别城市群对于城市空间协同发展水平的影响，根据结果可以看出 2020 年中国城市空间协同发展水平最好的城市群是成渝城市群，共包含 16 个城市，属于国家级城市群，其空间协同指数为 0.623。2020 年中国城市空间协同发展水平最差的城市群是天山北坡城市群，共包含 2 个城市，属于区域级城市群，其空间协同指数仅为 0.287。

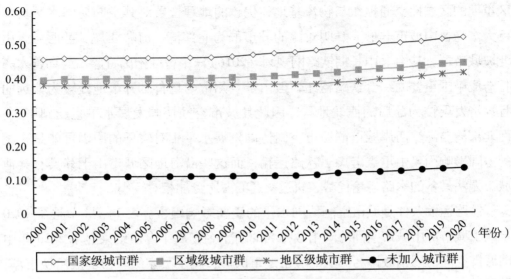

图 14 – 16　各级城市群空间协同指数变化

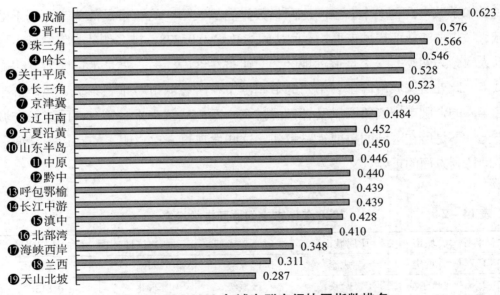

图 14 – 17　2020 年城市群空间协同指数排名

　　区位优势对空间协同水平影响巨大。这 19 个城市群的排名再次印证了国家级城市群对于城市空间协同发展水平的促进作用，但是地区级城市群晋中城市群在 19 个城市群中排名第二位也说明了城市空间协同发展水平受到区位优势的影响同样巨大，晋中城市群主要由晋中市与太原市组成，是山西省乃至华北地区重要的区域性交通枢纽与物流基地，优越的地理位置对其空间协同水平贡献巨大。与晋中城市群形成鲜明对比的城市群为北部湾、海峡西岸、兰西与天山北坡城市群，其中《中长期铁路网规划（2016）》中曾经指出将兰州与乌鲁木齐打造成中国重要的综合铁路枢纽，但由于兰州市与乌鲁木齐市地处较为偏远的且经济发展较为落后的西北地区，因此其城市空间协同发展水平也受到影响。而北部湾与海峡西岸城市群城市空间协同发展水平相对较低的原因可能是在空间协同影响因素中重点考虑了铁路运输，而这些沿海地区城市由于其具有其他城市无法具备的水路运输优势，轨道交通的占比可能相对较小。

铁路运输条件是城市空间协同水平的重要影响因素。表 14－2 节选了 2020 年属于城市群中城市空间协同指数排名的前十名与后十名。结果显示 2020 年中国城市空间协同指数排名第一的城市是重庆市，属于国家级城市群成渝城市群，其空间协同指数达到了 0.945。空间协同发展水平排名前十的城市除哈尔滨市与晋中市外，其余城市均属于国家级城市群，成渝城市群 5 个，长三角、珠三角与长江中游城市群各 1 个。空间协同指数排名倒数第一的城市是汕头市，属于区域级城市群海峡西岸城市群，空间协同指数仅为 0.228。排名倒数十位的城市可以大致分为两类，一类是偏远地区，交通条件落后；另一类是水运能力发达的城市，此外所属城市群排名第四的哈尔滨市在所有城市中排名第二、城市群排名第六的合肥市排名第四以及城市群排名十四的武汉市排名第八，而这三个城市无一不是所在区域的重要铁路枢纽，这些发现再一次说明了铁路运输在城市空间协同方面的重要意义。

表 14－2   2020 年城市空间协同指数排名

排名	城市	所属城市群	城市群类型	所属区域	空间协同指数
1	重庆	成渝	国家级	西南	0.945
2	哈尔滨	哈长	区域级	东北	0.813
3	成都	成渝	国家级	西南	0.752
4	合肥	长三角	国家级	长江中游	0.688
5	佛山	珠三角	国家级	南部沿海	0.657
6	晋中	晋中	地区级	黄河中游	0.642
7	绵阳	成渝	国家级	西南	0.635
8	武汉	长江中游	国家级	长江中游	0.631

排名	城市	所属城市群	城市群类型	所属区域	空间协同指数
9	眉山	成渝	国家级	西南	0.628
10	资阳	成渝	国家级	西南	0.628
……					
211	新余	长江中游	国家级	长江中游	0.313
212	揭阳	海峡西岸	区域级	南部沿海	0.310
213	潮州	海峡西岸	区域级	南部沿海	0.299
214	乌鲁木齐	天山北坡	区域级	西北	0.293
215	克拉玛依	天山北坡	区域级	西北	0.282
216	兰州	兰西	地区级	西北	0.273
217	鹰潭	海峡西岸	区域级	长江中游	0.253
218	厦门	海峡西岸	区域级	南部沿海	0.238
219	莆田	海峡西岸	区域级	南部沿海	0.238
220	汕头	海峡西岸	区域级	南部沿海	0.228

四、社会协同

西北地区与东北地区城市社会协同发展水平提升较为明显。根据中国285个地级市2000~2020年间城市社会协同的空间特征，可以看出中国城市社会协同发展水平的时空特征各不相同。2000年中国城市社会协同发展水平最好的三个区域分别为南部沿海地区北部湾城市群区域、长江中游地区与西南地区滇中城市群区域；此外东北地区与黄河中游地区社会协同发展水平也较为优秀；2005年中国社会协同发展水平最好的区域变为黄河中游区域，以呼包鄂榆城市群以及关中平原城市群区域为代表；此后2010~2020年间黄河中游地区、长江中游地区与东北地区的社会协同发展水平一直表现较为优异，西南地区的滇中城市群区域与南部沿海地区的北部湾城市群区域的社会协同发展水平在不断降低，西南地区成渝都市圈区域的社会协同发展水平在不断提升。

加入城市群可以显著提升城市社会协同发展水平，城市群级别对城市社会协同发展水平无明显规律。图14-18从各级别城市群的角度展示了中国城市社会协同指数的变化趋势，根据结果可以得出以下结论：各级别的城市群对于城市的社会协同发展均有一定程度的正面影响，加入城市群有利于城市提升社会协同发展水平，但不同级别城市群对于城市社会协同发展的提升作用不确定，以国家级城市群为例，国家级城市群在 2017 年前社会协同指数均在三个级别城市群中排名第三，2018 年后反超地区级城市群排名第二位。除此之外国家级城市群变化趋势在三个级别的城市群中波动程度最大，区域级城市群的波动幅度较小；地区级城市群在三个级别的城市群中整体变化幅度最大，变化幅度为 −6.6%，区域级城市群的变动幅度次之，达到了 −1.5%，国家级城市群最小，仅为 −0.9%。城市社会协同发展水平的影响因素多种多样，因此城市群对于城市社会协同发展水平的影响应当按照其独特的背景进行研究，不能一概而论。

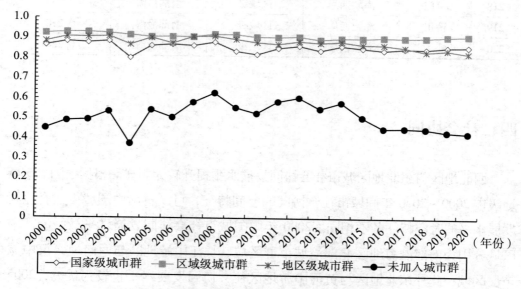

图 14−18　各级城市群社会协同指数变化

呼包鄂榆城市群社会协同水平最高，黔中城市群社会协同水平最差。图 14−19 详细展示了城市群 2020 年社会协同指数的排名。2020 年中国城市社会协同发展水平排名第一的城市群是呼包鄂榆城市群，属于地区级城市群，社会协同指数为 0.944。2020 年排名倒数第一的城市群是同样属于地区级城市群的黔中城市群，社会协同指数为 0.486。6 个地区级城市群中排在前六名的城市群共 3 个，但排在后三名的城市群也有 2 个；5 个国家级城市群中 2 个排名在前七位，其余 3 个排名在后 7 位。城市群级别与社会协同发展水平的无序排列也说明了城市群级别对于其社会协同发展水平没有直接的影响。

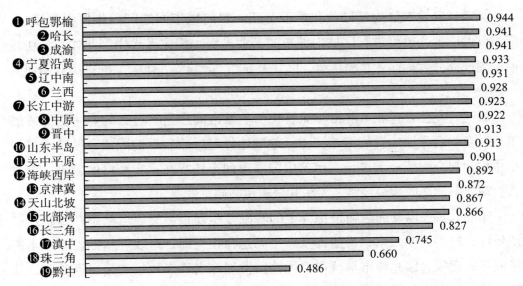

图 14 – 19　2020 年城市群社会协同指数排名

第三节　政　策　启　示

根据中国 285 个地级市的协同发展水平评价结果可以发现 2000～2020 年间中国城市协同发展水平持续降低，由于城市间资源禀赋与比较优势存在差异，因此促进城市协同发展与区域协调发展的首要目标在于通过城市群建设与发展实现城市间产业布局与主体功能的合理分配，以区域为单位构建全国统一大市场，促进国内国际双循环，优化城市与城市群间的资源配置。城市协同发展与区域协调发展的根本目标则是坚持以人为本，解决城市与区域发展中不平衡不充分的问题，缩小地区间的差距，最终实现全体人民的共同富裕与社会主义现代化强国的建设。因此推动中国城市协同发展水平可以从这几方面入手。

第一，充分发挥中心城市极化作用。城市群一般具有一个或多个具有较强经济实力的中心城市,尽管中心城市实力较强会产生虹吸效应,中小城市的生产要素会单向地向中心城市转移,但生产要素的聚集同样会产生集聚效应。中心城市应当通过生产要素集中后产生集聚效应外溢来推动其他城市的均衡发展。

第二,以城市群为基础优化产业分工。目前城市间的产业相似程度较高,应当以城市群为单位进行区域内城市的产业升级,构建现代化产业体系,在城市群内部充分发挥产业规模优势,以"补链""延链""强链"推进产业圈协同创新。

第三,充分发挥城市群资源配置优势。城市间应当将过去的竞争性的发展策略改变为合作性的发展策略,破除地理边界与行政制度的阻碍,以城市群为单位构建起全国统一大市场。目前中国城市间市场存在一定程度的割裂,会导致资源错配、影响规模经济,无法充分实现高质量发展。

第四,加强以交通运输设施为主的基础设施建设。交通运输条件是构建高质量城市群的重要因素,目前许多城市间还存在交通、市政等基础设施互不衔接联通的现象。因此城市与城市群的协同发展应当重点规划建设交通路网,建设高速公路、城际铁路等交通运输设施。除此外还应考虑网络基础设施建设,为都市群提供高效优质的服务。

第五,完善城市群协同发展机制。尽快破除城市群内部的行政壁垒与体制障碍,创新以城市群为主体的一体化协调机制,推动区域协调发展。完善配套政策建设,健全协同治理的利益协调和补偿机制,以此解决城市群发展中遇到的生态环境污染等需要协同治理的问题。

第十五章 城市发展效率客观评价

党的二十大报告指出，高质量发展是全面建设社会主义现代化国家的首要任务。高质量发展与以往的经济发展不同之处在于，以往的经济发展通过提高资本、劳动力等要素投入来促进经济增长，而高质量发展则要求通过提升城市发展效率来实现集约式的经济增长。城市发展效率是指在一定的生产技术条件下，城市要素资源的有效总产出与总投入的比值，是城市投入要素资源的有效配置、运行状态和经营管理水平的综合体现。作为一个复杂的巨型系统，如果将城市看作"投入—产出"型生产函数，其产出效率就是城市发展质量的体现，城市高质量发展的过程强调了城市发展应该是一个"低投入—高产出"而非"高投入—高产出"的系统，更不是一个"高投入—低产出"的系统。因此，提高城市发展效率不仅是完整、准确、全面贯彻高质量发展思想的有效举措，也是建设中国式现代化城市的必由之路。

长期以来，中国城市的"发展"被等同于"增长"，城市发展也被片面地理解为城市经济的增长、规模的扩大和等级的变化等，从而导致城市发展效率的内涵理解出现偏差，即城市发展效率在很大程度上被认为等同于经济效率。随着中国特色社会主义步入新时代，城市发展效率的内涵和外延得到进一步的丰富，要求城市在人口、经济、空间、社会、协同等多个方面实现效率的同步提升。鉴于此，本章从城市发展效率的内涵出发，运用 DDF – DEA 模型对全国 285 个城市 2000 ~ 2020 年的城市发展效率，以及人口、经济、空间、社会、协同等分维度效率进行了测度，并在此基础上对其时空特征进行全面分析，以期为提升城市发展效率、促进城市高质量发展提供决策支撑和经验证据。2020 年我国城市发展效率指数排名如图 15-1 所示。深圳以 0.672 的城市发展效率指数位列榜首，且明显优于第 2 名的石嘴山，前 6 名之后，上榜各城市的发展效率指数差距都比较小，有 14 个城市处在 0.408~0.445 之间，城市发展效率的空间差异逐渐缩小。广东和甘肃各有 4 个城市上榜，宁夏有 3 个城市上榜，吉林、辽宁、河南、内蒙古、新疆、四川和河北等省份也均有城市上榜。由此可见，相较于东部沿海城市，我国西北、东北和中部地区城市的发展效率表现可圈可点，正在奋力追赶东部沿海城市，逐步缩小地区差距。

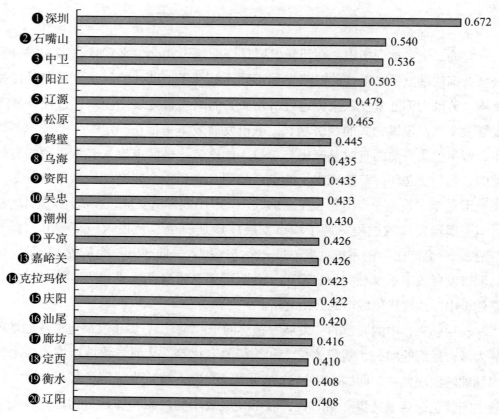

图 15-1 2020 年城市发展效率指数前 20 名

第一节 城市发展效率的时序演变

一、城市人口效率

（一）城市人口效率呈现明显上升趋势

城市人口效率呈现明显上升趋势。如图 15 - 2 所示，2000～2020 年我国城市人口效率整体呈现上升趋势，由 2000 年的 0.75 增加到 2020 年的 0.80，年均增长 0.33%。究其原因，随着我国城市化进程不断加快、人口自然增长率保持高位、居民受教育程度迅速提升等因素，导致人口效率保持着强劲的增长趋势。2000～2017 年，我国人口自然增长率一直保持在 4.5‰以上的水平，人口呈平稳增长态势；同期我国居民科学文化素质水平也不断提升，[①] 根据第七次人口普查结果，与 2010 年相比，每 10 万人中具有大学文化程度的由 8 930 人上升为15 467 人，15 岁及以上人口的平均受教育年限由 9.08 年提高至 9.91 年，文盲率由 4.08% 下降为 2.67%。因此，我国人口效率呈现明显上升趋势。

从城市人口效率指数的时序变化来看，如图 15 - 3 所示，深圳和东莞分别以99.75% 和 98.04% 的增幅位居前两名，且增幅显著高于第 3 名银川。前 3 名人口效率指数增幅都在 50% 以上。甘肃省有 6 个城市上榜前 20 名，广东和云南各有3 个城市上榜，广东 3 个城市的排名较高。宁夏和广西各有 2 个城市上榜。总体来看，西部地区城市在人口效率方面表现出色。

---

① 人口总量平稳增长 人口素质显著提升——新中国成立 70 周年经济社会发展成就系列报告之二十［EB/OL］.（2000 - 12 - 31）. 中国政府网，https：//www. gov. cn/xinwen/2019 - 08/22/content_5423308. htm? eqid = ed935e8c00018e450000000364851ad2.

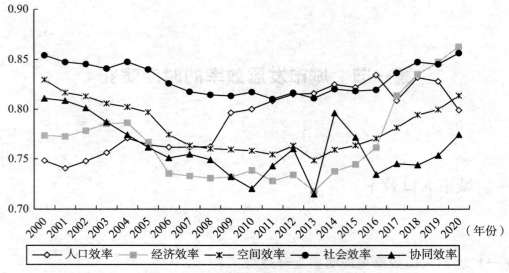

图 15 - 2　五大维度效率指数时序变化

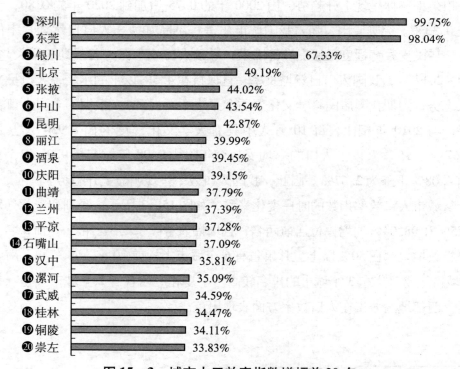

图 15 - 3　城市人口效率指数增幅前 20 名

（二）城市人口效率提升动力不足

城市人口效率提升动力不足。表 15 – 1 为全国 285 个城市 2000～2020 年人口效率在各区间的分布情况。从表 15 – 1 中可以看出，2000～2015 年，人口效率值位于 0.65 以下的城市数量逐步减少，位于 0.95 以上的城市数量逐步增加；但在 2015～2020 年间，我国人口效率的上升趋势减缓，0.65 以下的城市增加到 7 个，而 0.95 以上的城市减少到 21 个。这说明了我国城市人口效率提升的动力不足，在未来的发展中城市应当注意积极优化人口结构，通过进一步发展教育事业推动"人口红利"向"人才红利"转变；加强人力资源开发利用，稳定劳动参与率，提高人力资源利用效率；优化城市教育、医疗、托幼资源分配，减轻家庭生育养育教育负担，推动建设生育友好型社会，进而以人口高质量发展支撑中国式现代化建设。

表 15 – 1　　　　　　　　人口效率样本区间的城市分布数

年份	0.65 以下	0.65～0.80	0.80～0.95	0.95 以上
2000	65	140	64	16
2005	36	158	72	19
2010	17	152	86	30
2015	3	136	109	37
2020	7	165	92	21

二、城市经济效率

（一）城市经济效率呈现"U"型变化趋势

城市经济效率呈现"U"型变化趋势。图 15 – 2 中，2000～2020 年我国城市经济效率整体呈现"U"型变化趋势，大致以 2013 年为分界线呈两阶段变化特征。其中 2000～2013 年整体呈现波动中下降的趋势，年均下降 0.58%；自 2013 年以后，城市经济效率快速上升，由 2013 年的 0.72 增长至 2020 年的 0.86，年均增长 2.66%。2000~2013 年我国正处于经济的高速增长阶段，创造了举世瞩目的规模奇迹和速度奇迹。伴随着经济的迅猛发展，我国城市工资水平相应提高，劳动力低成本的优势逐步减弱。与此同时，土地等资源价格上升，部分城市房价上升，金融与实体经济之间、房地产与其他领域之间、实体经济内部出现严重不平衡，部分领域杠杆率过高，金融风险增加，城市经济效率呈现了下降趋势。为了主动适应与引领经济新常态，党的十八大以来，我国主动推动质量变革、效率变革、动力变革，通过转变发展方式、优化经济结构、转换增长动力，持续在提高城市经济密度、提高投入产出效率上下功夫，在提升配置资源能力上下功夫，加快建设现代化经济体系，有效促进了城市经济效率的提升。

从城市经济效率指数的时序变化来看，如图 15-4 所示，贵州毕节城市经济效率增幅排第 1 名，增幅为 271.29%，是第 2 名的 2.7 倍。2018 年 7 月 18 日，习近平总书记对毕节试验区工作作出重要指示，强调着力推动绿色发展、

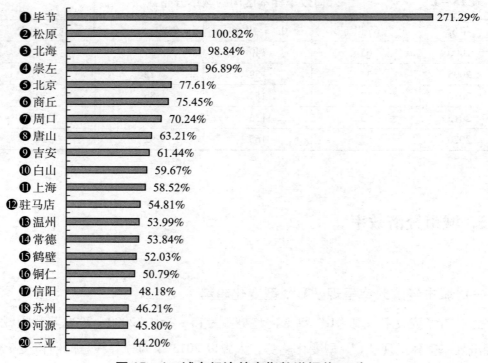

图 15-4　城市经济效率指数增幅前 20 名

人力资源开发、体制机制创新，努力把毕节试验区建设成为贯彻新发展理念示范区。①，毕节聚焦高质量发展目标，大力实施人才强市战略，着力构建人才工作大格局，加快推动人口规模优势转化为人力资源优势，让乌蒙大地人才荟萃、创新创造活力迸发，为建设贯彻新发展理念示范区提供坚实的人才支撑和智力支持。吉林松原以 100.82% 的经济效率指数排名第 2，广西北海和崇左分别以 98.84% 和 96.89% 的数量位列第 3、第 4 名。在经济效率增幅前 20 名的城市中，东北、西南和中部城市表现较好。

（二）"十三五"以来城市经济效率增速明显

"十三五"以来城市经济效率增速明显。表 15 - 2 为全国 285 个城市 2000 ~ 2020 年经济效率在各区间的分布情况。从表 15 - 2 可以看出，效率值在 0.60 以下的城市个数从 2000 年的 22 个下降到 2020 年的 3 个，降幅为 86.36%；0.60 ~ 0.75 区间内的城市个数从 117 个下降到 40 个，降幅为 65.81%；0.75 ~ 0.90 区间内的城市个数从 100 个上升至 150 个，增幅为 50%；0.90 以上的城市数从 46 个上升至 92 个，增幅为 100%。特别是在 2015 ~ 2020 年间，城市经济效率增速明显。具体来看，0.75 ~ 0.90 区间内的城市个数从 105 个上升至 150 个，增幅为 42.86%；0.90 以上的城市数由 16 个上升至 92 个，增幅为 475%。

表 15 - 2　　　　　　　　经济效率样本区间的城市分布数

年份	0.60 以下	0.60 ~ 0.75	0.75 ~ 0.90	0.90 以上
2000	22	117	100	46
2005	16	126	91	52
2010	27	145	83	30
2015	8	156	105	16
2020	3	40	150	92

---

① 「亮点」从试验区到示范区，毕节高质量发展靠什么？［EB/OL］.（2023 - 05 - 26）. 中国组织人事报，https：//baijiahao. baidu. com/s？ id = 1766933557073777522&wfr = spider&for = pc.

三、城市空间效率

（一）城市空间效率呈现"U"型变化趋势

城市空间效率呈现"U"型变化趋势。图15-2中，2000~2020年我国城市空间效率整体呈现"U"型变化趋势，大致以2013年为分界线呈两阶段变化特征。其中2000~2013年整体呈现下降趋势，年均下降0.79%；自2013年以后，城市空间效率稳步上升，由2013年的0.75增长至2020年的0.81，年均增长1.20%。2000~2013年我国城市正处于快速发展阶段，城市化率快速提升，但同时也伴随着建成区面积的急剧扩张，城市空间治理呈现较为显著的粗放型发展特征，城市对新增加的空间利用效率不高，导致空间效率不断下降。随着《中华人民共和国国民经济和社会发展第十三个五年规划纲要》等政策文件陆续颁布，以人为核心的新型城镇化建设导向愈加凸显，城市逐步开展了空间精细化治理，完善城市基础设施空间规划和提高城市空间利用效率被摆到了更加突出的地位，从而有效推动了城市空间效率的上升。

从城市空间效率时序变化来看，如图15-5所示，上海以59.18%的增幅位居榜首，深圳和佛山的涨幅依次为50.79%和48.50%，位居第2名和第3名，丽江略低于佛山，位居第4名，前四名的增幅都超过或接近50%，且都是南方城市。甘肃有武威、张掖和天水3个城市上榜前20名，成为拥有上榜城市最多的省份，其次，海南和云南都各有2个城市上榜。总体来看，城市空间效率增幅变化没有明显的地域聚集倾向，各区域都有代表性城市上榜，但西北、东北、东南等边界城市的空间效率提升成绩比中部城市的稍好。

（二）城市空间效率具有较大提升潜力

城市空间效率仍具有较大提升潜力。表15-3为全国285个城市2000~2020年空间效率在各区间的分布情况。从表15-3可以看出，效率值在0.70以下的城市个数从2000年的42个上升到2020年的47个，而1.00以上的城市数从22个下降至17个。整体来看，虽然2000~2020年间城市空间效率值在各个区间

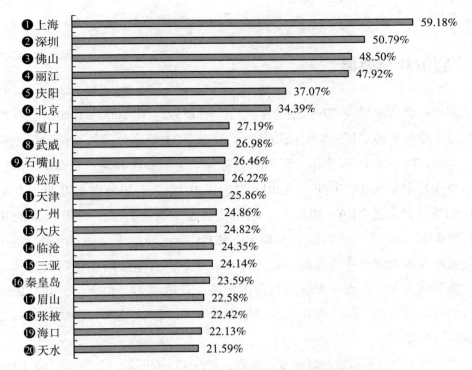

图 15 -5　城市空间效率指数增幅前 20 名

表 15 -3　　　　　空间效率样本区间的城市分布数

年份	0.70 以下	0.70~0.85	0.85~1.00	1.00 以上
2000	42	132	89	22
2005	64	138	64	19
2010	96	129	5	5
2015	95	128	54	8
2020	47	129	92	17

内的数量基本稳定，但是 2020 年城市空间效率的分布区间相较于 2000 年呈现出左移趋势，表明空间效率仍然具有较大的提升潜力。未来一段时间内，应当以推动超大特大城市内涵式发展为目标，按照减量提质、瘦身健体的要求，科学规划城市生产、生活、生态空间，有序疏解与城市发展方向不适应、比较优势弱化的产业及功能设施，引导过度集中的公共资源向外转移，合理降低中心城区开发强度和人口密度。

四、城市社会效率

城市社会效率呈现"U"型变化趋势。图15-2中，2000~2020年我国城市社会效率整体呈现"U"型变化趋势，大致以2011年为分界线呈两阶段变化特征。其中2000~2011年整体呈现下降趋势，年均下降0.48%；自2011年以后，城市空间效率在波动中上升，由2011年的0.81增长至2020年的0.86，年均增长0.61%。特别是2016~2020年，城市社会效率增速明显，由2016年的0.82增长至2020年的0.86，增幅为4.88%。究其原因，党的十八届五中全会提出的新发展理念成为城市建设发展的指挥棒和红绿灯，各地区围绕创新成为第一动力、协调成为内生特点、绿色成为普遍形态、开放成为必由之路、共享成为根本目的的发展理念，在经济社会发展的各个环节开展决策部署，从而有效提升了城市社会效率。

从城市社会效率指数的时序变化来看，如图15-6所示，北京市以68.01%的

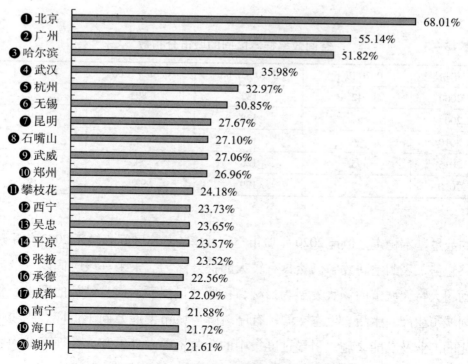

图15-6　城市社会效率指数增幅前20名

增幅高居榜首，分别比第 2 名的广州和第 3 名的哈尔滨高出 13 个和 16 个百分点。城市社会效率增幅前 20 名的城市多数为省会城市，说明城市社会效率的提升可能高度依赖城市的战略定位和经济发展水平。此外，甘肃、宁夏、四川海南等省份也有许多城市上榜，中西部城市社会效率提升也取得了显著成效。

五、城市协同效率

（一）城市协同效率呈现"U"型变化趋势

城市协同效率呈现"U"型变化趋势。图 15 - 2 中，2000 ~ 2020 年我国城市协同效率整体呈现"U"型变化趋势，大致以 2013 年为分界线呈两阶段变化特征。其中 2000 ~ 2013 年整体呈现下降趋势，年均下降 0.96%；自 2013 年以后，城市协同效率在波动中上升，由 2013 年的 0.71 增长至 2020 年的 0.77，年均增长 1.15%。2013 年中央经济工作会议将促进区域协调发展作为经济工作重点任务，提出要深入实施区域发展总体战略，重视跨区域、次区域规划。其中，将实施城市群、都市圈战略作为促进区域协调发展的重要抓手。在此背景下，城市群一体化和都市圈同城化发展水平稳步提升，大中小城市的要素资源得到合理梯度分配，城市间在基础设施、产业分工、公共服务和生态安全等重点领域的合作日益紧密，从而有效提升了城市协同效率。

从城市协同效率的时序变化来看，如图 15 - 7 所示，秦皇岛是城市协同效率 2000 ~ 2020 年增幅最大的城市，哈尔滨以 31.46% 的增幅位列第 2，二者相差 1.4 个百分点。在排名前 20 的城市中，有 6 个都来自甘肃，中西部地区城市占到了上榜城市的半数以上，说明我国中西部地区城市建设越来越注重协同效率提升，且进步空间广阔。

（二）城市协同效率具有较大提升空间

城市协同效率具有较大提升空间。表 15 - 4 为全国 285 个城市 2000 ~ 2020 年协同效率在各区间的分布情况。从表 15 - 4 可以看出，效率值在 0.65 以下的城市个数从 2000 年的 50 个上升到 2020 年的 58 个，而 0.95 以上的城市个数从

124 个下降至 86 个，降幅为 30.65%。整体来看，2020 年城市协同效率的分布区间相较于 2000 年呈现出左移趋势，表明当前区域发展不协调、不均衡等问题依然较为突出，协同效率仍然具有较大的提升潜力。因此，要深化城市群各城市协同发展与合作，着力破解地方保护主义严重、地区利益难以协调、发展差距较大等问题，把发展落差的势能变成城市间协同发展的动能，构建优势互补、分工合理、布局优化的区域格局。

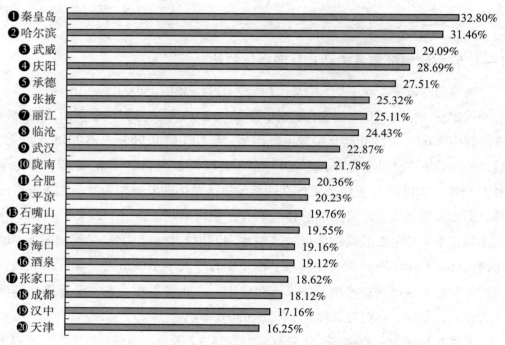

图 15 - 7　城市协同效率指数增幅前 20 名

表 15 - 4　　　　　　　　协同效率样本区间的城市分布数

年份	0.65 以下	0.65 ~ 0.80	0.80 ~ 0.95	0.95 以上
2000	50	49	62	124
2005	74	47	80	84
2010	87	64	74	60
2015	52	72	85	76
2020	58	55	86	86

第二节　城市发展效率的空间分布

一、城市人口效率

城市人口效率的"东高西低"格局逆转。从图 15－8 可以看出，2000～
2010 年城市人口效率呈现明显的"东高西低"趋势，但 2010 年后这一格局出
现逆转，其中，西部地区人均受教育水平和城市化率不断提升是主要原因。除
此之外，人口效率的空间格局变化还与东部地区城市化率增速逐渐下降有关。
城市化率在到达一定水平后，由于城市的土地、人口已达到一个相对较高的水
平，城区增长空间压缩，因此，城市化率的增速会出现明显的放缓。东部地区
处于改革开放的前沿，城镇化率已达到一个较高的水平，因此，城市增速会逐渐

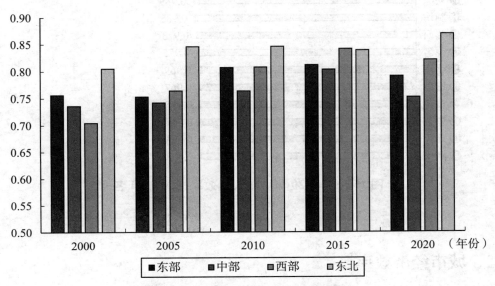

图 15－8　分区域人口效率变化趋势

放缓。除此之外，东部地区城市的人口老龄化问题也是导致东部地区人口效率提升速度放缓的主要原因之一。中西部地区城市仍然处在高速城市化的发展阶段，近年来，城市发展的速度仍然在不断提升，进而使得人口效率由以往"东高西低"的区域格局逐渐向"西高东低"的区域格局转变。

从城市人口效率的空间格局来看，如图 15 - 9 所示，深圳仍然以 1.598 的人口效率指数遥遥领先，此外，广东省还有东莞、阳江、茂名、潮州上榜前 20 名，广东省的人口效率远超其他省份。宁夏、四川、黑龙江和吉林都各有 2 个城市上榜，河北、河南、贵州、内蒙古、甘肃各有 1 个城市上榜，东北和中西部地区 2020 年城市人口效率表现好于东部地区。

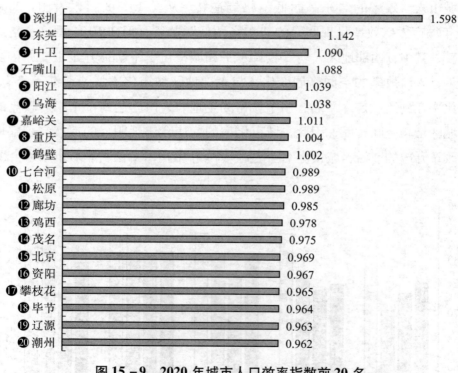

图 15 - 9　2020 年城市人口效率指数前 20 名

二、城市经济效率

城市经济效率呈现"东高西低"的空间格局。由图 15 - 12、图 15 - 4 和图

15－10 可以看出，经济效率整体呈现为东部最高、中部第二、西部第三和东北最低的区域分布特征。究其原因，我国经济发展呈现明显的梯度推进态势，东部沿海的若干中心城市成为强劲的经济增长极，率先发展起来，而广阔的经济腹地——沿海腹地（东南部各省内的较不发达地区）、内陆腹地（中西部地区）、县域腹地（农村地区）的发展任务则比较艰巨。在增长极的极化作用下，中西部及东北地区的生产要素持续向东部地区流动，导致东部地区的经济效率长期处于领先地位。虽然国家提出了西部大开发、促进中部崛起及振兴东北老工业基地等一系列区域协调发展战略，中西部及东北地区承接了来自东部地区的大量产业，但所承接的产业主要是高投入低产出的劳动力密集型产业，对其经济效率的改善带来了消极影响，导致城市经济效率的"东高西低"特征长期存在。

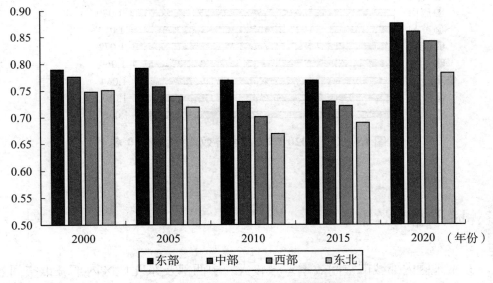

图 15－10　分区域经济效率变化趋势

从我国城市经济效率空间分布格局来看，如图 15－11 所示，2020 年深圳的经济效率指数排名第 1，第 2 名为中卫市，具体分别为 1.373 和 1.289，第 3 名及之后的经济效率指数差距较小。宁夏有 3 个城市上榜前 20，分别是中卫、石嘴山和固原，其 2020 年经济效率在全国处于领先地位，甘肃、内蒙古、新疆、西藏等省份也均有城市上榜。不同于前文的人口效率指数，我国东部沿海城市的经济效率指数成果稍好，江苏苏州、福建泉州、浙江温州和衢州等的经济效率表现总体处于全国前列，其在较大基数的情况下仍能具有较强的经济发展效率。

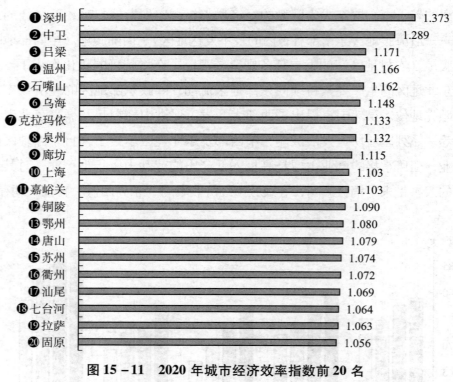

❶ 深圳 1.373
❷ 中卫 1.289
❸ 吕梁 1.171
❹ 温州 1.166
❺ 石嘴山 1.162
❻ 乌海 1.148
❼ 克拉玛依 1.133
❽ 泉州 1.132
❾ 廊坊 1.115
❿ 上海 1.103
⓫ 嘉峪关 1.103
⓬ 铜陵 1.090
⓭ 鄂州 1.080
⓮ 唐山 1.079
⓯ 苏州 1.074
⓰ 衢州 1.072
⓱ 汕尾 1.069
⓲ 七台河 1.064
⓳ 拉萨 1.063
⓴ 固原 1.056

图 15－11　2020 年城市经济效率指数前 20 名

三、城市空间效率

东部地区内部城市空间效率差异较大。中西部及东北地区内部城市空间效率差异较小，而东部地区较大。从 2000～2020 年各区域内部城市空间效率的标准差和均值来看，东部地区空间效率标准差为 0.102，位居四大区域之首；东北和中部地区的空间效率标准差次之，分别为 0.096 和 0.091；而西部地区的空间效率标准差在四个区域中最低，仅为 0.083。出现这一现象的深层次原因，主要是东部地区内部城市形成了显著的效率高低位差，如深圳、三亚等东部城市长期位居全国前列，而金华、绍兴等东部城市的空间效率长期处于较低水平。相较于东部地区，西部地区内部城市空间效率的分布相对均衡，致使区域内部城市空间效率的差异较小。

从城市空间效率变化的结果来看，如图 15-12 所示，2020 年我国城市空间效率指数排名最高的是深圳市，第 2 名与其有明显差距，深圳作为我国改革开放的窗口，在几十年的时间内创造了举世瞩目的经济奇迹，不断吸引着全国乃至世界各地的年轻人才，其在空间利用和城市建设等方面始终不断探索更加合理高效的模式，深圳的城市治理和发展思路值得很多城市学习借鉴。在 2~7 名的城市中，除三亚是沿海城市外，其余均为中西部城市。上榜前 20 名的城市中，中西部城市占比半数，说明我国城市空间效率发展水平总体分布较为均匀。

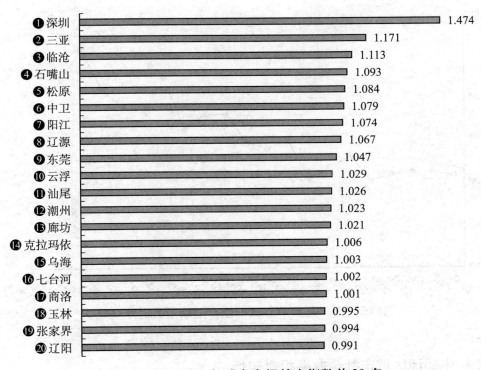

图 15-12　2020 年城市空间效率指数前 20 名

四、城市社会效率

（一）国家中心城市社会效率呈现波动上升趋势

国家中心城市社会效率呈现波动上升趋势。如图 15-13 所示，2000~2020

年，九大国家中心城市的社会效率呈现在波动中上升的趋势，由 2000 年的 0.71
上升至 2020 年的 0.89，总体增幅达到 25.11%，与全国整体的"U"型变化趋
势形成明显差异。国家中心城市是国家尺度的最高等级中心地，处于中国城镇
体系的最高等级，具有良好的资源环境承载条件和经济发展基础，经济活动与
人口高密度布局。九大国家中心城市坚定不移贯彻新发展理念，坚持走高质量
发展之路，在经济发展、产业升级、技术创新、生态建设、城乡协调和共同富
裕等方面有效发挥了示范和标杆作用，从而保障了社会效率的上升态势。

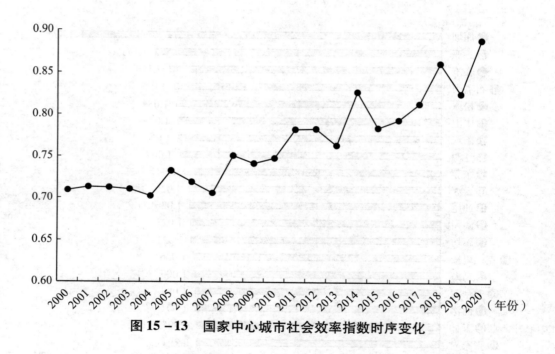

图 15-13　国家中心城市社会效率指数时序变化

（二）中部地区城市社会效率相对较低

中部地区城市社会效率相对较低。如图 15-14 所示，2000~2020 年中部地
区城市的社会效率在四个区域中最低，社会效率的"中部塌陷"特征较为明显，
这表明中部地区在社会发展如创新能力、绿色发展水平和公共服务供给能力水
平上低于其他地区。从变化趋势来看，中部地区的社会效率在 2000~2020 年间
不断波动，并没有呈现出稳定的上升或下降趋势。未来，中部地区应当以提升
居民人均收入、加快科技创新、完善公共服务供给为主要抓手，推动社会效率
稳步提升。

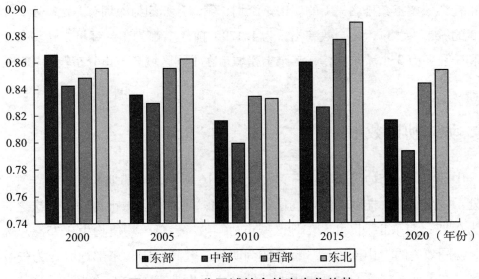

图 15 – 14　分区域社会效率变化趋势

　　从我国城市社会效率空间布局发展结果来看，如图 15 – 15 所示，2020 年我国

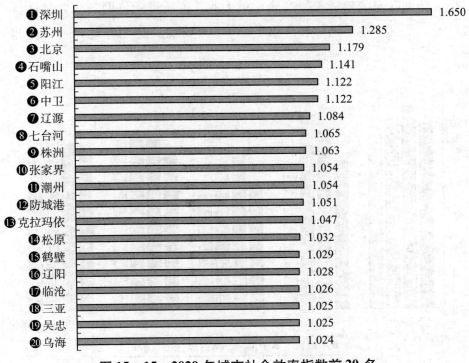

图 15 – 15　2020 年城市社会效率指数前 20 名

城市社会效率指数排名第 1 的城市是深圳，第 2 名苏州与深圳有一定差距，排名第 3 的城市为北京，社会效率指数为 1.179，前 3 名都为东部经济发达城市。广东和宁夏各有 3 个城市上榜，其余上榜城市在不同区域各省份分布较为均匀。

五、城市协同效率

中部地区城市协同效率较高。如图 15 - 16 所示，中部地区城市协同效率长期处于较高水平，样本期间内均值达到 0.78；西部地区城市协同效率次之，均值为 0.77；而东北地区和东部地区城市协同效率较低，均值均为 0.75。总体来看，协同效率的"中部崛起"特征较为明显。究其原因，东部地区作为先发展地区，在产业布局等方面领先中西部地区，但也带来了城市功能的重叠和产业功能的同质化问题。而中西部地区虽然属于后发展地区，但能够借鉴和汲取先发展地区在产业分工和生产布局等方面的经验和教训，更为注重城市间的分工协作，从而导致城市协同效率长期处于领先水平。而东北地区作为我国的重工业基地，长期以来依赖资源型产业和重工业，传统产业依旧是东北地区城市的支柱产业，长期的路径依赖和思维定式导致了东北地区城市的产业布局趋同性较强，致使协同发展效率处于较低水平。

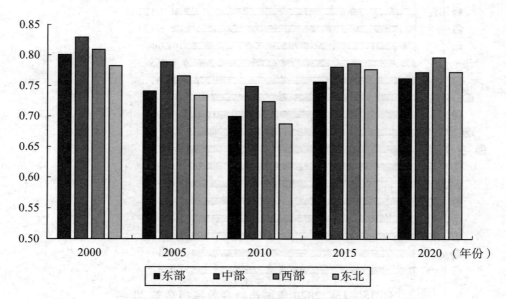

图 15 - 16　分区域协同效率变化趋势

从我国城市协同效率的发展结果来看，如图 15 – 17 所示，石嘴山以 1.135 的协同效率指数排名第 1，第 2 名的中卫也是宁夏的城市。甘肃和宁夏共有 7 个城市上榜前 20 名，吉林和四川也分别各有 3 个城市上榜，由此可见，有较高经济增长空间的城市和地区也有更高的协同发展效率倾向。

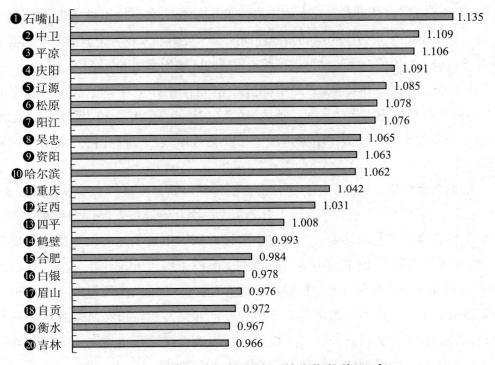

图 15 – 17　2020 年城市协同效率指数前 20 名

第三节　政策启示

本章基于高质量发展理念，将城市发展看作"条件—过程—结果"的复杂过程，构建了城市发展效率的指标体系，运用熵权法测算了城市发展的先天条件和后天结果水平，并据此运用 DDF – DEA 模型对全国 285 个地级市 2000 ~ 2020 年的城市发展效率进行了测度，并在此基础上对其时空特征进行分析。研究发现：（1）城市发展效率在2016年后呈现明显的上升趋势，说明"十三五"时期中国经济加快从速度规模型向质量效益型转变，在城镇化和区域协调发展、高质量发展体制机制建设等方面取得显著进展，以往城市粗放的发展模式得到了纠正。（2）经济、空间、社会和协同效率在2000～2020年间均呈现类"U"型变化趋势且2016年以来的上升趋势较为明显，但人口效率2016年以来波动较大且呈下降趋势，说明人口效率的上升空间可能受阻并会拖累城市发展的效率提升。（3）城市发展效率的空间差异逐渐缩小，表明要素在各个城市之间的壁垒逐渐被打破，要素的自由流动推动了城市发展的区域均衡度不断提升。（4）人口、经济、空间、社会和协同效率的空间分布格局存在异质性特征，人口效率的"东高西低"格局出现逆转，而经济效率的"东高西低"格局较为稳定；东部地区城市空间效率差异较大；中部地区城市社会效率较低，而在协同效率上则表现较佳。

根据上述结论，提出以下对策建议：一是以高质量发展理念引领城市发展。"十三五"以来城市发展效率呈现上升趋势，说明在高质量发展理念引领下，城市发展方式得到了有效转变，但同样也应该看到城市发展效率仍有很大的提升空间，以往城市发展效率的不断下降事实上限制了城市的进一步发展。展望城市发展的未来，城市不能再走粗放发展的老路，而必须以高质量发展思想引领城市发展，推动城市发展效率的全方位提升而非只注重城市经济规模的增长和城市用地面积的扩大。此外，必须根治以往粗放发展过程中遗留下的诸如城市生态环境破坏、交通拥堵、公共资源紧张等"城市病"，将城市真正建设成为人民群众宜居宜业的乐园。二是从五大维度着手提升城市发展效率。由于城市发展效率的高低由人口、经济、空间、社会和协同五大维度的效率共同决定，但在研究样本期间内所有维度的变化均不稳定，甚至部分维度效率出现了下降的趋势，说明以往粗放的城市发展模式下城市发展的各类要素还没有被充分利用，各个环节还有很大的优化和提升空间，应当充分激活城市发展各项维度的发展活力和发展潜能，推动城市发展效率的全面提升。

第三篇
主观评价篇

第十六章　城市先天禀赋主观评价

先天禀赋是城市发展的基础，对城市发展起着支撑或制约作用。因此发展一座城市首先就要尊重其先天禀赋，而一座城市的先天禀赋又可以从三个维度进行衡量，即历史文化底蕴、自然资源禀赋和气候禀赋。基于此，本报告分别从三个维度设置相应问题，用以衡量城市居民对城市先天禀赋的满意程度。

城市先天禀赋主观评价前 20 名的城市如图 16 – 1 所示，历史文化名城的先

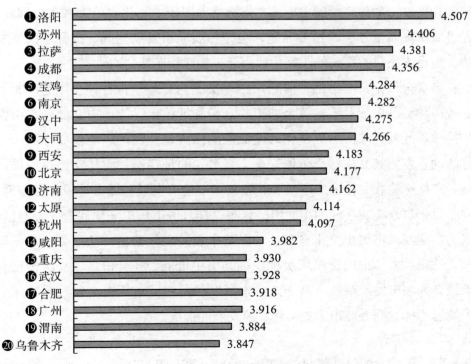

图 16 – 1　城市先天禀赋主观评价前 20 名

天禀赋评价更高，如洛阳、苏州和拉萨的指数评价包揽了前3名。整体而言，省会城市先天禀赋评价更高，在前20名中占据13位。此外，西安市位列第9名，除西安市外，陕西省还有三个地级市上榜，分别是宝鸡、汉中和渭南，依次排名为第5、第7和第19名，在此次城市先天禀赋满意度评价中表现强劲。

第一节　城市历史文化底蕴

历史文化底蕴是城市建设的灵魂，鲜亮的城市文化名片对凝聚群众共识、提升城市知名度和影响力都具有重要意义。习近平总书记指出，"一个城市的历史遗迹、文化古迹、人文底蕴，是城市生命的一部分。文化底蕴毁掉了，城市建得再新再好，也是缺乏生命力的。"① 习近平总书记的重要论述为未来城市建设指明了方向，提供了根本遵循。不同城市内在的文化基因，铸造了不同的城市形象和性格，如何延续城市历史文化脉络，用历史文化底蕴为城市发展赋能，是促进城市高质量发展的重要命题，也是拓展城市发展空间、提升居民幸福感指数、满足人民日益增长的美好生活需要、构建和谐社会的战略之举。

在当今全球化、网络化、信息化相互交织的背景下，各种文化之间相互交锋、碰撞和激荡更加严峻，每个城市想守护和延续自己的历史文脉同样会面临各种挑战。此外，城市历史文化底蕴涵盖的内容是宽泛的，不仅要开展一系列文化活动，发掘其文化核心价值理念，更重要的是在精神上能支撑这座城市的发展。文化标签和文化形态不仅要体现在城市经济发展和城市建设的方方面面，更要彰显于群众实实在在的生活中，只有这样，城市历史文化底蕴才会有活力、有张力。涵养城市历史文化底蕴，增强城市居民文化自信，从而为城市发展提供共识性驱动力，进而更深层次地挖掘其历史价值、社会价值、经济价值和时代价值，为城市发展赋能。基于此，本章以居民对城市历史文化底蕴的满意度作为衡量指标，探寻城市历史文化底蕴发展的情况。

---

① 北京东城：以文化浸润城市 [EB/OL]. （2021 - 10 - 01）[2024 - 03 - 19]. 求是网，http：//www. qstheo-ry. cn/dukan/qs/2021 - 10/01/c_1127915241. htm.

整体来看，如图 16 - 2 所示，79.65% 的受访者就 "城市历史文化底蕴丰厚" 表示同意，其中表示非常同意的受访者接近五成，占比 47.89%，表示不同意的受访者不足 3%。这说明，我国城市居民对城市历史文化底蕴的满意度较高，表明城市发展过程中文化建设取得了一定的成效。此外，由于不同群体文化程度、职业、区域的不同，其满意度也呈现出了不同的结果区间。

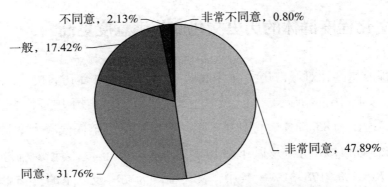

图 16 - 2　城市历史文化底蕴居民满意度占比分布

城市历史文化底蕴主观评价前 20 名如图 16 - 3 所示，除上海和郑州以外，

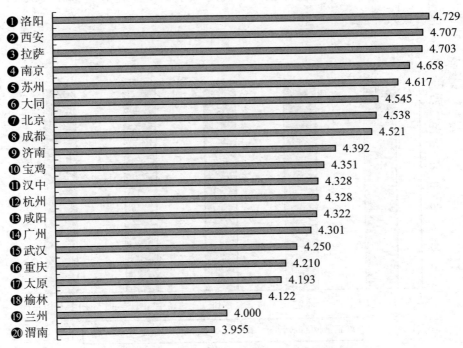

图 16 - 3　城市历史文化底蕴主观评价前 20 名

其余 7 个国家中心城市全部上榜。洛阳以 4.729 的满意度指数评价位列榜首，西安和拉萨紧随其后，其满意度指数均超过了 4.7，南京位列全国第 4 名，东部地区第 1 名，满意度指数评价为 4.658。此外，陕西省除西安外，还有 5 个地级市上榜，在历史文化底蕴满意度居民主观评价中表现强劲。

一、高文化程度群体的历史文化底蕴满意度更高

文化程度越高，对城市历史文化底蕴越满意。针对受访者的不同文化程度进行分析，如图 16 - 4 所示，硕士及以上的受访者对城市历史文化底蕴丰厚的满意度最高，占比为 85.53%，位列第 1 名，满意度从高至低依次为本科群体、专科群体、高中群体和初中及以下受访者群体，其满意度占比分别为 78.51%、77.94%、76.82% 和 75.31%。其中，文化程度为初中及以下的受访者群体对城市历史文化底蕴丰厚的满意度最低，显著低于硕士及以上受访者的满意度。但即使是满意度占比最低的初中及以下受访者群体，其满意度也高于 70%，这也充分证明了前文的整体结论，即我国居民对城市历史文化底蕴满意度较高，城市文化建设成效显著。

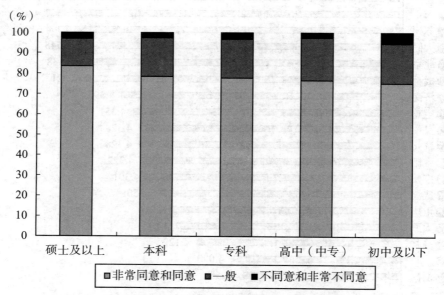

图 16 - 4　不同文化程度群体的历史文化底蕴满意度分布

历史文化底蕴满意度评价前 20 名的城市及其受访者文化程度在本科以上占比的情况如图 16 – 5 所示，城市历史文化底蕴满意度与群众文化程度存在很强的一致性，前 20 名城市文化程度在本科以上的受访者平均占比达到 74.68%，显著高于全国本科以上文化程度的占比情况。

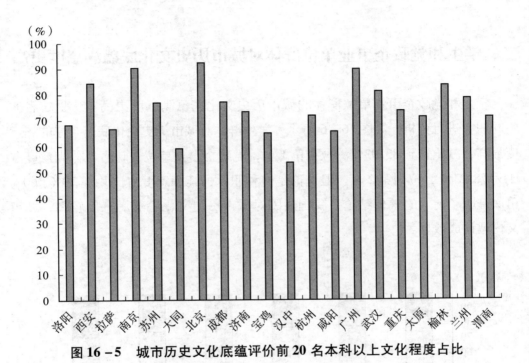

图 16 – 5　城市历史文化底蕴评价前 20 名本科以上文化程度占比

究其原因，一方面文化程度较高的群体相比文化程度较低的群体对精神文明建设的关注度更高，更加追求城市发展过程中的文化建设；另一方面，文化程度较高的受访者群体很大可能上对城市文化建设的接触更多，因此对城市发展过程中城市历史文化底蕴更能真切体会。此外，初中及以下文化程度的受访者群体，收入在 5 000 元及以下的占比为 71.12%；高中文化程度的受访者群体，收入在 5 000 元及以下的占比为 62.08%；而专科文化程度的受访者群体，收入在 5 000 元及以下的占比为 46.70%，[①] 这表明文化程度相对较低的受访者群体日常关注点更集中在物质生活，相比文化程度高的受访者群体，对精神生活的高

---

① 此处根据课题组开展的"居民对城市高质量发展主观感受"问卷调研的结果计算得出，调研时间及样本范围详见前文介绍。

层次追求相对较低，因此对城市的历史文化底蕴关注度也相对较低，随着收入的不断提高，文化和审美需求才会逐渐显现。这也从侧面表明，城市历史文化底蕴释放的基础是丰富的物质经济生活，另外文化宣传工作也要深入群众，传承和发展广大人民群众喜闻乐见的文化。

二、学生和党政企事业单位群体对城市历史文化底蕴满意度更高

学生和党政企事业单位群体的城市历史文化底蕴满意度更高。从受访者的不同职业进行分析，如图 16 – 6 所示，学生群体对城市历史文化底蕴丰厚的满意度最高，占比达到 83.93%，位列第 1 名，党政企事业单位受访者群体满意度占比为 78.21%，位列第 2 名。但无论是何种职业，其满意度占比均在 70% 以上，再次证明了前文的整体结论，我国居民对城市历史文化底蕴满意度较高，城市文化建设成效显著。

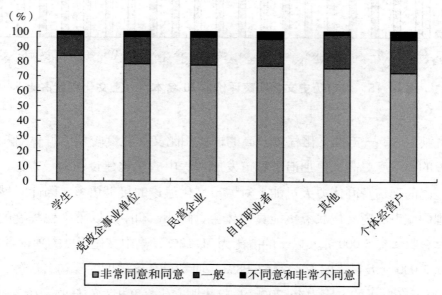

图 16 – 6　不同职业群体的城市历史文化底蕴满意度分布

历史文化底蕴满意度评价前 20 名的城市及其受访者为学生和党政事业单位群体的占比情况如图 16 – 7 所示，其学生群体和党政事业单位平均占比分别达到

了 36.21% 和 26.60%，比全国平均占比情况高出 2 个百分点。分析其原因，一是学生群体还处在校园之中，物质生活压力相比其他群体要小，空闲时间相对更多，因此，更加追求精神生活的满足，对城市历史文化关注度更高，感知度更强；二是因为学校无论是在日常教学工作中抑或是在课余活动安排中，也越来越重视历史传承和文化宣传，旨在树立学生群体的文化自信。随着文化产业的强劲发展，各区各级政府对于历史文化的传承和宣传工作日益重视。因此，党政企事业单位相对更清楚历史文化的重要性，日常工作中接触更多，明白为传承和积淀历史文化底蕴政府和全社会所作出的努力，也切实体会到文化建设中的卓越成效，从而满意度更高。

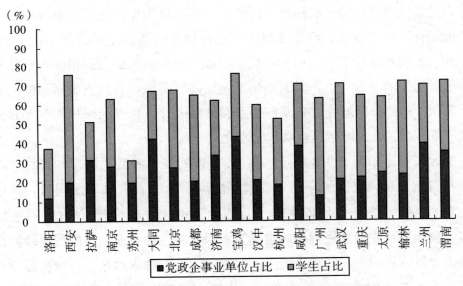

图 16 – 7 城市历史文化底蕴评价前 20 名职业占比

第二节 城市自然资源禀赋

自然资源禀赋是决定或制约地区经济增长的物质基础，影响初始产业的布局和结构；同时，自然资源禀赋也影响着地区的生态环境，而良好的生态环境是最普惠的民生福祉。习近平总书记强调，"今后 5 年是美丽中国建设的重要时期，要深入贯彻新时代中国特色社会主义生态文明思想，坚持以人民为中心，牢固树立和践行绿水青山就是金山银山的理念，把建设美丽中国摆在强国建设、民族复兴的突出位置，推动城乡人居环境明显改善、美丽中国建设取得显著成效，以高品质生态环境支撑高质量发展。"① 如何发挥自然资源禀赋优势，建设宜居宜业宜游的人民城市，是城市高质量发展中的必然之问。

随着新发展理念的不断贯彻落实，推动城市绿色发展、构建美丽宜居公园城市成为当前城市建设的一大主题。与此同时，现代快节奏的都市生活使得生活在都市繁华中的人们时常感到压抑，"亲近大自然"成为人们释放压力的重要途径。因此，自然资源部门强化责任担当，积极保护城市自然资源禀赋，充分发挥自然资源禀赋优势，高标准、高水平、高质量编制国土空间总体规划，打造产城融合、生态宜居、绿色发展的城市在城市高质量发展进程中任重道远。基于此，本问卷设计了"城市的森林、湿地公园和自然山川风景区等自然资源禀赋能满足休闲需求"这一问题用来衡量居民对于城市自然资源禀赋的满意程度，满意度越高，则越能表明城市在发展过程中对自然资源保护和合理开发利用的程度越高，公园城市建设卓有成效。

整体来看，如图 16-8 所示，有 73.75% 的受访者就"城市的森林、湿地公园和自然山川风景区等自然资源禀赋能满足休闲需求"表示同意，其中表示非常同意的受访者占比 36.12%，而表示不同意的受访者群体占比不足 5%，这表明我国城市在发展进程中对自然资源保护和合理开发利用的程度较高，公园城市建设卓有成效。此外，由于不同年龄、不同群体对城市自然资源禀赋的关注程度及关注侧重点存在差异，因此有 21.72% 的受访者对该问题持中立态度。

自然资源禀赋满意度评价前 20 名的城市如图 16-9 所示，杭州以 4.497 的最终指数评价夺得榜首，成都最终指数评价为 4.475，位列全国第 3 名，西部地区第 1 名，洛阳主观指数评价为 4.465，位列全国第 4 名，中部地区第 1 名。

① 习近平：以美丽中国建设全面推进人与自然和谐共生的现代化［EB/OL］.（2023-12-31）［2024-03-19］. 中国政府网，https://www.gov.cn/yaowen/liebiao/202312/content_6923651.htm.

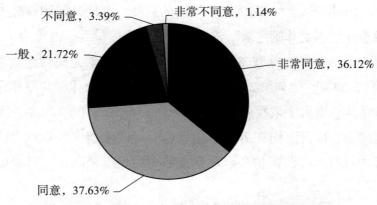

图 16 – 8　城市自然资源禀赋居民满意度占比分布

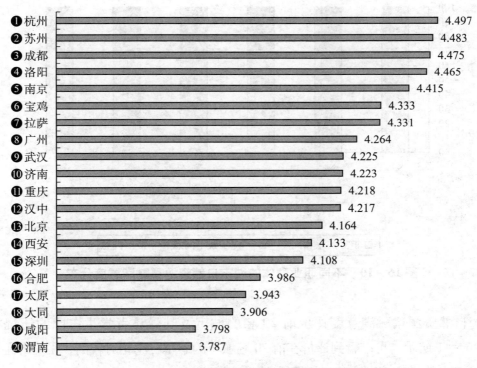

图 16 – 9　城市自然资源禀赋主观评价前 20 名

一、学生群体对城市自然资源禀赋的满意度最高

学生群体对城市自然资源禀赋的满意度最高。从受访者的不同职业进行分

析，如图 16 – 10 所示，学生群体就"城市的森林、湿地公园和自然山川风景区等自然资源禀赋能满足休闲需求"这一问题的满意度最高，占比为 77.53%，其中非常同意的受访者占比为 38.52%，位列第 1 名。其次是民营企业群体，其满意度占比为 72.39%，位列第 2 名。党政企事业单位、个体经营户和自由职业者的受访者群体满意度占比依次分别为 71.24%、70.32% 和 70.25%。不论职业之分，受访者的满意度占比均在 70% 以上，充分证明了前文的观点，即我国城市在发展进程中对自然资源保护和合理开发利用的程度较高，公园城市建设卓有成效。

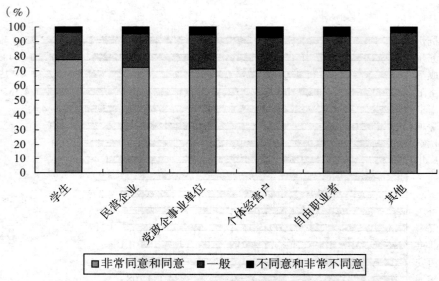

图 16 – 10　不同职业群体的城市自然资源禀赋满意度分布

自然资源禀赋满意度评价前 20 名的城市及其受访者学生占比的情况如图 16 – 11 所示，可以看到评价在前 20 名城市的学生占比相对较高，平均占比达到了 35.1%，比全国平均学生占比高出 1 个百分点。

分析其原因，一是学生群体相较其他职业群体来说，空闲时间相对较多，有更大机会接触城市森林、湿地公园和自然山川景区等城市自然资源禀赋，感知性更强；二是学生群体相比其他群体来说收入更低，其中收入在 5 000 元以下的学生占比为 68.49%，因此，其休闲需求的要求并不高，本市的自然资源禀赋已经可以满足其需求。

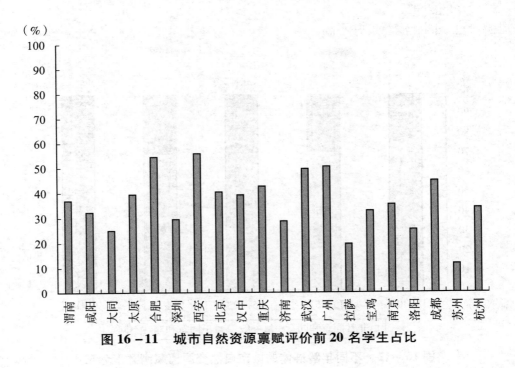

图 16 - 11　城市自然资源禀赋评价前 20 名学生占比

二、处于劳动年龄群体的受访者对城市自然资源禀赋满意度更高

处于劳动年龄群体的受访者对城市自然资源禀赋的满意度更高。从受访者不同的年龄进行分析，如图 16 - 12 所示，处于劳动年龄群体 18 ~ 60 岁的受访者满意度更高，18 ~ 30 岁、30 ~ 45 岁、45 ~ 60 岁年龄的受访者满意度分别为 76. 26%、70. 84% 和 70. 11%，分别位列前 3 名，而 18 岁以下和 60 岁以上的受访者群体满意度占比分别为 69. 73% 和 66. 99%，低于 70%。

分析其原因，劳动年龄群体相较其他年龄群体生活压力更大，普遍面临着"上有老、下有小"的家庭结构，伴随着房贷车贷压力、子女教育压力、老人养老压力等一系列成本的不断增高，在快节奏的都市生活中会更加追求压力排解和释放，而亲近大自然就是最佳途径之一。因此，处于劳动年龄群体的受访者普遍对城市自然资源禀赋满足休闲需求的满意度更高。而 18 岁以下的受访者群体学生占比为 81. 16%，课业压力较大，空闲时间相对更少，与大自然亲密接触的机会要相对更少；60 岁以上的受访者群体，在城市居住时长为 10 年以上的占比为 65. 71%，很大可能上本城市内已有的森林、湿地公园和自然山川风景区均已游玩过，因此满意度并不高。

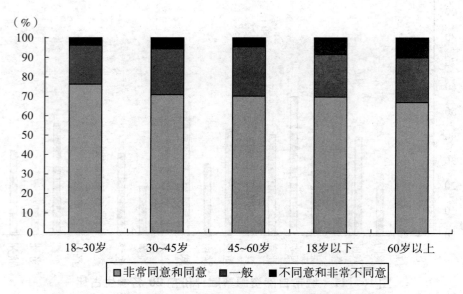

图 16 – 12　不同年龄群体的城市自然资源禀赋满意度分布

上述分析也从侧面表明，由于城市化建设的发展和现代生活节奏的加快，越来越多的人愿意选择"贴近自然、返璞归真"的旅游方式，同时，政府对于森林、湿地公园和自然山川风景区的规划和开发也应与城市的整体建设相统筹，适应市场需求，加强与城市其他产业的结合，促进和谐发展。一个城市自然资源禀赋的合理开发和建设，对国家、社会和个人都是有利的，这不仅是一个国家、一座城市现代化水平、环境保护水平的标志，还会给社会带来良好的经济效益和生态效益，推进城市和社会的可持续发展。

三、自然资源禀赋满意度水平呈"南高北低"态势

自然资源禀赋满意度评价前 20 名的城市中，南方城市在前 20 名中占据一半，前 10 名中占据 7 位。此外东南沿海城市的排名整体靠前。总而言之，城市自然资源禀赋满意度水平呈现"南高北低"态势。

究其原因，一是相比北方，南方在森林、湿地等自然资源禀赋上存在天然

优势。根据 2022 年我国各省份的森林覆盖率，前 10 名中 8 个省份为南方省份，而北方省份中森林覆盖率排名最前的是黑龙江省、北京市和陕西省，分别为 43.78%、43.77%、43.06%，[①] 分别位列第 7、第 10、第 11 名。根据 2022 年推出的《中国湿地特辑》中对我国各省份的湿地资源介绍，南方省份在保护和开发利用上独占鳌头。其中广东省作为全国湿地资源最丰富的省份之一，全省湿地面积为 175 万公顷，占全省面积的 10%，目前已建成湿地保护区 165 个、湿地公园 95 个、湿地保护率达 50%。

二是南方省份森林、湿地等自然山川景区更利于规划开发。我国生态旅游目前总体上存在着旅游观光化、浅表化的问题，但南方总体上优于北方。一方面，南方河流湖泊更多，而北方多为沼泽湿地，旅游产品的设计存在不同。另一方面，南方的自然资源禀赋开发利用更偏向于城市观光游，而北方多为自然观光游，两者旅游规划和开发路径不同。自然观光游的经济效益并非首要目标，因此和各产业的联动并不如城市观光游紧密，多为高端游客和纯自由行游客。如何实现精准定位，将湿地、森林等自然资源禀赋转化为优质的休闲旅游资源，形成符合自身实际、特色鲜明、和而不同的保护利用新模式是每个城市开发利用自然禀赋资源时都需思考的重要问题。

第三节　城市自然地理条件

近年来，随着全球气候变化议题的深入讨论，城市发展与气候存在着深入密切的联系已经成为全球共识。我国已经进入了城市化发展的中后期，城市发展正经由大规模增量建设转为精细化、绿色生态发展等存量建设的过渡期，应对气候变化，改善城市气候是城市发展的重要问题。我国地域辽阔，跨多种温度带和干湿地区，地形复杂多样，地势高低悬殊，这些因素导致我国气候复杂，差别明显，良好的生态气候不仅要依靠先天资源禀赋，很大程度上也要靠人为

[①] 近五年，中国森林资源最权威的数据都在这里！[EB/OL].（2020-08-04）[2024-03-19].澎湃网，https://www.thepaper.cn/newsDetail_forward_8570992.

努力。以建设"人民城市"为中心，依托生态气候自然禀赋，加快建设海绵城市、花园城市、持续改善人居环境是城市高质量发展的必然路径之一。

一方面，随着城市人口的增长和能源、资源消耗的增加，城市正成为影响气候变化问题的一个重要因素。另一方面，从海平面上升到风暴、热浪、干旱和洪水发生频率的增加，气候变化即将或已经对城市产生一系列影响。气候和城市系统互为影响，如何使恶性循环转变为良性循环引人深思。不同城市在应对气候变化的渐变影响和极端突发事件的能力和方法存在很大区别，如何打造宜居城市，提高居民幸福感在城市高质量发展中至关重要。基于此，本报告设置"高温、暴雨、台风等极端天气罕见，城市气候宜人"这一问题，一方面用来衡量城市居民对城市气候禀赋的直观感受，另一方面来反映政府应对气候问题、改善城市气候的工作成果，总体评价城市的宜居水平。

整体来看，如图 16 – 13 所示，有 64.45% 的受访者就"高温、暴雨、台风等极端天气罕见，城市气候宜人"这一问题表示同意，其中表示非常同意的受访者占比 27.46%，表示不同意的受访者占比为 9.6%。这说明，大多数受访者对其所在城市的气候禀赋感到满意，说明我国城市在积极贯彻生态文明思想、坚持实施"生态立城"战略方面取得了很大成就，积极应对气候问题方面卓有成效。同时，由于受访者不同年龄、不同群体等对气候问题关注度不同，有25.95% 的受访者持中立态度。且经分析发现，性别、职业和收入因素对气候禀赋满意度的影响并不大，因此后文主要着重分析区域和年龄对气候禀赋满意度的影响情况。

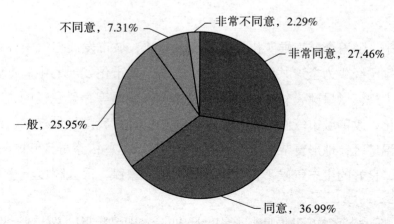

图 16 – 13 城市气候禀赋居民满意度占比分布

气候禀赋满意度评价前 20 名城市如图 16 – 14 所示，大同和洛阳两市以超过 4.3 的指数评价位列全国第 1、第 2 名；苏州的居民满意度评价指数为 4.117，位列全国第 6 名，东部地区第 1 名。

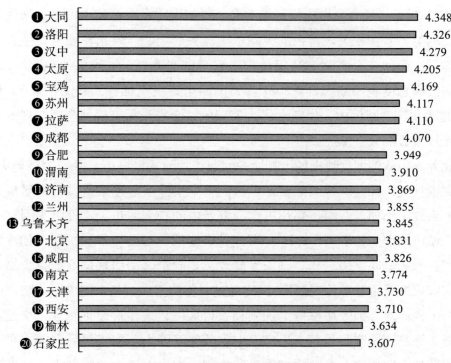

图 16 – 14　城市气候禀赋主观评价前 20 名

一、居民气候禀赋满意度呈"北高南低，西高东低"态势

气候禀赋满意度评价前 20 名城市如图 16 – 14 所示，北方城市在前 20 名中占据 15 位，比重远远大于南方城市，这可能与北方近年来的环境治理成效紧密相关。此外，南方城市多旱涝灾情和台风，一定程度上降低了其评价。总体来看，区域层面上气候禀赋满意度评价呈现出明显的"北高南低"态势。

分析其原因，主要是自然地理条件不同。我国东部和南部气候受大陆和海洋的影响十分显著，夏季风强弱对降水不同的影响，使我国东南部常出现旱涝灾情，一旦夏季风来早去迟，易发洪涝，而来晚去早，则又易引发干旱；同时东南沿海地处低纬度地区，气温高，容易形成热低压，水汽又充足，所以台风出现的概率很大。此外，近年来北方退耕还林还草工程进展顺利，为我国生态状况作出了巨大贡献，北方地区环境得到有效改善，有效增加了北方降水量，缓解干旱，逐渐改善了区域生态气候条件，因此居民的满意度更高。大同市以81.36%的受访者满意度占比位列第1名，这与大同市政府和人民多年来改善气候生态的努力紧密相关。曾经的大同水土流失严重、气候条件恶劣，生态环境极为脆弱，而如今全省生态环境保护实现突破性进展，气候条件也逐渐改善，城市居民满意度也不断提升。2021年，山西全省空气优良天数比例达72.1%，94个地表水国考断面中，优良水体达72.3%，全省受污染耕地全部实现安全利用，无较大极端天气出现。①

此外，也从侧面反映出城市韧性的问题，如何凭借城市自身能力抵御灾害，减轻灾害损失，并合理地调配资源以从灾害中快速恢复过来是城市高质量发展的重要命题。比如，河南省郑州市作为发展中的特大城市、建设中的国家中心城市，城市治理任务艰巨，2021年郑州特大暴雨更加凸显了加快建设韧性城市的重要性和紧迫性，2022年，国家发展改革委制定《河南郑州等地特大暴雨洪涝灾害灾后恢复重建总体规划》，提出经过一年的努力，基本完成影响防洪的水毁水利工程修复、损毁房屋修缮加固和农村居民自建住房原址重建，交通、能源、通信等基础设施和教育、医疗卫生服务保障能力基本恢复到灾前水平。同时规划还鼓励郑州等有条件的城市先行先试，在排水设施关键节点、易涝积水点布设智能化感知终端设备，满足日常管理、运行监测、灾情预判、预警预报、防汛调度、应急抢险等功能需要，提升城市内涝气象水文监测预警水平，加快城市韧性建设，持续提升防灾减灾救灾的基础和现代化水平，构建宜居城市。

二、中老年群体对气候禀赋条件的满意度更高

中老年群体对气候禀赋的不满意度更高。从受访者的不同年龄进行分析，如图16–15所示，18岁以下受访者群体的非常同意比例要显著高于其他年龄群

---

① 山西通报2021年生态环境质量状况［EB/OL］.（2022–06–01）［2024–03–19］.中国县域经济报，ht-tps：//baijiahao.baidu.com/s？id=1734392859994181177.

体，占比为 34.87%，位列第 1 名，而 60 岁以上群体的非常同意占比仅为 25.40%，位列最后 1 名，其非常不同意占比为 5.40%，位列最末位，30～45 岁、45～60 岁受访者群体非常同意占比分别为 26.07% 和 28.40%。总而言之，中老年群体的非常同意比例要显著低于年轻群体，中老年群体对城市气候禀赋的满意度相对更高。

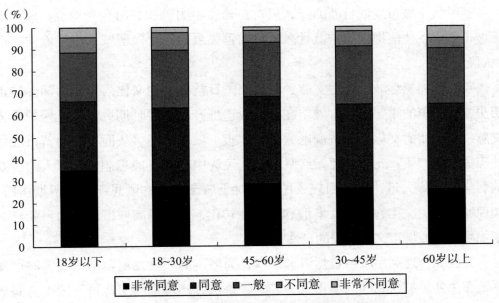

图 16－15　不同年龄群体的城市气候禀赋满意度分布

分析其原因，一是由于近年来全球气候变化的影响，造成世界范围内极端天气频发，而气候变化造成的健康影响日益严重。根据 2022 年发布的《柳叶刀人群健康与气候变化倒计时 2022 年中国报告：以气候行动助力健康老龄化》，中国老年人对热浪、野火、极端降雨、室内污染等的暴露量近年呈增加趋势，且增幅大于全人群。二是老年人群体相比年轻群体，更易受到气候变化风险的健康影响。老年人相对于其他人群基础疾病较多，如心脑血管疾病和呼吸系统疾病，高温热浪、极端降雨等的暴露会使脆弱的老年人群基础疾病发病及恶化风险上升，甚至出现死亡事件。

第四节 政 策 启 示

新时代下城市发展日新月异，只有在建设中明确和突出自身地位，深入发掘城市基因，才能把握城市共性融入城市群发展，同时保留城市个性着力打造"人民城市"。

首先，将延续城市历史文脉、满足人民日益增长的文化需要作为涵养城市历史文化底蕴的重要抓手。城市在全面改造提升的重要时期更要注重保护历史文脉，将丰富的文化历史资源融入城市建设、城市生活，从而上升为城市独特的历史人文气质；此外，要始终坚持以人民为中心的发展思想，发挥人民群众的智慧与集体力量，积极回应人民群众对于城市建设的所思所想、所期所盼，实现城市历史文化的创新性发展和创造性转化，不断提高城市居民的自豪感和幸福感，形成城市文化建设的良性循环。

其次，合理利用城市自然资源禀赋，为城市高质量发展蓄能。我国城市发展正在由外延扩张式向内涵提升式转变，是资源环境紧约束背景下国土空间规划管理的重点领域。城市发展要始终坚守底线、红线不能碰，切实履行生态保护职责，推动生态修复与产业的进一步深度融合发展；创新治理模式，为高质量发展蓄能，不断提高城市综合承载能力，优化国土空间开发格局，划定城市开发建设的空间底线，促进人、地、环境相协调。

最后，集中解决城市发展的安全短板，积极打造"宜居、韧性、智慧"城市。宜居城市集中体现了城市居民对美好生活的需要，更是建设"人民城市"的题中之义，因此要着眼于增加普惠便捷公共服务供给、健全市政公用设施、完善城市住房体系等重点民生任务；城市发展过程中人口和经济的高度集聚加剧了城市运行风险和脆弱性，因此要着力建设安全灵敏的韧性城市，从防灾减灾、内涝治理、公共卫生等方面进行综合治理；借助物联网、云计算、大数据、空间地理信息集成等智能技术应用，积极建设智慧城市，打造"互联、高效、智能"的城市运营和管理机制，助力城市高质量发展。

第十七章　城市后天努力·营商环境主观评价

　　后天努力是城市发展的决定性因素，对于城市高质量发展起着决定性作用。城市先天禀赋好并不一定意味着城市高质量发展水平高，而后天努力不足则一定会导致城市高质量发展受阻。针对城市后天努力，本报告主要从营商环境、政府治理能力和人居环境三个方面来衡量居民对城市后天努力的满意程度。

　　城市后天努力满意度排名前 20 的城市如图 17-1 所示。排名前 3 的城市均为当前人口流入量最大、最为热门的网红城市，居民"用脚投票"承认了对于 3 座城市后天努力的满意程度。其中，苏州人民对于城市后天建设满意程度最高，而成都和杭州则紧随其后，与苏州满意度仅有一步之遥。整体而言，城市后天努力满意度高的城市大多为省会城市，仅洛阳、宝鸡和大同 3 个地级城市上榜。后文将具体从营商环境、政府治理能力和人居环境三个方面来分析城市后天努力的居民满意度情况。

　　营商环境包括社会、经济、政治和法律要素等方面，直接影响招商引资和区域内企业的经营情况，进而对经济发展、财政收入和就业产生重要影响。良好的营商环境是一个国家或地区经济软实力的重要体现，是一个国家或地区提高综合竞争力的重要方面。营商环境直接或间接影响着中国式现代化的发展进程，从 2013 年起，中国就开始重视营商环境的治理与改善，为实现人民对美好生活的新期盼作出努力。国家在"十四五"规划中十分重视城市营商环境的建设和优化，通过制定行政管理与服务标准、市场主体保护与市场环境优化标准、执法监管标准和营商环境评价标准等方面来实现营商环境的整体提升。2023 年 3

月的两会也特别强调，"需要坚持和完善社会主义基本经济制度，充分发挥市场在资源配置中的决定性作用"。国家十分注重城市营商环境的整体提升，这将对于中国经济和社会的可持续发展产生积极影响。

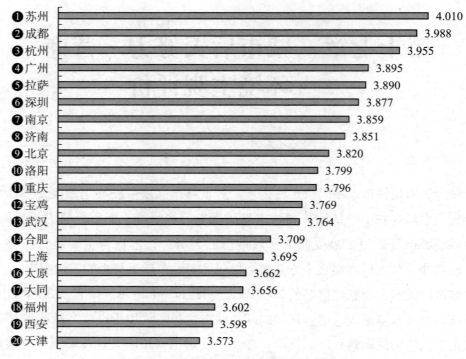

❶苏州   4.010
❷成都   3.988
❸杭州   3.955
❹广州   3.895
❺拉萨   3.890
❻深圳   3.877
❼南京   3.859
❽济南   3.851
❾北京   3.820
❿洛阳   3.799
⓫重庆   3.796
⓬宝鸡   3.769
⓭武汉   3.764
⓮合肥   3.709
⓯上海   3.695
⓰太原   3.662
⓱大同   3.656
⓲福州   3.602
⓳西安   3.598
⓴天津   3.573

图 17 –1 城市后天努力主观评价前 20 名

基于此，本问卷分别从市场环境、市场潜力、成本环境以及融资环境这几个方面对城市营商环境进行主观评价，从而了解城市居民对于城市经营和商业环境的看法，洞悉城市在营商环境方面的优势和短板。城市营商环境指数评价前 20 名的城市如图 17 – 2 所示，西部城市共有 5 位上榜，分别是成都、拉萨、宝鸡、重庆和安康，其中，成都摘得桂冠，位列第 1；东部城市优势明显，在前 20 名中占据半壁江山，共计 10 位入榜，苏州、广州、杭州、济南则包揽第 2 至第 5 名；中部城市相对于西部和东部，稍稍落后，但依然有 5 位上榜，其中，长沙排名第 6。整体而言，省会城市营商环境评价更高，在前 20 名中占据 11 位。值得注意的是，陕西西安并未上榜，宝鸡和安康分别入围，排位在第 10 和第 17位，在城市营商环境满意度评价中表现强劲。

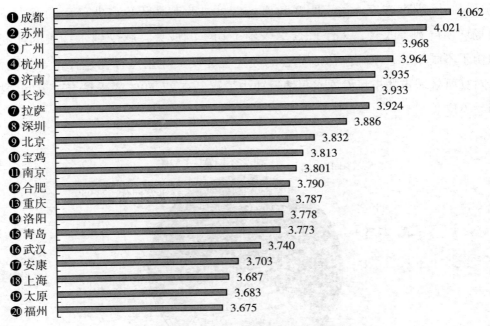

图 17 - 2 城市营商环境指数评价前 20 名

第一节 城市市场环境

自改革开放以来，中国经济飞速发展，成为继美国之后的世界第二大经济体，城市化率也随之不断提高。在此期间，政府不断完善营商环境，促进商业活动，降低商业成本，激发市场活力和创新，推动经济发展和社会进步。目前，中国正在积极推动创新驱动发展和高质量发展，着力打造市场化、法治化、国际化的营商环境，继续深化供给侧结构性改革和减轻企业负担，以提高市场的竞争力和整体效益。同时，政府还推出了一系列政策措施，鼓励企业扩大内外商贸市场，拓展高端市场，提高自主创新能力，打造国际品牌和标准，促进实体经济发展和数字经济创新。

整体来看，如图 17 - 3 所示，66.68% 的受访者对所在城市的市场环境表示满意，认为政府办事方便快捷、商业信用环境良好，只有 5.53% 的受访者对市场环境持不满意态度。这表明在政府持续推进改革和优化商业环境的努力下，市场环境得到了改善，人民群众享受到了切实的成果，感受到了切实的便利。但由于不同年龄、不同群体对社会的关注程度及关注重点存在差异，部分受访者对其所处城市的市场发展水平情况缺少了解，有 27.79% 的受访者对该问题持中立态度。

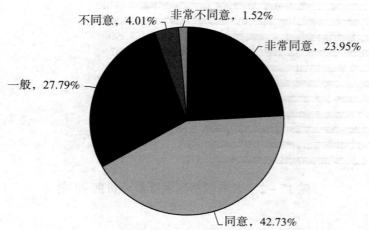

图 17 – 3　城市市场环境居民满意度占比分布

一、杭深苏市场环境满意度优势明显

市场环境的优化和健全对于城市营商环境的发展至关重要，它为企业创造了公平竞争和透明规则的平台，激发了创新和投资活力，促进了城市的经济繁荣和可持续发展。市场环境满意度评价前 20 的城市排名如图 17 – 4 所示，东部城市市场环境满意度占前 20 的半壁江山，杭州、深圳、苏州表现优异，杭州市场环境满意度超越北上广深一线城市，稳居榜首，深圳位居第 2，苏州则略低于深圳，位列第 3；西部城市市场环境满意度较弱，共有 6 位上榜，成都作为西部城市的"领头羊"，仅次于杭州、深圳、苏州和广州，位列第 5；中部城市市场环境满意度上榜的最少，共有 4 位，分别是洛阳、长沙、合肥和武汉。陕西的城市中，西安未上榜，宝鸡和安康表现优异，分别位列第 11 和第 17 位。总之，杭深苏市场环境满意度优势明显。

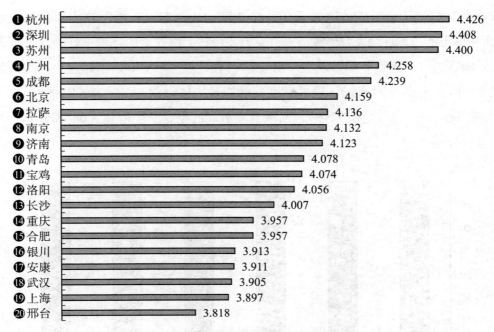

图 17 - 4　城市市场环境主观评价前 20 名

究其原因，一方面，东部城市市场环境满意度较高是因为这些城市相对发达，拥有更多的经济资源和先进的商业发展。杭州、深圳和苏州等东部城市在经济、科技和文化等方面具备较大优势，吸引了大量的投资和人才，提供了丰富多样的商业机会和就业岗位，因此居民对市场环境满意度较高。另一方面，西部城市市场环境满意度较弱与经济发展相对滞后有关。西部地区在经济发展上相对落后，投资机会和商业资源相对较少，导致商业竞争不如东部城市激烈，市场环境相对较弱，居民对市场环境的满意度相对较低。中部城市市场环境满意度上榜数量最少是由于中部地区整体经济发展相对滞后，商业环境相对较弱。这些城市在商业资源和发展机会上相对不足，未能吸引足够的商业投资和发展，因此居民对市场环境满意度较低。

二、不同职业对市场环境满意度基本相同

我国坚持市场的高水平全面和谐发展取得了一定成效。以受访者选择"非

常同意"与"同意"的占比表示居民满意度，从图 17 – 5 可以看出，各行业就
"所在城市的市场环境良好，如政府办事方便快捷、商业信用环境良好"这一问题
表示满意的占比达到了 65% 以上，而选择"不同意"与"非常不同意"的比例都
低于 10%。此外，对市场环境满意度最低的是个体经营户（选择"不同意"与
"非常不同意"的占到 8.52%），而满意度最高的则是学生群体（68.12%）。

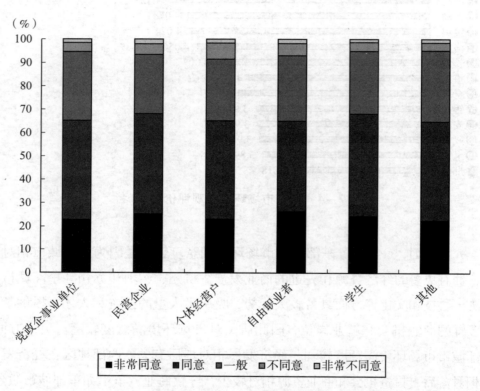

图 17 – 5   不同职业的城市市场环境满意度分布

总体来看，市场环境基本可以满足各行各业居民的期待，但是市场环境对
于不同职业的影响略有差异。在本问卷考察期间，中国正处于疫情封控时期，
个体户的生产经营受到了比较大的影响；而学生主要是通过线上远程的方式进
行课程的学习，影响并不是很大，相较于其他群体而言学生群体普遍压力较小，
因此对整体环境都比较满意。随着疫情的恢复，全国的市场压力缓解，人民开
始进行正常的生产生活，逐步恢复的市场活力带给个体经营户与民营企业以及
各行各业的人民更好的市场环境体验。同时国家出台了一系列扶持小微企业的

政策，包括降低小微企业税收负担的税收政策、加大对小微企业融资支持力度的财政政策、建立小微企业信贷风险补偿机制的金融政策、简化小微企业的注册登记手续的市场准入政策、鼓励高校毕业生和技术人才创业的人才政策以及加强对小微企业监管和服务的经济环境政策等，通过这些政策的颁布与实施，进一步缩小各行业间的差距，营造公平公正的市场环境来满足居民对于美好生活的向往。

三、处于劳动年龄的群体对城市市场环境满意度更高

从年龄视角进行分析，如图 17－6 所示，处于 18～60 岁这个年龄段的居民对市场环境普遍拥有较高满意度，不满意度（包括非常不同意与不同意）基本在 10% 以下，即处于劳动年龄的群体有 90% 及以上都对所在城市的市场环境较

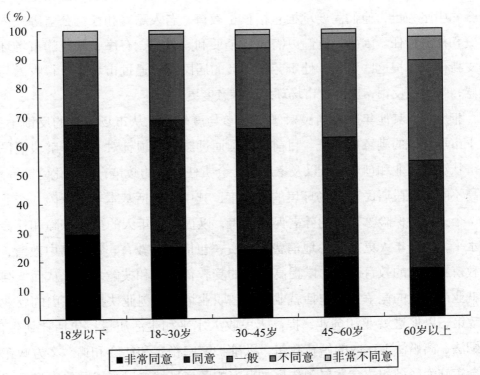

图 17－6 不同年龄的城市市场环境满意度分布

为满意。但是随着年龄的增长以及学历的提升，居民对于城市市场环境的不满意度呈现上升趋势。

分析其原因如下：（1）经济状况。处于劳动年龄的居民通常是城市中收入相对较高的人群，他们是市场经济中的参与主体，因此对市场环境的体验和反馈会更为敏感。对于自身市场参与的认可度更高，因此对于市场环境的满意度更高。相反，年龄较大的退休人群更注重生活质量和福利保障，而参与市场循环的活动减少，对市场环境的体验和反馈相对较少，也由此带来了相对不满意的结果。（2）就业和创业机会。处于劳动年龄的人群通过就业和创业来获得收入和生计来源，因此对于市场环境的便利性、透明度和公平性更为关注，这一群体对市场环境的较高满意度充分表明：通过不断深化改革，构建良好的市场环境取得了一定成效。相比之下，年龄较大的退休人群更依赖养老金和社会福利，因此对于市场环境满意度归因于市场带给老人的福利。然而，目前中国正处于老龄化社会阶段，针对退休人群的福利待遇供小于求，从而降低了老年人对于市场的满意度。（3）社会角色和责任。处于劳动年龄的居民通常是家庭和社会的中坚力量，他们需要承担包括孩子教育、老人赡养和社会公益等在内的家庭和社会责任。因此，他们更需要一个便利、透明、有序、规范的市场环境来支持他们承担这些责任。处于劳动年龄的居民能够通过市场来获得收入与成就感，带来正反馈，因此对市场环境的满意度更高。

相反地，其他年龄段居民对于市场参与度较低，从市场得到的反馈不多，对于市场环境的满意度较低。目前，我国通过颁布各项针对不同年龄段居民在经济状况、就业和创业机会以及家庭和社会责任方面的政策，以优化营商环境，提高不同年龄段居民对市场环境的满意度，其中，包括基本养老保险、企业年金、个人商业保险等在内的养老保险政策，以提高老年人的生活保障和社会福利水平，让老年人更加放心地消费和投资；包括义务教育、普及高中教育、高等教育等在内的教育政策，以提高人民的受教育水平和技能水平，从而增强其在就业市场上的竞争力；包括就业援助、职业培训、创业扶持等在内的就业创业政策，以促进就业和创业，提高人民收入水平和生活质量；包括计划生育、婚姻法、离婚法等在内的婚育政策，以维护家庭稳定和社会和谐。多方政策的综合实施为经济和社会发展创造更加良好的营商环境，提高居民的市场环境满意度。

四、城市的历史底蕴与市场满意度呈正相关

　　一个城市的总体环境发展遵循协调这一客观要求，因此，居民对城市文化底蕴的认同与市场满意度呈正相关趋势。如图 17 – 7 所示，对于城市的深厚历史底蕴非常认同的人群有 40.05% 对这个城市的市场环境非常满意，有 36.89% 表示满意，而非常不满意和不满意的人群加起来不到 5%。整体上，随着对一个城市文化底蕴认同程度的提高，对该城市市场环境满意程度也呈现出逐步提高的趋势。反之，随着对城市历史底蕴的不认同度增加，居民对城市市场环境的满意度也逐渐降低。

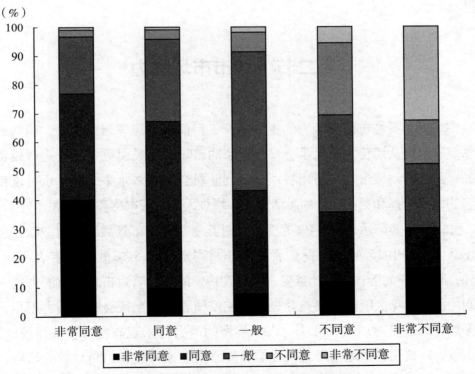

图 17 – 7　城市历史底蕴与市场环境综合满意度分布①

---

① 该图为两个问题的交叉图。以第一个柱状图为例，同时对城市历史底蕴和市场环境表示非常同意的居民占比为 40.05%，对城市历史底蕴表示非常同意、对市场环境表示同意的居民占比为 36.89%，依此类推。本书后文中出现的此类图均适用此解释方法。

这表明一个城市良好的文化底蕴对其经济发展影响显著。一个城市如果拥有丰富的文化遗产、良好的文化氛围以及发达的文化产业,将会吸引更多的游客和投资者,从而改善市场环境。例如,一个城市如果拥有繁荣的商业街区、丰富的商品种类和高品质的服务,这些都能够提升居民的生活质量,从而增加人们对于城市的满意程度,也将进一步提高人们对于城市文化底蕴的认可程度。在城市发展的同时,也应该注重城市历史风貌的保留,做到人与人文相结合。关于城市文化底蕴,我国颁布实施了文化遗产保护法、文化产业促进法、国家文化遗产保护规划、文化创意产业发展规划以及城市文化遗产保护和利用规划等政策,保护和发展城市文化底蕴,并鼓励文化产业的发展,从而推动城市经济的发展和提升城市形象。

第二节 城市市场潜力

市场潜力是城市发展活力的重要指标,目前国家倡导居民消费,刺激经济的恢复,也是从消费方面入手。一个繁荣的市场可以吸引更多企业进行投资和创新,从而带动城市的经济增长,提高就业机会和收入水平,同时也可以带来更多的消费选择和更高质量的生活方式,增加人们的获得感和幸福感。

如图 17-8 所示,60.94% 的受访者对其所在城市市场活跃、消费潜力巨大表示认同,其中 25.40% 的受访者表示非常同意,35.54% 的受访者表示同意,此外,31.87% 的受访者对此感受一般,7.19% 的受访者对市场拥有潜力这一观点则持反对意见。以上数据充分表明即使疫情导致整个社会经济活力不足,但大多数居民还是对城市的活力、市场消费的潜力持乐观态度。改革开放以来,中国政府一直积极推动市场经济发展,鼓励企业家精神和创新精神的培养,倡导市场主体的发展,这些举措增强了人们对市场的信心,激发了他们的创业热情,推动了经济的快速增长。近年来,中国经济的高速增长离不开居民对市场发展潜力持乐观态度的影响。

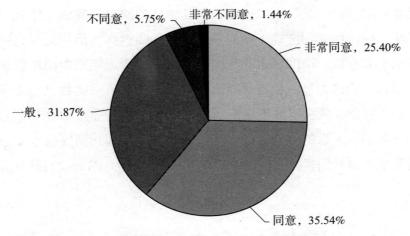

不同意，5.75%
非常不同意，1.44%
非常同意，25.40%
一般，31.87%
同意，35.54%

图 17 - 8　城市市场潜力居民满意度占比分布

一、深圳市场潜力满意度稳居榜首

市场潜力被视为城市营商环境发展的关键因素，它为企业提供了繁荣和增长的机会，激发了创新活力、吸引了投资，并为城市创造了持续的经济繁荣。市场潜力满意度评价前 20 的城市排名如图 17 - 9 所示，东部城市市场潜力满意度依然占优，共有 10 位入围，分别是深圳、杭州、苏州、广州、北京、上海、南京、青岛、济南和福州，其中排名前 10 的东部城市占据 7 席，深圳则稳居榜首；西部城市共有 5 位上榜，成都排在前 10 中的第 5 位，拉萨则是前 10 中的第 8 位，陕西省中西安上榜，位列第 19 位，此外，宝鸡也上榜，位于第 16 位。中部城市共有 5 位上榜，分别是长沙、合肥、武汉、洛阳和郑州，排名依次是第 6、第 12、第 13、第 17、第 18。总之，深圳市场潜力满意度稳居榜首。

总的来说，居民认为东部城市市场潜力满意度依然占优的原因是这些城市在经济、科技、文化等方面有较高的发展水平和机遇，吸引了大量的人才和投资，提供了更多的就业机会和商业机会。这些城市也拥有较完善的基础设施和公共服务，以及丰富的商业活动和消费场所，使得居民对市场潜力有较高的期望和满意度，其中，深圳的表现尤为突出。西部城市虽然数量上不及东部城市，但进入前 10 的城市也显示出市场潜力和发展的趋势。成都作为西部城市的代表排名第 5 位，是因为其经济增长快速、商业氛围浓厚以及人才吸引力较强。拉萨作为西藏地区的首府，虽然人口较少，但其独特的旅游资源和文化吸引了许多投资和消费。陕西西安和宝鸡上榜的原因是由于陕西作为历史文化名区，吸引了大量的游客和投资。中部城市的突出表现则是由于近年来中部地区加大了经济发展和城市建设的力度，投资环境逐渐改善，吸引了一定数量的资金和产业转移。长沙、合肥、武汉等城市在高新技术产业和制造业方面有一定的优势和发展潜力，吸引了大量的创新创业者和企业。洛阳和郑州则受益于交通枢纽地位和工业发展。这些因素共同促使中部城市的市场潜力在居民心目中逐渐提升，表现出色。

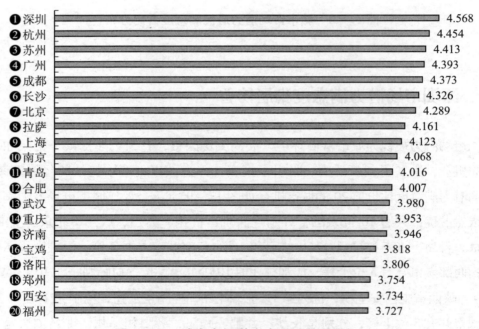

图17－9　城市市场潜力主观评价前20名

二、高收入人群对于市场潜力的态度呈现较大差异

如图17－10所示，在所有收入群体中，非常同意和同意的占比都是最高的。其中，收入处于0.5万元以下和0.5万~1万元之间的受访者对城市市场潜力表示满意（包括"非常同意"和"同意"）的比例分别为60.84%和58.62%，收入

处于 1 万~3 万元之间的人群对市场潜力的满意度为 63.47%，收入在 3 万~5 万元之间的人群满意度为 67.76%，而收入 5 万元以上的人群满意度高达 71.57%。由此可以看出，居民满意度随收入的上升而上升。而对于这一问题选择"完全不同意"及"不同意"的占比也随收入提高而增长。收入较高的人群对市场的满意度和不满意度都比收入较低的人群高一些，原因在于他们更有能力进行投资和消费，并能够从市场中获得更多的机会和收益，因此对市场前景有更为明晰的看法。相反，低收入人群可能更加关注市场的成本和实惠程度，对市场的发展前景持更加谨慎的态度。针对不同收入群体，我国一直致力于实施针对各收入群体的政策，以提升其对市场潜力的满意度，包括旨在保障劳动者基本生活和权益的最低工资标准；减轻低收入群体税负，提高中等收入群体税负，实现收入分配平衡的收入分配调节政策以及通过实施区域发展政策，加快中西部地区的经济发展，缩小地区之间的收入差距，促进不同地区和不同收入群体共同发展的区域发展政策。

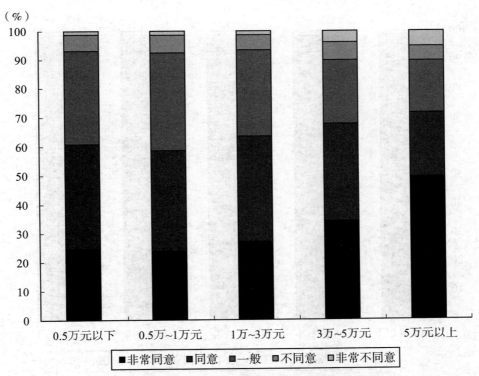

图 17－10　不同收入的城市市场潜力满意度分布

三、新迁入居民对城市市场潜力满意度更高

如图 17 – 11 所示，在城市居住时长"小于六个月"的居民对市场潜力的满意度比居住时间更长的居民更高（76%）。居民涌入一个城市本身是因为对这个城市发展较为看好，因此出现"居住时间越长，居民对城市市场潜力的满意度越低，而选择'一般'选项的占比越高"的现象。随着居民在城市居住时间增加，对当地市场的发展潜力和现实情况了解越深入，所以对市场潜力的评价会更加理性和客观。而新迁入的居民因对当地市场还不够了解，从而产生一种高估市场潜力的倾向。而我国针对不同迁入时长的群体，颁布并实施了包括常住人口、户籍改革、住房保障和社会保障等在内的政策，鼓励迁入城市的人口稳定居住和生活，并提供更加便捷的落户渠道和条件、公租房和廉租房等住房保障

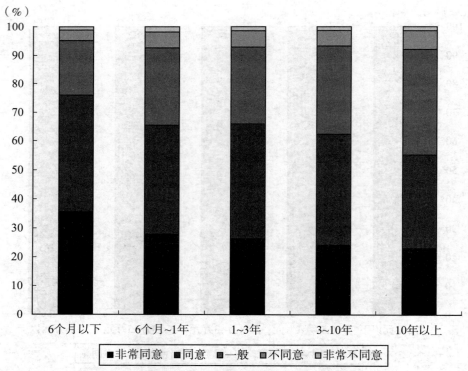

图 17 – 11　不同迁入时长的城市市场潜力满意度分布

措施、养老、医疗、失业、工伤等多种社会保险和救助，从而整体提升迁入居民对市场潜力的满意度。

四、身处自然禀赋更优秀的城市的居民对市场潜力更加看好

"自然禀赋"指城市的森林、湿地公园和自然山川风景区等自然资源。党的十九大以来，各城市为贯彻"绿水青山就是金山银山"这一指导思想，自然生态保护得到重视，很多城市积极构建以国家公园为主体的自然保护地体系，建设了自然公园、森林公园。如图 17-12 所示，认为城市的自然资源可以满足日常生活的受访者对城市的市场潜力也更加看好，而对一个城市自然资源不满意的人群同样对市场潜力也更容易持消极态度。自然禀赋与市场潜力的满意度呈现出正相关的态势，因此改善城市的自然环境风貌，构建人与自然和谐共生的

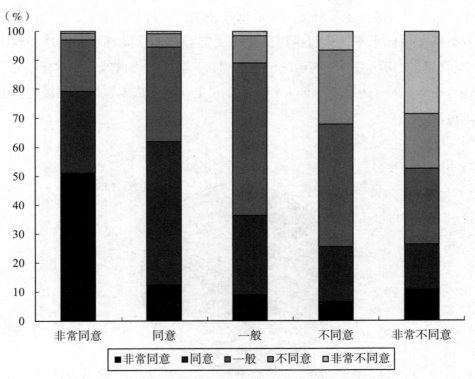

图 17-12　城市自然禀赋与市场潜力综合满意度分布

城市，对增强城市市场潜力、完善城市的营商环境起到积极的作用。与此同时，我国颁布生态保护、节能减排、自然保护区以及乡村振兴等政策，以保护城市的自然资源，为居民塑造适宜的生存环境，从而提升居民对市场潜力的认可。

第三节　城市成本环境

从图 17 - 13 可以看出 84.37% 的受访者（包含选择一般、同意以及非常同意的受访者）认为其所在城市的用水、用电成本较为低廉。其中，不同意与非常不同意的受访者占比 15.63%，同意与非常同意的受访者占比 48.13%。按照全球经济指标的统计，中国城市用工成本在国际市场中相对较低，但是近年来很多地区用工成本已逐渐呈上升趋势，逐步脱离了廉价劳动力市场的标签。但是中国依靠自身的资源、科技的发展以及政策的扶持，将用水、用电、用气的成本维持在较低水平，从而给居民提供更加舒适的营商环境。但是相较于在"市场环境""市场潜力"的居民满意度而言，居民对当前城市成本环境的满意度还有提升空间，还需要降低人们用水、用电、用工成本以减轻居民和企业的成本负担。

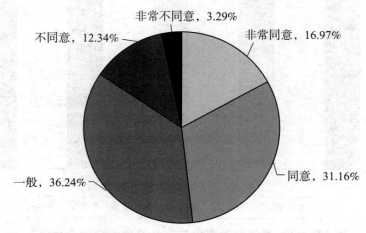

图 17 - 13　城市成本环境居民满意度占比分布

一、西部成本环境满意度表现突出

成本环境的优劣直接影响着城市的营商环境发展，低成本环境有助于降低企业经营成本、提高竞争力，从而吸引更多投资、促进创新与发展，为城市经济持续繁荣注入活力。成本环境满意度评价前 20 的城市排名如图 17－14 所示，西部城市成本环境满意度表现突出，共有 8 位入围，分别是成都、宝鸡、安康、重庆、拉萨、西安、咸阳和汉中，其中排名前 10 的西部城市占据 4 席；东部城市共有 6 位上榜，济南高居榜首，福州排位第 10，其余分别是邢台、天津、石家庄和苏州；中部城市也共有 6 位上榜，前 10 席中，中部城市 4 位上榜，分别是大同、洛阳、太原、长沙，排名依次是第 2、第 5、第 7 和第 9 位，其余是合肥和武汉，排名分别是第 12、第 15 位。综上，西部城市成本环境满意度表现突出。

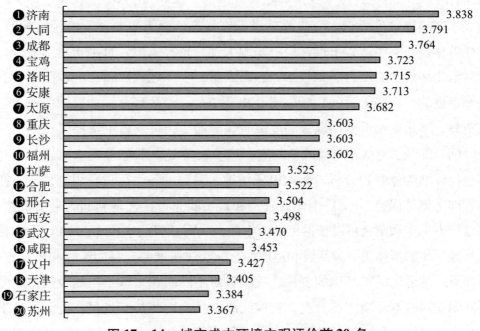

图 17－14　城市成本环境主观评价前 20 名

追根溯源，西部地区近年来在经济发展方面取得了显著成就。经济快速增长和投资增加使得这些城市的生活成本相对较低。较低的物价和房价是居民对西部城市成本环境满意度较高的一个重要原因。与此同时，西部地区政府对于降低成本、提高居民生活质量有着积极的政策支持。例如，政府通过提供购房补贴、免费教育和医疗等福利，以减轻居民的经济负担，增强居民的满意度。此外，西部地区拥有丰富的自然资源，这为当地经济提供了更多的发展机会和就业岗位。相对较低的劳动力成本和更好的生态环境也能吸引更多外来人口和投资，进一步促进了城市成本环境的提升和居民满意度的增加。

二、党政企事业单位从业人员认为城市生活成本更加低廉

调研结果显示，党政企事业单位、民营企业的员工对成本环境不满意。如图 17 - 15 所示，党政企事业单位、民营企业、个体经营户、自由职业者和其他受访者对成本环境的满意度分别为 46.91%、44.59%、49.92%、49.29% 和 43.84%。学生群体对成本环境的满意度最高，达到 50.75%，其他从业人员则对成本环境满意度最低。学生群体满意度最高的原因主要在于疫情管控时期，学生群体都在家中远程上课，经济来源大部分依靠家庭，且消费需求较少，因此对于生活成本的压力感知较小，容易满足。个体经营户和自由职业者拥有较高满意度的原因在于：（1）相较于企事业单位，个体经营户和自由职业者自由度更高，不用受制于公司规章制度或者领导命令，可以自主选择工作地点和工作时间，降低了对成本环境的依赖度。（2）处于这两种职业的人群通常会对成本进行详细的控制和分析，例如租赁场地、采购设备、行政费用等，从而在成本管理上更具优势。（3）个体经营户和自由职业者往往是利润的直接受益者，通过努力工作和创新可以获得更高的收益，从而减轻成本压力。（4）他们相较于其他工作的群体更具灵活性和适应性，能够快速调整自身的策略和经营方式，从而更好地适应成本环境的变化。我国针对不同职业采取不同的政策，以促进不同职业对成本环境的满意度，实现经济和社会的可持续发展。比如：关于党政企事业单位，我国鼓励党政企事业单位改革创新，提高管理和服务水平，同时加强监管，推进反腐败斗争，提高公信力，为市场提供良好的营商环境；关于民营企业，我国推动民营企业创新发展，提高市场竞争力，通过优惠税收、融资支持、人才引进等措施，为民营企业创造更好的发展环境；关于个体经营

户，我国支持个体经营户的发展，通过减税降费、简化审批流程等措施，降低其经营成本，同时鼓励个体经营户转型升级，提高竞争力。此外，针对学生，我国推动教育改革，提升教育质量；而面对文化、旅游等其他职业，我国通过鼓励创新、提高服务质量、优化营商环境等措施，提高这些行业的竞争力和发展水平。

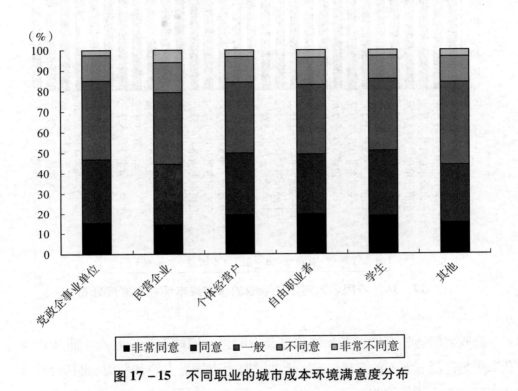

图 17 - 15　不同职业的城市成本环境满意度分布

三、同一职业下随着收入的增加评价呈现两极分化态势

如图 17 - 16 所示，结合收入因素进行进一步分析，各个收入群体对其所处城市成本环境的满意度存在差异。对成本环境低廉表示"非常同意"和"同意"的受访者中，党政企事业单位、民营企业和学生群体占比较高；而对于"一般"和"不同意"两个选项，个体经营户和自由职业者群体占比较高；选择"非常不同意"的受访者中民营企业和党政企事业单位占比较高。从不同行业进行横向对比，可以看出在各个行业中，随着收入的增加，选择"非常同意"与"非常不同意"的受访者占比均逐渐增加，表明对于成本环境感受更加两极分化。

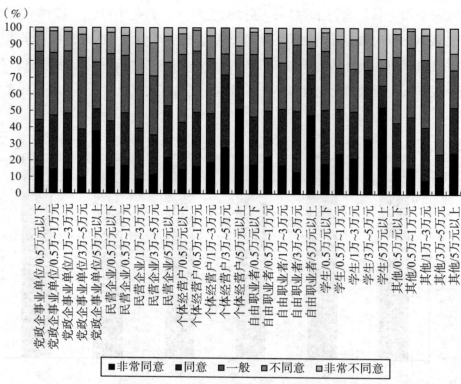

图 17 – 16　不同收入与不同职业的城市成本环境满意度分布

高收入群体拥有更加多元的信息获取渠道，相对于低收入人群而言有能力获取更加广泛、深入的市场信息，因此对整个市场潜力的预期更加明确和具体，也更加关注市场风险和变化。高收入人群通常拥有更多的投资能力和资源，可以更加自由地进行投资和市场拓展，因此对于市场潜力的态度也会更加积极或消极，更加看重市场前景和回报率，对成本环境的态度也会更加明确。

四、市场环境与成本环境协同关系明显

国务院在 2019 年颁布的《优化营商环境条例》中强调了整个营商环境的协同发展问题，即整个营商环境中的四个要素是协调统一的整体。将市场环境主观感受与成本环境主观感受进行交叉分析，可以初步判断出这两个因素的相互影响，如图 17 – 17 所示，对市场环境感到满意的受访者中有很大一部分认为市

场的成本较为低廉。对市场环境良好表示"非常同意"的受访者中有56.82%"非常同意"成本环境低廉，而"同意"市场环境良好的受访者中有44.77%"同意"成本环境低廉。随着对市场环境不满意度的提高，对成本环境表示不满意的人数占比也相应提高。即认为市场环境能够满足自身需求的人，大多数都对整个市场的成本环境也较为满意，而不满意的人对于成本环境也很难产生满意的感受。

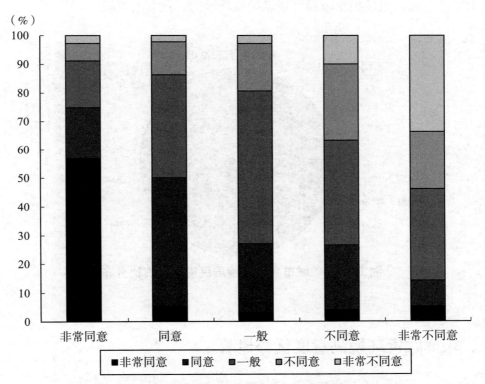

图 17 –17　城市市场环境与成本环境综合满意度分布

第四节　城市融资环境

党的十九大以来，改善融资环境成为国家重点关注的重要问题，党的二十大报告进一步强调要"健全资本市场功能，提高直接融资比重"，为优化融资结构、增强金融服务实体经济能力进一步指明了方向。党的指导方针推动了市场的绿色发展，为提供更相匹配的绿色金融供给，增强产业、金融、财税等政策的联动协同指明了方向。本问卷的总体情况也表明：自党的二十大以来，全社会的融资环境发展较为均衡。如图 17-18 所示，49.28% 的受访者认为自己所居住的城市的融资环境较好，贷款、融资渠道方便、多元，成本低廉，对此表示不同意的受访者占比仅为 9.86%。与成本环境的结果相比，居民对城市融资环境满意度更高，但是相比市场环境以及市场潜力还是有所欠缺。

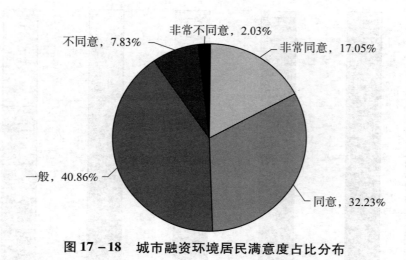

图 17-18　城市融资环境居民满意度占比分布

一、东部融资环境满意度优势显著

融资环境的优良与否直接关系到城市营商环境的发展好坏，良好的融资环境能够为企业提供更多的资金支持和投资机会，激发创新创业活力，推动产业发展和经济增长，进而促进城市的繁荣与进步。融资环境满意度评价前 20 的城市排名如图 17-19 所示，东部城市发挥其地位优势，融资环境满意度优势显著，共有 10 位入围，排名前 10 的东部城市占据 7 席，分别是深圳、苏州、广州、济南、杭州、北京、南京，排名分别是第 1、第 2、第 3、第 6、第 7、第 8 和第 10 位，其余上榜前 20 的东部城市是上海、青岛和福州，排名在第 11、第 13 和第 17 位；中部城市和西部城市各有 5 位上榜，中部城市长沙排名在第 9 位，西部城市拉萨和成都排名在第 4、第 5 位，其余排名在前 20 的中西部城市包括合肥、宝鸡、重庆、太原、武汉、安康、洛阳，排名依次是第 12、第 14、第 15、第 16、第 18、第 19、第 20 位。总之，东部城市发挥地位优势，融资环境满意度优势显著。

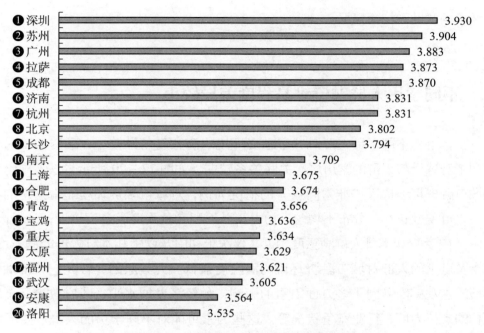

图 17 – 19　城市融资环境主观评价前 20 名

　　究其原因，首先，东部城市在经济发展和城市建设方面起步相对较早，并拥有更多的发展机遇和资源。这意味着它们在吸引投资、创造就业和提供商业机会方面更具优势，从而使居民对融资环境表现出更高的满意度。其次，东部城市在金融行业的发展方面相对较强。这些城市通常拥有更完善和发达的金融体系，包括银行、证券市场和风险投资机构等。这为居民提供了更多的融资渠道和机会，使他们更容易获得资金支持和创业机会，从而提高了满意度水平。此外，东部城市在基础设施建设和公共服务方面投入更多的资源和精力。这包括交通、教育、医疗和文化等方面的优质设施和服务，对居民的生活质量和便利性产生了积极影响，进而提高了他们对融资环境的满意度。然而，中部城市和西部城市在逐渐迎头赶上，持续发展。它们也在加大城市建设、吸引投资和提升基础设施等方面的努力，目前已经在融资环境满意度方面取得了相对均衡的成果。随着中西部地区经济的进一步发展和政策支持的加强，相信这些城市的满意度将继续提升。总之，东部城市能够发挥其地位优势，更早实现经济发展、金融实力提升和城市设施建设，这使得居民对融资环境表现出更高的满意度。中部城市和西部城市在迎头赶上的过程中也取得了一定的成就，呈现出融资环境满意度的均衡情况。

二、不同学历人群融资难易程度差异较小

整体上，不同学历人群对城市融资环境的满意度差异较小，融资的难易程度和主观感受与人群的学历层次关联关系较弱。如图 17 - 20 所示，以不同学历对城市融资环境选择"非常同意"的情况为例，对城市融资环境非常满意的各学历人群差异较小、分布不均匀，初中及以下和专科人群满意度接近，为最高；高中（中专）和本科人群满意度相近，仅次于初中及以下和本科人群的满意度，硕士及以上的人群对城市融资环境的满意度最低。究其原因，首先，城市融资环境的主观感受受到了多方面因素的影响，如经济发展水平、政府政策、金融机构的支持力度、行业竞争状况等。这些因素可能对不同学历的人群产生了相似的影响，使得他们对融资环境的感受并不完全取决于其学历层次。其次，尽管学历可能在某些特定情况下反映出一定的社会经济地位和知识水平，但在融资环境的感受方面，其他因素可能起到更为显著的作用。较低学历人群可能通过经验和实践对融资环境有着相对全面的认知，而较高学历人群则可能更加注重理论知识和专业分析，这种差异导致在对融资环境的主观满意度上呈现出相对平缓的趋势。最后，对于高学历人群来说，可能存在较高的期望值，因此，即使融资环境在客观上较好，他们由于期望较高而表现出较低的满意度；而对于较低学历人群来说，他们可能更倾向于将融资环境的满意度与自身实际经历的改善联系起来，因此，即使融资环境的改善并非十分显著，他们的满意度反而出现较高的可能性。由此可见，在评价城市融资环境时，人们的主观感受受到了多种因素的影响，其中学历并非决定性因素。这种情况提醒政府和相关机构在改善融资环境时需要关注更广泛的社会因素，并且需要更加细致地了解不同人群的期望与实际需求之间的关系，从而制定更为全面和精准的政策和措施。

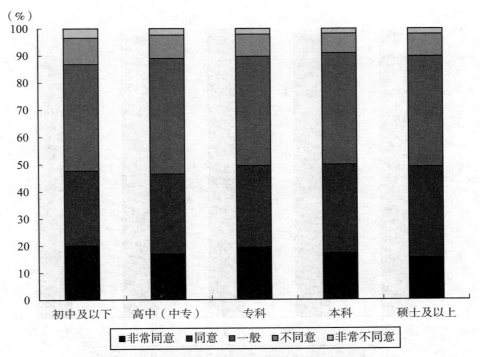

图 17 – 20　不同学历的城市融资环境满意度分布

三、高收入人群对于融资环境满意度与不满意度都更高

如图 17 – 21 所示，随着个人月收入的增加，对融资环境表示满意与不满意的受访者占比都随之增加，说明高收入人群对于整个市场的融资环境更加敏感，同时也更加明确。其原因在于高收入群体更容易接触融资活动，更了解和熟悉融资环境，因此其对融资环境持满意态度的比例随收入增加而增加，同时不满意的比例随收入增加而增加。随着收入的提升，大额贷款的可能性也会更高，借款频率也随之上升，造成不满意人群比例的提升。

每个收入段内"非常同意"和"同意"的人数占该收入段总人数的比例如表 17 – 1 所示，可以看出随着收入的增加，居民整体满意度呈上升趋势，较高收入人群可以拥有更良好的融资环境，原因在于处于该收入段的居民所拥有的资产更多，在银行等机构的信誉更高，因此其贷款、融资的程度更低，融资更加便利，融资环境更加宽松。

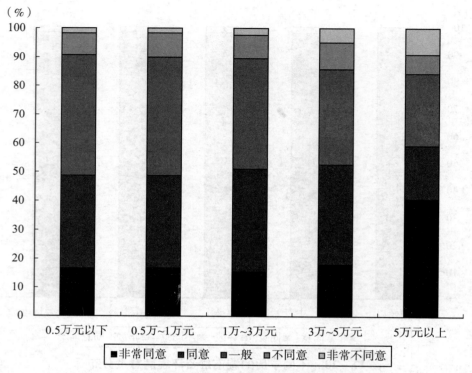

图 17-21　不同收入的城市融资环境满意度分布

表 17-1　　　　　收入段对应一般评价以上的人群比例结果

收入段	"非常同意"和"同意"的比例（%）
0.5 万元以下	48.68
0.5 万~1 万元	48.68
1 万~3 万元	51.10
3 万~5 万元	52.89
5 万元以上	59.19

四、东南沿海城市融资环境较西北地区表现更优

　　通过图 17-22 可以看出，东南沿海城市的融资环境较西北地区表现更优，东南沿海城市如浙江、上海、江苏和广东等都排在全国的前 10 名，而西北地区如甘肃、宁夏、陕西都在全国排名的末端。虽然国家出台了很多支持西部开发

的政策，尤其是党的十八大以来，在以习近平同志为核心的党中央团结领导下，西部地区经济社会发展取得重大历史性成就，为决胜全面建成小康社会奠定了坚实的基础，也扩展了国家发展的战略回旋空间，但同时西部地区发展不平衡不充分问题依然突出，调研结果表明，西部地区与东部沿海城市已经取得的比较优异的成果相比依旧差距很大。融资环境的改善并不是一朝一夕可以完成的，而是一个长期的过程，即使西部地区受到政策的支持，人民对于市场前景也较为看好，但是并不能改变其基础较为落后的事实。融资环境是支持整个市场活动较为关键的一环，保障良好的融资环境有助于城市整体经济的发展。国家还应该加强全国各地区融资环境的均衡发展，真正做到促进区域协调发展，促进中国式现代化建设的进程。

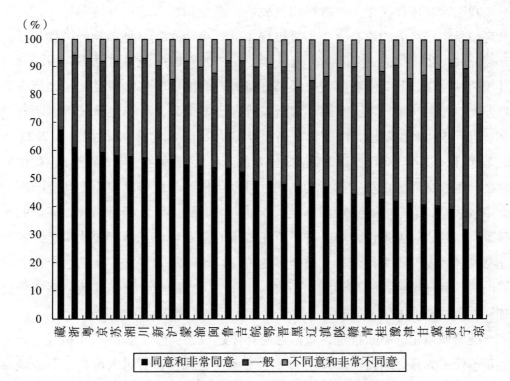

图 17 –22　不同省份的城市融资环境满意度分布

此外，北京作为首都，其满意度排在全国前十，北交所的设立一方面有利于完善北京金融市场服务体系，另一方面能带动企业、资本、政府等创新主体的共同进步，有利于加强北京国际科创中心的定位，同时长远看也会带动京津冀区域及北方经济发展。但是从目前的数据来看，其带动效应并不是很强，天津与河北的排位都处于全国城市的下游，与排在前列的北京相差甚远。北京还需要继续扩大其区域影响力，带动京津冀一体化的发展，满足城市居民的融资需求。

第五节 政策启示

我国营商环境优化工作取得积极成效，企业和群众的获得感明显提升。营商环境是市场经济的培育之土，是市场主体的生命之氧，是影响经济增长、创新创业和民生福祉的重要因素。近几年，在"放管服"改革推动下，中国营商环境持续优化，营商便利度大幅提高，将有力助推市场主体规范化和经济高质量发展。过去几年，中国营商环境全球排名大幅提升，市场主体获得感明显增强。世界银行数据显示，中国营商环境排名从 2013 年的第 96 位提升到 2022 年的第 31 位，是全球营商环境改善最显著的十个经济体之一[1]。营商环境优化激发创新创业热情和市场主体活力，同时可以优化经济发展动向，推动全国统一大市场建设，为国内国际双循环注入新动力。调研结果表明我国营商环境的改善确有成效，具体来说，居民对于所在城市的营商环境总体都较为满意；各行业营商环境发展较为均匀；党政企事业单位抗风险能力更好，从事这个行业的居民对营商环境感到更加满意；高收入、高学历人群对于营商环境主观感受更加鲜明和具体；不同省市的居民对于营商环境的主观感受存在差异。

随着城市化的不断推进，城市营商环境建设将面临更多挑战和机遇。居民主观感受更为良好的营商环境将会吸引更多企业和投资者进入城市，促进城市经济发展。政府可以利用这个有利的环境来鼓励和支持企业的发展和创新，为城市的发展提供更多的机会和优势。继续推动营商环境建设，加强市场监管，为市民提供更加优质、高效的服务。政府可以通过以下几个方面来更好地发挥

---

[1] 世界银行发布报告显示 中国营商环境排名跃升至全球第 31 位 ［EB/OL］. (2019 – 10 – 25) ［2024 – 03 – 19］. 中国政府网，https：//www.gov.cn/xinwen/2019 – 10/25/content_5444630. htm.

城市的经济金融属性。首先，建立更为畅通的政策反馈渠道，听取多方意见，并采取措施来改善市场环境和信用环境，从而提高整个城市的生活质量和商业环境。其次，支持党政企事业单位提高其综合竞争力，为城市的发展作出更大的贡献，同时也需要引导和鼓励民营企业的发展，促进市场竞争和创新。再次，加强对高收入、高学历人群的关注和服务，满足其更高层次的需求，为城市的长期发展提供更好的人才支持。与此同时，针对不同省市的具体情况，制定相应的发展策略，促进城市健康发展，提高各地区综合竞争力。此外，政府和企业还应该积极应对国际经济和贸易环境的变化，推进开放型经济战略，打造更加开放、透明、公正、便利的投资环境，积极参与国际规则制定和国际合作，以推动全球经济发展和繁荣。最后，政府和企业应该注重城市的可持续发展，提高城市环境质量和生活品质，保护和弘扬城市文化，促进城市社会和谐稳定。同时，应该推动城市创新和智能化发展，建设数字城市和智慧城市，提高城市管理和公共服务水平。与此同时，企业应该注重人才培养和知识产权保护，实现可持续发展和产业升级。当前中国市场环境呈现出积极向好的态势，但也需要继续努力和改善，以推动经济和社会的可持续发展。政府和企业应该共同发挥各自的优势，加强合作，以打造更加优良的市场环境。

第十八章　城市后天努力·政府
治理能力主观评价

党的二十大报告指出，改革开放迈出新步伐，国家治理体系和治理能力现代化需深入推进，而推进政府治理能力现代化是推进国家治理现代化的重要组成部分之一，因此本次调研将政府治理能力摆在重要位置，选择城市治安环境、生态环境、创新创业氛围、交通基础设施建设和市政建设与维护五大指标，评判我国城市居民对政府治理能力的综合满意度。

政府治理能力指数评价前 20 城市如图 18 - 1 所示，东部、中部、西部地区

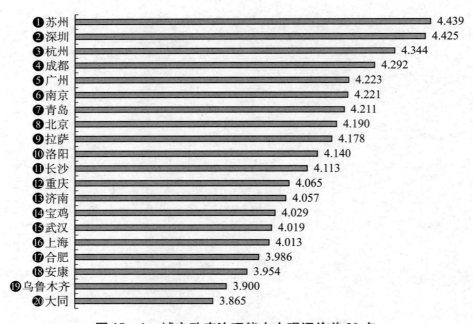

图 18 - 1　城市政府治理能力主观评价前 20 名

分别有 10 个、4 个、6 个城市入选，整体而言，东部地区城市政府治理能力的人民满意度更高。东部地区中，长三角地区城市的政府治理能力表现亮眼且较为均衡，共有 5 城进入评价前 20 名，珠三角地区、山东半岛地区城市的政府治理能力也交出了令人满意的答卷，各有 2 城入选前 20 名。此外，川渝地区、两湖地区的城市政府治理能力表现也较为优秀。

第一节　城市治安环境

治安环境事关城市居民的人身安全，良好的治安环境是经济发展与社会稳定的前提，故本次问卷调研将城市治安环境作为评价政府治理能力的重要指标之一。在本次调研中，治安环境指标主要通过城市违法犯罪案件的多少与居民安全感强烈程度来判断。总体而言，目前我国各城市居民对其所处城市的治安环境这一维度满意度较高。各级政府在打击违法犯罪、营造城市良好的治安环境这一方面取得了令人满意的成果，切实履行了保障人民生命健康安全的职责，成功打造了文明城市、安全中国。

如图 18－2 所示，我国城市治安环境评价前 20 名中，东部城市有 9 个，其中前 5 名均为东部城市，北京高居榜首。西部地区有 7 个城市入选前 20 名榜单，成都是西部地区的城市治安环境"领头羊"，位列第 10 名。中部地区有合肥、洛阳、郑州、武汉四城入选。整体而言，我国东部地区城市治安水平综合度最高。

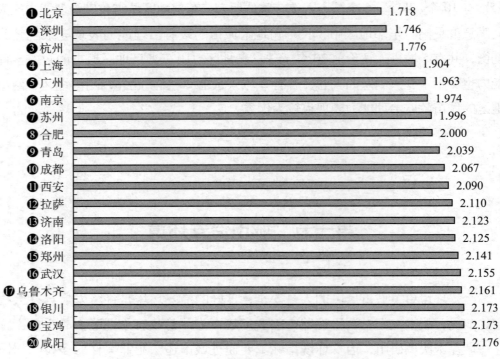

图 18 - 2　城市治安环境主观评价前 20 名

注：得分越低表明治安违法事件越少，治安环境越好。

一、全国城市居民安全感普遍强烈

在全国 31 个重点城市中，乌鲁木齐、拉萨、北京三城居民的城市治安满意度最高，均超过 90%，西部边疆城市和首都安全保障工作令人满意。这说明经过党中央和地方政府的不懈努力，中国在维护西部边疆安全、促进民族团结与社会稳定方面取得了卓越的成果，新疆与西藏的安全稳定对于促进西部地区经济发展具有重要意义。分析新疆、西藏领衔居民安全感最高城市背后的原因，一是结合本地区实际，出台相应的治安管理办法，如新疆地区公安机关推行了《新疆维吾尔自治区实施〈中华人民共和国反恐怖主义法〉办法》等，为遏制、打击恐怖主义、极端主义提供了有力的法律武器；二是坚持常态化扫黑除恶斗争，持续掀起严打整治高潮，如 2022 年西藏自治区公安机关开展夏季治安"百日行动"，以满格状态、顶格标准、真格措施纵深推进打、防、管、治各项工作。这些政策举措有力地提升了新疆、西藏地区人民的安全感，切实保障了人民的生命健康与财产安全，值得推广借鉴。北京作为首都，保持其良好的治安环境具有重要意义，问卷结果表明当前北京的治安环境和法治氛围得到了绝大部分居民认可。

此外，如图18－3所示，12个城市居民的治安环境满意度在80%～90%，16个城市治安环境满意度处于70%～80%。整体而言，31个重点城市居民对城市治安环境的满意程度均超过七成，城市居民安全感高在全国范围内是普遍现象。

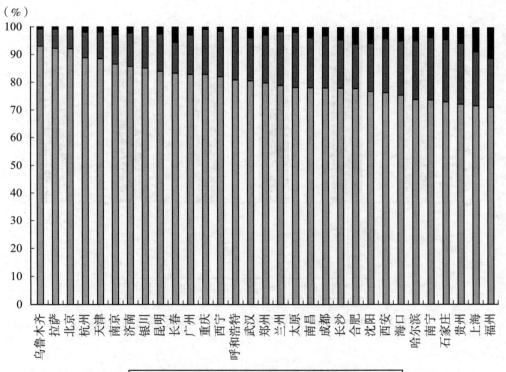

图18－3　不同城市的治安环境满意度分布

二、党政企事业单位工作人员安全感高

党政企事业单位工作人员对城市治安环境满意度高。不同职业因不同的职责属性会接触到城市的不同方面，因而不同职业对城市治安的感知度存在差异。

从不同职业对城市治安的满意度（见图18-4）可以看出，党政企事业单位受访者中对所在城市治安环境非常认可的比例最高，接近35%，由此表明党政企事业单位从业人员的城市安全感更强，相对稳定的职业属性和工作环境给予了其更多的安全感。民营企业的受访者对城市治安环境良好表示"非常同意"的占比排在第二，这表明相当大比例的民营企业家和员工对城市治安环境持积极态度，体现了政府治理使得社会治安环境得到提升，切实保障了民营企业的生产经营活动、民营企业工作者的安全生活。

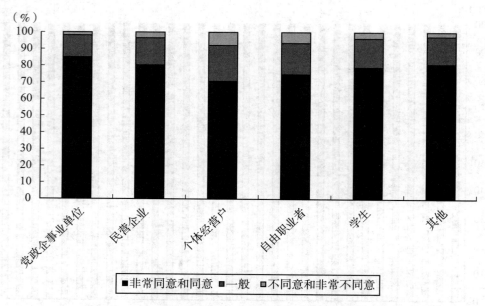

图18-4 不同职业群体的城市治安环境满意度分布

对于城市治安环境评价中的"同意"选项，党政企事业单位、民营企业、学生和其他职业受访者的占比均在50%，而个体经营者和自由职业者两类职业在这部分占比相对较少，推测可能与其工作性质和环境有关。由于个体经营者和自由职业者生活和工作场景中独处的时间较多，同时两者的工作性质决定了其对市井街坊这类工作场景的接触机会较多，因而其城市治安安全感相对较弱。再从"不同意"和"非常不同意"的选项比例发现，自由职业者和个体经营者选择这两个选项的比例明显高于其他职业人员，进一步印证了这两类职业对城市治安环境的体验安全感相对较低。

第二节　城市生态环境

绿水青山就是金山银山。自党的十八大首次把生态文明建设提升至与经济、政治、文化、社会四大建设并列的高度，列为全面建成小康社会"五位一体"的重要组成部分，生态文明建设正因其特殊性、重要性受到越来越多的关注与重视。在本次问卷调研中，政府治理能力中生态环境指标评价的侧重点在于居民对城市绿化环境与污染事件的满意度。

一、南方城市政府生态治理更好

如图 18-5 所示，本次调研城市生态环境指数评价前 5 名中，北方地区仅有北京一城入选，而南方地区有 4 个城市入选。长三角城市群中南京、苏州、杭州、上海四城均位居生态环境指数前 20 榜单中，区域城市生态治理表现优异且均衡。珠三角城市群中广州和深圳入选前 20 榜单，川渝城市群中成都和重庆入选前 20 榜单，南方城市群表现亮眼。

南方城市政府生态治理更好与地区经济发展程度相关。总体而言，南方地区城市的经济发展水平高于北方，使得南方地区政府财政收入更多，进而对于生态文明建设的政策支持力度更大，资金投入更多，故南方城市在节能减排、减少污染、增加绿化等方面的表现优于北方城市。以江苏为例，2023 年 3 月，江苏省财政厅发布《关于支持生态环境高水平保护　助推经济高质量发展的若干措施》，包含 7 条财政政策、5 条金融政策、2 条保障政策，从政策提质、增效、扩面三向发力，形成"组合拳"，通过财政资金引导，带动更多金融资本、社会资本投资生态环境领域，以财政政策的"含金量"提升生态环境的"含绿量"。该项举措为解决了环保企业融资难的困境提供了政策指引和有效路径，彰显了人民政府生态文明建设的决心，受到人民群众的一致好评。

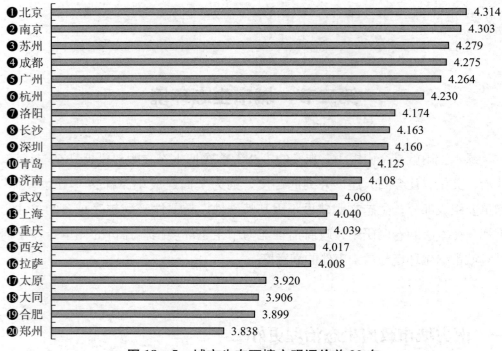

图 18 - 5　城市生态环境主观评价前 20 名

二、老年人对城市生态环境满意度最低

在所有受访年龄段中，老年群体对城市生态环境满意度最低。不同年龄段对所在城市生态环境满意度不同，如图 18 - 6 所示，对城市生态环境良好表示"非常同意"的受访者占比随着年龄的增长依次递减，18 岁以下受访者对城市生态环境的满意度最高（71.14%），60 岁以上受访者则满意度最低（65.39%）；对城市生态环境良好表示"同意"的受访者中，18 岁以下人群占比低于 40%，其他年龄段均超过 40%，其中 45 ~ 60 岁年龄段占比最高；至于持否定态度人群，60 岁以上和 18 岁以下的受访者中选择"不同意"和"非常不同意"的受访者占比均超过 9%，明显高于其他年龄段的 5%。综合不同年龄段在各个选项的人数占比，可以得出这样的结论，老年人（60 岁以上）群体对城市生态环境满意程度最低，未成年人对所在城市生态环境的满意程度适中，中年人对于城市生态环境满意度最高。

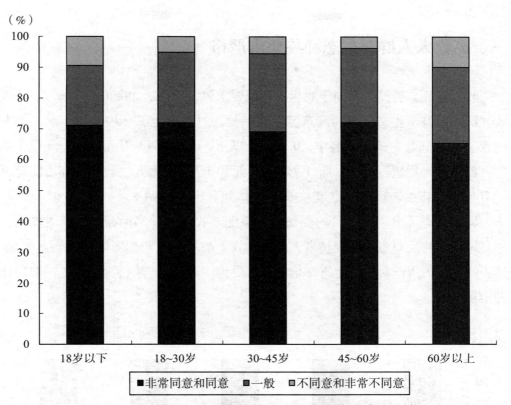

图 18 −6　不同年龄段群体的城市生态环境满意度分布

　　老年人对于当前城市生态环境满意程度最低主要是因为老年人由于身体因素，对生态环境的要求更高，故相对于年轻人和中年人，当前城市生态环境更难以达到老年人的标准。未成年人对城市生态环境满意程度排在倒数第 2 位，因为相比其他年龄段，未成年人在学校中接受了更多的保护生态环境教育，从而环保意识更强，故对城市的生态环境要求相对中年人更高。中年人对于城市生态环境的满意度最高，主要有以下两点原因：一是中年人"上有老，下有小"，承担了更多的家庭与工作责任，对城市生态环境的关注度相对较低，故满意度较高；二是中年人相较于青年人，更完整地经历了近些年政府加大生态文明建设投入、生态环境逐渐变好的过程，故对城市生态环境的评价最高。

三、高收入人群对生态环境要求严格

收入越高，居民越倾向于对生态环境要求更为严格。如图18-7所示，不同收入群体对城市生态环境的满意度存在差异。对城市生态环境良好表示"非常同意"和"同意"的受访者中，0.5万元以下、0.5万~1万元和5万元以上的收入群体占比均超过70%，而1万~3万元和3万~5万元的收入群体占比略低于70%，城市生态环境满意度按收入群体划分出现"两头多、中间少"现象。认为城市生态环境"一般"的受访者人数随着收入的提高而减少，而对城市生态环境良好持反对意见的受访者人数随着收入的增加有着相应幅度的明显增加，这表明高收入人群对城市生态环境的要求更为"苛刻"，故持否定态度的居民比例增多。

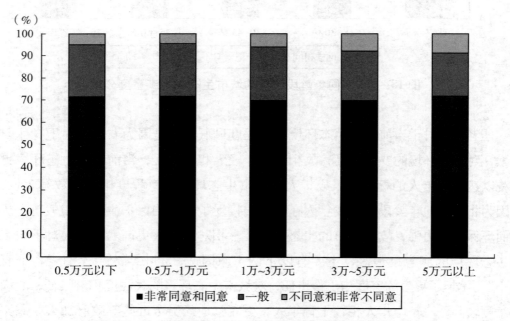

图18-7 不同收入群体的城市生态环境满意度分布

出现这样的现象与高收入人群的需求层次更高脱不开关系。随着收入的提升，人们倾向于追求高品质生活，从而对生活各方面的需求层次更高，而生态环境恰是提升生活品质的重要一环，故高收入人群中对所在城市生态环境不满意的比例更高，对城市生态环境的要求更苛刻。

第三节　城市创新创业氛围

2014 年夏季达沃斯论坛上，时任国务院总理李克强第一次提出"大众创业、万众创新"，在 960 万平方公里土地上掀起"大众创业""草根创业"的浪潮。乘着党中央创新创业政策的东风，各级政府多措并举，加大资金投入，支持和引导新型企业、小微企业的发展，带来中国经济新引擎加速启动，助力我国产业升级和经济结构转型。2022 年 9 月，时任国务院总理李克强在全国大众创业万众创新活动周上宣布，双创与"放管服"改革互促共进，培育壮大了市场主体，2022 年已达 1.6 亿多户，在 10 年内增加近 2 倍，形成支撑我国市场经济的庞大基础。本次调研通过各城市居民对其所在城市创新创业氛围的主观感受评价来研究分析"双创"8 年来城市经济活力的影响。

一、中西部政府正致力于营造浓厚创新创业氛围

我国中部和西部地区城市的创新创业氛围逐渐浓厚。不同地区城市的创新创业氛围有着明显的差异性，传统意义上讲，我国东南沿海地区城市政府对于创新创业活动的支持力度较大，城市的创新创业氛围更为浓厚，然而近年来国家对区域协调发展的支持、"一带一路"的实施促进了中西部地区创新创业活动的发展，中西部城市的创新创业氛围得到了很大改善。

如图 18－8 所示，中西部地区共 12 座城市入选创新创业氛围评价前 20 名榜单。令人惊喜的是，拉萨的创新创业氛围高居榜首。西藏地区政府乘着国家促进区域协调发展的政策东风，对地区特色产业进行大力扶持，支持农林牧副渔等的创业活动，取得了显著的成绩。川渝城市群创新发展势头凶猛，信息技术

等新兴产业得到有序引导，激发了城市创新活力。两湖地区城市政府对于创新创业的支持也得到了居民的好评，以湖北省为例，全力建设武汉有全国影响力的科技创新中心，湖北全省新型研发机构位居全国第二，国家级高新区数量位居全国第四，武汉光电子信息集群入选我国先进制造业集群。由此看出，随着中西部地区政府扶持政策、资金投入逐渐增加，中西部地区政府已经打造了较为优越的创新创业环境。

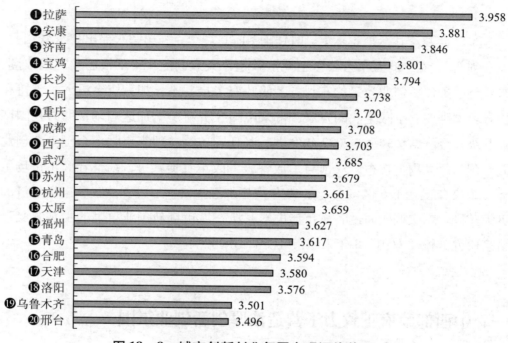

图 18 − 8　城市创新创业氛围主观评价前 20 名

二、高收入人群对创新创业氛围满意度低

收入越高，居民越倾向于不满意城市创新创业氛围。不同收入水平人群对创新创业的认知理解不同，开展"双创"活动的方向与层次也不尽相同，因此导致不同收入群体对所在城市创新创业氛围的评价不同。将受访者对城市创新创业氛围满意度与收入水平进行交叉分析得到图 18 − 9，如图 18 − 9 所示，以3 万元为分界线，3 万元以上收入人群相比 3 万元以下收入人群中对"城市创新

创业氛围，如政府鼓励、支持创新创业活动等"这一问题不同意的比例明显增加，由此可见，高收入人群更倾向于不满意所在城市的创新创业氛围。分析背后的原因，一是收入越高，人们对城市创新创业氛围的期待越高，对政府的鼓励支持措施需求更多，因而对城市创新创业氛围的评价更为苛刻；二是高收入人群的创新创业资金雄厚，故倾向于开展大型的创新创业活动，而大型的"双创"活动必然对城市创新创业环境要求更高，而现行的政策与措施支持无法与大型"双创"活动匹配，故高收入群体对所在城市的创新创业氛围更倾向于不满意。

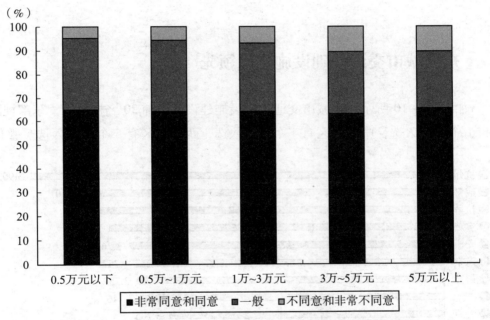

图 18-9 不同收入水平的城市创新创业氛围满意度分布

第四节 城市交通基础设施建设

党的二十大报告强调，要加快建设交通强国，加快构建现代化、数字化的交通运输体系。交通是促进城市经济发展、提升居民生活水平的基础，构建现代化的交通运输体系是实现高质量发展的内容之一，故本次调研研究中把交通基础设施建设作为一个重要的指标，主要从高速公路、高铁、地铁、市内交通建设的完善程度方面进行评判。

总体而言，当前我国各城市居民对所在城市交通基础设施建设的满意度较高，我国城市交通基础设施及其服务水平能够满足大部分居民的需求，交通基础设施建设日趋完善。城市间的高铁网络搭建大大提升了要素流动的效率，城市内的公共交通建设也使得城市运行效率大大优化，在拉动城市经济增长的同时，提升了居民的通行便利度，故本次调研中居民对政府交通基础建设投入的满意程度呈现出较高水平。

一、东部城市交通基础设施建设领先

如图 18 - 10 所示，在城市交通基础设施建设评价前 20 名榜单中，东部地区有 11 个城市入选，中部地区有 4 个城市入选，西部地区有 5 个城市入选。整体

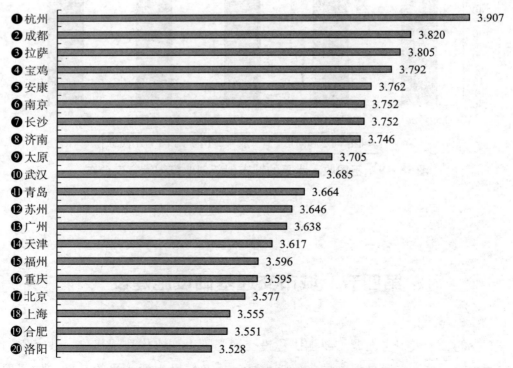

图 18 - 10 城市交通基础设施主观评价前 20 名

而言，东部地区城市保持交通基础设施建设处于领先地位。不过，在前五名中除杭州外，成都、拉萨、宝鸡、安康均处于西部，西部地区部分城市交通基础设施建设取得突出成果。

在本次调研中，杭州市以 3.907 的交通基础设施建设系数高居第一，成为城市交通基础设施建设的城市范本。分析背后的原因，一是经济发展水平高。杭州位于长三角地区，作为我国经济发展中心之一，生产总值总量和增量均处于全国上游位置，经济高速发展为城市交通基础设施建设提供了支撑与动力。二是交通建设数字化。杭州依托先进的大数据、云计算等技术，搭建智能交通系统，一方面不断优化交通基础设施规划格局，另一方面实现城市交通运输的智能化管理，大大提升了城市交通出行的便利度。

二、长期居住人群对城市交通的满意度低

随着居住时间的增加，居民对城市交通基础设施的满意度降低。如图 18-11 所示，受访者中不同居住时长人群对城市交通基础设施的评价呈现出不同结果。

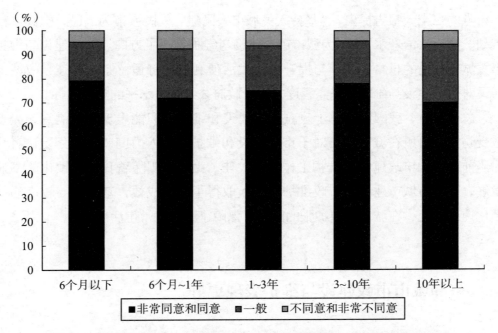

图 18-11　不同居住时长群体的城市交通基础设施建设满意度分布

在城市居住 10 年以上人群对城市交通基础设施的满意度明显低于其他居住时长人群，而居住时长为"6 个月以下"的受访者认可城市交通基础设施建设的比例最高（79.23%），说明当前我国交通基础设施建设能够满足大部分居民出差和短期居住的需要。同时，随着居住时长的增加，持"一般"态度的受访者人数占比基本呈递增态势，这表明随着居住时长的增加，居民对城市交通基础设施建设状况的满意度会降低。

分析其原因，居住时间越长，居民越能全面体验整个城市的交通基础设施状况，因此对城市中一些交通基础设施欠发达的区域的关注度更高，从而倾向于降低对所在城市的交通基础设施建设评价。综合来看，我国距建成"交通强国"仍有一段距离，各地政府应注意交通基础设施建设的全面性，打通交通出行"最后一公里"，切实提升整个管辖区域的交通便利度。

第五节　城市市政建设与维护

党的二十大报告提出，"坚持人民城市人民建、人民城市为人民，提高城市规划、建设、治理水平"，为城市市政建设与维护指明了方向。市政建设与维护事关城市居民的日常生活，与提升城市生活便利度与舒适感紧密相连，故城市居民对市政建设与维护的满意程度是评价政府公共服务水平的重要指标。

总体来看，我国居民对于政府市政建设和维护的职能表现基本满意，大多数受访者认可所在城市政府对于市政建设和维护的投入力度，少部分受访者认为当前政府的市政建设和维护工作表现欠佳，由此表明随着我国城镇化的高速发展，政府对城市建设和市政维护的投入取得了一定成效，基本能与较高的城镇化速度匹配，在城市快速扩张的同时，保障了城市日常生活质量。

一、东部城市市政建设与维护表现更好

整体而言，我国东部地区城市的市政建设与维护表现更佳。如图 18 - 12 所

示，城市市政建设评价前20名榜单中东部城市有10个，中部和西部城市分别有5个。在东部地区中，长三角和珠三角地区城市表现亮眼，分别有4个和2个城市入选，并包揽城市市政建设与维护评价第2～5名。西部地区中川渝双城的市政建设与维护水平也居于领先地位，成都在本次调研中险胜苏州成为榜首，重庆则居于第15位。中部地区中两湖城市群的市政建设与维护水平较高，长沙和武汉分别位列评价第8和第10名。

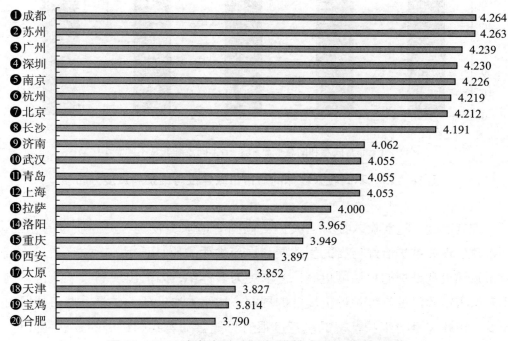

图 18 - 12　城市市政建设与维护主观评价前 20 名

二、高收入群体对市政建设与维护满意度低

收入越高，居民对城市市政建设与维护情况的满意度降低。不同收入群体对城市市政建设与维护的关心程度与要求不同，故收入对城市市政建设与维护的评价有重要影响。根据图 18 - 13，以 3 万元为界线，3 万元以上收入人群与 3 万元以下收入人群相比，认为城市市政建设与维护状况"一般"的比例明显下降，而"不同意"的比例明显增加，这表明高收入群体对于城市市政建设与维

护要求更苛刻，对所在城市的市政建设与维护情况满意度更低。

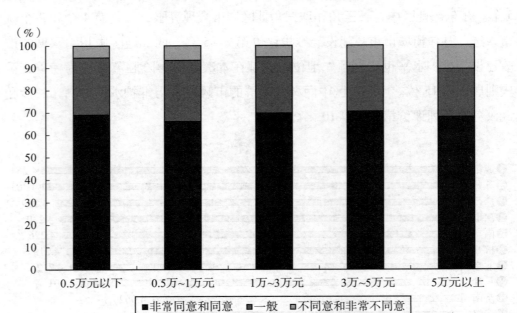

图 18 – 13 不同收入群体的城市市政建设与维护满意度分布

  究其原因，随着收入提升，人们更倾向于追求更便利、更高质量的生活，而市政建设和维护恰好与居民生活便利性与生活品质息息相关，故高质量人群对市政建设和维护的关注度更高，需求更为多样化，因而出现高收入人群倾向于对城市市政建设与维护评价较低的局面。按照本次调研的结果，城市居民对于城市市政建设与维护情况的满意度很有可能会随着我国经济的发展而降低，若想继续保持人们的高满意度，政府部门应未雨绸缪，提高市政建设与维护的标准和投入，优化人民城市的市政基础设施布局，更进一步提升人民生活便利度，增强城市综合承载力，建设令人民满意的宜居城市。

第六节　政策启示

  经过对城市政府治理能力进行主观评价，得到如下结论：一是目前我国城市居民对于政府治理能力的满意度普遍较高，整体而言城市政府治理能力交出了令人满意的答卷。二是目前我国城市政府治理能力存在地域差异性，整体而言呈现出"南高北低、东强西弱"的态势。三是随着城市的发展和居民收入的提升，城市居民对于政府治理能力的需求标准逐渐提升，应继续推动政府治理能力现代化发展。针对城市政府治理能力主观评价结果，提出如下政策建议：

第一，树立服务型政府治理理念。随着我国经济的发展和市场经济的深入改革，为适应新时代城市的高质量发展，应尽快实现政府部门管理理念向服务理念的转变，加强政府的公共服务职能的理念，将政府切实塑造成一个为公众、社会提供公共产品、发展公益事业的公共服务机构，真正实现官僚型公务员向人民公仆的转变。

第二，开展跨区域合作治理。为了协调不同地区间城市治理能力的差异，应完善区域间信息相互沟通制度。加强政府间在治理合作中的信息沟通，及时互通各自的信息，为采取联合治理行动提供信息支持。同时，中西部地区政府应积极学习东部地区政府的现代化治理模式，深入探讨先进治理案例，结合城市实情，提高政府治理水平数字化、智能化发展水平。

第十九章　城市后天努力·人居 环境发展主观评价

对幸福生活的追求是推动人类文明进步最持久的力量。进入新时代，人民对美好生活的向往更加强烈，期盼有更好的教育、更稳定的工作、更满意的收入、更可靠的社会保障、更高水平的医疗卫生服务、更舒适的居住条件、更优美的环境、更丰富的精神文化生活，期盼孩子们能成长得更好、工作得更好、生活得更好①。党的二十大报告将"增进民生福祉，提高人民生活品质"作为未来十年工作的推进重点之一，强调要坚持在发展中保障和改善民生，要紧抓人民最关心最直接最现实的利益问题，健全基本公共服务体系，提高公共服务水平，增强均衡性和可及性，扎实推进共同富裕。城市是居民生活的主要单元，城市环境建设和基础设施建设关乎民生福祉，提高城市居住环境水平是城市高质量发展的重要内容。居住环境通常指围绕居住和生活空间的各种环境的总和，包括自然条件、各种设施条件和地区社会环境等。对于不同研究角度，居住环境的研究内容也各有侧重。在城市居住环境研究中，关注内容主要为自然生态环境、公共服务设施的配置、社会文化氛围与历史传承等，本次"关于居民对城市高质量发展主观感受的问卷"中设置了对居民关于所在城市居住环境的主观感知的调查，分别从民生环境、文化环境、教育环境、医疗环境、生活服务五个方面进行具体分析。城市人居环境在广义上不仅包括人们能切实感受到的物质实体，更是指物质和非物质二者共同围绕人所形成的城市人居环境，包括

---

① 中共中央宣传部．习近平新时代中国特色社会主义思想学习纲要［M］．北京：学习出版社，人民出版社，2019：41.

城市具有的独特文化、人口和自然资源、经济规模等。本报告结合所研究主题，同时借鉴诸多学者的研究成果，将城市人居环境主要概括为民生环境、文化环境、教育资源、医疗卫生资源和生活服务五个方面。通过对五个维度发展设置相应问题，用以对城市人居环境进行测度和评价。

　　人居环境指数评价前二十名的城市如图 19 – 1 所示，可以看出经济发达省份人居环境评价更高，如杭州、苏州、北京等地。杭州市以 4.048 的指数位列第一；成都市以 4.000 的指数排名第二；苏州市排名第三。其次，多数省会城市较非中心城市的人居环境发展更突出，具有更高的评价指数。在前二十名的排名中，共有省会和直辖市 15 个。宝鸡市是陕西省内排名最高的城市，位列第十五名，反观西安作为省会城市排名较为靠后，甚至低于安康市。总体而言，前二十名城市间指数差距较小，我国人居环境总体发展较为均衡。

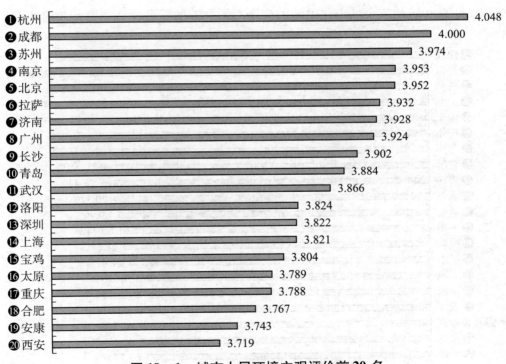

图 19 – 1　城市人居环境主观评价前 20 名

第一节　城市民生环境

为人民谋幸福是中国共产党人的初心。习近平总书记指出："人民对美好生活的向往，就是我们的奋斗目标。"[①] 我党始终把人民放在心中最高的位置，始终全心全意为人民服务，始终为人民利益和幸福而努力奋斗。基于"以人民为中心"的根本立场，国务院通过扩大价格补贴范围、完善社会救助体系、确保资金落实到位等举措，切实兜住兜牢民生底线。

从省域视角来看，经济发达省份的房贷、物价和养老压力更大（见图19－2）。深圳、北京、杭州三个城市居民的民生压力排全国前三名，认同度都超过80%。

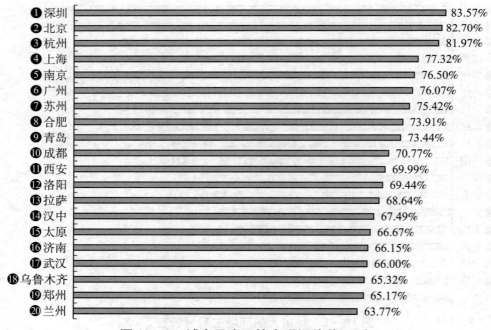

图 19－2　城市民生环境主观评价前 20 名

① 人民对美好生活的向往就是我们的奋斗目标（深入学习贯彻习近平新时代中国特色社会主义思想）［EB/OL］.（2021－08－11）［2024－03－19］. 中国青年网，https：//pinglun. youth. cn/ll/202108/t20210811_13162563. htm.

这三个城市都是我国经济发展最为活跃的城市。上海、南京、广州等地的居民压力也相对较高。居民对所居住城市的民生环境压力认同度排名的前二十城市中，省会城市和我国东部地区占比最多。这些城市都是我国经济发展较为发达的地区。由此可见，更高经济水平在给居民带来了更多就业机会和更高薪资的同时，也带来了更高的生活成本和更大的生活压力。经济发达城市居民的民生压力相对较大。

　　问卷对民生环境的调查主要从房贷、物价、养老等方面入手，考察房贷是否占据了居民收入的很大比例，物价是否与所在城市工资水平相匹配，养老是否给居民带来了巨大压力。从全国范围内来看，如图 19 - 3 所示，近七成的受访者"同意"或"非常同意"房贷、养老和物价等给生活带来了巨大压力，近三成的受访者对此感受一般，对民生环境是否给生活带来巨大压力没有明显的偏向性感知，只有极少数居民认为所处城市当前的民生环境对居民生活压力没有影响。这表明我国社会总体的民生环境不甚理想。

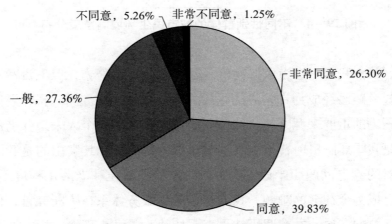

图 19 - 3　城市民生环境居民满意度占比分布

　　此外，调研结果也显示，男性和女性对民生压力感知没有明显差异。本次调研结果（见图 19 - 4）显示男女性在房贷、物价和养老压力面前并没有表现出明显差异。男性"非常同意"当前民生压力很大的比例有 29.14%，女性则为 23.69%，但男性持"同意"当前民生压力很大的比例为 38.95%，女性则为 40.64%，总体基本持平。这说明男女性都普遍认为当前的民生压力较大。尽管在我国传统观念中，普遍认为男性在保障家庭支出方面承受更大压力。然而，调研结果却显示男性、女性在房贷、物价和养老等生活责任承担上没有明显差别。

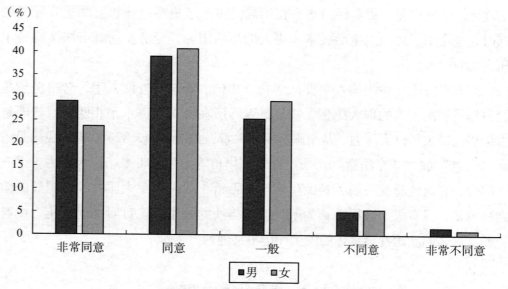

图 19 - 4　不同性别群体的城市民生环境满意度分布

　　此外,虽然我国一直为保持物价平稳而不断作出努力,但工资水平与物价水平的明显差距已经成为许多居民生活的重要压力来源。同时,养老问题也是居民生活压力的重要来源之一。而养老压力也不仅是对个人未来养老压力的担忧,更多是我国居民目前普遍面临的父母赡养压力,尤其突出的是我国独生子女群体面对的养老问题。伴随着我国人口结构的变化和老龄化程度不断加深,养老问题已成为全社会的难题。我国社会保障服务体系在不断完善,但仍需改进和补足。总的来说,本次调研结果表明持续改善民生环境,扎实推进"控房价""稳物价""保养老",着力减轻居民生活压力,提高居民生活的满意度和幸福感依然是我国城市建设的重点工作。

一、经济发达省份的房贷、物价和养老压力更大

　　从省域视角来看,经济发达省份的房贷、物价和养老压力更大。如图 19 - 5

所示，受访者对"当前的民生环境给生活带来了巨大压力"一点表示非常同意的选项比例中，北京为52%，而上海有41%。"非常同意与同意"共同占比也表现出一致的分布规律，北京、上海和江苏明确表示压力巨大的受访者比例都超过了70%。由此可见，更高的经济水平给居民带来了更多就业机会和更高薪水的同时也带来了更高的生活成本和更大的生活压力。

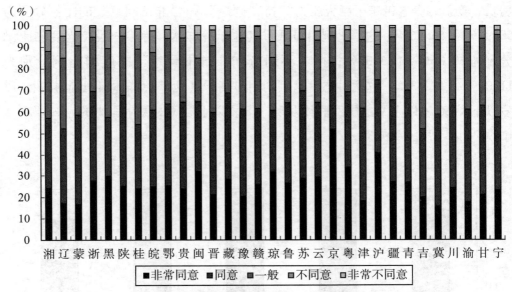

图19-5　不同省份的城市民生环境满意度分布

东北地区居民民生压力感知普遍更低。吉林、辽宁两省认为房贷、物价、养老给他们带来巨大压力的受访者只有半数。黑龙江省这一比例稍高，但也仅约6成。东北地区房价在全国范围内来看处于较低水平，物价也偏低，这极大地减轻了居民生活压力。相比于北京、上海等一线城市，西部地区居民的民生压力也要低很多。甘肃、广西、内蒙古、新疆、云南等省份居民明确认为"民生压力巨大"的比例和东北地区基本相似。由此可见，虽然东北地区和西部地区经济发展水平稍落后于东部发达省份，但相应的房贷、物价等的生活压力也较小。

二、中年人的房贷、物价和养老压力最大

　　分年龄段来看，随着年龄的增长，居民感受到的民生压力呈现先增加后减少的态势。如图 19-6 所示，18 岁以下和 60 岁以上的居民对"当前所处城市的房贷、物价、养老带来了巨大压力"持"同意"和"非常同意"的比例分别为 58.92% 和 55.56%，这一比例明显低于其他年龄群体；持"一般"态度的比例分别为 30.06% 和 33.02%；持"不同意和非常不同意"态度的比例分别为 11.02% 和 11.43%，这两种态度比例均明显高于其他年龄群体。但通过对比 18 岁以下和 60 岁以上两组居民群体发现，18 岁以下居民对民生压力的感知要略高于 60 岁以上居民。

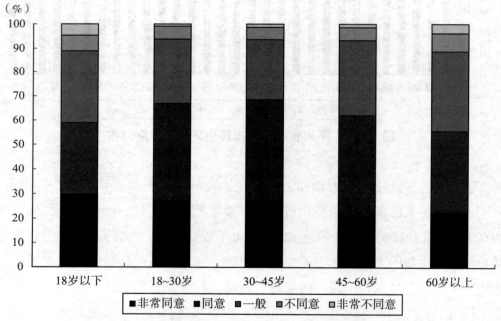

图 19-6　不同年龄群体的城市民生环境满意度分布

　　通过以上分析可知，整个社会中民生压力最小的群体是青少年和老年。青少年还未步入社会，暂未承担挣钱养家的责任，未能切身体会到生活的艰辛。60 岁以上老人基本已退出劳动力市场，已完成生儿育女和赡养父母的任务，一

生的财富积累使得他们无须再承受像年轻人一样的生活压力。此外，老年人对民生压力的感知最低还可能与他们工作的时代的房价、物价等生活压力与现如今相比相对较小有很大关系。但青少年和老年人的不同之处在于：青少年虽暂且不必承担现实的生活压力，但是未来仍需面对，因此会时刻关注民生变化且具有对未来需面临的生活压力的担忧。

18岁以上人群伴随着年龄的增长，居民感受到的房贷、物价和养老压力逐渐增大，在30~45岁年龄段达到峰值。其中，有68.72%的人持"同意或非常同意"；认为当前压力"一般"的比例在24.69%；仅6.32%的人"不同意或非常不同意"当前面临较大的民生压力。这一年龄段的居民正处在"上有老下有小"的中年时期，具有最重的家庭负担，因此感受到民生压力最大。而45~60岁年龄段居民的民生压力较30~45岁居民有所降低，甚至低于18~30岁居民群体，这是由于该年龄段的居民逐渐退出家庭"顶梁柱"的身份，生活压力减小。

第二节　城市文化环境

中国特色社会主义是精神文明和物质文明全面发展的社会主义。要发展中国特色社会主义文化，加强社会主义精神文明建设，激发全民族文化创新创造活力，建设社会主义文化强国，就要从城市文化建设出发，提高城市文化环境质量和水平。城市文化环境是城市高质量建设的重要指标，本次调研主要关注文化基础设施建设方面的硬指标，比如图书馆、博物馆和影剧院的供给。

我国各城市居民对文化环境的满意度相差较大，南京市的满意度最高为92.31%，河北省邢台市满意度最低仅为51.24%。图19-7为满意度排名前二十的城市，其中仅南京市的满意度高于90%；成都、杭州、广州等十一个城市的满意度也超过了80%，位于第二梯队。其他城市的排名虽然较为靠前，但具体满意度占比相对较低。这些排名前二十名城市的经济发展水平都较高，文化和经济是互相催化的，经济繁荣会促进文化转移。当一个城市经济发展水平较高，民生环境建设也较好时，更多的精力和财力就会被转移到文化环境建设上来，来满足人民日益增长的科学文化需求。所以，经济发达的城市文化环境发展更好。

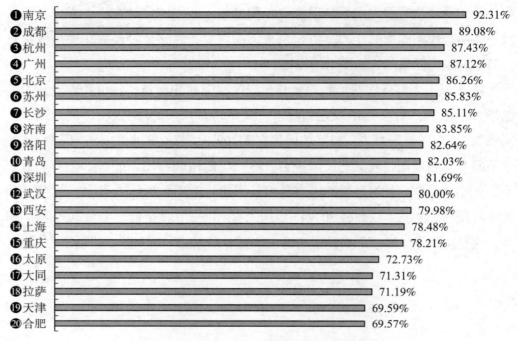

图 19 - 7　城市文化环境主观评价前 20 名

受访者对文化环境的主观感受主要从图书馆、博物馆、影剧院等满足日常文化消费的程度来判断。如图 19 - 8 所示，从全国总体范围来看，超七成的居民认为所在地图书馆、博物馆和影剧院等文化设施能满足日常文化消费的需要；超两成的居民认为当前文化环境对日常文化消费的满足程度一般；仅不到一成的居民认为当前文化环境无法满足他们的需要。这说明我国总体的城市文化环境建设水平较高，可以基本满足居民对日常文化消费的需要。

在我国，不同类型不同级别城市的文化基础设施建设的数量和质量差别较大，很多小城市的图书馆、博物馆等文化设施质量较差且数量较少，无法为培养居民文化消费习惯提供支持。基于此客观条件，文化基础设施服务对绝大多数居民来说并不是刚需，因此多数受访者对所处城市文化环境问题感知并不敏感，这使得问卷调查呈现出偏乐观的结果。未来我国城市文化环境建设应更注重小城市的基础设施服务建设和培养居民的文化消费习惯，以此促进城市文化环境高质量发展。

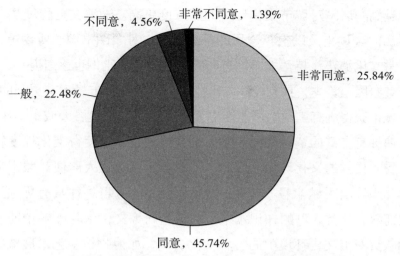

图 19 - 8　城市文化环境居民满意度占比分布

一、文化程度越高对文化环境满意度越高

根据受访者的不同文化程度对文化环境满意度进行分析，如图 19 - 9 所示，

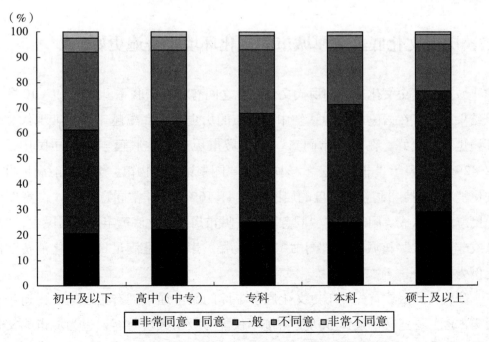

图 19 - 9　不同学历群体的城市文化环境满意度分布

文化程度越高的居民对城市文化环境的满意度更高。随着文化程度从"初中及以下"学历向"硕士及以上"学历的不断提升，对"图书馆、博物馆、影剧院能满足日常文化消费"持"非常同意和同意"态度的比例也逐渐提高。

分析其原因，首先，具有较高文化程度的人在就业市场上有更强的竞争力，在一二线城市获得满意工作的可能性更大，因此更容易定居大城市工作和生活。大城市普遍拥有丰富的资源和更高水平的文化建设，这使得文化程度较高的居民能够享受到更好的文化环境。因此，不同学历层次的人群便对城市文化环境的主观感知表现出明显偏差。其次，文化程度高的人群往往具有更强烈、更广泛的文化需求，这类人群的知识水平、兴趣趋向等文化素养能够帮助他们更好地体验和欣赏城市文化环境中的各种文化资源，如博物馆、艺术展览等，并能够给出更加全面的评价。因此，即使面临相同的城市文化资源，不同文化程度的人对文化环境的感知水平也有不同。此外，文化程度较高的人群也有更高的文化参与度和文化认同感，他们能更加积极地参与到城市文化生活，感受到城市文化环境的活力和魅力，文化程度越高的人群也更能理解和认同城市文化环境的内涵和特点，对城市文化氛围有更深的感受和认同。

二、历史文化底蕴丰厚城市的文化环境也普遍更好

城市的历史文化底蕴和现代文化环境之间有着紧密联系。从图 19 – 10 的调研结果来看，在居民的主观认知中，城市的历史文化底蕴越丰厚，其现代文化环境也普遍更好。在"非常同意"所在城市历史文化底蕴丰厚的居民中，有 42.42% 的人表示"非常同意"该城市的"图书馆、博物馆、影剧院能满足日常文化消费"，持"同意"态度的居民也有 41.16%。"非常同意"和"同意"的比例总和超八成。同时，在"同意"所在城市历史文化底蕴丰厚的居民中，"同意或非常同意"该城市的"图书馆、博物馆、影剧院能满足日常文化消费"的比例为 70%。

分析其原因，首先，历史文化底蕴丰厚的城市通常拥有更多的文化遗产和历史古迹。这些文化遗产和历史古迹不仅能够吸引大量游客，也为城市的文化发展提供了基础和灵感。同时，这些文化遗产和历史古迹也往往成为城市建设

中的重要元素，例如用于修建博物馆、图书馆等文化设施，使得城市的文化环境更加丰富多彩。其次，历史文化底蕴丰厚的城市往往拥有更多的文化机构和文化活动，例如博物馆、美术馆、剧院、音乐厅等，这些机构和活动不仅丰富了城市的文化生活，也为文化产业的发展提供了支持。例如，有些城市不仅拥有丰富的文化资源，而且还建有相应的文化设施和配套服务，如音乐厅、电影院等，这些设施为文化活动的举办提供了必要的保障和支持，使得文化活动更加顺畅和成功。最后，历史文化底蕴丰厚的城市还能够吸引更多的文化人才和资源，这些人才和资源为城市的文化创新和发展提供了保障。例如，一些历史文化底蕴丰厚的城市拥有较为完善的文化产业链，能够吸引到更多的文化创意人才，从而推动了文化创新和发展。总的来说，历史文化底蕴丰厚的城市往往也拥有更好的文化环境，这是历史文化底蕴和文化环境之间相互促进的结果。

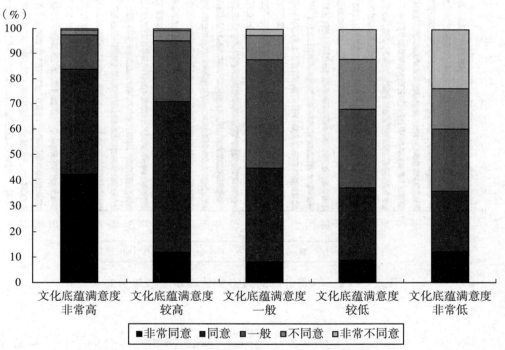

图 19-10　城市文化底蕴满意度与文化环境满意度占比

三、经济发达省份的文化环境普遍更好

调研结果显示（见图 19-11），居民对文化环境满意度最高的省份是北京，

对北京"图书馆、博物馆、影剧院能满足日常文化消费"表示"同意"和"非常同意"的比例高达 87.7%。北京作为全国的政治和文化中心，有着最为丰富的城市资源。北京历史和文化传统悠久，文化遗产丰富，基础条件得天独厚，政府也对文化事业高度支持，投资建设了众多文化设施和项目，为人们提供了更好的文化环境和服务。此外，北京作为最为多元化的城市之一，有着更加多元的文化氛围。2020 年北京市政府发布的《北京市推进全国文化中心建设中长期规划（2019~2035 年)》指出：文化中心一直是北京重要的首都功能，要努力将北京建设成为首善之区、模范之地、创新之城，不断朝着世界历史文化名城、世界文脉标志迈进。这些政策支持令文化资源更加丰富多彩。

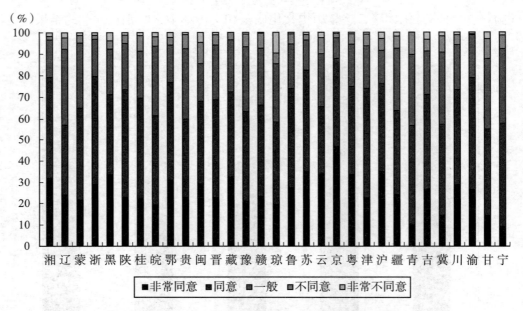

图 19-11　不同省份的城市文化环境满意度分布

江苏、浙江、重庆和上海的文化环境居民满意度也处于较高水平。这些省份经济发展水平高，文化设施建设资金充足，文化吸引力强，图书馆、博物馆、影剧院数量多、级别高，居民对文化消费的满足程度自然也处于较高水平。湖北、湖南、陕西、山东等省份受访者"同意"和"非常同意"所处城市"图书馆、博物馆、影剧院能满足日常文化消费"的比例均超过七成，这些省份的文化环境也基本满足了市民的文化需求。

经济发展水平和文化环境建设之间存在密切的关系。一方面，经济发展水平可以为文化环境建设提供必要的物质条件；另一方面，文化环境建设也可以促进经济发展。随着经济的发展，人们的物质生活水平和文化需求都会得到提高。这就为文化环境建设提供了更充足的物质基础。经济发展可以通过促进教育事业的发展提高教育水平，进而提高整个社会的文化素质。同时，经济发展也可以提供更多的文化资源和资金，促进文化产业的发展，为文化环境建设提供更多的支持。而文化环境建设也可以反哺经济发展。文化环境建设可以为城市和地区创造独特的文化氛围和形象，吸引更多的游客和投资者。例如，一些有着悠久历史和独特文化的城市，如北京、上海、巴黎等，以独特的文化氛围和建筑风格发展成为了世界著名的旅游城市。同样，一些有着良好的文化环境的城市和地区也会吸引更多的文化产业和创意产业的投资，促进经济的发展。综合来看，经济发达的省份普遍有着更好的文化环境，经济发展水平和文化环境建设之间在某种程度上存在着相互促进的关系。然而，经济发展水平也并不能成为城市文化环境的决定因素，城市文化环境还与城市文化基因、政策定位等其他因素有很大关系。

第三节　城市教育环境

调研主要从上学难易程度、学费高低和上学方便程度等方面考察居民对教育环境的主观感受。图 19－12 为满意度排前二十名的城市，排名第一的济南仅有 71.54% 的满意度，拉萨和安康也同属于第一梯队，居民满意度均超过 70%。长沙、苏州、宝鸡等七个城市居民对城市教育环境的满意度均高于 60%，属于第二梯队。排名中其他十个城市的教育环境满意度都不高。在此项调研中，对城市教育环境满意度最低的是郑州市，满意度仅有 38.74%。综上，各城市教育环境满意度总体较低。①

———————————

① 这里指本次调研涵盖的所有城市中，郑州市教育环境满意度最低，为 38.74%。图 19－12 中仅展示出了前二十名城市。

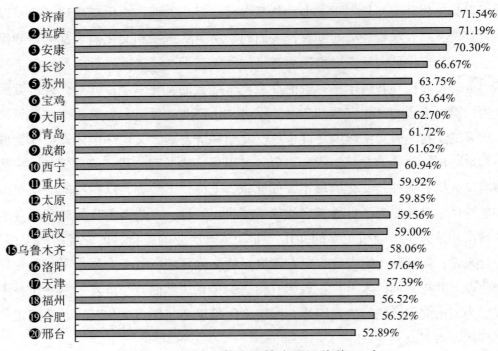

图 19 – 12　城市教育环境主观评价前 20 名

如图 19 – 13 所示，超过五成的居民认为当前所处城市的教育环境良好，具体表现为"上学不难、上学不贵、上学方便"。而认为当前教育环境一般的居民占三成，另有不到两成的居民对当前的教育环境表示不满意。与文化环境的满意度相比，教育环境总体表现略差，这表明我国城市教育环境建设仍有一定的上升空间。

教育是生活的必备项，孩子上学的难易深刻影响着家庭生活的方方面面，因此受访者普遍对所在城市教育环境有着较高的要求和敏感度。虽然我国始终积极统筹教育资源的均衡分配，致力于教育环境的改善，但仍有很多中小城市存在教育资源不足、教学质量较差等问题。有许多县级中学的图书场馆、实验室器材、体育场馆等设施无法满足日常教学需要，学校教师的学历和教学水平也与大城市的知名中学有很大差距。因此，教育资源的不均衡分配使得各地区存在教育不公平现象，导致居民对我国当前教育环境的满意度降低。

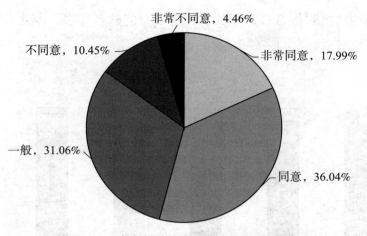

图 19 – 13　城市教育环境居民满意度占比分布

　　基于当前环境所展现出的教育问题，国家也在积极推进相关工作。2021 年，教育部办公厅发布《关于开展县域义务教育优质均衡创建工作的通知》，强调"补齐短板、兜住底线，着力提升薄弱地区、薄弱学校、薄弱环节和困难群体教育水平"，力求减小地区教育差距，更好地满足人民教育需求。不过，随着我国人口形式的转变，人口增长进入"负增长"时代，教育资源短缺的问题将大为缓解，"上学难"的问题将主要集中在教育资源的整体质量方面。因此，未来城市教育环境的改善应更加侧重提高教育质量，优化竞争环境，真正解决居民在教育问题上的急事、难事。

一、个体经营户和学生对教育环境满意度更高

　　如图 19 – 14 所示，从不同职业类型来看，不同职业类型对所在城市教育环境的满意度整体差别较小。个体经营户对教育环境的满意度较高，这可能与该群体对子女教育的重视程度较低有关，因此容易对当前的教育环境表达出满意或者无所谓的态度。而有趣的是，学生群体认为"上学不难、上学方便和上学不贵"的比例要远高于其他职业者。其中的原因显而易见：受访的学生既已成为学生，必然有着比被迫辍学的孩子更加便利的上学条件；对于原本的教育环境不好的学生，学生家庭会通过"搬至离学校更近的居住地""选择与自身经济

能力相匹配的学校"等方式适配到最合适自身的教育环境。因此，成为学生本身就代表了家庭对教育的一种重视。

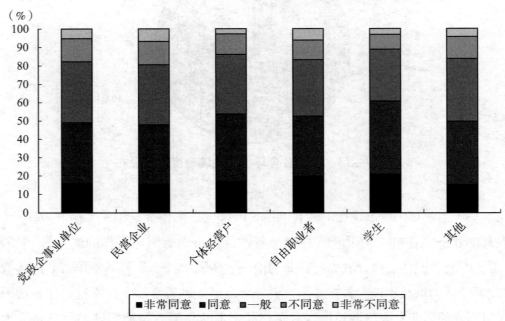

图 19 – 14　不同职业群体的城市教育环境满意度分布

二、城市人口及产业集聚程度越高城市教育环境越好

　　问卷调查内容还包括"城市人口增多带来了大量企业集聚，这增加了您的就业选择和收入"等问题。通过对此问题与居民对城市教育环境的主观感受进行交叉分析，得到图 19 – 15 所示的统计结果。在"非常同意"所在城市虹吸效应及产业聚集程度高的人群中，有八成对该城市教育环境也较为满意。当对城市虹吸效应和产业聚集程度的认可度降为"同意"后，这一比例也降低为六成。由此可见，随着居民对城市虹吸及其产业集聚带来就业选择和收入增加的认可程度不断降低，城市教育环境的居民满意度也不断下降。

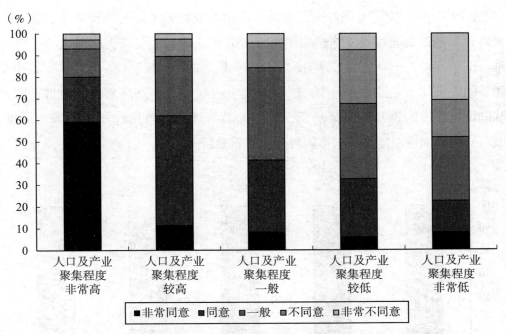

图 19 - 15　城市人口及产业聚集程度与教育环境满意度占比

　　城市虹吸是指大城市的吸引力，它会吸引周围地区的人口和资源流向城市中心。与此同时，这种吸引也为城市带来了更多元的就业机会和更好的经济条件，这促进了产业集聚程度的提高。城市教育环境是吸引人才的重要影响因素之一。当城市的教育资源丰富、教育质量较高时，对高素质人才的吸引也会增多。这些人才在城市中工作和生活，也会吸引更多的人才和资源流向城市中心，进一步增强城市虹吸效应。因此，可以说城市虹吸和城市教育环境之间存在正相关关系。城市虹吸会带动城市产业集聚程度的提高，而城市教育环境则会增加城市吸引人才的能力，两者相互促进，形成一个良性循环，使得城市发展更加稳健和可持续。

三、交通基础设施完善城市的教育环境也更好

　　问卷还综合了调研中城市交通基础设施建设（如高速公路、高铁、地铁、市内交通建设完善等）和城市教育环境主观感受的数据。受访者调研结果表明

（见图 19–16），交通基础设施完善的城市相应地有着更好的教育环境。在"非常同意"城市交通基础设施建设完善的居民中，有 70% 受访者对城市"上学不难、上学不贵、上学方便"表示"同意"或"非常同意"。在"同意"城市交通基础设施建设完善的居民中，这一比例也达到 55%。而随着居民对城市交通基础设施建设的满意度逐渐降低，相应的教育环境满意度也不断下降。可见，城市交通基础设施建设和城市教育环境有着紧密关系。

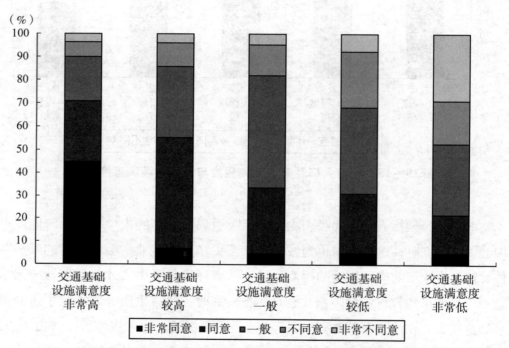

图 19–16　交通基础设施满意度与教育环境满意度占比

交通基础设施的完善可以提高人们的出行效率，使得城市各个区域之间的交流更加便捷。这也使得学生和教师可以更容易地到达教学场所，促进了城市教育资源的流动和交流。同时，交通基础设施的完善可以提高城市的吸引力，吸引更多的优秀教师和学生来到城市工作和学习。这些教育人才和群体的加入会进一步提升城市的教育水平和质量，形成良性循环。交通基础设施的完善也可以提高城市的安全性和环境质量，减少交通拥堵和污染，创造更加宜居的城市环境。这也可以提高学生的学习效率和教师的工作效率，提升城市的教育水平和质量。

第四节　城市医疗环境

居民对城市医疗环境的主观满意度最高和最低分别为杭州市（71.04%）和汉中市（39.94%）。满意度排前20名的城市如图19－17所示，在所有城市中，仅杭州的居民满意度超过了70%。济南、成都和南京三个城市的满意度都超过了65%，分别排第二、第三、第四名。其余城市之间的差距不大，这与我国医疗卫生服务资源建设的地区差异逐渐缩小有关，这说明我国在医疗公平、惠民服务工作上成效显著。但总体而言，所有城市的医疗环境满意度总体较低。

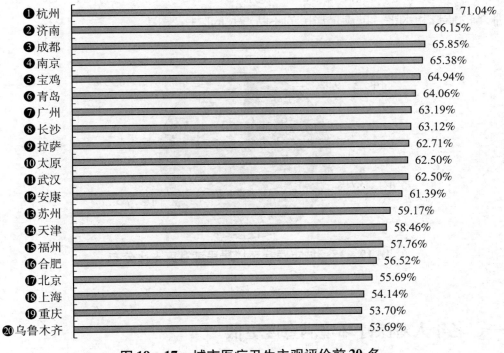

❶杭州		71.04%
❷济南		66.15%
❸成都		65.85%
❹南京		65.38%
❺宝鸡		64.94%
❻青岛		64.06%
❼广州		63.19%
❽长沙		63.12%
❾拉萨		62.71%
❿太原		62.50%
⓫武汉		62.50%
⓬安康		61.39%
⓭苏州		59.17%
⓮天津		58.46%
⓯福州		57.76%
⓰合肥		56.52%
⓱北京		55.69%
⓲上海		54.14%
⓳重庆		53.70%
⓴乌鲁木齐		53.69%

图 19－17　城市医疗卫生主观评价前 20 名

调研结果（见图19－18）显示，受访者对医疗环境的关注主要集中在看病难度、费用和便利性等方面。看病难度通常包括预约挂号难、医院排队时间长等问题。在这方面，超过 50% 的受访者认为看病不难，这表明大多数人对就医流程没有太多抱怨。看病费用是另一个关键问题，它通常包括医疗保险的覆盖范围、个人负担等。同样，超过 50% 的受访者认为看病不贵，这表明大多数人对医疗费用的承受能力较强。除了这些问题之外，受访者还关注医疗服务的便利性，这包括医院的位置、交通状况等。超过 50% 的受访者认为就医便利，这表明他们对医院的位置和交通状况比较满意。超过 30% 的受访者认为所在城市的医疗环境一般，仅 10% 的受访者对当前的医疗环境表示不满意。整体而言，居民对城市的医疗环境比较满意，医疗环境基本能够满足大多数居民的日常医疗需求。此外，对医疗环境持"同意"和"非常同意"态度的比例为 52%，这小于文化环境主观感受中 54% 的满意度；对医疗环境持"一般"态度的比例为 33.71%，此比例大于文化环境中 31% 的比例。因此经过纵向对比可以发现：居民对医疗环境的关注程度和重视程度都比文化环境更高，这意味着政府和医疗机构应该更加重视和关注城市医疗环境，积极解决居民关心的问题，提高医疗服务的质量和水平，以满足居民的不断增长的医疗需求。

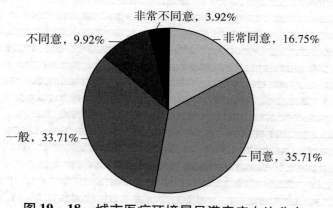

非常不同意，3.92%
非常同意，16.75%
不同意，9.92%
一般，33.71%
同意，35.71%

图 19-18　城市医疗环境居民满意度占比分布

一、老年人对医疗环境满意度更低

图 19-19 显示了不同年龄段的人对所在城市医疗环境的主观感受。18～30 岁人群对医疗环境的评价最高，对当前医疗环境"看病不难、看病不贵、看病方便"持"不同意"态度的比例最低，这一年龄段的人在社会中身体素质最好，

对看病的需求最低；同时行动能力和接受新事物的能力最强，更有能力解决在医疗就诊中遇到的各种困难。随着年龄的逐渐增长，居民对当前的医疗环境的不满意程度逐渐增加。随着年龄的增长，居民身体健康状况逐渐变差；对医疗服务的数量和质量的要求逐渐增加；并且身体行动能力也会随之下降，因此对医疗服务便捷程度的要求也会进一步提高。在进行城市医疗服务建设时，应当提高对老年群体的关注度；简化就医流程；扩大医保覆盖范围等，真正解决百姓看病就医难的问题。

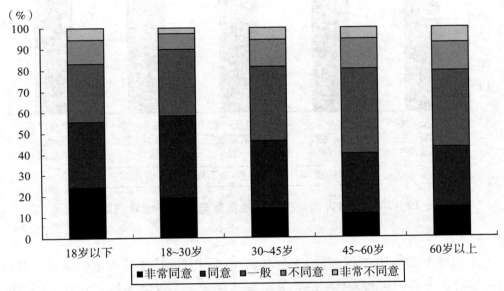

图 19−19　不同年龄群体的城市医疗环境满意度分布

二、城市人口及产业集聚程度越高，城市医疗环境越好

将问卷调查中"城市人口增多带来了大量企业集聚，这增加了您的就业选择和收入"和城市医疗环境主观感受数据做交叉分析可以发现（见图 19−20），城市虹吸及其产业集聚程度与城市医疗环境呈正相关关系。对"城市人口增多带来了大量企业集聚，这增加了您的就业选择和收入"持"非常同意"态度的受访者中有对城市医疗环境良好表示"非常同意"和"同意"的比例达81.6%。而持"同意"态度的受访者中总共有62.13%"非常同意"或"同意"

城市医疗环境良好。

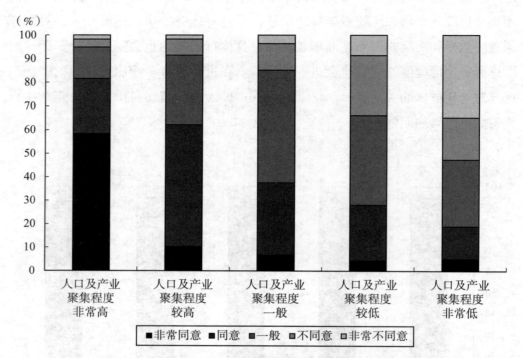

图 19－20　城市人口及产业聚集程度与医疗环境满意度占比

与教育环境类似，医疗环境本身和城市吸引力就是相互促进的关系。城市虹吸效应会吸引更多的人口，特别是高素质的人才。这些人才通常具备较高的健康素质和医疗需求，而且他们通常更加注重自身健康和医疗保障，因此，城市虹吸效应的增强将促使城市医疗环境的提升，以满足这些人才的健康需求。城市虹吸效应也会带动城市的经济、科技和文化水平的提高，从而促进医疗科技的发展和医疗资源的更新。城市虹吸效应会吸引更多的高新技术企业和科研机构进入大城市，为城市医疗环境的发展提供新的动力和支撑。城市虹吸效应和产业集聚程度还会促进医疗服务的专业化和规模化。随着城市虹吸效应和产业集聚程度的增强，医疗服务市场规模将逐渐扩大，医疗机构将逐渐向规模化和专业化发展。这将有利于提高医疗服务的质量和水平，进一步优化城市的医疗环境。而伴随着城市医疗环境和教育环境等的不断改善，城市吸引力又会得到进一步提升，二者形成正向的循环促进效应。

三、居住时间越长医疗环境满意度越低

从居住时长角度分析，如图 19 - 21 所示，受访者在所在城市居住时间越长，对该地医疗环境满意度越低。当受访者在一个城市居住时长不足 6 个月时，"非常同意"或"同意"该地医疗环境良好的比例为 62.19%；居住时长为 6 个月至 1 年时，这一比例下降到 58.48%；居住时长在 1~3 年时为 56%；居住时长在 3~10 年时为 53.33%；当居住时长在 10 年以上时，对城市医疗环境良好表示"同意"或"非常同意"的比例下降到 48.2%。

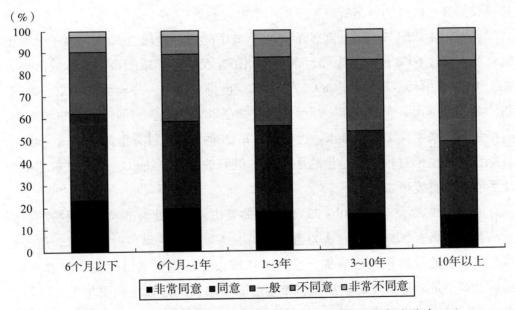

图 19 - 21　不同居住时长群体的城市医疗环境满意度分布

分析其原因，首先，居住时间本身就将不同性质的群体进行了有效划分。年轻人正处在四处求学和工作出差的阶段，有在几个城市有较短居住经历的情况存在。且正如前文所发现的，年轻人身体素质较好、行动能力较强，因此对医疗环境的满意度更高。此外，对医疗服务的期望值不断提高也是重要原因。长期居住在一个城市，居民也可能会有多次接受当地医疗服务的经历，如果这

些经历中存在负面的体验，比如医疗服务不到位、医护人员态度不好、医疗费用高昂等问题，此类问题经过逐年累积，将导致居民对当地医疗环境的满意度下降。

第五节　城市生活服务

在现代城市中，生活服务是影响居住环境的重要因素，主要包括体育馆、酒店、娱乐场所等的丰富程度。随着城市化进程的不断加快，生活服务设施的建设和提升已经成为城市管理和发展的重要方向之一。

各城市生活服务的满意度显示，11 个城市的满意度超过 80%，仅 4 个城市满意度不超过 60%，分别为邢台市、兰州市、汉中市和咸阳市。具体城市排名如图 19 – 22 所示。苏州市以 89.17% 的满意度排名第一，分别位于第二、第三、第四名的成都市、南京市和广州市满意度都在 88% 以上。在前二十名的城市中，有半数城市属于我国东部城市。近年来，东部地区生活服务指数增长速度最快，且综合发展也相对较好，是生活服务资源最好的区域。所以，居民对东部城市生活服务满意度更高。

调研结果显示（见图 19 – 23），70% 的受访者对所处城市的生活服务项目表示满意，但仍有 30% 的居民认为当前生活服务项目无法满足自身需求，这表明城市生活服务设施建设仍有提升空间。在城市生活服务项目建设和改进方面，结构性调整是非常重要的一点。城市生活服务项目的建设应该更加关注区域性差异和居民需求的差异。例如，在商业中心区域更应该配置高品质的酒店和娱乐场所；而在住宅区域更应该关注社区体育馆、文化娱乐中心等生活服务项目的建设，以满足居民的生活需求。此外，优化资源配置也是城市生活服务项目建设和改进的重要方面。当前生活服务项目的建设，往往是由政府、开发商等多个机构共同完成的，这就需要各方资源的合理配置。政府应该更加重视和关注城市生活服务项目的建设和改进，同时鼓励和引导民间资本和力量参与到生活服务项目的建设中来。提高生活服务质量也是城市生活服务发展的关键。提高

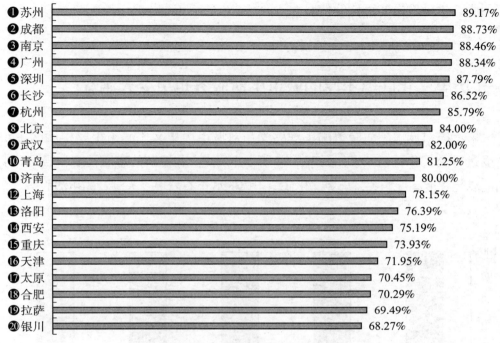

图 19-22 城市生活服务主观评价前二十名

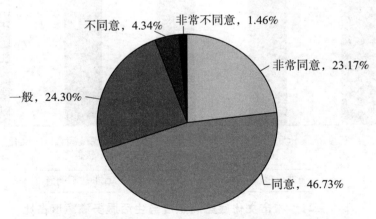

图 19-23 城市生活服务居民满意度占比分布

生活服务质量可以使城市居民更加满意，进而提高城市的整体形象和吸引力。为了提高生活服务质量，城市管理者可以通过加强生活服务人员培训、提高设施管理水平、增强安全保障等方面进行改进。总而言之，城市生活服务项目的建设和改进应该重点关注结构性调整、优化资源配置和提高生活服务质量等方面，这才能更好地满足城市居民日益增长的生活需求，提高城市的整体形象和吸引力，推动城市的可持续发展。

一、历史文化底蕴丰厚的城市生活服务也更令人满意

将居民对城市生活服务的主观感受与对城市历史文化底蕴丰厚程度的主观感受进行交叉分析，结果如图 19 – 24 所示。历史文化底蕴的丰厚程度和居民对生活的满足程度高度相关，历史文化底蕴丰厚的城市有着更令人满意的生活服务。

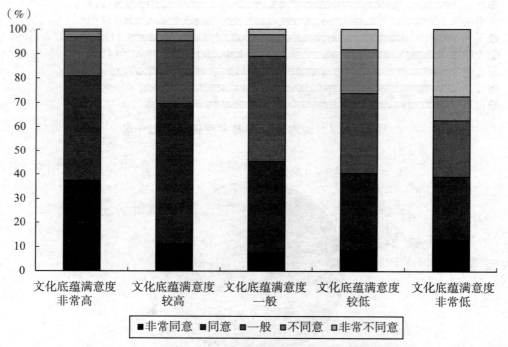

图 19 – 24　城市文化底蕴满意度与生活服务满意度占比

这种关系可以从不同角度进行解读。首先，城市的历史文化底蕴是城市建设的基础，对城市的形态、文化氛围、人文景观等方面有着重要影响。历史文化底蕴丰厚的城市一般有着更丰富的文化资源和物质遗产积累，这些文化资源和物质遗产是城市建设和生活服务发展的重要基础。例如，一座有着悠久历史和文化积淀的城市有着较多的历史遗迹和文化景观，这些景观可以成为城市的重要文化符号和旅游资源，进而促进城市的经济发展。同时，这些历史遗迹和

文化景观也可以作为城市生活服务的重要组成部分。其次，历史文化底蕴丰厚的城市往往有着更浓郁的文化氛围和社会认同感。城市的文化氛围和社会认同感是城市吸引人才和外来投资的重要因素，也是城市生活服务发展的重要基础。例如，北京作为首都具有悠久的历史和文化底蕴，这些文化底蕴成为北京吸引人才和外来投资的重要因素之一。同时，北京的文化底蕴也成为了城市生活服务的重要组成部分，例如，长城等著名景点和博物馆文化设施都是北京生活服务的重要组成部分。城市历史文化底蕴和生活服务的关系非常密切，两者互相促进，共同构成城市的整体形象和发展格局。在城市发展的过程中，应该注重历史文化底蕴的保护和传承，同时也应该注重城市生活服务的建设和发展，从而使城市更加美好、宜居。

二、成年后年龄越大对生活服务的满意度越低

调研结果显示（见图19－25），成年居民随着年龄增长，受访者对所在城市"体育馆、星级饭店、娱乐场所等能满足日常需求"持"非常同意"态度的比例逐渐降低。将"同意"和"非常同意"都归类到对生活服务较为满意的类别中

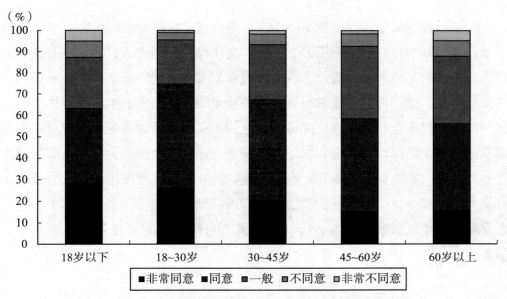

图 19－25 不同年龄群体的城市生活服务环境满意度分布

发现：18～30 岁年龄段人群对生活服务的满意度最高，18 岁以下人群对生活服务的满意度比 18～30 岁人群更低。当年龄在 30 岁以上时，居民对城市生活服务良好持"同意"和"非常同意"的比例随着年龄的增长而逐渐下降。

分析其原因，人们随着年龄的增长会感受到越来越多的生活责任和挑战，从而对生活服务设施的要求变得更高。此外，年轻人接受和使用新事物的能力较强，对现有生活服务设施的利用率较高，对其功能开发程度高。因此，年轻人更容易对所在城市的生活服务设施满意。同时，这也反映出我国城市生活服务设施建设忽视老年人需求的弊端。例如，现如今水、电、燃气费等普遍需要网上缴纳；社保、养老金普及网上查询，地铁、高铁等的购票，甚至打车都基本通过 App 线上完成。互联网的高度应用提高了社会总体运行效率，但也给老年人带来了诸多不便。大部分的老年人对互联网和电子产品的操作知之甚少，但时代在向前发展的过程中并没有关注到他们的需求。社会发展的成果应由全民共享，城市生活服务建设应考虑到每一类人群的需求。因此，今后人民城市的建设要大力补齐这一短板，提高发展的共享性和受益的均衡性。

三、文化程度越高对生活服务的满意度越高

问卷调查结果显示（见图 19－26）：受访者文化程度越高对生活服务的满意度越高。其中存在多方面原因：首先，文化程度越高的人，通常更有能力获得更高水平的工作和更高的收入，这使得他们有更多的经济实力为高质量的生活服务买单，他们可以选择更昂贵且更高质量的服务而不必担心经济压力。其次，高文化程度也和更多的社交机会相挂钩，文化程度越高的人更有可能参加高质量的社交活动，如聚会、活动、会议等，这些活动通常会提供高质量的生活服务，如高档饮食、娱乐和运动设施等。此外，文化程度越高的人，通常更有能力理解和评估生活服务的质量，他们可以识别和欣赏高质量的服务，也可以发现和避免低质量的服务，因此他们更有可能选择并享受到高质量的生活服务。

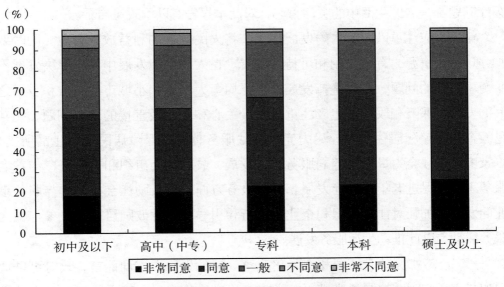

图 19 – 26　不同学历群体的城市生活服务满意度分布

第六节　政策启示

　　党的十八大以来，我国落实了大批惠民政策法规，这些举措的实施让居民生活得到了明显改善。随着我国经济的飞速发展，人居环境的各个维度也随之优化。城市文化环境和生活服务两方面的发展，随着国家经济的不断增长和城市建设的不断完善，居民日益增长的文化需求和基础生活服务能够得到基本保障。但发展缺失依然存在：一是民生环境，经济的高速发展带来了房价、物价的飞涨，许多居民承受着难以负担的经济压力。这一问题在我国居民生活中已不可忽略。二是教育环境，义务教育的普及让城市间基础教育差距逐渐缩小，一定程度上实现了教育的普惠性。然而，在高等教育资源和教育人才方面，我国城市间仍存在较大差距，优质师资和教育人才集中流向了经济发达地区。三是医疗环境，总体而言，居民对医疗环境的满意度较低。其中老年人就医问题最为明显，智慧医疗等便捷医疗服务的产生提高了老年人就医难度，同时老年人对医疗服务的需求最高，医疗卫生发展应更加重视老年群体。民生、教育和医疗问题都是居民生活中的关注重心,对此本报告有以下政策启示。

第一,应注重以人为本的发展理念,将人民群众的利益放在首位。同时要加强环境、资源的有效利用和可持续发展。在人居环境发展中,应解决发展不平衡不充分的问题,既要坚持发展,也要均衡大城市和小城市、城市和乡村之间的发展。保障和改善民生应注重人民最关心和生活最直接的现实问题,尤其是教育、医疗和居住问题。尽力完善公共服务体系,保障居民基本生活所需。国家应鼓励社会力量参与养老服务业的发展,鼓励社会组织和志愿者参与养老服务工作,促进老年人医疗发展。生活服务方面,应鼓励社会力量参与服务事业的发展,加强对社会组织和企业的扶持和引导,同时鼓励居民积极参与社区服务活动,以此推动生活服务发展。

第二,应加强政府协调和市场化改革。就民生压力方面而言,政府可以通过加强市场监管、控制通胀水平等举措来稳定物价水平;政府通过加大土地供应和完善商品房购买制度等措施控制房价的飞速上涨,同时加强对房地产市场的监管,保障居民的住房权益。教育环境方面,政府可以加大对高等教育、继续教育等的支持力度,保障我国教育普惠性拓宽至多个年龄段。政府主导作用还可以体现于医疗卫生发展。各级政府应高度重视老年人的健康工作,统筹协调各部门落实老年人医疗保障政策和老年人健康产业的发展。同时加强基层医疗服务能力,提供多样化医疗服务,兼顾老年群体和其他年龄群体。

第二十章 城市人口发展主观评价

  人口问题始终是我国面临的全局性、长期性、战略性问题，人口发展是关系中华民族发展的大事情。新时代以来，我国人口发展面临深刻而复杂的形势变化，一方面，城市人口集聚明显，给城市高质量发展带来机会的同时，挑战也随之而来；另一方面，随着我国人口增速的放缓，社会老龄化程度不断加深，个人和社会养老压力不断增大。同时，不断提高城市人口素质是推动城市高质量发展，全面建设现代化中国的题中之义。推进政府人口治理现代化的前提是必须根据城市人口新形势的变化和任务要求坚决彻底转变人口工作的思路、方法和手段。因此，本问卷分别从人口素质、人口集聚以及人口老龄化三个维度设置相应问题，用以反映当前城市人口变化的新形势和城市居民的主观感受。

  城市人口发展质量指数评价前二十的城市如图 20-1 所示，一线城市北上广深全部进入前十名，整体而言，东部和南方的城市人口发展指数评价要优于西部和北方城市。福州以 2.649 的指数排名位列全国第 1，拉萨以 2.633 的指数水平位列全国第 3、西部地区第 1 名，武汉市以 2.605 的指数水平位列全国第 5、中部地区第 1 名。此外，省会城市的人口发展指数评价明显更高，在前二十名中占据 15 位。总而言之，人口发展指数评价与经济发展水平存在一致性。

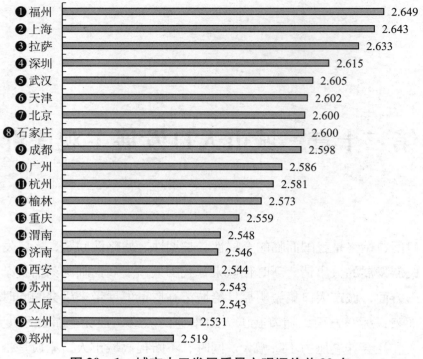

图 20 – 1　城市人口发展质量主观评价前 20 名

第一节　城市人口素质

一、城市人口身体素质

"体育强则中国强，国运兴则体育兴。"全民健身是全体人民增强体魄、健康生活的基础和保障，是每一个人成长和实现幸福生活的重要基础。2017年10月，党的十九大报告中正式提出了健康中国，指出人民健康是民族昌盛和国家富强的重要标志，要完善国民健康政策，为人民群众提供全方位全周期健康服务。因此，体育运动对于健康中国的建设至关重要，无论是国家抑或个人，都必须对体育运动的价值进行再认识。2022年4月，国务院办公厅印发

《"十四五"国民健康规划》，确立了我国健康战略实施的指导思想和总体目标，规划明确指出要在社会范围内倡导主动健康理念，开展全民健身运动。全民健身计划不仅是一项需要国家领导、社会支持、全民参与的体育健身计划，更是与实现社会主义现代化目标相配套的社会系统工程和面向 21 世纪的体育发展战略规划，是一项跨世纪的、有战略意义和长远生命力的、造福子孙后代的宏伟事业。基于此，本报告选取居民每周运动时长这项指标，用来衡量全民健身计划的推行进度和成果，从一定程度上体现人口身体素质。受访者的每周运动时长越久，越能说明主动健康理念深入人心，全民健康计划进展顺利。此外，针对不同年龄、收入、职业群体的调查，还可以看出不同群体在全民健身计划实施中不同方面存在的问题，助力计划落实。

　　整体来看，如图 20 - 2 所示，每周运动时长为 3 小时以下的受访者占比最大，为 40.57%；其次是每周运动时长为 3~5 小时的受访者，占比为 30.55%；而每周运动时长在 10 小时以上的受访者不足 10%。总体而言，有近六成的受访者每周平均每天运动半小时以上，说明全民健身计划进展顺利，主动健康理念正在成为社会共识。

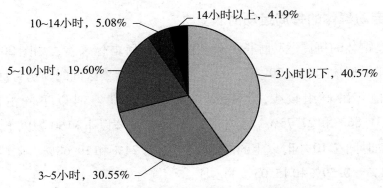

10~14小时，5.08%　　14小时以上，4.19%

5~10小时，19.60%

3小时以下，40.57%

3~5小时，30.55%

图 20 - 2　居民每周运动时长占比分布

　　居民每周运动时长的主观指数评价城市排名如图 20 - 3 所示，汉中以 2.368 的最终评价指数位列城市排名第 1 位，西部地区第 1 名，福州以 2.261 的指数水平位列全国第 4 名，东部地区第 1 名，大同的评价指数为 2.164，位列全国第 7 名，中部地区第 1 名；上海和北京的排名依次是全国第 13 和 17 名。此外，陕西省共上榜 5 个城市，在前五名中占 3 位，居民运动时长相对更久。

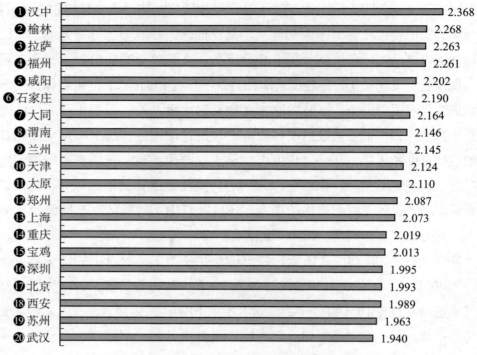

图 20 – 3　城市人口运动时长主观评价前二十名

（一）非劳动群体的每周运动时长更久

非劳动群体的每周运动时长更久。就不同年龄群体来看，如图 20 – 4 所示，处于劳动年龄群体的 18～30 岁、30～45 岁、45～60 岁区间的受访者每周运动时间相对其他年龄群组较少，其每周运动时间在 3 小时以下的占比分别为 44.34%、41.86% 和 27.75%。而非劳动群体的 18 岁以下和 60 岁以上的受访者，其每周运动时间在 10 小时以上的占比分别为 18.24% 和 19.68%，明显高于其他年龄组 7.1%、8.59% 和 15.05% 的占比。

总而言之，劳动年龄群体，生活压力更大，空闲时间相较于非劳动年龄群体更少，因而运动时间较少。而 18 岁以下学生群体占比高达 81.6%，随着《义务教育新课程标准》的发布，体育与健康的课时占比显著提高，占总课时比例的 10%～11%，因此运动时间得到延长；60 岁以上的多为退休人群，一方面空闲时间相对较多，另一方面对健康的关注度更高，更加注重体育锻炼，因此每周运动时长相对更久。

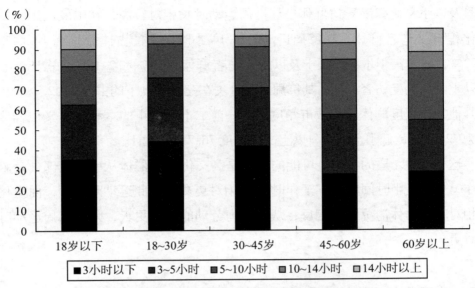

图20-4 不同年龄群体的每周运动时长分布

（二）文化程度越高越缺乏锻炼

非劳动群体的每周运动时长更久。调研结果显示出了一个有意思的结论，文化程度越高，其每周运动时长相比低文化程度群体反而越少。如图20-5所示，

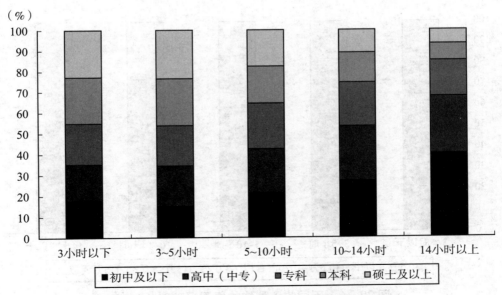

图20-5 不同文化程度群体的每周运动时长分布

专科及以下文化程度受访群体，其每周运动时长相对较高，初中及以下和高中文化程度受访者群体，其每周运动时长 14 小时以上的占比分别为 14.44% 和 9.92%，显著高于本科和硕士及以上受访者群体 2.94% 和 2.15% 的占比。硕士及以上学历的受访者群体，其每周运动时长在三小时以下的占比为 42.88%，高于其他文化程度群体。从城市角度来说，前二十名城市的本科以上文化程度占比为 72.78%，低于全国本科以上文化程度 76.71% 的占比。

这种看似矛盾的情况，可能的原因是高文化程度群体从事的大部分是脑力工作，平时久坐时间较长，工作时间也相对更久，因此运动时长短，而文化程度相对较低群体情况恰恰相反，从事体力劳动的比例更大，因此每周运动时长相对更久。

（三）中高收入群体的运动时长更久

中高收入群体的运动时长更久。就不同收入群体进行分析，如图 20-6 所示，收入越高的受访者其每周运动时长也越久。收入在 5 万元以上的受访者，其每周运动时长在 14 个小时以上的占比 14.72%，显著高于其他收入群体，收入在 5 000 元以下的受访者群体，每周运动时长在 3 小时以下的占比 43.21%。总而

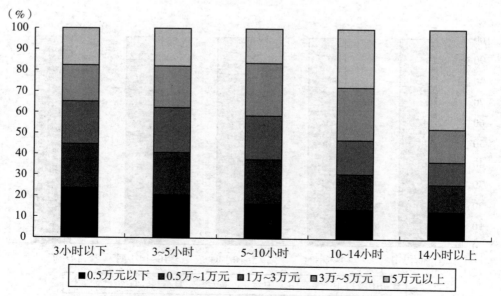

图 20-6 不同收入群体的每周运动时长分布

言之，每周运动时长和收入呈现正向变动关系，即收入越高，每周运动时长越久，反之，收入越低，每周运动时长相对越短。

究其原因，一方面，高收入群体的主动健康意识更加强烈，对健康关注度更高；另一方面，主要从事脑力工作，空闲时间相对更长，运动场地、运动项目、运动设施的选择性更多。而低收入群体更高概率从事体力劳动，生活压力相对更大，空闲时间较少，运动项目、运动设施的选择相对较少，因此每周运动时长也短。

二、城市人口文化素质

城市是文明的产物，是文明的标志，更是文明的载体和容器。在庆祝中国共产党成立 100 周年大会上，习近平总书记提出了创造"人类文明新形态"的论断，而文明典范城市，理所当然的是这种文明新形态的重要代表者。中国共产党中央精神文明建设指导委员会（中央文明办）对全国文明典范城市的定义是"一模范、四高四力"，即模范学习宣传贯彻习近平新时代中国特色社会主义思想，物质文明建设和精神文明建设高质量发展，社会治理能力和城市治理水平高效能提升，群众生活质量和城市发展体制高水平改善，市民文明素质和城市文明程度高标准示范，具有显著的创建带动力、价值引领力、区域辐射力、国际影响力的文明城市范例，是城市治理"桂冠上的明珠"。2023 年我国开始首届典范城市评选。

城市文明建设从阅读开始。2022 年 4 月，首届全民阅读大会在京召开，再次强调阅读对于个人、对于城市、对于国家和民族都是最基础、最重要、最有远大前途的事情。城市典范文明建设之路必须通过阅读蓄能强化文化积淀、提升文化存量，通过阅读交流助推文化联动、提升文化增量，从而致力打造市民素质极大提升的城市文明新样式和精神文明极大丰富的人类文明新形态。基于此，本报告选取居民每周阅读时长作为衡量城市文明建设中市民文明素质的重要指标，居民每周阅读时长越久，则一定程度上表明市民文明素质越高、城市文明建设水平越高。此外，居民每周阅读时长受到年龄、职业等不同因素的多方面影响。

　　整体来看，如图 20 – 7 所示，每周阅读时长在 3 小时以下的受访者占比 36.80%，而每周阅读时长在三小时以上的占比 63.20%，即每周平均阅读半小时以上的受访者占到了六成以上，其中每周阅读时长在 14 小时以上，每周平均每天两小时阅读时长的受访者占比 10.85%，这说明，我国城市文明建设进展顺利，居民阅读状况整体良好。

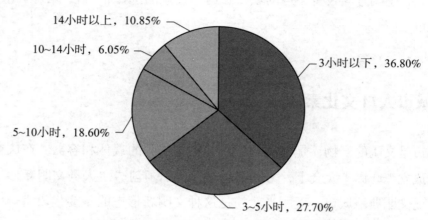

图 20 – 7　居民每周阅读时长占比分布

　　居民每周阅读时长最终的主观指数评价前二十名城市如图 20 – 8 所示，天津以 2.540 的最终指数评价位列全国第 1 名，是唯一一个指数超过 2.5 的城市，渭南以 2.483 的指数水平位列全国第 2、西部地区第 1 名，武汉以 2.475 的指数水平位列全国第 3、中部地区第 1 名。西安的指数水平是 2.359，位列全国第 5 位。从城市级别上来说，省会城市的居民阅读时长更久，前二十名中占比 16 个。

（一）东部城市居民每周阅读时长更久

　　东部省份居民每周阅读时长更久。如图 20 – 8 所示，阅读时长在前二十名城市中，东部共有 9 个城市上榜，前十名中共有 5 个城市上榜，天津更是唯一一个指数水平超过 2.5 的东部城市，阅读时长的整体排名靠前。

　　总而言之，从地域维度上来看，受访者的每周阅读时长较高，即使是在占比最低的重庆和拉萨，仍有至少三成的受访者保证每周平均每天半小时的阅读时长，这充分展现了我国各城市文明建设的成果，全民阅读的社会氛围浓厚。近年来，随着互联网的飞速发展，数字化阅读也越来越普遍，有效提升了全民阅读推广服务的水平，让阅读变得更为简单、更为方便。居民每周阅读时长较高的东部地区，一方面是因为东部地区社会经济水平较高，对精神文明建设的重视程度更高，各级政府出台了很多相关配套政策促进书香社会的建设；另一方面，东部地区高素质优秀人才汇集更多，人口素质相比西部地区更高。

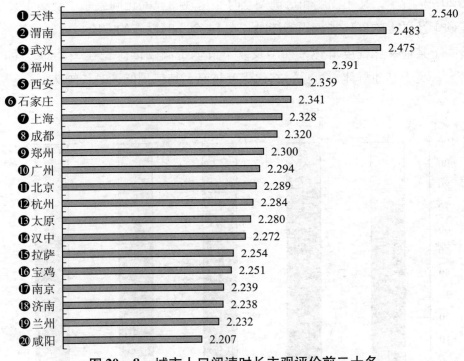

图 20 - 8　城市人口阅读时长主观评价前二十名

此外，天津市作为我国四大直辖市之一，其居民每周阅读时长排名稳居榜首，这与天津市政府与社会打造书香天津的通力合作分不开关系。2019 年 4 月，天津市常委会会议通过了《关于深化全民阅读建设书香天津的意见》，明确了天津市推进全民阅读的总体目标和总体任务，截至 2022 年底，天津市拥有 3 556 个农家书屋、2 000 多个职工书屋、200 个城市书吧、200 多个阅读新空间、近 300 家图书馆、近 1 600 家实体书店，遍布全城的社区图书服务点、6 条地铁线"书香专列"、24 小时开放的智能书店和城市书房，超过 2 000 场各领域名家讲堂[1]……由此，天津的全民阅读氛围愈加浓厚，全民阅读理念深入人心，市民素质建设进

① 天津：渤海之滨文脉长　书香十载帆正扬［EB/OL］.（2022 - 10 - 13）［2024 - 03 - 19］. 中国全民阅读网，https：//www. nationalreading. gov. cn/ydzg/202210/t20221013_563253. html.

555

展顺利。

（二）高文化程度群体每周阅读时长更久

高文化程度群体的每周阅读时长更久。针对受访者的文化程度进行分析，如图 20 – 9 所示，文化程度和每周阅读时长呈现明显的正向关系。受访者文化程度在硕士及以上的群体其每周阅读时长在 14 个小时以上的占比最大，稳居第一，显著高于其他文化程度群体，初中及以下群体每周阅读时长在 3 小时以下的占比最大，高于其他群体，可见，文化程度越高，其每周阅读时长越久。

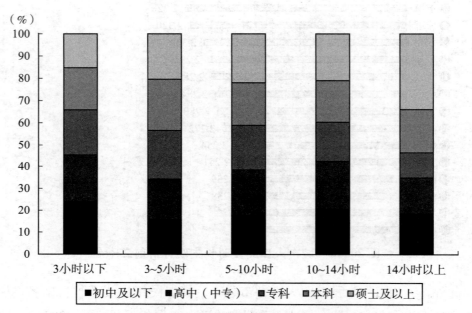

图 20 – 9　不同文化程度群体的每周阅读时长占比

文化程度为硕士及以上群体中，学生群体占比为 38.41%，其次是党政企事业单位，占比 36.36%。一方面，学生群体由于学习和科研任务等，会大量阅读书籍文献；另一方面，党政企事业单位工作人员需要大量学习和研读国家政策、法律等，因此该群体的每周阅读时长在 14 小时以上占比最高。文化程度为初中及以下群体中，自由职业者占比为 22.52%，个体经营户占比为 15.53%，学习和阅读主要依靠个人需求和习惯，因此该群体每周阅读时长在 3 小时以下的占比最大，为 47.83%。

从上述分析可知，打造书香社会的关键要素之一是提高居民素质，而教育就扮演了基础性和潜移默化的重要角色。一方面，要不断加强基础教育投入，落实义务教育，尤其是偏远和落后地区；另一方面，要强化媒体文化宣传力度，大力传播中国特色社会主义核心价值观，坚持正确的社会导向，让居民在耳濡目染中提高自身素质。广州市居民每周阅读时长在 5 小时以上的占比达到了39.24%，位列第 5 名，处于全国领先水平，这与广州市积极打造书香羊城的活动建设分不开。2023 年，广州读书月以"书香羊城 穗阅静好"为主题，通过举办 1 场启动活动、3 项重点活动，组织开展一系列主题鲜明、内容丰富、形式多样的阅读活动。在全社会营造"爱读书、读好书、善读书"的浓厚氛围，助力广州文化强市和"阅读之城"建设，推动广州文化高质量发展。

（三）中高收入群体的每周阅读时长更久

中高收入群体的每周阅读时长更久。就不同收入群体进行分析，如图 20 – 10 所示，收入在 5 万元以上的受访者群体，其每周阅读时长在 10 小时以上的占比为 26.42%，位居第一名，每周阅读时长 10 小时以上的群体，5 000 元以下收入群

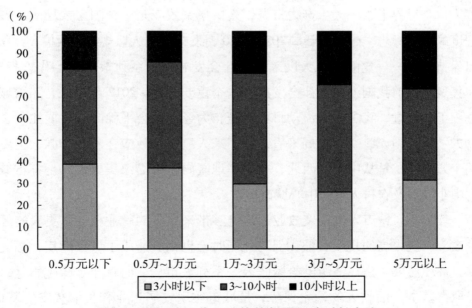

图 20 – 10 不同收入群体的每周阅读时长占比

体占比为 17.22%，5 千~1 万元收入群体占比为 13.88%，而其每周阅读时长在 3 小时以下的占比分别为 38.95% 和 37.11%，占据前两名，即收入水平越高，其每周阅读时长越久，中高收入群体每周阅读时长远高于低收入群体。

究其原因，一方面，中高收入群体其物质生活较为丰富，更为追求精神生活满足，而对于低收入群体来说，维持物质生活才是首要问题；另一方面，1 万元以上的中高收入群体，其文化程度在硕士及以上的占比均超过了 45%，人口素质相对较高，因而高收入群体每周阅读时长相对较长。通过上述分析可知，城市文明建设和精神文明建设的基础是物质文明建设，必须要有充分的物质保障，才能为文明建设保驾护航，进而推动物质文明和精神文明相协调的中国式现代化发展。

第二节　城市人口规模

人口是世界上第一大生产力资源，人口集聚效应是一个国家或地区发展成熟程度的重要标志。国家统计局 2022 年 10 月发布的《人口规模持续扩大　就业形势保持稳定——党的十八大以来经济社会发展成就系列报告之十八》指出，人口集聚是当前我国人口与社会发展的一个重要特征。2012 年以来，随着城镇化进程不断推进，我国人口流动日益活跃，为经济社会平稳健康发展注入了强大动力。从我国人口空间布局来看，近年来人口集聚效应在不断加强，主要存在两个方向：一是从中部、西北、东北等地区向东南沿海集聚，二是各省域内部，中小城市及农村人口向中心城市集聚。

一般认为，城市人口集聚效应通常能够带来更多的就业机会、更大的经济扩散效应以及更高的规模收益，但与此同时，也相应造成了城市痼疾，如交通拥堵、环境污染、公共资源供给紧张等一系列城市病。而就业是稳定之基，是居民取得基本生活收入的稳定保障，是城市实现安居乐业和长治久安的基础，一旦存在大量失业，就极大可能引起诸多社会问题。因此，探究城市人口集聚对就业和居民收入的影响效果具有重要的影响意义。基于此，本报告选取城市人口集聚是否促进了城市就业机会的增多，实现了居民收入水平的提高作为衡量指标，受访者的满意度越高，则说明城市人口集聚过程中就业水平和居民收入在提高。此外，针对不同区域、年龄、收入群体受访者的调查，还可以看出不同区域的不同群体在城市人口集聚发展过程中的满意度。

整体来看，如图20－11所示，52.74%的受访者对"城市人口增多带来了大量企业集聚，这增加了您的就业选择和收入"这一问题表示同意，其中17.42%的受访者表示非常同意。这说明城市人口集聚发展的过程中，城市就业问题得到了改善，就业水平和居民收入也相应提升。但由于不同年龄和不同群体对此问题的关注度不同，34.52%受访者对该问题的回答持中立态度，表示不同意的受访者群体占比为10.11%，而非常不同意群体占比为2.63%，这也佐证了整体结论，城市人口集聚过程中，就业选择和居民收入确实得到提升，但与此同时也相应造成了城市痼疾等负面影响。

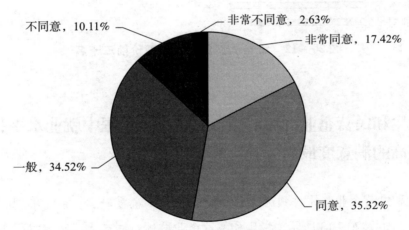

图20－11　城市人口集聚满意度占比分布

城市人口集聚满意度评价的前二十名如图20－12所示，深圳以4.005的指数水平稳居榜首，是全国唯一一个指数水平超过4的城市；拉萨以3.890的指数水平位列全国第三名，西部地区第1名；武汉以3.690的指数水平位居全国第十名，中部地区第1名。

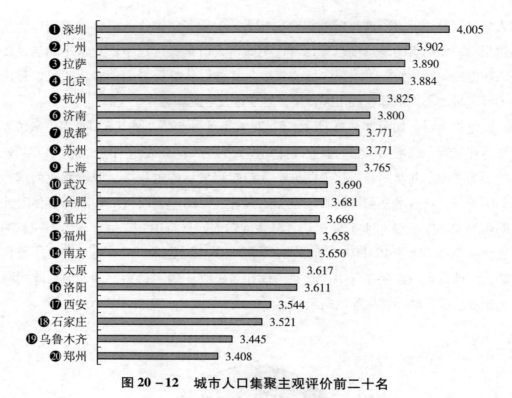

图 20 – 12　城市人口集聚主观评价前二十名

一、学生和民营企业群体对城市人口集聚过程中就业水平和收入提高的满意度最高

学生和民营企业群体对城市人口集聚影响的满意度最高。针对不同职业群体进行分析，如图 20 – 13 所示，学生和民营企业群体对城市人口集聚过程中就业水平和收入提高的满意度最高，分别占比 59.78% 和 54.24%，个体经营户和自由职业者群体的满意度也均超过了 50%，党政企事业单位的满意度最低，占比43.76%，其不满意度占比为 17.51%，显著高于其他职业群体，不满意度位列第一。

在学生群体中，90.96% 的受访者为本科及以上学历，这一学生群体相对有更成熟的思维方式、更独立的判断能力和观察能力，个人能力较为优秀，因此面对城市发展人口集聚带来的企业集聚，其就业机会选择会更加多样，因此对就业前景抱较乐观态度。民营企业作为吸纳社会劳动力的重要渠道，在稳定增长、促进创新、增加就业、改善民生等方面发挥了重要作用，根据社会统计结果，民营经济贡献了 50% 以上的税收、60% 以上的国内生产总值、70% 以上的技术创新成果、80% 以上的城镇劳动就业和 90% 以上的企业数量。因此，随着城市人口的增多和企业集聚，就业选择性会更加多样化，收入也会相应提高。

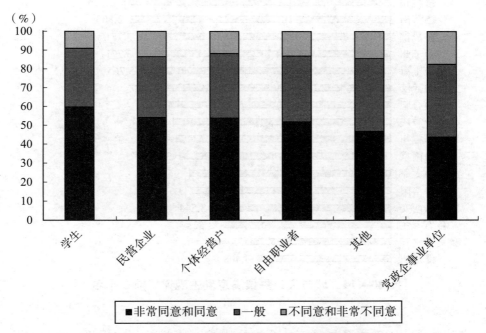

图 20 – 13　不同职业群体的人口集聚满意度分布

党政企事业单位作为满意度最低的职业群体，一方面是由于体制内人员流动并不宽松，工作选择较为单一；另一方面是党政企事业单位数量和岗位招聘有限。近年来，随着"国考""省考"报考人数的不断增多，其就业形势更加严峻。

二、人口集聚影响满意度呈"东强西弱"态势

人口集聚影响满意度呈"东强西弱"态势。从城市角度进行分析，如图 20 – 14 所示，东部和南方省份受访者群体对城市人口集聚带来就业水平和收入水平的提高，其满意度更高，区域视角下，呈现明显的"东强西弱、南强北弱"态势。深圳、广州、北京和杭州市的指数水平依次为 4.005、3.902、3.884 和 3.825，稳居前五名，前二十名上榜城市中，东部、中部和西部上榜的城市数量依次为 10 个、5 个和 5 个，东北地区无城市上榜。

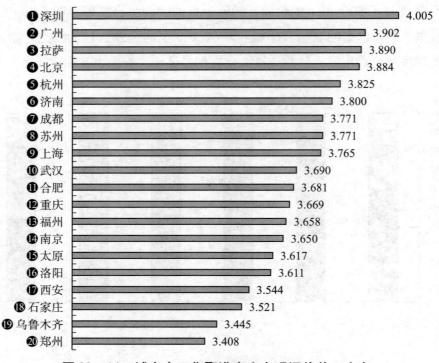

图 20－14 城市人口集聚满意度主观评价前二十名

究其原因，人口集聚与经济社会发展水平高度相关，由于经济发达地区能够提供优越的公共服务、更多的就业机会和更高的工资水平等原因，省域视角下，人口从中西部经济发展较落后区域向东部经济发展水平高的区域集聚，尤其是北上广、江浙沪等地，城市人口规模不断扩大。人口的集聚流动一方面为城市群和都市圈地区劳动密集型产业提供了丰富的劳动力，为当地经济发展提供了重要支撑，增加了当地人才供给，增强城市竞争力，吸引企业集聚，反过来进一步促进人口集聚和就业收入水平的提高；另一方面促进了城市基础设施和公共服务的完善，同时也培育了巨大的消费市场，促进了城市企业集聚，进一步为城市居民就业选择和收入提高提供了可能。随着城市人口密度、就业密度的进一步提高，城市表现出更高的经济效率和竞争力，从而进一步吸引人口集聚。

但与此同时，城市人口规模的不断扩大，城市问题也日益突出，制约了城市高质量发展。我国大部分城市群、都市圈人口的增长远远超过了原有规划的预期，人口的大量增加产生了交通拥堵、环境污染、公共资源供给紧张、房价过高等"大城市病"。例如，北京长期低估人口增长并以此制定城市规划，导致用地规模、公共服务设施等规划不足。北京曾在1958年、1993年、2005年相继提出1 000万、1 500万、1 800万的阶段人口规模控制上限，但分别在1986年、2005年和2010年被打破。人口快速集聚对北京的基础设施、公共服务、环境保护、住房保障等方面造成了巨大压力。

三、劳动年龄群体对人口集聚影响的满意度更高

劳动年龄群体更满意城市人口集聚。从受访者不同年龄进行分析，如图20－15所示，18～30岁的受访者年龄群体对城市人口集聚是否带来就业和收入水平的提高表示满意的占比最高，为57.79%；其次是18岁以下的受访者群体，其满意度占比为54.51%，位列第二名；30～45岁受访者的满意度为49.14%，位列第三名。而60岁以上和45～60岁的受访者群体其满意度占比分别为44.45%和39.95%，显著低于18～30岁年龄群体的满意度占比，位列末位。

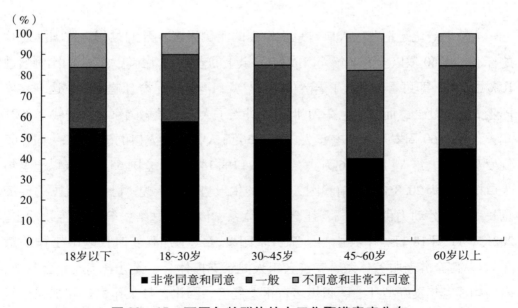

图20－15　不同年龄群体的人口集聚满意度分布

分析其原因，首先要聚焦于城市人口集聚为城市带来的机会，随着城市人

口数量的增长，城市地区的消费者市场会不断扩大，一方面为企业提供了更大的市场空间，另一方面城市人才资源不断丰富，进一步吸引企业集聚，促进城市产业结构的优化升级和刺激城市经济发展，而这恰恰为城市劳动年龄群体提供了丰富的就业机会和多样的就业选择，更有利于城市年轻人的职业发展。因此，城市劳动年龄群体对于城市人口集聚带来企业聚集而促进就业的满意度更高。但对于中老年群体来说，城市人口集聚带来的负面效应是其关注的焦点。一方面，随着年龄增大，职业空间发展受限，人口集聚对中老年群体的就业几乎更是火上浇油；另一方面，人口集聚带来的城市生态环境恶化以及各种城市病也给中老年群体的身体健康和退休生活造成了不便，因此，中老年受访者群体的满意度相对较低。

第三节　城市人口结构

人口老龄化是指老年人口在总人口中的比例逐渐上升的过程。按国际通行的标准，当 60 岁以上的老年人口或 65 岁以上的老年人口占总人口中的比例超过 10% 或 7%，即可看作进入了老龄化阶段。人口老龄化是全球趋势，发达国家早已步入老龄社会，而我国也在 21 世纪初进入了人口老龄化国家之列。截至 2021 年末，我国 60 周岁及以上老年人口 26 736 万人，占总人口的 18.9%；全国 65 周岁及以上老年人口 20 056 万人，占总人口的 14.2%；全国 65 周岁及以上老年人口抚养比为 20.8%。当前我国人口老龄化形势十分严峻，已经对我国的经济增长潜力、劳动力供给格局、社会保障体系、传统家庭结构等造成持续冲击。2021 年 11 月 18 日，中共中央、国务院印发《关于加强新时代老龄工作的意见》，从健全养老服务体系、完善老年人健康支撑体系、促进老年人社会参与、着力构建老年友好型社会、积极培育银发经济、强化老龄工作保障和加强组织实施等方面，对新时代老龄工作作出部署。能否科学应对人口老龄化、处理好人口老龄化与社会和谐发展之间的关系，关系到我国未来经济环境和社会环境的和谐稳定以及人民群众的福祉。老龄化时代悄然而至，养老问题逐渐成为时代命题。解决养老问题是应对人口老龄化的重要方面，如何实现老有所养、老有所依、老有所乐、老有所为是我国新时代下重要的民生事业，体现了我党全心全意为人民服务的根本宗旨和以人民为中心的发展思想，顺应时代要求，彰显党心民意，符合发展规律。基于此，本报告选取老人数量增多是否增大个人养老压力作为衡量我国社会养老压力的指标，受访者对这项指标的同意度越高，则说明社会老龄化程度在加剧，家庭和社会养老压力在增大。

整体来看，如图20－16所示，59.66%的受访者就"家庭当中老人数量增多为您带来了养老压力"这一问题表示同意，其中，18.91%的受访者表示非常同意。这说明我国的人口老龄化趋势确实在加剧，家庭和社会养老压力不断增大，养老问题成为亟待解决的民生问题。但由于不同年龄、不同群体对养老问题的关注度和敏感度不同，有31.32%的受访者对该问题持中立态度。

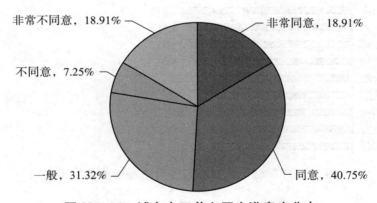

图20－16　城市人口养老压力满意度分布

城市养老压力指数评价的前二十名如图20－17所示，榆林以2.561的最终指数评价位列全国第1名，是唯一一个指数水平超过2.5的城市，大同的指数评价水平为2.496，位列全国第2名、中部地区第1名，上海则以2.407的指数水平位列全国第5名、东部地区第1名。

一、社会养老压力呈"西高东低"态势

社会养老压力呈"西高东低"态势。从区域视角来看，如图20－17所示，

以受访者"同意及非常同意"的占比表示社会养老压力的大小，东、中、西部城市前二十名依次上榜6个、4个、10个，在前十名中，西部城市上榜5个，达到半数。社会养老压力呈现"西高东低"的显著态势。

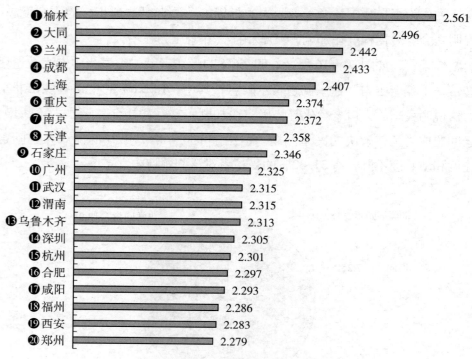

图 20 – 17　城市人口养老压力主观评价前二十名

　　总体而言，从地域维度看，受访者整体上认为养老压力在随着老人数量的增加而变大，即使是在同意度最低的郑州市，仍有近六成受访者同意养老压力变大，这也进一步佐证了前文所述的整体结论：当前我国人口老龄化在加剧，社会养老压力不断变大。同时也看到，社会经济发展水平较高的东部地区养老压力普遍要小于社会经济发展水平较低的西部地区。一方面，社会经济发展水平高的地区，社会保障更完善、医疗服务更便捷、养老产业发展更快，可以有效降低家庭养老压力，而社会经济发展较落后地区社会保障不完善、养老产业起步晚、医疗服务不够便捷，一定程度上加大了家庭养老压力；另一方面，社会经济发展较落后的地区，普遍存在人口流失，"空巢老人"数量规模庞大，因此家庭和社会养老压力普遍更大。

此外，上海作为我国最大的国际经济中心，其同意养老压力较大的居民占比为 56.23%，全国排名第 23 位，排名相对较后，这离不开上海市政府和企业的通力合作。一方面，政府加大财政拨款不断上调养老金定额，并作为先行城市启动个人养老金制度，保障城乡老龄人口的基本生活费用；另一方面，通过多部门联动不断出台新政策，推动"银发产业"发展。2020 年 5 月，上海市政府发布《关于促进本市养老产业加快发展的若干意见》，制定多种配套政策，助力养老产业发展。2021 年 6 月，上海市政府办公厅印发《上海市老龄事业发展"十四五"规划》，明确老龄事业发展的总体目标和主要任务，加快构建高水平养老服务体系，充分发展高品质养老服务产品，健全社会多层次养老服务梯度。2022 年 6 月，上海民政局等九部门联合下发《上海市扶持养老机构纾困发展的若干政策措施》，扶持助力养老机构渡难关。政府和企业积极探索共建长效合作机制，努力开创"政府优服务，企业拓业务"互惠共赢新局面。上海市政府积极作为应对空前加剧的老龄化问题，为其他省份提供了经验路径。

二、劳动年龄群体的养老压力更大

劳动年龄群体的养老压力更大。针对受访者不同年龄阶段进行分析，如图 20-18 所示，30~35 岁、45~60 岁和 60 岁以上的年龄群体受访者对问题同意度最高，占比分别为 66.04%、64.24% 和 63.49%，位列前三名。而 18~30 岁和 18 岁以下的受访者同意度占比分别为 56.31% 和 52.70%，居于末位。但无论是哪个年龄阶段，其对"家庭当中老人数量增多为您带来了养老压力"问题的同意度均在 50% 以上，再次论证了前文的整体结论：我国社会老龄化程度在加剧，家庭和社会养老压力在增大。

总而言之，处于劳动年龄群体的养老压力更大。分析其原因，一方面，21 世纪实行的计划生育政策迅速降低了我国的生育率，独生子女家庭成为趋势，尤其是处于 30~45 岁、45~60 岁年龄阶段的人群，大部分属于独生子女，至少需要负担 4 个老人，造成家庭养老压力巨大。另一方面，工作压力大、子女教育问题、房贷车贷等造成生活成本的持续上升，养老支出占比自然会在家庭支出中下降，养老压力不断增大。同时，可以注意到，60 岁以上的受访者同意度也非常高，占六成以上，表明了老年人的养老压力处于高位水平。其一是我国退休人员平均养老金虽然在逐年升高，但2022年平均养老金为3 000元，意味着有60%~80%的退休人员养老金不足3 000元，尤其是城乡居民养老金定额相差较大；其二是医疗费用支出大，根据2016年的卫生统计数据，我国60岁以上老年人年医疗费用支出至少为1 500亿元，是青壮年的3~4倍。此外，18~30岁的青壮年同意度占比为56.31%，意味着"养老焦虑"正在加重，随着我国人口老龄化的加剧，养老保险基金收支压力在不断增大，年轻人对养老金预期下降。18岁以下受访者不同意占比15.63%，显著高于其他年龄组，表明年轻人的养老观念正在发生显著变化，当代年轻人更加追求自由、平等、独立的生活方式，传统家族观念被逐渐边缘化，代际关系重心下移，养老观念更加多元化，对养老责任、养老需求和养老方式的诉求更加包容，社会化养老正被接纳和推崇。

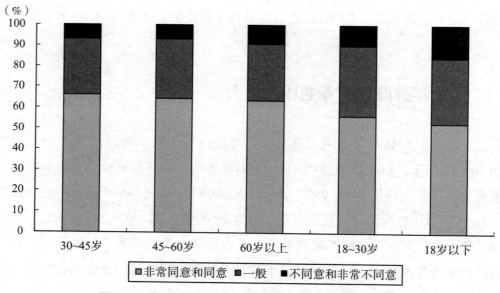

图 20 – 18　不同年龄群体的养老压力满意度分布

三、中低收入群体的养老压力更大

中低收入群体的养老压力更大。从不同收入水平的受访者群体进行分析，调研结果显示，收入水平和养老压力呈反方向变动，总体上来说，收入水平越低，其面临的家庭养老压力更大，收入水平越高，养老压力相对较小。如图 20 - 19 所示，0.5 万~1 万元区间的收入群体受访者，其同意度占比最高，为 62.68%，而 5 万元以上收入群体受访者的同意度为 58.86%，0.5 万元以下收入群体的同意度占比为 58.40%，居于末位。无论收入高低，受访者同意度占比均超过 58%，再次表明了我国人口老龄化的严峻形势和家庭社会养老压力的空前加剧。

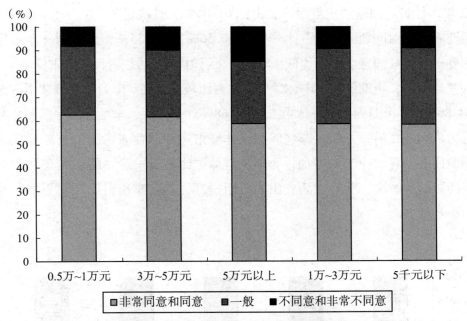

图 20 - 19　不同收入群体的养老压力满意度分布

0.5 万元以下收入群体的同意度占比并非最高，分析其原因主要是样本分布不均衡，在该收入区间下，95.01% 的受访者是学生群体，并不是家庭和社会养老压力的主要承担者，因此不具备显著代表性。中高收入群体的同意度显著低于低收入群体，收入 5 万元以上的受访者群体对该问题的不同意度为 14.71%，比 0.5 万~1 万元收入群体不同意度高出 6.51%，中高收入群体的家庭养老压力相对较小，随着房贷车贷、子女教育、生活成本的上升等问题接踵而来，低收入群体的家庭养老压力不断攀升。

四、中长期城市居住时长者的养老压力更大

中长期城市居住者的养老压力更大。对城市不同居住时长的受访者进行分析，如图 20-20 所示，短期城市居住者其养老压力要小于中长期城市居住者。1~3 年居住者对问题同意度最高，占比 61.04%，其次是 3~10 年和 10 年以上的居住者，其对问题同意度占比分别为 60.56% 和 59.35%，而不到一年居住时长的受访者，其同意度占比均低于 60%，小于中长期居住者，居于末位。

究其原因，短期居住者中，学生群体占比较高，在 6 个月以下群体中占比高达 64.86%，6 个月到 1 年群体中占比 46.68%。一方面，学生并非家庭和社会养老压力承担者，另一方面，养老问题并非城市短期居住者考虑的首要问题。中长期居住者随着居住时长增加，非学生群体占比超过一半，购房购车和子女教育等问题亟待解决，随着生活支出的不断提高，养老支出占比相对下降，养老压力不断增大。

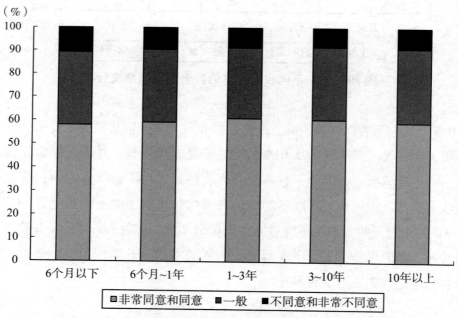

图 20-20 城市不同居住时长者的养老压力满意度分布

第四节　政　策　启　示

人口问题作为一个慢变量，具有渐变性特征，结合当前我国人口发展的趋势性特点和面临的严峻形势，现提出如下对策启示。

首先，要着力全面提升人口素质。提高人口整体素质，是一项复杂的社会系统工程，必须统筹考虑人口数量、素质、结构、分布等问题。一是积极倡导全民阅读，加快构建书香社会，将阅读作为提高人口文化素质的重要抓手。阅读不仅可以衡量群众性精神文明创建的成果，更可以看出城市对科学文化知识的重视程度，从而体现城市可持续发展的潜力；二是要积极推进全民健身，不断提高居民身体素质，构建健康中国。在全社会范围内形成由政府主导、社会发起、群众参与的健身运动系统过程，积极宣传推广普及的良好氛围。

其次，多措并举、配套发力，合理规划和吸引人口集聚。人口集聚利于城市发展形成大量工业集群，提高产业聚集度，形成规模化、专业化、高效率的生产方式，再进一步吸引高层次人才流入，提高城市创新能力和竞争力。因此配套政策上要从教育、医疗、就业等方面多措并举，吸引人才流入。另一方面，人口的过度集聚会引发城市病，高房价、重污染、交通拥挤等问题，也会阻碍城市的高质量发展，因此城市发展要根据当前产业结构情况及未来发展预期，有针对性地提出人口集聚的目标和计划。

最后，加快推进基本养老服务体系构建。近年来，全国不少城市出现人口出生率下降、人口外移、人口数量下降等问题，进一步面临劳动力不足、老龄化加重、城市活力降低、吸聚效应下降、经济增长前景受影响等困扰。一方面，要积极出台政策吸引人才流入，缓解人口老龄化进程；另一方面，开设专项资金投入养老服务体系，并且加快创新金融等领域的新型融资渠道，保证体系建设的资金投入，奠定物质基础，同时要加强专业养老人才的储备。出台相关政策，积极开展养老领域从业人员的规范化培训，加大人员经费支出，留住专业人才，逐渐扩大人员规模。

第二十一章　城市经济发展主观评价

经济发展的最终目的是满足人民的物质和精神需求。"我国新型工业化、信息化、城镇化、农业现代化深入推进，消费日益成为拉动经济增长的基础性力量。要增强消费能力，改善消费条件，创新消费场景，使消费潜力充分释放出来。消费是收入的函数，要多渠道增加城乡居民收入，特别是要提高消费倾向高、但受疫情影响大的中低收入居民的消费能力。"[①] 一直以来，我国城市发展留下了一串串解民忧、惠民生、聚民心的扎实脚印，一边心无旁骛做大做强"蛋糕"，一边科学合理分好"蛋糕"，让人民群众共享发展成果。全面建成小康社会后，人民群众对美好生活的向往呈现多样化多层次多方面的特点，期盼有更好的教育、更稳定的工作、更满意的收入、更可靠的社会保障、更高水平的医疗卫生服务、更舒适的居住条件、更优美的环境、更丰富的精神文化生活。兴产业、稳就业、增收入、促消费，努力创造宜业、宜居、宜乐、宜游的良好环境，是人民城市建设的价值遵循。

根据调研结果（见图 21–1），整体上看，东部沿海城市的经济发展水平满意度较高，城市经济发展满意度排名前 20 的城市当中，深圳、北京、杭州、广州、南京、上海、青岛、济南、苏州、福州、天津都属于东部城市，占到了一半以上。另外，普遍印象中生活舒适度较高的城市，虽然经济总量并不是特别靠前，但是人民满意度较高，比如成都、长沙、拉萨。

---

① 习近平：当前经济工作的几个重大问题［Z］. 中央经济工作会议（2022 年 12 月 15 日至 16 日）.

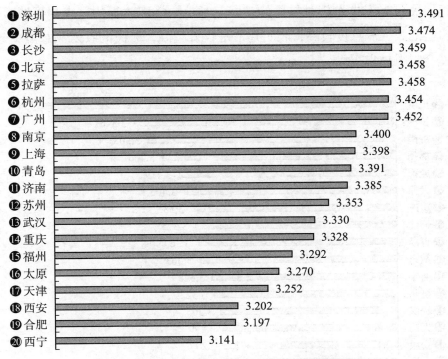

图 21 - 1　城市经济发展主观评价前 20 名

第一节　城市经济实力

　　人民群众对城市经济实力最直观、最贴切的感受是经济的发展是否提高了自身的收入水平。近几年受新冠疫情影响，经济发展增速有所放缓，城乡居民收入增长放缓、预期下降，不敢消费、不便消费，存钱避险的倾向上升。如何多渠道增加城乡居民收入，成为扩大内需的重中之重。

　　根据调研结果，总体上看，40.88% 的城市居民认为所在城市收入能满足自己的购房、教育、医疗、出行、日常生活等需求，36.98% 的城市居民感受一般，有 22.14% 的城市居民认为收入不能满足自己的购房、教育、医疗、出行、日常生活等需求。分城市看（见图 21 - 2），经济发展较好、城镇居民可支配收入比较靠前的北京、上海、广州、深圳、苏州等城市的收入满意度排名并不靠前，而城镇居民可支配收入相对靠后的拉萨、长沙、济南、福州、成都等城市的居民对自己的收入满意度较高，表明并不是收入越高，居民的收入满意度就越高，居民就会觉得越幸福。

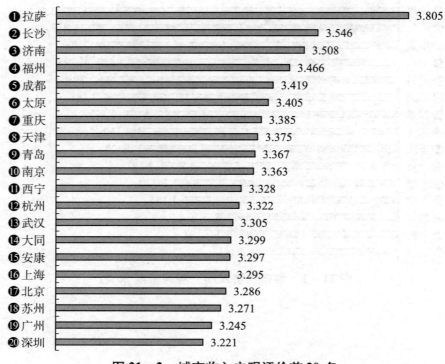

图 21 - 2　城市收入主观评价前 20 名

一、男性收入满意度高于女性

调研结果显示（见图 21 - 3），我国城市男性居民的收入满意度为 44.79%，高于女性的 37.32%。已有研究显示，在简历中重要信息相同的情况下，男性大学生收到面试通知的概率高于女性，女性在职场晋升中存在"黏地板效应"和"天花板效应"，这些现象的存在为性别平等带来了巨大挑战。针对这种情况，我国出台了一系列消除劳动力市场歧视的政策。2019 年，人力资源和社会保障部等九部门印发《关于进一步规范招聘行为促进妇女就业的通知》，对不得实施的六种就业性别歧视行为进行规定。2021 年 9 月，中共中央印发的《中国妇女发展纲要（2021～2030 年）》中提出了"促进平等就业，消除就业性别歧视"

的目标。赋予男性和女性平等的就业机会和工资收入，不仅有利于营造公平的劳动力市场竞争环境，而且有利于促进社会的平稳健康发展。

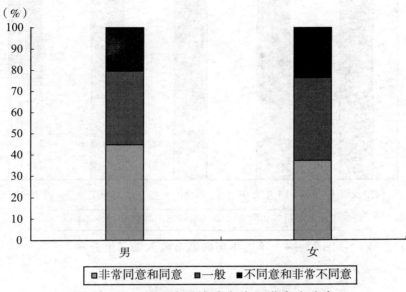

图 21 – 3　不同性别的城市收入满意度分布

二、受教育水平越高收入满意度越高

居民收入水平与受教育程度高度相关。根据调研显示（见图 21 – 4），初中及以下、高中（中专）、专科、本科与硕士及以上各学历收入的满意度分别为 35.56%、34.85%、37.78%、41.72% 与 43.11%。总体上看，受教育程度越高，个体的收入满意度也越高。知识改变命运，在当今的知识型社会，不管从什么角度出发，知识都能给人们带来好处，高收入就是最好的证明。教育与居民的主观幸福感及收入满意度的影响关系一直是幸福经济学非常关注的话题。自舒尔茨提出人力资本理论以来，基于现代人力资本理论的大量研究基本可以佐证教育在促进经济增长和提高居民收入中不可忽视的积极作用。同时，教育作为调节收入分配的众多因素之一，如何让教育在既"做大蛋糕"又"分好蛋糕"上发挥应有的作用，不只关系到教育事业的发展，也关系到整个社会的发展。充分挖掘教育在国计民生发展中的基础性作用，同时不盲目地让教育过度地承担其不能承受之重，这将是值得深入探讨的问题。

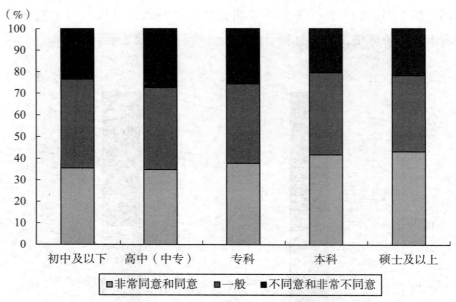

图 21-4　不同学历的城市收入满意度分布

三、城市人口集聚促进收入增加

城市人口集聚可以带来增收效应。调研结果显示（见图 21-5），对"城市人口增多带来了大量企业集聚，这增加了自己的就业选择和收入"表示非常同意的人中，有 68.54% 的人同意收入能满足的购房、教育、医疗、出行、日常生活等需求，同意的人里面有 50.25%，有较高的匹配度。城市人口规模通过集聚效应对劳动力的工资水平产生正向的作用，人口规模增长促进了劳动力等生产要素和各类经济资源向城市空间集聚，提高了生产要素和经济资源的配置效率，降低了企业的生产和交易成本以及所面临的市场风险，有利于企业的规模化生产和创新活动，同时也促进了劳动力的专业化分工，从而提高了劳动力的生产率和工资水平。有研究表明，城市人口规模每增长 1%，劳动力的名义年收入将增长 0.190%~0.193%，在采用不同的物价水平指标来度量城市生活成本后，劳动力实际年收入将增长 0.136%~0.143%（踪家峰等，2015）。城市集聚效应的微观基础由共享、匹配和学习机制组成，有利于企业和劳动力通过共享基础设施、中间投入品供应商、劳动力市场等降低生产成本，实现专业化生产和提高生产效率，同时也提升了企业与劳动力、投入品供应商之间的匹配效率，并且通过知识溢出、知识创造等学习机制促进了新技术和商业经验的广泛应用（Duranton G.，2004）。2020 年，中共中央、国务院发布《中共中央　国务院关于构建更加完善的要素市场化配置体制机制的意见》，明确指出要引导劳动力要素合理畅通有序流动。

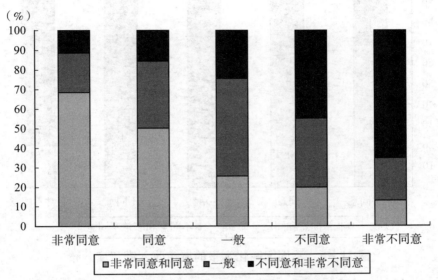

图 21 - 5　不同城市规模的居民收入满意度分布

四、城市国际化水平越高收入满意度越高

对外开放程度影响劳动力市场。调研结果显示（见图 21 - 6），对"城市的国际化合作为您提供了多元的就业（合作）与丰富多彩的文化交流体验"非常同意的人里面，有 **68.62%** 的人同意收入能满足购房、教育、医疗、出行、日常生活等需求。研究显示，贸易开放会提高劳动者的平均工资收入，开放程度越大的部门，工资增加越明显（赵瑾，2019）。随着贸易开放程度的加深，劳动者对就业的要求不再满足于基本的谋生，而在工资收入、工作环境、社会保障等方面有了更高的要求，即劳动者越来越重视就业质量。一方面，贸易开放的扩大在一定程度上促进了劳动力市场的工资增长，提高了劳动者的整体收入水平（黄灿，2017），显著改善了收入差距（王跃生等，2019）。另一方面，贸易开放引致企业竞争加剧，内在要求企业改善工作环境，客观上具有了改善工作环境

的条件，提高了就业质量。因此，中国政府先后提出了"稳外贸"的发展政策及构建"双循环"新发展格局的战略举措，为我国对外贸易发展提供了新思路。

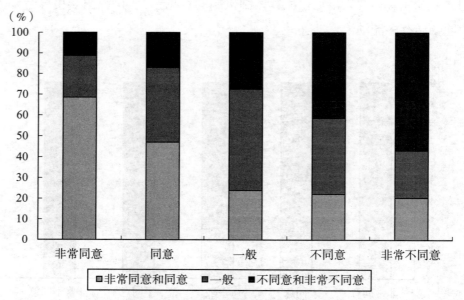

图 21 - 6　不同国际化水平的城市收入满意度分布

第二节　城市经济结构

产业结构的优化升级在很大程度上决定了劳动力需求的发展，是解决人口就业问题的根本途径和载体。"就业是最基本的民生。"党的二十大报告指出要"强化就业优先政策，健全就业促进机制，促进高质量充分就业。健全就业公共服务体系，完善重点群体就业支持体系，加强困难群体就业兜底帮扶"。党的十八大以来，我国城市立足区域优势，努力发展具有地方特色的产业，推动就业工作取得扎实成绩。2022 年末全国就业人员为 73 351 万人，其中城镇就业人员 45 931 万人，占全国就业人员比重为 62.6%[①]。

---

① 中华人民共和国 2022 年国民经济和社会发展统计公报 ［EB/OL］．［2023 - 02 - 28］．国家统计局，ht-tp：//www.stats.cn/tjsj/zxfb/202302/t20230227_1918980.html.

根据调研结果，51.56%的城市居民认为所在城市制造业、金融业与服务业发展为自己提供了丰富多样的就业和服务选择，36.99%的城市居民感受一般，仅有11.45%的城市居民对就业和服务选择的丰富多样性感到不太满意。其中，东部城市的满意度大体上大于中西部，排名前20的深圳、北京、广州、杭州、上海、济南、苏州、青岛、南京都属于东部城市，占比将近一半；大城市的满意度更高、排名前20的多数为大城市、特大城市；旅游城市拉萨的满意度较高，人民幸福感较强（见图21-7）。

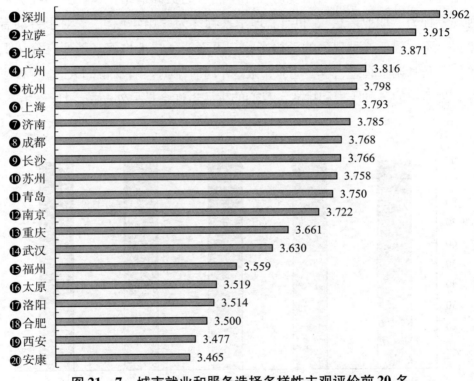

图21-7 城市就业和服务选择多样性主观评价前20名

一、人到中年需谨防"职业倦怠"

年龄越高收入满意度越低。从不同年龄分组的情况来看，18~30岁年龄组的市民就业和服务满意度最高，为56.22%；30~45岁年龄组的市民就业满意度相对较低，为48.67%；46~60岁年龄组的市民就业满意度最低，仅为39.42%

（见图21-8）。这表明，处于劳动年龄阶段的市民，其年龄越高，收入满意度越低。如果忽略就业满意度的代际差异，则不同年龄分组的总体调研数据可以看作个体劳动者成长历程的不同阶段，事实上完整地描绘了劳动者个人的职业生涯。大多数劳动者在20岁左右初涉职场，由于缺乏工作经验、不谙人情世故，在职场上跌打滚爬，在摸索中成长；到了35岁左右，随着个人职场经验和人脉资源的积累，职业相对稳定，事业也逐渐进入上升通道；过了40岁的劳动者，面对持续的工作、生活压力，渐渐开始对工作失去兴趣和期待，特别是在事业发展出现波折的时候，容易出现对工作不满意的负面情绪，现代劳动经济学将这种现象称为"职业倦怠"，也有心理学家称之为"中年危机"。对于劳动者个人来说，不宜放任这种现象的消极影响，更不能一味地抱怨，而要充分认识自我价值，及时调整心态、学会适应，做一个时时刻刻"有准备的人"，积极应对工作、生活中的各种压力和挑战，我们的生活也许会是另外一番模样。

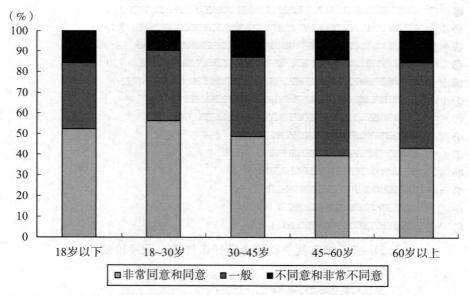

图21-8　不同年龄的城市就业和服务业丰富性满意度分布

二、总体上学历越高满意度越高

学历水平越高，市民就业与服务满意度越高。根据调研显示（见图21-9），初中及以下、高中（中专）、专科、本科与硕士及以上各学历对制造业、金融业与服务业发展为自己提供了丰富多样的就业和服务选择的满意度为 47.05%、44.14%、47.37%、52.10% 与 54.93%。这表明学历水平越高，市民就业与服务满意度越高，与此同时可支配收入满意度越高。"书中自有黄金屋"，高学历水平可以为市民提供更多的就业与服务机会，就业和服务则可以提高市民收入。因此，要加大教育力度，提高人们的知识水平，提高受教育水平。与此同时，我们要坚决摒弃唯学历论，扎实推进教育高质量发展，培育适应社会需要的高素质人才。

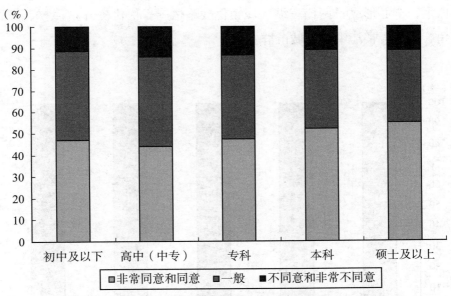

图 21 - 9　不同学历的城市就业和服务满意度分布

三、城市协同程度与就业和服务满意度正相关

居民认为就业与城市协同发展高度相关。调研结果显示（见图 21 - 10），非常同意本城市与周边城市联系紧密的居民对就业和服务的满意度达到 82.46%，同意的达到 55.55%。从经济学意义上看，城市群的发展可以提高城市间的经济、社会、文化交流的效率，降低成本，在城市群协同发展的一系列嬗变过程中，地区的经济影响、经济规模都会扩大，从最根本上来说，可以扩大老百姓的就业和收入。都市圈、城市群发展最主要的目的是促进区域发展的均衡。利用

城市群发展的战略，提高整个区域的承载力以及这个区域里的不同城市间的协同发展程度。如果城市群发展形态明确，不同城市之间就可能实现一个小时内通达，使得在不同城市居住、就业的安排成为现实，给大家提供更多选择。因此，我国着力加强城市群、都市圈建设。2018 年 11 月 18 日，中共中央、国务院发布的《中共中央　国务院关于建立更加有效的区域协调发展新机制的意见》明确指出，以京津冀城市群、长三角城市群、粤港澳大湾区、成渝城市群、长江中游城市群、中原城市群、关中平原城市群等城市群推动国家重大区域战略融合发展。"十四五"规划和 2035 年远景目标纲要明确提出："以促进城市群发展为抓手，全面形成'两横三纵'城镇化战略格局。优化提升京津冀、长三角、珠三角、成渝、长江中游等城市群。"

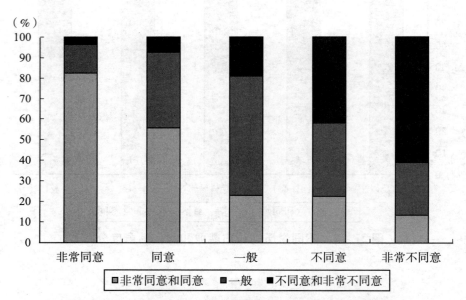

图 21 – 10　不同协同水平的城市就业和服务满意度分布

第三节　城市经济活力

居民的消费活力是经济活力的集中表现。2023 年 2 月，中共中央、国务院印发了《质量强国建设纲要》，指出要顺应消费升级趋势，推动企业加快产品创新、服务升级、质量改进，促进定制、体验、智能、时尚等新型消费提质扩容，满足多样化、多层级消费需求。《质量强国建设纲要》对消费品质量提升作出一系列部署，强调进一步提升消费品供给质量，以更好满足消费需求，提高人民获得感。只有满足多样化、多层级的消费需求，才能使企业产品更具竞争力，吸引更多的消费者，才能激发企业创造出更丰富的产品价值。

调研结果显示，70.01%的居民认为自己的城市拥有种类多样、数量丰富的消费品牌，24.78%的居民认为一般，5.21%的居民认为城市的消费品牌满足不了自己的需求。分城市看，城市的消费品牌丰富性和城市的经济发展有很大的关联性，经济发展越好，满意度越高，排名前20的城市大多是经济发展较好的大城市（见图21－11）。

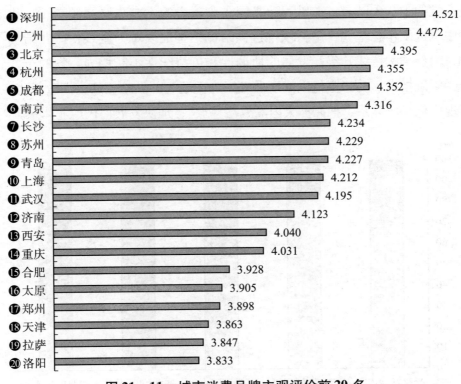

图 21－11　城市消费品牌主观评价前 20 名

一、产业结构优化促进多样化需求的满足

消费升级的方向是产业升级的重要导向。根据调研结果（见图 21 – 12），城市居民认为城市制造业、金融业与服务业发展满意度越高，城市商品种类越多样、数量越丰富，产业发展水平由高到低的满意度依次为 34.97%、40.54%、54.51%、85.31%、94.59%。主要是因为消费升级的方向是产业升级的重要导向，只有围绕消费市场的变化趋势进行投资、创新和生产，才能提高投资和创新效率、优化产业结构、提升产业竞争力和附加值，促使产业升级，维持经济稳定、高效增长。产业结构不断优化能够推动产品、服务等供给质量的逐步提升，有助于更好地满足消费者个性化和多样化需求，刺激消费增长，促进消费升级。党的十八大以来，在以习近平同志为核心的党中央坚强领导下，我国坚持稳中求进工作总基调，坚持以推进供给侧结构性改革为主线，产业结构不断优化，消费结构持续升级，发展的协调性和可持续性不断增强。党的十九届六中全会明确指出，要"坚持以高质量发展为主题、以供给侧结构性改革为主线、建设现代化经济体系、把握扩大内需战略基点"，加快发展现代产业体系。

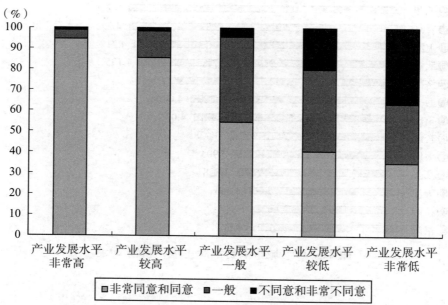

图 21 – 12　不同产业发展水平的消费品牌满意度分布

二、城市国际化水平越高产品丰富多样性满意度越高

城市国际化水平丰富了城市消费品种类。根据调研结果（见图21－13），城市居民认为城市国际化水平越高，城市商品种类越多样、数量越丰富，国际化水平由低到高的满意度依次为25.75%、36.80%、51.84%、83.04%、94.51%。城市国际化水平越高，说明对外贸易水平越高。在当前国内国际双循环的经济背景下，我国经济发展迎来了新的篇章。随着国内国际双循环的战略布局逐渐下沉，国内的营商环境不断向好，国际的贸易水准不断提升，我国中产阶层的人群队伍将不断扩大，国内市场的消费品质也会相应提升。一是在消费渠道的选择上，我国对内市场的构筑催生了新一轮的电商发展，各种线上消费途径几乎没有受到外部环境的压力影响，消费者可选的消费路径更加多元，同时带动了互联网生活消费产业的进一步升级；二是国内消费市场的取向变化，消费者对产品品牌和质量的要求提高，消费格局在性价比和品质上达到了新的平衡，尤其是食品安全、绿色农业和时尚产业等行业热度高涨，从而反向促使消费制造行业的改革升级。

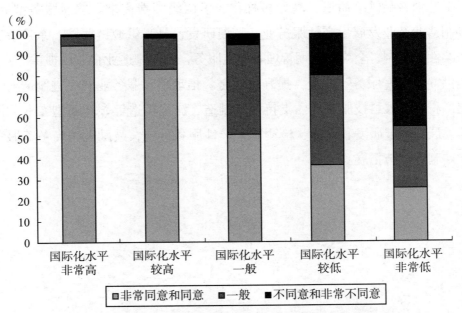

图21－13　不同国际化水平的城市消费品满意度分布

第四节　政　策　启　示

　　综上所述，城市居民对城市经济发展的满意度显示出较大的差异性。经济结构方面，男性收入满意度高于女性，受教育水平越高收入满意度越高，城市人口集聚可以促进收入增加。经济结构方面，总体上学历越高满意度越高，且人到中年谨防"职业倦怠"。经济活力方面，产业结构优化不断满足人民多样性需求，城市国际化水平越高，商品丰富性满意度越高。

　　下一步，需从以下几方面提升人民对城市经济发展的满意度。经济实力方面，全力推进经济社会高质量发展。城市必须充分利用当地的特色资源优势，立足长远，构建居民增收新亮点。经济结构方面，全面优化产业结构。加快推进以科技创新驱动产业结构、消费体系转型升级的步伐，加快推动经济高质量发展进程，持续增强经济综合实力。推动战略性新兴产业扩规模、上档次。做优特色产业、传统产业，快速壮大产业整体规模，提升综合实力。经济活力方面，提升消费品供给质量，满足多样化、多层级消费需求。发展服务型制造，鼓励制造业企业发展生产性服务业，拓展研发设计、供应链协同、系统解决方案、柔性化定制、全生命周期管理等增值服务，促进制造业企业由提供"产品"向提供"产品＋服务"转变，提升价值链。推动现代服务业同先进制造业融合发展。积极发展科技服务业。支持智能制造、流程再造等领域新型专业化服务机构发展。发展研发、设计、检测等生产性服务外包，鼓励电子商务等服务业企业向制造环节拓展。

第二十二章　城市空间发展主观评价

　　"城市空间结构直接关系到城镇化质量，影响房价、交通、生态等城镇人居环境和竞争力，处理不好会滋生和助长城市病。"[①] 城市是国家发展的重要空间，是实践国家治理的具体单元。城市空间的创造、更新、组配、规划等实践活动，广泛而深入地影响着城市中的经济、政治、文化、生态等方方面面的发展，并调控着人们复杂的社会利益关系。"劣质"的城市空间形态降低了城市内部公共服务空间均等化程度，进而降低了居民满意度。新时代十年，我国城市建设发展举世瞩目，人居环境大幅改善，2021 年常住人口城镇化率达到 64.72%，城市空间产生了巨大的改变。[②] 但是，受市场经济这一社会背景影响，城市空间或多或少具有了商品性质，社会借助空间的工具理性来生产资本与权利，这就造成了城市发展产生了一系列的空间问题：空间生产异化，空间人文性缺失，空间权利失衡，生态弱化等。因此，在实现中国式现代化的征程中，我国亟须依据科学的空间治理理论进行城市空间治理。

　　调研结果显示（见图 22-1），苏州城市空间满意度最高，排名第 1；一些规模不大的历史名城排名相对靠前，例如大同、洛阳、汉中；一些特大城市排名相对靠后，有些甚至没有进入前 20，例如广州、深圳分别排名第 12、第 16，北京和上海两座特大城市均没有进入 20 强。

① 习近平关于城市工作论述摘编 ［M］. 北京：中央文献出版社，2023：46.
② 中华人民共和国 2022 年国民经济和社会发展统计公报 ［EB/OL］. ［2023-02-28］. 国家统计局，https://www.stats.gov.cn/sj/zxfb/202302/t20230228_1919011.html.

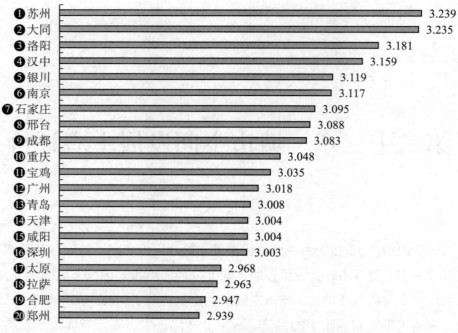

图 22 - 1　城市空间发展主观评价前 20 名

第一节　城市空间规模

　　城市空间的扩展是城市化基本特征之一，城市发展的过程同时也是城市空间扩展、变化的过程。改革开放 40 多年来，中国城镇化水平迅速提高，城镇化率由 1978 年的 17.92% 提升到了 2021 年的 64.72%。[①] 高速增长的城镇化使得城市集聚效应与增长极效应充分发挥，极大地促进了中国的现代化和人民生活水平的提高，但城市空间快速扩张，也侵占了大量乡村和生态空间，城市蔓延问题愈发严重。居住条件拥挤、交通拥堵、生产成本增加、生存环境恶化等，为此需要付出巨额的公共基础设施投资和治理成本。

　　调研结果显示（见图 22 - 2），46.53% 的城市居民认为所在城市空间规模过

---

① 中华人民共和国 2022 年国民经济和社会发展统计公报 [EB/OL]. [2023 - 02 - 28]. 国家统计局. https://www.stats.gov.cn/sj/zxfb/202302/t20230228_1919011.html.

大、区域功能单一导致自己将大量时间耗费在了道路交通上，37.09%的城市居民感受一般，仅有16.38%的城市居民认为城市空间规模过大、区域功能单一对自己的交通出行时间影响不大。分城市看，超大城市北京、上海的居民，对城市空间规模、区域功能满意度低，即超大城市空间满意度低。大多超大城市都面临着急速扩张所带来的建设管理跟不上需求增长的矛盾，比如人口膨胀、环境污染、交通拥堵、学位紧张等，这些矛盾既是困扰城市发展的"大城市病"，更成了百姓的一块"心病"。

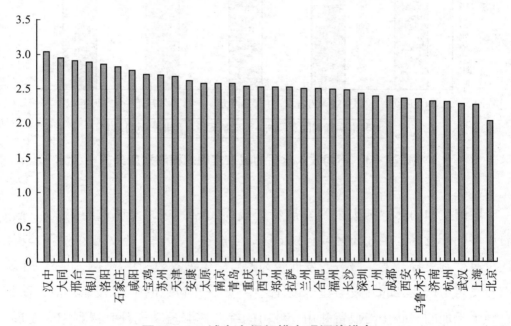

图 22 - 2 城市空间规模主观评价排名

居民收入越高空间规模满意度越低。调研结果显示（见图 22 - 3），处于5 000元以下、5 000~1万元、1万~3万元、3万~5万元、5万元以上各区间的居民认为城市空间规模过大、区域功能单一导致自己将大量时间耗费在了道路交通上，分别占比45.71%、45.59%、49.30%、55.59%、54.85%，总体上看，城市居民收入越高，越认为城市规模大在道路上花费更多时间。主要原因可分为两个方面，一方面，居民收入越高，更愿意选择私人交通工具出行，这造成了交通拥堵，需花费更多时间；另一方面，随着居民收入的增加，更趋向于选择环境更加舒适的郊区生活，这就导致了职住分离，使其需要将更多时间花费在道路交通上。

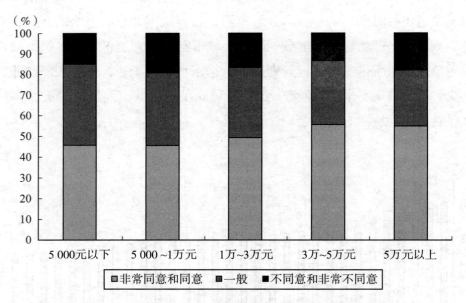

（%）

图 22 - 3　不同收入水平的城市空间规模满意度分布

图例：■ 非常同意和同意　■ 一般　■ 不同意和非常不同意

横轴标签：5 000元以下　5 000~1万元　1万~3万元　3万~5万元　5万元以上

城市空间向外"摊大饼"发展特征较为明显。在许多城市的郊区，分布着诸多的开发区、工业园区或科技园区，功能过于单一，产业园区的综合功能还没有得到充分开发，服务业发展较为困难，土地有效利用率还较低下。在城市开发区与产业区的开发与建设过程之中，统一的城市空间并没有形成，而是见到了土地的破碎化与浪费利用。城市的综合性服务功能没有得到相应发展，生产与居住功能分离过度，从而使得交通量居高不下，通勤成本过高，城市空间宜居度不高的现象。习近平总书记在 2015 年中央城市工作会议上提出树立"精明增长""紧凑城市"① 的城市发展理念，从长远来看，紧凑型的城市空间结构有利于实现公共服务资源的空间均等化配置，从而提高居民的主观满意程度。因此，地方政府要创新城市规划理念，注重存量土地的充分利用，适当推动城市土地的密集开发，构建紧凑的城市空间形态，创建人民满意的城市。

---

① 中央城市工作会议举行　习近平作重要讲话［EB/OL］．（2015 - 12 - 23）［2023 - 5 - 23］. 中华人民共和国国务院新闻办公室，http：//www. scio. gov. cn/31773/31774/31783/Document/1459799/1459799. htm.

第二节　城市空间结构

　　"劣质"的城市空间形态降低了城市内部公共服务空间均等化程度，进而降低了居民满意度（方颖等，2022）。2022年8月，习近平总书记在辽宁考察时指出"要科学合理规划城市的生产空间、生活空间、生态空间，多为老百姓建设休闲、健身、娱乐的公共场所"。[①] 新时代十年，中国城市建设坚持"以人民为中心"的发展理念，按照促进生产空间集约高效、生活空间宜居适度、生态空间山清水秀的总体要求，结合化解产能过剩、环境整治、存量土地再开发，形成生产、生活、生态空间的合理结构的目标，走出了一条中国特色的城市发展道路，使人民对城市发展的满意度日益提高。

　　调研结果显示（见图22-4），30.12%的城市居民认为所在城市空间规划

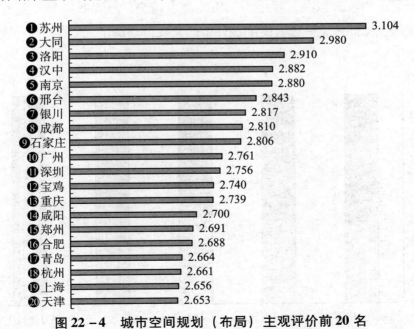

图22-4　城市空间规划（布局）主观评价前20名

---

① 习近平在辽宁考察时强调：在新时代东北振兴上展现更大担当和作为　奋力开创辽宁振兴发展新局面 [EB/OL]．（2022-08-18）[2023-5-23]．中国政府网，https：//www.gov.cn/xinwen/2022-08/18/content_5705929.htm.

（布局）不合理对自己的生活带来了困扰，41.49%的人对城市空间规划（布局）的影响感受不深刻，18.40%的人认为城市空间规划（布局）不合理没有给自己的生活带来了困扰。分城市看，苏州城市空间结构满意度最高；另外，并不是城市规模越大，结构满意度就越高，一些规模不大的城市，空间布局可能更合理。

一、居民对空间布局（规划）合理性的要求随着收入的升高而提高

居民的收入越高，对生活品质的需求越高。调研结果显示（见图 22 - 5），处于 5 000 元以下、5 000 ~ 1 万元、1 万 ~ 3 万元、3 万 ~ 5 万元、5 万元以上各区间的居民认为城市空间规划（布局）不合理没有给自己的生活带来了困扰的分别占比 39.05%、40.33%、42.17%、47.04%、46.49%，总体上看，城市居民收入越高，越认为城市空间规划（布局）不合理给自己的生活带来了困扰。主要原因居民的收入越高，对生活品质的需求越高，然而我国城市还存在着大量的空间非正义问题，导致人民的美好生活无法得到满足。

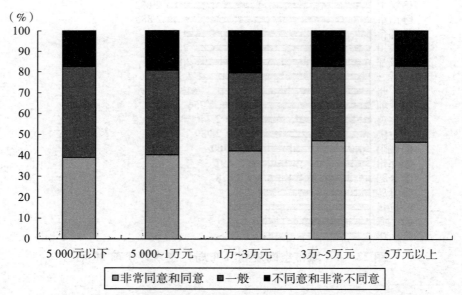

图 22 - 5　不同收入水平的城市空间规划（布局）满意度分布

如何合理有效地规划城市有限空间资源，使城市居民更好地享受城市空间资源，通过空间的公平分配提高城市居民的生活质量和幸福感，成为了城市空间规划的首要问题，也是城市空间公平研究的意义所在。2019 年 5 月，中共中央、国务院发布《关于建立国土空间规划体系并监督实施的若干意见》，提出将主体功能区规划、土地利用规划、城乡规划等各类空间规划融合，建立"全国统一、权责清晰、科学高效"的国土空间规划体系，以推进生态文明建设、实现国土空间高质量发展和人民群众高品质生活、促进国家治理体系和治理能力现代化。实现空间布局结构优化、功能组织活力有序、生态系统健康持续、风貌特色引导控制、历史文脉传承发展和公共空间系统建设，积极塑造美好人居环境和宜人空间场所。

二、"三生空间"满意度较高

"三生空间"满意度较高。调研结果显示（见表 22 - 1），生产空间方面，城市市场环境、市场潜力、成本环境、融资环境、创新创业氛围满意度分别为 66.68%、60.94%、48.13%、49.28%、64.69%，表明居民对城市市场环境、市场潜力、创新创业氛围满意度都比较高，而对成本环境和融资环境满意度相对较低；生活空间方面，治安环境、市政建设与维护、民生环境、文化环境、教育环境、医疗环境、生活服务满意度分别为 80.26%、68.29%、66.13%、71.58%、54.03%、52.46%、69.90%，居民对生活空间的整体满意度较高，其中教育、医疗环境相对较低，上学难、就业难仍是亟须改善的民生问题；生态空间方面，居民对生态环境的满意度达到 71.25%，满意度较高。整体上看，居民对所在城市"三生空间"满意度较高。

表 22 - 1　　　　　　　　　城市"三生空间"满意度　　　　　　　　单位：%

一级指标	二级指标	指标解释	非常同意和同意	一般	不同意和非常不同意
生产空间	市场环境	如政府办事方便快捷、商业信用环境良好	66.68	27.79	5.53

续表

一级指标	二级指标	指标解释	非常同意和同意	一般	不同意和非常不同意
生产空间	市场潜力	如城市的市场活跃、消费潜力巨大	60.94	31.87	7.19
	成本环境	如城市水、电、气、租、用工成本低廉	48.13	36.24	15.63
	融资环境	如贷款、融资渠道方便、多元，成本低廉	49.28	40.86	9.86
	创新创业氛围	如政府鼓励、支持创新创业活动等	64.69	29.79	5.52
生活空间	治安环境	如盗窃等犯罪事件少，安全感强	80.26	16.37	3.37
	市政建设与维护	如城市排水系统完善、垃圾处理及时等	68.29	25.86	5.85
	民生环境	如房贷、物价、养老带来了巨大压力	66.13	27.36	6.51
	文化环境	如图书馆、博物馆、影剧院能满足日常文化消费	71.58	22.48	5.95
	教育环境	如上学不难、上学不贵、上学方便	54.03	31.06	14.91
	医疗环境	如看病不难、看病不贵、看病方便	52.46	33.71	13.84
	生活服务	如体育馆、星级饭店、娱乐场所能满足日常需求	69.90	24.30	5.80
生态空间	生态环境	如城市绿化环境好、污染事件少	71.25	23.56	5.19

生产空间、生活空间、生态空间是人类实践存在的基本形式，构成了人类生活世界的总体面貌。在当前历史条件下，"三生空间"失衡是造成环境污染、灾害频发、能源资源过度开发、生态系统功能退化的重要原因。促进"三生空间"协调发展不仅关系生态系统的发展状态，而且影响人类社会的发展走向，成为优化社会主义生态文明空间布局必须要面对的核心课题。基于此，党的十

八大报告明确提出"促进生产空间集约高效、生活空间宜居适度、生态空间山清水秀"的总体要求，将优化国土空间开发格局作为生态文明建设的首要举措。2019 年 5 月，《中共中央 国务院关于建立国土空间规划体系并监督实施的若干意见》明确了国土空间规划的主要目标，指出"到 2035 年，全面提升国土空间治理体系和治理能力现代化水平，基本形成生产空间集约高效、生活空间宜居适度、生态空间山清水秀，安全和谐、富有竞争力和可持续发展的国土空间格局"。随着国家对"三生空间"治理的日益重视，城市居民对"三生空间"的满意度日益提升。

第三节　城市空间活力

人民城市重要理念要求新时代城市工作必须把重心下沉到社区、力量集聚到社区、资源配置到社区。在新的发展时期，聚焦社区这一与人民群众日常生活最密切的空间层次，通过"15 分钟社区生活圈"行动，为人民群众营造最佳的人居环境，让人民群众全过程共同参与城市发展、共享发展成果，这是践行"人民城市"理念的重要抓手。自提出"15 分钟社区生活圈"基本概念，构建低碳韧性、多元包容、公平协作的"社区共同体"以来，我国开启一场全面提升城市品质的"15 分钟社区生活圈"行动，谱写新时代"人民城市"建设新篇章，人民的生活满意度得到极大提升。

调查结果显示，62.17% 的居民对居住地步行 15 分钟范围内生活服务设施感到满意，27.62% 的居民认为一般，10.2% 的居民感到不满。总体上看，大部分城市居民对 15 分钟范围内生活服务设施感到满意。分城市看（见图 22-6），成都居民认为居住地步行 15 分钟范围内生活服务设施齐全，满意度最高，得分 4.042（见图 22-6）。为了留住国际成都的烟火气，成都市着力打造 15 分钟社区生活圈，而且针对不同的人群，在这个生活圈内基本上都能满足自己的生活、生存需要。

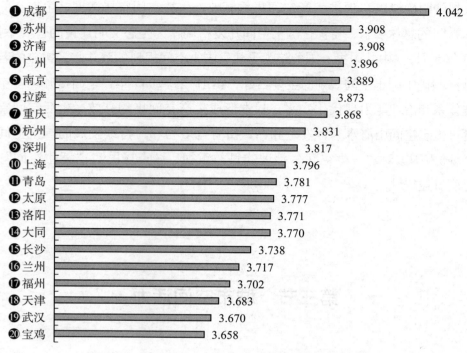

❶ 成都 4.042
❷ 苏州 3.908
❸ 济南 3.908
❹ 广州 3.896
❺ 南京 3.889
❻ 拉萨 3.873
❼ 重庆 3.868
❽ 杭州 3.831
❾ 深圳 3.817
❿ 上海 3.796
⓫ 青岛 3.781
⓬ 太原 3.777
⓭ 洛阳 3.771
⓮ 大同 3.770
⓯ 长沙 3.738
⓰ 兰州 3.717
⓱ 福州 3.702
⓲ 天津 3.683
⓳ 武汉 3.670
⓴ 宝鸡 3.658

图 22 – 6 "15 分钟社区生活圈" 主观评价前 20 名

居民收入越高空间活力满意度越高。调研结果显示（见图 22 – 7），处于 5 000 元以下、5 000 ~ 1 万元、1 万 ~ 3 万元、3 万 ~ 5 万元、5 万元以上各区间的居民认为城市空间规划（布局）不合理没有给自己的生活带来了困扰的分别占 59.69%、64.47%、66.50%、65.13%、68.23%，总体上看，城市居民收入越高，15 分钟生活圈满意度越高。主要原因是受市场配置资源的影响，城市的教育、医疗、文化和体育等公共服务行业都出现了高端化、贵族化的倾向：一方面，城市基本的与普通的公共服务需要长期得不到合理的满足；另一方面，城市却又能提供这些服务的高端产品。这些状况都在使城市宜居程度不断降低。这是我国目前城市化过程之中较为突出的矛盾。

不可否认随着我国经济的发展，城市社区基础服务设施不断完善，但是不能忽略的是，伴随着产生了优质空间资源及服务不平衡分布的区域存在。社会中的富裕阶层、强势群体往往居住在空间环境、空间区位都较为优越的城市中心，而弱势群体、贫困群体和边缘群体多是向城郊集中，从高档住宅到平民社区形成了等级不同的居住空间格局。随着居住空间的社会分层而来的是不同群体之间城市空间资源分配的不均衡，城市中心聚集的教育、医疗、公共交通等公共空间资源都要优于城市郊区，使得很多低收入群体无法享受经济社会高质量发展成果。共同富裕具有鲜明的时代特征和中国特色，是社会主义的本质要求，是中国式现代化的重要特征。它不是少数人的富裕，而是涵盖全体中国人民的富裕。针对空间资源不平衡的现象，国家出台了一系列措施，通过向群众提供基本均衡的义务教育、基本医疗、住房保障、社会保障、就业培训等基本公共服务，有效促进市场经济运行结果的适当平均，从而有助于化解各类矛盾冲突，维护社会稳定，促进社会可持续发展。

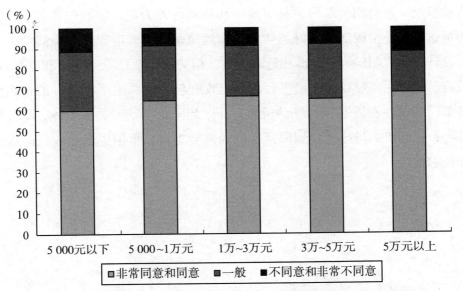

图 22 – 7　不同收入水平的城市"15 分钟社区生活圈"满意度分布

第四节　政 策 启 示

综上所述，居民对城市空间的理解还处于比较浅显的阶段，整体上满意度不算太高。空间规模方面，城市空间向外"摊大饼"发展特征较为明显，导致人民满意度较低，同时，居民收入越高空间规模满意度越低。空间结构方面，居民对空间布局（规划）合理性的要求随着收入的升高而提高，"三生空间"满意度较高。空间活力方面，城市居民收入越高，15 分钟生活圈满意度越高。城市空间公平水平有待进一步提高。

　　下一步，城市应该提升空间治理能力现代化水平。城市空间规模方面，以人民为中心，探求城市最优规模。为了将居民的幸福感置于首要位置，不能放任城市规模无限扩大。城市空间结构方面，推进城市空间结构体系形成，构建不同城市空间的协同关系。促进不同经济活动与社会活动在城市空间的有序叠放，促进中心城区与周边城市形成合理的分工与协作关系。要以土地租金为依据，促进不同产业在城市不同空间区位的分布与发展。城市空间活力方面，构建行动机制，整合相关部门、基层政府和社会各方力量，明确职责分工，形成合力推进实施。市级部门做好总体指导和政策保障，城市规划资源局牵头开展顶层设计，研究明确导向标准和行动机制；相关部门做好政策支持和监督管理；区政府总体牵头搭建社区共治平台，构建政府与社会"上下互动"的协商机制和多部门间"左右贯通"的联动机制；社区居民是行动的关键主体，全过程深度参与；社会组织与社区规划师是行动的重要力量，承担更多专业社区服务供给和技术把关。

第二十三章　城市社会发展主观评价

　　理念是行动的先导，城市高质量发展必然由先进而正确的发展理念来引领。进入新的发展阶段，"更高质量、更有效率、更加公平、更可持续发展"是中国城市发展的新要求，由"快"到"优"是推动城市持续健康发展的新思想和新战略。践行新思想新战略，必然依靠"创新、协调、绿色、开放、共享"的新发展理念引领城市政治、经济、文化、生态等方方面面的深刻改革。新发展理念是习近平新时代中国特色社会主义思想的重要内容，是马克思主义发展观中国化时代化的理论成果，这一理念是引领高质量发展的理论指导和实践指南。高质量发展必须全面贯彻新发展理念，始终以创新、协调、绿色、开放、共享的内在统一来把握发展、衡量发展、推动发展。本报告结合新发展理念，从城市居民主观感受入手，多角度、全方位衡量城市社会发展水平，为城市高质量发展提供切实有效的理论参考和行动指南。

　　城市社会发展满意度排名前 20 的城市如图 23 - 1 所示。其中大部分城市集中在东部地区，苏州、深圳和杭州社会发展满意度排名前 3；西部地区成都排名第五，社会发展满意度较高，其余宝鸡、安康排名第 17 和第 20，城市社会发展提升空间较大。

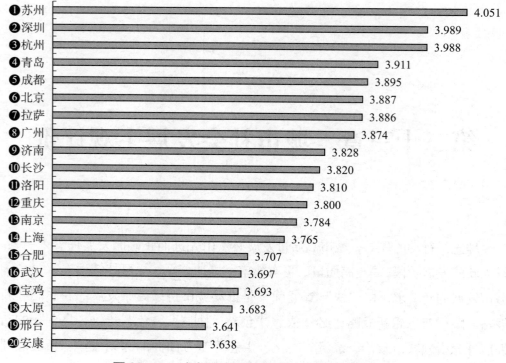

图 23 - 1　城市社会发展质量主观评价前 20 名

第一节　城市创新发展

党的二十大报告指出："必须坚持科技是第一生产力、人才是第一资源、创新是第一动力。"作为创新要素产生效能的集聚地，城市是提高中国整体创新水平的战略区域，创新是城市发展的永续动能，一个城市创新发展的速度、质量和状态，往往决定了一个城市成长的速度、质量和繁衰。作为人才创新、产业创新和国家创新的交汇点，城市科技创新在今后相当长的时间内是推进创新改革以塑造发展新优势的重点和核心，从根本上支撑着创新型国家建设的全局。

新发展理念是我国发展实践的理论结晶，为全面高质量发展提供了理论指导，而创新发展理念居于新发展理念之首，是高质量发展的第一动力。近年来围绕城市层面的创新发展逐步推进，创新成果竞相涌现，但关键核心技术领域的创新驱动力不足、效率不高的问题依旧存在。城市创新发展是否提升人民生活质量、影响生活习惯，是否已形成创新驱动高质量发展的良好循环尚未得以验证。因此，评述现有城市创新发展水平有助于厘清当前城市创新发展短板，从人民角度总结当前高质量发展的成果以及存在的问题，为城市科技创新为何驱动、如何驱动、如何扩散、怎样调控等问题提供理论参考，在构建运转顺畅、成效显著的城市创新驱动机制，形成城市创新生态圈，推动城市高质量发展等方面具有重要实践意义。基于此，报告调查了创新力、智慧化和数字化是否为居民提供了新鲜体验和便捷生活，受访者对生活便捷的满意度越高，则说明该城市创新发展水平越高。

整体来看，如图 23-2 所示，63.84% 的受访者就"城市发展的创新力、智慧化和数字化为您提供了诸多新鲜体验和便捷生活"这一问题表示同意，其中 19.49% 的受访者表示非常同意。我国城市中创新发展满意度排名前 20 的城市如图 23-3 所示。其中大部分城市集中在东部地区，呈现出"东高西低"的趋势。结合区域进一步分析，东部地区经济发达、技术实力领先，广东省和浙江省分别以 76.92% 和 75.11% 的满意度位列第 2 和第 3。这说明当前我国城市创新发展已经初见成效，围绕创新发展理念所实施的一系列政策已经让人民群众享受到了切实的成果，感受到了切实的便利。但由于不同年龄、不同群体的生活习惯、价值观念存在差异，创新对于其生活方式的影响也有所不同，因此有 30% 的受访

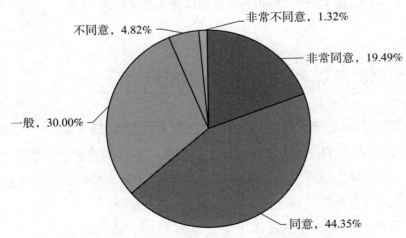

图 23-2 城市创新发展质量居民满意度占比分布

者对该问题持中立态度。与此同时，根据调查发现，受访者对城市创新发展的满意度与所处地域、受访者年龄、受访者职业以及城市历史文化底蕴紧密关联，与性别、收入、居住时间关联度较小，因而选择部分指标进行交叉分析。

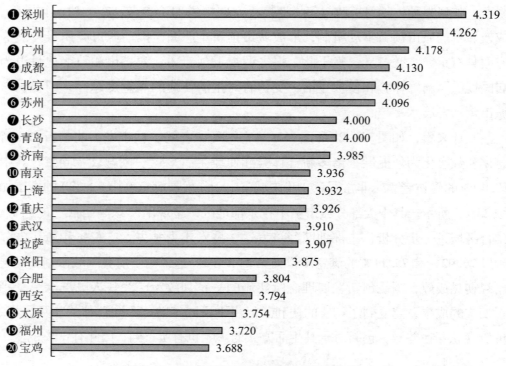

图 23 – 3　城市创新发展质量主观评价前 20 名

一、城市创新发展水平呈显著区域差异

创新发展区域差异明显。从省域视角来看，如图 23 – 4 所示，以受访者"同意和非常同意"的占比表示其对城市创新发展水平的满意度，则除甘肃及宁夏以外，其余省级行政区的受访者满意度均超过 50%。按受访者满意度对城市创新发展水平进行排序，排名前 5 的省份依次为：北京、广东、浙江、湖南、重庆。总体来讲，城市创新发展水平呈"东强西弱、南强北弱"态势。北京以 82.37% 的满意度位列全国第 1，由此可见科技创新已成为北京融入新发展格局"五子"联动的关键一子，东部地区经济发达、技术实力领先，广东和浙江分别

以 76.92% 和 75.11% 的满意度位列第 2 和第 3；中部地区呈现明显的"南强北弱"态势，湖南以 71.91% 的满意度位列第 4，河南、安徽及江西则排名靠后，分别位列第 20、第 21 及第 24 位；西部地区中，重庆以 71.94% 的满意度排名第 5，宁夏回族自治区和甘肃省的满意度最低，分别为 47.88% 和 44.04%。

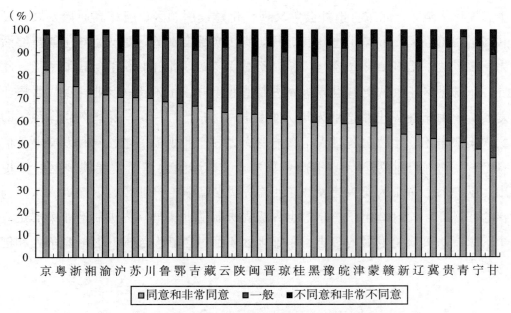

图 23 – 4　省域创新发展质量满意度分布

　　总而言之，受访者整体对城市创新发展的满意度较高，即使是满意度最低的甘肃，依然有高达 44.04% 的受访者认为城市发展的创新力、智慧化和数字化提供了新鲜体验和便捷生活，这充分佐证了前文所述的整体调查结论：当前我国城市创新发展已经初见成效，围绕创新发展理念所实施的一系列政策已经让人民群众享受到了切实的成果。但也应当看到，不同省份的城市创新发展水平差异较大，东中西三大地区梯级差异明显。创新发展水平较高的地区集中于沿海地区、川渝地区等经济发展水平较高地区，这些地区具有良好的科技创新氛围，已逐渐形成以企业为核心、产学研一体化助推、政府大力扶持的科技创新体系。此外，东部地区创新发展展现出强大的外溢效应，在沿海城市全方位、深层次合作下，行业技术进一步提升，产业结构进一步优化，助推东部地区城市高质量发展。

从"东部率先发展"到"鼓励东部地区加快推进现代化",东部地区创新发展成果离不开地区层出不穷的制度创新。从渤海之滨到南海之隅,京津冀协同发展、粤港澳大湾区建设、长三角一体化发展、海南全面深化改革开放,多个重大发展战略在此密集交汇,东部地区城市正积极发挥区域重大战略"叠加效应"。"十四五"规划和2035年远景目标纲要提出,支持深圳建设中国特色社会主义先行示范区、浦东打造社会主义现代化建设引领区、浙江高质量发展建设共同富裕示范区、深入推进山东新旧动能转换综合试验区建设。"向创新要活力、要动力、要出路、要效益",已经成为东部地区的普遍共识和经验。此外,东部地区正加快培育世界级先进制造业集群,引领新兴产业和现代服务业发展。上海市在先进制造业发展方面提出了构建"3+6"新型产业体系,即实现集成电路、生物医药、人工智能三大先导产业规模倍增,同时发展电子信息产业、汽车产业等六大高端产业集群。《粤港澳大湾区发展规划纲要》提出,以珠海、佛山为龙头建设珠江西岸先进装备制造产业带,以深圳、东莞为核心在珠江东岸打造电子信息等世界级先进制造业集群。先进制造业集群是一个国家经济高质量发展的标志,东部地区正通过创新发展提升区域竞争力和创新能力。

二、年轻群体对城市创新发展满意度更高

调研结果显示(见图23-5),居民对于城市创新发展满意度与年龄正相关,年龄小的群体满意度更高。如图23-5所示,年龄在18~30岁的受访者满意度最高,达到68.73%。而年龄在45岁以上的受访者对城市创新发展的满意度较低,其中,年龄在45~60岁的受访者满意度最低,为53.38%。年轻群体对于新鲜事物接受度更高,同时学习能力较强,面对城市快节奏发展能更好地适应,因此对于城市创新发展较为敏感。

结合学历水平来看,高学历群体对城市创新发展满意度更高。如图23-6所示,硕士及以上的受访者满意度最高,达到68.21%,而初中及以下的受访者对城市创新发展的满意度最低,为55.44%。

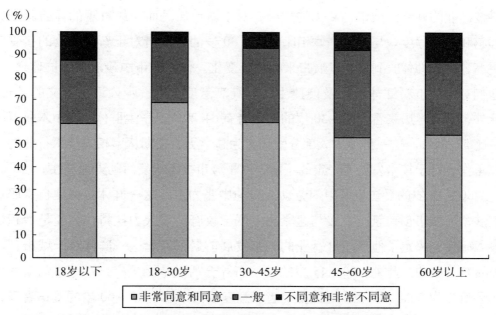

图 23 – 5　不同年龄群体的城市创新发展质量满意度分布

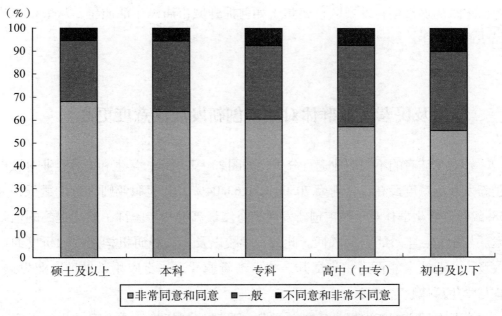

图 23 – 6　不同学历的城市创新发展质量满意度分布

新鲜体验和便捷生活作为调查问卷中给出的衡量城市创新发展水平程度的参考指标，也是居民最能直观感受到的城市发展结果之一。数字化技术的提出、科技产业的升级、城市创新力的提升，对于城市居民而言最直观的体验就是新鲜感和便捷程度。与其他群体相比，18～30岁的受访者对于新鲜事物的接受度更高，更快地体验到创新发展带来的城市变化。作为城市中最活跃的群体之一，他们对于城市新鲜体验以及便捷生活的高满意度，进一步佐证了上文的结论。此外，结合学历来看，18～30岁的受访者有64.29%是学生群体，其中本科群体占比52.55%。这一群体中大部分受访者为高学历，长期从事相关技术行业的研究工作，对于技术发展有一定的了解，对于城市技术研发活动更为关注。

30～45岁的受访者是中国劳动人口的中坚力量，这一群体更关注自身职业发展，而城市创新氛围直接与之紧密关联。政府是否大力扶持，企业是否积极投入研发，决定了他们所处行业的未来发展前景，因此这一群体对于城市创新发展较为敏锐。此外，30～45岁的受访者社会活动范围更广，对城市创新发展的评价更为全面。45岁以上的受访者满意度较低，其中45～60岁的受访者满意度最低，这也暴露出城市创新发展目前存在的短板。45岁以上的受访者更关注城市居住环境是否便捷，城市创新发展是否改善了居民的居住条件、生活质量等。未来的城市创新发展应该聚焦于如何提升城市居民生活质量，从最根本的民生问题入手。

三、学生及民营企业群体对城市创新发展满意度更高

针对受访者的不同职业进行分析，如图23-7所示，学生和民营企业对城市创新发展满意度最高，分别为70.00%和63.04%，其他职业则满意度最低，为58.57%。学生群体对于城市创新发展满意度最高进一步验证了前文提到的创新发展与学历、年龄的强关联性。此外，学校以及相关科研机构是技术研发的主战场，行业技术能否进一步提升，技术创新能否进一步应用以助推产业发展，均与学生群体紧密关联。

企业在城市创新发展处于主体地位，是科技创新与经济发展结合的主要力量，技术创新是一个从新产品构想到推向市场的全过程，企业是其中不可或缺的产品主推手。从城市角度，一个城市创新发展的好坏不仅直接影响企业的利润，更会改变企业所处的营商环境，创新发展水平高的城市，经济发展更快，

企业研发扶持政策更多，因而企业获得的受益以及机会更丰富；从企业角度，随着高质量发展的提出，创新日益成为企业发展的核心竞争力，如何更好推动产学研一体化成为创新投融资关键问题。综合来看，城市创新发展水平是民营企业关注的重中之重。

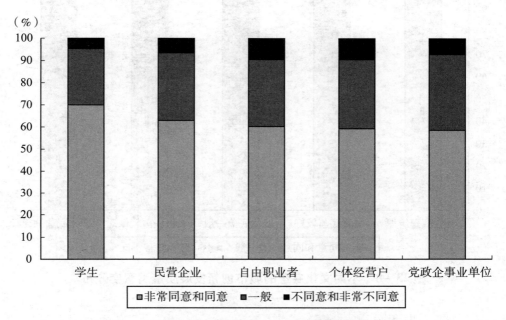

图 23-7 不同职业的城市创新发展质量满意度分布

四、城市创新发展满意度受历史文化底蕴影响

城市文化底蕴对于居民城市创新发展满意度具有深远的影响。文化底蕴丰厚程度与城市创新发展满意度呈现正相关，认为城市文化底蕴丰厚的受访者对城市创新发展满意度最高，达到75.52%，认为城市文化底蕴缺乏的受访者对城市创新发展满意度仅为28.24%（见图23-8）。

文化是一座城市的"根"，为城市发展提供足够的底气。文化底蕴丰厚的城市，城市更有温度、有活力，能唤起居民的认同感与归属感，因而对城市的创新发展关注度更高。城市发展要坚持文化传承与创新协调发展，以传统文化为沃土，创新之树才能更好成长。由问卷结果可得，优秀传统文化对于创新发展起到重要支撑作用，文化可以凝聚人心、振奋精神、积蓄力量，从而焕发城市活力、激发城市高质量发展动力。

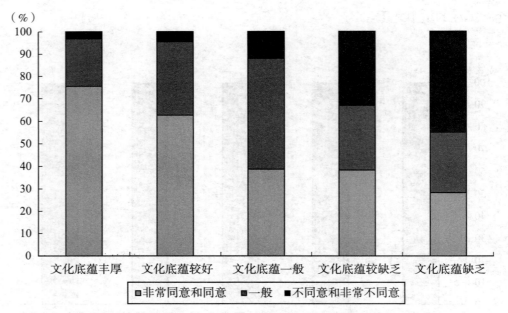

图23-8　不同文化底蕴的城市创新发展质量满意度分布

第二节　城市协调发展

习近平总书记指出：协调既是发展手段又是发展目标，同时还是评价发展的标准和尺度。协调发展是处理区域发展不协调、城乡发展不统筹、资源分配不均衡等重大经济关系问题的主要举措，其要求在解决好经济、政治、文化、社会和生态领域的协调问题的同时，消除发展不平衡、不充分等突出问题。协调在于结构的合理，即子系统与系统的协调统一。从结构维度来看，是优化经济发展结构，合理配置发展资源，促进经济发展要素自由流动。协调发展注重的是解决平衡性问题，这也是推进共同富裕道路上的重要手段和应有之义。

协调发展的关键在于处理好城乡之间和区域之间的关系，不断增强协调性和韧性。长期以来，我国在经济快速发展的同时也暴露出了城乡区域发展不平衡的突出问题，这是制约人民追求美好生活和实现共同富裕的重要原因。城市协调发展是否给居民生活的方方面面都带来了改善，区域发展不协调问题是否解决尚未验证。因此，评述现有城市协调发展水平有助于厘清当前城市协调发展短板，从人民角度总结当前高质量发展的成果以及存在的问题，为增强城乡之间和区域之间协调性提供具有针对性的方案，在优化经济发展结构、合理配置发展资源，推动城市高质量发展等方面具有重要实践意义。基于此，本报告调查了城市发展是否给居民生活的方方面面都带来了改善，受访者对此的满意度越高，则说明该城市协调发展水平越高。

整体来看，如图 23-9 所示，70.80% 的受访者就"城市发展给您生活的方方面面都带来了改善"这一问题表示同意，其中 20.06% 的受访者表示非常同意。这说明当前我国城市协调发展已经初见成效，围绕协调发展理念所实施的一系列政策已经让人民群众享受到了切实的成果，感受到了切实的便利。但由于不同年龄、不同群体的生活习惯、价值观念存在差异，协调发展对于其生活的影响也有所不同，因此有 24.66% 的受访者对该问题持中立态度。与此同时，根据调查发现，受访者对城市协调发展的满意度与所处地域、受访者年龄以及受访者职业紧密关联，与性别、学历、收入、居住时间关联度较小，因而选择部分指标进行交叉分析。

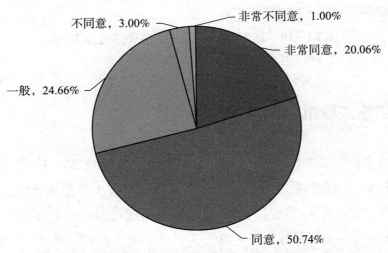

图 23-9 城市协调发展质量居民满意度占比分布

  2020 年，我国 285 个城市中协调发展质量主观评价排名前 20 的城市如图 23 – 10 所示。结合区域进一步分析，东部地区中，深圳、苏州以及广州排名前 3，前 10 名中有 8 座城市位于东部地区，受访者整体对城市协调发展的满意度较高。西部地区中，仅成都排名第 4，其他西部城市排名靠后。

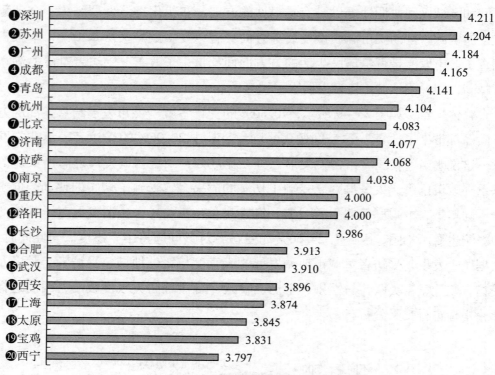

❶深圳   4.211
❷苏州   4.204
❸广州   4.184
❹成都   4.165
❺青岛   4.141
❻杭州   4.104
❼北京   4.083
❽济南   4.077
❾拉萨   4.068
❿南京   4.038
⓫重庆   4.000
⓬洛阳   4.000
⓭长沙   3.986
⓮合肥   3.913
⓯武汉   3.910
⓰西安   3.896
⓱上海   3.874
⓲太原   3.845
⓳宝鸡   3.831
⓴西宁   3.797

图 23 – 10　城市协调发展质量主观评价前 20 名

一、西部地区城市协调发展问题明显

  城市协调发展区域差异明显。从省域视角来看，如图 23 – 11 所示，以受访者"同意和非常同意"的占比表示其对城市协调发展水平的满意度，则除西藏自治区以外，其余省级行政区的受访者满意度均超过 50%。按受访者满意度对城市协同发展水平进行排序，排名前五的省份依次为北京、重庆、江苏、广东、四川。总体来讲，城市协同发展水平呈显著的区域差异。北京以 81.71% 的满意度位列全国第一，由此可见北京市协调发展已初见成效，必将推动京津冀协同发展。作为"长三角"城市群的中坚力量，江浙地区城市的协同发展水平位居全国前列，其中江苏和浙江分别以77.90%和75.93%的满意度位列第3和第7；中部地区的湖北、湖南区域协调发展加快，以75.37%和74.72%分别位列第8和第9，已逐步形成区域发展新格局；西部地区中，川渝地区排名靠前，重庆、四川分别位列第2和第5，川渝一体化战略正加速川渝发展新格局，"西北五省"中，仅陕西省位列第14位，其余四省排名均在20名以后；西藏自治区的满意度最低，为34.06%。

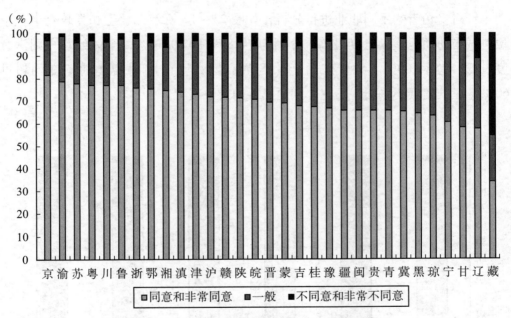

图23-11　省域协调发展质量满意度分布

　　总而言之，受访者整体对城市协调发展的满意度较高，除西藏自治区以外省份的受访者满意度均达到55%以上，这充分佐证了前文所述的整体调查结论：当前我国城市协调发展已经初见成效，围绕协调发展理念所实施的一系列政策已经让人民群众享受到了切实的成果。但也应当看到，不同省份的城市协调发展水平差异较大，区域发展不平衡问题有待解决，其中西部地区协调发展问题最为明显。针对当前西部地区发展问题，我国政府正式提出构建以国内经济大循环为主体，形成国内国际相互促进的双循环发展新格局作为一项长期发展战略。2020 年 5 月 17 日颁布的《中共中央　国务院关于新时代推进西部大开发形成新格局的指导意见》，明确提出"到 2035 年，西部地区基本实现社会主义现代化，基本公共服务、基础设施通达程度、人民生活水平与东部地区大体相当，努力实现不同类型地区互补发展、东西双向开放协同并进、民族边疆地区繁荣安全稳固、人与自然和谐共生"。

二、学生及党政企事业单位对城市协调发展满意度更高

针对受访者的不同职业进行分析，如图 23 – 12 所示，学生和党政企事业单位对城市协调发展满意度最高，分别为 74.84% 和 70.16%，个体经营户则满意度最低，为 64.99%。综合来看，各受访群体对城市协调发展满意度均超过 60%，区域发展不平衡、不充分问题已得到有效缓解。

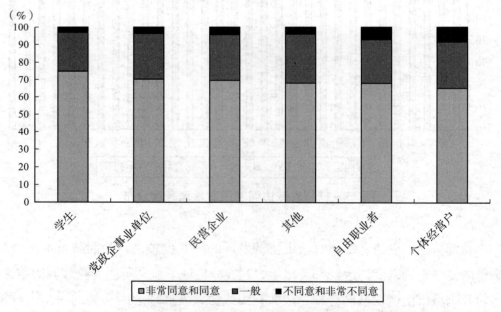

图 23 – 12　不同职业的城市协调发展质量满意度分布

在学生群体中，90.96% 的受访者为本科及以上学历，这一学生群体相比于正在受初等教育的学生来说有更成熟的思维方式、更独立的判断能力和观察能

力，对事物的评判也比较客观。另一方面，学生与社会接触较为局限，该群体的需求和关注点更集中在学业发展以及就业前景方面，对于社会中存在的发展不均衡、资源分配问题关注较少。

党政企事业单位群体与城市发展紧密联系，与其他受访者相比，党政企事业单位群体工作中的一部分就是解决城市发展过程中出现的不协调问题，因而对于区域协调发展、城乡融合更为敏锐。此外，这一群体工作、经济状况均较为稳定，生活态度积极，因而对于城市协调发展更认同。

与此相反，个体经营户生产生活受物质基础、技术条件、市场环境等多种因素限制，这也导致其生活不稳定，生活质量较低，对于问卷中的"生活方方面面带来改善"难以认同。许多个体经营户多来源于乡村，经营方式大多为"靠天吃饭"，对自身资源依赖极高，若城市持续推动区域协调发展、优化资源配置，则个体经营户的生产生活将得到有力支撑，其对城市协调发展满意度也将提升。

三、处于劳动年龄的群体对城市协调发展满意度更高

调研结果显示，年龄最小和年龄最大的群体对城市协调发展表现出较低的满意度。如图 23-13 所示，18 岁以上、60 岁以下的受访者对城市协调发展的满意度更高，其中，年龄在 18~30 岁的受访者满意度最高，达到 73.89%。而年龄在 18 岁以下或者 60 岁以上的受访者对城市协调发展的满意度则较低，其中，年龄在 60 岁以上的受访者满意度最低，为 63.81%。

60 岁以上的受访者关注重点多集中于养老、医疗卫生等领域，这一领域呈现明显区域差异，许多乡村医疗条件较差，缺乏必需的急救设备，同时乡村对于老人赡养问题难以落实，与城市相比，许多乡村留守老人正面临多种健康威胁。当前医疗资源紧张，养老难问题归根结底是发展问题，是区域不平衡不充分发展导致的，问卷这一结果也指明了区域协调发展方向。18 岁以下的受访者有 81.16% 是学生群体，其中高中及以下群体占比 73.95%，说明大多数人正在接受初等教育。这一群体更关注的是教育资源的协调性，该群体对城市协调发展较低的满意度说明我国区域间依然存在教育资源不平衡现象。在经济不发达

的地区，初等教育尚未得到系统化管理，限制了 18 岁以下群体受教育权利。问卷结果反映出当前城市资源分配有待进一步协调。

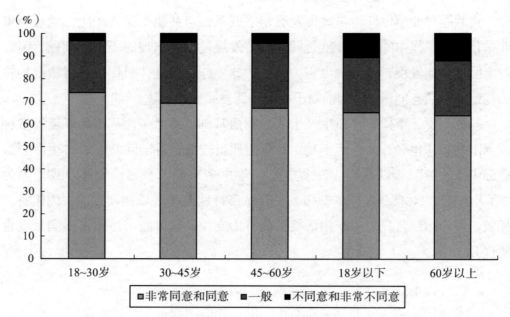

图 23 – 13　不同年龄的城市协调发展质量满意度分布

第三节　城市绿色发展

"牢固树立保护生态环境就是保护生产力、改善生态环境就是发展生产力的理念，更加自觉地推动绿色发展、循环发展、低碳发展，决不以牺牲环境为代价去换取一时的经济增长。"倡导绿色，构建绿色发展制度体系，是中国共产党人构建人与自然和谐共生的重要命题。绿色发展理念基于"经济—社会—生态"三位一体结构模式，与"五位一体"总体布局中的生态文明建设交相呼应，旨在化解经济发展与自然资源保护间的冲突。只有依靠强制性制度、激励性制度，将生态优势转化为经济发展的新动力，坚持构建绿色、低碳、循环、可持续的生产生活方式，才能找到经济发展和生态环境之间的平衡支点，保障城市高质量发展的可持续性。

绿色是全体人民共同富裕的基本特征，绿色发展是推进共同富裕路上的鲜明底色，也是经济社会高质量发展的集中体现。2020 年 9 月习近平总书记在第七十五届联合国大会上宣布的"双碳"目标，正是在绿色发展理念的指导下提出的。只有坚持走绿色发展道路，才能将"绿水青山"转变为"金山银山"。然而，一些为牺牲生态环境换取短期经济快速发展的现象仍然存在，这都需要进一步贯彻绿色发展理念。因此，评述现有城市绿色发展水平有助于厘清当前城市绿色发展短板，从人民角度总结当前高质量发展的成果以及存在的问题，为如何处理好生态与经济发展的关系提供理论参考，在构建生态文明体系、推动人与自然和谐共生方面具有重要实践意义。基于此，报告调查了城市雾霾、水和固废（垃圾）污染是否在不断改善，以此刻画城市绿色发展水平。

整体来看，如图 23 - 14 所示，73.14% 的受访者就"城市雾霾、水和固废（垃圾）污染在不断改善"这一问题表示同意，其中 20.59% 的受访者表示非常同意。2020 年，我国 285 个城市中绿色发展满意度排名前 20 的城市如图 23 - 15 所示。总体来讲，城市绿色发展水平受城市本身自然禀赋影响较大。西部地区自然资源丰裕，受访者对于城市绿色发展水平满意度更高。这说明当前我国城市绿色发展已经初见成效，围绕绿色发展理念所实施的一系列政策已经让人民群众享受到了切实的成果，感受到了切实的便利。但由于不同年龄、不同群体的

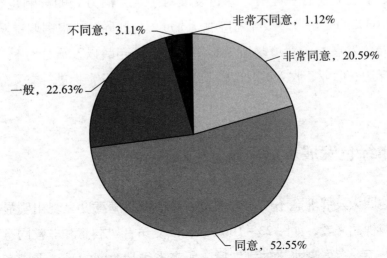

图 23 - 14 城市绿色发展质量居民满意度占比分布

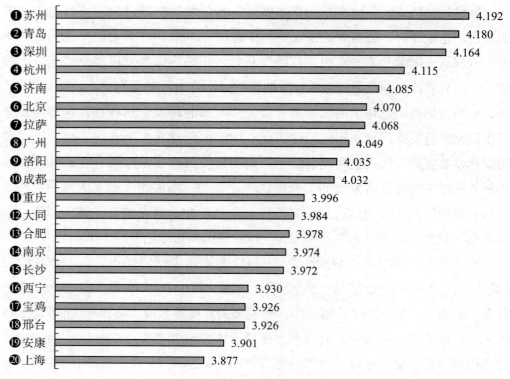

图 23 – 15　城市绿色发展质量主观评价前 20 名

生活习惯、价值观念存在差异，绿色发展对于其生活方式的影响也有所不同，因此有 22. 63% 的受访者对该问题持中立态度。与此同时，根据调查发现，受访者对城市绿色发展的满意度与所处地域、受访者年龄以及居住时长紧密关联，与性别、学历、职业、收入关联度较小，因而选择部分指标进行交叉分析。

一、城市绿色发展水平呈显著区域差异

与其他四大发展理念不同的是，城市绿色发展满意度呈现出明显的排名差异。从省域视角来看，如图 23 – 16 所示，以受访者"同意和非常同意"的占比表示其对城市绿色发展水平的满意度，所有省级行政区的受访者满意度均超过 50%，这表明当前城市绿色发展已取得一定的成果。按受访者满意度对城市绿

色发展水平进行排序，排名前5的省份依次为北京、浙江、西藏、海南、云南。总体来讲，城市绿色发展水平受城市本身自然禀赋影响较大。北京市以85.76%的满意度位列全国第1，首都污染防治攻坚战已取得成效，经济发展排名靠后的西部地区，自然资源丰裕，工业发展给环境带来的压力较小，因而雾霾、水和固废（垃圾）污染更易改善，受访者对于城市绿色发展水平满意度更高，其中西藏和海南分别以81.04%和80.49%位列第3和第4；与之相反的是，东部地区自然资源较为稀缺，环境吸收能力较差，受访者对于城市绿色发展水平满意度较低，其中福建在东部省份排名最低，为68.07%；黑龙江的满意度最低，为59.61%。

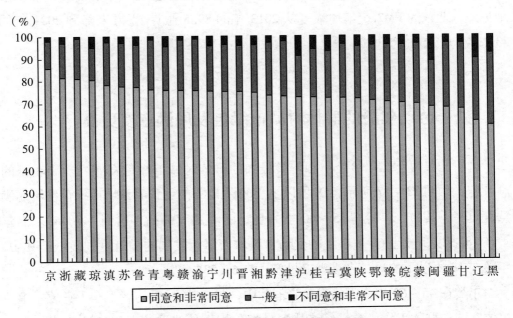

图 23-16　省域绿色发展质量满意度分布

　　总而言之，受访者整体对城市绿色发展的满意度较高，除黑龙江以外省份的受访者满意度均达到60%以上，这充分佐证了前文所述的整体调查结论：当前我国城市绿色发展已经初见成效，围绕绿色发展理念所实施的一系列政策已经在逐步提高城市居民的生活质量。结合区域来看，东部地区城市绿色发展已取得可喜成果，中西部城市绿色发展有待加强。

　　东部地区过去的快速发展给城市环境带来了较大负担，城市雾霾、水和固废（垃圾）污染持续困扰居民生活，因而如图 23－16 所示，部分东部地区省份城市绿色发展满意度仍排名靠后。但更多的东部地区城市已经改变过去牺牲环境的单一发展模式，将绿色发展融入城市规划蓝图。以北京为例，面对频繁的雾霾天气，北京发布《北京市 2012～2020 年大气污染治理措施》，开启了产业结构深度调整的转型之路。北京市逐步减少经济对土地占用、人口吸引和能源资源的依赖，进一步巩固首都金融、文化、商务服务产业优势，加快培育节能环保、生物医药、轨道交通等新兴潜力产业。在产业调整的同时，大力推动低碳发展，2020 年，北京市万元地区生产总值能耗为 0.209 吨标准煤，同比下降9.18%，在 31 个省区市中居首；2021 年，北京万元生产总值碳排放量处于全国省级地区最优水平。目前一系列大气污染防治措施已在北京绿色发展进程中落地见效，北京的 PM2.5 年均浓度从 2013 年的 89.5 微克/立方米降到 2021 年的33 微克/立方米。[①]

二、处于劳动年龄的群体对城市绿色发展满意度更高

调研结果显示，年龄最小和年龄最大的群体对城市绿色发展表现出较低的满意度。如图 23－17 所示，18 岁以上、60 岁以下的受访者对城市绿色发展的满意度更高，其中，年龄在 45～60 岁的受访者满意度最高，达到 74.04%。而年龄在 18 岁以下或者 60 岁以上的受访者对城市绿色发展的满意度则较低，其中，年龄在 18 岁以下的受访者满意度最低，为 65.53%。

年龄在 45～60 岁之间的受访者群体中，49.75% 的受访者工作于党政企事业单位。这一群体工作稳定、经济状况良好，相比其他受访者，45～60 岁的受访者更注重生活质量以及身体健康，因而城市雾霾、水和固废（垃圾）污染对于身体健康的影响是其关注重点。18 岁以下的受访者有 81.16% 是学生群体，其中高中及以下群体占比 73.95%，说明大多数人正在接受初等教育。这一群体更关注教育资源的分配，生活范围较为局限，"两点一线"的生活限制了该群体对于城市绿色发展水平的观察。

---

① 三项第一：亮出绿色低碳发展成色［EB/OL］. （2022－10－29）［2023－05－23］. 北京市人民政府，https：//www.beijing.gov.cn/ywdt/gzdt/202210/t20221019_2838841.html.

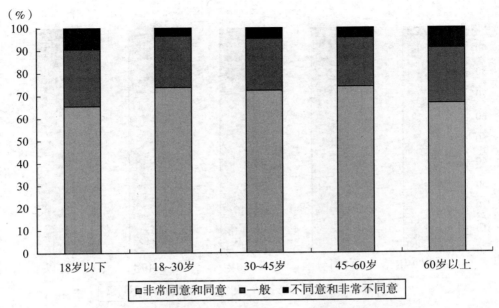

图 23 – 17　不同年龄的城市绿色发展质量满意度分布

三、居住时间长的群体对城市绿色发展满意度更高

调研结果显示，居住时间最短和居住时间最长的群体对城市绿色发展的满意度较高。如图 23 – 18 所示，居住 6 个月以下和居住 10 年以上的受访者对城市绿色发展的满意度分别为 76.5% 和 74.11%。而居住时长 3 年以下、6 个月以上受访者对城市绿色发展的满意度则较低，其中，居住时长在 6 个月至 1 年的受访者满意度最低，为 70.03%。

居住 6 个月以下的受访者中，84.53% 的人近 3 年在其他城市有半年以上的居留史，这些受访者旅居的城市更多，对城市雾霾、固废工业污染问题的体会更深，长期的旅居也拓宽了该群体的视野，因而他们对于城市绿色发展有更具象的评估。与之相反的是，居住 10 年以上的受访者对于居住城市发展已有充分的了解，与短居群体相比，其更关注城市发展过程中可持续的改变，随着居住时间的延长，城市绿色发展所带来的提升日趋显著。这一调研结果也进一步论证了本报告的准确性。

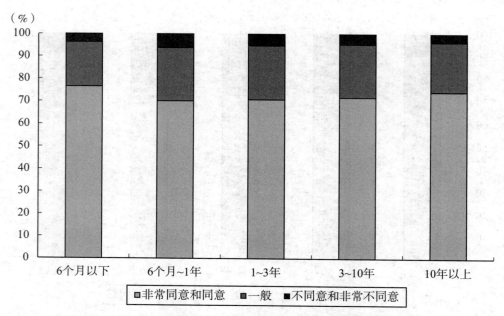

图 23 – 18　不同居住时长的城市绿色发展质量满意度分布

第四节　城市开放发展

开放发展是经济全球化背景下全方位、多领域、深层次发展的系统性工程。"主动参与和推动经济全球化进程，发展更高层次的开放型经济。"这是我国应对经济全球化以及推动国家和民族长远发展的战略设计。在持续处理好"引进来"和"走出去"关系的同时，以全面推动"一带一路"倡议为契机，新战略抢抓参与全球治理体系建设的新机遇。开放发展不仅要引进先进的资源要素、技术设备，而且要引进更多的先进人才、产业活动、理念及投资，同时还要优化出口结构，提升自主创新能力，引导中国品牌和国内要素有序向国外流动。在全球范围内拓宽伙伴关系网络，打造全新的普惠共享合作舞台，积极参与改善全球贸易治理，为全球经济高质量发展贡献中国智慧和中国方案，展示中国力量。我国自改革开放40多年以来的发展成就得益于对外开放。随着我国经济发展进入新常态，推动高质量发展需要在开放合作中培育，我们与发达国家在人均可支配收入等方面的差距也需在开放发展中不断缩小。与此同时，经济全球化的历史大势不可逆转，开放合作也是进一步"推动世界经济稳定复苏的现实要求"。因此，评述现有城市开放发展水平有助于厘清当前城市开放发展短板，从人民角度总结当前高质量发展的成果以及存在的问题，为城市开放发展如何进一步推行提供理论参考，在共建共享合作舞台、推动"一带一路"以及"人类命运共同体"发展等方面具有重要实践意义。基于此，报告调查了城市的国际化合作是否为居民提供了多元的就业（合作）与丰富多彩的文化交流体验，以刻画城市开放发展水平。

整体来看，如图 23 - 19 所示，57.1% 的受访者就"城市的国际化合作为您提供了多元的就业（合作）与丰富多彩的文化交流体验"这一问题表示同意，其中 18.22% 的受访者表示非常同意。这说明当前我国城市开放发展已经初见成效，围绕开放发展理念所实施的一系列政策已经让人民群众享受到了切实的成果，感受到了切实的便利。但由于不同年龄、不同群体的生活习惯、价值观念存在差异，开放发展对于其生活方式的影响也有所不同，因此有 33.18% 的受访者对该问题持中立态度。与此同时，根据调查发现，受访者对城市开放发展的满意度与所处地域、受访者职业以及居住时长紧密关联，与性别、学历、年龄、收入关联度较小，因而选择部分指标进行交叉分析。

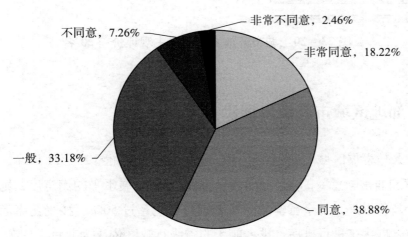

图 23 - 19 城市开放发展质量居民满意度占比分布

2020 年，我国 285 个城市中开放发展满意度排名前 20 的城市如图 23 - 20 所示。其中大部分城市集中在东部地区，呈现出"东高西低"的趋势。结合区域进一步分析，东部地区中，作为"长三角"城市群的中坚力量，江浙沪地区城市的开放发展水平位居全国前列。

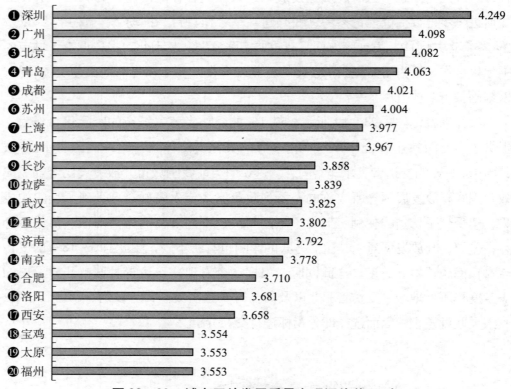

图 23 - 20　城市开放发展质量主观评价前 20 名

一、东部地区城市开放发展满意度更高

城市开放发展区域差异明显。从省域视角来看，如图 23 - 21 所示，以受访者"同意和非常同意"的占比表示其对城市开放发展水平的满意度，则除贵州省等六个省份以外，其余省份的受访者满意度均超过 50%。按受访者满意度对城市开放发展水平进行排序，排名前 5 的省级行政区依次为北京、广东、上海、浙江、湖南。总体来讲，城市开放发展水平呈"东强西弱、南强北弱"态势。北京市以 78.16% 的满意度位列全国第 1，以开放促改革、促发展、促创新，北京构建的开放型经济新体制正为其他城市提供学习经验。作为"长三角"城市

群的中坚力量，江浙沪地区城市的开放发展水平位居全国前列，其中上海以72.96%的满意度位列第2，浙江和江苏分别以65.23%和62.79%的满意度位列第4和第6；中部地区的湖南以64.05%位列第5，湖北则位列第10，中部地区开放发展已取得一定成果；西北五省中，仅陕西位列第16位，其余四省排名均在20名以后；青海和宁夏的满意度最低，分别为38.81%和37.33%。

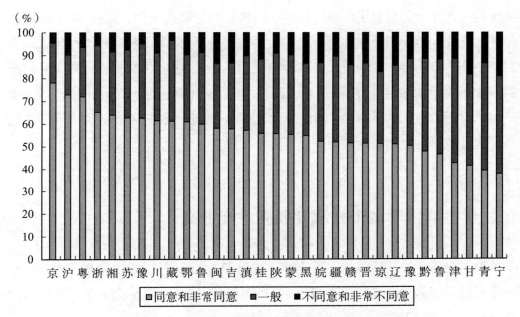

图 23 –21　省域开放发展质量满意度分布

东部地区城市开放发展的满意度，归因于区域经济布局中对东部地区率先发展的重要部署。我国先后设立了深圳、珠海、汕头、厦门、海南5个经济特区，确定了上海、湛江、广州、福州等14个沿海开放城市，开辟了长江三角洲、珠江三角洲等沿海经济开放区，由此奠定了东部地区在对外开放中的地位。近年来，东部地区服务业对外开放的全方位、多层次、宽领域格局逐步形成。以满意度排名第2的上海为例，2013年上海设立首个自贸试验区，至今一共设立了21个自贸试验区，向全国复制推广了278项制度创新成果，21个自贸试验区占国土面积不到千分之四，贡献的进出口占到全国的17.3%。在上海举办的中国国际进口博览会已连续举办5年，已经成为中国构建新发展格局的窗口、推动高水平开放的平台、全球共享的国际公共产品。东部地区的开放发展为世界开放合作注入源源不断的新动力。

西部地区开放发展起步较晚，但自 2013 年"一带一路"倡议提出，西部地区城市对外开放迅速发展。以陕西为例，近年来，陕西大力推进中欧班列（西安）集结中心建设，打造"一带一路"重要商贸物流枢纽，高水平建设境外经贸合作区，积极推进数字丝绸之路建设，通过拓展新线路、开通专列、优化去程班列等措施，中欧班列（西安）集结中心辐射力和影响力持续增强，逐渐成为陕西对外开放的重要平台。目前中欧班列长安号覆盖亚洲、欧洲 45 个国家和地区。此外，西安国际港务区以"建设内陆第一大港，服务全国向西开放"为目标，全力推动港产、港贸、港城融合发展。西安港是中国唯一具有国际、国内双代码的"内陆港"。以西安为代表的一些西部地区中心城市，正依托"一带一路"经贸合作，构建包括自由贸易试验区、内陆开放型经济试验区等在内的多层次开放平台，促进地区更高水平对外开放。

二、学生群体对城市开放发展满意度更高

针对受访者的不同职业进行分析，如图 23 - 22 所示，学生和个体经营户对城市开放发展满意度最高，分别为 64.35% 和 57.54%，党政企事业单位则满意度最低，为 49.12%。

在学生群体中，90.96% 的受访者为本科及以上学历，这一学生群体相比于正在受初等教育的学生来说有更成熟的思维方式、更独立的判断能力和观察能力，对事物的评判也比较客观。调研选择了多元的就业（合作）与丰富多彩的文化交流体验作为衡量城市开放发展满意度的指标，而就业和文化交流正是学生群体最感兴趣的主题。与其他受访者相比，学生交流能力、合作能力以及学习能力更强，在一些国际交流活动中更善于表达个人观点，学生群体对于城市开放发展的满意度反映出当前城市开放发展已取得一定成果。与学生群体相反，党政企事业单位受访者生活多围绕家庭以及工作展开，生活长期"两点一线"导致其缺乏文化交流机会。而稳定的工作自然而然伴随着对国际合作及就业机会的忽视。该群体对城市开放发展较低的满意度表明，事业单位应加强与周围国家的合作，在传统经营模式的基础上寻求新的突破。

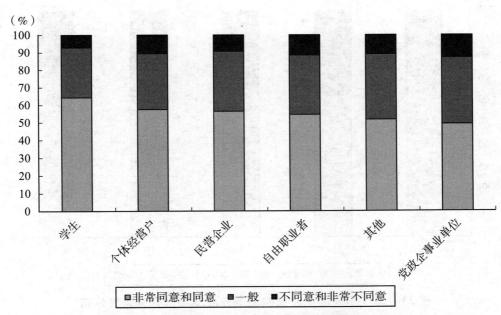

图 23-22　不同职业的城市开放发展质量满意度分布

三、居住时间短的群体对城市开放发展满意度更高

调研结果显示，受访者居住时长与其对城市开放发展的满意度紧密关联，居住时间越短的受访者，对于城市开放发展满意度越高。如图 23-23 所示，居住 6 个月以下的受访者对城市开放发展的满意度最高，为 70.74%。而居住时长 10 年以上受访者对城市开放发展的满意度则最低，为 50.63%。

居住 6 个月以下的受访者中，84.53% 的人近 3 年在其他城市有半年以上的居留史，这些受访者旅居的城市更多，交流能力更强，丰富的旅居经验也拓宽了该群体的视野，因而他们对于城市开放发展有更具象的评估。与之相反的是，居住 10 年以上的受访者对于居住城市发展已有充分的了解，固有的人际关系以及工作环境限制了他们对外交流的能力，城市目前的开放发展与该群体存在一定的壁垒。

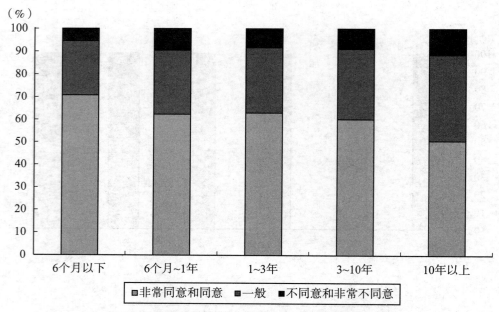

图 23-23 　不同居住时长的城市开放发展质量满意度分布

第五节　城市共享发展

　　"共享是中国特色社会主义的本质要求"，共享发展彰显"以人民为中心"的价值取向，更加强调效率与公平的统一。经济高质量发展是实现共享发展的根本动力，实现共享发展则是经济高质量发展的根本目的。"让广大人民群众共享改革发展成果，是社会主义的本质要求，是社会主义制度优越性的集中体现，是我们党坚持全心全意为人民服务根本宗旨的重要体现。"共享发展通过推进基本公共服务均等化完善社会保障制度，增强公共产品服务供给能力，如实施的精准扶贫战略和乡村振兴战略，就是实现经济高质量发展成果的"共建共享"。全体人民在共同参与发展全过程、充分参与社会共建的基础上实现共同富裕，促进社会公平正义。

　　共享发展表征是分好"蛋糕"的问题，其实质是处理好新发展理念中的价值遵循问题。贯彻新发展理念，关键是要看有没有坚持以人民为中心的发展思想，发展的成果有没有更公平地惠及全体人民。共享发展理念所要解决的问题是，通过坚持全民共享、共建共享和渐进共享的原则，不断处理分配不均和基本公共服务不均等问题来达到实现共同富裕的最终目标。因此可以说，共享发展是衡量发展好坏的基本标尺。因此，评述现有城市共享发展水平有助于厘清当前城市共享发展短板，从人民角度总结当前高质量发展的成果以及存在的问题，为城市高质量发展如何进一步推行、向哪一方向推行提供指导方案。基于此，报告调查了城市和乡村是否发展差距较小，以刻画城市共享发展水平，评估当前乡村振兴战略施行效果。

整体来看，如图 23 – 24 所示，41.40% 的受访者就"城市和乡村的发展差距较小"这一问题表示同意，其中 11.64% 的受访者表示非常同意。2020 年，我国 285 个城市中共享发展满意度排名前 20 的城市如图 23 – 25 所示。其中大部分城市集中在东部地区，呈现出"东高西低"的趋势。结合区域进一步分析，东部地区中，江浙地区城市的共享发展水平位居全国前列，其中苏州共享发展满意度位列全国第一。这说明当前我国城市共享发展已经初见成效，围绕共享发展理念所实施的一系列政策已经让人民群众享受到了切实的成果，感受到了切实的便利。但由于不同年龄、不同群体的生活习惯、价值观念存在差异，共享发展对于其生活方式的影响也有所不同，因此有 33.33% 的受访者对该问题持中立

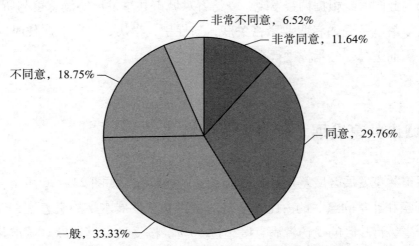

图 23 – 24 城市共享发展质量居民满意度占比分布

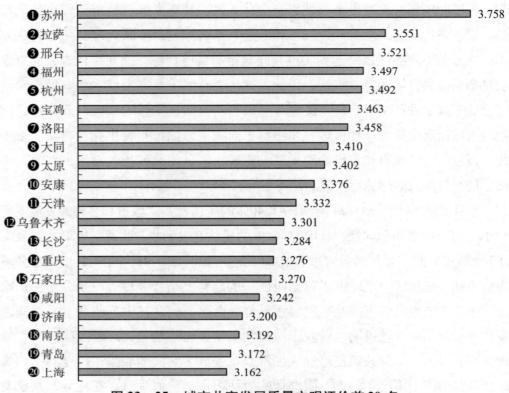

图 23-25　城市共享发展质量主观评价前 20 名

态度。与此同时，根据调查发现，受访者对城市共享发展的满意度与所处地域、受访者年龄以及受访者职业紧密关联，与性别、学历、收入、居住时间关联度较小，因而选择部分指标进行交叉分析。

一、城市共享发展水平呈显著区域差异

城市共享发展区域差异明显。从省域视角来看，如图 23-26 所示，以受访者"同意和非常同意"的占比表示其对城市共享发展水平的满意度，仅浙江省等 6 个省级行政区的受访者满意度超过 50%。按受访者满意度对城市共享发展水平进行排序，排名前 5 的省份依次为浙江、黑龙江、江苏、西藏、福建。总体来讲，城市共享发展水平呈现明显的区域差异。东部地区中，江浙地区城市的共享发展水平位居全国前列，其中浙江以 56.18% 的满意度位列全国第 1，江苏

以 53.44% 的满意度位列第 3；中部地区中，山西以 47.08% 的满意度位列第 8，城市共享发展取得一定的成果，而安徽、湖南、湖北的城市共享发展水平分别位列第 22、第 23 及第 24 位；西部地区城市共享发展满意度较低，西北五省中，除甘肃省位列第 17 位，其余四省排名均在 24 名以后；青海和海南的满意度最低，分别为 31.35% 和 19.52%。

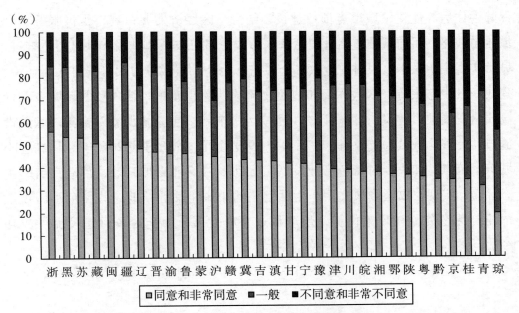

图 23 - 26　省域共享发展质量满意度分布

浙江作为经济大省，近年来结合自身实际持续推动乡村振兴，以共同富裕为背景大力发展农业现代化，城市共享发展成果喜人。浙江农业现代化水平位居全国第 3 位，浙江省农林牧渔业总产值由 2012 年的 2 657 亿元提升至 2021 年的 3 597 亿元。截至 2021 年，浙江城乡居民人均可支配收入连续 21 年居全国第 1 位，城乡居民收入倍差从 2012 年的 2.37 缩小至 2021 年的 1.94。一方面，浙江从城乡发展差距问题根本入手，在城乡融合的新背景下，提出新型城镇化和乡村振兴"双轮驱动"，让居住在乡村的农民能够像市民一样过上现代、文明、幸福的生活，使乡村具备和城市一样的生产生活基础条件，实现城市让生活更美好、乡村让城市更向往的理想目标；另一方面，浙江是习近平新时代中国特色社会主义思想的重要萌发地，习近平总书记在浙江工作期间就提出统筹城乡兴"三农"的新理念，多年来浙江坚持把改革与建设发展、城市建设与乡村建设紧密结合，统筹城乡发展、推进城乡一体化建设，浙江已逐渐发展为城乡融合发展的先行区、城乡一体化发展的样板区。

西藏近年来加快推进新型城镇化建设，促进城乡融合高质量发展，努力打造生态良好、特色鲜明、宜居宜业的高原城市，城市共享发展的高满意度即是西藏交出的亮丽答卷。在加快项目建设补短板方面，西藏加快推进基础设施、保障性住房等住建领域重点项目建设。结合全区经济发展布局，积极服务于全域旅游战略。目前城镇道路骨架已基本形成，高海拔城镇供暖、供氧不断推进，城镇实现集中供水、农村安全饮水全覆盖。此外，西藏着力改善农村人居环境，建成一批生态旅游、度假休闲和边贸物流的特色小城镇。结合《西藏城乡融合高质量发展项目建议》，西藏以公共服务水平较高、要素资源相对富集、基础设施日益完善的城镇为支撑点，先后投资89亿余元，全面建设26个自治区特色小城镇示范点，加快乡村特色产业发展，推动乡村治理更加有效，营造宜居的生态环境，实现农牧区乡风文明、生活富足的小康生活。目前这些特色小城镇正依托自身的资源和政策优势，带动周边乡村发展，为全区乡村建设提供成功经验。

二、年长群体对城市共享发展满意度更高

调研结果显示，受访者对于城市共享发展满意度与年龄紧密关联，年长群体对城市共享发展满意度更高。如图 23 - 27 所示，年龄在 45 ~ 60 岁的受访者满意度最高，达到 48.19%。而年龄在 30 岁以上的受访者对城市共享发展的满意度较低，其中，年龄在 18 ~ 30 岁的受访者满意度最低，为 37.84%。

以城市和乡村的发展差距大小作为衡量城市共享发展水平的指标，可以直接反映出乡村振兴战略是否得以有效施行，城市发展是否迎来"共建共享"的新局面。年龄在45 ~ 60 岁的受访者中49.75%是党政企事业单位工作人员，他们不仅是乡村振兴的建设者，更是乡村振兴的见证者，许多这一年龄段的受访者都亲历了从乡村走向城市，又一步步见证着家乡的繁荣与蜕变，因此这一群体对于城市共享发展满意度最高。与之相反，年龄在 18 ~ 30 岁的受访者有

81.16%是学生群体,其中高中及以下群体占比73.95%,大多数人仍在接受初等教育。这一群体生活重心集中于学业,活动范围较小,缺乏对乡村的实地考察,因而对城乡发展差异难以给出具象的评估结果。

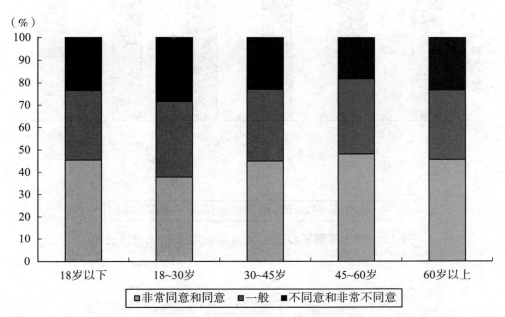

图 23 - 27 不同年龄的城市共享发展质量满意度分布

三、个体经营户群体对城市共享发展满意度更高

针对受访者的不同职业进行分析,如图 23 - 28 所示,个体经营户和自由职业者对城市共享发展满意度最高,分别为54.49%和48.42%,学生则满意度最低,为36.48%。

共享是由低到高渐进均衡的发展理念,是广大人民群众共同享有。个体经营户作为最广泛的群体之一,代表了大多数群众对于城市"公平公正"的看法。许多个体经营户由乡村走向城市,是城乡差距最有发言权的群体,由调研结果超过一半的个体经营户认为城乡差距较小可得,城市共享发展已经取得了一定成果。但与此同时,29.98%的受访者对于城乡差距缩小持中立观点,15.53%的受访者不赞同城乡差距较小,这反映出共享发展理念仍有待于进一步落实,如何真正缩小城市与乡村发展差距是推动城市高质量发展的重要问题。

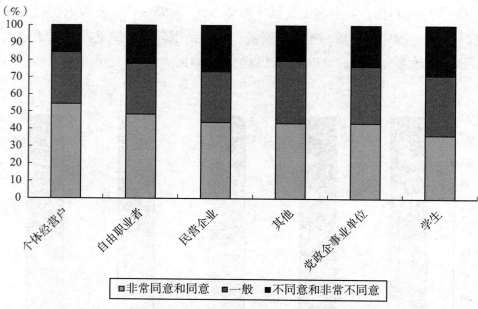

图 23 - 28　不同职业的城市共享发展质量满意度分布

第六节　政　策　启　示

新发展理念是破解经济发展瓶颈、推动城市高质量发展的"金钥匙"。城市社会发展要深刻认识新发展理念与城市高质量发展的相互关系。正视问题，准确把握城市社会发展的战略目标与实践思路。

第一，创新是提高全要素生产率的关键。创新驱动需要建立和完善创新机制，创新未来经济，实现人才聚集和消费聚集。大力支持各类主体创新创业活动，通过千百次创新试点和市场选择，培育具有强大竞争力的未来经济。此外，人才与技术的匹配是提高劳动生产率的关键。要通过城乡缩小户籍福利的差距，使中小城市成为吸收质量型人力资本的主要力量。

第二，协调是实现经济高质量发展的内生性特征。城市社会发展首先要建设现代供应链体系，保障经济运行效率。一方面，推进新型城镇化建设和城市群建设，构建结构合理的城市群点轴格局，增强产业生态化、生态产业化发展态势。另一方面，推动巩固拓展脱贫攻坚成果与乡村振兴有效衔接。

第三，坚持生态优先、绿色发展，培育绿色低碳发展新动能。要落实节能减排政策，提高能源利用效率，降低单位能耗。要发挥技术创新、体制改革和市场需求协同作用，加快能源结构向清洁低碳转型，从源头解决生态环境问题。同时改善绿色发展条件，健全企业信用体系，加大科技投入力度。

第四，提升对外开放。一方面要扩大消费，提振内需。另一方面要增强投资信心，明确市场预期。深化"放管服"改革，构建新型政商关系，营造公平便利的营商环境。积极融入"一带一路"共建国家投资贸易，拓展全球伙伴关系网，积极构建利益共享、风险均摊的合作共同体。

第五，推行共享理念。要推进城乡公共服务的均等化，不断完善社会公共服务体系和基础设施，建成供给有效的城乡公共服务新格局。加大乡村教育、医疗、信息建设投入，缩小城乡之间的非收入差距。此外，要大力扶持农业与第三产业、高新技术产业协同发展，立足新时代产业组织重构、产业形态突变趋势，谋划布局未来经济。

第二十四章　城市协同发展主观评价

第一节　城市协同发展

城市群是国家工业化和城镇化转型发展到高级阶段的产物，是国家新型城镇化的主体和经济发展的战略核心区，对推动我国城镇化建设、推动城市高质量发展具有不可替代的重要作用。习近平总书记在党的二十大报告中指出，"促进区域协调发展。深入实施区域协调发展战略、区域重大战略、主体功能区战略、新型城镇化战略，优化重大生产力布局，构建优势互补、高质量发展的区域经济布局和国土空间体系"，强调要"以城市群、都市圈为依托构建大中小城市协调发展格局"。2018 年 11 月 18 日《中共中央　国务院关于建立更加有效的区域协调发展新机制的意见》中明确提出，"建立以中心城市引领城市群发展、城市群带动区域发展新模式，推动区域板块之间融合互动发展"，将实施区域协调发展战略确立为新时代国家的重大战略之一。城市协同发展是在城市层面上实现区域的协调发展，提升城市协同发展水平，不仅是实现城市高质量发展的重要环节，是我国深入践行"人民城市"理念的重要抓手，也是构建城市群、都市圈的前提条件，更是全面实现区域协调发展的重要组成部分。

城市协同发展是城市间通过促进要素资源的跨区域流动从而实现利益共同增进的过程，其从本质上表现为区域内经济活动的日益紧密，交通则对城市协同发展具有正向的溢出效应，交通联系的总量和密度是界定城市协同发展水平的重要依据。基于此，报告选取城际交通便捷度及经济合作程度作为衡量城市协同发展水平的重要指标，受访者对这两项指标的满意度越高，则说明该城市在经济协同、产业协同等方面的发展水平越高。此外，针对不同职业、收入、年龄群体的调查，还可以看出不同群体对城市发展在基础设施、城市建设、义务教育、社会保障、劳动就业、基本医疗等方面协同发展水平的满意度。

　　整体来看，如图 24 - 1 所示，68.86% 的受访者就"本城市与周边城市联系紧密，如来往交通便捷、经济合作众多"表示同意，其中 23.39% 的受访者表示非常同意。这说明经过不懈努力，我国城市的协同发展已经初见成效，推动协同发展所实施的一系列政策已经让人民群众享受到了切实的成果，感受到了切实的便利。但由于不同年龄、不同群体对社会的关注程度及关注侧重点存在差异，导致部分受访者对其所处城市的协同发展水平情况缺少了解，因此有 26.40% 的受访者对该问题持中立态度。

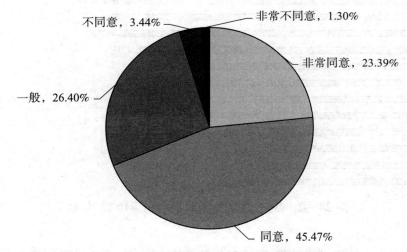

图 24 - 1　城市协同发展水平居民满意度占比分布

一、长三角和珠三角地区城市协同发展水平最高

　　长三角城市、珠三角城市及省会城市协同发展水平更高。如图 24 - 2 所示，问卷回收在 100 份以上的城市中，城市协同发展满意度前 5 名依次为苏州、广州、南京、深圳和杭州。总体来看，长三角及珠三角地区城市协同发展程度更高，在前 10 名中占据 6 位，其中苏州、广州和南京的受访者对其城市协同发展

效果的主观评价分别为4.408、4.393、4.359、4.343。省会城市及直辖市协同程度更高，前20名中有15名为省会城市或直辖市。此外，西安市位列第15，同样上榜的陕西城市还有宝鸡市，陕西省在推动城市间协同发展方面卓有成效。值得一提的是，拉萨的协同发展满意度榜上有名，以3.856的得分和67.80%的受访者满意度居第16位，是除成都外唯一上榜的西南地区城市。

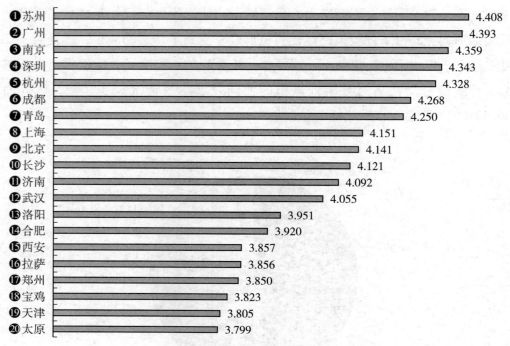

❶苏州 4.408
❷广州 4.393
❸南京 4.359
❹深圳 4.343
❺杭州 4.328
❻成都 4.268
❼青岛 4.250
❽上海 4.151
❾北京 4.141
❿长沙 4.121
⓫济南 4.092
⓬武汉 4.055
⓭洛阳 3.951
⓮合肥 3.920
⓯西安 3.857
⓰拉萨 3.856
⓱郑州 3.850
⓲宝鸡 3.823
⓳天津 3.805
⓴太原 3.799

图 24 - 2　城市协同发展水平主观评价前 20 名

总而言之，调研结果表明受访者整体上对城市协同发展的满意度较高，这充分佐证了前文所述的整体调查结论：当前我国城市协同发展水平高，城市协同发展机制较为健全，在交通便利、经济融合等方面基本上满足了居民对美好生活的需要。但也应当看到，不同地区的城市协同发展水平差异较大，东中西三大地区梯级差异明显。协同发展水平较高的地区集中于长三角、珠三角等经济发展水平较高地区，这是因为经济发展水平越高的地方要素资源的流动性越强，对城市实现协同发展的需求越强烈，经济发展水平与城市协调发展能力互为因果，相互促进；中部地区城市协同发展水平显著高于西部地区和西南地区城市。中部地区的长沙、武汉、洛阳、合肥、郑州及太原6座城市在前20名中榜上有名，而西北地区仅有西安和宝鸡上榜，西南地区仅有成都和拉萨上榜。西北、西南地区大部分地广人稀，地理环境复杂，基础设施建设难度大，交通不便，导致经济合作的时间、空间成本较高，因此，持续完善西北、西南地区基础设施建设是打破城市协同发展水平不平衡局面的题中应有之义。此外，国家政策的大力支持也是"长三角""珠三角"等地区协同发展水平位列前茅的重要推手。2018 年，长三角一体化发展正式上升为国家战略，2019 年，中共中央、国务院印发《长江三角洲区域一体化发展规划纲要》，经过多年发展，长三角一体化成为国内最早、最成熟的样板之一；早在 2016 年，国务院就发布《关于深化泛珠三角区域合作的指导意见》，旨在推动泛珠三角区域深化合作和协同发展。国家层面的政策支持有效推动了"长三角""珠三角"地区的一体化发展进程，这些可以成为未来在更广范围内推行区域一体化政策的成功经验。

二、青海、山西、宁夏等省份城市间协同发展差异化小

青海、山西、宁夏等省份内部协同发展差异较小。如图 24 - 3 所示，计算各省所辖地级市的城市发展水平标准差，以此反映市域间城市协同发展水平差异程度，标准差越小，市域间城市协同发展水平差异越小，发展越平衡，反之则越大，发展越不平衡。由图 24 - 3 可知，吉林、新疆和江西的城市协同发展水平标准差最高，说明这三个省份所辖地级市间协同发展水平差异较大，发展不平衡现象严重；青海、山西和宁夏的城市协同发展水平标准差最低，说明其地级市间协同发展水平差异最小，发展最平衡。山西协同发展能够取得优异成绩很大程度上来源于当地政府的大力支持和持续推动。2022 年 10 月 17 日，山西省发展和改革委员会印发《山西中部城市群产业协同发展专项规划（2022 ～ 2035）》，明确了协同打造"两级三廊五群多点"产业格局的总体目标，旨在提升山西省中部城市群产业规模和整体竞争力；青海和宁夏所辖城市的协同发展水平均较低，各城市之间协同水平差异较小，且两省所辖地级市均数量较少，因此协同发展水平标准差小。

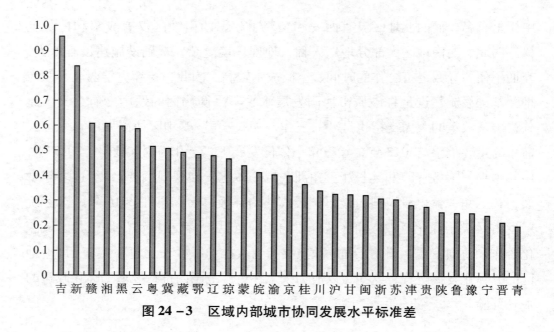

图 24 - 3　区域内部城市协同发展水平标准差

　　吉林、新疆、江西等省份所辖地级市间的协同发展水平差异化明显，可能是地域广阔导致的交通不便等原因所致。以新疆为例，新疆地域面积宽广，城市群多集中于北部地区，且主要经济、政治、文化活动集中于乌鲁木齐、昌吉、石河子、克拉玛依等城市，南部地区各城市相隔较远，难以进行经济文化等方面的交流融合，由此可见，要提高城市间协同发展水平，完善交通路网建设依然是重中之重。吉林省所辖地级市间协同发展标准差较大的主要原因是辽源市协同发展评分较低，拉大了整体标准差，吉林省需要在推动各城市协调、协同发展方面下大功夫。

三、处于劳动年龄的群体对城市协同发展满意度更高

　　处于劳动年龄的群体对城市协同发展满意度更高。调研结果显示，年龄最小和年龄最大的群体对城市协同发展表现出较低的满意度。如图 24 - 4 所示，18岁以上 60 岁以下的受访者对城市协同发展的满意度更高，其中，年龄在 18～30岁之间的受访者满意度最高，达到 71.61%。而年龄在 18 岁以下或者 60 岁以上的受访者对城市协同发展的满意度则较低，其中，年龄在 60 岁以上的受访者满

意度最低，为 59.68%。

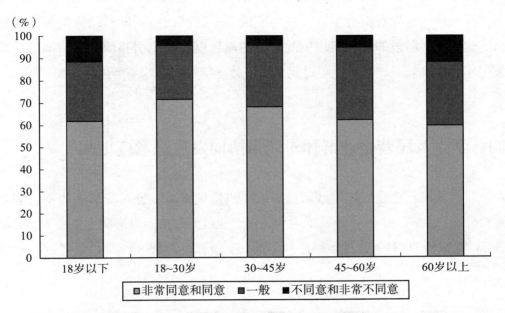

图 24 – 4　不同年龄群体的城市协同发展满意度分布

　　交通便捷度作为调查问卷中给出的衡量城市协同发展水平程度的参考指标，也是居民最能直观感受到的城市发展结果之一，而公共交通便捷度是衡量交通便捷度的重要指标。考虑到不同年龄群体乘坐公共交通的偏好和乘坐体验，60岁以上人群在中距离出行时可能更偏好乘坐公共汽车而非地铁和高铁，因此公共汽车线路网的不完善可能是导致 60 岁以上人群对城市协同发展满意度较低的重要原因。要提升居民满意度，就要在提升城市协同发展水平的过程中注意完善公共汽车线路网，提高公共汽车乘坐舒适度，照顾好每一个群体的出行需求。此外，60 岁以上人群可能更关注养老、医疗卫生等领域，该群体较低的满意度说明我国城市在养老资源、医疗资源等方面的协同化建设还有待加强。

　　18 岁以下的受访者有 81.16% 是学生群体，其中高中及以下群体占比73.95%，说明大多数人正在接受初等教育。这一群体更关注的是教育资源的协调性，该群体对城市协同发展较低的满意度说明我国地级市间依然存在初等教育资源不平衡现象，这可能是因为各城市经济地位不同导致的教育资源分配不平衡，在推进城市协同发展的过程中，大力发展生产力、提高经济发展水平依然是首要条件，优化各项要素资源的分配、保障社会公平正义是重要任务。

此外，18～60 岁作为中国的劳动年龄人口，在政治、经济、文化、公共服务、社会保障、发展机会等方面参与度最高，受城市协同发展结果的影响也最大，这一年龄阶段的群体展现出的较高的满意度再次说明我国地级市间的协同发展水平整体较高，基本上可以满足城市劳动年龄人口的生产生活需要。

四、学生及民营企业群体对城市协同发展满意度更高

学生及民营企业群体对城市协同发展满意度更高。针对受访者的不同职业进行分析，如图 24-5 所示，学生和民营企业对城市协同发展满意度最高，分别为 71.99% 和 71.21%，个体经营户则满意度最低，为 63.62%。

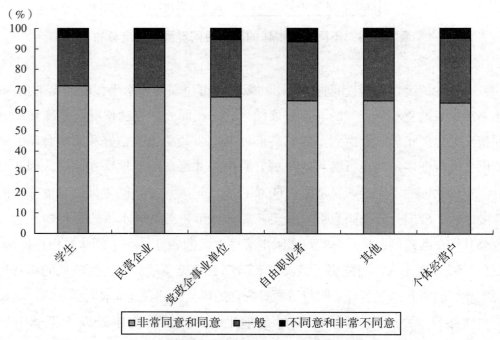

图 24-5　不同职业群体的城市协同发展满意度分布

在学生群体中，90.96% 的受访者为本科及以上学历，这一学生群体相比于正在受初等教育的学生来说有更成熟的思维方式、更独立的判断能力和观察能

力，对事物的评判也比较客观。与受初等教育的学生不同，该群体的需求和关注点更集中在就业机会与发展前景方面，他们对城市协同发展较高的满意度说明当前我国各地级市在劳动就业方面的协同发展水平较高。此外，该学生群体有比较多的自由时间和娱乐需求，他们较高的满意度也反映出我国城市在文娱产业协同、商业协同、基础设施建设协同等方面的发展取得了一定成果。

民营企业的关注点一般集中在消费市场规模、居民消费能力、营商环境以及投融资环境等方面，民营企业对城市协同发展成果较为满意反映出当前我国城市在消费市场融合、行政审批异地办理以及异地融资平台搭建等方面取得较好成效。

个体经营户除了关注需求市场以外，进销渠道的畅通便捷也是其关注的重要方面。与民营企业不同，个体经营户一般没有独立的运输链，产品进销更依赖于公共交通，公共交通的便捷性和时效性是其关注的重要方面，该群体对城市协同发展较低的满意度说明，在小规模经济体看来，我国城市在城际基础设施建设、交通路网建设方面仍有进步空间。此外，个体经营户一般不会准备专门的宣传资金，其宣传普遍依赖于传统的"口口相传"模式，若城市间的社会交往更加紧密，则个体经营户面临的需求市场也会扩大，其对城市协同发展的满意度也将提升。

五、中高收入群体对城市协同发展满意度更高

中高收入群体对城市协同发展满意度更高。从收入水平角度进行分析（见图24-6），整体上，中高收入群体对城市协同发展的满意度更高，其中，月收入在3万~5万元的群体满意度最高，为74.34%，月收入低于1万元的群体则对城市协同发展的满意度不高。

分析其原因，一方面是样本分布不均匀，月收入高于3万元的样本数量仅占比3.7%，样本具有的代表性较弱。另一方面，中高收入群体可能对城市协同发展成效有更高的感知力，受协同发展影响较大。中高收入群体在经济生活中有更高的参与度，他们较高的满意度说明城市协同发展在经济协同的维度上卓有成效。

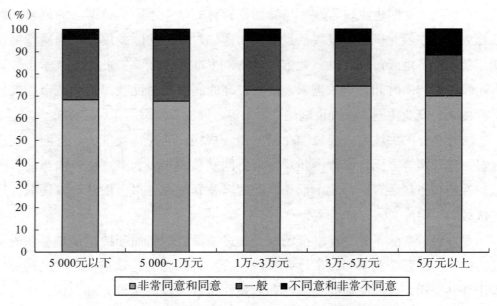

图 24 – 6　不同收入群体的城市协同发展满意度分布

　　满意度最低的收入群体月收入集中在 0.5 万 ~ 1 万元，党政企事业单位的工作人员是这一群体的主要组成部分，占比 47.24%。党政企事业单位相对来说更关心宏观的产业布局、社会政策、区域规划、生态环境、公共服务等方面的协同机制，政府工作中的行政协同及执法协同也是基层工作人员关心的重要问题。该群体较低的满意度说明我国城市的协同发展在上述领域可能还不够完善，应持续推动城市"全方位、多层次、宽领域"的协同发展。

第二节　政 策 启 示

　　综上所述，本次调研结果表明，通过政府持之以恒的努力以及广大人民群众众志成城的建设，我国城市协同发展已取得显著成效。各城市与周边城市联系逐渐紧密，城际交通更加便捷，经济、文化合作越来越多，大多数居民都对其所处城市的协同发展水平感到满意，越来越多居民享受到城市高质量发展带来的美好收益。但应当看到，我国城市协同发展目前还存在诸多问题，首先是发展不平衡问题。长三角城市、珠三角城市及省会城市协同发展水平更高，西北、西南地区城市协同发展水平相对较低。其次是城市协同发展给不同年龄群体带来的收益不均衡。劳动年龄群体对城市协同发展满意度更高，而青少年和老年人对此则满意度较低。最后是从职业角度来看，学生及民营企业群体对城市协同发展满意度更高，个体经营户则满意度欠佳。

基于此，本报告认为，我国未来在推进城市协同发展的过程中，一是应该进一步加大对西部、西南、东北等欠发达地区基础设施尤其是交通等基础设施的投资支持力度。加大对发展滞后地区的基础设施投资支持，既能提高发展的公平性，让欠发达地区共享发展成果，进一步提高欠发达地区人民群众生活质量，又能使欠发达地区各城市间的联系更为紧密，为实现城市间的协同发展打好基础。二是应该进一步促进城市间基本公共服务均等化。包括基本医疗、基础教育、基本养老等在内的基本公共服务均等化，既是增进低收入者福祉、促进发展成果共享、维护社会公平正义、保持经济社会稳定的重要手段，也是提升欠发达地区人力资源水平、发展能力和营商环境，促进公平竞争和高质量发展的重要途径。三是应该加强城际交通建设，为城际进行经济、文化交流提供硬支撑。

附　　录

1. 城市高质量发展客观评价体系（四级指标）

项目	一级指标	二级指标	三级指标	四级指标	正负向
城市发展条件	城市先天禀赋	历史文化底蕴	历史文化底蕴	省级国家重点文物保护单位数量	正向
				国家级非物质文化遗产代表性项目数量	正向
				世界文化遗产名录	正向
				中国历史文化名城	正向
		自然资源禀赋	资源禀赋	水资源总量	正向
				土地资源总量	正向
				森林面积	正向
				湿地面积	正向
				矿产资源储量丰裕度	正向
			自然风景禀赋	世界自然遗产数	正向
				国家级风景名胜区数量	正向
				风景名胜区点位数	正向
		自然地理条件	气候条件	年平均气温	适度性指标
				平均年降水量	适度性指标
				年平均相对湿度	适度性指标
			地形条件	与最近港口距离	正向
				地形起伏度	负向

续表

项目	一级指标	二级指标	三级指标	四级指标	正负向
城市发展条件	城市先天禀赋	自然地理条件	地形条件	河流密集程度	负向
			自然灾害	地震	负向
				台风	负向
	城市后天努力	营商环境	市场环境	产业多样化指数（包容开放）	正向
				商业信用环境指数	正向
				社会消费品零售总额（市场容量）	正向
				当年新签项目合同个数	正向
				市场化指数	正向
			市场潜力	人口增量	正向
				常住人口	正向
				规模以上工业企业数量	正向
				人均可支配收入	正向
			成本环境	税费负担指数	负向
				土地出让成本	负向
				用工成本	负向
			融资环境	金融从业人员占比	正向
				融资能力	正向
				外来投资笔数	正向
				vc-pe 投资数目	正向
		政府治理能力	法治与安全环境	省级犯罪率	负向
				中介组织发育与法律得分	正向
				交通事故发生频率	负向
			生态环境	建成区绿化覆盖率	正向
				人均公园绿地面积	正向
				PM2.5	负向
			创新环境	科研人员占比	正向
				科研支出占 GDP 比重	正向
			城际交通环境	机场货运量	正向
				机场客运量	正向
				公路货运量	正向
				公路客运量	正向
				高铁线路数	正向

续表

项目	一级指标	二级指标	三级指标	四级指标	正负向
城市发展条件	城市后天努力	政府治理能力	市内交通环境	每万人拥有公共汽车数量	正向
				交通拥堵程度	正向
				轨道交通线路长度×轨道交通配置车辆数	正向
				建成区路网密度	正向
			市政建设	天然气储气能力	正向
				天然气管道密度	正向
				供水管道密度	正向
				建成区排水管道密度	正向
				道路照明灯盏数	正向
			市政维护	垃圾站处理量	正向
				道路清扫保洁面积×市容环卫专用车辆设备总数	正向
				城市维护建设资金支出占比	正向
		人居环境	民生环境	互联网普及率	正向
				公共供水普及率	正向
				燃气普及率	正向
				城市人行道路面积	正向
				人均城镇住房建筑面积	正向
				恩格尔系数	负向
				房价收入比	负向
				结婚率	正向
				总抚养比	负向
			文化环境	人造景观数量	正向
				博物馆数量	正向
				剧场、影剧院个数	正向
				每万人公共图书馆图书藏量	正向
			教育资源	一般公共预算教育支出占比	正向
				普通小学师生比	正向
				普通中学师生比	正向
				普通高等学校师生比	正向
				双一流高校数量	正向

项目	一级指标	二级指标	三级指标	四级指标	正负向
城市发展条件	城市后天努力	人居环境	医疗卫生资源	医疗卫生与计划生育支出占财政支出的比重	正向
				每万人医院床位数	正向
				医院和卫生院数	正向
				每万人执业（助理）医师数	正向
			生活服务	公园个数（免费）	正向
				公厕数	正向
				体育场馆数量	正向
				星级饭店数量	正向
				物流从业人员/市区人口	正向
				年末邮局数	正向
				住宿和餐饮业从业人员占比	正向
				租赁和商务服务业从业人员占比	正向
				居民服务和其他服务业从业人员占比	正向
				卫生、社会保障和社会福利业从业人员占比	正向
				文化、体育和娱乐业从业人员占比	正向
				公共管理和社会组织从业人员占比	正向
城市发展效率	人口发展效率	人口发展效率	人口发展效率	—	—
	经济发展效率	经济发展效率	经济发展效率	—	—
	空间发展效率	空间发展效率	空间发展效率	—	—
	社会发展效率	社会发展效率	社会发展效率	—	—
	协同发展效率	协同发展效率	协同发展效率	—	—
城市发展成果	人口发展	人口素质	身体素质	传染病发病率总计	负向
				健康检查人数/总人口	正向
				医院诊疗人次/总人口	负向
				医院出院率	正向

续表

项目	一级指标	二级指标	三级指标	四级指标	正负向
城市发展成果	人口发展	人口素质	文化素质	就业人员平均受教育年限	正向
				大专及以上就业人数占比	正向
				科研人员占比	正向
				每十万人口专利授权数	正向
		人口规模	存量规模	年末总人口	正向
				年末总户数	正向
			流量规模	总户数增长率	正向
				年末总人口增长率	正向
				自然增长率	正向
		人口结构	城乡结构	常住人口城市化率	正向
			年龄结构	劳动适龄人口比例（15~65岁）	正向
				老年人口比例（65岁以上）	负向
			性别结构	人口性别平衡度	正向
			就业结构	就业人口占比	正向
	经济发展	经济实力	经济数量	地区生产总值	正向
				固定资本存量	正向
				地区生产总值增长率	正向
				规模以上工业企业数量	正向
			经济质量	人均地区生产总值	正向
				劳动生产率	正向
				人均工资水平	正向
		经济结构	产业结构	产业结构合理化水平	正向
				产业结构高级化水平	正向
			产业集聚	第三产业集聚度	正向
				制造业集聚度	正向
		经济活力	企业活力	上市企业数量	正向
				上市企业——创业板企业数量	正向
				独角兽企业数量	正向
				千里马企业数量	正向
			消费活力	人均消费支出	正向
				社会消费品零售总额	正向
			市场活力	夜间灯光强度	正向

项目	一级指标	二级指标	三级指标	四级指标	正负向
城市发展成果	经济发展	经济活力	市场活力	批发和零售业企业数量	正向
				新建企业进入	正向
				外来投资笔数	正向
				vc-pe投资数目	正向
	空间发展	空间规模	总量规模	建成区面积	正向
				建成区面积占比	正向
			增长规模	建成区面积增长率	正向
				建成区面积占比增长率	正向
		空间形态	空间边界	空间蔓延度	负向
			空间结构	中心度指数	正向
			空间类型	空间用地多样性	正向
		空间活力	产出活力	单位面积GDP（建成区面积）	正向
			人口活力	人口密度	正向
			商业活力	商业服务业设施用地占比	正向
	社会发展	创新发展	创新产出	每万人专利授权数	正向
				上市企业——创业板企业数量	正向
				科研人员占比×发表科研论文数量	正向
			创新转化	技术合同成交额×科研人员占比	正向
		共享发展	财富共享	在岗职工工资总额/GDP	正向
				恩格尔系数	负向
				城镇登记失业率	负向
				房价收入比	负向
			服务共享	公用设施用地+公共管理与公共服务用地占比	正向
				基本养老保险参保人数	正向
				基本医疗保险参保人数	正向
		绿色发展	水污染	污水排放量	负向
				工业废水排放量	负向
				污水处理厂处理率	正向
			固废污染	生活垃圾无害化处理率	正向
				工业固体废物综合利用率	正向

续表

项目	一级指标	二级指标	三级指标	四级指标	正负向
城市发展成果	社会发展	绿色发展	大气污染	工业二氧化硫排放量	负向
				工业烟粉尘排放量	负向
			资源消耗	全社会用电量	负向
				供水总量（生活用水）	负向
		开放发展	对外开放	外商投资企业单位数（个）	正向
				当年实际使用外资金额（万美元）	正向
				贸易开放程度	正向
			对外合作	国际友好城市数量	正向
				国际互联网用户数	正向
		协调发展	城乡协调	城乡收入协调	负向
				城乡消费协调	负向
			城际协调	区域教育差距	负向
				区域公共设施差距	负向
				区域医疗差距	负向
	协同发展	人口协同	人口素质协同	科研人员占比离差	负向
			人口规模协同	年末户籍人口总量离差	负向
			人口结构协同	就业人口占比离差	负向
		经济协同	质量协同	人均 GDP 标准差	负向
			产业协同	产业结构相似指数	负向
			市场协同	市场整合指数	正向
		空间协同	交通协同	高铁经过条数	正向
			区位协同	邻近城市数量	正向
			制度协同	是否是城市群成员	正向
			文化协同	城际间平均方言距离	正向
		社会协同	生态协同	PM2.5 标准差	负向
			创新协同	每万人专利授权数离差	负向
			共享协同	房价收入比离差	负向
			开放协同	贸易开放程度离差	负向
			协调协同	城乡收入协调离差	负向

2. 关于居民对城市高质量发展主观感受的问卷

尊敬的先生/女士：

您好！感谢您抽出宝贵时间参与本次问卷调查。我们是西安交通大学经济高质量发展软科学研究基地成员，本次问卷调查受到教育部哲学社会科学研究重大课题攻关项目（20JZD012）支持，旨在从"人民城市"视角调查居民对城市高质量发展的主观感受。本次问卷调查采用匿名填写方式，所有答案仅用于学术研究，不会泄漏任何个人隐私。请您按真实想法作答，谢谢！

西安交通大学经济高质量发展软科学研究基地

2022 年 7 月 15 日

1. 请输入您的问卷邀请码（若没有，可跳过）［填空题］

_____

2. 您的性别［单选题］：

○男　　　　○女

3. 您的年龄［单选题］：

○18 岁以下

○18～30 岁

○30～45 岁

○45～60 岁

○60 岁以上

4. 您的文化程度［单选题］：

○初中及以下

○高中（中专）

○专科

○本科

○硕士及以上

5. 您的职业属于下列哪一类 ［单选题］：

○党政企事业单位

○民营企业

○个体经营户

○自由职业者

○学生

○其他

6. 您每月的收入（包括各种奖金、补贴）在下列哪个范围内 ［单选题］：

○5 000 元以下

○5 000～1 万元

○1 万～3 万元

○3 万～5 万元

○5 万元以上

7. 您目前居住的城市 ［填空题］：

_____

8. 您在这里住了多长时间 ［单选题］：

○6 个月以下

○6 个月～1 年

○1～3 年

○3～10 年

○10 年以上

9. 近 3 年，您是否还在其他城市有半年以上的居留史 ［单选题］：

○是

○否

请评判您所在城市发展的先天禀赋。

10. 城市历史文化底蕴丰厚 ［单选题］：

○非常同意

○同意

○一般

○不同意

○非常不同意

11. 城市的森林、湿地公园和自然山川风景区等自然资源禀赋能满足休闲需求［单选题］：

○非常同意

○同意

○一般

○不同意

○非常不同意

12. 高温、暴雨、台风等极端天气罕见，城市气候宜人［单选题］：

○非常同意

○同意

○一般

○不同意

○非常不同意

请评判您所在城市的创业与经营环境。

13. 市场环境，如政府办事方便快捷、商业信用环境良好［单选题］：

○非常同意

○同意

○一般

○不同意

○非常不同意

14. 市场潜力，如城市的市场活跃、消费潜力巨大［单选题］：

○非常同意

○同意

○一般

○不同意

○非常不同意

15. 成本环境，如城市水、电、气、租、用工成本低廉［单选题］：

○非常同意

○同意

○一般

○不同意

○非常不同意

16. 融资环境，如贷款、融资渠道方便、多元，成本低廉［单选题］：

○非常同意

○同意

○一般

○不同意

○非常不同意

请评判您所在城市的政府治理能力。

17. 治安环境，如盗窃等犯罪事件少，安全感强［单选题］：

○非常同意

○同意

○一般

○不同意

○非常不同意

18. 生态环境，如城市绿化环境好、污染事件少［单选题］：

○非常同意

○同意

○一般

○不同意

○非常不同意

19. 创新创业氛围，如政府鼓励、支持创新创业活动等［单选题］：

○非常同意

○同意

○一般

○不同意

○非常不同意

20. 交通基础设施建设，如高速公路、高铁、地铁、市内交通建设完善等
［单选题］：

○非常同意

○同意

○一般

○不同意

○非常不同意

21. 市政建设与维护，如城市排水系统完善、垃圾处理及时等［单选题］：

○非常同意

○同意

○一般

○不同意

○非常不同意

请评判您所在城市的社会居住环境。

22. 民生环境，如房贷、物价、养老带来了巨大压力［单选题］：

○非常同意

○同意

○一般

○不同意

○非常不同意

23. 文化环境，如图书馆、博物馆、影剧院能满足日常文化消费［单选题］：

○非常同意

○同意

○一般

○不同意

○非常不同意

24. 教育环境，如上学不难、上学不贵、上学方便［单选题］：

○非常同意

○同意

○一般

○不同意

○非常不同意

25. 医疗环境，如看病不难、看病不贵、看病方便［单选题］：

○非常同意

○同意

○一般

○不同意

○非常不同意

26. 生活服务，如体育馆、星级饭店、娱乐场所能满足日常需求［单选题］：

○非常同意

○同意

○一般

○不同意

○非常不同意

请您根据您的个人情况和直观感受回答以下问题。

27. 您的每周运动时长［单选题］：

○3 小时以下

○3～5 小时

○5～10 小时

○10～14 小时

○14 小时以上

28. 您的每周阅读时长［单选题］：

○3 小时以下

○3～5 小时

○5～10 小时

○10～14 小时

○14 小时以上

29. 城市人口增多带来了大量企业集聚，这增加了您的就业选择和收入［单选题］：

○非常同意

○同意

○一般

○不同意

○非常不同意

30. 家庭当中老人数量增多为您带来了养老压力［单选题］：

○非常同意

○同意

○一般

○不同意

○非常不同意

31. 收入能满足您的购房、教育、医疗、出行、日常生活等需求［单选题］：

○非常同意

○同意

○一般

○不同意

○非常不同意

32. 城市制造业、金融业与服务业发展为您提供了丰富多样的就业和服务选择［单选题］：

○非常同意

○同意

○一般

○不同意

○非常不同意

33. 您每周用于个人享受（如购物、吃饭、娱乐等）的外出消费频率［单选题］：

○不足 1 次

○1 ~ 2 次

○3 ~ 5 次

○6 ~ 9 次

○10 次及以上

34. 城市拥有种类多样、数量丰富的消费品牌［单选题］：

○非常同意

○同意

○一般

○不同意

○非常不同意

35. 城市空间规模过大、区域功能单一导致您将大量时间耗费在了道路交通上 [单选题]：

○非常同意

○同意

○一般

○不同意

○非常不同意

36. 城市空间规划（布局）不合理为您的生活带来了困扰 [单选题]：

○非常同意

○同意

○一般

○不同意

○非常不同意

37. 居住地步行 15 分钟范围内生活服务设施齐全 [单选题]：

○非常同意

○同意

○一般

○不同意

○非常不同意

38. 城市发展的创新力、智慧化和数字化为您提供了诸多新鲜体验和便捷生活 [单选题]：

○非常同意

○同意

○一般

○不同意

○非常不同意

39. 城市发展给您生活的方方面面都带来了改善［单选题］：

○非常同意

○同意

○一般

○不同意

○非常不同意

40. 城市雾霾、水和固废（垃圾）污染在不断改善［单选题］：

○非常同意

○同意

○一般

○不同意

○非常不同意

41. 城市的国际化合作为您提供了多元的就业（合作）与丰富多彩的文化交流体验［单选题］：

○非常同意

○同意

○一般

○不同意

○非常不同意

42. 城市和乡村的发展差距较小［单选题］：

○非常同意

○同意

○一般

○不同意

○非常不同意

43. 本城市与周边城市联系紧密，如来往交通便捷、经济合作众多［单选题］：

○非常同意

○同意

○一般

○不同意

○非常不同意

44. 您最关心城市生活中的什么问题［多选题］：

□营商环境

创业与经营环境

□政府效能

政府行政办事效率、市政建设等

□居住环境

文化氛围、教育与医疗环境等

□经济发展

收入、就业与个人发展机遇等

□城市规划设计

城市功能区分布、交通规划等

□民生环境

房价、贫富差距、社会保障等

□生态环境

大气、土壤、水污染等

□其他_____

3. 客观评价体系三级指标赋权情况

三级指标	起步期	增长期	成熟期	转型期	衰落期
历史文化底蕴	1	1	2	1	1
资源禀赋	2	1	1	1	1
自然风景禀赋	1	1	2	1	1
气候条件	1	1	1	1	1
地形条件	1	1	1	1	1
自然灾害	1	1	1	1	1
市场环境	1	2	1	1	2
市场潜力	1	2	1	2	2
成本环境	1	2	1	1	2
融资环境	1	2	1	1	2
法治与安全环境	1	1	1	1	1
生态环境	1	2	2	1	1
创新环境	1	2	2	2	1
城际交通环境	2	2	2	1	1
市内交通环境	2	2	2	1	1
市政建设	1	2	1	1	2
市政维护	1	2	1	1	1
民生环境	1	1	2	1	1
文化环境	1	1	2	1	1
教育资源	1	1	2	1	1
医疗卫生资源	1	1	2	1	1
生活服务	1	1	2	1	1
人口发展效率	1	1	2	1	1
经济发展效率	1	2	2	2	1
空间发展效率	1	2	2	2	1
社会发展效率	1	1	2	1	1

三级指标	起步期	增长期	成熟期	转型期	衰落期
协同发展效率	1	1	2	2	1
身体素质	1	1	2	1	1
文化素质	1	1	2	1	1
存量规模	2	1	1	1	2
流量规模	1	2	1	2	1
城乡结构	2	2	1	1	1
年龄结构	1	1	1	1	1
性别结构	1	1	1	1	1
就业结构	1	2	1	1	2
经济数量	2	2	1	1	1
经济质量	1	1	2	1	1
产业结构	1	1	2	1	1
产业集聚	2	2	1	2	2
企业活力	1	1	2	1	1
消费活力	1	1	1	1	1
市场活力	1	2	1	2	1
总量规模	2	1	1	1	1
增长规模	1	2	1	1	1
空间边界	1	1	2	1	1
空间结构	1	1	2	1	1
空间类型	1	1	2	1	1
产出活力	1	1	2	1	1
人口活力	1	1	1	1	1
商业活力	1	1	1	1	1
创新产出	1	2	2	2	1
创新转化	1	1	2	2	1
财富共享	1	1	2	1	1
服务共享	1	1	2	1	1
水污染	1	1	2	1	1
固废污染	1	1	1	1	1
大气污染	1	1	2	1	1
资源消耗	1	1	2	1	1

三级指标	起步期	增长期	成熟期	转型期	衰落期
对外开放	1	2	1	1	1
对外合作	1	1	2	1	1
城乡协调	1	1	2	1	1
城际协调	1	1	2	1	1
人口素质协同	1	1	1	1	1
人口规模协同	1	1	1	1	1
人口结构协同	1	1	1	1	1
质量协同	1	1	2	1	1
产业协同	1	1	2	1	1
市场协同	1	1	2	2	1
交通协同	1	2	2	2	1
区位协同	1	1	1	1	1
制度协同	1	2	2	2	1
文化协同	1	1	1	1	1
生态协同	1	1	1	1	1
创新协同	1	1	2	1	1
共享协同	1	1	1	1	1
开放协同	1	1	1	1	1
协调协同	1	1	1	1	1

4. 2020 年城市高质量发展指数及排名

排名	城市	指数	排名	城市	指数	排名	城市	指数
成熟期			20	温州	37.997	46	保定	35.238
1	北京	62.502	21	厦门	37.843	47	惠州	35.216
2	上海	56.901	22	福州	37.579	48	九江	34.930
3	深圳	51.632	23	嘉兴	37.292	49	芜湖	34.706
4	苏州	46.320	24	南昌	37.160	50	呼和浩特	34.630
5	广州	46.156	25	大连	37.029	51	廊坊	34.460
增长期			26	南通	37.007	52	临沂	34.322
1	重庆	50.318	27	长春	36.984	53	海口	34.310
2	成都	46.582	28	太原	36.745	54	宿迁	34.303
3	东莞	45.642	29	烟台	36.655	55	洛阳	34.287
4	天津	44.821	30	盐城	36.411	56	淮安	34.209
5	杭州	44.499	31	石家庄	36.367	57	淄博	34.186
6	武汉	43.956	32	扬州	36.252	58	赣州	34.075
7	南京	42.345	33	泉州	36.244	59	孝感	34.013
8	青岛	41.870	34	徐州	36.152	60	漳州	33.955
9	佛山	40.836	35	金华	36.121	61	黄冈	33.838
10	无锡	40.717	36	潍坊	35.984	62	兰州	33.832
11	郑州	40.584	37	中山	35.894	63	唐山	33.774
12	西安	40.560	38	珠海	35.689	64	威海	33.713
13	宁波	39.892	39	南宁	35.600	65	开封	33.636
14	哈尔滨	39.571	40	镇江	35.564	66	新乡	33.607
15	合肥	39.060	41	绍兴	35.535	67	济宁	33.597
16	沈阳	38.880	42	湖州	35.496	68	晋中	33.592
17	长沙	38.758	43	昆明	35.478	69	鄂州	33.569
18	常州	38.278	44	台州	35.336	70	许昌	33.569
19	济南	38.243	45	泰州	35.242	71	连云港	33.559

排名	城市	指数	排名	城市	指数	排名	城市	指数
72	沧州	33.513	104	日照	32.527	136	营口	31.851
73	吉安	33.474	105	舟山	32.495	137	枣庄	31.843
74	咸阳	33.453	106	宜宾	32.493	138	荆州	31.840
75	株洲	33.440	107	东营	32.483	139	宁德	31.835
76	银川	33.410	108	张家口	32.446	140	滨州	31.828
77	绵阳	33.324	109	濮阳	32.435	141	宿州	31.816
78	乌鲁木齐	33.299	110	荆门	32.419	142	西宁	31.806
79	上饶	33.259	111	渭南	32.381	143	三门峡	31.776
80	周口	33.255	112	咸宁	32.350	144	宝鸡	31.740
81	滁州	33.218	113	亳州	32.347	145	安庆	31.725
82	德州	33.182	114	岳阳	32.344	146	湘潭	31.719
83	商丘	33.152	115	丽水	32.322	147	衡水	31.702
84	衢州	33.126	116	晋城	32.249	148	眉山	31.637
85	汕头	33.125	117	淮北	32.238	149	鞍山	31.622
86	阜阳	33.107	118	德阳	32.228	150	娄底	31.614
87	南阳	33.095	119	三明	32.227	151	盘锦	31.522
88	宜春	33.073	120	临汾	32.195	152	秦皇岛	31.494
89	鄂尔多斯	33.018	121	肇庆	32.190	153	运城	31.450
90	南平	33.008	122	菏泽	32.182	154	乐山	31.430
91	常德	32.993	123	黄石	32.175	155	平顶山	31.427
92	宜昌	32.966	124	新余	32.054	156	莆田	31.421
93	邯郸	32.834	125	宣城	32.038	157	安阳	31.410
94	焦作	32.797	126	邢台	32.021	158	克拉玛依	31.406
95	贵阳	32.776	127	六安	31.963	159	景德镇	31.287
96	衡阳	32.726	128	驻马店	31.955	160	信阳	31.212
97	大庆	32.687	129	蚌埠	31.942	161	潮州	31.171
98	马鞍山	32.685	130	聊城	31.892	162	萍乡	31.148
99	龙岩	32.679	131	长治	31.884	163	淮南	31.131
100	江门	32.671	132	榆林	31.873	164	泸州	31.123
101	泰安	32.630	133	鹤壁	31.855	165	铜川	31.085
102	包头	32.604	134	漯河	31.855	166	达州	31.008
103	湛江	32.565	135	茂名	31.853	167	北海	30.999

排名	城市	指数	排名	城市	指数	排名	城市	指数
168	黄山	30.970	200	怀化	25.064	5	辽阳	33.217
169	遂宁	30.940	201	赤峰	25.050	6	庆阳	33.140
170	承德	30.879	202	延安	24.920	7	中卫	33.128
171	辽源	30.870	203	邵阳	24.679	8	吴忠	33.066
172	鹰潭	30.842	204	攀枝花	24.561	9	绥化	33.023
173	池州	30.810	205	汉中	24.538	10	商洛	32.662
174	遵义	30.769	206	永州	24.492	11	石嘴山	32.624
175	阳江	30.719	207	酒泉	24.289	12	天水	32.583
176	揭阳	30.677	208	嘉峪关	23.984	13	资阳	32.521
177	汕尾	30.598	209	郴州	23.936	14	雅安	32.305
178	内江	30.443	210	铜仁	23.760	15	平凉	32.282
179	自贡	30.331	211	六盘水	23.658	16	钦州	31.909
180	抚州	30.302	212	安康	23.502	17	白银	31.730
181	南充	30.293	213	贵港	23.287	18	定西	31.558
182	玉溪	30.290	214	七台河	23.287	19	毕节	31.027
183	广安	30.267	215	阳泉	23.093	20	崇左	30.616
184	益阳	30.259	216	金昌	22.736	21	吕梁	26.982
185	韶关	30.258	217	百色	22.566	22	通辽	26.455
186	曲靖	30.068	转型期			23	忻州	26.179
187	玉林	29.839	1	吉林	34.867	24	呼伦贝尔	26.139
188	防城港	29.100	2	铜陵	34.434	25	丽江	26.039
189	安顺	28.277	3	本溪	32.771	26	乌兰察布	25.616
190	三亚	27.508	4	抚顺	32.268	27	黑河	25.432
191	桂林	26.288	5	通化	26.185	28	白城	25.389
192	拉萨	25.904	6	丹东	24.664	29	临沧	25.365
193	十堰	25.864	7	白山	24.421	30	巴彦淖尔	25.356
194	乌海	25.749	8	锦州	24.330	31	陇南	25.313
195	清远	25.585	起步期			32	张掖	25.311
196	柳州	25.418	1	牡丹江	33.874	33	广元	24.977
197	云浮	25.125	2	梅州	33.458	34	昭通	24.899
198	大同	25.081	3	齐齐哈尔	33.341	35	朔州	24.820
199	河源	25.071	4	松原	33.329	36	梧州	24.770

排名	城市	指数	排名	城市	指数	排名	城市	指数
37	张家界	24.750	44	保山	24.137	2	铁岭	33.043
38	武威	24.673	45	葫芦岛	24.062	3	朝阳	25.699
39	随州	24.510	46	河池	23.871	4	佳木斯	25.280
40	固原	24.362	47	来宾	23.848	5	双鸭山	24.500
41	伊春	24.292	48	巴中	23.590	6	鹤岗	24.328
42	阜新	24.246	衰落期			7	鸡西	24.082
43	贺州	24.225	1	四平	33.739			

5. 城市发展质量总指数 & 城市
分阶段发展气泡图

说明 1：城市发展各阶段（起步期、增长期、成熟期、转型期、衰落期）依次由以下颜色表示：

说明 2：气泡中数字为城市发展质量总指数。如下图，北京市 2000 年城市发展质量总指数为 38.00。

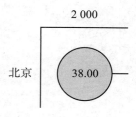

说明 3：气泡直径为总指数（毫米）。如上图，北京 2000 年气泡直径为 38 毫米。

	2000年	2002年	2004年	2006年	2008年	2010年	2012年	2014年	2016年	2018年	2020年
北京	38.00	39.38	40.42	42.22	44.70	47.47	50.68	53.35	55.43	59.17	62.50
天津	35.68	35.00	34.59	36.65	37.97	38.49	38.83	41.46	43.08	42.73	44.82
石家庄	31.47	31.67	31.82	32.22	32.90	33.19	33.41	34.38	34.21	34.58	36.37
唐山	30.79	30.47	31.07	30.98	31.92	31.53	32.25	33.32	32.80	33.02	33.77
秦皇岛	30.86	31.07	31.53	31.97	31.45	31.00	30.85	30.98	31.14	30.96	31.49
邯郸	31.29	31.54	31.69	31.98	31.42	31.43	31.00	32.22	31.91	31.94	32.83
邢台	30.64	30.20	30.45	31.21	31.74	31.87	30.84	31.55	31.55	31.28	32.02
保定	31.41	31.42	31.72	31.65	32.32	31.48	32.08	33.44	33.65	33.70	35.24
张家口	29.74	29.52	29.71	29.88	30.43	30.94	29.12	30.66	30.32	29.89	32.45
承德	29.82	29.74	29.94	30.23	31.12	30.95	30.67	30.18	30.01	29.96	30.88
沧州	31.56	31.49	31.48	32.35	32.90	31.92	31.88	33.46	32.07	32.28	33.51
廊坊	31.92	32.14	32.23	32.62	33.04	32.36	32.23	33.36	33.14	32.75	34.46
衡水	31.45	31.81	31.61	31.97	32.02	32.66	30.72	31.51	30.69	30.98	31.70
太原	33.72	33.62	31.82	33.11	32.98	34.11	34.66	35.52	35.41	35.51	36.74
大同	23.88	24.70	23.52	25.35	26.53	25.58	26.98	25.62	24.51	24.00	25.08

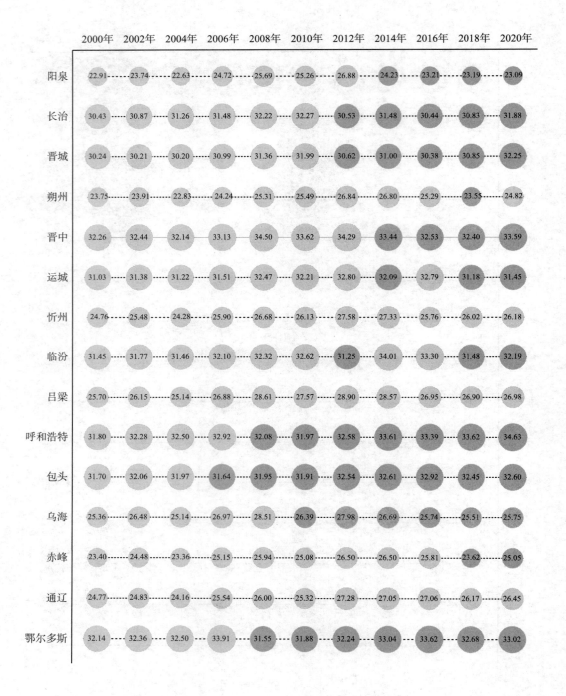

	2000年	2002年	2004年	2006年	2008年	2010年	2012年	2014年	2016年	2018年	2020年
阳泉	22.91	23.74	22.63	24.72	25.69	25.26	26.88	24.23	23.21	23.19	23.09
长治	30.43	30.87	31.26	31.48	32.22	32.27	30.53	31.48	30.44	30.83	31.88
晋城	30.24	30.21	30.20	30.99	31.36	31.99	30.62	31.00	30.38	30.85	32.25
朔州	23.75	23.91	22.83	24.24	25.31	25.49	26.84	26.80	25.29	23.55	24.82
晋中	32.26	32.44	32.14	33.13	34.50	33.62	34.29	33.44	32.53	32.40	33.59
运城	31.03	31.38	31.22	31.51	32.47	32.21	32.80	32.09	32.79	31.18	31.45
忻州	24.76	25.48	24.28	25.90	26.68	26.13	27.58	27.33	25.76	26.02	26.18
临汾	31.45	31.77	31.46	32.10	32.32	32.62	31.25	34.01	33.30	31.48	32.19
吕梁	25.70	26.15	25.14	26.88	28.61	27.57	28.90	28.57	26.95	26.90	26.98
呼和浩特	31.80	32.28	32.50	32.92	32.08	31.97	32.58	33.61	33.39	33.62	34.63
包头	31.70	32.06	31.97	31.64	31.95	31.91	32.54	32.61	32.92	32.45	32.60
乌海	25.36	26.48	25.14	26.97	28.51	26.39	27.98	26.69	25.74	25.51	25.75
赤峰	23.40	24.48	23.36	25.15	25.94	25.08	26.50	26.50	25.81	23.62	25.05
通辽	24.77	24.83	24.16	25.54	26.00	25.32	27.28	27.05	27.06	26.17	26.45
鄂尔多斯	32.14	32.36	32.50	33.91	31.55	31.88	32.24	33.04	33.62	32.68	33.02

	2000年	2002年	2004年	2006年	2008年	2010年	2012年	2014年	2016年	2018年	2020年
呼伦贝尔	25.88	25.20	24.55	25.96	27.00	26.16	25.65	24.90	24.47	23.25	26.14
巴彦淖尔	23.55	23.89	22.89	24.50	25.24	25.05	26.05	26.33	25.42	24.82	25.36
乌兰察布	24.08	24.15	23.63	25.37	26.06	25.44	26.90	26.47	25.34	25.39	25.62
沈阳	34.07	34.22	34.85	35.89	35.99	36.68	37.65	38.14	37.66	38.74	38.88
大连	32.86	33.23	33.45	33.71	34.32	35.68	35.99	36.81	37.11	37.28	37.03
鞍山	33.13	32.42	33.01	31.78	31.73	32.36	32.75	32.51	31.75	32.50	31.62
抚顺	31.46	31.60	31.80	32.04	32.30	30.81	30.66	31.39	32.80	32.79	32.27
本溪	31.89	31.89	31.77	31.95	31.95	30.69	30.52	31.01	33.23	33.27	32.77
丹东	24.83	25.55	24.50	25.62	26.28	26.23	25.42	25.79	25.70	25.38	24.66
锦州	25.69	26.00	24.70	26.10	26.55	25.13	26.09	26.27	25.28	25.01	24.33
营口	33.23	33.46	33.70	34.12	34.41	33.23	32.92	33.49	31.83	32.31	31.85
阜新	24.60	24.99	24.00	25.58	25.95	25.35	26.49	26.92	25.55	24.33	24.25
辽阳	31.99	32.16	31.98	31.90	32.53	33.14	30.95	31.26	30.81	30.99	33.22
盘锦	31.80	32.29	32.22	31.60	30.25	31.14	31.34	32.39	32.04	32.23	31.52
铁岭	31.79	32.02	31.72	32.02	31.77	32.52	33.18	34.50	33.24	33.00	33.04

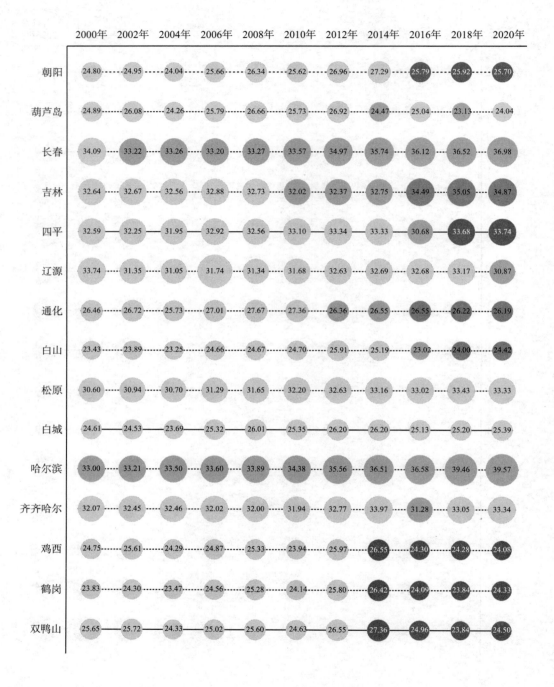

	2000年	2002年	2004年	2006年	2008年	2010年	2012年	2014年	2016年	2018年	2020年
朝阳	24.80	24.95	24.04	25.66	26.34	25.62	26.96	27.29	25.79	25.92	25.70
葫芦岛	24.89	26.08	24.26	25.79	26.66	25.73	26.92	24.47	25.04	23.13	24.04
长春	34.09	33.22	33.26	33.20	33.27	33.57	34.97	35.74	36.12	36.52	36.98
吉林	32.64	32.67	32.56	32.88	32.73	32.02	32.37	32.75	34.49	35.05	34.87
四平	32.59	32.25	31.95	32.92	32.56	33.10	33.34	33.33	30.68	33.68	33.74
辽源	33.74	31.35	31.05	31.74	31.34	31.68	32.63	32.69	32.68	33.17	30.87
通化	26.46	26.72	25.73	27.01	27.67	27.36	26.36	26.55	26.55	26.22	26.19
白山	23.43	23.89	23.25	24.66	24.67	24.70	25.91	25.19	23.02	24.00	24.42
松原	30.60	30.94	30.70	31.29	31.65	32.20	32.63	33.16	33.02	33.43	33.33
白城	24.61	24.53	23.69	25.32	26.01	25.35	26.20	26.20	25.13	25.20	25.39
哈尔滨	33.00	33.21	33.50	33.60	33.89	34.38	35.56	36.51	36.58	39.46	39.57
齐齐哈尔	32.07	32.45	32.46	32.02	32.00	31.94	32.77	33.97	31.28	33.05	33.34
鸡西	24.75	25.61	24.29	24.87	25.33	23.94	25.97	26.55	24.30	24.28	24.08
鹤岗	23.83	24.30	23.47	24.56	25.28	24.14	25.80	26.42	24.09	23.84	24.33
双鸭山	25.65	25.72	24.33	25.02	25.60	24.63	26.55	27.36	24.96	23.84	24.50

	2000年	2002年	2004年	2006年	2008年	2010年	2012年	2014年	2016年	2018年	2020年
大庆	32.77	32.99	33.29	31.62	31.19	31.02	32.60	35.38	34.26	34.14	32.69
伊春	25.19	25.75	24.58	25.58	25.82	24.59	26.38	26.33	24.69	23.81	24.29
佳木斯	25.54	25.74	24.75	26.06	26.61	24.89	26.45	26.96	25.04	25.23	25.28
七台河	25.16	25.01	24.32	25.37	26.27	24.91	26.77	27.70	25.34	24.74	23.29
牡丹江	32.48	32.57	32.16	31.80	31.91	32.12	32.37	31.26	31.70	31.73	33.87
黑河	25.56	25.83	24.60	25.53	26.27	25.17	26.85	27.06	24.72	24.90	25.43
绥化	32.56	32.14	32.14	31.99	32.02	32.03	32.94	33.81	32.99	32.33	33.02
上海	37.89	40.29	41.13	43.99	47.08	48.21	48.24	50.18	50.69	55.40	56.90
南京	34.26	34.60	34.12	35.78	35.74	36.78	38.85	39.48	40.03	40.77	42.34
无锡	33.25	33.77	33.37	35.09	35.33	37.15	38.83	38.93	38.73	39.47	40.72
徐州	33.19	33.94	32.15	32.34	32.35	33.30	35.20	35.67	35.46	35.65	36.15
常州	32.75	33.34	32.66	34.19	34.42	35.10	36.48	37.22	36.80	37.64	38.28
苏州	35.16	35.41	34.61	37.59	38.48	40.93	42.72	43.04	41.73	42.69	46.32
南通	33.48	33.91	32.41	34.63	34.69	35.49	36.24	36.67	36.49	36.04	37.01
连云港	32.59	32.81	31.36	33.13	32.90	32.34	32.54	33.29	32.54	33.39	33.56

	2000年	2002年	2004年	2006年	2008年	2010年	2012年	2014年	2016年	2018年	2020年
淮安	32.56	33.07	31.73	33.40	33.39	32.56	34.12	33.98	33.21	33.48	34.21
盐城	34.02	34.11	32.44	35.29	32.74	33.62	35.03	34.57	34.21	34.59	36.41
扬州	33.45	33.48	31.93	33.08	33.47	33.58	34.84	34.59	35.05	35.09	36.25
镇江	32.72	33.16	30.66	32.00	32.90	33.88	35.28	35.68	35.17	35.06	35.56
泰州	33.82	34.13	32.62	34.33	33.41	34.02	34.67	34.68	34.90	34.80	35.24
宿迁	32.74	33.57	31.59	33.05	33.06	33.48	34.02	33.32	33.03	32.47	34.30
杭州	33.51	34.16	33.75	36.33	37.26	38.18	39.26	40.78	41.92	42.70	44.50
宁波	31.72	32.50	31.99	34.75	35.72	36.42	36.92	38.04	38.49	38.67	39.89
温州	32.16	32.25	33.35	33.40	33.56	35.56	35.67	35.86	36.69	36.45	38.00
嘉兴	32.94	32.79	32.26	34.53	34.49	35.55	35.88	36.90	36.99	36.29	37.29
湖州	31.27	30.98	31.14	32.41	32.70	32.95	33.64	34.68	34.91	34.59	35.50
绍兴	32.52	32.64	31.05	32.59	33.06	33.01	33.76	35.09	35.62	35.37	35.53
金华	31.97	32.45	31.14	32.54	33.40	34.55	34.11	35.12	35.74	35.29	36.12
衢州	30.61	30.94	31.02	31.89	31.79	31.37	31.62	31.94	33.10	32.95	33.13
舟山	30.63	30.66	29.05	30.61	30.86	30.89	31.45	32.57	33.26	32.18	32.49

	2000年	2002年	2004年	2006年	2008年	2010年	2012年	2014年	2016年	2018年	2020年
台州	31.72	32.28	30.57	32.43	32.86	33.78	34.37	34.95	35.13	34.86	35.34
丽水	31.59	35.00	34.59	36.65	37.97	38.49	38.83	41.46	43.08	42.73	44.82
合肥	32.50	32.58	31.74	32.64	33.11	33.45	35.00	35.50	36.66	36.64	39.06
芜湖	31.72	32.25	31.22	32.99	32.18	32.28	33.25	33.53	33.82	33.65	34.71
蚌埠	31.64	31.73	32.21	32.38	32.32	33.19	32.54	32.30	31.64	31.42	31.49
淮南	30.52	30.70	30.14	31.37	3156	31.33	31.20	31.71	30.93	30.01	31.13
马鞍山	31.54	31.36	30.68	32.27	3153	3137	32.67	32.05	32.23	32.05	32.69
淮北	31.89	30.96	30.92	31.35	31.75	32.65	31.11	31.71	31.19	31.13	32.24
铜陵	31.79	32.14	31.13	33.01	32.52	31.14	31.98	31.85	31.28	33.47	34.43
安庆	30.32	31.50	30.10	32.16	32.02	31.83	31.18	32.46	32.46	31.85	31.72
黄山	30.25	30.70	29.18	31.10	31.16	30.64	31.89	30.51	30.34	30.63	30.97
滁州	3127	31.56	30.27	31.42	31.97	31.42	32.95	31.91	31.88	31.61	33.22
阜阳	31.75	31.91	32.40	32.03	31.83	32.57	33.37	31.54	31.77	31.51	33.11
宿州	31.71	31.86	32.15	32.70	32.37	33.15	33.79	31.75	31.66	30.87	31.82
六安	30.80	30.45	29.72	31.42	31.69	31.03	32.68	31.38	31.31	31.23	31.96

	2000年	2002年	2004年	2006年	2008年	2010年	2012年	2014年	2016年	2018年	2020年
亳州	32.14	32.24	33.03	33.07	33.35	33.78	35.17	34.10	32.03	31.90	32.35
池州	30.53	30.45	29.26	31.08	31.27	30.86	32.04	30.87	30.55	29.93	30.81
宣城	30.64	31.42	30.18	31.75	32.03	31.74	31.37	31.41	31.40	31.36	32.04
福州	31.59	31.78	31.78	32.29	32.58	34.02	33.84	33.97	35.30	35.38	37.58
厦门	33.30	32.95	32.87	33.14	34.02	34.67	35.50	35.95	36.59	36.58	37.84
莆田	31.88	31.68	31.84	31.87	31.74	31.05	31.19	30.83	30.91	31.85	31.42
三明	31.30	31.13	30.62	30.80	30.91	32.37	30.93	30.70	31.31	32.36	32.23
泉州	33.98	32.85	32.79	33.43	34.04	34.69	34.36	34.41	34.96	35.15	36.24
漳州	31.82	31.67	30.78	31.79	32.09	32.44	32.13	31.93	32.57	33.58	33.96
南平	31.85	32.29	31.55	31.26	31.64	32.17	32.76	29.65	32.28	32.76	33.01
龙岩	30.96	30.54	30.37	30.62	31.02	31.92	30.59	30.39	31.37	32.83	32.68
宁德	31.20	30.99	30.28	30.24	31.04	32.00	31.09	30.91	31.33	31.66	31.83
南昌	33.75	33.76	34.37	34.49	34.63	34.58	34.48	36.02	35.48	35.98	37.16
景德镇	29.91	31.00	31.39	31.43	31.49	31.60	31.62	31.74	30.14	31.03	31.29
萍乡	29.85	30.04	30.26	30.41	30.81	30.61	29.95	30.81	30.45	30.80	31.15

	2000年	2002年	2004年	2006年	2008年	2010年	2012年	2014年	2016年	2018年	2020年
九江	30.97	31.29	31.39	32.27	32.65	33.26	32.04	33.19	32.63	34.07	34.93
新余	29.70	29.74	30.75	30.52	31.87	31.77	30.85	30.86	31.06	30.29	32.05
鹰潭	29.63	29.47	29.70	30.09	30.51	30.90	30.97	31.34	30.95	29.46	30.84
赣州	30.40	30.69	30.86	31.86	32.24	32.50	30.14	31.34	32.01	32.68	34.08
吉安	30.89	31.62	3146	31.42	32.35	32.24	32.47	32.79	31.90	31.12	33.47
宜春	30.61	30.81	30.84	31.64	32.30	31.78	32.42	32.58	31.73	32.35	33.07
抚州	29.75	29.99	29.76	30.20	30.76	30.69	31.08	31.61	29.74	29.34	30.30
上饶	30.36	30.28	30.31	31.00	32.67	31.69	30.30	31.17	31.77	32.54	33.26
济南	33.03	33.56	33.63	33.77	34.41	34.64	35.26	36.30	36.68	37.44	38.24
青岛	33.85	33.85	33.87	34.91	35.89	36.01	36.49	37.43	38.53	40.29	41.87
淄博	33.39	33.36	32.24	32.46	33.02	32.99	33.34	33.87	33.56	34.29	34.19
枣庄	31.59	32.04	31.65	32.24	32.22	30.64	31.53	31.75	31.55	31.59	31.84
东营	31.47	31.93	32.21	31.53	31.67	31.75	32.27	32.77	32.25	32.56	32.48
烟台	33.95	32.27	32.77	33.17	33.65	33.84	34.08	35.39	36.10	36.02	36.65
潍坊	33.67	33.40	32.58	34.41	33.75	33.98	34.39	35.10	34.85	35.49	35.98

	2000年	2002年	2004年	2006年	2008年	2010年	2012年	2014年	2016年	2018年	2020年
济宁	32.53	32.49	32.62	33.06	32.34	32.91	32.82	33.80	33.55	33.78	33.60
泰安	32.35	32.53	32.45	30.76	31.74	31.64	32.65	32.94	32.74	32.62	32.63
威海	32.41	32.53	31.85	32.14	31.64	31.93	31.96	33.64	34.15	34.21	33.71
日照	31.70	32.08	32.30	33.26	32.70	30.80	31.40	31.97	31.58	31.93	32.53
临沂	33.52	33.30	33.34	32.61	32.63	32.91	33.11	34.59	34.15	34.11	34.32
德州	32.54	32.95	33.20	33.97	34.15	32.47	32.82	33.86	33.26	34.08	33.18
聊城	32.47	33.24	32.56	33.54	33.59	32.20	32.10	33.62	32.73	32.53	31.89
滨州	32.15	32.30	32.68	33.20	33.23	31.67	31.09	32.27	31.57	31.92	31.83
菏泽	32.39	32.32	31.93	32.49	33.01	31.49	31.28	34.85	32.48	32.25	32.18
郑州	31.72	31.95	32.32	32.72	33.57	34.47	35.68	37.30	38.17	39.11	40.58
开封	31.77	32.36	32.32	32.94	33.91	33.55	32.48	33.16	33.58	33.42	33.64
洛阳	32.17	32.65	32.50	31.36	32.09	32.02	33.21	33.90	33.35	34.29	34.29
平顶山	31.11	31.23	31.40	31.47	32.36	32.25	31.08	31.69	31.28	31.21	31.43
安阳	30.76	30.60	29.95	30.43	31.30	31.21	30.73	31.51	31.45	31.57	31.41
鹤壁	30.20	30.75	31.15	31.43	31.96	32.29	31.37	31.56	31.39	31.21	31.86

	2000年	2002年	2004年	2006年	2008年	2010年	2012年	2014年	2016年	2018年	2020年
新乡	32.79	33.04	32.74	32.76	34.02	32.38	33.09	33.33	32.94	33.66	33.61
焦作	32.43	32.33	32.16	32.00	30.48	31.44	31.42	31.90	31.88	32.38	32.80
濮阳	31.95	32.94	32.48	32.59	33.39	32.98	33.64	32.44	32.28	32.46	32.44
许昌	31.78	32.88	31.95	32.64	33.12	31.55	32.58	32.68	32.66	33.42	33.57
漯河	31.66	31.80	31.19	32.04	32.46	31.99	33.18	30.96	30.95	30.49	31.85
三门峡	30.70	30.81	30.79	31.20	31.79	31.78	30.53	30.98	31.16	31.07	31.78
南阳	32.66	32.58	32.98	33.23	34.53	32.45	32.28	32.70	32.76	33.00	33.09
商丘	31.16	31.22	31.32	31.73	32.32	32.45	33.83	31.80	32.57	32.43	33.15
信阳	31.01	31.38	31.14	31.61	32.56	32.54	33.29	32.07	31.33	31.24	31.21
周口	32.22	32.61	32.16	32.75	33.55	33.50	32.54	32.91	32.48	32.92	33.25
驻马店	31.68	31.78	32.03	32.41	32.98	33.30	31.97	31.92	32.04	32.29	31.95
武汉	33.08	33.43	33.37	33.83	34.87	35.86	36.80	39.42	41.53	42.39	43.96
黄石	31.41	30.96	31.43	31.29	31.81	31.50	31.35	32.25	31.10	32.58	32.18
十堰	25.12	25.93	24.76	26.03	27.25	26.24	25.83	25.67	24.39	24.61	25.86
宜昌	31.30	31.66	31.59	32.09	30.98	31.45	32.52	32.23	32.26	32.50	32.97

	2000年	2002年	2004年	2006年	2008年	2010年	2012年	2014年	2016年	2018年	2020年
鄂州	31.30	31.49	31.69	32.05	32.21	32.21	32.99	33.05	31.49	31.89	33.57
荆门	31.77	32.14	32.12	32.09	32.82	32.44	33.53	31.59	31.61	31.72	32.42
孝感	31.94	32.08	31.83	32.63	33.16	33.00	33.33	32.50	31.61	32.72	34.01
荆州	31.83	31.80	32.04	32.51	32.80	33.02	33.64	31.57	32.19	32.23	31.84
黄冈	33.21	32.51	32.70	32.32	33.32	33.12	33.89	34.55	32.52	33.19	33.84
咸宁	30.16	30.41	30.64	31.18	31.87	31.80	32.20	32.67	31.24	31.56	32.35
随州	24.42	25.15	24.14	25.02	26.38	25.25	26.86	26.47	24.44	24.17	24.51
长沙	32.94	32.12	32.43	33.30	33.36	34.80	35.33	36.07	36.68	37.48	38.76
株洲	32.23	32.26	32.26	32.44	32.22	31.83	32.45	31.98	32.32	32.39	33.44
湘潭	31.16	31.42	31.05	31.75	31.64	30.87	30.35	31.01	31.31	31.69	31.72
衡阳	30.54	31.04	30.97	31.46	30.27	31.60	31.40	31.86	31.83	32.75	32.73
邵阳	24.43	25.10	24.06	25.39	25.90	26.61	27.34	26.83	26.49	25.16	24.68
岳阳	32.18	32.41	32.01	32.31	32.38	32.28	32.17	32.50	32.30	32.69	32.34
常德	30.85	31.14	31.38	31.97	31.91	32.29	31.23	30.93	31.62	31.75	32.99
张家界	24.77	25.26	24.12	25.48	25.91	24.97	25.75	25.63	24.84	25.11	24.75

	2000年	2002年	2004年	2006年	2008年	2010年	2012年	2014年	2016年	2018年	2020年
益阳	31.79	31.39	31.66	32.47	31.97	32.71	30.99	30.92	30.70	30.94	30.26
郴州	24.52	25.12	24.67	25.47	26.14	25.91	25.49	24.82	24.43	24.31	23.94
永州	25.54	25.17	24.04	25.84	26.55	25.90	26.81	26.86	24.38	24.42	24.49
怀化	24.30	25.17	24.11	25.77	26.18	25.29	26.27	26.97	24.33	25.19	25.06
娄底	32.00	31.87	31.75	32.34	31.82	32.52	32.50	31.27	31.80	31.41	31.61
广州	33.54	34.60	35.41	36.36	37.37	39.16	39.91	40.79	42.20	42.72	46.16
韶关	30.49	30.80	31.13	32.02	31.49	32.14	30.26	30.37	30.54	29.96	30.26
深圳	37.06	36.56	37.39	39.57	40.27	41.88	42.96	43.07	44.94	46.48	51.63
珠海	34.07	33.74	33.43	33.80	33.92	34.14	34.67	35.13	35.17	35.85	35.69
汕头	33.19	33.66	32.43	31.55	32.81	32.58	32.35	32.28	33.24	33.68	33.12
佛山	30.46	32.24	32.28	34.47	35.34	35.76	36.66	37.18	38.18	38.91	40.84
江门	30.72	31.35	31.83	31.48	31.43	31.97	31.75	31.10	31.34	32.39	32.67
湛江	32.33	32.81	32.86	32.74	32.70	31.54	30.74	31.63	31.59	33.60	32.56
茂名	32.43	32.74	32.81	32.98	32.32	32.39	30.52	31.52	31.01	31.72	31.85
肇庆	29.36	30.53	31.19	31.67	31.71	37.16	31.03	30.76	31.81	32.11	32.19

	2000年	2002年	2004年	2006年	2008年	2010年	2012年	2014年	2016年	2018年	2020年
惠州	30.82	32.26	32.97	32.69	32.95	33.19	33.29	33.36	34.28	34.52	35.22
梅州	30.67	30.65	31.08	32.05	32.14	32.18	32.23	32.06	31.52	32.65	33.46
汕尾	30.56	30.34	31.45	31.91	31.99	32.07	31.95	32.52	31.98	31.24	30.60
河源	23.86	25.69	24.96	27.09	27.38	26.72	27.01	26.44	25.21	24.60	25.07
阳江	31.38	31.03	31.08	32.56	32.06	32.60	31.90	30.07	30.73	31.01	30.72
清远	25.64	26.38	26.42	27.68	28.07	27.62	26.56	25.56	27.74	25.26	25.58
东莞	35.52	32.87	33.58	33.82	35.95	36.67	36.66	38.36	38.76	40.52	45.64
中山	32.38	31.92	32.22	33.41	33.46	34.13	35.24	34.39	34.45	34.59	35.89
潮州	31.71	31.00	31.86	31.92	32.55	32.83	32.41	30.78	30.84	31.22	31.17
揭阳	31.13	32.08	31.96	33.35	32.12	30.70	30.39	30.76	30.76	31.01	30.68
云浮	25.45	26.07	26.02	27.72	27.86	27.39	27.71	26.42	26.75	26.27	25.12
南宁	30.82	30.49	31.57	30.77	31.29	31.85	31.62	33.38	33.87	35.05	35.60
柳州	24.33	24.86	23.97	25.44	26.51	24.52	25.13	25.44	24.84	25.05	25.42
桂林	24.38	25.18	24.61	26.06	26.97	25.81	24.99	27.21	26.08	26.07	26.29
梧州	24.86	24.98	24.87	25.07	26.48	25.05	26.57	26.96	25.33	25.51	24.77

	2000年	2002年	2004年	2006年	2008年	2010年	2012年	2014年	2016年	2018年	2020年
北海	29.04	29.75	29.95	29.89	31.20	31.43	29.19	30.07	29.70	30.28	31.00
防城港	29.37	29.43	29.75	29.57	29.75	30.14	30.60	30.90	30.77	31.20	29.10
钦州	30.23	29.78	29.66	30.07	30.46	30.90	30.67	31.20	31.13	31.78	31.91
贵港	23.94	24.62	23.95	25.04	25.94	25.16	26.48	26.60	25.37	25.46	23.29
玉林	30.97	30.88	31.17	30.88	32.06	32.07	32.22	32.71	30.60	30.25	29.84
百色	22.10	22.84	22.09	22.96	24.46	23.62	24.94	24.99	24.51	24.36	22.57
贺州	23.22	24.39	24.03	24.43	25.17	25.18	25.67	26.13	24.58	24.68	24.23
河池	23.47	24.12	23.21	23.42	24.80	24.09	24.96	25.88	24.91	24.60	23.87
来宾	22.17	23.40	23.02	23.77	24.99	24.61	25.36	25.57	24.25	24.47	23.85
崇左	29.20	29.30	29.71	29.52	30.21	29.83	30.24	30.59	29.88	30.50	30.62
海口	32.10	31.59	30.48	31.05	31.20	32.20	32.07	32.85	33.46	34.38	34.31
三亚	22.73	23.22	21.91	23.84	24.60	24.94	25.15	25.39	25.38	26.14	27.51
重庆	34.04	34.35	35.56	36.48	37.95	39.41	40.33	42.67	46.23	47.90	50.32
成都	32.94	32.94	33.58	34.99	35.52	34.11	37.86	41.50	42.51	43.77	46.58
自贡	30.53	31.18	31.47	32.05	31.71	31.72	30.72	31.05	29.86	30.68	30.33

	2000年	2002年	2004年	2006年	2008年	2010年	2012年	2014年	2016年	2018年	2020年
攀枝花	24.90	25.38	23.72	25.47	26.39	25.44	25.19	25.41	24.55	24.62	24.56
泸州	30.85	30.97	30.85	32.56	31.62	31.01	31.76	30.43	30.01	30.37	31.12
德阳	30.81	31.51	31.48	31.92	32.06	32.28	32.39	32.38	31.24	31.25	32.23
绵阳	31.07	31.42	31.60	32.40	32.22	31.11	31.53	32.67	32.32	32.99	33.32
广元	24.00	24.22	23.39	24.86	25.62	24.74	26.23	26.47	24.70	25.02	24.98
遂宁	31.40	31.82	32.09	32.47	31.68	31.64	32.17	32.69	30.26	30.21	30.94
内江	29.71	30.21	29.31	30.41	29.99	29.91	30.45	30.12	29.12	29.64	30.44
乐山	30.89	31.01	30.98	31.80	32.02	31.85	30.51	32.92	30.69	30.76	31.43
南充	30.75	30.65	29.79	30.70	30.92	30.74	31.30	31.77	31.67	29.78	30.29
眉山	30.55	31.22	31.14	31.65	31.87	31.89	32.79	33.25	31.29	31.43	31.64
宜宾	30.26	30.28	30.60	30.98	31.22	31.15	31.75	32.51	30.16	31.01	32.49
广安	30.21	30.53	29.74	31.00	30.90	30.81	31.50	31.75	30.48	30.21	30.27
达州	30.44	30.78	30.86	31.77	31.95	31.14	31.83	32.70	32.27	30.28	31.01
雅安	29.11	30.20	30.33	31.25	30.86	30.63	31.76	32.16	31.62	31.75	32.31
巴中	24.13	24.15	22.99	24.28	25.18	24.59	25.85	26.10	23.92	23.42	23.59

	2000年	2002年	2004年	2006年	2008年	2010年	2012年	2014年	2016年	2018年	2020年
资阳	30.69	31.19	31.25	32.51	31.85	31.38	32.02	32.68	32.12	33.14	32.52
贵阳	29.77	29.76	28.36	28.59	29.77	29.79	30.06	30.98	31.79	31.74	32.78
六盘水	23.03	23.19	21.75	22.70	23.54	23.53	24.60	25.38	24.05	23.72	23.66
遵义	30.44	29.74	28.70	30.01	30.53	31.08	29.66	30.33	29.56	29.77	30.77
安顺	27.93	27.83	26.98	27.30	28.30	28.56	28.91	29.66	30.10	28.96	28.28
毕节	28.27	28.13	27.25	28.40	29.55	29.45	30.72	31.39	31.19	30.34	31.03
铜仁	24.67	23.95	22.52	23.30	24.46	23.56	24.70	25.48	24.49	24.16	23.76
昆明	31.01	30.94	30.76	30.78	31.95	33.04	33.25	33.57	34.18	33.83	35.48
曲靖	30.58	30.44	30.54	30.53	30.60	31.16	31.23	32.03	29.88	29.08	30.07
玉溪	30.27	29.88	29.58	29.46	29.45	30.66	28.82	29.24	29.62	28.74	30.29
保山	23.55	23.62	22.37	23.49	24.13	23.81	25.05	24.87	23.79	23.44	24.14
昭通	23.98	24.10	23.55	24.20	24.86	24.55	25.17	25.19	24.25	23.99	24.90
丽江	23.01	24.06	22.92	24.50	25.28	24.82	26.38	26.85	25.73	23.67	26.04
临沧	24.08	24.20	23.33	24.10	25.19	25.00	25.58	25.96	25.20	24.46	25.36
拉萨	27.58	27.69	26.68	27.34	28.29	25.08	27.08	28.42	28.24	26.98	25.90

	2000年	2002年	2004年	2006年	2008年	2010年	2012年	2014年	2016年	2018年	2020年
西安	33.22	33.59	33.43	34.32	35.01	35.65	36.97	37.39	38.31	39.72	40.56
铜川	29.78	30.22	29.91	30.45	30.71	30.84	31.68	29.86	32.30	30.64	31.09
宝鸡	31.88	31.95	31.81	32.19	32.82	32.69	30.91	31.21	32.05	32.59	31.74
咸阳	32.80	33.00	32.48	32.96	33.29	33.52	31.83	32.37	33.01	32.93	33.45
渭南	30.77	30.90	30.67	31.62	32.15	32.66	33.15	32.06	32.28	33.16	32.38
延安	24.33	24.97	23.76	25.31	26.61	25.66	24.65	24.71	24.47	25.04	24.92
汉中	25.00	25.50	24.09	25.57	27.37	26.30	27.63	26.97	24.25	25.31	24.54
榆林	30.46	30.96	31.19	30.51	31.87	32.03	33.10	33.21	31.76	31.32	31.87
安康	25.52	25.79	24.50	25.82	27.02	25.63	26.90	26.45	25.60	25.95	23.50
商洛	31.40	31.40	31.42	32.01	32.50	31.90	32.83	32.43	33.12	33.20	32.66
兰州	31.77	31.87	31.40	31.50	30.66	31.38	31.86	32.20	32.60	33.05	33.83
嘉峪关	25.10	25.30	23.89	25.60	25.67	25.15	24.79	25.32	24.24	23.84	23.98
金昌	24.14	23.96	24.73	24.75	25.09	24.33	25.07	24.96	24.02	23.61	22.74
白银	29.70	30.24	29.77	29.29	30.01	30.91	30.97	31.22	31.18	31.22	31.73
天水	31.10	31.49	30.32	32.79	31.38	31.88	31.79	32.22	32.32	32.43	32.58

	2000年	2002年	2004年	2006年	2008年	2010年	2012年	2014年	2016年	2018年	2020年
武威	24.80	24.45	23.09	24.72	25.34	24.54	26.56	26.46	25.03	24.18	24.67
张掖	24.47	25.02	23.52	24.94	25.78	24.93	26.22	26.14	25.39	25.10	25.31
平凉	31.48	31.37	30.49	30.98	31.17	31.55	31.46	32.17	32.22	31.55	32.28
酒泉	27.15	25.61	24.45	26.04	26.93	25.92	25.12	25.92	25.04	24.23	24.29
庆阳	30.38	31.09	31.25	31.52	31.59	31.75	32.29	32.21	32.14	32.21	33.14
定西	31.51	31.67	31.79	30.38	30.57	31.20	32.08	31.00	31.08	31.38	31.56
陇南	25.78	25.16	22.63	25.20	25.67	25.26	26.47	25.89	24.83	24.99	25.31
西宁	32.04	32.52	32.27	31.64	32.80	32.73	31.75	31.85	31.43	30.93	31.81
银川	30.67	32.26	32.38	32.90	33.02	31.32	30.84	32.62	32.40	32.50	33.41
石嘴山	30.28	31.32	31.85	31.93	31.45	32.11	32.87	29.69	30.20	32.69	32.62
吴忠	30.64	31.50	31.19	32.10	31.62	31.73	32.16	32.31	32.47	32.97	33.07
固原	25.64	25.91	25.01	26.86	26.65	25.83	26.75	26.14	25.11	25.58	24.36
中卫	32.75	32.06	31.80	32.51	32.13	32.39	32.89	33.14	32.56	33.11	33.13
乌鲁木齐	31.63	31.48	32.16	31.22	31.92	31.63	32.91	33.87	33.98	34.03	33.30
克拉玛依	30.06	29.98	31.04	30.68	31.25	29.98	31.10	31.60	31.89	32.31	31.41

参考文献

[1] 卞元超，吴利华，白俊红．市场分割与经济高质量发展：基于绿色增长的视角 [J]．环境经济研究，2019，4（4）：96 – 114．

[2] 陈吉煜，刘勇．我国城市蔓延的成因与机理研究述评 [J]．现代城市研究，2018（7）：31 – 36，85．

[3] 陈景华，陈姚，陈敏敏．中国经济高质量发展水平、区域差异及分布动态演进 [J]．数量经济技术经济研究，2020，37（12）：108 – 126．

[4] 陈明，张云峰．城镇化发展质量的评价指标体系研究 [J]．中国名城，2013（2）：16 – 23，43．

[5] 陈强，胡雯，鲍悦华．城市发展质量及其测评：以发展观为主导的演进历程 [J]．经济社会体制比较，2014（3）：14 – 23．

[6] 陈万旭，李江风，曾杰，等．中国土地利用变化生态环境效应的空间分异性与形成机理 [J]．地理研究，2019，38（9）：2173 – 2187．

[7] 陈衍泰，陈国宏，李美娟．综合评价方法分类及研究进展 [J]．管理科学学报，2004，7（2）：69 – 79．

[8] 陈映芳．都市大开发：空间生产的政治社会学 [M]．上海：上海古籍出版社，2009．

[9] 陈振明，孟华，邓剑伟，刘祺，郭益男，陈运动，林少婷．公共服务发展的质量评价与持续改进——厦门市的案例研究 [J]．东南学术，2011（2）：95 – 107．

[10] 成金华，戴胜，王然．县域生态文明评价指标体系构建及其应用 [J]．环境经济研究，2017，2（4）：107 – 122．

[11]《城市规划学刊》编辑部．"城市精细化治理与高质量发展"学术笔谈 [J]．城市规划学刊，2020（2）：1 – 11．

[12] 储昭辉，储文静，徐立祥，许小超．基于 AHP – BP 神经网络的城市

移动图书馆服务质量评价优化模型构建 [J]. 图书馆学研究, 2020 (10): 19 - 27.

[13] 戴为民. 城市化系统中的资源环境质量综合评价及政策选择——以安徽省为例 [J]. 中国软科学, 2011 (11): 184 - 192.

[14] 戴为民, 贺金梅. 人口城市化质量综合评价及其政策指向研究——以安徽省为例 [J]. 城市发展研究, 2020, 27 (5): 32 - 36.

[15] 戴西超, 张庆春. 综合评价中权重系数确定方法的比较研究 [J]. 煤炭经济研究, 2003 (11): 37.

[16] 邓剑伟, 郭轶伦, 李雅欣, 等. 超大城市公共服务质量评价研究——以北京市为例 [J]. 华东经济管理, 2018 (8): 49 - 57.

[17] 杜娟, 霍佳震. 基于数据包络分析的中国城市创新能力评价 [J]. 中国管理科学, 2014, 22 (6): 85 - 93.

[18] 杜运周, 刘秋辰, 陈凯薇, 等. 营商环境生态、全要素生产率与城市高质量发展的多元模式——基于复杂系统观的组态分析 [J]. 管理世界, 2022, 38 (9): 127 - 145.

[19] 范柏乃, 单世涛, 陆长生. 城市技术创新能力评价指标筛选方法研究 [J]. 科学学研究, 2002, 20 (6): 663 - 668.

[20] 方创琳. 中国新型城镇化高质量发展的规律性与重点方向 [J]. 地理研究, 2019, 38 (1): 13 - 22.

[21] 方颖, 白秀叶. 城市空间形态、公共服务空间均等化与居民满意度 [J]. 经济学 (季刊), 2022, 22 (4): 1405 - 1424.

[22] 高培勇, 杜创, 刘霞辉, 袁富华, 汤铎铎. 高质量发展背景下的现代化经济体系建设: 一个逻辑框架 [J]. 经济研究, 2019, 54 (4): 4 - 17.

[23] 高培勇, 袁富华, 胡怀国, 刘霞辉. 高质量发展的动力、机制与治理 [J]. 经济研究, 2020, 55 (4): 4 - 19.

[24] 高顺成. 城镇化质量评价指标体系分析 [J]. 地域研究与开发, 2016 (3): 33 - 39.

[25] 国务院发展研究中心和世界银行联合课题组, 李伟, Indrawati S. M. , 等. 中国: 推进高效、包容、可持续的城镇化 [J]. 管理世界, 2014 (4): 11 - 47.

[26] 何超, 李萌, 李婷婷, 彭雪, 李婕, 赵锦慧. 多目标综合评价中四种

确定权重方法的比较与分析 ［J］. 湖北大学学报（自然科学版），2016，38（2）：172–178.

［27］ 何山，陈玲，Geert Duysters. 基于模糊贴近度的城市创新系统生命周期评价研究 ［J］. 开发研究，2013（2）：14–17.

［28］ 胡兆量. 城市质量探索 ［J］. 城市发展研究，2013，20（5）：13–16.

［29］ 黄灿. 对外贸易对中国人力资本投资的影响：基于个体微观数据的实证研究 ［J］. 经济社会体制比较，2017（5）：181–191.

［30］ 黄晓军，李诚固，黄馨. 长春城市蔓延机理与调控路径研究 ［J］. 地理科学进展，2009，28（1）：76–84.

［31］ 姜栋，赵文吉，刘彪，王艳慧. "新基建"背景下城市道路基础设施质量研究——基于智慧城市国际标准视角 ［J］. 宏观质量研究，2020，8（6）：96–108.

［32］ 金碚. 关于"高质量发展"的经济学研究 ［J］. 中国工业经济，2018（4）：5–18.

［33］ 金春雨，孙玉娇. 稳增长目标下宏观债务风险研究 ［J］. 现代经济探讨，2023（5）：1–10.

［34］ 蓝志勇. 新中国成立70年来城市发展的进程与未来道路 ［J］. 福建师范大学学报（哲学社会科学版），2019（5）：35–42.

［35］ 李斌，田秀林，张所地，赵华平. 城市创新能力评价及时空格局演化研究 ［J］. 数理统计与管理，2020，39（1）：139–153.

［36］ 李金昌，史龙梅，徐蔼婷. 高质量发展评价指标体系探讨 ［J］. 统计研究，2019，1（36）：4–14.

［37］ 李林，赵文丹. 国家中心城市的选择与功能定位 ［J］. 学术交流，2012（4）：140–144.

［38］ 李明月，赖笑娟. 基于BP神经网络方法的城市土地生态安全评价——以广州市为例 ［J］. 经济地理，2011，31（2）：289–293.

［39］ 李双金，马爽，张淼，龙瀛. 基于多源新数据的城市绿地多尺度评价：针对中国主要城市的探索 ［J］. 风景园林，2018，25（8）：12–17.

［40］ 李欣，李渊，任亚鹏，拉斯克·安妮. 融合主观评价与眼动分析的城市空间视觉质量研究 ［J］. 建筑学报，2020（S2）：190–196.

［41］李志军. 优化我国营商环境的实践逻辑与政策建议［J］. 北京工商大学学报（社会科学版），2023，38（1）：27–35.

［42］廖海军，周耿忪，邓啸林，尤庆建. 系统提升省会品质推进城市高质量发展［J］. 城市发展研究，2020，27（7）：7–10.

［43］刘超，李霞，刘卓慧. 基于DRGs的城市公立医院医疗服务质量评价研究［J］. 宏观质量研究，2020，8（2）：42–54.

［44］刘传明，刘越. 黄河流域环境污染的空间关联网络及驱动因素［J］. 环境经济研究，2020，5（3）：21–36.

［45］马海涛，徐楦钫. 黄河流域城市群高质量发展评估与空间格局分异［J］. 经济地理，2020，40（4）：11–18.

［46］马廷. 夜光遥感大数据视角下的中国城市化时空特征［J］. 地球信息科学学报，2019，21（1）：59–67.

［47］彭剑虹，刘娟，吴凡. 标准对城市高质量发展评价的启示［J］. 中国质量，2019（5）：107–110.

［48］彭张林，张强，杨善林. 综合评价理论与方法研究综述［J］. 中国管理科学，2015（S1）：245–256.

［49］祁毓，赵韦翔. 财政支出结构与绿色高质量发展——来自中国地级市的证据［J］. 环境经济研究，2020，5（4）：92–154.

［50］钱浩祺. 环境大数据应用的最新进展与趋势［J］. 环境经济研究，2020，5（4）：152–180.

［51］任保平，文丰安. 新时代中国高质量发展的判断标准、决定因素与实现途径［J］. 改革，2018（4）：5–16.

［52］任保显. 中国省域经济高质量发展水平测度及实现路径——基于使用价值的微观视角［J］. 中国软科学，2020（10）：175–183.

［53］师博. 黄河流域中心城市高质量发展路径研究［J］. 人文杂志，2020（1）：5–9.

［54］隋玉正，史军，崔林丽，梁萍. 上海城市人居生态质量综合评价研究［J］. 长江流域资源与环境，2013，22（8）：965–971.

［55］孙学涛，张广胜. 技术进步偏向对城市经济高质量发展的影响——基于结构红利的视角［J］. 管理学刊，2020，33（6）：36–47.

［56］孙亚南，王晓策，刘岩．新时代坚持创新引领发展：内在逻辑与实践指向［J］．管理学刊，2019，32（5）：1-8.

［57］汤铎铎，刘学良，倪红福，杨耀武，黄群慧，张晓晶．全球经济大变局、中国潜在增长率与后疫情时期高质量发展［J］．经济研究，2020，55（8）：4-23.

［58］汪红驹．不应把"稳投资"与"放水"相提并论［J］．人民论坛，2019（17）：72-73.

［59］王富喜．山东半岛城市群人口——土地城镇化质量测度与协调发展研究［J］．地理科学，2020，40（8）：1345-1354.

［60］王靖，张金锁．综合评价中确定权重向量的几种方法比较［J］．河北工业大学学报，2001，30（2）：52-57.

［61］王丽艳，季奕，王呷瑾．城市创意人才居住选址偏好研究——基于天津市微观调查与大数据的实证分析［J］．管理学刊，2019，32（5）：30-37.

［62］王丽艳，薛颖，王振坡．城市更新，创新街区与城市高质量发展［J］．城市发展研究，2020（1）：10，67-74.

［63］王文博，陈秀芝．多指标综合评价中主成分分析和因子分析方法的比较［J］．统计与信息论坛，2006（5）：21-24.

［64］王阳，谭永生，李璐．收入分配评价指标体系重构研究——基于体现效率、促进公平的视角［J］．经济纵横，2019（3）：80-92.

［65］王跃生，吴国锋．贸易自由化与中国的城乡收入差距——基于地级城市面板数据的实证研究［J］．国际贸易问题，2019（4）：64-75.

［66］王振坡，张安琪，王丽艳．生态宜居特色小镇：概念、内涵与评价体系［J］．管理学刊，2019，32（2）：45-53.

［67］魏敏，李书昊．新时代中国经济高质量发展水平的测度研究［J］．数量经济技术经济研究，2018，35（11）：3-20.

［68］武占云，单菁菁，马樱娉．健康城市的理论内涵、评价体系与促进策略研究［J］．江淮论坛，2020（6）：47-57，197.

［69］熊湘辉，徐璋勇．中国新型城镇化水平及动力因素测度研究［J］．数量经济技术经济研究，2018，35（2）：44-63.

［70］徐辉，师诺，武玲玲，张大伟．黄河流域高质量发展水平测度及其时

空演变［J］.资源科学，2020，42（1）：115-126.

［71］杨万平，张振亚.黄河流域与长江经济带生态全要素生产率对比研究［J］.管理学刊，2020，33（5）：26-37.

［72］叶继红.集中居住区居民主观生活质量评价与分析——基于江苏13个城市的问卷调查［J］.现代经济探讨，2019（1）：105-113.

［73］叶裕民.中国城市化质量研究［J］.中国软科学，2001（7）：28-32.

［74］袁晓玲，李彩娟，李朝鹏.中国经济高质量发展研究现状、困惑与展望［J］.西安交通大学学报（社会科学版），2019，39（6）：30-38.

［75］袁晓玲，李朝鹏，方恺.中国城镇化进程中的空气污染研究回顾与展望［J］.经济学动态，2019（5）：88-103.

［76］袁晓玲，梁鹏，曹敏杰.基于可持续发展的陕西省城镇化发展质量测度［J］.城市发展研究，2013，20（2）：52-56，86.

［77］袁晓玲，王军，张江洋.高质量发展下城市效率评价——来自19个副省级及以上城市的经验研究［J］.城市发展研究，2020，27（6）：62-70.

［78］张国兴，苏钊贤.黄河流域中心城市高质量发展评价体系构建与测度［J］.生态经济，2020，36（7）：37-43.

［79］张江洋，袁晓玲，王军.高质量发展下城市投入产出指标体系重构研究［J］.北京工业大学学报（社会科学版），2020（5）：58-67.

［80］张军扩，侯永志，刘培林，何建武，卓贤.高质量发展的目标要求和战略路径［J］.管理世界，2019，35（7）：1-7.

［81］张立军，袁能文.线性综合评价模型中指标标准化方法的比较与选择［J］.统计与信息论坛，2010，25（8）：10-15.

［82］张连城，赵家章，张自然，王银.生活质量：指数平稳，挑战严峻——中国35个城市生活质量调查报告（2013）［J］.经济学动态，2013（8）：14-35.

［83］张文忠，许婧雪，马仁锋，等.中国城市高质量发展内涵、现状及发展导向——基于居民调查视角［J］.城市规划，2019，43（11）：13-19.

［84］赵春丽，杨滨章，刘岱宗.PSPL调研法：城市公共空间和公共生活质量的评价方法——扬·盖尔城市公共空间设计理论与方法探析（3）［J］.中国

园林，2012，28（9）：34－38.

［85］赵剑波，史丹，邓洲. 高质量发展的内涵研究［J］. 经济与管理研究，2019，40（11）：15－31.

［86］赵瑾. 贸易与就业：国际研究的最新进展与政策导向——兼论化解中美贸易冲突对我国就业影响的政策选择［J］. 财贸经济，2019，40（3）：5－18.

［87］赵涛，张智，梁上坤. 数字经济、创业活跃度与高质量发展——来自中国城市的经验证据［J］. 管理世界，2020，36（10）：65－76.

［88］赵婷. 新中国成立以来基础教育课程改革的历程、经验及启示［J］. 重庆第二师范学院学报，2021，34（6）：100－104.

［89］朱洪祥，雷刚，吴先华，刘阳强. 基于预警指标体系的城镇化质量评价——对山东省城镇化质量评价体系的深化［J］. 城市发展研究，2011，18（12）：7－12.

［90］踪家峰，周亮. 大城市支付了更高的工资吗？［J］. 经济学（季刊），2015，14（4）：1467－1496.

［91］Duranton G.，Puga D. Micro-foundations of Urban Agglomeration Economies［J］. *Handbook of Regional and Urban Economics*，2004（4）：2063－2117.

［92］Hsing Y. T. *The Great Urban Transformation*：*Politics of Land and Property in China*［M］. Oxford：Oxford University Press，2010.

［93］Kristian Behrens，Gilles Duranton，Frédéric Robert－Nicoud. Productive Cities：Sorting，Selection，and Agglomeration［J］. *Journal of Political Economy*，2014（3）：507－553.

［94］Pierre－Philippe Combes，Gilles Duranton，Laurent Gobillon，et al. The Productivity Advantages of Large Cities：Distinguishing Agglomeration from Firm Selection［J］. *Econometrica*，2012（6）：2543－2594.

后 记

　　本书是西安交通大学陕西省经济高质量发展软科学研究基地（省部级重点基地、CTTI 检索）有关城市高质量发展研究的系列性成果之一，先后得到了教育部哲学社会科学研究重大课题攻关项目"促进城市高质量建设发展的长效机制研究"（20JZD012）、国家社科基金青年项目（23CTJ008）、全国统计科学研究项目（2023LY029）、国家资助博士后研究计划（GZB20230583）、陕西省软科学研究项目（2024ZC – YBXM – 030）、陕西省博士后基金（2023BSHEDZZ92）、陕西省哲学社会科学青年研究专项（2024QN004）、中国青少年研究会研究课题（2024B24）、西安交通大学人文社会科学学术著作出版基金、中央高校基本科研业务费专项资金（SK2023052）等众多课题的资助，在问卷调研过程中得到了包括但不限于西安交通大学、中国人民大学、西安财经大学等在内的多个学校的学子和社会各界人士的重要帮助，同时经济科学出版社的编辑为本书的出版也付出了辛勤的劳动，在此我们一致表示诚挚的感谢！

　　全书由袁晓玲教授负责全书整体框架构建、内容编审与校正，芮国强教授、李朝鹏博士、黄涛负责全书的撰写工作和具体的组织与执行。第一篇总论第一至五章由李朝鹏博士撰写。第二篇客观评价篇中，第六章城市先天禀赋评价由杨宏钰、高中一、杨历完成，第七章城市后天努力·营商环境评价由高中一、王虞童、李波根共同完成，第八章城市后天努力·政府治理能力评价由潘泰霖、李思蕊完成，第九章城市后天努力·人居环境评价由朱晓珂、姚智昕、曹钰华完成，第十章城市人口发展评价由刘壤、王恒旭、张准完成，第十一章城市经济发展评价由韩旭、黄涛、张跃胜完成，第十二章城市空间发展评价由杨新标、李思蕊完成，第十三章城市社会发展评价由耿晗钰、李思蕊完成，第十四章城市协同发展评价由金中国、杨新标完成，第十五章城市发展效率评价由张锦昊、姚智昕完成。第三篇主观评价篇中，第十六章先天禀赋评价由刘壤、樊炳楠完成，第十七章城市后天努力·营商环境评价由樊炳楠、王虞童、王稳才完成，

第十八章城市后天努力·政府治理能力评价由樊炳楠、潘泰霖、陈磊完成，第十九章城市后天努力·人居环境评价由姚智昕、樊炳楠、朱晓珂完成，第二十章城市人口发展评价由刘壤、杨新标完成，第二十一章城市经济发展评价由杨新标、王恒旭完成，第二十二章城市空间发展评价由杨新标、刘睿华完成，第二十三章城市社会发展评价由耿晗钰、刘睿华完成，第二十四章城市协同发展评价由樊炳楠完成。全书数据由李朝鹏、李思蕊、黄涛和王恒旭收集，最后由李朝鹏、黄涛与王恒旭进行通稿，由黄涛、王恒旭完成所有制图，文字编校工作由令狐荣鑫和于熙完成。在著书过程中，需要收集大量资料、文献和数据，难免存在错误和疏漏，欢迎社会各界人士批评指正。未来研究基地仍将继续聚焦城市高质量发展研究，不断深化研究内容，发挥好专业性智库作用，从而更好地服务中国式现代化建设。

作者

2023 年 7 月 1 日